Eberhard Wagner

Rhetorik

in der christlichen Gemeinde

Christliches Verlagshaus Stuttgart

Umschlaggestaltung: Dieter Betz, Weissach
Zeichnungen auf den Seiten 337-339: Heinz Giebeler, Metzingen
Andere Zeichnungen: Giebeler, Wagner, Weber
Druck und Bindung: Druckhaus West GmbH, Stuttgart
ISBN 3-7675-7735-6

Gott:	G
Jesus oder Christus oder Jesus Christus:	JX
Christi, des Christus:	Xi
Christ/Christen:	Chr.
christlich:	Chrl.
Heiliger Geist:	Hl.G.
Reich Gottes:	ꞵG
Wort Gottes:	λG
Gemeinde:	Gem.
Mensch:	M
Petrus:	P
Paulus:	P.
Johannes, der Apostel:	Joh.
Johannes der Täufer:	Joh/T
Kreuz:	+
Herz:	♡
herzlich:	♡lich
geboren:	*
gestorben:	†
Haus:	⌂
Haushalt:	⌂halt
Hausgenossen:	⌂gen.
Das Alter eines Menschen zu einem bestimmten Zeitpunkt:	(57)
Ampel:	▯
einmal:	1x
noch einmal:	1x / 1x
das dritte Mal:	3. x
Und:	+
oder einfach durch Untereinander-schreiben mit senkrechter Linie davor:	| heute | morgen
ist, sind, waren, werden sein usw.:	=
ist nicht, sind nicht, waren nicht, werden nicht sein:	= ô
das heißt:	d. h.
das bedeutet:	–:
das hat zu tun mit:	↔
Alle Verneinungen wie nein, nicht, keine, ohne usw.:	ô
Die Frage ist; es gilt zu fragen:	?: / :?
zu ... hin, auf das ..., dahin ..., dazu usw.:	→
von ... her:	←
Neuer Gedanke, Pause, Luft holen:	——
Der Gedanke ist noch nicht zu Ende, obwohl die Seite zu Ende ist:	↗

Sehr geehrter Leser,
wenn Sie wollen, können Sie die Wörter, Kürzel und anderen Zeichen dieses Bogens in die Kästchen der Seiten 300 bis 304 eintragen. Besser noch ist, Sie schaffen sich selbst solche Schreibweisen und Zeichen und übernehmen gleich diese eigenen Kürzel.

... sondern die Bereitschaft, sich **Zeit** zu nehmen und **stille** zu werden, die Bereitschaft, dann **hin**zuhören und über das Gehörte **nach**zudenken, **und** die Bereitschaft, sich dann auch für den Geh**or**sam zu entscheiden und das Gehörte und Bedachte dann auch zu **tun**.	sondern die Bereitschaft, sich Zeit zu nehmen stille zu werden über das Gehörte nachzud. sich dann auch für den Gehorsam zu entsch. das Gehörte Bedachte dann auch zu tun.

Ich schaffe Dir eine Basis, Dein Brot **selbst** zu verdienen. Ich schaffe Dir das Recht auf Deine **eigene** Persönlichkeit. Ich schaffe Dir **Dein** **persönliches Recht.** Und überhaupt: Ich schaffe Dir eine **Zu**kunft.	Ich schaffe Dir 1 Basis, Dein Brot selbst zu verd. das Recht auf Deine eigene Persönlichk. Dein persönl. Recht 1 Zukunft

Barmherzigkeit, das ist eine **runde** Sache. Das ist ein **Kreis**lauf. Das ist **keine** Einbahnstraße von einem Punkt A zu einem Punkt Z. Sondern das ist eine **Ring**straße.	Barmherzigkeit = 1 O Sache O-lauf keine Einbahnstr. von P. A zu Z sond. 1 Ringstr.

Das ist ein Ort der Geborgenheit und ein Ort der Sicherheit.	Das = 1 Ort der Geborgenheit Sicherheit

... wie man sich lieben lernt, wie man sich korrigiert **und** wie man **Kon**flikte austrägt.	wie man sich lieben lernt korrigiert Konflikte austrägt

Es wird viel geredet in der Kirche. Zuviel, werden manche sagen. Auf jeden Fall aber nicht immer klar, verständlich und ansprechend! Dies aber ist gerade für evangelische Kirchen, die Kirchen des Wortes sein wollen und in deren Gottesdienst die Predigt einen zentralen Platz inne hat, verhängnisvoll.

Die Kunst des Redens zu pflegen, müßte also zu den selbstverständlichen Bestandteilen der Ausbildung für den kirchlichen Dienst gehören. Bis in unser Jahrhundert hinein war deshalb Rhetorik ein wichtiges Fach an den Ausbildungsstätten für Pfarrer und Prediger, oder zumindest ein wichtiger Bestandteil der Homiletik, der Lehre vom Predigen.

Daß durch Karl Barth und seine Schule dem Mühen um wirksame menschliche Rhetorik das Vertrauen auf die Wirkungskraft des göttlichen Wortes gegenübergestellt und damit für fast ein halbes Jahrhundert die Rhetorik aus der theologischen Ausbildung verbannt wurde (s.u.S. 25f), war möglicherweise eine notwendige Reaktion auf einen falschen Gebrauch der Rhetorik, auf die Dauer aber sicher problematisch. Karl Barth erzählte selber einmal sehr anschaulich davon, wie er am Samstagabend ein Varieté mit wirklich gekonnten, professionell gestalteten künstlerischen Darstellungen besuchte und dann am Sonntagmorgen sich eine schlecht vorbereitete und schludrig vorgetragene Predigt anhören mußte. Und in diesem Zusammenhang stellte auch Karl Barth die Frage, ob nicht die Botschaft des Evangeliums aller Mühe, Anstrengung und Kunst, zu denen ein Prediger fähig ist, wert sein sollte.

Eberhard Wagner legt mit diesem Buch eine in vieler Hinsicht umfassende Rhetorik vor. Er behandelt nicht nur den Bereich der Predigt und des Redens im Gottesdienst, sondern viele Formen der Rede, wie sie in der christlichen Gemeinde, aber auch im Beruf und der Familie vorkommen. Er bedenkt die Gegebenheiten in der volkskirchlichen Praxis, geht aber auch auf die Situation in Freikirchen und Gemeinschaften ein. Beim Blick ins Inhaltsverzeichnis oder beim flüchtigen Durchblättern mag man den Eindruck bekommen, daß fast zuviel an Details oder an Selbstverständlichem behandelt werde. Aber abgesehen von der Frage, was heute noch selbstverständlich ist, - beim genauen Durchlesen wird man entdecken, welcher Reichtum an Erfahrung gerade in den Details steckt und mit welchem sicheren Takt auch scheinbar banale, aber in der Praxis oft wichtige Dinge abgehandelt werden. Vor allem aber wird man dankbar registrieren, daß die Ausrichtung auf die Botschaft, die beim Hörer ankommen soll, das entscheidende Kriterium aller Ausführungen bleibt.

Eberhard Wagner ist für die, die ihn kennen, ein Phänomen. Seit vielen Jahren arbeitet er gleichzeitig als Geschäftsmann und lehrt an einer Bibelschule Homiletik, Theologiegeschichte und Ethik. Gerade diese Kombination gibt seinem Buch die besondere Note, die durch Praxisnähe und sorgfältige theologische Reflexion gezeichnet ist. So ist sein Buch allen, die in der Kirche reden müssen, seien es Pfarrer, Laienprediger, Kirchengemeinderäte, Lektoren oder andere, zum Studium zu empfehlen.

Frankfurt, im Dezember 1991

Bischof Dr. Walter Klaiber

Meiner Gisela, einer bewundernswerten Frau,
in Liebe

Meine verehrten Leserinnen und Leser,

ich bin davon überzeugt, daß das vorliegende Buch solchen Christen eine Hilfe sein kann, die etwas dazulernen wollen. Nach meinen Erfahrungen sind das aber immer wieder die, die ihre Sache bereits ganz ordentlich machen und nun erwarten, sich noch verbessern zu können. Mein Schmerz ist, daß viele Mitarbeiter in der Gemeinde Jesu, die dringend intensiver Hilfe bedürften, gar nicht auf den Gedanken kommen, solche Hilfe zu suchen. Derartige Überlegungen könnten mich leicht dazu bewegen, mein Vorhaben fallen zu lassen. Zu kräftig aber sind die Ermutigungen gewesen. Zu viele Menschen haben mich bedrängt: »Das Buch muß unbedingt erscheinen!« Und deshalb erscheint es nun auch.
Um die folgenden Kapitel zu schreiben, habe ich nur in geringem Maße auf Literatur zurückgegriffen. Zum größten Teil gründen meine Ratschläge wie meine Kritik auf jahrelangen eigenen Beobachtungen, auch in der »evangelikalen« Welt, und auf Unterrichtserfahrung. Ich verwende das »importierte« Wort »evangelikal« ungern; aber ich wüßte nicht, mit welchem anderen Sammelbegriff ich die Christen in meinem Land bezeichnen könnte, die beim personalen Gott und zugleich in einer persönlichen Beziehung zu Jesus Christus bleiben sowie an der Verbindlichkeit der Bibel festhalten wollen.
Diese Ausführungen zur Rhetorik sind eine Vorhut des Homiletik-Buches, das dem vorliegenden Band folgen soll. Die lebendigere Verkündigung des Evangeliums ist das eigentliche Anliegen, das hinter den Seiten dieses Buches steckt. Daß die Form der Predigt ihrem so wertvollen Inhalt gerechter werde, das ist mein Bestreben.
Ich danke all denen, die mir Mut gemacht, mir tatkräftig geholfen und mich beraten haben. Dieser Dank gilt Herrn Oberstudienrat Dr. phil. Hans-Georg Gerhardt und Herrn Pastor Dr. theol. Helmut Mohr, die das mühsame Korrekturlesen von Buchteilen in freundschaftlicher Hingabe und mitdenkend auf sich genommen haben, ebenso meinem Sohn, Herrn Pastor a.P. Andreas Wagner, dem Grafiker, Herrn Heinz Giebeler, für die gekonnten Zeichnungen, desgleichen meiner Tochter, Frau Wagner-Weber, für weitere Zeichnungen und meinem Schwiegersohn, Herrn Rainer Weber, für seine fachkundige Hilfe bei schwierigen Computer-Aufgaben. Am Ende der Arbeitskette stehen die Mitarbeiter des Christlichen Verlagshauses, die die Veröffentlichung freundlich begleiteten und schließlich bewerkstelligten mit Ihrem wichtigen fachlichen Rat. Für alle genannt seien Herr Direktor Walter Siering und der allzeit hilfsbereite Lektor, Herr Gerd Ulmer. Eine besondere Freude und Ermutigung war und bleibt mir, daß der Bischof meiner Kirche, Herr Dr. theol Walter Klaiber, das Geleitwort zu meinem Buch geschrieben hat. Mein höchster irdischer Dank allerdings gebührt meiner Frau. Die Opfer, die sie gebracht hat und bereits für weitere Veröffentlichungen bringt, sind nicht mit Worten zu beschreiben.
Ich wünsche Ihnen Freude beim Lesen der nun folgenden Seiten!

Kirchhain, im Dezember 1991

Ihr Eberhard Wagner

Erster Hauptteil:

Zu diesem Buch und zur Geschichte der Rhetorik:

1. Zur Benutzung des Buches

Sieben Dinge werden Ihnen, liebe Leserinnen und Leser, besonders auffallen:

Als erstes werden Sie bemerken, daß ich in der 1. und 2. Person schreibe; ich spreche also von Ihnen und von mir. Dahinter steht die Absicht, daß Sie sich konkret von mir als einem persönlichen Partner beraten fühlen sollen. Stellen Sie sich vor, wir säßen an einem Tisch einander gegenüber und unterhielten uns über die Belange des Redens.

Es wird Ihnen als zweites seltsam vorkommen, daß ich einerseits allgemein bekannte Wörter wie »Substantiv« erkläre, als seien Sie Schulkinder, andererseits handfeste Probleme bespreche, die eigentlich nur Fachleute interessieren. Einerseits Hinweise für Laien, andererseits Material für Experten. Diese Spannung ergibt sich aus der angenommenen Mischung meiner Leser. Ich weiß, wie Menschen zumute ist, die einerseits verantwortungsvolle und durchaus auch gehobene Aufgaben erfüllen sollen, andererseits aber früher nicht die Gelegenheit oder die Bereitwilligkeit hatten, sich entsprechend zu bilden. Da will ich dem einen oder anderen von Ihnen helfen, Versäumtes nachzuholen, ohne das Niveau zu senken. Ich gebrauche die Fremdwörter, weil ein Prediger sie kennen sollte. Ich erkläre sie, weil nicht jeder Prediger sie kennt.

Das dritte, was Ihnen auffallen wird, ist die Mischung aus weltlicher und gemeindlicher »Landschaft«. Das wird besonders an den Beispielen deutlich. Es scheinen die beiden Gebiete durcheinander behandelt zu sein. Das Fach heißt »Rhetorik«, aber es wird gelehrt für Leute, denen beides aufgetragen ist: nichtreligiöse Reden **und** Predigten. Dabei setze ich voraus, daß auch die nichtreligiösen Reden meiner Leser gewöhnlich im Rahmen des Gemeindelebens gehalten werden. Das Fach Rhetorik soll als eine Vorstufe und gleichzeitig als Ergänzung zur Predigtlehre verstanden werden. Versuchen Sie bitte, die beiden Aufgaben, die Rhetorik und die Predigtlehre, voneinander zu trennen, sie aber dennoch beide in dem vorliegenden Buch berücksichtigt zu sehen.

Das vierte Auffällige dürfte die Betonung des Negativen, die breite Behandlung von häufig gemachten Fehlern sein. Es handelt sich hier um eine Sammlung, die in nahezu einem Jahrzehnt beim Anhören von weit mehr als tausend Predigten und Reden zustande gekommen ist. Lernen Sie aus den Fehlern anderer! Sie müssen sonst aus den eigenen lernen!

Als fünftes könnte ich mir vorstellen, daß Ihnen eine gewisse Schärfe des Tons auffällt. Sehen Sie es mir bitte nach; ich will nur helfen, daß die verwilderte Landschaft des gemeindlichen Redens, auch der Predigt, wenigstens da wieder ein wenig flurbereinigt wird, wo man sich zu Jesus Christus bekennt.

Sechstens sind Frauen immer mitgemeint. Aus Platzgründen werde ich aber nur ab und zu »Redner und Rednerinnen« oder Entsprechendes sagen. Das moderne

Kürzel »RednerInnen« ist mir unsympathisch, und die Schrägstrich-Schreibung »Redner/innen« ist optisch häßlich. Verehrte Damen, fühlen Sie sich bitte vom ersten bis zum letzten Wort in vollem Maße angesprochen!
Schließlich bemühe ich mich um einen Stil, der in der Mitte des Dreiecks »Spreche«, »Schreibe«, »Brief« angesiedelt ist. Das heißt unter anderem, daß Wortwiederholungen vorkommen, die Sie in einem Lehrbuch normalerweise nicht finden, oder daß ich auch in Beispiel- und Übungstexten wie in einem Brief »Du«, »Sie«, »Ihnen« und Ähnliches groß schreibe, weil ich das für die Anfertigung von Redemanuskripten stark empfehle. Die Begründung dafür liefere ich Ihnen später[1]. Sie mögen aber bereits hier damit vertraut werden. Sofern Zitate eingerückt sind, lasse ich die Anführungszeichen weg. Durch Anführung in der Anführung sind in seltenen Fällen die Zeichen »» «« unvermeidlich. Auf die in Fachliteratur üblichen Abkürzungen wie »a.a.O.«, »ff« und andere, habe ich verzichtet, weil das Buch auch von vielen Laien gelesen werden soll.
Ich kann nicht damit rechnen, daß Sie die Fülle des Stoffes in kurzer Zeit aufnehmen. Es ist zu viel auf einmal. Sie werden sich später aber an den einen oder anderen Rat erinnern. Mit diesem Buch erhoffe ich eine Langzeitwirkung. Manchem Gedanken werden Sie vielleicht überhaupt nicht zustimmen wollen oder können, vielleicht, weil Sie anders erzogen worden sind. Die Polarisierung[2] hat auch in der Gemeinde Jesu stark um sich gegriffen. Doch bitte ich Sie mit gutem Grund: Lehnen Sie dann nicht das ganze Buch ab!

2. Der Bereich der gemeindlichen Rhetorik

Der Bereich gemeindlicher Rede läßt sich leicht an einem Quadrat erklären. Die vier Schenkel bezeichnen die vier Gebiete, die eine gemeindliche Rede berührt. Sie heißen:

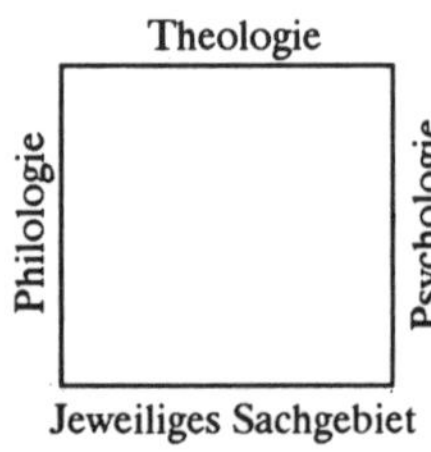

Theologie = prinzipieller Aspekt
Philologie[3] = formaler Aspekt
Psychologie[4] = personaler Aspekt
Jeweiliges Sachgebiet = materialer Aspekt

Gemeindliche Rede ist immer Rede im Licht des Evangeliums. Deshalb kann es keine gemeindliche Rede außerhalb des theologischen Denkens geben. Gemeindliche Rede ist stets der Umgang mit der Sprache. Deshalb ist die Philologie zwangsläufig mit von der Partie. Gemeindliche Rede ist ausschließlich

---

1 Siehe auf Seite 304!

2 = Entwicklung zu Gegensätzen; von (grie.) *polos* (= Pol, eigentlich Drehpunkt) zu *pelein* (= sich bewegen)

3 = Sprachwissenschaft, Bedeutung: Liebe zur Sprache; von (grie.) *philia* (= Liebe im Sinne von Gern-Haben) und *logos* (= Wort, Sprache)

4 = Lehre von der Seele; aus (grie.) *psyche* (= Seele) und *logos* (= Wort, Lehre)

Ansprache an lebendige Personen. Deshalb darf sie jederzeit auf die Erkenntnisse einer seriösen und nicht atheistischen[5] Psychologie zurückgreifen. Gemeindliche Rede sollte -entgegen allem Schein- immer auch weltbezogene Rede sein. Deshalb darf sie niemals auf fachliche Kompetenz verzichten.

Gemeindliche Rede darf nie zum Sprachrohr der gottfeindlichen Welt werden. Deshalb sollen Aggression, Manipulation, Verschleierung, Irreführung »vor der Tür« bleiben. Gemeindliche Rede ist gemeindebezogenes Wort. Deshalb bleiben in diesem Buch die Belange der Gerichtswelt, des Wahlkampfs, der Wirtschaft und anderes in der Regel unberücksichtigt.

Anwendungsbereiche können sein:

die Familie	der Beruf
öffentliche Einrichtungen	die Politik
die eigentlichen Gemeindeveranstaltungen	

Als **Anlässe** lassen sich denken:

Jubiläen	Vorstellungen
Einweihungen	Ehrungen
Begrüßungen	Feste
Einführungen	Schulungen
Verabschiedungen	

Formen von Reden können sein:

Vortrag	Referat
Ansprache	Proklamation
Rede	Information
Beteiligung an einer Podiumsdiskussion	Interview
Führung eines Vorsitzes	Erlebnisbericht
Gestaltung eines Nachgesprächs	Bildmeditation

Ziele, die Sie verfolgen können, sind:

Information	Selbstdarstellung
Beeinflussung	Ansporn
Überzeugung	Gedenken
Beschwichtigung	Würdigung
Verteidigung	Trost
Unterhaltung	

Ausgangspunkt einer jeden Rede ist:

der Standpunkt des Redners	die Situation
der Standpunkt der Hörer	

---

5 = von Gott losgesagt, zumindest Gott bewußt aus dem Spiel lassend, Gott leugnend,; von (grie) *a* (= nicht) und *theos* (= Gott)

Gesichtspunkte, unter denen Sie eine Rede halten können:
- der Inhalt, zu dem Sie stehen können müssen
- die öffentliche Wirkung
- die Wirkung auf den einzelnen

Der **Charakter** einer Rede ist[6]:
- abstrakt
- anschaulich

Die **Methode** gibt sich:
- darstellend
- argumentierend
- (hoffentlich nicht) manipulierend
- motivierend
- romantisierend

Der **Ton** klingt:
- sachlich
- polemisch[7]
- versöhnlich
- anfeuernd
- begeisternd
- verschmitzt-witzig
- spöttisch-ironisch

Der **Aufbau** ist:
- frei assoziierend
- gegliedert
- pädagogisch zugespitzt
- erzählend

Das **Umfeld** der Rede umfaßt außerdem die Technik, sowohl die der Einrichtungen am Redeort als auch die des Vortragens.

3. Die Zielsetzung einer gemeindlichen Rhetorik

Wenn wir von Zielsetzung der Rhetorik sprechen, dann denken wir zum einen an die fertige Rede, zum anderen aber auch an den Menschen, der diese Rede halten kann. Die Zielsetzung muß also nach drei Seiten bedacht werden: nach dem, was der Redner erlernen **soll**, nach dem, was ein Redner erlernen **kann**, und schließlich nach dem, was ein Redner **anstrebt, aber nicht durch Technik** erreichen **kann**.

a) Die Zielsetzung bezüglich dessen, was der Redner erlernen soll

Während eine weltliche Rhetorik sich auch andere Ziele setzen kann, etwa die Schmähung eines Menschen, geht es bei einer Rede innerhalb des christlichen Gemeindelebens fast immer -und auf jeden Fall in einer Predigt- um ein Erklimmen von vier Stufen:

---

6 Wenn eine Rede verstehbar sein soll, dann muß sie, je nach Publikum mehr oder weniger, stets beide Charakterzüge haben.

7 = kämpferisch, angreifend; aus (grie.) *polemos* (= Krieg)

Stufe 1 - Hörbarkeit:
Die Botschaft muß transportiert werden. Das heißt ganz praktisch: der Hörer soll nach der Rede das wissen, was der Redner schon vorher wußte. Diesem Ziel dienen unter anderem: Richtigkeit der Sprache, Klarheit, Deutlichkeit, ausgewogene Lautstärke, korrekte Betonung.

Stufe 2 - Verstehbarkeit:
Die Botschaft muß verstanden werden. Diesem Ziel dienen Ordnung, Übersichtlichkeit, Logik und Zielsetzung. Es ist eine Frage der *ratio*[8].

Stufe 3 - Überzeugbarkeit:
Die Rede muß angenommen werden. Diesem Ziel dient die Person des Redners selbst, seine Fähigkeit, Sympathien zu gewinnen, Überzeugungskraft, der Eindruck, daß er ein Vorbild ist. Es ist eine Sache der *emotio*[9].

Stufe 4 - Nachvollziehbarkeit:
Die Rede soll in die Tat umgesetzt werden. Diesem Ziel dienen das Zeigen gangbarer Wege, praktische Hilfen, Ratschläge, Anweisungen und evtl. das Angebot der Begleitung auf neuen Wegen.

b) Die Zielsetzung bezüglich dessen, was ein Redner erlernen kann

Um sich überhaupt an den Aufstieg über die vier Stufen heranwagen zu können, brauchen Sie als Rednerin, als Redner dreierlei: Begabung, innere Freiheit und eine Menge Handwerkszeug. Vor allem das Handwerkszeug will ich Ihnen durch dieses Buch liefern. Und zum inneren Freiwerden will ich Ihnen verhelfen, so gut ich es kann. Die Begabung vermittelt ein Höherer.
Es sei jedoch deutlich gesagt: Ein Minimum an Bildungswillen muß gegeben sein. Leute, die sich bereits gegen das Anhören eines Fremdworts sträuben, sich erst recht nicht für seine Bedeutung interessieren, sondern lediglich für eine Primitivsprache offen sind, darum auch das hier vorliegende Buch als zu kompliziert ansehen, die möchte ich nicht auf der Kanzel oder am gemeindlichen Rednerpult sehen. Sie würden sich zu sehr plagen und ihre Gemeinde auf die Dauer nur quälen.
Falls Sie wissen wollen, wie ich -abgesehen von der Begabung- die Chancen einschätze: Durch einfaches aufmerksames Lesen der folgenden Seiten kann im Rahmen des Gemeindelebens aus einem schlechten ein mittelmäßiger und aus einem mittelmäßigen ein guter Redner werden. Sollte sich jemand die Mühe machen, anhand dieses Buches tüchtig zu üben und entschlossen an sich selbst zu arbeiten, so habe ich die Hoffnung, daß auch aus einem schlechten ein guter und aus einem mittelmäßigen ein überzeugend guter Redner werden kann. Diese Möglichkeit steht besonders solchen offen, die sich an dem geplanten Fernkurs »Rhetorik« beteiligen werden.

---

8 = (lat.) Vernunft, Verstand

9 = (lat.) die Gefühls- und Empfindungswelt

c) Die Zielsetzung bezüglich dessen, was ein Redner nicht durch Technik erreichen kann

Es geht dabei um Ihre überzeugende Persönlichkeit. Wenn Sie sich aber Überzeugungskraft nicht durch Technik aneignen können, wie kann sie dann ein Thema dieses Buches sein?

Ob Ihre Rede ein gutes Ziel erreicht, das hängt nicht nur von der Logik und Ihrer Technik ab. Nicht einmal der Rede-Inhalt allein bewirkt es. Die modernen Kommunikationswissenschaften sagen es von Jahr zu Jahr lauter: Es ist weitgehend eine Frage Ihrer Redner-Persönlichkeit.

Was ein Hörer von Ihren Ausführungen erwarten darf, leitet sich natürlich von der Art und vom Anlaß der Veranstaltung ab. Da es in diesem Buch aber um gemeindliche Rede geht, kann sich Ihr Hörer darüber hinaus wünschen, daß er am Ende des Vortrags fröhlicher, wissender, dankbarer, nachdenklicher oder motivierter ist. Vielleicht ist er auch beunruhigt. Dann wäre zu prüfen, ob das ein Lob oder einen Tadel für Ihre Darbietung bedeutet.

Jede Rede sollte dem Zuhörer sowohl Mut machen, als auch etwas von ihm erwarten. Darlegungen, die überhaupt nichts vom Hörer wollen, erscheinen mir äußerst fragwürdig.

Daß dieses »etwas vom Hörer wollen« dann beim Zuhörer auch in einem guten, nicht gesetzlichen Sinn tatsächlich zur freien und befreienden Tat wird, ist damit verbunden, daß er Ihnen Ihre Worte abnimmt. Ob er sie Ihnen abnimmt, hängt davon ab, ob er Sie als einen Menschen annimmt, der ihm etwas sagen darf. Daß er Sie als solchen akzeptiert, das setzt voraus, daß Sie überzeugend auf ihn wirken. Das wiederum kann nur dann geschehen, wenn Sie ihm als eine in sich ausgeglichene, sichere, fröhliche Persönlichkeit begegnen. Weil solche Persönlichkeiten sehr selten sind, haben so wenige Reden und Predigten den gewünschten Erfolg.

Die Sache ist aber nicht aussichtslos. Ich sage das aus Erfahrung. Suchen Sie sich einen vertrauenswürdigen Seelsorger, möglichst nicht in der eigenen Gemeinde, sondern weit weg, vielleicht sogar aus einer anderen Kirche, der Ihnen durch regelmäßige Begleitung auf dem Weg zu einem fröhlichen Christenleben weiterhelfen kann. Beten Sie darum! Wer anderen helfen muß, braucht selber Hilfe.

4. Gemeindliche Rhetorik im geschichtlichen Überblick

In der Antike war Rhetorik die Kunst, frei und gut zu reden. *Rhētor* heißt der Redner, *rhetorikē* war die kunstvolle Beredsamkeit, *rhetoreuein* bezeichnete vortragen. Schon im Altertum sah man zwei Voraussetzungen für freies und gutes Reden:

* das natürliche Talent (personaler Aspekt)
* Fertigkeiten, die sich zeigten in
  - der Beherrschung des Sachverhalts (materialer Aspekt) und
  - einer angemessenen Darstellung (formaler Aspekt).

Die Rhetorik hatte oft etwas mit Auseinandersetzung oder gar mit Streit zu tun. Meist waren Positionen **gegen** andere zu vertreten. Es ging um:

* die Kunst des Problembewußtseins, der Argumentation und Gedankenführung
* die Kunst der Stilistik und
* die Kunst, die Reaktion des Publikums zu beurteilen und darauf zu reagieren.

Die Rede sollte sein:

* klar
* kunstvoll
* unkonventionell, also auffallend, aufmerksam machend.

Zu diesen Zielen führten drei Wege[10]:

* Talent
* Ausbildung
* Erfahrung.

Im alten Griechenland war Rhetorik Beweistechnik als:

* wissenschaftliche Beweismethode
* Gerichts-Plädoyer
* politische Rede
* Ruhmes-, Schmäh- und Anfeuerungsrede.

Als einer der größten Redner der Antike gilt Demosthenes (384-322 v. Ch.). Von Haus aus war er ein starker Stotterer. Durch Zungen- und Atemgymnastik, bei der er ständig einen großen Kieselstein im Mund hatte, überwand er seine Behinderung. Er ist ein Beispiel dafür, daß natürliche Gegebenheiten, etwa ein von vornherein offensichtliches Talent, **nicht der einzige Weg** zum rhetorischen Erfolg sind. Es fällt auf, daß auch viele große Verkündiger der Bibel sich nicht für geeignet hielten, z.B. Mose, Jesaja, Jeremia und Amos.
Aristoteles (4. Jh. v. Ch.) hat drei Bücher über die Rhetorik geschrieben: zwei über den Inhalt der Rede, eins über die Form. Der Römer Cicero (106-43 v. Chr.) hat die Verflechtung von Polemik[11] und Kunst betrieben.
Die alten Griechen und später die gebildeten Römer sahen die Rhetorik als dritte Stufe und damit als die Krone der Ausbildung ihrer Söhne an. Die erste Stufe erreichte ein Kind im Elementarunterricht, die zweite Stufe war eine Art Mittelschule. Die Rhetorik bildete die Oberstufe. Man war also der Meinung, daß alles Wissen nichts nütze, wenn man es nicht anwenden und weitergeben könne. Die Rhetorik war der Weg, Wissen in Vorteile, Hilfe oder Ansehen umzusetzen.
In der frühen Kirche spielte die Rhetorik kaum eine Rolle. Der **Inhalt** der Botschaft galt als das Wesentliche, so daß ihre **Form** nicht als getrennte Disziplin

10 Teile der christlichen Gemeinde neigen dazu, zu übersehen, daß sich daran bis heute nichts geändert hat.

11 = Streit, besonders öffentlich ausgetragener wissenschaftlicher; von (grie.) *polemos* (= Krieg, Schlacht)

gelehrt oder geübt wurde. Rhetorik als Kunstform und Predigt als verblümte Rede waren nicht gefragt. Gleichwohl gab es große Prediger. Im 4. nachchristlichen Jahrhundert waren es im griechischen Sprachbereich besonders Chrysostomus[12] und im lateinischen Augustinus[13]. Vor allem Augustinus machte das Erbe der Antike der Verkündigung des Evangeliums dienstbar.
Karl d. Gr. trennte Theologie und Rhetorik, so daß die Rhetorik -ganz im Sinne der antiken Schulrhetorik- wieder als Fach gelehrt werden konnte, natürlich auch zum Zweck des besseren Predigens. Für einige Jahrhunderte bedeutete Rhetorik nun auch die Kunst der guten Predigt. Im 13. Jh., zur Zeit der Hochscholastik, verbot sie der Klerus wieder.
Der Humanismus nahm verständlicherweise die alten Ideale der Rhetorik wieder auf. Luther dagegen, mit dem Humanismus teilweise auf Kriegsfuß, hielt nichts von Rhetorik. Gleichwohl war er ein ausgezeichneter Redner. Seine Forderung war, »dem Volk aufs Maul zu schauen«. Melanchthon war insofern für Rhetorik, als sie sich eignete, die Prediger freier zu machen.
Ähnlich wie Kant war Goethe gegen die Rhetorik. Kant wandte gegen sie ein, sie diene nur zur Beschönigung und Verdeckung des Lasters durch künstliche Überlistung der Zuhörer. Schiller wertete die Rhetorik als Schule zur größeren Natürlichkeit und verstand sie damit nicht im traditionellen Sinn.

In der ersten Hälfte des 19. Jahrhunderts ging der größte theologische Einfluß von Schleiermacher[14] aus. Bisweilen wird er der »Kirchenvater des 19. Jahrhunderts« genannt. Schleiermacher hat der Predigt zu neuem Ansehen verholfen. Dabei ging es ihm um die Darstellung des »frommen Selbstbewußtseins«. Dies war nicht vorrangig eine Verkündigungsaufgabe, sondern eben eine Darstellungsaufgabe. Und das bedeutet, daß die Rhetorik gefragt war. Sie erhielt durch seine Homiletik[15] wie durch seine Predigten Auftrieb. Zu einem Neuansatz der reformatorischen Predigt kam es aber durch Schleiermacher nicht.

Die Theologie der zweiten Hälfte des 19. Jahrhunderts war neben Schleiermacher beherrscht von der scharfsinnigen, aber trocken-schulmeisternden Theologie Albrecht Ritschls[16]. Dieser hat einerseits den sogenannten Kulturprotestantismus begünstigt und damit kultivierte Predigt angeregt, andererseits hat er während der letzten 24 Jahre seines Lebens keine Kanzel mehr bestiegen und damit nicht gerade die Begeisterung seiner Schüler für das Predigen entfacht. Durch seine Theologie wurden jedoch um die Jahrhundertwende Konzepte des Predigens bestimmt, die sich betont an den modernen Menschen wenden wollten.

12 Johannes Chrysostomus, 354-407

13 Augustinus, 354-430

14 Friedrich Daniel Schleiermacher, 1768-1834

15 = Predigtlehre, die Wissenschaft von der Ausarbeitung und dem Vortrag einer Predigt sowie von ihrer Geschichte; aus (grie.) *homilein* (= verkehren, Umgang haben) zu *homilos* (= Menschenmenge) aus *homos* (= gemeinsam) und *eilein* (= zusammendrängen)

16 Albrecht Ritschl, 1822-1889

Unter den Späteren gebührt dabei besonders Friedrich Niebergall[17] Beachtung. Wie andere seiner Zeitgenossen wies er in seinem modernen Predigtkonzept der Psychologie, der Volkskunde und der Pädagogik wesentliche Aufgaben zu. Ziel der Predigt ist nach seiner Vorstellung die Gemeindeerziehung und die Hilfe zur Lebensbewältigung. Das konnte die Predigt nach Niebergalls Meinung sein, weil das Christentum für ihn »ein fester Komplex von froher Grundstimmung, von geistig sittlicher Wertschätzung« war. Der Prediger sollte seiner Hörerschaft an Bildung überlegen sein und so zum Erzieher der Gemeinde werden. Predigt verstand Niebergall als die »Selbstverständigung der Gemeinde über ihr Glauben, Lieben und Hoffen«. Dies machte die Rhetorik für die gemeindliche Rede bedeutender; denn die Überzeugungsaufgabe lag nun in menschlichen Händen. Menschliche Überzeugungsversuche aber bedürfen der Rhetorik.
Wie immer Predigt definiert wird, sie ist nie völlig davon frei, neben dem geistlichen Geschehen auch ein menschlicher Überzeugungsversuch zu sein. Aus diesem Grunde kann christliche Rede auf Rhetorik kaum verzichten. Entscheidend aber ist, ob die Rhetorik in den Dienst einer göttlichen Botschaft gestellt wird oder ob nur menschlich verantwortete Lebenshilfen angeboten werden, die sich religiöser oder auch biblischer Motive lediglich bedienen. Die »modernen« Predigtkonzepte des 19. Jahrhunderts und der ersten Jahrzehnte des 20. Jahrhunderts, an die auch neuere Entwürfe teilweise wieder anknüpfen, erfüllen die Bedingungen einer »Verkündigungs«-Homiletik nicht. Sie werden deshalb biblischen Aussagen über das, was Predigt ist, bei aller vorbildlichen und lehrreichen Suche nach zeitgemäßen Wegen zum modernen Menschen nicht gerecht.
Karl Barth[18] hat Tausende von Pfarrern durch eine theologische Begründung davon zu überzeugen versucht, daß Rhetorik dem Wesen der durch den Heiligen Geist gewirkten göttlichen Offenbarungsbotschaft widerspreche. Er und sein Baseler Freund Eduard Thurneysen verboten praktisch jegliche Einleitung, jede Gliederung, alle Beispiele, sämtliche psychologischen und rhetorischen Kniffe und Geschicklichkeiten in der Predigt. Sogar die Themapredigt[19], und jede Anspielung auf aktuelle Ereignisse, auch ein ausgetüftelter Schluß waren nach ihrer Meinung der biblischen Botschaft nicht angemessen. Zugelassen war nach Barths Homiletik lediglich die Homilie[20], die schlichte, dem Text folgende Auslegung, möglichst nach Sonntag für Sonntag fortlaufenden Texten, der *lectio continua*, oder auch nach den Perikopen[21]. Eigene Textwahl geriet bei Karl Barth bereits in den Verdacht des Ungehorsams gegen Gott, da sich der Prediger darin unab-

---

17 Friedrich Niebergall, 1866-1932

18 Karl Barth, 1886-1968

19 Die Themapredigt galt Karl Barth als ein Rückfall in die Zeit des Rationalismus, da über Straßenbau und ähnliche Alltagsfragen gepredigt wurde, zu Weihnachten etwa in Anklang an den Stall von Bethlehem über Stallfütterung.

20 = eine Wort für Wort und Vers für Vers dicht am Wortlaut des Textes voranschreitende Auslegung

21 *lectio continua* = (lat.) fortlaufende Lesung; hier: fortlaufender Predigttext. Perikope = für einen Gottesdienst vorgeschriebener Schriftabschnitt (= Predigttext), der in den evangelischen Kirchen Deutschlands nach heutiger Ordnung jedes sechste Jahr wiederkehrt; aus (grie.) *peri* (= um, herum) und *koptein* (= abschlagen)

hängig mache[22]. Was Gottes Geist dadurch zu sagen habe, daß der Prediger Gott aus dem jeweilig vorgegebenen Text bezeuge, so Barths Meinung grob zusammengefaßt, das gebe hinreichend Antworten in jede aktuelle Lage hinein.
Das Anliegen, das hinter Karl Barths rabiater Ablehnung alles menschlichen »Nachhelfens« stand, muß aus der geistlichen Armut der liberalen Theologie am Anfang des Jahrhunderts gesehen werden. Er wollte, daß nicht weiterhin Menschenwort, sondern Gotteswort gepredigt wird. Es sollte ein Bezeugen der göttlichen Botschaft sein, die von Gott, »dem ganz anderen«, und »senkrecht von oben nach unten« in Christus offenbart worden ist. Seiner Absicht können bibelorientierte Prediger Verständnis entgegenbringen. Seinen Anweisungen kann ich jedoch nicht mehr als interessierte Aufmerksamkeit widmen. Barths einstiger Gesinnungsgenosse Emil Brunner erregte denn auch Barths höchstes Mißfallen dadurch, daß er einwandte, die Predigt müsse dem modernen Menschen Rechnung tragen und habe ihn da aufzusuchen, wo er sei. Auch auf Männer wie Paul Althaus und Friedrich Gogarten, die Ähnliches einwandten, ging Barths Bannstrahl nieder. Er selber indessen ist seinen eigenen Vorschriften nur unvollkommen gerecht geworden. Bei allem Ernst, der der Sache zukommt, kann ich mich eines Schmunzelns nicht erwehren, wenn ich lese, wie der Mann gepredigt hat, dem jeglicher psychologische Kniff hätte abhold sein müssen:

> Irgendwo wächst jetzt schon das Holz heran, aus dem man einmal deinen Sarg machen wird, und irgendwo ist ein Stück grüner Erde, und das wird einmal aufgeworfen werden, um dein Grab zu sein. Und irgendeinmal wird die Stunde kommen, da werden deine Freunde und Verwandten dorthin ziehen und du wirst auch dabei sein, aber dich wird man tragen oder fahren, und du wirst eine rätselhafte leblose Masse, eine Leiche, sein. Und irgendeinmal wird der letzte Mensch gestorben sein, der dich noch gekannt und noch von dir gewußt hat. Was wird dann mit dir sein? Das ist der Tod.[23]

Die Auseinandersetzung darüber, ob Rhetorik Manipulation sei, ob sie aus moralischen Gründen zu verwerfen sei, ob die Überzeugung der Hörer allein durch den Inhalt oder auch durch die Form zu geschehen habe, ist so alt wie die Rhetorik selbst. Schon im 5. Jahrhundert v. Chr. stritten darum Protagoras und Sokrates. Protagoras hielt alles für **rhetorisch vermittelbar**, Sokrates wollte im philosophischen Sinn **überzeugen**. Dieser Konflikt wird bis heute zwischen der Nachhut der Barthschen Schule und der modernen Homiletik ausgetragen. Der 1974 verstorbene Ernst Lange hat der »Verkündigungshomiletik« Karl Barths seine »Situationshomiletik« entgegengestellt. Während Barth und Thurneysen meinten, nicht der Mensch sei in der Predigt zu verstehen, sondern Gott wolle darin verstanden sein, versuchte Lange, den Menschen zu verstehen und ihm so entgegenzukommen. Von dieser menschlichen Situation ging er aus. Er predigte also dem Menschen vom Menschen aus. Der Verkündigungshomiletik am drastischsten entgegengesetzt dürfte der Ansatz des 1927 geborenen Gert Otto sein, der die Predigt als rhetorische Aufgabe ansieht.[24] Die Rhetorik ist praktisch sein Ansatz.

---

22 Barth, Homiletik, Seiten 74 und 75

23 Zitiert nach Bohren, Predigtlehre, Seite 126

24 Gert Otto setzt sich mit der Kritik am rhetorischen Predigtverständnis in seinem 1987 erschienen Buch »Predigt als rhetorische Aufgabe«, besonders auf den Seiten 52-65, auseinander.

Die Wichtigkeit der Predigtaufgabe leitet Otto von den relativ hohen Gottesdienst-Besucherzahlen ab. Diese Zahlen bezieht er aufs ganze Land, aufs ganze Jahr und vergleicht sie mit den Gästen anderer Veranstalter. Das Predigtziel ist »besser gelingendes Leben«.[25] Beachtenswert an Ottos Entwurf ist, daß er die geistliche Rede konsequent unter der Bedingung profaner[26] Rede als den gleichen Gesetzen unterliegend gesehen haben will. Aus dieser Gleichsetzung ergibt sich für ihn die Notwendigkeit des rhetorischen Ansatzes. Jedoch sieht Otto die Rhetorik nicht nur als Sprech- und Redehilfe an, auch nicht als Sprachschule im Sinne von Redekunst, sondern als einen **Prozeß der Wahrheitsfindung** und als eine Bildungskonzeption. Otto will dem angeblichen Mißverständnis wehren, das die Rhetorik bloß als Hilfsmittel zur besseren Beförderung biblischer Verkündigung benutzen will. Die Rhetorik soll vielmehr die Inhalte bestimmen. Daraus ergibt sich: Die Rhetorik ist nicht einem Kerygma[27] untergeordnet, sondern ihm mindestens gleichranging beigeordnet, methodisch sogar übergeordnet.
Wir könnten Otto vorsichtig folgen, wenn er seine Rhetorik nur in zweiter Linie von der Form, in erster Linie aber vom Inhalt bestimmen lassen wollte. Er geht aber einen Schritt weiter: Er bestimmt nicht nur die Rhetorik vom Inhalt her, sondern auch den Inhalt von der Rhetorik her.
Die rhetorisch bestimmte Homiletik Ottos, in der die Abhängigkeit vom Text ebenso geleugnet wird wie der Glaube als Gehorsam, und in der der Heilige Geist als beeinflussende Macht nicht vorkommt, kann für mich nicht mehr als ein interessantes und lehrreiches Exempel[28] sein. Ein Verkündigungsverständnis, das den Heiligen Geist als zur Wahrheit überführende Macht nicht kennt, kann keine Basis für einen Christen sein, der einem lebendigen und personalen Gott vertraut, einem Gott, der dem Menschen etwas ganz Bestimmtes zu seinem Heil mitzuteilen hat.

Die unterschiedlichen Stellungnahmen zur Rhetorik vergangener Zeiten ergeben sich zum Teil daraus, daß unter Rhetorik sehr Unterschiedliches verstanden wird. Vor allem aber kommen manche Urteile dadurch zustande, daß die rhetorischen Konzepte der verschiedenen Jahrhunderte unter den Gesichtspunkten der heutigen Theologie und des heutigen Bedarfs gesehen werden.[29]
Rhetorik kann als ein Bildungskonzept im Sinne der Antike gesehen werden. Da gehören die Inhalte mit hinein. Sie kann als eine Kunstfertigkeit zum Zwecke des Brillierens verstanden sein. Da kommt es auf allerlei Zierat, Redefiguren und Schnörkel an. Sie kann aber auch als bloßes Werkzeug zu verständlicherem und einfühlsamerem Reden aufgefaßt werden. Das bedeutet, daß die Rhetorik im Dienst des Redeauftrags, damit im Dienst des Inhalts und damit schließlich im

---

[25] Otto, Seite 45

[26] = weltlich, nicht kirchlich, von (lat.) *pro* (= vor) und *fanum* (= Heiligtum, geweihter Ort)

[27] = (grie.) die von einem Herold ausgerufene Bekanntmachung, im Neuen Testament die Verkündigung von Jesus Christus

[28] = Beispiel; aus (lat.) *ex* (= aus, heraus) und *emere* (= nehmen)

[29] Otto hat überzeugend dargestellt, daß Luther unter den Bedingungen und Möglichkeiten seiner Zeit durchaus rhetorische Zielsetzungen verfolgt hat. Siehe dort auf Seiten 66-73!

Dienst eines Auftraggebers steht. Atemtechnik oder Gestik gehören gleichermaßen dazu wie die Einschätzung des sozialen Umfelds der Hörerschaft. Aber gerade diese Auffassung ist es, die auch eine manipulative Funktion der Rhetorik zuläßt. Da diese Sicht zugleich die Aufgabenstellung des vorliegenden Buches ist, gilt für meine Leser ein ausgeprägtes Verantwortungsbewußtsein als Voraussetzung zu rhetorischen Übungen.
Der letzten Position hätte sich wohl auch Melanchthon anschließen können, nicht mehr aber -und zwar aus theologischen Gründen- Karl Barth.
Die rhetorischen und auch homiletischen Bemühungen der letzten Jahrzehnte lassen sich deutlich von den Ergebnissen der Kommunikationsforschung[30] leiten. Das bedeutet zugleich, daß die Rhetorik keine eigene Größe mehr ist. Sie wird nicht mehr um ihrer selbst willen betrieben, sondern als Instrument der Beeinflussung verstanden.

Es fällt auf, daß alle Gegner der Rhetorik, Luther, Kant, Goethe und Karl Barth, selbst ausgezeichnete Redner waren. Es liegt deshalb der Verdacht nahe, daß sie nicht zuletzt deshalb Rhetorik für überflüssig hielten, weil sie selbst von Natur die nötige Gabe zu fesselndem Reden hatten und der künstlichen Einübung nicht bedurften. Das Beispiel Karl Barths spricht für sich.
Tatsache ist, daß spätestens seit der Frankfurter Nationalversammlung von 1848 in der Paulskirche allein die Aussage zählt und nicht die Form. Das heißt: Die Rhetorik ist auf keinem Gebiet mehr Selbstzweck. Worum es heute in der Rhetorik geht, ist die Bemühung, die gültige Aussage besser und wirkungsvoller zu transportieren. Und damit ist eine Übereinstimmung mit den meisten biblisch-theologischen Positionen erreicht, nach denen jegliche Form und Sprachhilfe ausschließlich der Botschaft zu dienen hat. Und dieser Dienst der Rhetorik an der Botschaft ist für den Auftrag, den die Gemeinde Jesu hat, immens wichtig.

Die meisten Anforderungen, die die Antike an die Rhetorik stellte, gelten auch für die christliche Gemeinde. Aber im Gegensatz zu jeglicher weltlichen Rhetorik können in der christlichen Gemeinde Schlagfertigkeit und Gerissenheit nicht als erstrebenswerte Lernziele gelten. Dafür setzt gemeindliches Reden, wo es biblisch ausgerichtet ist, auf die Ehre Gottes, auf Wahrheit und Liebe.
Gemeindliche und weltliche Rhetorik unterscheiden sich aber nicht nur hinsichtlich der Gesinnung voneinander. Sie haben auch völlig unterschiedliche Voraussetzungen. In der weltlichen Redekunst ist der Redner ganz und gar auf seine körperlichen, seelischen und verstandesmäßigen Fähigkeiten angewiesen. Die christliche Gemeinde dagegen verrichtet ihre Zeugnisarbeit in »fremdem« Auftrag und im Vertrauen auf göttliche Weisheit und Kraft. Der Heilige Geist begabt, erinnert, ermutigt und stärkt die Diener Gottes.

---

30 = Forschungsrichtung, die sich mit der Problematik der zwischenmenschlichen Verständigung, der Übermittlung von Informationen, befaßt; aus (lat.) *communicare* (= teilen, teilhaben lassen) zu *communis* (= gemeinsam)

Zweiter Hauptteil:

Zum Aufbau einer Rede

Eins dürfte jedem klar sein: Einfach drauf los reden, das geht nicht. Einer Rede muß ein Ordnungs-System zugrunde liegen. Und in der Regel sollte es der Zuhörer auch als solches erkennen können. Zumindest aber muß er das Gefühl haben: Hier weiß einer oder eine, was er oder sie sagt und was er oder sie damit bezwecken will. Um dem Zuhörer ein solches Empfinden von sichtbarer oder unsichtbarer Ordnung zu vermitteln, kann von verschiedenen Redemodellen Gebrauch gemacht werden. Um diese Modelle höchstmöglich wirksam werden zu lassen, ist eine bestimmte Technik der Vorbereitung nötig. Um diese Technik sinnvoll zu handhaben, ist es ratsam, bestimmte Phasen der Vorbereitung zu beachten. Während es unter »Sprache« um die Mikro-Struktur[1] einer Rede geht, wird hier die Makro-Struktur behandelt.
Die Rede-Modelle, die ich auf den folgenden Seiten beschreibe, eignen sich teilweise nur bedingt für die Predigt, in vollem Maße jedenfalls nicht für die Prediger, die ihre Verkündigung als Botschafter an der Stelle des Christus[2] verstehen, deren Tun die Überzeugung zugrunde liegt, daß sie eine göttliche Botschaft an Menschen ausrichten. Die Predigt des Evangeliums ist mehr als Unterhaltung, Information, Überzeugung oder Schulung. Dem Thema der Verkündigung will ich ein gesondertes Buch widmen.

1. Aufbaumodelle

Sicher kann man eine lange Liste von Redemodellen erstellen. Ich will mich hier auf vier beschränken, auf

die frei assoziierende[3],
die gegliederte,
die pädagogisch[4] zugespitzte
die erzählende Rede.

Jedes dieser Redemodelle eignet sich für ganz bestimmte Anlässe besonders. Natürlich gibt es Mischformen. Jede Rede zum Beispiel, nicht nur die pädagogisch zugespitzte, sollte ein Ziel haben.
Jedes Rede-Modell ist demnach weitgehend abhängig von seiner Funktion. Soll die Rede informieren oder unterhalten oder zum Handeln bewegen? Die Funktion wiederum ist abhängig von der Kompetenz. Aus welchem Recht heraus mutet ein Mensch seine Person, seine Stimme, seine Art und seine Meinung einer Gruppe mehrerer Menschen zu?

---

1 (grie.) *mikros* (= klein) und *makros* (= groß); gemeint ist der Aufbau im kleinen und großen.

2 Nach 2.Kor 5,20

3 = miteinander verknüpfen, zusammenbringen, von (lat.) *as* für *ad* (= zu hin) und (lat.) *sociare* (= vereinigen) aus *socius* (= Genosse)

4 = die Erziehung bzw. die Ausbildung betreffend; von (grie.) *paidagogos* (= Erzieher) aus *paid* (= Knabe) und *agein* (= führen)

Die frei assoziierende Rede lebt fraglos davon, daß die Zuhörer dem Redner zuhören **wollen**. Die Legitimation der Rede liegt also, wenn sie nicht angemaßt oder aufgezwungen ist, beim **Hörer**. Legitimiert sie der Hörer nicht, so hat sie keine Legitimation.
Die gegliederte Rede liegt stärker als jede andere in der **verhandelten Sache** begründet. Da ist einer, der etwas weiß. Er weiß zum Beispiel drei Tatsachen, die wichtig genug sind, weitergegeben zu werden. In der Predigt wären diese drei Tatsachen so wichtig, weil sie aus Gottes Wort erschlossen sind und weil der Redner von Gott beauftragt ist. Die Legitimation läge dann im **göttlichen Auftrag**.
Die pädagogisch zugespitzte Rede, meist eine streng didaktisch[5] gezielte Rede, hat ihre Legitimation in einem **Ausbildungsziel**. Ein Ausbildender oder ein Auszubildender oder auch beide wollen, daß am Ende der Rede etwas verstanden und möglichst auch gekonnt wird, etwas, das durch die Rede vermittelt worden ist. Das Ausbildungsziel rechtfertigt sich aus seiner eigenen Notwendigkeit. Es ist evtl. die Voraussetzung zur Ausübung eines Berufs, vielleicht auch zur Ausübung eines fröhlichen und fruchtbaren christlichen Lebens.
Die erzählende Rede legitimiert sich einerseits aus einem **Ereignis**, von dem berichtet wird, andererseits aus dem **Interesse**, das die Zuhörer diesem Ereignis entgegenbringen. Ist es zum Beispiel eine neutestamentliche Heilungsgeschichte, so ist die erzählende Rede dadurch gerechtfertigt, daß die Zuhörer meinen oder voraussetzen können, daß das erzählte Ereignis einen **Nutzen** für sie haben kann.

a) Das Modell einer frei assoziierenden Rede

Das Wort »assoziierend« deutet an, daß hier verschiedene Dinge »assoziiert«, also zusammengebracht werden. »Frei assoziierend« besagt, daß der Redner nicht einem äußeren Schema folgt, sondern sich die »künstlerische« Freiheit nimmt, entweder die Dinge, Gedanken, Informationen, Belege, Beweise oder Argumente nach ihrer ästhetischen[6] oder psychologischen Wirkung zusammenzustellen oder aber nach spontanen[7] Einfällen vorzugehen.
Diese Gestaltungsfreiheit nach spontanen Einfällen empfiehlt sich oder verbietet sich in der Regel wenigstens nicht bei solchen Reden, die nicht informieren oder lehren, sondern etwa unterhalten, belustigen oder erinnern wollen.
Die frei assoziierende Rede ist die größte Versuchung für all jene, die meinen, mit Gliederungen nicht umgehen zu können oder sie nicht zu brauchen. Sie ist entweder ein Kunstwerk oder eine Katastrophe. Während eine gegliederte Rede noch »einigermaßen« oder »mittelmäßig« ausfallen kann, ist die frei assoziierende Rede entweder von Geschick und äußerster Disziplin getragen oder unbrauchbar, um Inhalte zu vermitteln. Einer bibelgemäßen Verkündigung ist die Rede nach spontanen Einfällen nicht angemessen und in aller Regel dazu auch unbrauchbar. Das sei durchaus auch solchen Gruppen gesagt, die regelmäßig zur Wortbetrachtung zusammenkommen und anstelle einer Predigt unvorbereitet

5 = die Unterrichtsgestaltung betreffend, von (grie.) *didaskein* (= unterrichten, lehren)
6 Nach dem Gesichtspunkt des Schönen, von (grie.) *aisthesis* (= Wahrnehmung)
7 = aus einer plötzlichen Regung heraus; aus (lat.) *spontaneus* (= freiwillig, frei)

Gedanken über einen biblischen Text weitergeben oder austauschen. Das Modell der frei assoziierenden Rede will ich in drei Möglichkeiten darstellen, als meditative[8], kontinuitätsgeführte[9] und als pro-und-contra[10]-Rede

(1) Die meditativ frei assoziierende Rede

Sie können sich dieses Modell wohl am leichtesten als eine **Spirale** vorstellen, deren Draht von einem äußersten Punkt nach innen zu einem zentralen Punkt verläuft. Dieser zentrale Punkt ist das Redeziel. Es war von Anfang an festgelegt. Der äußerste Punkt steht ebenfalls immer fest. Es ist der gegenwärtige Erkenntnisstand der Zuhörer. Alle Gedanken, zu denen Sie Ihre Hörer auf die Reise vom Ausgangspunkt ins Zentrum mitnehmen, erfüllen den einen Zweck: den in der Mitte angesteuerten Gedanken zu erklären, die dort anvisierte Sache interessant zu machen, die dort aufs Korn genommene Person zu ehren oder zu verstehen oder die am inneren Ende der Spirale angestrebte Tat zu veranlassen.

Sie ahnen, welche Funktion eine Spirale erfüllt, deren Draht irgendwo zwischen den beiden Enden gebrochen ist: keine! Nicht viel besser ergeht es Ihnen mit einer meditativ assoziierenden Rede, wenn Sie sich die Freiheit nehmen, den Argumentations- oder Berichtsfaden willkürlich oder fahrlässig abzuschneiden und an einer beliebigen, Ihnen genehmen Stelle ohne neue Anknüpfung weiterzumachen.

(2) Die nur durch Kontinuität der Gedanken geführte frei assoziierende Rede

Darunter verstehe ich eine Rede, die lediglich dadurch sinnvoll ist, daß die Kontinuität aufs sorgfältigste vom ersten bis zum letzten Satz aufrechterhalten bleibt. Sie können die kontinuitätsgeführt frei assoziierende Rede mit einer **Kette** vergleichen. Sind alle Glieder unbeschädigt und miteinander verbunden, so genügt die Kette höchsten Ansprüchen. Sie würde auch dann ihre Aufgabe noch erfüllen, wenn sie um viele Ecken und Wände herum, sogar kreuz und quer, durch alle möglichen Kellerräume führte. Ist aber ein Glied geschwächt oder aufgebogen, so hält die Kette unter Umständen weniger als ein Bindfaden. Ebenso ergeht es Ihnen, wenn Sie eine Rede halten, die ihren Erfolg auf die Haltbarkeit einer Argumentations-Kette setzt, und Sie nehmen dennoch einfach ein Kettenglied, eine Schlußfolgerung, eine Begründung, einen Beweis oder eine Information, heraus, ohne die Kette wieder zu schließen.

Wenn Sie gut reden können, gründlich zu denken vermögen und Disziplin besitzen, dann ist dieses Modell für Ihren Gebrauch möglich. Gehören Sie aber nicht zu den Könnern der Rede, so wird ein derartiger Versuch eher im Chaos enden. Dieser Aufbau einer Rede wirkt nämlich ausgesprochen ungeordnet. Und nur dann hat er seinen Platz, wenn es Ihnen gelingt, Ihre Hörer in jedem Augenblick so zu fesseln, daß Sie sie an keiner noch so banalen Stelle verlieren. Leider zählen sich gerade die Leute zu solchen Spitzenrednern, die selbst in einer geeigne-

---

8 = versenkend vorbereitend nachdenken, von (lat.) *meditatio* (= Nachdenken)

9 Von der Stetigkeit, der Fortdauer, dem Fortschreiten bestimmt, von (lat.) *con* für *cum* (= mit, zusammen) und *tenere* (= halten)

10 = (lat.) »für« und »wider«

teren Aufbauart zu langweilen drohen. Es ist kurios: ausgerechnet solche Redner, die Vorbereitungsmühe sparen wollen, halten sich einer so schwierigen Gedankenführung gewachsen. Wer meint, einen solchen Weg gehen zu sollen, weil er kürzer sei, der irrt auf tragische Weise. Bei einer derartigen Auffassung kann nichts anderes als Wirrwarr herauskommen, der die Anwesenden entweder peinlich berührt, sie auf Kosten des Redenden belustigt, oder aber sich gelangweilt abwenden läßt.

(3) Die zwischen »pro« und »contra« assoziierende Rede

Es ist durchaus eine Möglichkeit, zwischen extremen Positionen nach der Wahrheit zu suchen. Es ist keine schlechte Methode, den Zuhörer zwischen »für« und »wider«, von der These zur Antithese und wieder zur These zurück, dem Redeziel näherzubringen. Voraussetzung dazu ist allerdings, daß der Ausgangspunkt und der Zielpunkt unverrückbar feststehen. Auch hier gilt: Wer meint, diesen Weg gehen zu können, weil er für eine gegliederte Rede nicht genug Vorbereitungszeit nehmen kann, der wird seinen Hörern statt einer Rede eine Zumutung liefern.

b) Das Modell einer gegliederten Rede

Unter einer gegliederten Rede ist eine sowohl unmerklich als auch merklich überschaubar gemachte Rede zu verstehen. Sie ist nicht nur eine gegliederte Rede; sie gibt sich auch als solche. In der Vorbereitungsphase verhindert die Gliederung das Ausbrechen und Ausschweifen der vorzubereitenden Gedanken. In der Vortragsphase dient die Gliederung dem Verstehen durch die Zuhörer und zugleich der Merkbarkeit. Die gegliederte Rede präsentiert sich deshalb von vornherein in und mit ihrem Ordnungssystem. Die groben Elemente, etwa Einleitung, Hauptgedanke, Hauptpunkte und Zusammenfassung treten als solche auf. Unterpunkte dagegen sind nur im Bewußtsein des Redners und gegebenenfalls auf dem Konzeptpapier vorhanden.

Die gegliederte Rede eignet sich zur Information und zur systematischen Begründung von Aufforderungen. In der Predigt setzt das voraus, daß der Redner etwas weiß, was die Gemeinde nicht weiß oder was ihr neu in die Erinnerung gerufen werden soll. Das bedeutet aber, daß dem Prediger ein objektives Wissen zur Verfügung steht. An dieser Stelle scheiden sich die Geister. Wo Predigt mehr als Reflexion oder gemeinsames Fragen ist, nämlich die Information über feste Tatbestände aufgrund biblischer Texte, da ist eine Kompetenz nötig, die nicht von Menschen verliehen werden kann. Wo die Predigt darüber hinaus sogar zu Verhaltensweisen auffordert, evtl. sogar im Kontrast zu dem in der Gesellschaft sonst Üblichen und nicht von der geltenden Moral und auch nicht unmittelbar aus der Vernunft Ableitbaren, da muß der Prediger aus und in und mit Vollmacht reden. Da meldet sich eine Autorität zu Wort, die vielleicht auch unter heutigen Theologen nicht unwidersprochen bleiben kann.

Sie haben zwei Möglichkeiten, mit den Ihnen anvertrauten Hörern umzugehen. Ich will es in einem Bild erklären: Sie können in einem Suppentopf unentwegt die vorhandene Suppe umrühren oder aber neue Bestandteile, etwa mit anderen Gewürzen, hinzugießen. Im einen Fall wird immer nur das Vorhandene reflektiert, Neues nicht empfangen. Im anderen Fall entsteht etwas Erweitertes, vielleicht ein neuer Geschmack. Im Klartext: Sie können mit einer Gruppe Gesprächskreise durchführen, um immer wieder das zu hören, was die Teilnehmer dieser Gruppe bereits wußten - bestenfalls erreichen Sie Nuancen. Oder aber: Sie können Ihren Zuhörern völlig neue, bisher dort nicht bekannte Informationen, Zusammenhänge und Sichtweisen vermitteln. Es hat sich dann ein Mensch kundig gemacht oder machen lassen, um als Wissender Wissen an Unwissende weiterzugeben.

Es ist keine Frage, daß Gesprächskreise ihre wertvolle Funktion haben. Immerhin kann Wissen, über das bis dahin nur einige der Teilnehmer verfügten, durch das Gespräch vielen oder allen zugänglich gemacht werden.[11] Gleichwohl liegt auf der Hand, daß sich die gegliederte Rede besonders dazu eignet, ganz bestimmte Tatsachen zu transportieren, ganz bestimmte Fragen zu beantworten, ganz bestimmte Verhaltensweisen zu fordern und ganz bestimmte Begründungen dafür zu liefern. Und es versteht sich demnach auch, daß die gegliederte Predigt leichter in evangelikalen Gemeinden zu Hause sein kann, wo man für objektive Tatsachen aufgeschlossener ist.

c) Das Modell einer pädagogisch zugespitzten Rede

Mit einer pädagogisch zugespitzten Rede zielt der Redner darauf, daß seine Hörer etwas Bestimmtes begreifen. Um dieses Ziel zu erreichen, setzt er nicht nur Informationen und Argumente ein, sondern seinen pädagogischen »Apparat«. Dieser Apparat, der auch »lernpsychologisches Schema«[12] genannt wird, ist nicht wesentlich die Mitteilung eines Wissenden an Unwissende, sondern das Aktivieren von Gedanken beim Zuhörer, die dieser bereits hat, hatte oder haben könnte. Es ist ein Appell an das, was möglich ist.

Das Modell der pädagogisch gezielten Rede schafft die Motivierung zum Sehen einer Problematik. Es bietet zugleich Lösungen an, von denen der Zuhörer Gebrauch machen soll. Es will motivieren, umstimmen und entlarven. Das Ideal ist, daß der Hörer das Erkannte tut. Das Handeln erfolgt aufgrund von Einsicht. Die Einsicht ist das Ergebnis von Überzeugungsversuchen. Die Überzeugungsversuche beruhen auf Informationen. Der Information hat sich der Hörer geöffnet, weil er vorher dazu motiviert worden ist. Die Motivation war möglich, weil der Redner den Hörer dort abgeholt hat, wo er war, und ihm deutlich gemacht hat, daß auch er davon betroffen ist.

Am Ende der Rede wird es entweder ganz oder teilweise gelungen oder mißlungen sein, daß der Zuhörer die Problematik erkannt, daraus Konsequenzen gezogen und ein entsprechendes Handeln ins Auge gefaßt hat.

Es versteht sich von selbst, daß alle Bestandteile des »lernpsychologischen Schemas« und somit einer pädagogisch gezielten Rede auch in einer Predigt nicht nur vorkommen können, sondern in der Regel auch vorkommen sollten. Von einer Predigt unterscheidet sich dieses Modell zunächst dadurch, daß auf Vorgänge im

---

11 Beide Mitteilungsformen sind nötig.

12 Nach Heribert Arens, Predigt als Lernprozeß, Kösel Verlag, München 1972; hier zitiert nach Rolf Heue/Reinhold Lindner, Predigen lernen, Seiten 35ff

Verstand des Hörers gebaut wird und nicht auf die Wirkung des Heiligen Geistes an seiner Seele. Dieser Unterschied besteht aber grundsätzlich immer zwischen Rede und Predigt. Es besteht jedoch auch ein spezieller Unterschied darin, daß die pädagogisch gezielte Rede von ihrem Wesen her allein auf Einsicht zielt, die Predigt darüber hinaus auf Gehorsam.

d) Das Modell einer erzählenden Rede

Erzählungen sind meist nur Teile einer Rede. Dann fungieren sie als Illustrationen[13]. Hier aber geht es um eine Rede, die insgesamt erzählt. Eine erzählende Rede enthält nichts anderes als Erzählung[14], in der Regel nicht einmal eine Anrede des Publikums. Die Erzählung übernimmt sämtliche Funktionen, die eine Rede haben kann. Sie wendet sich offiziell nicht an bestimmte Personen, die sie in Wirklichkeit natürlich immer im Blick hat. Alles und jedes, was die Rede ausmacht und bezwecken will, ist in die Form der Erzählung gekleidet. Selbst komplizierte und abstrakte Gedankengänge werden erzählt. Die Erzählung ist so plastisch, so vernünftig und nachvollziehbar, daß jeder Anwesende weiß, weshalb sie stattgefunden hat. Das bedeutet: Sie erzählen Erwachsenen und halten keine Kinderstunde! Der Inhalt des Gesagten ist anspruchsvoll. Er kann anspruchsvoller sein, als es eine übliche Rede zuließe. Denn die Erzählung schafft Verstehenshilfen.

Die erzählende Rede ist ein starkes rhetorisches Mittel. Gefühl und Verstand werden durch sie in gleicher Weise angesprochen. Besonders gebildete Zuhörer wissen sie zu schätzen. Die erzählende Rede fordert dem Redner gleichwohl eine Menge Mut ab; denn sie erregt Aufsehen, weil sie ungewöhnlich ist. Während der ersten Minuten sind die Zuhörer, besonders weniger gebildete Menschen, kritisch gespannt. Das läßt sich von ihren Gesichtern ablesen und verunsichert Sie, falls Sie ein ungeübter Redner sind. Am Schluß aber, wenn die Rede gelungen ist, haben Sie ein dankbares und begeistertes Publikum. Diese Redeform sollte selten bleiben. Ihr Effekt nutzt sich ab.

2. Aufbautechniken

Sie tun sehr gut daran, Ihre Rede so aufzubauen, daß Ihre Zuhörer zum einen spüren: Dieser Mann oder diese Frau folgt einer Linie. Das macht immer einen guten Eindruck. Wer möchte sich schon ungeordneten Gedanken hingeben? Ihre Hörer sollten aber zum anderen auch deutliche Verstehens- und Erinnerungshilfen durch einen zweckmäßigen Aufbau erhalten. Nun fordert natürlich jedes Redemodell auch seinen für sich typischen Aufbau.

a) Aufbautechnik einer frei assoziierenden Rede

Die Bezeichnung verleitet zu der Vermutung, hier sei kein Aufbau-System erforderlich. Das Gegenteil ist der Fall. Während bei einer gegliederten Rede die

[13] Die Illustrationen sind ausführlich auf den Seiten 90-105 behandelt.

[14] In der Homiletik entspricht sie der narrativen (erzählenden) Predigt.

Gliederung, wenn sie sachgerecht ist und beachtet wird, manche Ungereimtheit verhindern kann, müssen Sie während einer frei assoziierenden Rede **bei jedem Satz** auf der Hut sein. Zu schnell kommen Sie von der eigentlichen Zielsetzung ab oder muten Ihren Zuhörern Informationen zu, die Sie als Redner zwar für wichtig halten, die Sie Ihren Hörern aber nicht als wichtig zu »verkaufen« vermögen.

Die verschiedenen Möglichkeiten einer frei assoziierenden Rede erfordern auch verschiedene Aufbau-Techniken.

(1) Der Aufbau einer meditativ assoziierenden Rede

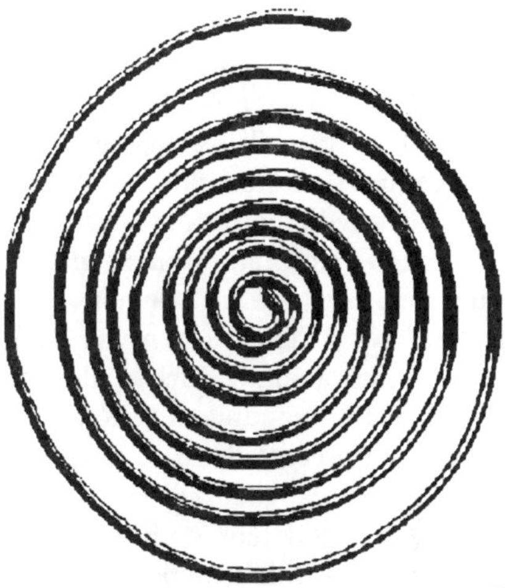

Sie kreisen in Gestalt einer **Spirale** um eine Mitte, zunächst in einem weiten Radius - wie Mükken an einem warmen Augustabend bei offenem Fenster um die leuchtende Glühbirne. Die Mitte ist das, worauf es Ihnen ankommt; sie muß von Anfang an festliegen. Der Ausgangspunkt am äußeren Rand der Spirale ist die Stelle, an der Sie die Anwesenden »abholen«. Sie beginnen also bei Dingen, die dem Zuhörer entweder bekannt vorkommen, weil sie so allgemein sind oder weil sie so konkret sind und nahe an seiner Erlebniswelt liegen. Sie reden etwa von dem, was Ihre Hörer gerade hautnah erfahren haben, oder Sie sagen Dinge, die jeder weiß, und denen jeder zustimmt. Nun kreisen Sie mit Worten und Sätzen um diese Mitte und kommen ihr bei jeder Umkreisung ein Stück näher, werden von Minute zu Minute deutlicher und persönlicher. Es mag sein, Sie beginnen bei der Weltpolitik und enden mit den innersten persönlichen Kämpfen eines Menschen. Nehmen Sie Ihre Zuhörer, ständig konsequenter werdend, mit zu dem Erkenntnis- oder Handlungsziel, das, um im Bilde von einer Spirale zu reden, die Achse bildet! Die angepeilte Sache oder Person wird von vielen Gesichtspunkten aus beleuchtet, etwa wie ein Gegner die Sache empfinden muß, wie die Sache oder Person auf einen Unentschiedenen wirken könnte, wie diese Sache oder Person bei rein logischer Sicht für einen Unbeteiligten aussieht, was sie auslöst, wenn man sie mit Gefühl, mit Mitleid oder Rachegelüsten, betrachtet. Es gibt zahllose Möglichkeiten. Entscheidend ist, daß jeder weitere Gedanke den Redner und die Hörer der Sache oder der Person so, wie sie gesehen bzw. getan werden soll, näherbringt. Vor allem darf der »Draht« der Spirale niemals abreißen!

Am Ende der Rede sollen Ihre Zuhörer sagen können: »Man kann das ja sehr verschieden sehen; aber ich glaube, so ist es doch am klarsten und objektiv geschildert worden, wie ich es jetzt gehört habe.«

(2) Der Aufbau einer nur durch die Kontinuität der Gedanken geführten frei assoziierenden Rede (»apropos-Rede«)

Das Bild für eine solche Rede ist die **Kette**. Wir könnten sie auch eine »Rote-Faden-Rede« nennen. Denn der rote Faden gewährleistet die Kontinuität. Ein weiterer Vergleich dazu: Wenn Sie Strom durch ein Kabel schicken, so erhalten Sie am Ende nur dann eine Spannung, wenn das Kabel an keiner Stelle unterbrochen ist.

Alles, was an dieser Rede festliegt -und zwar vorher!-, sind drei Dinge: erstens der Anfang, zweitens der Schluß und drittens die absolute Notwendigkeit, daß der Gedankenfaden niemals abreißen darf. Nur sehr disziplinierte und begabte Redner können das schaffen. Es gibt in der Tat sonst keine Vorschrift. Sie können auf alles zu sprechen kommen, »vom Hundertsten ins Tausendste«, »vom Hölzchen aufs Stöckchen«. Ihre Gedanken dürfen scheinbar »spazierengehen«, **aber** am Schluß müssen sie in das Ziel münden. Das Entscheidende ist, daß Sie immer wieder vom »Tausendsten« zum Ersten oder Dritten oder Siebten zurückfinden und Ihre Hörer diesen Weg mitgehen können und wollen.

Können wir bei diesen drei zwingenden Voraussetzungen noch von »frei assoziierend« reden? Absolute Freiheit gibt es nicht. Das wissen Sie. Eine absolut frei assoziierende Rede wäre wie ein Haufen Gerümpel, das von verschiedenen Leuten wahllos dahingeworfen wurde. Selbst der Sperrmüll am Straßenrand ist meist ordentlicher aufgeschichtet als manche Rede.

Nun ist aber die Ordnung einer Rede nicht Selbstzweck. Sie soll nicht ordentlich sein, um eben ordentlich zu sein. Das Mindestmaß an Ordnung dient vielmehr der Erreichung des Redeziels. Sie könnten nun sagen: »Gut, aber ich habe mein eigenes Ordnungssystem.« »Einverstanden«, antworte ich, »ist es als solches auch allgemein ausreichend bekannt und nachvollziehbar? Werden Ihre Hörer in Ihrem System mitdenken und mit Ihnen das Redeziel erreichen können? Wenn ja, dann ist es gut. Wenn nein, dann müssen Sie Ihre Ordnung bei aller Freiheit erst noch allgemein anerkennbar und offensichtlich machen.«

Ich gebe Ihnen ein Beispiel aus einem theologiegeschichtlichen Buch[15], in dem ein Theologe über Albert Schweitzer berichtet:

> ... 1911 gibt er die forschungsgeschichtliche Vorarbeit zu seinem zwanzig Jahre später erscheinenden Paulus-Buch heraus; ... - All diese Arbeiten sind begleitet von den finanziellen Vorbereitungen für das afrikanische Spitalwerk ... 1913: Erste Spitalgründung in ... Als Folge des ersten Weltkrieges wird Schweitzer nach wenigen Jahren das ärztliche Wirken untersagt...

Dort wird von theologischer Arbeit berichtet. **Unvermittelt sind ein »Spital« und »ärztliches Wirken« im Spiel.** Vorher laut Artikel hatte Schweitzer anscheinend nur Philosophie und Theologie studiert und sich mit Musik befaßt. Woher kommt plötzlich die Medizin? In der Schilderung wurde einfach vergessen zu berichten, daß Albert Schweitzer von seinem dreißigsten Lebensjahr an Medizin studiert hatte und Arzt geworden war.

Nun ist Albert Schweitzer auch als Urwald-Doktor sehr bekannt. Und dazu kann man in einem Buch eine Passage mehrmals lesen und nebenbei nachforschen. In

15 Willy Bremi in: Hans-Jürgen Schulz (Hrsg.), Tendenzen der Theologie im 20. Jahrhundert, ^{2}1967, Kreuz-Verlag Stuttgart und Berlin

einer Rede aber geht das nicht. Die gesprochenen Sätze gleiten am Ohr des Zuhörers vorüber wie ein D-Zug. Was nicht verfängt, ist verloren. Gedankensprünge können Sie sich niemals leisten, aber schon gar nicht in einer kontinuitätsgeführt frei assoziierenden Rede.

Das »Am-Ball-Bleiben« fällt Ihnen leichter, wenn Sie Ihr Redeziel nie aus den Augen verlieren. Nehmen wir an, Sie haben je einen der folgenden Ausgangs- und Zielpunkte:

ein Problem
eine Person
ein Anlaß
eine Frage
Komik
Spannung
Verwirrung

seine Lösung
ihre Ehrung
ein Wunsch dazu
eine Antwort darauf
eine Pointe darauf
Lösung der Spannung
ein »Aha«

Modell eines auf extremen Umwegen von einer Frage zu einer Antwort assoziierenden Gedankenflusses.
Der Gedankenverlauf muß stets ohne Unterbrechung von einem Ausgangspunkt zu einem Zielpunkt führen.

In bezug auf den Aufbau dieser Rede ist der Vergleich mit einer kabarettistischen oder einer Büttenrede nicht ganz von der Hand zu weisen.

Bei einem solchen Redeaufbau, der als einzige Kontrollinstanz die Kontinuität zwischen Ausgangspunkt und Zielpunkt hat, werden bestimmte Formeln häufig wiederkehren. Es sind Sätze, die verschiedene Gedanken und auch sehr unterschiedliche Rede-Elemente miteinander verbinden. Es müssen ja Verknüpfungen etwa zwischen einer Frage, der Verstärkung der Frage, der Infragestellung der Frage, einer Gegenfrage und der überraschenden Beantwortung der Frage hergestellt werden. Sie benötigen Bindeglieder zwischen Schlußfolgerungen, Beweisen, Zitaten, Widerlegungen und Nahelegungen. Einige solcher Formeln könnten sein:

Das ist genauso wie wenn ...
Aber im Gegensatz dazu ...
Und dafür gibt es Beweise.
Deshalb ja auch die Frage: ...
Daher die Unruhe um den ...
Ich zitiere dazu den ...
apropos ...
Nun zurück zu ...
Das erinnert mich an ...
Übrigens, das Bild, von dem ich sprach, ...
Wenden wir uns aber unserer Eingangsfrage wieder zu, so erkennen wir nun, daß die Antwort woanders liegt, als wir anfangs meinten.
Um aber hier herauszufinden, wo sie liegt, müssen wir noch ein anderes Gebiet berühren:
Noch einmal erinnere ich an die Frage zu Eingang: ...
Und nun ahnen wir, wo wir die Antwort finden, da nämlich, wo ...
Und wenn wir das ahnen, dann ahnen wir auch, wie sie lautet.
Unter diesen Umständen kann ich Ihnen nur raten, ...

(3) Der Aufbau einer zwischen »pro« und »contra« assoziierenden Rede

Zwei Bestandteile stehen von vornherein fest: der **erste** und der **letzte** Satz. Sie beginnen am besten mit einem »pro«-Satz und enden ebenfalls mit einem »pro«-Satz. Ein biblisches Beispiel dafür finden Sie im ersten Psalm.

Meine Damen und Herren, heute will ich ...
Sie wissen, daß jedes Ding zwei Seiten hat. Und natürlich haben Sie alle Verständnis für das »einerseits« und auch für das »andererseits«.
Es geht heute um ...

Es ist der Gedanke an uns herangetragen worden, daß ... Zugegeben; es gibt gute Gründe dafür.	
	Dennoch gilt es, auch die Gegner des ... zu verstehen.
Es gibt sicher vieles, was sie dem ... versöhnlich stimmen könnte, etwa ...	
	Aber die Hürden, dabei evtl. ihre Grundsätze aufs Spiel zu setzen, sind unübersehbar.
Ich und ..., wir haben viel Verständnis. Der Vorschlag hätte auch große Vorteile für ...	
	Es ist andererseits auch richtig, daß diese Vorteile nicht umsonst zu haben sind.
Zu Recht drängen ... auf eine Entscheidung; es muß in der Tat bald gehandelt werden.	
	Verständlich, daß gerade diese Eile ... beunruhigt. Auch ich ...
Eindeutig für das Vorhaben spricht die Tatsache, daß ...	
	Dennoch gebe ich zu, daß auch mir die Entscheidung nicht ganz leicht fällt; denn ...
Weshalb, meine Damen und Herren, ich so und nicht anders stimmen werde, das müßten Sie ahnen.	
	Zwar steht auch für mich einiges auf dem Spiel, z.B. .... Und ich handle mir Gegner im ... ein.
Wenn Sie aber alle Fakten bedenken, so werden auch die letzten Zauderer keine andere Entscheidung sehen können. Sie werden mit uns ... ein uneingeschränktes Ja zu ... sagen. Und unsere Kinder werden es Ihnen einmal danken.	

Formeln einer zwischen »pro« und »contra« assoziierenden Rede

Sie handeln klug, wenn Sie Ihre Hörer darauf vorbereiten, daß Sie in Ihrer Rede diese Methode anwenden wollen. Es ist meistens besser, wenn sich die Zuhörer auf eine Verfahrensweise einstellen können. Anders verhält es sich, wenn Sie mit Ihrem Aufbaumodell überraschen wollen. Auch bei diesem Modell gibt es typische Formeln, wie sie die unten folgende Grafik zeigt. Sicher wird es in Ihren Reden nicht immer um so entschiedene Positionen gehen. Gelegentlich wollen Sie einen Sachverhalt auch nur von verschiedenen Seiten beleuchten. Ganz ohne eigenen Standpunkt aber sollten Sie nicht darüber reden. Dann wäre es besser, einen Redner einzuladen, der eine fundierte Meinung dazu hat.

b) Aufbautechnik einer gegliederten Rede

Die gegliederte Rede besteht aus Einleitung, Hauptteil und Schluß.[16] Ihre Einzel-Bestandteile sind:

Einleitung
- Abholsatz
- Anrede
- Leitsatz
- evtl. Vorstellung der Gliederung
- Übergang zum Hauptteil

Hauptteil
- Darstellung
  - im Rahmen der Gliederungspunkte oder
  - in einer Linienführung
- Belege
- Zitate
- Illustrationen
- notfalls Widerlegung anderer Standpunkte
- Fixierung[17] und Bearbeitung des Redeziels
- Appell

Schluß
- Zusammenfassung
- Konkretion, meist mit Wiederholung des Appells

Würde die wichtige Faustregel:

> In der Einleitung sagen Sie, was Sie sagen wollen.
> Im Hauptteil sagen Sie es.
> Im Schluß sagen Sie, was Sie gesagt haben.

befolgt, wären viele Reden brauchbarer. Herz der Einleitung ist der »Leitsatz«[18]. Gegen Ende der Einleitung wird die Gliederung[19] vorgestellt. Mit einem Überleitungssatz gelangen Sie in den Hauptteil hinein.

---

16 In der Homiletik hat sie ihre Entsprechung in der Auslegungs- und Themapredigt.

17 = Erhärtung, Verbindlichmachung, hier im Sinne von »verbindlich abfassen«; aus (lat.) *fixus* (= fest)

18 Siehe auf den Seiten 48-53!

19 Siehe auf den Seiten 53-65!

Im Hauptteil wird Ihr Stoff systematisch, umfassend und auf ein Ergebnis hin behandelt. Dazu stehen Ihnen neben der Sprache und ihren vielfältigen Mitteln ganz bestimmte Elemente zur Verfügung, z.B.: eine Darstellung als Schilderung von Tatsachen oder Umständen, mit ihren Gefahren und Aussichten. Die Meinung von Personen und Gruppen, statistische Werte, Belege, Zitate gehören ebenso zur Materie wie die Auseinandersetzung mit gegnerischen Meinungen. Dieser Hauptteil kann und muß angereichert oder verständlicher gemacht werden durch Illustrationen.[20]

Ist Ihre Rede eine Predigt, so findet hier eine gründliche Auslegung des zu Grunde liegenden Textes und die Anwendung auf das gegenwärtige Leben Ihrer Zuhörer statt.[21] Dies kann mit einem Appell verbunden sein, der bei einer evangelischen Predigt aber nur aus klaren neutestamentlichen Anweisungen bestehen darf. Sie müssen grundsätzlich Hilfe dazu anbieten, wie Ihr Hörer dem Appell ganz praktisch Folge leisten kann.

Sie bemerken gewiß, verehrte Leserinnen und Leser, meine Vorliebe zur gegliederten Rede. In sie können schließlich alle Elemente der anderen Redetypen aufgenommen werden. Es steht auch fest, daß die Gliederung als solche schon einen Eigenwert besitzt, daß sie der Rede nützt und den Redner schützt. Die Gliederungspunkte sind eine Hilfe zum erheblich besseren Begreifen für den Hörer. Meine Schüler müssen deshalb grundsätzlich eine gegliederte Predigt halten und die Gliederungspunkte auch nennen. Schon, damit sie es gründlich lernen und es einmal gemacht haben! Dennoch bin ich neuerdings der Meinung, daß die Gliederungspunkte nur dann genannt werden sollten, wenn sie echte Verstehenshilfen darstellen. Sorgfältig erarbeitete Gliederungspunkte sind immer Verstehenshilfen. Leider sind aber nicht immer alle Gliederungspunkte sorgfältig erarbeitet. Ich nehme nun aber einmal an, daß Sie erstklassige, mit Hilfe der Stilmittel[22] geschaffene Punkte haben. Also werden Sie doch nicht so töricht sein und sie nicht nennen; das hieße ja, Sie würden auf eine solche Bereicherung Ihrer Ausführungen verzichten.

Dem Hauptteil folgt logischerweise der Schluß. In diesen Schluß dürfen Sie auf keinen Fall noch neue, bisher nicht behandelte Gedanken aufnehmen. Was Sie nicht angeschnitten haben, haben Sie leider -oder zum Glück- versäumt. Jetzt ist es zu spät dafür. Im Schluß sagen Sie, was Sie gesagt haben. Sie können den Appell noch einmal erneuern, allenfalls leicht verstärken. Das ist alles. Geben Sie sich viel stilistische Mühe mit dem letzten Satz!

Während der Schluß in profanen Reden meist als Appell erfolgt, dient die Einleitung dort als Köder. Aber: Nur als Köder - dazu sind diese wichtigen Minuten zu kostbar. Sie müssen zugleich auch bereits der Botschaft selbst zu Diensten sein.

Die Einleitung ist eine Einleitung zur ganzen Rede, nicht nur zum ersten Punkt. Und der Schluß ist ein Schluß der ganzen Rede, nicht nur des letzten Punktes!

---

20 Ausführlich auf den Seiten 90-117

21 Das sind bis heute die beiden Hauptaufgaben einer textorientierten Predigt, so auch schon bei Martin Luther: die *explicatio* (= Auslegung) und die *applicatio* (= Anwendung).

22 Siehe geeignete Stilmittel dazu, besonders Seiten 206-207 und 212-215!

Gegen dieses Gesetz verstoßen die meisten Redner - zu ihrem eigenen Schaden.

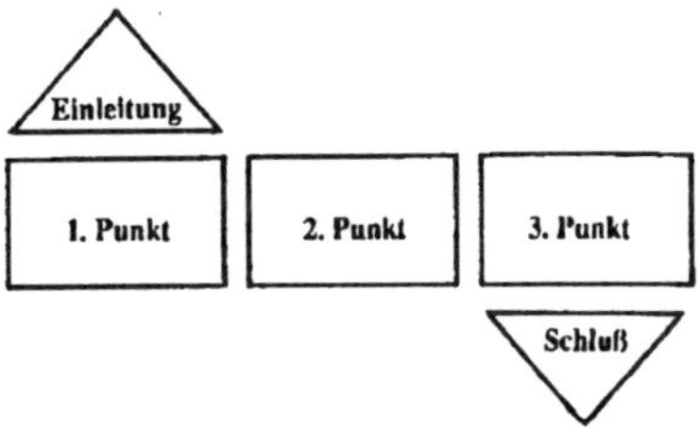

So ist es **falsch !**

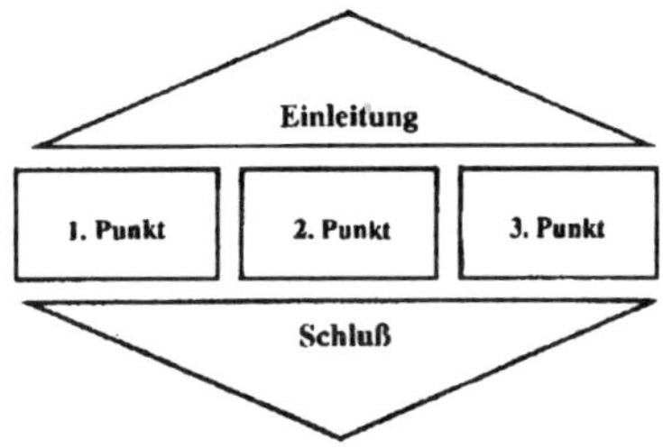

So ist es **richtig!**

Der Hauptteil kann aus zwei oder mehreren Gliederungspunkten bestehen, die völlig gleichwertig nebeneinander stehen. Das ist der Fall, wenn Sie z.B. drei voneinander unabhängige Tatsachen mitteilen, zwei Fragen beantworten, vier Behauptungen aufstellen. Anders verhält es sich, wenn eine Antwort die Basis für die nächste, weiterreichende ist. Und das ist meistens sogar wünschenswert. Denn bloße Tatsachenmitteilungen sind selten an sich schon sinnvoll. Dann zeigt die entsprechende Grafik[23] nicht z.B. drei nebeneinanderliegende Hauptpunkte, sondern diese sind ineinander verschränkt, oder sie liegen untereinander, oder zwei Fragen weisen auf eine Antwort, oder eine Frage erfordert zwei Antworten.

Machen Sie Ihren Zuhörern deutlich, wie Sie Ihre Rede aufgebaut haben! Tun Sie es nicht nur als Pflichtübung, sondern überzeugt und überzeugend! Nennen Sie die Punkte nicht nur einmal, sondern immer wieder! Der Aufbau der Rede muß wie ein Alpental vom Berg betrachtet vor Ihren Hörern ausgebreitet liegen. Nur dann entfaltet die Gliederung ihren vollen Sinn. Dann erst versteht man völlig, was Sie wollen. Und so nur kann man Ihre Rede im Gedächtnis behalten und Ihre Gedanken weitertragen. Das ist ein hoher Anspruch. Denn das Ganze hat nur seinen Sinn, wenn Ihre Gliederung überzeugend und wohlklingend ist. Sie müssen stolz auf Ihre Punkte sein können!

c) Aufbautechnik einer pädagogisch zugespitzten Rede

Um zu einer pädagogisch zugespitzten Rede zu kommen, gehen Sie vom Allgemeinen aus und führen zum Besonderen hin. Mit einem Fremdwort bezeichnet man dieses Verfahren als »deduktiv«[24]. Sie beginnen also mit unbestrittenen, von jedem gewußten und anerkannten Tatsachen. Diese Tatsachen konfrontieren Sie mit anderen, nicht so unbestrittenen Tatsachen. Durch die Konfrontation werden Konflikte sichtbar. Nun taucht die Problematik auf. Sie schildern und beleuchten die Problematik von allen Seiten, wenden diese Problematik auf die Verhältnisse

---

23 Siehe die folgenden Grafiken »Aufbaumodelle einer gegliederten Rede«!

24 = ableitend; aus (lat.) *de* (= von weg, hinab) und (lat.) *ducere* (=führen, leiten); vom Allgemeinen, also von einem Oberbegriff aufs Besondere schließend. Das Gegenteil ist »induktiv« (= hin-, hinaufführend), vom Besonderen aufs Allgemeine schließend.

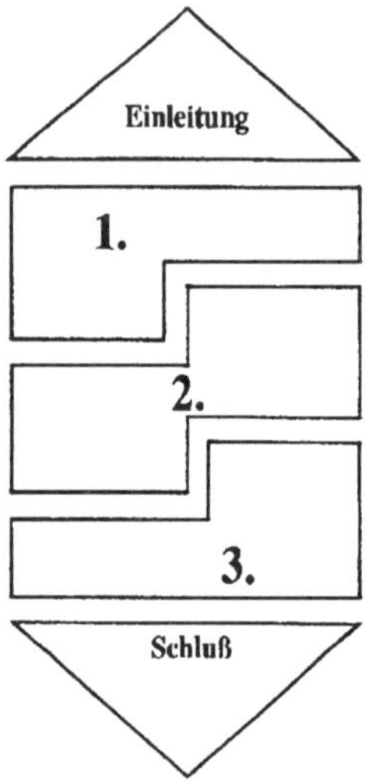

Z.B.: Drei verschränkte Punkte. Der folgende ist vom vorhergehenden teilweise abhängig.

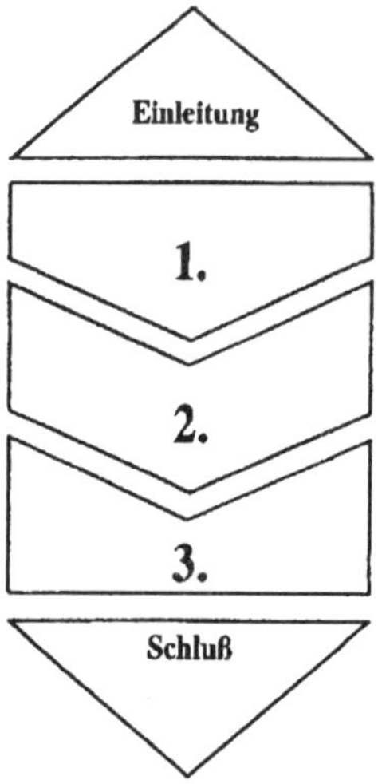

Z.B.: Drei auseinander hervorgehende Punkte. Der folgende ist ohne den vorhergehenden nicht denkbar.

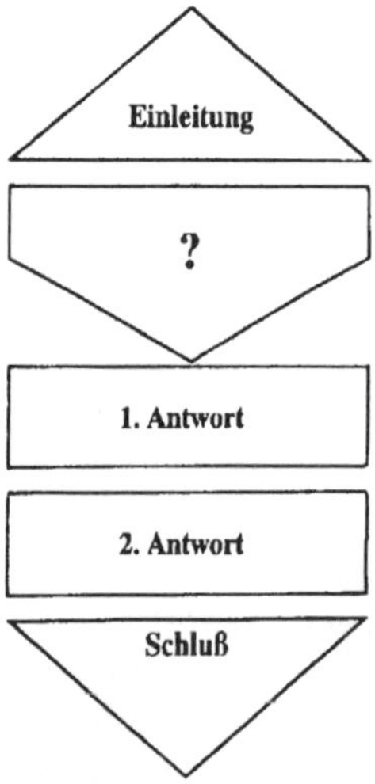

Z.B.: Eine Frage erfordert zwei Antworten.

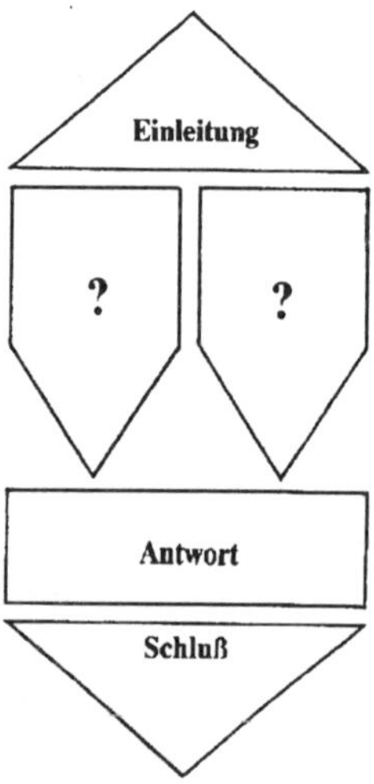

Z.B.: Zwei Fragen erfordern eine Antwort.

Vier mögliche Aufbaumodelle einer gegliederten Rede

Ihrer Zuhörer an und reflektieren über Ursachen, Fehlentwicklungen, auch über falsche Einstellungen dazu. Dann deuten Sie einen oder mehrere Lösungsversuche an. Waren es mehrere Lösungsmöglichkeiten, so beleuchten Sie diese, vergleichen sie miteinander, lassen eine als die beste Lösungsmöglichkeit übrig. Ist das geschehen, so untermauern, verstärken und begründen Sie diese Lösung als die einzig mögliche oder wenigstens als die beste.

Nun ist der Augenblick gekommen, Ihren Hörern zu zeigen, wie sie die Lösung ganz praktisch in ihrem speziellen Fall verwirklichen können. Zur Verwirklichung dieser pädagogisch zugespitzten Lösung fordern Sie schließlich Ihre Zuhörer auf.

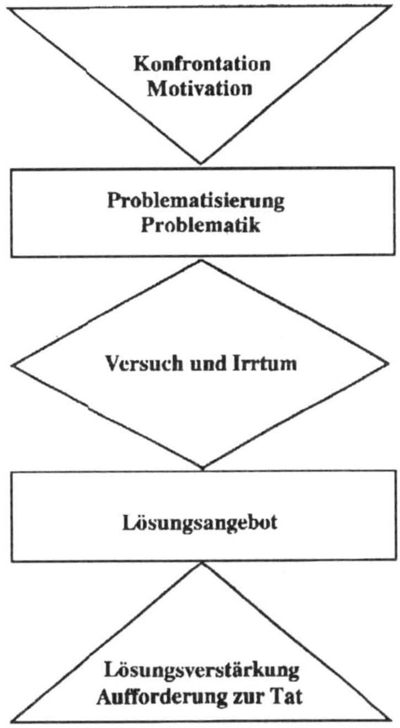

Modell einer päpadgogisch zugespitzten Rede

Es muß einleuchten, daß das Ziel dieser Redeart zwar auch den Zielen einer Predigt entspricht, daß aber der Weg dorthin auf der Vernunft und der menschlichen Überzeugungskraft beruht und nicht, wie bei der Predigt, auf einer höheren Autorität. Deshalb nenne ich dieses Modell ein lernpsychologisches[25] und nicht ein homiletisches[26] Schema.

d) Aufbautechnik einer erzählenden Rede

Der Aufbau einer erzählenden Rede ist gleich dem der Erzählung. Deshalb müssen Sie sich drei Fragen stellen: Erstens, was muß die Erzählung leisten? Zweitens, welches Material muß ich diesem Anspruch gemäß in die Erzählung aufnehmen? Drittens, wie muß ich die Erzählung diesem Material entsprechend aufbauen?

Die Erzählung kann, wenn sie geschickt durchgeführt ist, alles leisten, was auch jede andere Rede leistet, manches allerdings nur indirekt. Eine Anwendung oder ein Appell zum Beispiel sind nur indirekt möglich. Es kann dem Hörer nur na-

---

25 Ein ähnliches Modell unter der gleichen Bezeichnung in Anlehnung an Heribert Arens, Predigt als Lernprozeß, 1972, Kösel Verlag, München in Heue/Lindner, Seiten 35-38

26 = die Predigtlehre betreffend; von (grie.) *homilo* (= sich besprechen, vertraulich reden), *homilos* (= Menschenmenge)

hegelegt werden, die entsprechenden Elemente als Anwendung auf sein Leben oder als Appell an ihn zu verstehen.
Aus der Zielsetzung ergibt sich, welche Ausmalungen, Stimmungsbilder, Dialoge, evtl. auch fiktive[27] Zwiegespräche oder Überlegungen, indirekte Erklärungen usw. in die Erzählung einfließen sollen. Die Zielsetzung ergibt sich nicht zuletzt aus der Hörerschaft. Steht das Material fest, aus dem die Erzählung zusammengestellt wird, so ist die eigentliche architektonische Arbeit zu leisten. Vier wichtige und konstituierende[28] Vorentscheidungen zum Aufbau sind zu treffen:

Erste Vorentscheidung: Aus welcher Position wird erzählt?
Dazu stehen Ihnen verschiedene Möglichkeiten zur Verfügung: die Erzählung aus der Sicht eines unbeteiligten Beobachters oder aus der Sicht eines der Beteiligten. In aller Regel kommen als Beteiligte mehrere Personen in Frage. Nicht die interessanteste, aber die häufigst gewählte und meist leichteste Position ist die des unbeteiligten Beobachters.
Von einer vermeintlichen Lösung rate ich Ihnen dringend ab: die Geschichte aus der Sicht eines -am Ende noch mit Namen genannten- fiktiven Zuschauers zu erzählen. Das läßt die Sache fast immer unseriös erscheinen. Tragen Sie niemals neue Personen in vorhandene Ereignisse hinein! In jedem Fall aber passen Sie auf, daß Sie bei einer einmal gewählten Position auch bis zum Schluß konsequent bleiben!

Zweite Vorentscheidung: Wo setze ich ein?
Hier stehen Ihnen vier Möglichkeiten zur Wahl: erstens vorne, es wird also »vorwärts« erzählt, zweitens hinten, es wird »rückwärts« erzählt, drittens bei einem »Knalleffekt«, dann wird von diesem ausgehend nach vorn und hinten erzählt[29], viertens beim frühesten mit der Geschichte verbundenen wesentlichen Ereignis, das heißt: in der Chronologie des vermuteten Ablaufs, einschließlich der »Vorgeschichte«.[30]

Dritte Vorentscheidung: In welcher grammatischen Person erzähle ich?
Diese Entscheidung wird unabhängig von der Position getroffen. Da eine erzählende Rede aber nie zum Pseudo-Hörspiel verkommen darf, wäre der Bericht in der 3. Person dringend anzuraten.[31] In der 1. Person dürfen Sie erzählen, wenn Sie tatsächlich Zeuge des Ereignisses waren. Und behalten Sie bitte diese einmal gewählte Person bis zuletzt bei!

---

27 = erfundene, erdichtete; aus (lat.) *fictio* (= Gestaltung)

28 = begründend, einrichtend; aus (lat.) *con* für *cum* (= zusammen) *statuere* (= errichten)

29 Das ist sehr spannend, aber nicht leicht.

30 Wenn z.B. in der Erzählung berichtet wird, daß der Großvater die Schmiede bereits vor zwanzig Jahren verkauft hatte, dann müßte bei diesem Einsatz eben damit begonnen werden. Das kann leicht langweilig werden.

31 Das soll Sie aber nicht davon abhalten, Ihre Personen in vielen direkten Reden sprechen zu lassen.

Vierte Vorentscheidung: In welcher grammatischen Zeit erzähle ich?
Mit dem Futur[32] dürfte es ziemlich schwierig werden. Das Imperfekt[33] bietet sich an. Am dynamischsten ist das Präsens[34]. Ich ziehe es fast immer vor. Aber wieder gilt: Wenn Sie diese Zeitform einmal gewählt haben, bleiben Sie dabei! Da es jedoch in jeder Geschichte Handlungen gibt, die früher liegen, und weitere, die sich sogar noch davor ereignet haben, manchmal auch Ereignisse, die in der Zukunft erst geschehen werden, gehen Sie besonders exakt mit den Zeiten um! Was eben abgeschlossen ist, muß im Perfekt, in der vollendeten Gegenwart, erzählt werden. Was davor bereits vollendet war, ist im Plusquamperfekt[35] zu berichten.

Dauer in der Gegenwart **Er geht.**	Gegenwart	Präsens
Dauer in der Vergangenheit **Er ging.**	1. Vergangenheit	Imperfekt
Vollendung in der Gegenwart **Er ist gegangen.**	2. Vergangenheit	Perfekt
Vollendung in der Vergangenheit **Er war gegangen.**	3. Vergangenheit	Plusquamperfekt
Dauer in der Zukunft **Er wird gehen.**	1. Zukunft	Futur
Vollendung in der Zukunft **Er wird gegangen sein.**	2. Zunkunft	Futur exakt

Seien Sie mir bitte nicht böse, daß ich die sechs möglichen Zeiten hier noch einmal einfüge. Sie sind in einer Erzählung zu wichtig, als daß man damit schludrig umgehen könnte. Die Hörer werden Ihnen die grammatische Exaktheit danken!
In einer in der Gegenwartsform gesprochenen Erzählung sind besonders wichtig: die »Dauer in der Gegenwart« und die »Vollendung in der Vergangenheit«. Die »Dauer in der Vergangenheit« und die »Vollendung in der Gegenwart« sind darin selten.

3. Aufbauelemente

Selbstverständlich könnte ich hier eine Unmenge von Redebestandteilen erwähnen und behandeln, die als Aufbauelemente gelten können. Ich will mich aber

32 = (lat.) Zukunft

33 = unvollendete Vergangenheit; aus (lat.) *im* für *in* (= un) und *perfectus* (= vollendet), aus *per* (= durch) und *facere* (= tun)

34 = (lat.) Gegenwart

35 = vollendete Vergangenheit; aus (lat.) *plus* (= mehr) und *quam* (= als) und *perfectum* (= vollendet)

auf vier beschränken. Sie sind besonders typisch für die gegliederte Rede, gelten aber auch für andere Redemodelle. Es sind dies das Thema, die Einleitung, die Gliederung und der Schluß.

a) Das Thema

Jede Rede, auch jede Predigt, auch jede Textpredigt, sollte eine Überschrift haben. Und diese Überschrift sollte als Thema stets genannt werden. Sie werden staunen, wie gut Sie Ihre eigene Predigt zu beurteilen lernen, wenn Sie sich plötzlich gezwungen sehen, eine prägnante Überschrift dafür zu finden! Zur Formulierung des Themas stehen Ihnen viele Möglichkeiten zur Verfügung; ich zeige Ihnen einige an einem Versuch mit den beiden Begriffen »Glaube« und »Spannung«:

> Die Spannung des Glaubens.

Besser ist, bereits eine Aussage zu machen:

> Glauben macht das Leben spannend.

Das Thema kann auch als Frage gestellt werden:

> Macht Glaube das Leben spannend?

Es kann auch eine Gegenüberstellung sein, die meist etwas wissenschaftlich klingt:

> Glaube und Spannung

oder

> Leben zwischen Glaube und Spannung[36]

oder

> Spannung zwischen Leben und Glauben

Nachdem ich mit meinem Versuch einiges vorweggenommen habe, erwähne ich jetzt acht Möglichkeiten und nenne dazu Beispiele[37]:

(1) Begriffe:

> Konzentrationsschwäche
> Umweltschutz
> Sozialgesetzgebung
> Der fröhliche Christ

Diese Überschriften sind sehr pauschal. Sie üben keine große Anziehungskraft aus. Da sie sehr breite Gebiete bezeichnen, wird der Redner darunter vortragen, was ihm liegt. Viele Hörer aber erwarten genau das, was sie hören wollen. Die Enttäuschung ist dann gewöhnlich groß.

(2) Aufzählungen:

> Wir **und** die Apartheid
> Sexualität, Liebe, Ehe
> Gottesfurcht, Vertrauen, Geborgenheit
> Christ **und** Wehrdienst
> Jesus **und** die Frauen

Wenn Sie mehrere Begriffe in Ihre Überschrift hineinnehmen, deuten Sie zu-

---

36 Dabei wäre zu fragen, ob man denn zwischen Glaube und Spannung leben kann und nicht im Glauben immer auch in der Spannung lebt.

37 Mit Beispielen bin ich nicht sehr wählerisch gewesen. Sie tun gut, sich auch mit solchen Themen zu befassen, die nicht optimal formuliert worden sind. Oft liegt das Thema fest. Dann müssen Sie das Beste daraus machen.

mindest an, daß Sie nicht nur erklären wollen, was das für Dinge sind, sondern auch, wie sie zueinander stehen. Wenn Sie diese Erwartung nicht erfüllen, enttäuschen Sie.
Sollte die Reihenfolge eine Steigerung darstellen, so hätten Sie auch das in Ihrer Rede zu berücksichtigen.

(3) Typische Überschriften:

Zorn aus Liebe
Asche des Abendlandes
Vermeidbare Krankheiten
Freiheit für den Geist
Die christliche Taufe
Stunde der Entscheidung
Das beste Sternbild
Der Weg in die Freiheit

Solche Themen eignen sich gewiß als Buchtitel. Und einige davon sind es, wie Sie bemerkt haben werden. Als Themen für Vorträge sind sie selten eine gute Lösung.

(4) Gegenüberstellungen:

Konsum **contra** Mensch
Ehen ohne Trauscheine
- Trauscheine ohne Ehen
Leben **oder** Tod
Trotz **oder** Treue

Themen, in denen ein »oder« oder ähnliches auftaucht, suggerieren, daß eine Entscheidung zwischen diesen Begriffen möglich ist und als nötig nahegelegt werden soll. Selbstverständlich können Sie in Ihrer Rede dann trotzdem zu dem Ergebnis kommen, daß sich Ihr Hörer nicht entscheiden muß, sondern dabei nur auf gewisse Gefahren achten oder bestimmte Verhaltensweisen an den Tag legen soll.
Nicht möglich ist dagegen, daß Sie ein solches Thema wählen und dann im Lauf Ihres Vortrags mit keinem Wort auf das »oder« und dergleichen eingehen. Bedenken Sie das, **bevor** Sie eine solche Überschrift festlegen!

(5) Positionen:

Zwischen Leid **und** Glück
Zwischen »bemitleidenswert« **und** »beneidenswert«

Solche Themen schreien nach Orientierung. Es geht nicht immer darum, die eine oder die andere Position für richtig oder falsch zu erklären, sondern es geht oft darum, daß der Zuhörer erfährt, wie er zwischen den Positionen leben kann.
Diese Hilfe müssen Sie als der Redner oder als die Rednerin bieten. Überlegen Sie, ob Sie das können; sonst stellen Sie Ihr Thema nicht so anspruchsvoll.

(6) Fragen:

Ist die Bekehrung nötig zum Heil?
Ist eine Wiederverheiratung Geschiedener möglich?
Allversöhnung - eine biblische Möglichkeit?
Hilfe - die Kriminalität! Was können Christen tun?
Homosexuell - was nun?
Robbenfelle - Kleidung für Christen?
Demokratie - Glück oder Gefahr?
Was tun, wenn andere Kirchen unsere Glieder abwerben?
Wie werde ich mit meiner Angst fertig?

Wenn Sie an irgendeiner Stelle Ihres Vortrags eine Frage stellen, dann müssen Sie diese auch immer und unbedingt beantworten. Das gilt dreifach, wenn es sich um eine Frage in der Überschrift handelt. Im Thema eine Frage aufzuwerfen, wenn sie hinterher nicht behandelt wird, das ist geradezu unverzeihlich.

(7) Ausrufe:

Hilfe, ich bin nicht hübsch!
O Gott, meine Einsamkeit!
Diese Kinder!
Herrlich, diese Gewißheit!
Achtung! Fehlkalkulation!
Ich bin am Ende!

Ausrufe richten sich stark an das Gefühl. Insofern sind solche Themen ansprechend und zugkräftig. Dennoch sollten Sie sich beizeiten fragen, ob Sie von Ihrer Persönlichkeit her dem Anspruch gewachsen sind, den ein solches Thema an den Redner stellt.

(8) Aussagen:

Du brauchst eine persönliche Beziehung zu Gott!
Die Gemeinde ist kein Sandkasten.
Gott ist keine Illusion.
Auch ein Christ braucht Lob.
Es wird ein großes Erwachen geben.
Wir sind nicht nur von dieser Welt.
Jesus heilt.

Themen, die bereits eine Aussage darstellen, sind zwar die besten, aber auch die schwierigsten. Gut sind solche Themen, weil sie eine Mitteilung machen, sogar für den, der nur die Ankündigung liest und dann gar nicht kommt und zuhört. Schwierig sind Aussage-Überschriften, weil sie eigentlich erst formuliert werden können, wenn der gesamte Vortrag übersehen wird. Schwierig auch, wenn das Thema gestellt wurde; denn dann hat sich der Vortrag exakt an dem zu orientieren, was in der Überschrift festgelegt wurde.

Viele empfinden das Thema, das eine Aussage enthält, als eine Vorwegnahme des Inhalts und befürchten einen Abbau der Spannung. Ich kann das nicht bestätigen. Der Wert des Vortrags liegt ja nicht in der Behauptung, sondern darin, daß die Behauptung begründet, ausgewertet und angewandt wird. Wenn das interessant, überzeugend und nicht weitschweifig geschieht, bleibt die Spannung bis zum letzten Augenblick erhalten.

Begründen Sie, weshalb Sie dieses Thema oder auch diesen Text gewählt haben! Wurde Ihnen das Thema oder der Text vorgeschrieben, so sagen Sie das ruhig, besonders, wenn Sie befürchten, daß Ihnen jemand im Blick auf die Themenwahl einen »Strick drehen« will.

b) Die Einleitung

Die Einleitung hat drei Aufgaben zu erfüllen: Sie dient zunächst dazu, zweierlei sympathisch zu machen:

* **den Gegenstand der Rede**
* **den Redner**

Das bedeutet: Wo der Gegenstand der Rede oder der Redner bereits bekannt sind, da kann die Einleitung kürzer ausfallen.

Eine weitere Aufgabe der Einleitung besteht darin, den Hörer zur Thematik

»abzuholen«. Der erste Satz gilt als »Abholsatz«. Er sollte den Zielsetzungen Ihrer Rede Rechnung tragen.
Die dritte Aufgabe der Einleitung ist es, den Zuhörer auf Ihre Thematik, deren Umfang, Ihre Methode und Ihre Absicht einzustellen und damit vertraut zu machen.

Friedrich Winter nennt in einem Handbuch[38] für die Predigt sechs Möglichkeiten der Einleitung: die **textuale**, die **liturgische**, die **negative**, die **anekdotische**, die **bildhafte** und die **ansagende**. Keine davon kann ich ohne Einschränkung als befriedigend ansehen und übernehmen.
Die liturgische Einleitung, die auf das Kirchenjahr oder auf eine Liedstrophe des Gesangbuchs zurückgreift, mag hin und wieder angezeigt sein. Die negative Einleitung artet zu leicht in Schimpfen aus und steht in der Gefahr, taktlos mit Anwesenden umzugehen, auf die die negative Beschreibung zutrifft. Die bildhafte Einleitung kann hilfreich sein, aber nur, wenn das entworfene Bild für die gesamte Rede von Belang bleibt. Die ansagende Einleitung ist erst dann eine Möglichkeit, wenn sie mehr als ein Inhaltsverzeichnis darstellt.
Anekdotische[39] Einleitungen sind zwar weit verbreitet, aber selten vorteilhaft. Auf jeden Fall sollte die Anekdote oder sonstige Erzählung im weiteren Verlauf der Rede wieder aufgegriffen werden können und dann auch tatsächlich aufgegriffen werden. Anderenfalls ist sie wertlos. Zum Schaffen von Aufmerksamkeit für die Rede ist die anekdotenhafte Erzählung völlig ungeeignet, weil sie diese Aufmerksamkeit zwar herbeiführt, aber nur für sich selbst, nicht jedoch für die Botschaft, um die es Ihnen ja geht. Sie kann leicht von der Botschaft ablenken.
Nehmen wir einmal an, Ihre Einstiegsgeschichte dauert vier Minuten. Das bedeutet, daß Sie in der Nähe gerade des Augenblicks zur Sache kommen müssen, in dem der Spannungsbogen der Aufmerksamkeit Ihrer Hörer zum ersten Mal deutlich nachläßt, wenn die besten Augenblicke bereits verstrichen sind. Dann müssen Sie Ihren Hörer in einem denkbar ungünstigen Augenblick dazu bewegen, über die zu verhandelnde Sache oder die Begebenheiten im Text nachzudenken. Die meisten Ihrer Hörer finden aber die durchaus gelungene Einstiegsgeschichte viel interessanter und möchten ihr noch ein wenig in Gedanken »nachhängen«. Sie vollziehen den Übergang zur eigentlichen Thematik also entweder widerwillig oder nur teilweise oder gar nicht mit. Das ist der Augenblick, wo Sie die Geschichte nötig hätten, diese aber bereits »verpulvert« haben.
Die ersten Minuten sind nach neuester Forschung außerordentlich wertvoll. Sie mit einer Erzählung zu vertun, die im Laufe der Rede keine Rolle mehr spielt, ist -verzeihen Sie bitte!- dumm.[40]

Was Ihr Einfühlungsvermögen angeht, so vergleiche ich eine Einleitung mit alten Häusern aus dem amerikanischen Westen, wie wir sie aus manchen amerikani-

[38] Handbuch der Praktischen Theologie, Band II, Seite 267

[39] Anekdote = kurze, meist witzige und oft nicht verbürgte Geschichte; aus (grie.) *an* (= nicht), *ek* (= aus) und *didonai* (= gegeben)

[40] Mehr dazu auf Seite 106

schen Spielfilmen kennen. Diese Häuser haben vor der eigentlichen Haustüre eine Veranda. Was mag ein fremder Besucher beim Anblick einer solchen Veranda denken?
Welche Erwartungen für das Innere des Hauses hegt er, wenn er an eine überschwenglich ausgestattete Veranda kommt? Marschmusik erklingt, ein roter Teppich ist ausgerollt. Ein umranktes Transparent »XY grüßt einen seiner bedeutendsten Söhne!« schaukelt im Wind. Und der Aperitif steht bereit. Nun, er denkt: »Da hätte ich mich zu diesem Empfang aber ganz anders anziehen müssen!« Und dann tritt er durch die Haustür. Und da - wie riesig mag die Enttäuschung sein? Er stellt fest: Die Leute haben ja im Haus nichts mehr zu bieten. Alles, was sie besitzen, war bereits auf der Veranda zur Schau gestellt. Genauso riesig ist die Ernüchterung wie während mancher Rede, die nach einer stürmischen Einleitung nichts Bewegendes mehr vorzuweisen hat.
Ich beneide manchmal einen Prediger um seine Einleitung. Aber zehn Minuten später denke ich dann meist: »Ich will doch lieber so weitermachen wie bisher.«
Es lassen sich weitere Veranden vorstellen: unwirtlich beziehungslose mit kaum leserlichem Namensschild und der Aufforderung: »Dreimal klingeln!« Und dazu: »Betteln und Hausieren verboten!« Da ist keine Bank, keine Hängeschaukel. Es fehlt nur noch der Hinweis: »Bissiger Hund!« Der Hörer einer solchen Einleitung fragt sich: »Hatte ich heute nicht eigentlich etwas anderes vor?« Er schaltet ab; denn solche Leute will er nicht besuchen.
Da gibt es die aufregenden Veranden mit Riesen-Fotos verhungernder Kinder und Poster »Tod dem Kapitalismus!«, »Rettet den Wald!« oder die mit einer Sammlung von Indianer-Pfeilen und alten Vorderladern über der Tür. Und der irritierte Besucher fragt sich wieder einmal: »Vor welchen Karren wollen die mich denn spannen?« Und ich könnte fortfahren mit geschmacklosen Veranden. Dort stehen ein ausgedienter Kühlschrank, angetrocknete Kleistereimer, kaputte Stühle, und verstreute Spielsachen liegen herum. Oder mit Veranden in Einheitsbauweise, zu groß oder zu klein geraten, aufgemotzt und seit Monaten nicht mehr gekehrt. Welche Veranda würde Sie zu einem Besuch in einem Haus einladen? Ja, richtig! Mich auch! Gestalten Sie nun Ihre Einleitung!
Hier einige knappe Ratschläge für Ihre Einleitungen[41]:

> Interessant, aber nicht aufregend!
> Kurz, aber nicht stichwortartig!
> Angemessen, aber nicht alltäglich!
> Liebevoll, aber nicht überschwenglich!
> Eindeutig, aber nicht vorwegnehmend!

Damit Sie diesen anspruchsvollen Forderungen einigermaßen gerecht werden können, gebe ich Ihnen einen guten Rat: Formen Sie die meisten Ihrer Einleitungen aus der Mitte der behandelten Sache heraus! Der erste Satz sollte am besten

> **provokativ, aber nicht aggressiv**

sein. Ihre Hörer müssen durch die ersten Worte aufhorchen und Lust bekommen, weiterzuhören. Machen Sie sich Mühe mit den ersten Worten!

---

[41] So auch Andrew Blackwood, Seiten 111-114

Ich sagte, der erste Satz solle provokativ sein. Ist er dann noch ein Abholsatz? Ich gebe zu, daß eine der beiden Aufgaben überwiegen wird: Entweder, der Satz provoziert mehr, dann holt er nicht so stark ab. Oder er holt die Zuhörer formvollendet ab, wie es ein Kavalier mit seiner Dame beim Ball tut, dann provoziert er wenig. Dennoch gilt: Der erste Satz muß beides leisten. Das betonte Abholen legt sich nahe, wenn Sie für Ihre Ausführungen eine warme Stimmung brauchen, vielleicht, weil Sie später ohnehin provozieren müssen. Der provozierende Satz empfiehlt sich, wenn die Gefahr besteht, daß Ihre Hörer die Sache nicht von Anfang an interessant finden. Machen Sie aber dann von der Provokation Gebrauch, wenn Langeweile ins Haus steht, weil die Anwesenden meinen, dieses Thema gehe sie nichts an!

Die ADAC-motorwelt veröffentlichte einen Artikel zur Verkehrserziehung und Weiterbildung von Landwirten[42].
Oben steht eine sachliche Ankündigung:

> Spezialangebot des ADAC für Landwirte:

Dann folgt in dicken Buchstaben die Überschrift:

> **So wird der Bauer schlauer**

Daran fällt zunächst auf, daß hier statt des nüchternen »Landwirte« das wärmere »Bauer« gebraucht wird. Dann bemerken wir, daß aus dem verallgemeinernden Plural ein ansprechender Singular geworden ist. Weiter bemerkt man: »Bauer« und »schlauer« reimen sich. Schließlich zeugt die Überschrift von Bewegung; denn angeblich ist der Bauer hinterher etwas, was er in diesem Maße vorher nicht war. Und dann folgt der erste Satz des Vorspanns. Er ist so richtig romantisch gefaßt:

> Wenn es Abend wird im Dorf, beginnt der Mann vom ADAC mit seiner Arbeit.

Und dann fährt der Schreiber sehr viel nüchterner fort:

> Und wenn er nach 2 Stunden wieder geht, hat er 25 Landwirte um einiges schlauer gemacht.

Jetzt steht das hohe Verdienst des ADAC-Mannes unbestreitbar fest. Das Spiel mit den Zahlen 2 und 25 deutet an, daß es nicht romantisch bleibt, sondern daß es etwas zu lernen gibt. Dann beginnt der eigentliche Artikel:

> Der Gemeindesaal im württembergischen Hardt ist in dicken Tabaksqualm gehüllt. Es geht auf 21 Uhr, fast alle der hier versammelten Landwirte sind gleich nach der Stallarbeit hergekommen.

> Doch heute wird nicht über ..., heute ist ADAC-Sicherheitsabend.

Es folgen wenige für das Prestige des ADAC wesentliche Angaben. Und dann kommt der Verfasser zur Sache:

> Frage aus der letzten Reihe: »Mein Traktor läuft 40 Sachen, reicht da ...?«

Wenn wir einmal annehmen, daß die Überschrift »So wird der Bauer schlauer« an dem Abend nicht genannt worden ist[43], so stellen wir fest, daß der Artikel zweimal abgeholt hat. Mit »Wenn es Abend wird im Dorf, ...« und mit »Der Gemeindesaal im württembergischen Hardt ...«. Die ersten beiden Sätze »Wenn

---

42 ADAC motorwelt 3/90, Seiten 44 und 45

43 Es ist die geschickt formulierte Überschrift des Berichts über den Abend, nicht das Thema des Abends selbst.

es Abend ... « und »Und wenn er nach 2 Stunden ... « wären in einer Rede die Einleitung. Sie decken die ganze Situation ab. Es fehlte, wenn es eine Rede wäre, nur noch eine kernige Aussage zur Thematik des Abends[44]. Der erste Satz des Hauptteils »Der Gemeindesaal ...« ist der eigentliche Abholsatz. Man sieht die Rauchschwaden vor sich. Der Nichtraucher allerdings muß geradezu husten. Das ist negativ. Aber beide Sätze setzen bei der Atmosphäre ein. Sie wollen positiv einstimmen auf das, was nun gesagt werden soll. Der Leser soll sich behaglich in seine Sofaecke sinken lassen und sich so vorkommen, als sei er dort im Gemeindesaal dabei. Jetzt ist der Leser bereit, sogar einen Satz mit harter Korrektur entgegenzunehmen.

Die Sache ist geschickt eingefädelt. Machen Sie es auch so! Nur achten Sie darauf, daß Sie von Ihrer bemessenen Redezeit -ebenso wie der Schreiber des Berichts von der Lesezeit- nicht zu viele kostbare Sekunden für die Abholung wegnehmen. Bedenken Sie: die ersten Sekunden sind die wichtigsten. Für ein Übermaß an Romantik sind sie zwar zu teuer, bewirkt aber die Romantik, daß Ihnen Ihre Hörer wohlgestimmt zuhören, so sind diese Sekunden eine lohnende Investition.

Irgendwo in der Einleitung sollte ein Satz stehen, den ich **»Leitsatz«**[45] nenne. Er faßt den Inhalt Ihrer Rede mit wenigen Worten zusammen. Dieser Satz ist deshalb so wichtig, weil er zum einen Sie als Redner oder Rednerin an Ihre Aufgabe und deren Grenzen erinnert, Sie also zur gedanklichen Disziplin auffordert. Zum anderen ist er so nötig, weil er Ihren Hörern hilft, den Bereich abzugrenzen, in dem sie für die nächsten Minuten mitdenken, Probleme aufnehmen und Lösungen erwarten sollen. Dieser Leitsatz ist mit der Überschrift Ihrer Rede, dem Thema, eng verwandt, aber nicht unbedingt deckungsgleich. Ein Thema nimmt nur in seltenen Fällen eine Aussage zur Lösung der Problematik vorweg. Der Leitsatz hingegen soll bereits Aussagen zur Behandlung des Themas und zu den Ergebnissen machen, nicht nur zum Thema selbst. Das macht den Leitsatz zugleich schwierig; denn er soll nicht die Spannung der Rede abbauen, sozusagen, die »Luft herauslassen«. Er kann mehr programmatisch ausfallen, etwa so:

> Ich will Ihnen, meine Damen und Herren, heute nachweisen, daß ...

Er kann aber auch eine schlichte Tatsachenbehauptung darstellen:

> Wir können es uns (nicht[46]) leisten, auf unsere Bundeswehr zu verzichten.

Stellt das Thema bereits eine treffende Aussage dar, so sind Thema und Leitsatz deckungsgleich. Dieser Fall ist sehr günstig. Das enthebt Sie aber nicht der Klugheit, Thema bzw. Leitsatz mehrmals wörtlich in Ihre Ausführungen einzubauen.

Gegen Ende der Einleitung wird die Gliederung vorgestellt. Nennen Sie Ihre Punkte bitte nicht »Punkte«! Geben Sie »dem Kind einen Namen«! Und kennzeichnen Sie sie auch nicht mit »erstens«, »zweitens« usw., sondern sprechen Sie

---

44 Dieser Satz mit einer kernigen Aussage wäre der »Leitsatz«; er wird anschließend behandelt.

45 In älteren homiletischen Konzeptionen, also in Predigten, nannte man diesen Satz den »kerygmatischen Satz«; er galt als das Lernziel fürs Heute - im Gegensatz zum Skopus, der aus dem Text als das Lernziel fürs Damals ermittelt werden mußte. So auch bei Meyer zu Utrup, Seite 20

46 Je nach Standpunkt des Redners oder der Rednerin

von Ihren »drei Fragen«, die Sie stellen wollen, oder von »vier Behauptungen«, die Sie aufstellen werden, oder von Ihren »zwei Antworten«, die Sie auf die Themafrage zu geben gedenken.
Es stehen Ihnen eine Menge von Begriffen zur Verfügung, mit denen Sie Ihre Redepunkte benennen können. Vorzuziehen sind allerdings solche, die etwas Konkretes bezeichnen. Weniger günstig sind die abstrakten. Das heißt: je abstrakter ein Begriff ist, desto leichter sollten Sie darauf verzichten. Je besser man sich darunter etwas vorstellen kann, desto stärker dürfen Sie ihn favorisieren. Wie denken Sie über:

> Merksätze, Gründe, **Ursachen**, Gedanken, Aspekte, Sachverhalte, Wirkungen, Tatsachen, **Behauptungen**, **Überraschungen**, **Merkwürdigkeiten**, Eigentümlichkeiten, Schlußfolgerungen?

Gebrauchen können Sie alle. Und sie sind sämtlich besser als »erstens, zweitens« usw. Auch ist nicht jeder abstrakte Sachverhalt mit bildhaften Begriffen ausdrückbar. Dennoch würde ich »Behauptungen« und »Überraschungen« den Vorzug geben. »Behauptungen« werden von Menschen aufgestellt und sind darum oft etwas Aufregendes. »Überraschungen« stehen erst recht für Spannung. Aber auch »Merkwürdigkeiten« und »Ursachen« halte ich für geeignet. Am schwächsten wirken »Aspekte« und »Gedanken«; sie beflügeln die Phantasie kaum.
Es gelingt manchmal, daß das Thema, der Abholsatz und der Leitsatz durch ein- und denselben Satz ausgedrückt werden können. Ich habe sogar schon erlebt, daß ich diesem Satz auch noch die Gliederung entnehmen konnte. Das setzt voraus, daß dieser Satz sich als Überschrift eignet, daß er spannend und aktuell ist und deshalb als Abholsatz fungieren kann, daß er Aussagecharakter hat, so daß er einen umfassenden Leitsatz abgibt, und daß er sich von seiner Anlage her zur Aufteilung in verschiedene Gedanken eignet. So können ihm die Gliederungspunkte entnommen werden, mitunter sogar wörtlich.

Die Einleitung kann sich erübrigen, wenn diese drei Voraussetzungen erfüllt sind: wenn erstens Ihre Hörer Sie gut kennen, wenn Sie zweitens keine sichtbare Gliederung verwenden wollen und wenn Sie drittens Ihre Rede von einem Gemeinplatz aus auf einen Höhepunkt hin steigern, mit dem Sie dann auch plötzlich enden.

c) Die Gliederung

Gliederungen müssen sein. Sie müssen logisch sein. Sie müssen ausgeglichen sein. Sie müssen merkbar sein. Und sie müssen dem Inhalt der Rede angemessen sein.

Die Gliederung muß sein!

Ich nehme Sie, lieber lernwilliger Leser, mit auf einen Sonntagsspaziergang. Wir kommen durch ein teures Villenviertel. Und unser Blick fällt am Hang, umgeben von frischem Grün, auf ein ausgesprochen schönes Haus. Über seiner sinnvoll-anmutigen Fassade breitet sich ein ebenmäßiges Schieferdach aus mit seinen eleganten Gauben und ideenreich integrierten Schornsteinen. Um die ein wenig frech hervorlugenden Erker und die harmonisch eingegliederten Balkone wiegen sich hohe Tannen und Zedern im Wind. Alles hat seinen Platz. Alles verleiht Stimmung, ist mutig und doch im Rahmen, gewagt und doch akzeptabel, anheimelnd und anregend zugleich. Niemand denkt bei diesem Muster an Ausgewogenheit und gleichzeitiger Herausforderung an die Tausende von Zahlen, die der Statiker hat niederschreiben oder in den Computer eingeben müssen, um die freitragenden Decken zu berechnen. Wer kennt schon die Stapel nüchterner Konstruktionspläne, die der Architekt in mühevoller Kleinarbeit angefertigt hat! Das Staunen über die technischen Wunder ist auch nicht der Sinn des Hauses, sondern das Darinwohnen. Aber wer könnte in diesem Haus sicher wohnen ohne die aufwendige Planungsarbeit? Ein Allerweltshaus kann man mit weniger Planungsmühe erbauen. Wer aber würde das beachten? Ganz ohne Pläne jedoch ist selbst das primitivste Haus nicht zu haben. Und ganz ohne Gliederung ist die schlichteste Rede nicht brauchbar.

Manche Zuhörer meinen im Blick auf eine gelungene Rede, sie sei so dahingesprochen worden, als gingen Maurer einfach zu einer Wiese und fingen an, auf dem Rasen Stein auf Stein zu setzen, bis zuletzt eine prachtvolle Villa dort steht. Es gibt leider auch Möchtegern-Redner, die meinen, sie könnten eine Rede einfach so dahinsprechen.
Eine ungegliederte Rede kann aber nicht gut oder lediglich durch Zufall brauchbar sein. Ebensowenig, wie es eine ungeplante Villa geben kann! Das heißt nicht, daß die Gliederungspunkte immer genannt werden müssen. Wenn eine Rede aber keinerlei Struktur besitzt, wenn sie zwischen Ausgangspunkt und Zielpunkt nicht einmal eine unsichtbare Linienführung hat, dann ist sie praktisch unerfaßbar.
Nicht nur die Haupt-Gliederungspunkte sind nötig, sondern auch innerhalb dieser Punkte muß Ordnung durch Unterpunkte herrschen. Wie ein Haus tragende Teile hat, die später keiner mehr sieht, weil sie verputzt sind, Fensterstürze zum Beispiel, so hat auch eine Predigt tragende Teile, die für den Laien unerkannt bleiben. Ohne sie kann eine Predigt nicht existieren, wenngleich diese Teile nicht in Erscheinung treten.
Es ist weder eine Hervorhebung der Gliederung des Hauptteils vorgeschrieben, wenn auch anzuraten, noch gibt es einen Zwang, drei Punkte zu haben. Daß es dann häufig doch zu einer Dreiteilung des Hauptteils kommt, hat verschiedene starke Gründe:

Psychologische Gründe für die Dreiteilung:
Drei Punkte sind nicht zu viel und nicht zu wenig. Die Hörer sind drei gewöhnt und erwarten, wenn schon Punkte, so drei. Sollten Sie sich einmal für mehr als drei Punkte entscheiden, so müssen Sie das unbedingt bereits vor Beginn des ersten Punktes sagen, etwa:

> Ich will heute **fünf Antworten** auf **fünf Fragen** geben.

Ihre Hörer schalten sonst nach der dritten Antwort ab. Erfahren die Anwesenden erst am Ende des dritten Hauptpunktes, daß sie für zwei weitere Punkte durchhalten müssen, so brauchen Sie sich nicht darüber zu wundern, daß einige ungehalten wirken. Wenn sie aber von vornherein wissen: Es gibt vier oder mehr

Hauptgedanken, so ist das Unterbewußtsein Ihrer Zuhörer auf mehr eingestellt, und der automatische Abschaltmechanismus tritt nicht in Aktion.

Logische Gründe für die Dreiteilung:
Die Zahl 3 ergibt sich dadurch, daß jede Materie einen geschichtlichen Zeitrahmen hat. Die drei Gesichtspunkte

Vergangenheit **Gegenwart** **Zukunft**

legen also eine Dreiteilung nahe. Da darüber hinaus ein Redner

darstellende **gegenüberstellende** **aktivierende**

Gesichtspunkte hat, weist ein vernünftiger Rede-Inhalt fast immer drei Bestandteile auf:

Exposition **Opposition** **Proposition**

Im Unterricht oder bei Seminaren mit nichtberuflichen Predigern mache ich es meinen Schülern meist etwas leichter und benutze die in der Praxis sehr bewährten Begriffe:

negativ **positiv** **aktiv**

Exposition: (negativ) = wie es ist
Opposition: (positiv) = wie es sein sollte
Proposition: (aktiv) = wie es anders werden kann

Diese Faustregel mag Ihnen primitiv vorkommen und nach den strengen Gesetzen der Logik vielleicht nicht ganz einwandfrei sein. In Wirklichkeit gehört sie zum für die Praxis Klügsten und Wichtigsten, was ich Ihnen beibringen kann. Seit mehr als drei Jahrzehnten fahre ich bestens damit, indem ich mich bemüht habe, jede Rede und jede Predigt, die ich zu halten hatte, an diesem Prinzip auf Vollständigkeit hin zu prüfen. Die drei Denkrichtungen können längs, quer oder diagonal zu den Redepunkten verlaufen; sie müssen es nicht, aber sie werden häufig den Punkten entsprechen.

Pädagogische Gründe für die Dreiteilung:
Fast immer hat ein Redner das pädagogische Ziel, seine Zuhörer **kognitiv**[47], **affektiv**[48] und **pragmatisch**[49] zu erreichen. Es läßt sich deshalb eine Gliederung denken, in der sich diese drei Zielsetzungen niederschlagen. Zumindest sollten auch diese drei Begriffe eine zusätzliche »Meßlatte« sein, an der Sie Ihre Ausführungen auf pädagogische Vollständigkeit überprüfen.

Bemühungen um das **kognitive** Erfassen zielen auf Wissen und Verstehen beim Hörer.
Bemühungen um das **affektive** Erfassen zielen auf Empfinden und Wollen beim Hörer.
Bemühungen um das **pragmatische** Erfassen zielen auf Verändern und Tun beim Hörer.

---

47 = auf Erkenntnis beruhend; aus (lat.) *co* statt *con* für *cum* (= alles zusammen) und *noscere* (= erkennen)

48 = auf Gefühle oder Erregungen bezogen; aus (lat.) *affectus* (= Gemütsbewegung)

49 = sach- oder handlungsbezogen; aus (grie.) *pragma* (= Tat)

Theologische Gründe für die Dreiteilung:
Da ein systematisch arbeitender Theologe die Fragen der Predigt häufig, auch wenn er es nicht bemerkt, von der Trinität[50] her denkt, ergibt sich auch dadurch leicht eine Dreiteilung. Von der Trinität her zu denken, das heißt zum einen: von der Schöpfung her zu denken. Von der Trinität her zu denken, das heißt zum anderen: von der Gefallenheit, von der Schuld und von der Erlösung her zu denken. Von der Trinität her zu denken, das heißt schließlich auch: von der Gemeinde Jesu, von dem Einfluß Gottes auf die Menschen und von der Vollendung her zu denken. Diese Dreiheit schlägt sich natürlich oft auch unbewußt nieder.

Die Nennung der Punktüberschriften:
Sind Ihre Punktüberschriften gut, treffend und hilfreich, so nennen Sie sie auch! Was nützen sie, wenn sie keiner erfährt? Nennen Sie ebenso die vorhergehenden beim Übergang zu einem neuen Hauptpunkt! Ihre Hörer sollten jederzeit wissen, wo in Ihrer Rede Sie sich gerade befinden. Sagen Sie etwa:

> Nach dem »Was« nun das »Wie«.

Oder:

> Damit sind wir bei der **zweiten Behauptung**: ...

Oder:

> Dies ist die **vierte und letzte Feststellung**.

Der Hinweis, daß es die letzte sei, ist außerordentlich wichtig. Ihre Hörer zwingen sich in der Hoffnung, daß es bald geschafft ist, jetzt noch einmal zur Aufmerksamkeit. Sie »starten« regelrecht »durch«.
Eine Gefahr besteht darin, daß Ihre Hörer Hauptgliederungspunkte mit evtl. vorhandenen Unterpunkten verwechseln. Das geschieht z.B., wenn Sie innerhalb Ihres zweiten Hauptpunktes drei Fragen zu stellen haben. Sie geraten so im »Eifer des Gefechtes« in die Gefahr, »zweitens« oder »drittens« zu sagen. Das verhindert dann mit Sicherheit ein völliges und überblickendes Verstehen Ihrer Botschaft. Deshalb ist es nötig, daß Sie sich bei der Nennung von Unterpunkten der Mühe unterziehen, ausführlich zu formulieren, etwa:

> In diesem Zusammenhang haben wir drei Fragen zu stellen. ... Die erste (usw.) Frage, die ich in diesem Zusammenhang (Oder: im Zusammenhang mit ...) stelle, lautet: » ...? «

Weniger ist in solchen Fällen nicht möglich.

Die Gliederung muß logisch sein!
Friedrich Winter schreibt: »Im Idealfall muß die eindeutige Gliederung bis zum letzten Satz durchschimmern«[51]. Dazu sinngemäß die fünf Gesetze für eine gute Einteilung, wie sie Horst Pöhlmann[52] aus dem »Lehrbuch der Philosophie I« zitiert:

---

50 = Dreieinigkeit; aus (lat.) *trinitas* (= Dreizahl) zu *trinus* (= je drei), zu *tres* (= drei)

51 Handbuch der Praktischen Theologie, Teil II, Seite 266

52 Horst Georg Pöhlmann, Abriß der Dogmatik, ^{3}1980, Gütersloher Verlagshaus, Seite 31

1. **Sie darf nur nach einem einzigen Gesichtspunkt vorgenommen werden.** Man kann z.B. nicht die Menschen in Europäer, Handwerker und Jugendliche einteilen. **2.** **Sie muß erschöpfend sein.** Das Ganze und die Einteilungsglieder müssen sich decken. **3.** **Die einzelnen Einteilungsglieder müssen einander ausschließen.** Es darf z.B. im dritten Punkt nichts vorkommen, das auch in den zweiten gehören könnte. **4.** **Die verschiedenen Einteilungsgrade dürfen nicht vermengt werden.** Man kann nicht die Menschen in Europäer, Italiener und Kölner einteilen. **5.** **Die Gliederung muß übersichtlich sein.**

Die fünf Gesetze für eine gute Einteilung

Um es in einem ganz einfachen Bild zu sagen: Sie dürfen nicht

rote Kiste, grüner Eimer, brauner Sack

zusammenstellen, sondern entweder unter »Rote Behälter«:

rote Kiste, roter Eimer, roter Sack

oder unter »Kisten«:

rote Kiste, grüne Kiste, braune Kiste.

Lassen Sie mich Ihnen nun einige Gliederungen vorstellen, sie dann nach »gut«, »möglich« und »unbrauchbar« beurteilen und die Bewertung begründen.

Drei Fragen:
1. Kannst Du leben? 2. Willst Du leben? 3. Wirst Du leben?

Wir haben hier zwar einen Gleichklang am jeweiligen Satzende. Kurz und übersichtlich ist die Gliederung auch. Aber es gibt einen gewissen Konflikt mit dem ersten Gliederungsgesetz; denn die Wörter »Kannst« und »Willst« haben eine andere Qualität als das Wort »Wirst«. Können und Wollen sind im Werden bereits eingeschlossen. Ohne Können ist Werden nicht denkbar. Diese Gliederung kann also nur so verstanden werden, daß »Wirst« eine Steigerung von »Kannst« und »Willst« bzw. eine Zusammenfassung davon ist.

Um die Gliederung am zweiten Gliederungsgesetz prüfen zu können, brauchen Sie eine Überschrift. Für eine Rede oder eine Predigt heißt das: ein Thema. Da aber »Kannst« und »Willst« bereits im »Wirst« eingeschlossen sind, darf das Thema ausnahmsweise mit dem dritten Gliederungspunkt deckungsgleich sein. Sie dürfen also darübersetzen: **»Wirst Du leben?«**

Ist die Gliederung nun erschöpfend? Welcher Gedanke fehlt? Etwa »Darfst«? Nein, das ist in »Kannst« enthalten. Fehlen vielleicht die Begriffe »Sollst« oder »Mußt«? Von der reinen Logik her fehlt zumindest »Mußt«; denn die Frage nach dem »Sollst« ist überflüssig, wenn das »Mußt« mit ja beantwortet wird. Schauen wir aber in den biblischen Text; denn an einen solchen habe ich bei der Gliederung gedacht. Da entpuppen sich die Fragen in folgenden Bedeutungen:

1. Kannst Du leben? = Weißt Du den Weg dorthin?
2. Willst Du leben? = Bist Du bereit, Dich auf die Wahrheit einzulassen?
3. Wirst Du leben? = Hast Du überhaupt die Voraussetzung zum Leben?

Am Text Johannes 14,6a gemessen ist die Gliederung also erschöpfend. Wenn wir die Gliederung nun am dritten Gesetz messen, dann stellt sich erneut die Frage: Schließt »Wirst« wirklich »Kannst« aus? Wenn es um rein erdenbezogene Fragen ginge, wäre das nicht der Fall; denn wer etwas tun **wird**, der **kann** es auch. Anders ist es, wenn übernatürliche Aspekte ins Spiel kommen. Da kann die Gliederung durch ihre vermeintliche logische Schwäche gerade die Macht Gottes herausstellen helfen, indem Ihre Hörer etwas **werden** können, obwohl sie das dazu Nötige nicht **tun** können.

Bleibt die Frage, ob wir uns nicht gegen das vierte Gliederungsgesetz vergangen haben. Ja, das haben wir. Ich gebe aber zu bedenken, daß genau das Jesus selbst getan hat, indem er Weg, Wahrheit und Leben in ein und dieselbe Aufzählung brachte. Nach menschlichem Empfinden sind Weg und Wahrheit im Leben enthalten, weil wir außerhalb unseres Lebens keine Wahrheit erfassen und keinen Weg gehen können. Jesus aber scheint eine zeitliche Reihenfolge zu meinen: »sich für einen Weg entscheiden«, »die Richtigkeit des Weges erkennen« und dadurch »das wahre Leben erfahren«.

Dem fünften Gliederungsgesetz ist auf jeden Fall Genüge getan: Die Gliederung ist übersichtlich. Die Gliederung ist also »gut«. Fahren wir fort mit einer anderen guten:

Drei Tatsachen:
1. Jesus Christus ist der Weg zum Leben
2. Jesus Christus ist die Wahrheit des Lebens
3. Jesus Christus ist das Leben

Punkt 3 muß als eine Steigerung der Punkte 1 und 2 angesehen werden. Andererseits würde auch diese Gliederung gegen die Gesetze 1, 3 und 4 verstoßen. In unserem Fall ist Leben der Oberbegriff von Weg und Wahrheit. Und somit sind wie beim vorhergehenden Beispiel Wahrheit und Weg im Leben enthalten. Diese Zusammenstellung der Punkte läßt sich also nur dann rechtfertigen, wenn eine Steigerung oder eine fortlaufende Bewegung zu Punkt 3 hin vorliegt.

Drei Behauptungen:
1. Jesus Christus will Dir den Weg zeigen
2. Jesus Christus will Dich in die Wahrheit führen
3. Jesus Christus will Dir das Leben geben

Hier wieder das Gleiche: Leben gehört einer anderen Begriffsebene an als Weg und Wahrheit. Leichter ist die Angelegenheit bei:

Drei Fragen und drei Antworten:
1. Suchst Du einen Weg für Dein Leben? Jesus ist der Weg!
2. Sehnst Du Dich nach Wahrheit in Deinem Leben? Jesus ist die Wahrheit!
3. Verlangst Du nach wahrem Leben? Jesus ist das Leben!

Indem die drei Fragen jeweils sofort beantwortet werden, entfällt die Notwendigkeit, auf zwei Fragen im 3. Punkt Antwort zu geben. Die Sache wird also übersichtlicher. Nichtsdestotrotz bleibt auch hierbei die Steigerung zu Punkt 3 hin erhalten. Nehmen wir nach Johannes 10,10 eine Gliederung aus typischen Überschriften: Es sind weder Behauptungen noch Tatsachen noch Fragen:

Leben und alles in Fülle - zwischen Streben und Bestimmung
1. Leben und alles in Fülle - unser leidenschaftliches Streben
2. Leben und alles in Fülle - unsere große Gefahr
3. Leben und alles in Fülle - unsere völlig normale Bestimmung

Noch einmal: Scheuen Sie sich nicht, die Punktüberschriften jedes Mal in voller Länge zu wiederholen! Nur so erreichen Sie, daß die Gliederung ihre Aufgabe erfüllt. Sie erzielen einen Einpauk-Effekt. Sagen Sie nicht, das sei bei Ihnen nicht nötig! Es ist nötig! Und Ihre Hörer werden Ihnen dafür dankbar sein!

Prüfen wir diese Gliederung am zweiten oben zitierten Gesetz: Sind die Begriffe »Leben und alles in Fülle« speziell genug? Nein, denn zum Leben gehört mehr als Streben, Gefahr und Bestimmung. Deshalb ist die Einschränkung »**zwischen** Streben und Bestimmung« korrekt, nicht aber nur das, sondern auch hilfreich; denn sie lenkt die Aufmerksamkeit des Hörers sofort in die angestrebte Richtung. Gliederungen mit der Note »**möglich**«:

Zwei Behauptungen und eine persönliche Frage:
1. Jesus Christus lebt
2. Du kannst leben
3. Willst Du mit Jesus Christus leben?

Zwei Fragen und eine Antwort:
1. Willst Du leben?
2. Kannst Du leben?
3. Du kannst leben wollen!

Zwei Tatsachen und eine Schlußfolgerung:
1. Jesus Christus gibt Dir Leben!
2. Jesus Christus will Dein Leben!
3. Du hast Dein Leben von Jesus Christus - das Leben, das Du ihm gibst!

»Unbrauchbar« ist dieser Versuch:
1. Jesus Christus macht Dein Leben neu!
2. Das neue Leben ist großartig!
3. Du solltest ihm Dein Leben geben!

Die Punkte 1 und 3 stehen in der 2. Person, Punkt 2 ist eine neutrale und klanglich fremde Aussage. Lassen Sie sich von solchen Forderungen nicht abschrecken! Probieren Sie es doch einmal! Machen Sie wenigstens einen Versuch!

Die Gliederung muß angeglichen sein!

Die einzelnen Punktüberschriften müssen zum Thema passen. Nach Möglichkeit sollen die Hauptelemente der Gesamtüberschrift in den Punkten wiederkehren, auch wörtlich. Es sollen nicht abstrakte mit konkreten Gliederunspunkten vermischt werden. Es wäre auch nicht gut, konsonantenreiche und vokalreiche miteinander zu vermischen. Ich rate Ihnen ebenfalls davon ab, kurze und lange Zeilen miteinander zu verwenden. Alle Gliederungen sind unbrauchbar, denen weder Artgleichheit noch Kontinuität[53] zugrunde liegt. Falsch wäre:

[53] = Fortdauer, Fortgang; aus (lat.) *continuitas* (= ununterbrochene Fortdauer, aus *con* für *cum* (= zusammen) und *tenere* (= halten)

Thema: Der Verkehrsnotstand in XY
1. Die Situation
2. Die Fahrzeuge

Unmöglich wäre auch:

Thema: Der Verkehrsnotstand in XY
1. Die Notwendigkeit einer Geschwindigkeitsbeschränkung und eines Durchfahrverbotes
2. Das Warum
3. Die Lösung

Genau so sehen aber die meisten Gliederungen in solchen Fällen aus. Wenn es nicht um die eigene Stadt ginge, würde kein Mensch zuhören. Nicht glücklich gewählt, aber besser wäre:

Der Verkehrsnotstand in XY
1. Der Verkehr in XY hält der Not stand
2. XY in Not hält nicht dem Verkehr stand
3. Die Not mit dem Verkehr hält künftig nicht mehr XY stand

Bei solchen Themen sind die Anwesenden nur dann für Wortspiele aufgelegt, wenn diese hundertprozentig zutreffen. Leicht werden sie als Wortspielereien empfunden. Es geht dabei ja schließlich nicht um so »nebensächliche« Dinge wie Glaube und Ewigkeit. Sondern hier sind ja wirklich echte Fragen im Gespräch. Da scherzt man nicht. Ich hoffe, Sie haben gespürt, daß ich hier das Stilmittel der Ironie angewandt habe[54]. Möglich ist:

Der Verkehrsnotstand in XY
1. Der Verkehrsnotstand in XY ist nicht erträglich.
2. Der Verkehrsnotstand in XY ist nicht nötig.
3. Der Verkehrsnotstand in XY ist bald erledigt.

Der Thematik angemessen ist vielleicht doch mehr die abstrakte Fassung:

Thema: Der Verkehrsnotstand in XY
1. Der Umfang des Verkehrsnotstands in XY
2. Die Ursache des Verkehrsnotstands in XY
3. Die Behebung des Verkehrsnotstands in XY

Die Gliederung muß merkbar sein!

»Merkbar« kann zweierlei bedeuten: einmal, daß der Zuhörer die Gliederung bemerkt, vor allem aber , daß er sie sich merken kann. Beides ist erwünscht.
Ein Übergang von einem Gliederungspunkt zum anderen kann scharf sein: erstensss, zweitensss, militärisch zackig mit drei S gesprochen. Ihrem Hörer ist dann zumute, als würde er »beim Einbiegen« in den nächsten Punkt wie ein Beifahrer im Auto, das auf zwei Rädern eine Kurve nimmt, auf eine Seite gedrückt. Eben noch fuhr er mit Ihnen behaglich ruhig einem Flußtal entlang, plötzlich drücken ihn die Pferdestärken bei der Steigung in die Polster.
Der Übergang kann auch so sanft sein, daß der Hörer ihn gar nicht bemerkt. Er gleicht einer so langsamen Fahrt, auf der der Beifahrer die Kurven nicht wahrnimmt. Beides ist in der Regel für die Rede nicht wünschenswert. Ein wacher Beifahrer möchte eine Kurve zu seiner Orientierung wahrnehmen; er will wissen, wo er sich befindet. Und er will es, ohne daß es unangenehm ist. Das sind die Übergänge, die dem Hörer helfen. Sie erfolgen im ganzen Satz unter Rückblick auf den vorhergehenden Punkt.

[54] Siehe auf Seite 227!

Auch die scharfe, militärische Lösung findet gelegentlich Liebhaber. Manche haben's gern scharf: abrupter Abbruch und ebenso scharfer Start des neuen Punktes. Die Punkte stehen zunächst unverbunden und unversöhnlich nebeneinander. Der Hörer sieht sie vor sich und fragt: Was haben die denn miteinander zu tun? Wenn es nun am Schluß gelingt, die so unterschiedlichen Gedanken überzeugend in Beziehung zueinander zu setzen, dann ist das Ganze noch zu einer recht imposanten Angelegenheit geworden. Das aber wäre ein Kunstgriff. Wer schafft ihn schon!

Die Merkbarkeit einer Gliederung im Sinne von Erinnerbarkeit stellen Sie durch Gleichklänge in den einzelnen Gliederungspunkten her, ebenso durch gleiche Anfänge, gleiche Endungen oder durch solche Begriffe, die allgemein als zusammengehörig empfunden werden.[55] Der Merkbarkeit außerordentlich nützlich ist, wenn die Hauptbegriffe jeweils mit dem gleichen Buchstaben anfangen. Ähnlich wirksam ist es, wenn die Silbenzahl in diesen Worten gleich ist und jeweils die gleiche Silbe betont wird, etwa die zweite. Am besten schaffen Sie das mit Hilfe der Stilmittel. Es bieten sich an: das Wort- oder Lautspiel, die Anapher, der Refrain, die Rhythmisierung und die Alliteration[56].

Beispiel einer Gliederung, die das Stilmittel des Refrains und der Rhythmisierung enthält:

1. Die Ursache 2. Die Tatsache 3. Die Hauptsache

Das kommt Ihnen vielleicht sehr schwierig und umständlich vor. Ja, ein wenig Mühe macht es schon. Aber Sie bekommen bald Übung darin. Und vor allem: Es lohnt sich!

Vor einem allerdings muß ich Sie warnen. Übertreiben Sie es nicht! Nehmen Sie lieber eine weniger klangvolle Überschrift in Kauf, wenn Sie dafür der verhandelten Sache, dem Inhalt, näherkommen! Die ausgefeilteste Stilistik muß dem Inhalt dienstbar bleiben!

Die Gliederung muß dem Inhalt der Rede angemessen sein!

Haben Sie bitte Verständnis dafür, daß ich noch einmal einen biblischen Text zugrundelege, um Ihnen zu zeigen, wie Sie dem Inhalt gemäß gliedern können. Dazu wähle ich das ganze Kapitel 7 des Römerbriefs. Es gibt eine Menge von Möglichkeiten. Wegen der komplizierten Thematik kommen sie alle auf mindestens vier Punkte aus:

Nach der Folge eines Textes

Thema: Der Mensch in Gesetzesnöten

1. Der[57] Geltungsbereich des Gesetzes
2. Die Funktion des Gesetzes
3. Der Wert des Gesetzes
4. Macht und Machtlosigkeit der Gesetze
5. Die Stellungnahme zu den Gesetzen

---

[55] Wie etwa Häuser, Straßen, Plätze, Flüsse als Elemente einer Stadt

[56] Anapher: S. 206; Refrain: S. 206; Alliteration: S. 207; Laut- und Wortspiel: S. 212

[57] Setzen Sie bei Hauptpunkten vor Substantive in der Einzahl möglichst stets einen Artikel! Nicht: »Geltungsbereich«! Sondern: »**Der** Geltungsbereich«!

Nach der umgekehrten Folge eines Textes

Thema: Zwischen den Fronten

1. Die Zwei-Welten-Existenz des Menschen
   a) Kampf der Mächte
   b) Macht der Sünde
2. Die Zwei-Seiten-Existenz des Gesetzes
   a) Heilig und gut
   b) machtlos
3. Die Zwei-Funktionen-Existenz des Gesetzes
   a) macht Sünde meßbar
   b) provoziert Sünde
4. Die Zwei-Phasen-Existenz des Menschen
   a) vor dem »Tod« - dem Gesetz gestorben
   b) nach dem »Tod« - frei zum Leben

Nach der Wirkung eines Textes auf modernes Empfinden

Thema: Da kann ich wohl nur mit einem Kompromiß leben!

1. Ich möchte endlich etwas von dieser neuen Freiheit spüren!
2. Was geht mich dieses ganze Gesetzesgerede an!
3. Ja, das mit der Sünde, das stimmt!
4. Bleibt vorläufig wohl nur ein Kompromiß!

Nach der Chronologie des Ablaufs

Thema: Der Mensch zwischen den Mächten

1. Der Mensch ohne Gesetz
2. Der Mensch unter dem Gesetz
3. Der Mensch zwischen Sünde und Gesetz
4. Der Mensch unter der Gnade

Nach der Chronologie der Wahrnehmung

Thema: Zwischen Erbärmlichkeit und Freiheit

1. Ich sehe ständig meine Erbärmlichkeit.
2. Ich höre von der Möglichkeit meiner Freiheit.
3. Ich erahne den Ursprung meiner Erbärmlichkeit.
4. Ich lerne zu leben mit der Erbärmlichkeit in der Freiheit.

Nach Personen

Thema: »Personen« unseres Glaubenslebens

1. Der alte Ehemann
   a) bindet und beherrscht
   b) versorgt
   c) hat Nebenbuhler
2. Die Frau
   a) wird eingegrenzt und geführt
   b) wird animiert zum Ausbrechen
   c) gerät in Konflikte
3. Die Witwe
   a) ist los vom Mann
   b) bleibt in Konflikten
   c) bedarf neuer Bindung und Versorgung
4. Der neue Ehemann
   a) gibt neue Heimat und Zukunft
   b) nimmt zunächst nicht alle Konflikte ab
   c) vermittelt neues Wesen, neue Kraft und neues Glück

Nach Gegenständen oder Begriffen

Thema: Vier Gesetze

1. Das Gesetz in meinen Gliedern
2. Das Gesetz in meinem Gemüt[58]
3. Das Gesetz des Buchstabens[59]
4. Das Gesetz des Geistes

Diskursiv

Das bedeutet, daß der erste Begriff des folgenden Punktes identisch ist mit dem letzten des vorhergehenden. Diese Gliederungsart hat drei Eigentümlichkeiten: Die erste: Sie kann nicht anders als streng logisch aufgebaut sein; oder sie ist falsch. Die zweite: Die Übergänge sind extrem weich; denn die Punkte gehen fast ineinander über. Die Übergänge müssen deshalb hervorgehoben werden. Die dritte: Der erste und der letzte Begriff sind, wenn alles stimmt, Gegensätze und liefern damit das Material für die Überschrift.[60]

Thema: Von der Sünde zum Dank

1. **Sünde** erfordert **Gesetz**.
2. **Gesetz** bedeutet **Bindung**.
3. **Bindung** ermöglicht **Freiheit**.
4. **Freiheit** schafft **Dank**.

Gliederung als Satzerweiterung

Eine sachlich und logisch einwandfreie Möglichkeit, Ihre zu behandelnde Materie dem ursprünglichen Gedankenverlauf nach zu gliedern, steht Ihnen in der »Satzerweiterung« zur Verfügung. Sie wirkt sehr einfach. Das aber spricht für sie. Die Satzerweiterung ist sehr handlich, leicht faßbar und besonders gut merkbar. Sofern Sie von dieser Methode nicht allzu oft Gebrauch machen, erleichtern Sie Ihren Hörern weniger das Hören, aber auf jeden Fall das Verstehen. Ein Beispiel aus der Traupredigt für meine jüngste Tochter und ihren Ehemann[61]:

1. Die Liebe ist **da**!
2. Die Liebe ist **für Euch** da!
3. Die Liebe ist **gewiß** für Euch da!

Gliederung in Dialogform

1. Es soll herrlich werden.
2. Leider ist es aber kaum zu glauben.
3. Stell Dich trotzdem darauf ein!

Satzerweiterung und Dialogform haben den Vorteil, daß sie den Leitsatz überflüssig machen. Sie **sind** ja der Leitsatz. Diesen Vorzug teilen sie mit allen Aussage-Gliederungen.

---

58 = Gewissen und Vernunft

59 = vom Sinai

60 Das ist so, wenn die verbindenden Begriffe in die gleiche Richtung gehen, hier: erfordern, bedeuten, ermöglichen und schaffen. Stünde ein entgegengesetztes Verb dazwischen, etwa »widerlegen« oder »vorenthalten«, dann wäre die Gliederung nicht mehr einwandfrei.

61 Röm 8,38,39

Andere Gliederungsmöglichkeiten
Andere Texte oder Thematiken eröffnen auch andere Gliederungsmöglichkeiten. Hier ist die Phantasie gefragt - aber gepaart mit Logik, Sorgfalt und Verantwortungsbewußtsein. Drei Möglichkeiten will ich hier erwähnen und mit wenigen Worten beschreiben:

Nach der Wichtigkeit von Fakten
Das ist nicht ungefährlich; denn bei dieser Sichtweise maßen Sie sich als Redner an, Dinge zu gewichten. Liegt die Gewichtung aber fest, so kann es sich empfehlen, von untergeordneten am Anfang zu äußerst wichtigen Tatsachen am Schluß zu kommen und damit die Aufmerksamkeit zum Ende hin zu steigern. Mit der umgekehrten Folge dürften Sie wenig Glück haben. Ist das Wichtige vorüber, hört kaum noch einer zu.

Nach der Folge der Fakten auf Fakten
Dabei wird gefragt, wie Tatsachen auf andere Tatsachen wirken. Es geht nicht um die Reihenfolge der auslösenden Tatsachen, sondern um die Wirkungen. Und das kann durchaus zweierlei sein.

Induktiv
Darunter versteht man das Denken vom Besonderen her zum Allgemeinen hin. Es ist keine Ableitung, sondern eine Hinleitung. Ein Vortrag über Städtebau, der von einer ganz speziellen Problematik, etwa eines Kinderspielplatzes, ausginge, und von diesem Problem her Forderungen an die gesamte Umgestaltung des Stadtkerns, die Verkehrsanbindung, die Wohnqualität und anderes Übergeordnete herantrüge, wäre induktiv.
Ebenso induktiv wäre eine Bibelarbeit, die von einem problemorientierten Thema ausginge und nun den Text unter dem Gesichtspunkt dieser Problematik entfalten wollte. Das stimmt aber nur dann, wenn der Text das Allgemeine und die Problematik das Besondere ist. Wenn man z.B. Gott als das Allgemeine ansieht und den Menschen als das Besondere, so ist die Gliederung induktiv, die die Sachverhalte aus der Sicht des Menschen zu Gott hin darstellt.

Deduktiv
Hier ist es umgekehrt. Deduktiv bedeutet: vom Allgemeinen zum Besonderen. Wenn z.B. die Macht der Sünde das Allgemeine ist und die einzelne Sünde das Besondere, so handeln Sie deduktiv, wenn Sie die einzelne Sünde von der Macht der Sünde ableiten. Diese nicht unkomplizierten Gedankengänge können sich in einer Gliederung niederschlagen und sie sinnvoll bestimmen.

Die Gliederung muß auf die Hörer zugeschnitten sein!
Das bisher Gesagte könnte den Eindruck erwecken, als seien die sachliche Korrektheit und die Logik einzige Maßstäbe für eine brauchbare Gliederung. Aber nicht nur sachliche oder logische Gesichtspunkte dürfen eine Gliederung bestimmen, sondern auch der Hörer muß dabei im Blick bleiben. Friedrich Schlei-

ermacher[62] ordnete für die Predigt die Belehrung der Erbauung unter. So kann er eine Rede unter Umständen nach rhetorischen Gesichtspunkten gliedern, die für ihn nicht streng logisch sein müssen. Er fragt mehr, wie die Rede ihre größere Wirkung beim Hörer hat: logisch geordnet oder so, daß der Hörer die Gedanken aufnehmen kann. Er unterscheidet dementsprechend eine logische Gliederung von einer rhetorischen. Und er gibt im Ernstfall eindeutig der rhetorischen Gliederung den Vorrang vor der logischen.[63] Ludwig Hofacker[64] trägt beiden Gesichtspunkten Rechnung. Einerseits sagt er:

> Was man hört, fliegt schnell davon.

Und Helmut Schreiner kommentiert es:

> Wehe der Rede, die nicht dafür sorgt, daß das Wichtigste von ihr durch die tragende Macht der logischen Gliederung aufbewahrt oder zurückgeholt werden kann.

Andererseits aber ist Hofackers Meinung:

> Man muß den Leuten mit aller Kraft einen Keil ins Herz schlagen.[65]

Beides bleibt hier im Blick: die Logik und der Mensch. Ich schließe mich Schleiermacher insofern an, als die bestechendste Logik nicht zu ihrem Ziel kommt, solange sie von den Zuhörern nicht aufgenommen werden kann. Was immer die Gründe dafür sein mögen! Wenn Ihr Hörer meint, daß ihn die angebotenen Redepunkte nicht betreffen, ist Ihre Logik vergeblich.

Ich bin allerdings auch der Meinung, daß sich logische und rhetorische Zielsetzungen gut miteinander vereinbaren lassen. Deshalb rate ich Ihnen: Haben Sie stets beide im Sinn, die zu verhandelnde Sache und Ihren Hörer!

d) Der Schluß

Beeinflußt ein guter Anfang die Stimmung, so prägt ein guter Abschluß die Wirkung.[66] Dennoch darf der Schluß einer Rede niemals mehr sein, als sein Name bedeutet. Es werden in den Schluß keinerlei neue Gedanken aufgenommen, sondern nur die in der Rede zur Sprache gekommenen kurz und leicht merkbar zusammengefaßt. In meinem Unterricht erhält der Schluß nur fünf Prozent der Bewertung. Damit will ich verhindern, daß Schüler stark benachteiligt werden, weil sie den Schluß weggelassen haben. Diese fünf Prozent werden durch vier Fragen bestimmt: Wie war die Zusammenfassung? Wurde eine Anwendung des Gesagten in den Schluß übernommen? Ist ein Überblick im Rückblick möglich?[67] Wie ist der letzte Satz ausgefallen?

Haben Sie Ihre Zuhörer in Ihrer Rede mit bestechender Klarheit und erkennbarer Linienführung auf das Redeziel zugeführt, so könnte ein Schluß nicht nur überflüssig sein, sondern die gesamte Redekomposition sogar stören.

---

62 Friedrich Daniel Ernst Schleiermacher, 1768-1834, bedeutender Theologe des Idealismus, als Kirchenvater des 19. Jahrhunderts bezeichnet

63 Siehe dazu auch Otto, Seiten 86 und 87 sowie Winter im Handbuch der Praktischen Theologie II, Seite 266!

64 Ludwig Hofacker, 1798-1828, war ein Mann der Erweckungsbewegung und genießt noch heute im württembergischen Pietismus hohes Ansehen.

65 Schreiner, Seiten 309 und 310

66 So Hofmeister, Seite 124

67 Diese Frage wird doppelt bewertet.

Es kann passieren, daß auch Ihnen der Uhrzeiger davongelaufen ist. Besser, als trotz vorgeschrittener Zeit gegen jeden Instinkt einen Schluß durchzupeitschen, ist es, mit dem letzten Punkt aufzuhören. Deshalb achten Sie stets darauf, daß der dritte Punkt im Notfall einen ausdrucksstarken Abschluß zuließe.[68] Er wird Ihnen dann als Redeschluß abgenommen.
Mir geht es oft so, daß ich nach einem Satz das Gefühl habe: Nun genügt es. Dieser Satz war als letzter recht geeignet; du solltest jetzt nicht weiterreden. Das erweist sich dann fast immer als richtig. Sollte Ihnen aber die Zeit für einen ordnungsgemäßen Schluß ausreichen, so betonen Sie die letzten Worte des letzten Punktes nicht so sehr! Zwei Schlüsse lieben Ihre Hörer nicht. Es kursiert die Redensart: »Verflucht ist der Prediger, der nicht zum Schluß kommt, wenn er zum Schluß kommt.« Einerseits: Sagen Sie erst dann, daß Sie »zum Schluß kommen«, wenn das Ende der Rede wirklich dicht bevorsteht! Andererseits: Machen Sie auf Ihren in Kürze erfolgenden Schluß mit geschickten Worten aufmerksam. Ihre Hörer steigern dann noch einmal für wenige Augenblicke ihre Aufmerksamkeit. Als »Trick 17« aber geht es schief und wird übel vermerkt.
Wie bei der Einleitung, so gebe ich Ihnen auch mit Blick auf den Redeschluß den Rat: Bilden Sie Ihren Redeschluß aus der verhandelten Sache heraus! Unterlassen Sie jegliche Spielerei mit Zitaten, Liedstrophen oder ähnlichem. Wenn Ihnen der Inhalt Ihrer Rede wirklich -und das sollte er doch sein!- das Wichtigste ist, dann müssen Sie alles unterlassen, was davon ablenkt[69]. Und es lenkt alles davon ab, was nicht der Thematik und dem dazu Gesagten entstammt. Deshalb kann ein Schluß niemals etwas anderes sein als ein -wie auch immer gestalteter- Auszug des Inhaltes.
Mißverstehen Sie das aber bitte nicht als Aufzählung. Der Redeschluß kann und soll kunstvoll und bewegend sein. Nur, er kann nicht aus anderem Holz geschnitzt sein als Ihre Rede selbst.
Der letzte Satz ist außerordentlich wichtig. Er soll im Ohr Ihres Zuhörers nachhallen. Im Idealfall ist er das Signal dafür, daß Ihre Rede in dem mittelfristigen Gedächtnis Ihres Hörers abgespeichert wird und nach Möglichkeit noch Gesprächsstoff für das anschließende Mittagessen liefert.

4. Aufbaugesichtspunkte

Es versteht sich von selbst, daß der Charakter, in dem sich eine Rede schließlich präsentiert, vom Anlaß sowie von den anwesenden und zuhörenden Menschen abhängig ist. Zum Teil muß dem Rechnung getragen werden, zum Teil lösen diese Faktoren auch Befangenheit aus.

---

68 Siehe auch Seite 305!

69 Passende Zitate oder Liedstrophen sind sehr sinnvoll, aber nicht am Anfang oder am Schluß einer Rede! Dort sind sie nur Stimmungsmache und dienen keinem Argument. Sind eine Strophe oder ein Zitat wirklich treffend, so nehmen Sie sie in den betreffenden Hauptpunkt hinein. Ein Zitat oder eine Liedstrophe, die die ganze Rede zusammenfassen, dürfte es kaum geben.

a) Der Anlaß

Die Zahl der denkbaren Anlässe ist Legion. Das Gemeindeleben fordert sowohl Kanzelreden als auch Äußerungen auf Familienfeiern. Klärungen von Sachfragen stehen gelegentlich ebenso an wie Trost oder Gedenken beim Tod von Gemeindegliedern. Gleichwohl hat eine Gemeinde ein internes gesellschaftliches Leben. Mitarbeiter werden eingestellt, begrüßt oder verabschiedet, in Aufgaben eingewiesen oder geehrt. Es werden Grundsteine gelegt; es wird eröffnet, in Betrieb genommen[70] und »jubiliert«. Talkshows und Podiumsdiskussionen werden durchgeführt. Und diese modernen Kommunikationsformen[71] finden beachtliches Interesse; sie sind, nicht **anstelle** der Verkündigung, aber **zusätzlich** zur Predigt, lebhaft zu empfehlen. Häufig geht es um aktuelle Dinge oder um interessante Personen. Auch die Politik und Belange des politischen oder wirtschaftlichen Lebens etwa einer Stadt sind aus der Verantwortlichkeit der Leute Jesu nicht auszugliedern. Hier treffe ich eine kleine Auswahl nach der Häufigkeit[72]. Kaum berücksichtigen will ich die verschiedenen Predigttypen. Der Predigt soll ein gesondertes Buch gewidmet sein.

(1) Der offizielle Anlaß

Eine Gemeinde macht einen Teil des öffentlichen Lebens einer Gesellschaft aus. Deshalb sollte sie sich dem, was sie als gesellschaftliche Kraft bedeutet, nicht verweigern. Im Gegenteil, sie sollte das Forum der Öffentlichkeit benutzen, um darzustellen, was sie ist: der Leib des Christus! Öffentliche Redeanlässe sind zum Beispiel Grundsteinlegungen, Inbetriebnahmen, Personen- und Gebäudejubiläen, Amtseinführungen und Verabschiedungen.

Es gibt wohl keine Materie, der zur Darstellung nicht die Fragen »Wer? Wann? Wo? Wie? Warum? oder Wozu? oder Inwiefern?« gut täten. Wenden Sie diese Fragen konsequent an! Sie werden es nicht bereuen! Da alle diese Ereignisse etwas mit der Geschichte zu tun haben, tun Sie gut daran, unter dem »Wann?« nach Vergangenheit, Gegenwart und Zukunft der zu feiernden oder zu besprechenden Angelegenheit zu fragen. Der Rat ist einfach, aber -wie das meiste Einfache- gut. Also: Was war früher? Was ist heute? Was wird oder soll später sein? Praktisch heißt das: Wofür sind wir dankbar? Wessen schämen wir uns? Sind wir mit der Gegenwart zufrieden? Was wünschen wir uns? Wovor fürchten wir uns?

Selbstverständlich bedeutet das nicht, daß Sie all das auch sagen, etwa, wessen Sie sich schämen, oder wovor Sie sich fürchten. Es muß dies alles aber in Ihrem Hinterkopf parat sein, damit Sie korrekt und wahrhaftig sind und sich auch Kennern gegenüber nicht lächerlich machen.

---

70 Hoffentlich nicht »geweiht«!

71 Kommunikation aus (lat.) *communicare* (= teilen, teilhaben lassen) zu *communis* (= gemeinsam); Hier: miteinander reden, voneinander Informationen und Eindrücke empfangen

72 Das Interview und die Bildmeditation z.B. behandle ich zusammen mit der Versammlungsleitung auf Seiten 273-274 und Seiten 275-277!

Die Festrede

Ist der Anlaß des Referats die Unterrichtung, so ist der Anlaß einer Festrede ein freudiger. Hier bleiben die Emotionen nicht vor der Tür. Im Gegensatz zum Referat, das normalerweise einer gewissen Mindestform genügt, ist die Festrede zahlloser Variationen fähig. Insofern brauchte kaum etwas zu ihr gesagt zu werden. Dennoch, es ist einiges auszuschließen. Anderes darf wiederum nicht vergessen werden.

Die Festrede hat fast immer etwas mit der Geschichte zu tun. Es ist etwas geschehen, das entweder in die Geschichte eingeht, eine Einweihung etwa, oder etwas, dessen gedacht wird, weil es bereits Geschichte geworden ist, das Wunder der Menschwerdung Jesu zum Beispiel oder die fünfzigste Wiederkehr des Gemeindegründungsjubiläums. Eine Festrede braucht durchaus kein alljährliches Wiederkäuen sattsam bekannter Traditionen zu sein. Weshalb sollte ein Redner nicht handfeste Hilfen oder Weisungen geben? Aber der Charakter des Festes darf durch solche noch so wertvollen Beiträge nicht gestört werden. Eine Festrede kann nun einmal kein Lehrvortrag sein. Er braucht auf Lehre indessen nicht zu verzichten.

Es gehört sicher zum Schwierigsten, eine Festrede wirklich eine Festrede sein zu lassen, ohne auf ein niederes Niveau abzurutschen. Eine Festrede ist zur Freude aller Anwesenden da. Was also nicht hineingehört, ist jeglicher Anspruch, jede Mahnung und jede Darlegung, die geeignet ist, die Festfreude zu behindern oder zu überlagern. Nicht fehlen dagegen sollte das, was Anlaß des Festes ist. Kein Anwesender sollte sich hinterher fragen müssen: »Was haben wir eigentlich gefeiert?« Ein geschichtlicher Überblick ist gewiß wertvoll. Aber er darf nicht steril oder langweilig werden. Die Darstellung der Historie soll versetzt sein mit netten, farbigen und vielleicht auch lustigen Einlagen oder Anekdoten.

Bei der Inbetriebnahme eines neuen Gemeindezentrums zum Beispiel sollte darauf verzichtet werden, alle Baumaterialien mit Mengenangaben aufzuzählen, die Daten aller Baustadien, die Mitarbeiterzahlen der einzelnen Handwerksbetriebe oder derartiges zu benennen. Einige nett aufgemachte herausgegriffene und als »herausgegriffen« gekennzeichnete Angaben sind hilfreich. Etwa so:

> Liebe Freunde, liebe Gemeinde, mit dem Elektrokabel, das in dieses Gemeindezentrum eingebaut worden ist, könnten wir unseren Strom von hier nach Marburg schicken.

Dazu eine nette Episode vom Bau, wie der Bruder X mit »Wasser« das Mineralwasser gemeint und der Bruder Y das Wasser im Schlauch mißverstanden und den Hahn aufgedreht hat, und was dabei herausgekommen ist. Das paßt dorthin.

Geht es um etwas, an dem Menschen Verdienste erworben haben, so vergessen Sie nicht den Dank! Sagen Sie ihn freundlich, warm und farbig!

Der Ausblick auf die Zukunft sollte sicher nicht vergessen werden: was wir uns voneinander wünschen, besonders aber von unserem Vater im Himmel.

Das Grußwort

Das Grußwort ist ein sehr häufiger Redeanlaß. Es wird fällig bei allen Dienstantritten oder sonstigen Begrüßungen, Richtfesten, Einweihungen, Eröffnungen, Verabschiedungen, Ehrungen, Jubiläen usw. Grußworte kranken daran, daß man sie haßt und liebt, daß man unter ihnen leidet, aber aus Prestigegründen schlecht auf sie verzichten kann. Einerseits freut man sich darüber, andererseits empfindet sie jeder Festprogramm-Ersteller als ungeheuerliche Belastung und auch als Risiko. Man weiß ja nicht, was ein Gast sagen wird. Schlimmer aber: Man weiß nicht, wie lang er es sagen wird!

Scherzhaft nenne ich Grußworte gern einen »Kreispredigerwettstreit«. Einmal eine richtig große Zuhörerschaft vor sich zu haben, das ist doch eine Gelegenheit! Die muß ausgekostet werden! Und dann geht es aber los!

Sie können keine größere und angenehmere Überraschung liefern, als sich kurz zu fassen. Stellen Sie Ihrem Grußwort einmal kein Bibelwort voran! Es ist ja doch kaum einer daran interessiert! Es geht in der Fülle ohnehin unter. Und es ist meistens auch nur das evangelikale Feigenblatt zum Nachweis der Geistlichkeit. Nur dann, wenn es Ihnen selbst viel bedeutet und Sie meinen, daß es dem oder den Betreffenden ausgesprochen hilfreich sein wird, und wenn Sie sich zutrauen, die wesentliche Anwendung in allerpräzisester und allerkürzester Form und so kompetent(!) mitzuzuteilen, daß Sie annehmen können, es werde unter der Invasion von Bibelversen dennoch im Gedächtnis behalten, dann bedienen Sie sich eines solchen Wortes. Dann aber tun Sie es richtig, stellen Sie das Wort Ihren Ausführungen **nicht voran, sondern in die Mitte!**

Ehrlich gesagt, ich wünsche mir einmal ein Grußwort ohne den obligatorischen Bibelvers. Vielen kann ich es einfach nicht mehr abnehmen, daß diese »Pflichtübung« mehr als ein Alibi ist.

Ein Grußwort soll sehr persönlich gehalten werden. Es enthält im Idealfall das Verhältnis, das der Redende zum Angeredeten hat, die Wünsche, die er mitgebracht hat, das Angebot zu hilfreicher und gegenseitig befruchtender Gemeinschaft sowie eine Zukunftsperspektive.

Das Grußwort eines verheirateten Methodisten-Pastors zur Amtseinführung seines verheirateten Kollegen im 1000 Meter entfernt gelegenen Gemeindezentrum der Baptistengemeinde könnte z.B. so aussehen:

> Verehrte Frau Müller, lieber Bruder Müller, Sie haben eine würdevolle Aufgabe übernommen. Und leicht ist sie auch nicht. Ich wüßte nicht, weshalb es bei »Baptistens« leichter sein sollte als bei »Methodistens«. Und weil wir nun beide zweifach in einem Boot sitzen, einmal im Boot der Gemeinde Jesu, und zum anderen im Boot gemeinsamer schöner und schwerer Verantwortung für die Seelen von Menschen, deshalb lassen Sie uns zusammenhalten!
>
> Meine Frau und ich - wir würden uns freuen, wenn Sie, Frau Müller und Sie, Bruder Müller, künftig ab und zu ein paar Minuten fänden, mit uns zusammenzusitzen. So könnten wir uns gegenseitig Mut machen. Zaghaft, weil es so viel zu beten gibt, das sei unser mitgebrachtes Gastgeschenk, wollen wir Ihnen versprechen, regelmäßig für Sie zu beten. Und wenn Sie das Gleiche für uns täten - das wäre eine großartige Sache! Gott bewahre, gebrauche und erfreue Sie!
>
> Und Ihnen, liebe Schwestern und Brüder aus der Gemeinde XY, Ihnen gratuliere ich zu Ihren neuen Pastorsleuten. Seien Sie lieb zu Ihnen!

Nennen Sie die Kirche, in der Sie zu Gast sind, immer beim zutreffenden Namen! Wenn es die »Friedenskirche« ist, dann sprechen Sie nicht von der »Kapelle«![73]

[73] Mehr zu Namen und Anreden auf den Seiten 309-313

(2) Der personenbezogene Anlaß

Zu den offiziellen Anlässen zählen auch viele personenbezogene Reden. Umgekehrt gehören viele personenbezogene Reden, etwa das oben abgedruckte Grußwort oder manche Tischreden, gleichzeitig zu den Reden aus offiziellem Anlaß. Lassen Sie mich hier ein paar solcher Reden darstellen, deren personenbezogener Charakter stärker ist als ihr offizieller:

Die Begrüßung

In eine Begrüßung gehört die Antwort auf die Frage: Wer ist der Mann oder die Frau, die ich begrüße? Woher kommt der- oder diejenige? Wie kommt es, daß gerade dieser Mensch jetzt hier zu begrüßen ist? Was wünschen wir uns von dieser Person? Was könnte sie sich von uns wünschen? Was könnten wir ihr zusagen? Wie könnten wir ihr Mut machen? Wie können wir durch diese Begrüßung bereits dafür sorgen, daß dieser Mensch von den Zuhörenden angenommen und ernstgenommen wird? Und schließlich: Mit welchen netten Ideen kann diese Begrüßung aufgelockert und allen Beteiligten ein Schmunzeln abgewonnen werden? Ein Versuch der Begrüßung einer neuen hauptamtlichen Jugendreferentin in der Gemeinde:

> Liebe Frau Bähr, meine Damen und Herren, liebe Schwestern und Brüder,[74] daß wir alle hier mit fröhlichen Gesichtern stehen, das hat seinen guten Grund. Es ist uns schließlich ein Wunsch in Erfüllung gegangen, den wir lange genug gehegt haben. Liebe Frau Bähr, es ist noch schwer zu fassen, aber Sie sind nun tatsächlich da. Und es ist mir eine Freude, Sie meiner und unserer Gemeinde vorzustellen.
>
> Jugendarbeit, verehrte Anwesende, ist ein schwieriges Geschäft. Wer wüßte das besser als ich! Jugendarbeit ist vielleicht die anspruchsvollste Aufgabe, die eine Gemeinde zu vergeben hat. Eine Jugendreferentin soll junge Menschen begeistern, sie soll hübsch und unantastbar zugleich sein. Sie soll eine positive Ausstrahlung haben. Sie soll am einen Abend mit der Gitarre oder mit dem Schifferklavier Wanderlieder perfekt begleiten und am nächsten Abend mit dem Jugendchor ein anspruchsvolles Negrospiritual einüben können. Sie soll auf keiner Bergtour schlapp und beim Salto vom Drei-Meter-Brett eine gute Figur machen. Sie soll je nach Auftritt eine gediegene oder eine jugendgemäße Sprache sprechen. Sie soll sie selbst sein. Und das heißt doch: Sie soll ein erwachsener Mensch, ein Vorbild und ein Leitbild sein. Und sie soll gleichzeitig Vierzehnjährige zutiefst verstehen. Sie soll den Ruf einer Expertin und die Unbefangenheit einer Konfirmandin besitzen. Sie soll das Vertrauen der jungen Menschen genießen und gleichwohl das der Eltern und der Gemeindeleitung. Und das alles sollen ja nur die Voraussetzungen für das Eigentliche sein. Denn das Eigentliche ist, den Jugendlichen unserer Gemeinde das Evangelium von Jesus Christus nahezubringen. Sie soll also auch noch und zu allererst Theologin, Pädagogin und Rednerin sein.
>
> Ja, liebe Frau Bähr, so ähnlich sieht doch wohl die ideale Jugendreferentin aus. Ein weiblicher Tausendsassa ist gefragt. Aber erschrecken Sie nicht! Sie sehen ja, daß ich lächele. Und das tue ich aus zwei Gründen: Der eine Grund ist, daß es diese perfekte Jugendreferentin nicht gibt. Der andere Grund, weshalb ich lächele, ist, daß wir mit Ihnen aller Unwahrscheinlichkeit zum Trotz dennoch eine Mitarbeiterin gefunden haben, die eine Menge dieser Anforderungen erfüllt. Sie haben vieles nicht nur einmal erlernt, sondern Sie haben sich auch in der harten Praxis einer halboffenen Großstadt-Jugendarbeit am berühmt-berüchtigten Berliner Kreuzberg bewährt. Mit vier jungen Leuten fingen Sie dort vor drei Jahren an. Von siebenundzwanzig haben Sie sich gestern Abend verabschiedet. Deshalb danken wir Ihnen, daß Sie zu uns gekommen sind. Und noch mehr danken wir unserem Gott, daß er unsere ernsten Bitten um eine geeignete Jugendreferentin erhört hat. Glücklich sind wir, daß wir Ihnen nun vom ersten Tag an eine freundliche und nahegelegene Dienstwohnung anbieten können, die Ihnen dazu noch gefällt. Und es läßt uns Gutes hoffen, daß Sie diese Ihre Wohnung für unsere Jugendlichen nicht völlig verschließen wollen.

---

74 Es ist wohl selbstverständlich, daß Sie die jeweils Angesprochenen anschauen.

Wir wünschen Ihnen, daß Sie sich so recht wohl bei uns fühlen. Meine Frau und ich, wir wollen unsere Tür für Sie und unser Ohr für Ihre Freuden und Sorgen stets einen Spalt offenstehen lassen. Möge der Tag nie kommen, an dem wir uns nicht mehr offen alles sagen können, was gesagt werden sollte! Wir wünschen uns eine völlig unbefangene Atmosphäre zwischen der Gemeindeleitung und Ihnen, liebe Frau Bähr.
Und Ihnen, liebe Schwestern und Brüder unserer Gemeinde, Ihnen empfehle ich nun unsere neue Mitarbeiterin an. Seien Sie lieb zu ihr! Seien Sie auch aufrichtig ihr gegenüber! Vor allem aber: Nehmen Sie Frau Bähr als Gemeindeglied, und das heißt: als Schwester in Christus uneingeschränkt an und auf! Und ich verspreche Ihnen, Frau Bähr, wir wollen uns Mühe geben. Seien Sie uns also herzlich willkommen!

Das Dienstjubiläum

Zum Dienstjubiläum gehört vor allem anderen der Rückblick. Und wenn es Verdienste gibt, so sind diese zu nennen. Nichts hat hier Raum, was den Jubilar oder die Jubilarin in Verlegenheit bringen könnte. Eine Selbstverständlichkeit sind die Wünsche für die Zukunft des Gefeierten.
Ich empfehle Ihnen, mit der Gegenwart zu beginnen, dann von der Gegenwart in die Vergangenheit zu wechseln und schließlich ein paar mutmachende Sätze zur Zukunft zu sagen.
Ist Ihnen der Jubilar oder die Jubilarin übergeordnet, so sprechen Sie ihn bzw. sie als Vorgesetzten an, gegebenenfalls mit Titel **und** Namen. Ist derjenige Ihnen gleichgestellt oder untergeordnet, so nennen Sie ihn einen Kollegen bzw. eine Kollegin![75] Hier der Versuch einer Ansprache zu dem fünfundzwanzigjährigen Dienstjubiläum eines Abteilungsleiters.

Es gibt Tage der Niederlagen und Tage des Stolzes. Dieser Tag, lieber Kollege Mayer, und ich weiß, was ich sage, dieser Tag ist ein Tag des Stolzes. Sie dürfen stolz sein auf das, was Sie in fünfundzwanzig Jahren geleistet haben. Auch wir sind stolz. Wir sind stolz darauf, Sie ein Vierteljahrhundert in unserer Mitte gehabt zu haben.
Eigentlich sollte ich jetzt Ihre Verdienste aufzählen. Ich könnte daran erinnern, daß Sie ... Ich könnte unsere Blicke auf das ... lenken. Ich könnte nachweisen, daß damals in den schrecklichen Tagen der Rezession ohne Ihre glänzende Idee, ... Und es geschähe alles zu Recht. Aber was ist das gemessen an Ihrer Engels-Geduld, an Ihrem befreienden Lächeln, an Ihrer beruhigenden Stimme, an Ihren mutmachenden Anmerkungen, unter denen so manches Mal unsere Verzweiflung zusammenschmolz.
Ich erinnere mich an die ersten Stunden des 14. November 1974. Eben war per Telefon die Nachricht ... Da standen Sie plötzlich in der Tür meines Zimmers. ...
Was viele jüngere -und ältere!- Kollegen von Ihnen mitbekommen haben, was ich von Ihnen gelernt habe, fachlich und menschlich, das müßte man schon mit Gold aufwiegen.
Ein Mitarbeiter ist wertvoll. Ein tüchtiger Mitarbeiter ist ein Glück. Aber ein tüchtiger menschlicher Mitarbeiter ist ein Segen. Sie waren und sind für dieses Haus ein Segen. Lieber Herr Mayer, wir gratulieren nicht nur Ihnen, sondern wir gratulieren auch uns für dieses wertvolle Vierteljahrhundert.
Meine Damen und Herren, wenn ich nun in einem beziehungsreichen Augenblick und am passenden Ort an unseren jubilierenden Kollegen das losgeworden bin, was ich schon immer einmal hatte sagen wollen, so können wir dabei die verdienstvolle Gattin unseres Jubilars nicht vergessen. Ihren Anteil an Erfolg und Frohsinn ihres Ehemannes dürfen wir nicht unterschätzen. Auch Ihnen, verehrte Frau Mayer, gilt wie Ihrem Gatten unser tiefer Dank.
Liebe Mayers, wir wünschen Ihnen, daß Ihnen viele gesunde und vor allem frohe Jahre vergönnt sind. Unser Wunsch ist indessen nicht ganz selbstlos. Wir wünschen uns, daß Sie, werter Kollege, uns erhalten bleiben. Wer sonst sollte mit seinem befreienden und manchmal beißenden Humor die trüben »Novembertage« aufhellen? Der Abteilungsleiter Mayer, das wissen Sie ganz genau, wäre am Ende doch irgendwie zu ersetzen. Der Mensch Mayer wäre es kaum.

[75] Wegen der Anreden schauen Sie Weiteres bitte unter »Anreden« nach (Seiten 309-313)!

Als Zeichen unserer Dankbarkeit überreiche ich Ihnen zwei Tickets für einen Flug zur Familie Ihrer Tochter in ... Und kommen Sie beide gesund wieder!

Leider können Sie nicht bei jedem Dienstjubiläum den Mund so voll nehmen. Selten kann zu Recht ein Mitarbeiter so uneingeschränkt gelobt werden. In solchen Fällen müssen Sie sich mit bescheideneren Worten begnügen. Aber auch da, wo jahrelange Spannungen das Betriebs- oder Gemeindeklima belasten, wie es ja nicht selten ist, sollten Sie das herausfinden, was sich lobend erwähnen läßt. Es ist keine Beschönigung, wenn zu einem Jubiläum das Unerquickliche verschwiegen wird.

Die Verabschiedung

Die Verabschiedung ähnelt dem Jubiläum. Der Unterschied besteht im wesentlichen in der Tatsache, daß das Arbeitsverhältnis nicht fortgeführt wird. Es kann um der Glaubwürdigkeit willen einmal nötig werden zu sagen:

Wir hatten es nicht immer leicht miteinander.

Oder:

Ihre liebenswerte und originelle Kratzbürstigkeit wird uns sehr fehlen.

Die Verabschiedung kann ebensowenig wie die Jubiläumsansprache der Ort des Tadels sein. Eine Bloßstellung am in jedem Fall emotionsgeladenen Tag einer Trennung kann sehr grausam sein. Trotzdem dürfen Ihre Ausführungen andererseits nicht zu verhaltenem Kichern oder gar zum unterdrückten Hohngelächter Anlaß geben. Offensichtlichkeiten, deren Unterdrückung als Heuchelei wirkt, sollten Sie nicht völlig übergehen.

Die Grabrede

Bei der Grabrede denke ich nicht an die Begräbnisansprache des Pastors, sondern an einen Nachruf durch ein Gemeindeglied. Fragen zum Lebenslauf sollte der beerdigende Pastor berücksichtigen. In einen Nachruf gehören sie nur insoweit, als der Pastor dafür nicht kompetent ist. Die Treue eines Menschen darf und soll am Grab oder in einer Trauerfeier gewürdigt werden, wenn nicht übertrieben wird. Es geschieht aber unter dem Aspekt, daß Gott die Menschen erschafft, begabt, bewahrt und auferwecken wird.

Auf eine innere Gliederung kann auch diese Rede nicht verzichten. Es wäre aber deplaciert, hier Punkte zu nennen. Sprechen Sie warm und freundlich[76]! Halten Sie sich kurz. Gibt es mehr zu sagen, so mag die Gemeinde eigens dazu eine Gedenkfeier ansetzen, in der dann Menschen über ihre Begegnungen mit der oder dem Verstorbenen berichten können. Seien Sie aber wachsam, daß kein Totenkult daraus wird! Dieser hat im christlichen Glauben keinen Platz.

Machen Sie sich, falls Sie nicht ganz sicher sind, Notizen auf einen kleinen Zettel! Für den Fall, daß Sie im Regen sprechen müssen, benutzen Sie keine Tinte! Evtl. hilft da auch eine kleinere Klarsichthülle. Gedenken Sie, ein Bibelwort zu lesen, so haben Sie das Glück, Ihren Zettel ohne Aufsehen vor sich zu haben[77];

---

76 Siehe Seite 311!

77 Aber dieser kleine Vorteil rechtfertigt noch nicht das Lesen eines Bibelverses. Dafür sollten Sie tiefere Gründe haben.

Sie können ihn nämlich in die aufgeschlagene Bibel legen. Er wäre dann nur noch gegen den Wind zu sichern, evtl. durch ein Stückchen Tesafilm oder durch eine kleinere Klammer.
Eine Anrede muß hier nicht, kann aber sein. In dem Fall wären die nächsten Angehörigen vor der Trauergemeinde anzureden. Sprechen Sie über die oder den Verstorbene(n) stets in der 3. Person![78] Wenden Sie sich den Lebenden zu! Es gibt für Christen keinen Grund, ins Grab hineinzusprechen und in der 2. Person etwa hineinzurufen:

> Hans, wir danken Dir! Auf Wiedersehen!

Erst recht gibt es keine biblische Grundlage, ins offene Grab hinein zu beten. Das Segnen des Verstorbenen ist fragwürdig genug. Das Leben dieses Menschen ist nun vorüber. Jetzt steht er nur noch vor seinem Gott; und alles, was wir tun können, ist, seiner zu gedenken. Wenn es Dank gibt, dann gilt er Gott, der diesen Menschen gemacht und uns hat begegnen lassen.[79]

Die Tischrede
Auch hier sind die Anlässe nicht zählbar. Alle gemeinsamen Mahlzeiten, die aus einem bestimmten festlichen Grund stattfinden, können Raum für eine Tischrede geben. Am häufigsten sind es Hochzeiten und Jubiläen jeder Art, also Geburtstage und dergleichen.
Zuallererst sorgen Sie für Ruhe im Raum. In die Störung hinein vergeuden Sie fast die gesamte Wirkung Ihrer mit Sorgfalt bedachten Ausführungen. Wenn Sie klug waren, haben Sie Ihre Rede durch den Gastgeber vorher, eventuell schon vor dem Essen, ankündigen lassen.
Für den Fall, daß Sie beim auswendigen Reden nicht ganz sicher sind, liegt nun ein Bogen Papier vor Ihnen auf dem Tisch, dem Sie in großer, aus dem Stand lesbarer Schrift Ihre Stichpunkte anvertraut haben. Sie erheben sich, klopfen mit einem Löffel an Ihr Glas oder Ihre Tasse, warten, bis Ruhe herrscht, und beginnen zu reden. Schaffen Sie eine entspannte Atmosphäre im Raum, indem Sie sagen:

> Essen Sie nur in Ruhe weiter; ich bitte Sie aber für einen Augenblick um Ihre Aufmerksamkeit.

In der Regel macht sich ein Tischredner zum Sprecher aller Anwesenden. Nur bei ganz persönlichen Äußerungen oder Worten im Namen einer Gruppe geht das nicht. Sind Sie gebeten worden, eine längere Rede zu halten, so fügen Sie hinzu:

> Ich bin von dem oder den Gastgeber(n) gebeten worden, ...

Auf diese Weise werden Sie entlastet. Und dem Gastgeber nimmt man die Länge nicht übel. Nun reden Sie das Hochzeitspaar oder die Jubilare, wer immer das sei, mit Namen an. Schauen Sie sie dabei freundlich an! Bauen Sie in Ihre Tischrede mit wenigen Worten die Beziehung ein, die Sie zum Gastgeber haben. Auch eine -allerdings äußerst kurze!- Anekdote darf sich in Ihre Rede einschleichen. Ebenso dürfen Ratschläge, etwa an ein junges Paar, -ein wenig

[78] Siehe auch auf Seite 194!

[79] Siehe auch auf Seite 324!

schelmisch vorgetragen- in das Ganze einfließen. Oft ist der Geehrte selbst nur formal der Angesprochene. Der Tischredner will auf diesem Umweg häufig anderen Gästen etwas sagen, was er sich ihnen direkt nicht zu sagen traut.[80] Es mag dem Geschmack und der Geradlinigkeit des Redners überlassen bleiben, inwieweit er sich solcher Tricks bedient. Meine Empfehlung für eine Tischrede ist, dem Gefeierten nur das zu sagen, was diesen auch betreffen kann. Anders ist es sicher in einem Gottesdienst, etwa bei einer Trauung.

Den Schluß einer Tischrede bilden regelmäßig gute Wünsche. Christen haben die Möglichkeit und Vollmacht, nicht nur Wünsche für und an die Betroffenen auszusprechen, sondern ihnen auch Segen zuzusprechen.

Die Tischrede mündet oft in einen Trinkspruch, zu dem der Redner als Erster sein Glas erhebt und den gefeierten Personen zutrinkt. In der christlichen Gemeinde ist es aber nicht ganz einfach, dies zu rechtfertigen. Was bedeutet das Zutrinken aus der Sicht der biblischen Botschaft? Und wie vereinbart es sich vom guten Geschmack her mit dem Zuspruch göttlichen Segens? Ich denke, Christen nehmen derartige Wünsche von einem anderen dankbar und fröhlich an, werden selbst aber eine andere Form des Wünschens finden. So könnte ich mir die Tischrede eines erwachsenen Enkelsohnes zur Goldenen Hochzeit seiner Großeltern vorstellen:

> Liebe Oma, lieber Opa, daß ich heute, an Eurem Freuden-, Dank- und Ehrentag, vor Euch stehe im Namen Eurer drei »Musketiere«, wie Ihr uns Buben immer genannt habt, das ist weder zufällig, noch selbstverständlich. Ihr seid -und das heißt: Eure Ehe- ja wohl nicht weniger als die Voraussetzung dafür, daß ich überhaupt da bin. Aber die Art, wie Ihr miteinander und mit uns, meinen Brüdern und mir, gelebt habt, das ist die Voraussetzung dafür, daß wir so gern da sind.
>
> Es ist darum keine Pflichtübung, die es hier zu absolvieren gälte, nicht mal ein Höflichkeitsakt. Vielmehr freuen wir uns aus tiefem Herzen, daß Ihr da seid, und wir wollen mit Euch feiern, »was das Zeug hält«.
>
> Ihr hattet kein leichtes Leben, aber wer hat das denn schon! Der Unterschied zu anderen ist aber, **wie** Ihr es gelebt habt. Ihr wart als Menschen und als Eheleute für uns Kinder **ein** Vorbild; denn Ihr wart es gemeinsam. Und sicher wären wir drei Enkel, ohne Euch vor Augen zu haben, nicht so zielstrebig selbst auf eine Ehe zugegangen. Ihr habt uns gezeigt, wie Menschen von ihrem Gott Kraft empfangen und aus ihrem Glauben an Jesus Christus allem Schmerz zum Trotz tief drinnen fröhlich sein können. Am wichtigsten aber war für uns drei stets Eure Aufgeschlossenheit. Ihr scheint Eure Kinder nicht als persönliches Eigentum aufgefaßt zu haben, uns Enkel jedenfalls habt Ihr »loslassen« können. Das war es, was uns so gewaltigen Eindruck gemacht hat. Bis heute habt Ihr Euer Herz für junge Leute nicht verloren. Alles -fast alles- konnten wir mit Euch besprechen. Und wenn unsere Eltern mit dem Betrieb beschäftigt und oft so müde waren, dann wart Ihr uns Kameraden - aber nur, wenn wir es wollten.
>
> Und dann, Opa, die Abend- und Morgenstunden auf Deiner Jagd, als Du sie noch hattest. Für mein Leben bleibt es uns Jungs unvergessen. Opa, wir danken Dir dafür! Oma, wir danken Dir für Deine Geschichten in unserer Kindheit am Bett! Und wir danken Dir für Deine Pfannkuchen! Niemand schafft sie so.
>
> Liebe Oma, lieber Opa, das wird sicher nicht jeder Enkel ehrlicherweise sagen können, wir aber können es: Bleibt noch ganz lange bei uns! Und bleibt noch ganz lange gemeinsam bei uns! Wir brauchen Euch!
>
> Und wer sich meiner Meinung anschließen will, der mag es jetzt durch einen kräftigen Applaus für das Jubelpaar bestätigen.

---

[80] Zum Beispiel, um die Gelegenheit missionarisch zu nutzen, manchmal auch »auszuschlachten«

(3) Der gemeindetypische Anlaß

Unter einem gemeindetypischen Anlaß verstehe ich solche Reden, die eine Gemeinde in Ausübung ihres ihr angestammten biblischen Auftrags anzubieten und durchzuführen hat. Natürlich gehörte hierher an erster Stelle die Predigt. Diese aber nehme ich, wie mehrmals gesagt, bewußt aus. Ich komme jetzt auf das Referat und auf die Talkshow zu sprechen. Andere Anlässe, das Predigtnachgespräch, den Erlebnisbericht, die Bildmeditation und dergleichen behandele ich im fünften Hauptteil.[81]

Das Referat

Ein Referat[82] ist eine Abhandlung über ein Thema zur Klärung von Sachverhalten. Das Thema kann sämtlichen Wissensgebieten entnommen sein. Zielsetzungen sind die Information, das Verständnis und die Meinungsbildung bei den Hörern, im Idealfall ihr Engagement.

Der Inhalt eines Referats besteht aus Mitteilungen, Behauptungen, Beweisen und Widerlegungen, Übersicht und Gegenüberstellungen, Einordnungen sowie Schlußfolgerungen und einer Auswertung dieser Elemente.

Der Aufbau ähnelt einerseits einem Lehrbuch und andererseits einer Ansprache. Entsprechend dem Vorwort eines Buches sagen Sie Dank für die Einladung, erklären, wie Sie zu dieser Thematik gekommen sind, evtl. seit wann Sie sich bereits mit der anstehenden Materie befassen. Entsprechend der Einleitung eines Buches legen Sie Ihre Methode dar, grenzen den Stoff ein, notfalls auch Sachgebiete aus[83], und nennen das Ziel, das Sie mit dem Referat verfolgen, ohne die Spannung wegzunehmen.

Behandeln Sie nun das Thema in logisch aufeinanderfolgenden Punkten. An den Schluß setzen Sie eine abrundende und auswertende Zusammenfassung mit einer gediegenen persönlichen Stellungnahme. Dann bedanken Sie sich für die Aufmerksamkeit.

Der Umfang wird durch den Stoff, die Hörerschaft und die Umstände begrenzt.

Zum Charakter eines Referats: Es handelt sich um einen wohlbelegten und ausgewogenen Vortrag ohne emotionale Behauptungen. Im Gegensatz zur Predigt ist das Ziel eines Referats nicht Zuspruch und Anspruch, auch nicht Zeugnis und Bekenntnis zu einer Person, Gruppe oder Sache. Es wird darum dezent gehalten. Auch Ereiferungen unterbleiben. Jeder Hörer darf sich vor persönlicher Bedrängung und vor Angriffen sicher wissen.

Der Stil soll eine zurückhaltende Anrede, Distanz zum Hörer und ausgesuchte Höflichkeit sicherstellen. Plumpe Vertraulichkeit paßt nicht zum Referat, dagegen scharfe Argumentation und eine präzise fachliche Diktion[84]. Anschaulichkeit ist wie bei jeder Rede wünschenswert.

---

[81] Siehe Seiten 265-281!

[82] = Vortrag; aus (lat.) *referat* (= er möge berichten), aus *re* (= zurück) und *ferre* (= bringen, tragen)

[83] Die Ausgrenzung von Stoffen aus guten Gründen ist seriöser als das stillschweigende Weglassen von Gedanken, die der Hörer mit Fug und Recht unter dem Thema erwarten könnte.

[84] = Ausdrucksweise; aus (lat.) *dictio* (= das Sprechen), verwandt mit »Diktat«

Das Niveau eines Referats soll gewährleisten, daß der Vortragende seinen Stoff in die Geschichte und in den gegenwärtigen Stand von Forschung und Erkenntnis einordnet und es auf das moderne Leben bezieht. Verweise auf Quellen und Veröffentlichungen erfolgen wie in einem wissenschaftlichen Buch, allerdings nicht mit Einzelangaben von Auflage, Jahr und Seitenzahl, sondern großzügig mit dem Angebot näherer mündlicher oder schriftlicher Auskunft nach der Veranstaltung.
Als Hilfsmittel ist alles wünschenswert, was der Verdeutlichung, der Übersicht und der Meinungsbildung dient. An- oder Zwischenspiele, wie sie in evangelistischen Veranstaltungen üblich sind, eignen sich meist nicht. Ton- und Bildaufnahmen jeder Art sowie Tafeln sind passend. Üblich ist, daß Unterlagen verteilt werden.

Die Talkshow
Die Talkshow ist ein zeitgemäßes Mittel. Aus dem Fernsehen dürfte sie Ihnen bekannt sein. Durch eine Talkshow können Sie Menschen auf lockere und sympathische Weise mit solchen Überlegungen bekannt machen, die sich diese Leute in einer herkömmlichen Predigt nicht anhören würden.
Voraussetzung ist, daß der oder die Befragten Menschen sind, die etwas zu sagen haben und die auch wissen, was sie sagen. Das größte Problem dürfte in der Auswahl der Befragten stecken. Es müssen interessante Menschen sein, die etwas erlebt haben. Es müssen aber auch bescheidene Menschen sein, die die Veranstaltung nicht ausnutzen, um sich wichtig zu machen. Sinn der Talkshow ist letzten Endes ja nicht, daß ein bekannter Mensch noch bekannter wird, sondern daß eine wichtige Botschaft weitergegeben wird. Das Geheimnis liegt darin, daß durch das Interesse, das der Befragte erregt, Interesse für eine gute Sache entsteht. Dieses Interesse für die Botschaft wird also transportiert durch das Interesse für die befragten Personen.
Eine weitere Voraussetzung ist ein geschickter Befrager. Es ist also wichtig, daß beide einander so gut kennen, daß sie vor unliebsamen Überraschungen sicher sind. Wenn einer von beiden, der Befrager oder der Befragte, sehr denkschnell und geschickt ist, kann er sogar dann Unheil vermeiden, wenn der jeweils andere versagt. Folgendes rate ich dazu:
Wählen Sie einen neutralen Saal in einem Hotel oder Bürgerhaus! Scheuen Sie nicht die Mühe, falls nicht vorhanden, eine richtige Bühne aufzubauen! Beleuchten Sie diese Bühne, so daß die Gesprächspartner gut gesehen, aber nicht geblendet werden. Stellen Sie im Saal Tische auf, um die sich Ihre zuhörenden Gäste setzen! Bieten Sie Getränke und eventuell auch Speisen an! Wenn Sie dafür Geld nehmen, legen Sie nett gestaltete Getränke- und Speisekarten aus! Scheuen Sie sich nicht, für Ihre Leistungen zu kassieren! Sorgen Sie für eine dezente und einfühlsame, aber nicht konzertmäßige musikalische Umrahmung! Ein Interpret genügt; lassen Sie keinen Leistungswettstreit aufkommen! Begrüßen Sie Ihre Gäste freundlich! Stellen Sie, wenn Sie der Befrager oder die Befragerin sind, Ihre zu befragenden Gäste vor, indem Sie an diese Fragen zur Person richten! Wenn die ganze Sache echt wirken soll, sprechen Sie nicht mehr als die groben Umrisse der Themen ab! Lassen Sie das Gespräch so verlaufen, daß auch

Sie selbst noch echte Überraschungen erleben! Vermeiden Sie Konfrontationen! Bestehen Sie nicht auf Antworten, die Ihr Gesprächspartner offensichtlich nicht geben will! Spielen Sie ihm oder ihr den Ball zu, wenn eine »Ladehemmung« eintritt! Überbrücken Sie peinliche Momente, indem Sie ein ganz neues Thema beginnen! Lassen Sie Fragen aus dem Publikum nicht ohne weiteres zu! Verweisen Sie auf die Möglichkeit, nach der Veranstaltung miteinander in Ruhe reden zu können. Überziehen Sie, auch wenn es spannend ist, die gesetzte Zeit nicht!
Eine Gefahr ist mir in diesem Zusammenhang besonders bewußt geworden: daß durch einseitig positive Antworten auf Fragen nach dem Leben des oder der Befragten eine Art »heile Welt« dargestellt werden kann. Es verunsichert die Zuhörer, wenn nicht genügend nach Einzelheiten und Begründungen gefragt wird. Schlimmstenfalls wird die befragte Person unglaubwürdig. Haken Sie als Befrager deshalb notfalls nach!

b) Die Hörerschaft
Hier geht es um die Frage, wie von der **äußeren Struktur** der Hörerschaft der Aufbau einer Rede abhängt. Meine Antwort lautet: gar nicht; denn, egal ob gebildet oder nicht, arm oder reich, fromm oder gottlos, es sollte stets die übersichtlichste und einleuchtendste Form gewählt werden. Ob vor Professoren oder vor Hilfsarbeitern - die Rede muß gleichermaßen verständlich sein.
Dennoch wäre es sträflich, den **Charakter** der Hörerschaft bei der Gestaltung einer Rede nicht ins Kalkül zu ziehen. Das können Sie aber auch übertreiben. Die Gefühle und die Aufnahmefähigkeit einer Hörerschaft wollen berücksichtigt sein. Andererseits dürfen Sie nicht feige zurückweichen und das verschweigen, was gesagt werden muß. Der Weg zwischen Rücksicht und Zivilcourage gleicht häufig einer Gratwanderung. Und niemand nimmt Ihnen diese Entscheidung ab. Hinterher wissen Sie meist besser, ob Sie leichtsinnig oder mutig gehandelt haben.
Bei der Entscheidung, wie sich die **Gesamtstruktur** Ihrer angenommenen Zuhörerschaft auf Ihre fertige Rede auswirken soll, hilft Ihnen vielleicht die Unterscheidung der zuhörenden Gruppen nach gesellschaftlichen, politischen, bildungsmäßigen und geistlichen Kriterien ebenso wie die Frage nach Geschlecht und Alter.[85] Im gemeindlich idealen Fall ist eine Gemeinde bunt zusammengewürfelt. Das macht die Sache nicht einfacher.
Es gibt ausgesprochen offene und ausgesprochen verschlossene Gemeinden. Es gibt auch überwiegend dankbare und leider auch überwiegend undankbare Gemeinden. Nicht nur der landstrichbedingte Menschenschlag ist dafür verantwortlich, sondern die geistliche Tradition und Erziehung einer Gruppe in den letzten Jahrzehnten. Oft liegen die unterschiedlichsten Gemeinden dicht nebeneinander. Nicht von ungefähr werden wir beim Betrachten von Gemeinden öfter an die Kategorien der sieben sogenannten Sendschreiben[86] erinnert.
Es gibt Gemeinden, in denen die Mehrheit dazulernen will. Lehre bedeutet für sie zwar Belastung; aber diese Belastung nehmen sie bewußt hin. Es gibt andere

[85] Ich verweise auf meine Ausführungen dazu auf den Seiten 194-204.

[86] Offb 2 und 3

Gemeinden, deren größter Teil sich einer zusätzlichen Bildung ausdrücklich verschließt. Dort verlangt man, daß der Redner uneingeschränkt auf die Stufe der Zuhörer heruntertritt; man gestattet ihm nicht, daß er seine Hörer ein wenig nach oben zieht. Es liegt auf der Hand, daß solche Gemeinden auch geistlich kaum weiterkommen können; denn ohne Information und Übung in biblischem Denken ist geistliches Wachstum nicht zu haben.

Eine Unterscheidung der Hörerschaft wie der verschiedenen Rednertypen in vier Gruppen sei hier erwähnt. Rolf Heue und Reinhold Lindner unterscheiden in Anlehnung an Ausführungen von Fritz Riemann[87] auf der Predigerseite wie auf der Gemeindeseite vier Typen:

Kritiker	- sie zielen überwiegend auf Erkenntnis
Partner	- sie zielen überwiegend auf Harmonie
Bewahrer	- sie zielen überwiegend auf die Erhaltung der Tradition
Befreier	- sie zielen überwiegend auf Freiheit zur Veränderung

Es wäre gewiß hilfreich, wenn Sie auch über sich selbst erführen, welcher dieser vier Gruppen Sie angehören. Dazu brauchten Sie sicher nicht nur Ihre eigene Einschätzung, sondern auch das Urteil bedachter unbefangener Beobachter. Hier geht es zwar nicht um den Typ des Redners, sondern um den Typ, den Ihre Hörerschaft überwiegend darstellt. Jedoch wird die Wirkung einer Rede niemals von nur einem der beiden Pole bestimmt. Redner oder Hörer mögen sein, wie sie wollen. Die Wirkung bestimmt erst das Zusammenspiel beider: die Wirkung des Redners auf die Hörer und die Reaktionsfähigkeit und -willigkeit der Zuhörer gegenüber dem Redner.
Es läßt sich grob voraussehen, wie Sie z.B. als »Befreier-Redner« auf eine »Bewahrer-Gemeinde« wirken. Sie werden dort alle »Feuermelder« auslösen. Oder was Sie als »Kritiker-Redner« bei einer »Partner-Gemeinde« ausrichten. Sie werden eine weich gepolsterte Mauer zwischen sich und Ihren Zuhörern antreffen, von den Hörern errichtet, aber von Ihnen veranlaßt. Denn durch diese Mauer werden Ihre Hörer die von Ihnen Angegriffenen oder die vermeintlich Angegriffenen vor Ihren Angriffen oder vermeintlichen Angriffen zu schützen suchen. Befreier gegenüber Bewahrern und Kritiker gegenüber Partnern, das sind die stärksten Gegensätze. Kritiker und Bewahrer oder Kritiker und Befreier, notfalls auch Befreier und Partner, vor allem aber Partner und Bewahrer, können sich miteinander leichter verständigen.

Die Frage ist nun, ob Sie die Konfrontation suchen oder eher zur List greifen wollen. Ein »Befreier« kann sich durchaus ein wenig »zurücknehmen«. Er kann sich um Verständnis für die Tradition bemühen und das seine besorgten Hörer in ein paar Sätzen auch spüren lassen. Auch ein »Kritiker« kann sich das Harmoniebedürfnis der »Partner« ein Stückweit zu eigen machen und seine Erkenntnisse auf diese Weise etwas behutsamer an den Mann oder die Frau

87 Rolf Heue/Reinhold Lindner, Predigen lernen, Seiten 58-60

bringen. Der »Partner« wird sich dazu ermahnen lassen müssen, daß er dringend nötige Unterscheidungen nicht einfach wegnivellieren[88] darf. Und der »Bewahrer« muß sich gelegentlich fragen lassen, was er mit seinen herkömmlichen Denkweisen und Methoden denn noch bewegt.

Es ist dabei nicht ohne Belang, ob Sie, wie ein Evangelist, nur für einen oder wenige Abende zu einer Gemeinde sprechen oder ob Sie dort zu Hause sind und demnach noch länger mit Ihren Zuhörern leben und handeln müssen. Die Angst vor einem vorübergehend anwesenden »Befreier-Redner« ist viel geringer als die Angst vor einem »Befreier-Redner«, der der Gemeinde auf Jahre hinaus erhalten bleibt. Er wird auch dort noch Widerstand finden, wo man dem Gastredner eine Art »Narrenfreiheit« gewährt.

Keiner kann völlig aus seiner Haut heraus. Aber einige Schritte auf seine ganz anders empfindenden Hörer zugehen, das kann jeder mit ein bißchen gutem Willen. Es widerspricht nicht der Mahnung, daß Sie stets »Sie selbst« bleiben müssen. Sich etwas zurückzunehmen, heißt nicht, sich zu verstellen.

Alle Rücksichten, die Geschlecht, Alter, Bildungsstand und wirtschaftliche Lage der Hörer im Auge haben, sind gut, wenn sie diesen Hörern so besser zum Weiterkommen verhelfen. Alle Rücksichten, die dem Gesetz des »geringeren Widerstands« folgen, sind schlecht, wenn sie die Hörer ungefördert lassen.

Daß ein Redner auf die Stufe seiner Hörer hinuntersteigt, das ist vorbildlich. Daß er zusammen mit seinen Hörern auf dieser Stufe bleibt, um mit ihnen gemeinsam dort geistig zu vertrocknen, das ist unverantwortlich.

Helmut Thielicke gab jüngeren Theologen den Rat: »Ihr müßt für den Typ von Hörern reden, den Ihr gerne hättet, auch wenn noch niemand davon da ist. Viele machen den Fehler, sich dem Diktat der Anwesenden zu fügen.«[89] Thielickes Rezept wird vielleicht Erfolg haben. Aber es betrifft nur die eine Seite der Medaille. Die andere Seite erinnert uns an unsere Pflichten gegenüber den uns anvertrauten Menschen. Wer nur einmal an einem Ort spricht, kann sich ohnehin nur auf die tatsächlich Anwesenden einstellen.[90] Wer als Gastredner attraktive Vortragsreihen hält, wie Thielicke jahrzehntelang in Tübingen und Hamburg, der kann das so machen, wie er vorschlägt. Wer Woche für Woche seine Gemeinde mit dem Nötigsten zu versorgen hat, der tut am besten, sich die als Zuhörer zu wünschen, die ihn am dringendsten brauchen.

Auf rundfunkhomiletischen Seminaren wird den Teilnehmern oft angeraten, sich bei der Ausarbeitung einer Rede eine ganz bestimmte Person vorzustellen.[91] Das

---

88 = einebnen; aus (frz.) niveler (= mit der Wasserwaage messen)

89 Thielicke in seiner Autobiographie »Zu Gast auf einem schönen Stern«, Seite 142

90 Es ist fast unmöglich, unbekannte Menschen vom Rednerpult aus richtig einzuschätzen. Was der Redner wahrnimmt, ist nur der Blick; es fehlt ihm der Aufschluß, den ihm die Sprache, die Stimme und die Körpersprache eines Zuhörers geben könnten. In Ermangelung jeglicher Information über Ihre Zuhörer sollten Sie zu den Menschentypen sprechen, die Sie vor sich zu haben wünschen.

91 Ähnliches sagt Helmut Thielicke in seiner Autobiographie »Zu Gast auf einem schönen Stern«, Seite 146: »Ich behielt beim Reden immer einige Menschen im Auge, für die ich sprach, und ich habe es sogar als geeignetes Rederezept erfahren: sich auf diese Weise **einen** Hörer vorzunehmen, mit dem ich in einen gedanklichen Dialog trat. Dann hören alle anderen wie von selbst auch mit.«

ist ein ausgezeichneter Rat auch für Reden in Gemeindeveranstaltungen. Eine große Gefahr aber besteht, wenn dieser Eine, an den Sie denken, nicht dem Querschnitt der Hörerschaft entspricht, sondern -sagen wir- der einzige Akademiker im Hause ist. Zusätzlich kann Sie das sehr befangen machen. - Bauen Sie keine Reden für bestimmte Personen! Dazu ist das persönliche Gespräch da. Denken Sie aber an einen Bestimmten, wenn dieser Bestimmte repräsentativ für viele steht!

Die Frage bleibt aber: Was hat das alles mit dem Aufbau der Rede zu tun? Eine Menge! Zugegeben, diese Dinge sind unmittelbar für die Gestaltung des Inhalts, für die Formulierung der einzelnen Argumente wichtig. Aber ein wirksamer Inhalt folgt immer einer Form, einem sinnvollen Aufbau. Die Frage nach der Form beginnt bei Ihrer Themastellung, sie setzt sich fort bei der Frage, ob Sie Ihre Rede streng gliedern wollen. Die Form wirkt sich im ersten Satz Ihrer Rede aus, im Charakter Ihrer Gliederungspunkte, in der Art und Weise, wie Sie Ihre Gliederung »verkaufen«, in der Länge und Ausführlichkeit Ihrer Punkte, und schließlich darin, wie bildhaft oder abstrakt, wie konsequent oder verständnisvoll Sie Ihre Ausführungen gestalten.[92]

5. Aufbauschritte

Am Anfang der Vorbereitung für einen Vortrag, ein Referat, eine Rede oder eine Predigt steht das Bedenken des Anlasses. Sie sind entweder gebeten worden, über ein Thema oder über einen Text zu sprechen. Oder Sie haben sich selbst dazu entschlossen, das zu tun. Vielleicht haben Sie Ihre Dienste angeboten. Unter Christen wirkt das Sich-Anbieten meist befremdend. Unter Nicht-Christen ist man oft dankbar für ein solches Angebot. Möglicherweise liegt auch weder das Thema noch der Text vor, sondern es ist lediglich der Anlaß bekannt, etwa die Goldene Hochzeit der Großeltern. Dann leitet sich das Thema vom Anlaß ab. Wenn Sie meinem Rat folgen, werden Sie sogar dann ein Thema wählen, wenn ein Anlaß im Mittelpunkt steht. Es ist eine Bereicherung und eine Hilfe für beide Seiten. Für Sie als Redner ist das Thema ein Halt, und für Ihre Hörer ist es ein Schutz vor der so gefürchteten Ausuferung.

Eine Textpredigt führt vom Text zum Leben. Eine Themapredigt führt vom Leben zum Text und dann **unbedingt(!)** wieder vom Text zum Leben. Ein Referat oder ein sonstiger Vortrag geht stets vom Thema aus und führt zu einem vorher gesetzten oder bei der Vorbereitung entstandenen Redeziel. Das Redeziel besteht im Idealfall darin, daß die Hörer dazu bewegt werden sollen, etwas Bestimmtes zu tun oder zu lassen. Es kann sich auch damit begnügen, daß die Hörer etwas Bestimmtes verstehen. Noch bescheidener sind die Ansprüche, daß sie etwas Bestimmtes erfahren oder auch nur unterhalten werden. Nun schildere ich Ihnen den Weg vom Anlaß zum fertigen Redemanuskript in zehn Schritten:

[92] Weitere Gesichtspunkte zur Hörerschaft unter »Das Predigtnachgespräch« (Seiten 277-281)

Erster Schritt: Vom Anlaß zum Thema
Bei diesem Schritt überlegen Sie mit dem Blick auf den Anlaß, welches Thema oder welcher Text den Zuhörern unter den gegebenen Umständen am meisten weiterhilft oder sie am wirkungsvollsten belustigt oder unterhält. Es soll dem Anlaß angemessen sein. Notfalls lassen Sie sich beraten!

Zunächst ist es sicher ein vorläufiges Thema. »Vorläufig« bedeutet, daß Sie am Schluß noch einmal prüfen können, ob es optimal[93] abgefaßt ist. Solange Sie nicht am Pult stehen oder solange es nicht öffentlich angekündigt ist, können Sie es ja ändern, allerdings nur, wenn es Ihnen nicht gestellt wurde.
Wenn Sie das Thema gestellt bekommen, müssen Sie sich ganz exakt daran halten. Das bedeutet, daß Sie mit Ihren Gedanken das gesamte Gebiet abklopfen und abhorchen müssen. Haben Sie das Thema aber selbst zu formulieren, dann denken Sie sehr gründlich über das nach, was Sie als Hauptsache sagen wollen. Gewiß soll ein Thema attraktiv sein, Zuhörer anlocken, Spannung erzeugen. Aber bitte veranstalten Sie keinen »unlauteren Wettbewerb«, verkaufen Sie keine »Mogelpackungen« und betreiben Sie keinen »Etikettenschwindel«!
Sie wissen vielleicht, daß ich auch Kaufmann bin und ein Spielwarengeschäft besitze. Vor etwa zwanzig Jahren stellte die Firma Fischer ihre Verpackungen des bekannten Bausystems »fischertechnik« von den riesigen voluminösen, mit viel Luft aufgefüllten Schaukartons auf sogenannte »Wahrheitspackungen« um. Diese neuen Wahrheitspackungen waren nur noch so groß, wie der »wahre« Inhalt Raum benötigte. Sie nahmen kaum ein Viertel des bisherigen Raums ein. Es waren Kunststoffboxen, die gleichzeitig als Sortierkästen benutzt werden konnten, und dieselbe Anzahl von Bauelementen enthielten wie zuvor die Riesenkartons. Wir Händler waren begeistert. Alles war übersichtlich und handlich. Auch die Frachten waren jetzt niedriger. In unseren Regalen brauchten wir nur noch ein Drittel des Platzes. Im Schaufenster kamen wir mit weniger Raum aus. Und in den Kinderzimmern war leichter Ordnung zu halten.
Allein, die Firma Fischer hatte »die Rechnung ohne den Wirt« gemacht. Die Kunden kauften die »Wahrheitspackungen« nicht. In jenem Jahr fiel die »fischertechnik«-Saison für uns aus. Im nächsten Jahr verkauften wir dann wieder viel »Luft«.
Diese Erfahrung, verehrte Leserin, verehrter Leser, werden viele von Ihnen mit Ihrer Gemeinde und bei sonstigen Zuhörern machen. So, wie die Geschenk-Kartons nach mehr aussehen sollen, als sie enthalten, so soll auch eine Rede »aufgemacht« sein. Es sind nur sehr wenige, die darauf achten, daß der Inhalt mit dem äußeren Eindruck übereinstimmt. Und die oberflächlich »dahingeworfenen« Banalitäten eines Prominenten gelten meist mehr als die sorgfältige, solide Arbeit eines Namenlosen. Damit müssen Sie leben. Und von dieser Unsitte sind auch die allerfrömmsten Gruppen betroffen. Das gleiche Phänomen begegnet uns am Heiligabend, bei Jubiläen, Einführungen oder Einweihungen. Immer dann, wenn erfahrungsgemäß keine solide Predigt bzw. nur ein kurzes besinnli-

---

[93] = entspricht der höchsten Steigerung, von (lat.) *optimum* (= das Beste); Superlativ neutrum von *bonus* (= gut)

ches, aber nicht lehrhaftes Wort zu erwarten ist, wenn nur »an- und aufgerissen«, aber kaum verkündigt wird, haben Sie ein volles Haus.
Jedoch, wir sind kein Markenartikelhersteller. Und in der Gemeinde Jesu geht es, zumindest nach seinem Willen, nicht zuerst nach dem Prinzip von »Angebot und Nachfrage«; und auch nur in zweiter Linie nach dem Kriterium von Erfolg oder Mißerfolg, sondern immer zuerst um einen Auftrag. Die Menschen in den Gemeinden müssen weitergeführt werden, egal, ob sie das wissen oder nicht. Ihre Zuhörer brauchen den soliden Inhalt! Manchmal bedarf es jahrzehntelanger Erziehungsarbeit in einer Gemeinde, um das Bewußtsein für die Notwendigkeit geistlicher Weiterführung und den Wunsch nach gediegener Lehre zu fördern sowie einen Sinn für biblisches Denken zu entwickeln.
Es wäre ungerecht, wenn der Eindruck entstünde, alle Hörer zögen »Mogelpakkungen« vor. Nein, eine »Mogelpackung« fördert nur den Kauf, hinterher aber schadet sie dem Produkt. So auch hier: Sie können mit einem solchen »Etikettenschwindel« zwar Zuhörer **anlocken**, **zufriedenstellen** können Sie sie damit nicht.
Wenn Sie nun zwischen Anlaß und Thema stehen, so achten Sie bitte darauf, daß die Packung dem Inhalt entspricht. Das heißt für Ihre Rede, daß die Thematik nicht zu unerfüllbaren Erwartungen Anlaß gibt. Natürlich dürfen Sie eine attraktive Überschrift über Ihren Vortrag setzen. Aber dieser attraktiven Überschrift müssen Sie dann auch gerecht werden. Und wenn Sie das nicht verwirklichen können, dann machen Sie die »Verpackung« bescheidener. Verkaufen Sie nicht »Luft«, sondern bieten Sie eine »Wahrheitspackung« an! Praktisch bedeutet das: Nehmen Sie den Anspruch des Themas auf das Machbare zurück!
Was Sie ankündigen, müssen Sie auch behandeln. Und was Sie behandeln, muß auch im Thema stehen!

Zweiter Schritt: Vom Thema zum Inhalt
Ein Thema, das feststeht, etwa weil es gestellt worden ist, müssen Sie bis in die letzte Silbe hinein ernst nehmen. Auch jedes Binde- oder Verhältniswort, jedes »oder« oder »und« oder »zwischen« oder »auch«. Viele Reden scheitern bereits daran, daß der Redner das Thema verfehlt oder nicht ernst genommen hat.
Als erstes überlegen Sie: Wozu das alles? Was kann meine Rede nützen? Wem könnte sie nützen? Welche Konsequenzen würde ich mir für meine Mühe wünschen? Prüfen Sie, ob Ihre Wünsche berechtigt sind! Untersuchen Sie kritisch, ob Sie voreilig parteiisch sind! Vielleicht schleppen Sie unbewußt uralte Vorurteile auf dem zu behandelnden Gebiet mit sich herum.
Fragen Sie sich, was Ihre Hörer wissen wollen! Sie kommen darauf, wenn Sie überlegen, was Sie selbst wissen wollten, falls Sie einer der Hörer wären. Was gehört zu diesem Gebiet? Gehen Sie im Wald spazieren, und denken Sie in frischer Luft darüber nach: Welche Lebensbereiche werden von der Thematik berührt? Fragen Sie gute Freunde! Ein früherer Direktor meiner Schule rief ab und zu, wenn er bei der Vorbereitung zu einem Vortrag saß, bei mir zu Hause an. Er sagte dann nur: »Eberhard, sag mir bitte mal mit einem kurzen Satz, was Dir spontan zu dem Begriff ... einfällt. Ich will nur Deine erste Assoziation wissen. Nachdenken und nachschlagen kann ich selbst.« Folgen Sie doch einmal

diesem Beispiel! Fragen Sie auch Fachleute, Abgeordnete und Behörden, aber unbedingt auch Laien! Lassen Sie sich Informationsmaterial von den Öffentlichkeitsabteilungen der Ministerien, vom Bundesamt für die gewerbliche Wirtschaft, vom Statistischen Bundesamt und anderen kommen! Veranstalten Sie Interviews mit Betroffenen, mit Gegnern und Befürwortern einer Sache! Hören Sie immer beide Seiten! Schauen Sie auch in neuere Lexika, in Atlanten und in den Ploetz[94]! In den Lexika finden Sie am Schluß eines Artikels oft eine Liste von Literatur. Die können Sie sich in einer Bibliothek ausleihen. Und in dieser finden Sie dann wieder neue Literaturangaben. Lassen Sie sich von Fachleuten Literatur benennen! Beachten Sie entsprechende Reportagen in Funk und Fernsehen und Darstellungen in guten Zeitungen und Zeitschriften! Ihre Stoffsammlung ist immens wichtig. Das Entscheidende ist dennoch nicht Ihre Stoffsammlung, sondern das, was Sie daraus machen! Deshalb geschieht neben dem Sammeln von Fakten[95] das Sammeln von Eindrücken und Ideen. Man nennt das, besonders wenn mehrere Personen daran beteiligt sind, aufgrund einer sehr sorglosen Übernahme aus dem Englischen »Brainstorming«[96].

Unter dem Eindruck Ihrer Stoffsammlung gehen Sie nun für mehrere Stunden an einen Ort, an dem Sie sich wohlfühlen und wo Sie keiner bedrängt. Vielleicht suchen Sie einen See auf oder machen einen ausgedehnten Waldspaziergang. Möglicherweise bewirkt es bei Ihnen mehr, sich auf einer Couch auszustrecken. Tun Sie sich keinen Zwang an!

Innere Stille und äußere Ruhe können als Voraussetzungen für eine kreative[97] Arbeit nicht hoch genug veranschlagt werden. Ein bekannter Psychologe sagte kürzlich, jeder Mensch brauche täglich acht bis neun Stunden Schlaf. Mit weniger könne er zwar leben und auch Routinearbeiten verrichten, aber nicht mehr schöpferisch arbeiten. Sollten Sie nicht in gelöster Stimmung sein, ist es sinnvoller, analytisch[98] an die Dinge heranzugehen.[99] In diesem ungünstigeren Fall ist wahrscheinlich der Schreibtisch der freien Natur vorzuziehen. Und entsinnen Sie sich immer wieder der hilfreichen Fragewörter:

Was? Wer? Wann? Wo? Wie? Warum? Wozu? Inwiefern?

Dritter Schritt: Vom Inhalt zum Überblick

Machen Sie sich bereits in dieser Phase bewußt, daß Sie ein Redepult nur betreten sollten, wenn Sie wissen, wovon Sie reden. Falls Sie fleißig recherchiert[100] haben, sind Ihre Zettel oder Merkblöcke nun prall gefüllt. Jetzt heißt es: sortieren,

---

94 Geschichtswerk aus dem Verlag Ploetz, Freiburg

95 = (lat.) Tatsachen

96 = (amerik.) Geistesblitz, eigentlich: Anfall von Geistesstörung; aus (engl.) *brain* (= Gehirn) und *storm* (= Sturm, Gewitter)

97 = schöpferisch; über das Französische aus (lat.) *creatio* (= das Erschaffen)

98 = durch Zergliederung des Ganzen in seine Teile mit anschließender Untersuchung, in welcher Beziehung die Teile zueinander und zum Ganzen stehen; aus (grie.) *an* (= auf) und *lyein* (= lösen)

99 So auch Hofmeister, Seite 79

100 = (frz.) (= nachforschen, sorgfältig suchen; aus (lat.) *circare* (= durchstreifen, durchwandern), von *circum* (= ringsum)

später auch: **aus**sortieren. Zunächst aber schauen Sie die Fülle Ihres Materials mehrmals durch. Dabei können Sie schon einmal das eine oder andere Zettelchen mit einem weiteren, das Ähnliches enthält, zusammenheften.
Wenn Sie nun eine Vorstellung von der Zielsetzung Ihrer Rede haben, begeben Sie sich unter diesem noch frischen Eindruck daran, einen Überblick über das gesamte Vorhaben zu gewinnen. Vielleicht helfen Ihnen auch hier die guten alten Fragewörter.
Passen Sie auf, daß Sie das Wie oder das Wann nicht vor dem Was behandeln! Es mag aber auch sein, daß Ihnen die drei Grundzeiten zu einer Einteilung verhelfen:

Vergangenheit **Gegenwart** **Zukunft**.

Großartig wäre es, wenn es Ihnen gelänge, Ihr Material nach den Gesichtspunkten

Exposition (wir sagten: **negativ**)
Opposition (wir sagten: **positiv**)
Proposition (wir sagten: **aktiv**)

zu ordnen.
Machen Sie sich von der sehr dummen Meinung frei, es müsse alles möglichst kompliziert angegangen werden! Das Gegenteil ist der Fall. Und große Redner sind gerade deshalb besser, weil sie einfacher denken können. Ich ordne meine Stoffe nach dem einfachsten System, das mir einfällt. Wo mir das gelungen ist, habe ich noch nie eine »Bauchlandung« gemacht.

Es ist jetzt der Augenblick gekommen, da Sie an eine vorläufige Gliederung denken müssen. Sie kann noch ganz holprig sein und braucht überhaupt nicht gut zu klingen. Die Ordnungswörter müssen nur in der Lage sein, Ihr Material unter diesen Spalten zu vereinigen. Sie können diese Begriffe auch noch mehrmals austauschen. Die Feinarbeit erfolgt ohnehin erst später. Zum Zusammentragen Ihrer Sammlung biete ich Ihnen drei Techniken an:

Technik 1 - der große Bogen:
Besorgen Sie sich einen Bogen, etwa DIN A 2, und teilen Sie ihn in fünf Felder auf![101]
Nun tragen Sie alles, was nach Ihrem vorläufigen Eindruck in Punkt 1 oder 2 oder in die Einleitung gehört, in das entsprechende Feld ein. Auf diese Weise sehen Sie mit einem Blick, wieviel Stoff für die einzelnen Gedanken vorhanden ist. Sollte die Rede auf einer Seite überlastig zu werden drohen, so können Sie vielleicht schon durch eine geringfügige Gliederungskorrektur erreichen, daß Material aus dem einen Punkt in den anderen »verfrachtet« werden kann. Ideal ist es, wenn die Punkte etwa gleich lang werden. Im Zweifelsfall ist einer fallenden Tendenz nach hinten der Vorzug zu geben. Wenn der erste Punkt der längste ist, stört das weniger, als wenn es der letzte ist. Die Hörer werden zum Schluß hin müde.

---

101 Das gilt natürlich nur für eine Rede mit drei Punkten. Bei mehr oder weniger Punkten verringert oder erhöht sich selbstverständlich die Zahl der Felder.

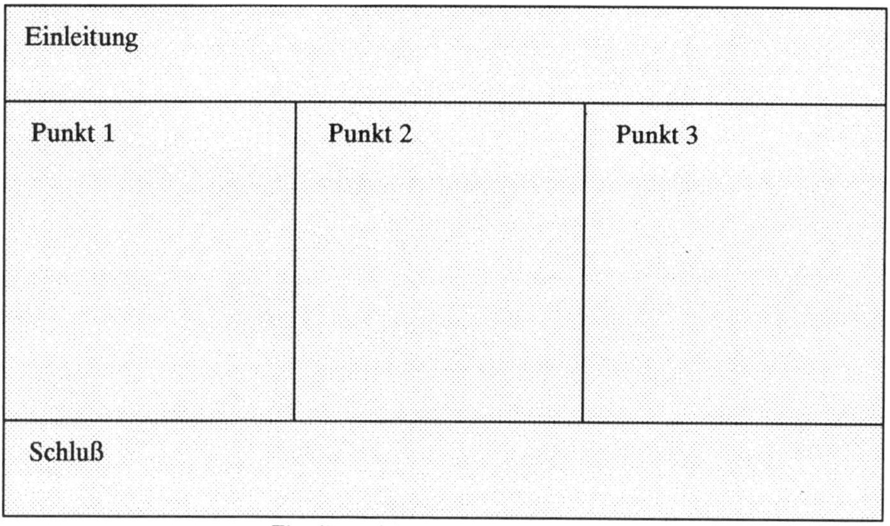

Einteilung eines großen Sammelbogens

Technik 2 - farbige Blätter:
Besorgen Sie sich DIN-A-4-Blätter in verschiedenen Farben! Weiß könnte für die Einleitung sein, rosa für den ersten Punkt usw.

Technik 3- farbige Stifte:
Sie schreiben auf weißem Papier oder sogar in ein Heft mit normalem Stift. Dann gehen Sie alle Texte durch und markieren sie in der jeweiligen Farbe nach Einleitung, Hauptpunkten und Schluß.

Vierter Schritt: Vom Überblick zur Form
Egal, für welchen Rede- oder Predigttyp Sie sich entscheiden - in jedem Fall ist der Überblick über den von Ihnen gesammelten Stoff außerordentlich wichtig. Es ist jetzt an Ihnen, für das, was Sie nun überschauen, eine passende Form zu wählen. Spätestens hier haben Sie zu entscheiden, ob Sie eine frei assoziierende, eine gegliederte, eine pädagogisch zugespitzte oder eine erzählende Rede halten wollen. Vielleicht ziehen Sie ja vor, das, was Sie an den Mann und die Frau bringen wollen, in Form eines (unechten) Interviews zu äußern. Dann brauchen Sie jemand, der Sie befragt. Das kann für Ihre Zuhörer sehr interessant sein. Die Schwierigkeit ergibt sich meist dadurch, daß entweder keiner bereit ist, die erhebliche Mühe des Einübens auf sich zu nehmen, oder daß es niemand gibt, der das sachkundig und lebendig tun könnte.
Was Sie als Schritt 3 ausgeführt haben, war die Schaffung eines Überblicks und zugleich die wichtige und grundlegende Vorarbeit zu einer gegliederten Rede. Für den Fall, daß Sie sich nicht für eine gegliederte Rede entscheiden, haben Sie dennoch keine unnötige Arbeit verrichtet. Die Übersicht, die Sie hergestellt haben, nützt Ihnen bei jeder Redeform. Am meisten trägt sie Ihnen natürlich für die **gegliederte Rede** ein. Sollten Sie diese Form wählen, dann haben Sie nun die Aufgabe des Sortierens innerhalb der Gliederungspunkte. Schon hier können Sie

festlegen, ob ein Beitrag, Argument, Zitat oder eine Information an den Anfang, in die Mitte oder an den Schluß des jeweiligen Punktes gehören soll. Sie numerieren also die einzelnen Sätze in der Reihenfolge, in der sie später vorgetragen werden sollen. Damit weisen Sie jedem Satz seinen Platz in der Rede zu.[102] Nun übertragen Sie Satz für Satz in dieser numerischen Reihenfolge, gegebenenfalls Farbe für Farbe, in Ihr vorläufiges oder endgültiges Konzept.
Entscheiden Sie sich für eine der **frei assoziierenden Redearten**, so greifen Sie in die Fülle Ihrer Stoffsammlung hinein. Sie numerieren die einzelnen Sätze nach dem Gesichtspunkt: bei steigender Tendenz zuerst die allgemeineren, dann die etwas präziseren und schließlich die konsequent gezielten und ergebnisträchtigen Aussagen, gekrönt von motivierenden und aktivierenden Sätzen.
Bei der **»pro und contra«-Rede** tun Sie das Gleiche mit dem Unterschied, daß Sie die Sammlung mit zwei verschiedenen Farben nach »pro« und »contra« numerieren.
Wollen Sie sich auf eine **pädagogisch zugespitze Rede**[103] einlassen, so machen Sie sich einen Zahlenrahmen mit fünf Hunderter-Gruppen: von 100 - 199, 200 - 299, 300 - 399, 400 - 499 und 500 - 599. Diese fünf Gruppen stehen für die fünf Stufen, die Sie auf der Treppe einer pädagogisch zugespitzten Rede zu erklimmen haben.

100 - 199 = Motivation
200 - 299 = Problemdarstellung
300 - 399 = Versuch und Irrtum
400 - 499 = Lösungsangebot
500 - 599 = Lösungsverstärkung

Zunächst weisen Sie den fünf Gruppen jeweils nur die erste Ziffer zu, die zweite und dritte Stelle brauchen Sie später.
Alle Redeteile, die der Motivation dienen, die also den Hörer ermutigen, sich mit der Thematik auseinanderzusetzen und auch **diesem** Redner zuzuhören, versehen Sie mit einer dreistelligen Zahl, die vorn eine Eins hat. Alle Redeteile, die geeignet sind, die Problematik darzustellen, erhalten eine dreistellige Zahl mit einer Zwei am Anfang. Darstellungen, die in die Reflexion führen, das Für und Wider bewußt machen, falsche oder nur scheinbar richtige Wege beschreiben, mit gutgemeinten Versuchen vertraut machen, aber ungünstige Ergebnisse zeitigen, erhalten eine Drei als erste Ziffer. Mit einer Vier am Anfang bedenken Sie Passagen, die die von Ihnen erwünschte Lösung beschreiben. Eine Fünf als erste Ziffer schließlich teilen Sie den Äußerungen zu, die diese Lösung anbieten, nahelegen oder forcieren.
Jetzt schauen Sie sich die fünf Hauptgruppen nacheinander an und überlegen, in welcher Reihenfolge Sie die einzelnen Sätze innerhalb ihrer Gruppe in Ihr Konzept aufnehmen wollen. In dieser Reihenfolge ergänzen Sie die Zahlen nun durch die zweite und dritte Stelle. Es würde mich nicht wundern, wenn Sie die

102 Bei der im vorigen Schritt beschriebenen Technik 3 tun Sie das in der für den zutreffenden Hauptpunkt gewählten Farbe.

103 Skizze zu dieser Rede auf Seite 43

beim vorhergehenden Schritt gewonnene Einteilung hier zum großen Teil übernehmen könnten.
Wollen Sie einer **erzählenden Rede** den Vorzug geben und haben bis zuletzt mit dieser Entscheidung gezögert, so numerieren Sie die einzelnen Sätze Ihrer Stoffsammlung einfach nach chronologischen Gesichtspunkten oder von einem »Knalleffekt« aus. Sollten Sie die Gliederung in Hauptpunkte bis hierher durchgehalten haben, so wird Ihnen das einen großen Dienst in der Bewertung und Auswertung des Materials erweisen. Die Erzählung wird also tiefgründiger ausfallen als bei einer nur chronologisch orientierten Aufstellung.

Fünfter Schritt: Von der Form zur Illustration

Ich vermute, daß mancher Redner oder Prediger, wenn ihm der Auftrag erteilt wird, über ein bestimmtes Thema zu sprechen, bei sich denkt: »Ein gutes Eingangsbeispiel hätt' ich da schon!« Ich habe den Illustrationen eine ausführliche Darstellung gewidmet und setze mich geradezu leidenschaftlich für sie ein.[104] Auf Illustrationen können Sie keinesfalls verzichten. Trotzdem will ich hier bereits darauf hinweisen: Sie dürfen niemals Sachinhalten Illustrationen zuordnen, weil Sie möglicherweise in sie »verliebt« sind! Sie müssen stets die Illustration der Sache unterstellen! Reden Sie bildhaft! Das ist schon eine ganze Menge! Illustrieren Sie das, was zum Verständnis der verhandelten Sache illustriert werden muß! Werden Sie zu keinem »Geschichtchenerzähler«. Das macht Sie sicher bei einer bestimmten Gruppe von Menschen beliebt. Aber Ihrer Sache nützt es wenig.
Es geht bei diesem Schritt 5 um die Prüfung, welche Sachverhalte eine »Sichtbar- und Hörbarmachung« vertragen könnten oder besser: erhalten müßten. Abstrakte Begriffe und abstrakte Sachverhalte können von vielen Menschen ohne Vergleiche mit ihnen Bekanntem oder ohne farbige Darstellung nicht aufgenommen werden. Normalerweise bringen Sie Ihre Rede jetzt mit Illustrationen in Berührung. Sollten solche bereits unter dem vorher gesammelten und durchnumerierten Material gewesen sein, so wären sie auf ihre Notwendigkeit und Leistungsfähigkeit sowie auf ihren Platz hin zu überprüfen. Achten Sie darauf, daß kein Hauptpunkt ohne Illustration bleibt. Verteilen Sie diese Anregungsmittel und Verstehenshilfen ein wenig nach dem Maß der Attraktion!

Sechster Schritt: Von der Illustration zur Anwendung

Die Konkretisierende Anwendung[105], die ich mit den Illustrationen behandeln werde, macht uns darauf aufmerksam, daß Illustrationen und Anwendung sowohl zeitlich als auch wesensmäßig nahe beieinanderliegen können. Es geht hier um die Frage: Wie kann ich das, was ich nun weiß und überschaue, zu dem ich eine eigene Meinung vertrete, was ich dazu auch »sichtbar« und »hörbar«, vielleicht geradezu »riechbar« und »schmeckbar« gemacht habe, dem Hörer so nahebringen, daß er daraus Konsequenzen zieht? Passende Illustrationen sind eine gute Voraussetzung zu wirkungsvollen Anwendungen. Wolfgang Bub gibt eine uralte Weisheit weiter:

---

[104] Siehe auf Seiten 90-117!

[105] Siehe auf Seiten 101-102!

> Das Volk liebt das Bild; mehr noch aber als das »Bild« liebt es die »Geschichte«.[106]

Die Anwendung darf nicht taktlos oder plump sein. Das schließt nicht aus, daß sie gelegentlich direkt ist. Was sein muß, muß nun einmal sein! Zweierlei dazu: Erstens, fordern Sie von Ihren Hörern niemals etwas, wovon Sie ihnen nicht genau sagen können, wie sie es machen oder wie sie dahin kommen können. Zweitens, verwenden Sie in einer Anwendung niemals eine rhetorische Frage! Ich weiß, das werden viele kaum schaffen. Zwingen Sie sich trotzdem, es zu unterlassen! Sie wollen doch ein evangelischer Redner sein!
Was Sie dürfen: Reden Sie in direkten Reden, etwa so:

> Nun sagen Sie doch endlich einmal: »Ja, ich werde das von heute an so tun!«

Anwendungen, die im Hauptteil einer Rede vorgenommen worden sind, dürfen dann auch im Schluß wieder aufklingen. Anwendungen, die nur den Schluß bestimmen, erscheinen als mit der verhandelten Sache wenig verknüpft. Sie wirken als »Feigenblatt« und überzeugen wenig.

Siebter Schritt: Von der Anwendung zur Sprache
Wenn die Anwendungen »stehen«, ist der Hauptteil der Rede seinem Inhalt nach so gut wie fertig. Selbst das Redeziel liegt dann fest; denn ohne dies gibt es keine sinnvollen Anwendungen. Jetzt kann es für den Hauptteil nur noch um die Sprache gehen. Das betrifft jedes Wort, vor allem aber alle Kern- und Ecksätze, solche Sätze also, die aus der Argumentationskette herausragen und sich besonders einprägen sollen. Die Gliederung steht, wenn sie recht gehandhabt wird, im grellsten Rampenlicht der Beachtung.
Jeden Satz der Rede müssen Sie auf eine korrekte, unmißverständliche, dynamische, bildhafte und zeitgemäße Sprache hin überprüfen. Der dritte Hauptteil dieses Buches ist mit seinen siebzehn Kapiteln dieser Prüfung gewidmet. Mit der Zeit werden Sie sich, wenn es nicht schon geschehen ist, eine treffendere und farbigere Sprache angewöhnen. Dann sind Ihre Sätze bereits im ersten Entwurf hörergerecht. Auf dem Weg dorthin sollten Sie sich Schritt für Schritt verbessern, aber keinesfalls Ihre Sicherheit dabei einbüßen.
Roman Hofmeister rät, in jeder Rede »Merker« zu setzen.[107] Die wichtigsten Aussagen sollten formelhaft wiederkehren. Umso besser, wenn Sie dazu Ihren »Leitsatz« und die Gliederungspunkte verwenden können. Ähnlich zitiert Wolfgang Bub aus Gerhard Hilberts Buch: »Das Volk liebt die Formel und bedarf der Formel ... «.[108]

Achter Schritt: Von der Sprache zum Schluß
Es mag Ihnen seltsam und unverständlich vorkommen, daß die Sprache vor dem Schluß bedacht werden soll. Es soll mit dieser Reihenfolge lediglich sichergestellt werden, daß die Behandlung von Schluß und Einleitung wirklich am Ende der Arbeitskette steht. Einer unserer wichtigsten Merksätze lautete:

---

[106] Aus Gerhard Hilbert, Die Volkstümlichkeit der Predigt, Leipzig 1927, zitiert nach Bub, Seite 46
[107] Hofmeister, Seiten 16 und 17
[108] Aus Gerhard Hilbert, Die Volkstümlichkeit der Predigt, Leipzig 1927, zitiert nach Bub, Seite 46

> In der Einleitung sagt man, was man sagen will. Im Hauptteil sagt man es. Und im Schluß sagt man, was man gesagt hat.

Einen sinnvollen und passenden Schluß können Sie demnach nur gestalten, wenn Sie wissen, was im Hauptteil der Rede gesagt wird. Deshalb ist es gar nicht möglich, den Schluß früher abzufassen. Es entspräche der Treffsicherheit, die man erreicht, wenn man das Zielobjekt in der Dunkelheit überhaupt nicht sehen kann. Sie erinnern sich doch: Der Schluß soll ein Schluß der ganzen Rede sein, nicht nur ein Schluß des ersten Punktes.

Neunter Schritt: Vom Schluß zur Einleitung

Die Einleitung ist, getreu unserem Merksatz, tatsächlich der letzte Redeteil, den Sie entwerfen; denn Sie werden ja damit sagen, was Sie sagen wollen. Woher wollten Sie das wissen, wenn nicht aus dem, was bereits fertig ist? Glauben Sie es doch! Nur so wird Ihre Einleitung eine Einleitung zur ganzen Rede und nicht nur zum ersten Punkt!

Nun müssen Sie noch einmal recht kritisch und zugleich schöpferisch an die Sprache denken! Die exponierten[109] Sätze stehen überwiegend in der Einleitung und im Schluß. Unterziehen Sie diese bitte einer besonders strengen Prüfung! Gemeint sind das Thema, der erste Satz, der Leitsatz, die Punktüberschriften und der letzte Satz. Diese Sätze müssen aussagekräftig und merkfähig sein. Ganz besonders für sie sollten die Stilmittel zu Rate gezogen werden.[110]

Zehnter Schritt: Von der Einleitung zum Manuskript

Der letzte Schritt ist nun nicht mehr sehr schwierig. Die Inhalte einschließlich Anfang und Schluß sind fertig. Sie werden das Ganze jetzt vermutlich noch einmal abschreiben[111], dabei vielleicht noch ein paar Schwächen entdecken und beheben. Aber dann sind Sie endlich, endlich fertig - mit der Vorbereitung!

---

[109] = herausragend; aus (lat.) *ex* (= aus, heraus) und *ponere* (= stellen, setzen, legen)

[110] Siehe auf den Seiten 205-232, aber auch Seiten 60-61!

[111] Siehe unter »Das Konzept« (Seiten 298-308)!

Dritter Hauptteil:

Zu den Illustrationen

In der Phantasie geben Sie eigener Vorstellung Raum und appellieren an die Vorstellung Ihrer Hörer. Die Illustration lebt von der Phantasie des Redners, aber nicht nur von ihr, eben auch von der Wirklichkeit; und sie nährt die Phantasie des Hörers, aber nicht nur das. Sie schafft beim Hörer Vorstellungen aus Wirklichkeit und Phantasie und appelliert damit letztlich an seinen Willen.
Diese Vorstellungen appellieren an den Willen Ihres Hörers, indem sie zunächst **Assoziationen**[1] und dann als erstrebenswertes Ziel auch **Identifikationen** bewirken.

Die Assoziation: Der Hörer erkennt die Dinge, ordnet sie in seine eigene Vorstellungswelt ein und versteht bzw. erinnert sich daran, wie alles miteinander zusammengehört und abläuft.

Der Regen trommelt gegen die Fensterscheiben.

Er assoziiert: Drinnen ist es trocken; draußen wird **man** naß.

Die Identifikation: Der Hörer ist persönlich betroffen.

Der Regen trommelt gegen die Fensterscheiben.

Er identifiziert sich: Ich fühle mit dem, der geborgen im trockenen Zimmer sitzt, während es draußen ungemütlich naß und kalt ist. **Ich** könnte derjenige selbst sein. **Ich** fühle, als sei ich derjenige. **Ich** möchte derjenige sein.
Die Illustration ist aber nicht nur ein **Wagen**, auf den Sie Ihre Botschaft aufladen und sie damit zum Hörer fahren können. Sie ist gleichzeitig auch eine sympathische **Begleiterin**, an deren Seite Sie freundlicher aufgenommen werden und bereitwilliger Einlaß finden.
Der Psychologe Friedemann Schulz von Thun[2] stellt im Kapitel über die »Verständlichkeit« vier Forderungen an den Sprecher, die er »Verständlichmacher« nennt:

1. Einfachheit
2. Gliederung und Ordnung
3. Kürze und Prägnanz
4. zusätzliche Stimulanz[3]

Wir wollen hier nur den 4. »Verständlichmacher« in den Blick nehmen: die zusätzliche Stimulanz. Es wird der nackten Information ein Element an die Seite gegeben, das diese Information begleitet. Während die nackte Information die

---

[1] Assoziation = Verknüpfung von Vorstellungen, von denen die eine die andere hervorgerufen hat. Assoziieren = eine gedankliche Vorstellung mit etwas verknüpfen. Von (lat.) *as* für *ad* (= zu) und *sociare* (= verbinden).

[2] Schulz von Thun, Seiten 140-155

[3] Die Stimulanz = Anregung, Reizung; das Stimulans = Anregungsmittel; aus lat.: mit dem Stachel reizen, stechen

ratio[4], die Vernunft, anspricht, wirkt dieses Element, der 4. Verständlichmacher mit Namen »Stimulanz«, auf die *emotio*[5], auf die Empfindungswelt Ihres Hörers. Um diesen »Verständlichmacher« geht es vorwiegend bei der Illustration.

Es ist aufschlußreich, daß Schulz von Thun ein Element, das hinzugefügt wird, das also eigentlich eine Belastung der Botschaft sein müßte, als Verständlichmacher ansieht[6]. Er will »die Suppe schmackhafter machen«, zumal das ja die Verdauung fördere. Er demonstriert das an seinem eigenen vorliegenden Buch, wie er, um seine fachlichen Informationen verständlich zu machen, Beispiele aus der vermuteten Lebenswelt der Leser und sogar aus seinem eigenen Leben wählt, sprachliche Bilder, die elementaren Grunderfahrungen entsprechen. So kann er von den Phantasien sprechen, aus denen sich sowohl **Käfige** als auch **Brücken** bauen lassen.

Schulz von Thun warnt allerdings auch davor, »die Suppe zu versalzen«. Während Sie nämlich Einfachheit und Ordnung kaum übertreiben können, ist das bei der Kürze schon eher möglich und bei der »zusätzlichen Stimulanz« erst recht.

Es ist eine Täuschung zu meinen, eine Hörerschaft, die überwiegend aus sogenannten Gebildeten bestehe, ziehe eine abstrakte Darstellung vor. Erstens haben Sie sich zumindest im Stil nach dem intellektuell auffassungsschwächsten Hörer zu richten. Dem Inhalt nach müssen Sie das tun, soweit es Ihr Auftrag zuläßt. Zweitens braucht auch der geübteste Denker die bildliche Vorstellung. Und drittens hat wahrscheinlich gerade er Sinn und Geschmack dafür. Er ist ebenso dankbar für eine farbige und lebendige Vermittlung des Stoffes, z.B. biblischer Wahrheit, wie der ausgesprochen einfache Mensch.

Da Sie den ganzen Menschen ansprechen müssen, haben Sie auch sein Gefühl zu erreichen und ebenso Ihr eigenes Gefühl mit einzubringen. Weil aber das Gefühl keinen eigenen Maßstab hat, wohl aber der Verstand, nämlich in der Logik, bedarf das Gefühl der Kontrolle durch den Verstand und zwar zunächst bei Ihnen als Redner oder Prediger und durch Ihre Vorsorge dann auch bei Ihrem Hörer. Besonders in einer Predigt haben es sowohl die Hörer als auch Sie, der Prediger, mit der *ratio* **und** der *emotio* zu tun. Je nach Ihrer Veranlagung werden Sie mehr zum einen oder zum anderen neigen. Ihre Sorge gilt der Ausgeglichenheit zwischen beiden. Die *ratio* aber **muß** das letzte Wort vor der *emotio* behalten. Deshalb eine Mahnung zur Kontrolle; denn Kontrolle ist ein neutestamentliches Prinzip[7]: Die Phantasie gehört unter die Kontrolle des Verstandes. Der Verstand wiederum gehört unter die Kontrolle des Heiligen Geistes. Auch er wiederum »verantwortet« sich vor der menschlichen Vernunft.

Es liegt beides auf der Hand: einmal die vielfache Chance, die Sie dadurch in der Verkündigung haben, zum anderen die Gefahr, wenn sich Ihre Phantasie selbständig macht. Die Illustration in der Predigt ist deshalb nicht weniger abhängig vom Heiligen Geist als eine kräftige Glaubensaussage. Er gibt Anregung für den

4 = (lat.) Vernunft

5 *emotio* = (lat.) Gefühl, Gemüt

6 Mehr dazu unter »Zur Sprache« (besonders Seiten 167-174) und zur Unterscheidung von Information und Redundanz (Seiten 194-197).

7 Siehe unter »Die Korrektive« (besonders auf den Seiten 346 und 347)!

Aufgeschlossenen und bewahrt zugleich den Aufrichtigen.[8] Wir erkennen an alledem: Die Illustration ist ein notwendiges Mittel der Verkündigung. Sie bedarf zwar der Kontrolle, aber ohne sie zu arbeiten, wäre nicht nur lieblos, sondern auch erfolglos.

1. Die Illustration in ihren Möglichkeiten

Ich behandele hier sieben Illustrationsmöglichkeiten:

die Ausmalung
die Umschreibung
das Bild
den Vergleich
das Beispiel
die konkretisierende Anwendung
die nonverbalen Medien

Diese sieben Illustrationsmöglichkeiten unterscheide ich nach einem wichtigen Gesichtspunkt in zwei Gruppen. Die zwei Gruppen ziehen sich weitgehend quer durch die sieben Illustrationsmöglichkeiten hindurch. Es sind zum einen Illustrationen, die auf einen Text zurückgreifen, und zum anderen solche, die dem Leben entnommen sind.

Illustrationen, die auf einen Text zurückgreifen

Zu dieser Gruppe gehört an erster Stelle die Ausmalung, weiterhin die Umschreibung und gelegentlich auch die nonverbalen Medien, dann nämlich, wenn sie angewandt werden, um einen Sachverhalt, etwa einen biblischen Text, zu illustrieren. Während die Umschreibung mehr eine saubere sachliche und sprachliche Arbeit voraussetzt, also den gewissenhaften Umgang mit der Sprache, ist die Gefahr der Ausschweifung bei der Ausmalung besonders groß.

Eine auf einen Text zurückgreifende Illustration hat diesen Text als Grundlage und als Ausgangspunkt. Um ihn aber vor die Augen der Zuhörer zu bekommen, fügen Sie dem Text etwas hinzu.

Illustrationen, die dem Leben entnommen sind

Zu dieser Gruppe gehört an erster Stelle das Beispiel, sogar dann, wenn es ein biblisches, aber textfremdes Beispiel ist. Weiter sind hier das Bild und der Vergleich zu bedenken, sofern sie nicht der behandelten Sache bzw. dem Text selbst entstammen. Ferner gehört dazu die konkretisierende Anwendung, die in das heutige Leben hineinzielt, und schließlich wiederum die nonverbalen Medien, soweit sie nicht Bebilderungen des Textes sind.

Illustrationen dieser Gruppe kommen »von außen« zur Sache bzw. zum Text hinzu.

---

[8] Schlatter erinnert in »Das christliche Dogma«, Seiten 104-106, daran, daß die Phantasie im Alten und noch mehr im Neuen Testament an die Wirklichkeit »gekettet« ist. Diesem Anspruch muß auch die Predigt gerecht werden.

a) Die Ausmalung

In der Ausmalung fügen Sie einem Bericht Umstände hinzu, die einerseits den Sachverhalt nicht verändern, andererseits aber Ihren Hörer in die Welt dieses Textes »entführen«, in die Landschaft, Gesellschaft, Atmosphäre und Stimmung eines fremden Schauplatzes. Hier ist in den Grenzen der Wahrhaftigkeit und Sorgfalt eine legale wirksame Möglichkeit: Haben Sie Ihren Hörer im Geiste z.B. erst einmal im Boot auf dem stürmischen See Genezareth[9], so haben Sie ihn auch in der Nähe Jesu. Jetzt wird er Ihnen bereitwilliger das abnehmen, was Sie ihm sagen wollen; denn einmal hat er nun eine Vorstellung, die ihm das Assoziieren leichter macht, und zum anderen ist er nun auch existentiell[10] darauf eingestellt, eine Botschaft aus dieser Geschichte zu erhalten, vielleicht sogar anzunehmen.

Hier eine Ausmalung von Markus 6, 47 bis 49:

> Hinter den galiläischen Bergen geht die Sonne unter. Ihre letzten Strahlen zeichnen einen eigenartigen Schimmer auf den spiegelglatten See.
> Und dann zieht die Dämmerung übers Wasser. Es ist Nacht! Die Jünger kauern aneinander und erwärmen sich abwechselnd mit Rudern gegen das Frösteln. Kein Licht am andern Ufer! Kein Ton der Orientierung! Sie sind allein! Nur das gleichmäßige Eintauchen der Ruder und das Plätschern am Bug!
> Aber dann -plötzlich- bricht in die unheimliche Stille das herein, wovor jedem Fischer aus Galiläa graut: Die tückischen Fallwinde schießen vom Gebirge auf den blanken See herunter! Nur Sekunden - und die Fläche liegt in Kräuseln! Nur Minuten - und die Wassermassen türmen sich zu Bergen! Eine Hölle geht über das kleine Schiff hinweg. Alle Mann müssen heran! Ausschöpfen! Rudern! Kurs halten! Gewichte ausgleichen!
> Aber da - was war das? Jetzt wieder - hinter dem mächtigen Brecher dort! Ein Gespenst! O Gott - ein Gespenst! Wo ist nur der Meister? Jetzt! Gerade jetzt!

In bezug auf Markus 4, 38 könnte es auch genügen, einfach demonstrativ zu sagen:

> Da liegt er auf dem Ruderkissen und schläft!

Wenn dann Ihre Stimme und Ihre schräg nach unten -zum Schlafenden- weisende Hand vor Unverständnis leicht vibrieren, so schauen alle Hörer dorthin und »sehen« Jesus liegen und schlafen.

Beleiten wir die verzweifelten Emmaus-Jünger ein paar hundert Meter auf ihrem Weg[11]:

> Zwei Männer, einer von ihnen heißt Kleopas, wollen vom Passafest in ihr Dorf zurückkehren. Und weil es ein Weg von mehreren Stunden ist, von Jerusalem nach Emmaus, warten sie, bis die schlimmste Mittagshitze vorüber ist. Sie sind völlig am Ende, in tiefster Depression. Warum? Warum?
> Sie bemerken in ihrem Kummer nicht, daß seit geraumer Zeit ein Fremder ihnen folgt. Er gesellt sich zu ihnen: »Wovon sprecht Ihr so erregt?« - »Dann bist Du wohl der einzige in der Gegend, der nicht weiß, was geschehen ist. Du kannst nur fremd hier sein, sonst wüßtest Du es. Eine Katastrophe hat sich ereignet in Jerusalem! Gott hatte dem Volk doch den Messias verheißen - seit Jahrhunderten schon. Und wir hatten ihn erwartet. - Einfach ermordet haben sie ihn! Den einzigen, der unserem Volk noch hätte helfen können - in jeder Beziehung: vorbildlich in Worten und in Taten, makellos vor dem Volk und vor Gott, klug,

---

9 Siehe z.B. Mt 8,ab 23; Mk 4, ab 35; Lk 8, ab 22

10 Existentiell = (im Unterschied zu existential) eine Person unmittelbar betreffend, aufs wesenhafte Dasein bezogen. Von (lat.) *ex* (= aus, heraus) und *sistere* (= bringen, führen). »existential« = das menschliche Dasein hinsichtlich seines Seinscharakters betreffend (Begriff aus der Existential-Philosophie).

11 Lk 24,13-23

wahrhaftig, diszipliniert, ausdauernd, gewandt, überzeugend - was man sich nur wünschen kann. Einfach umgebracht haben sie ihn, gekreuzigt! An einem römischen Kreuz! Unsere Hohenpriester! - Und dann einige unserer Frauen - sie sagen, das Grab sei leer, er lebe. - Kann ja gar nicht sein, aber die Gerüchteküche arbeitet nun mal. Das verstehst Du doch. Die drehen einfach durch! Und dann soll man auch noch mit seinem Leichnam Schindluder getrieben haben. Als ob er das verdient hätte! Nicht mal sein Leib darf in Frieden ruhen.
Gott hatte uns einen Mann gesandt. Wir waren fest davon überzeugt: dieser und kein anderer ist der Messias. Und nun: Tot! Drei Tage schon! Du weißt: drei Tage soll die Seele noch beim Leichnam bleiben. Die sind nun auch schon um. Aus! Restlos aus! Für alle Zeiten: Aus!«
Sie sind völlig am Ende. Sie hören nicht mehr das Abendlied der Vögel. Sie sehen nicht mehr das Wogen des Grases im Wind. Lähmende Niedergeschlagenheit, tiefe Nacht ist über sie gekommen.[12]

Ihre Ausmalung ist nicht an diesen Stil gebunden. Sie werden bemerken, daß die obigen Darstellungen vorrangig erwachsene Menschen anzusprechen vermögen. Ob die Erzählungen Jugendlichen zusagen, hängt von deren Bildung und Erziehung ebenso ab wie von dem Milieu, in dem sie leben. Die weitaus größte Zahl von Gottesdienstbesuchern aber spricht auf diese Art der Ausmalung außerordentlich positiv an.
Ich darf Ihnen auch nicht verschweigen, daß die Gefahr der Übertreibung groß ist. Das bedeutet, daß Sie alles tun, was nötig ist, um Ihre Hörer an den Platz des Geschehens zu holen und dort vorübergehend festzuhalten, aber eben auch **nur** das. Was Sie mit drei Linien zeichnen können, sollten Sie nicht mit fünf zeichnen. Zum Vorbild mögen Sie einen guten Karikaturisten nehmen. Sobald man den entsprechenden Politiker auf Anhieb erkennen kann bzw. das Charakteristische hervortritt, läßt er es dabei bewenden. Ein lehrreiches Beispiel für eine kurze Ausmalung gibt Jesus.[13]

Es war ein Hausherr, der pflanzte einen Weinberg und zog einen Zaun darum und grub eine Kelter darin und baute einen Turm und verpachtete ihn an Weingärtner und ging außer Landes.

Der Weinberg wird durch drei Dinge beschrieben:

1. einen Zaun
2. eine Kelter
3. einen Turm

Es erinnert geradezu an einen bekannten Werbeslogan: »Drei Dinge braucht der Mann.« Wenn Sie das ganze Gleichnis lesen, so erkennen Sie, daß diese drei Dinge zur Handlung überhaupt nichts beitragen und auch als geistliche Anwendung nicht in Betracht kommen, es sei denn, Sie allegorisieren[14].
Weshalb erwähnte Jesus diese drei Dinge trotzdem? Natürlich einmal, um seinen Hörern einen wirklichen Weinberg vor die Augen zu malen. Daß er sich so kurz fassen konnte, liegt daran, daß jeder seiner Hörer täglich Weinberge sah. Mehr Einzelheiten als diese drei waren also nicht nötig. Jesus verzichtete auch nicht auf diese drei; denn wer diese drei hörte, der sah -im Unterschied zu uns heute- sogleich einen Weinberg vor sich. Und das war seine Absicht. Jesus **brauchte**

---

[12] Die Konfusion der Jünger darf sich hier in einer unzusammenhängenden, leicht verwirrten Redeweise niederschlagen.

[13] Mt 21,33

[14] Allegorisieren = versinnbildlichen, hinter dem Wort einen verborgenen Sinn suchen; von (grie.) *alle* (= auf andere Weise) und *agoreuein* (= verkündigen) zu *agora* (= Marktplatz)

und **gebrauchte** gerade diese drei: Zaun, Kelter und Turm. Zum anderen wurde jeder Jude, der regelmäßig zur Synagoge ging, an Jesaja 5,1-7 und damit an das Land Judäa erinnert; denn Jesus scheint dabei an diesen Text gedacht zu haben[15].
Sie stehen in einem Konflikt: **Einerseits** soll die Illustration so **knapp** wie möglich sein; **andererseits** ist eine gewisse **Breite** nötig, um den Hörer in die angestrebte Stimmung zu versetzen. Zwischen beiden Ansprüchen müssen Sie sich von Fall zu Fall entscheiden. Sie haben festzustellen, in welchem Ausmaß Sie die Stimmung für Ihre Botschaft brauchen. Gleichzeitig haben Sie sich zu fragen, auf welche Elemente Sie ohne Einbuße an »Nähe« verzichten können.
Es geht nicht um bloßes Dekorieren. Sie sollen erzählen, was zählt.[16] Was die historische Exaktheit angeht, so müssen Sie wohl ab und zu Kompromisse eingehen. Solche Kompromisse sind aber niemals erlaubt gegenüber eindeutig geschilderten oder verbürgten Tatsachen, sondern lediglich gegenüber dem, was vielleicht unwesentlich anders gewesen sein könnte.
Ausmalen in einem grausig schlechten Stil wirkt hochpeinlich, ebenso wenn Sie die erzählenden Passagen ablesen und zu allem Überfluß sich gar noch über Ihr Manuskript gebeugt in hilfloser Gestik versuchen. Sollten Sie unter dem Druck der Verhältnisse einmal ablesen müssen, so beschränken Sie sich auf eine mehr sachlich korrekte Darstellung, und halten Sie die Hände ruhig. Die frei gesprochene Ausmalung erfordert Betonung, Augenkontakt und möglichst Gestik.

b) Die Umschreibung

Das Illustrationsmittel der Umschreibung steht Ihnen zu Gebote, wenn es gilt, Begriffe zu verdeutlichen. Meist wird es sich um abstrakte Fachausdrücke handeln, wie sie u.a. häufig in den Briefen des Neuen Testaments zu finden sind. Viele kennen diese Wörter, verstehen sie aber nicht völlig. Für andere, etwa hereingeschneite oder mitgebrachte Gäste, dürften sie »böhmische Dörfer« sein. Ich denke an biblische und religiöse Wörter wie Gnade, Gebetserhörung, Stille Zeit, Führung, Gewißheit, Buße, Gaben, Wiedergeburt, Heiligung, Offenbarung und auch und besonders an das Wort »Gott«.[17]
Für letzteres zeige ich Ihnen eine -freilich sehr umfangreiche- Möglichkeit[18]:

> .... spricht von Gott. Und indem er dieses Wort auf sein Pergament schreibt, denkt er daran, daß Gott jemand ist, der schon immer da war und immer da sein wird, jemand, der alles gemacht hat, auch ihn und seine Lebenszeit und seine Leser, die den Brief bekommen sollen. Er weiß es und will, daß seine Leser es auch wissen und nicht aus den Augen verlieren, daß da einer ist, der alles weiß, ohne den nichts läuft, der alles tun oder verhindern kann, der ihn und seine Briefempfänger kennt und sieht und hört, der eine Meinung über sie hat und selbst entscheidet, ob er ihnen ihre Wünsche erfüllt oder nicht. Er weiß aber auch, daß er sich diesen großen Gott nicht als einen großen Zauberer vorzustellen hat, auch nicht als eine Art Mensch, nur viel größer und stärker und schlauer und mit einem höheren

---

15 Wenn dieses Gleichnis auch möglicherweise die einzige Allegorie unter den Gleichnissen enthält, so können Sie Zaun, Kelter und Turm ruhig so auslegen, daß Gott für sein Volk, den Weinberg, alles getan hat, was getan werden kann, um eine solche Anlage zu schützen, fruchtbar und funktionsfähig zu machen. Das genügt völlig. So auch Jülicher II, Seite 387.

16 Bohren, Predigtlehre, Seite 185

17 Siehe auf den Seiten 164-165!

18 Ob es mit dem Begriff »Gott« wirklich kürzer geht, erscheint mir fraglich.

Wohnsitz, den es einfach so »gibt«[19], wie es den XY und seine Leser »gibt«, der nicht so »kann« und »kennt« und »hört« und »sieht« und »weiß«, wie Menschen das tun, und daß sich doch dieser Gott den Menschen so vorgestellt hat, daß sie eine Vorstellung haben.
XY ahnt, daß er sich in Wirklichkeit diesen Gott auf keine Weise vorstellen kann. Vor allem aber denkt er daran, und das macht ihn so glücklich, daß dieser große und allmächtige Jemand ihn und seine Leser über alle Maßen liebt.

Selbstverständlich kann das auch in Gestalt eines Vergleichs oder Bildes geschehen. Diese behandle ich später, aber schon hier will ich Ihnen eine Lösung für eine Predigt zu einem Satz aus dem sogenannten Aaronitischen Segen zeigen. Der Satz lautet: »Der Herr lasse sein Angesicht leuchten über dir!«[20]

Dieser Satz erinnert mich an eine Mutter, die vor dem Gitterbettchen ihres Bübchens steht und beobachtet, wie der Kleine ganz unruhig schläft. Bald wirft er sich auf die eine Seite, bald stöhnt er, ballt die Fäustchen, strampelt die Decke zum Fußende, wirft sich auf die andere Seite. Das Gesichtchen ist verkrampft, zum Weinen verzogen, und aus dem kleinen Mund kommen ab und zu wimmernde Tönchen.
Die Mutter weiß, das Kerlchen hat einen bösen Traum; er wird bald aufwachen. Jetzt gehen die Äuglein ein wenig auf, dann wieder zu, noch einmal ein leises Wimmern, ein Blinzeln. Die Mutter beugt sich tief über ihren Sohn, schaut ihn freundlich an - und das erste, was der Kleine sieht, ist das lächelnde Gesicht seiner Mutter. In diesem Augenblick ist die Welt wieder in Ordnung. Der böse Traum ist vergessen.
Das, liebe Gemeinde, ist ein blasses Bild dafür, daß Gott sein Angesicht über uns leuchten läßt. Und es ist zugleich ein trefflicher Vergleich dafür, wie uns zumute ist, wenn uns das bewußt wird.

Und damit sind wir schon mittendrin im nächsten Thema, dem Bild.

c) Das Bild

Es gibt viele abstrakte, komplizierte oder umfangreiche Sachverhalte, die Sie nur mit Mühe und dann auch nur den Aufnahmefähigeren unter Ihren Hörern vermitteln können. In solchen Fällen kommt Ihnen eine großartige Möglichkeit zu Hilfe. Das Bild!

Ein Bild wird üblicherweise gemalt. Hier aber geht es um ein Bild, das bereits vorhanden ist. Im Gegensatz zur »Ausmalung« entsteht dieses Bild nicht vor den inneren Augen und Ohren der Zuhörer, sondern wird lediglich betrachtet. Gerade das ist der Vorteil eines Bildes in der Rede. Sie können sich dabei eines Gesamt-Sachverhalts bedienen, der beim Hörer bereits hinreichend bekannt ist. Sie müssen nicht erst alles und jedes ab- und herleiten. Eben das machen Sie sich zunutze[21]. Eins der typischsten Bilder ist der **Baum**. Wenn dieses Wort genannt wird, hat Ihr Hörer vor Augen: Stamm, Äste, Zweige, Blätter. Er assoziiert evtl. dazu: Wurzeln, Schatten, Schutz, bei Regen unterstellen, Blitz, der hineinschlagen kann, biegender und wiegender Wind, Rascheln der Blätter, Vögel in den Zweigen, Nester, Schnee im Winter, frisches Grün im Frühling, Frucht im Hochsommer, bunte Farben im Herbst. All dies ist gegebenenfalls mit einem Schlag da. Sie müssen es nicht erst erklären, höchstens zwei oder drei dieser Merkmale

---

19 Bonhoeffer, Akt und Sein, Seite 112

20 4.Mose 6,25

21 Schlatter macht in »Das christliche Dogma«, Seiten 104-106, darauf aufmerksam, daß uns die verallgemeinerte Vorstellung, die einen Begriff ergibt, über den natürlichen und geschichtlichen Prozeß in einem gewissen Maße erhebt, weil sie ein abgekürzter Ersatz für ungezählte Wahrnehmungsbilder ist. Kurz gesagt: Ein Bild ersetzt eine Menge Einzeldarstellungen in Kürze.

nennen, so wie Jesus beim Weinberg[22]. Anhand dieses Bildes können Sie nun einen oder mehrere komplizierte Sachverhalte deutlich machen, die ohne dieses Bild einen außerordentlichen Aufwand an Erläuterungsmühe verursachen und damit unverhältnismäßig viel Ihrer kostbaren Zeit wegnehmen würden. Nicht umsonst gebrauchen deshalb die biblischen Verfasser mit Vorliebe das Bild des Baumes. Denken Sie an die komplizierten und sich verästelnden Zusammenhänge Ihrer Abstammung. Und wenn Sie die Vorfahren und die Nachkommenschaft Ihres Ururgroßvaters bekanntgeben wollen, so ist auch das eine verwirrende Aufgabe. Anders, wenn Sie sich des Bildes von einem Baum mit seinen Wurzeln nach unten und seinen Ästen und Zweigen nach oben bedienen können. So sprechen Sie dann von einem **Stamm**baum.

Vorbilder für eine solche Sprache sind -einmal ganz abgesehen von dem Inhalt- neben anderen Karl Heim und Helmut Thielicke.

Karl Heim hat einunddreißigjährig im Jahre 1905 einen Vortrag vor jungen Akademikern gehalten. Mancher würde an diesem Platz eine besonders abstrakte Sprache erwarten. Aber das Gegenteil ist der Fall. Ich zitiere ungeachtet des Inhalts ein wenig aus der damaligen Rede:

> Bei einigen unter uns liegen diese Fragen noch jenseits des Bewußtseins, wie **schlafende Lawinen**. Ich habe hie und da noch einen Studenten gefunden, über dessen innerer Welt ein Friede lag wie über einem **Alpental**. Aber hoch oben **türmten** sich die **Schneemassen**. Oft genügt ein **Flintenschuß**, um eine **Lawine** zu lösen, die ein ganzes **Tal verschüttet**.[23]

oder Helmut Thielicke über die Probleme seiner Studenten:

> Da solltet Ihr sehen, wie sich die jungen theologischen »Profis« in die **Schranken** gerufen sehen! Mit **eingelegter Lanze** und in **klapperndem** Begriffs**galopp**, die **Lippen** mühsam **zusammengepreßt** über einem kaum unterdrückten **Triumphgeheul**, **preschen** sie auf ihn los. Da fliegen dem Unglücklichen die termini technici[24] um seine ach so ungeübten Laien**ohren**, da rasseln Worte wie »synoptische Tradition«, »hermeneutisches Prinzip«, »antizipierte Eschatologie«, »prophetische Verkürzung der Zeitperspektive«, »jetzt und hier«, »je und je«, »legitim und illegitim«, »Vorverständnis« und »Woraufhin« auf ihn herunter, daß er **jählings in Deckung** geht, die eine **Hand schützend vor sein Gesicht** hält und mit der anderen die **weiße Fahne hißt**.[25]

d) Der Vergleich

Der Vergleich erfolgt zwischen einerseits einer Person, Sache oder Situation, die im Interesse der Rede oder Predigt liegt, die also die Botschaft und den Hörer betreffen soll, die ihm aber zunächst nichts oder nicht viel sagt, und andererseits einer Person, Sache oder Situation, an der die Rede bzw. die Predigt nicht interessiert ist, die aber beim Hörer Assoziationen und Identifikationen hervorrufen kann, die Sie als Redner sich für Ihre Rede unter den Hörern wünschen. Sträflich vereinfacht: Sie sagen dem Hörer Dinge, die er will, aber Sie nicht, damit er Dinge anhört, die Sie wollen, aber er nicht.[26] Wenn es darum geht, daß ein Sachverhalt verstanden werden soll, so zielt der Vergleich auf Assoziation und ist da-

---

22 Siehe unter »Ausmalung« (Seiten 93-95)!

23 Heim, Seite 96

24 Termini technici, Plural von *terminus technicus* = (lat.) Fachausdruck

25 Thielicke, Seite 19f

26 Jesus Christus gebrauchte zahlreiche Vergleiche, sogar mit der Formel: »Den vergleiche ich einem ...«, Mt 7,24

mit dem Bild sehr ähnlich. Geht es aber darum, daß eine Person sich erkennen soll, so zielt der Vergleich auf Identifikation und steht dann oft dem Beispiel nahe. In fast jedem Fall fordert der Vergleich eine Stellungnahme heraus. Wo es um Personenvergleiche geht, schwellen leicht die Emotionen an. Diese gewünschten Effekte könnten Sehnsucht, Abscheu, Warnung, Ermutigung und dergleichen sein. Gleich an dieser Stelle will ich darauf hinweisen, daß durchaus auch unerwünschte Assoziationen oder Identifikationen erfolgen können, die unter Umständen als Beleidigungen empfunden werden oder auch niederschmetternd wirken. Hier aber reden wir vom idealen Fall, in dem die Wirkungen der Absicht entsprechen und die Absicht gegebenenfalls seelsorgerlicher Weisheit und der Liebe entspringt.

Der Vergleich kann schon einmal mit einem Bild oder auch mit einem Beispiel identisch sein. Wesentlich ist ja auch nicht, wie die Illustration heißt, sondern, ob sie ihre Aufgabe erfüllt.

Ähnlich wie z.B. bei biblischen Gleichnisreden verhält es sich bei einem Vergleich aus der heutigen Zeit, den Sie selbst ziehen. Er hat eine Bildhälfte, die den Hörer in der Regel zwar weniger betrifft, mit der er aber zunächst mehr anfangen kann als mit der Sachhälfte. Und er hat eine Sachhälfte, mit der er zunächst weniger anfangen kann, die ihn aber betrifft und die er als »sich selbst betreffend« erkennen soll. Dafür mache ich einen Versuch zu dem Sachverhalt, daß sich ein Ehepaar tief in einen Konflikt hineingesteigert hat und jeder für sich daran denkt, zu seinem Anwalt zu gehen, um die Scheidung zu besprechen:

> Es fängt recht harmlos an. Da ist ein kleines Rinnsal. Fast bemerken sie es nicht. Mit einem normalen Schritt kämen sie darüber hinweg. Ein zweites kommt dazu, ein drittes. Ein lustiges Bächlein ist daraus geworden. Der eine ist auf dieser Seite, der andere auf jener. Was tut's. Da liegen Felsbrocken im Bach. Darüber kann man springen. So wandern die beiden bergabwärts. Immer neue Bäche stoßen zum großen dazu. Nun ist die Strömung schon kräftig. Hinüberspringen kann man nicht mehr. Zwei Kilometer weiter unten ist aus dem harmlosen Rinnsal ein mächtiger tosender Gebirgsbach geworden. Noch führt eine Brücke zur anderen Seite. Aber - die benutzt keiner. Noch einmal kommen die beiden an eine lange Hängebrücke. Sie könnten jetzt zueinander kommen. Aber - einer nimmt sein scharfes Messer und schneidet die Taue durch. Polternd stürzt die Brücke in die Tiefe. Aus dem Bach ist ein reißender Strom geworden. Kommt noch einmal eine Brücke? Ja, noch einmal! Und mit dieser machen sie's genauso. Wieder klatscht sie in das Wasser. War es die letzte Brücke? Dann gibt es keinen Weg mehr zum anderen Ufer. Zu spät! Zu spät?

Man könnte meinen, daß dies ein Beispiel war. Aber es war ein Bild; denn es handelte nicht von bestimmten Personen zu einer bestimmten Zeit an einem bestimmten Ort. Über das Beispiel sprechen wir jetzt.

e) Das Beispiel

Das Beispiel bedient sich eines Ereignisses. Deshalb atmet es Leben. Es ist von Dynamik geprägt. Auch Jesus hat Beispiele verwandt[27]. Ein Beispiel kann jeder Bericht von etwas tatsächlich Geschehenem sein. Es kann ebenso ein technischer Vorgang sein wie auch ein Ablauf in der Natur. Ob aus der Wissenschaft, dem Handwerk, dem Privatleben - Beispiel ist alles und jedes, was sich an einem bestimmten Ort zu einer bestimmten Zeit abgespielt hat. Am wirkungsvollsten ist dieses Illustrationsmittel, wenn Sie eine Sache selbst erlebt haben. Dann ist es

---

[27] Siehe z.B. Lk 13,4

unter Umständen gleichzeitig ein persönliches Zeugnis. Aber auch das, was Sie gehört oder gelesen haben, ist ein Beispiel. Auch biblische Erzählungen sind Beispiele.

Während das Bild überwiegend der **Assoziation** dient, also ganz bestimmte Elemente als zusammengehörig erweisen will, hat das Beispiel ein vorrangiges Interesse an der **Identifikation**. Während das Bild möglichst viele Personen und Lebenslagen abdecken kann, paßt das Beispiel nur in eine ganz bestimmte, nämlich die geschilderte Situation. Das Bild hat den großen Vorteil vor dem Beispiel, daß es sachliche Informationen zum Hörer trägt und die Zusammenhänge verstehbar macht, also darstellt. Ich vergleiche es mit einem riesigen Schiff mit ganz flachem Kiel. Es hat wenig Tiefgang, kann aber wegen seiner Größe kaum kentern und zugleich viel transportieren. Das Beispiel hingegen will treffen. Und es trifft, wenn es **zu**trifft, außerordentlich tief, kann die stärksten Erregungen heraufbeschwören, läßt aber dafür alle die, die es nicht betrifft, relativ kalt. Ich vergleiche es einem schnellen schlanken Schiff mit extrem tiefgehendem Kiel. Es pflügt das Wasser kräftig auf, bedeckt es aber eben nur in der schmalen Rinne, die es benutzt.

Vor die Wahl gestellt: Beispiel oder Bild? habe ich manches Mal zum Bild gegriffen. Sie müssen das am Anlaß und am Redeziel entscheiden. Sollten Sie nun aber meinen: »Gut, dann wähle ich das Bild; denn nur eine Handvoll Zuhörer finden sich im Beispiel wieder«, so ist das nicht ganz richtig. Ein »unter die Haut« gehendes Beispiel hat nämlich eine starke Sogwirkung. Das heißt: es lassen sich auch solche Hörer mit der Person oder Situation im Beispiel identifizieren, die nur ganz entfernt ähnliche Erfahrungen gemacht haben oder machen könnten. Ein Drogensüchtiger fühlt sich auch dann angesprochen, wenn das Beispiel von einem Alkoholiker handelt. Vorausgesetzt, daß er sich überhaupt identifizieren will. Wer tiefen Kummer über einen unfallbedingten schweren finanziellen Verlust mit sich herumschleppt, fühlt sich auch durch ein Beispiel betroffen, in dem ein Ehemann über den Tod seiner Frau trauert. Wiederum gilt: sofern er überhaupt betroffen sein will. Entsprechend verhält es sich mit positiven, also frohmachenden und mutmachenden Erzählungen.

Zur Anziehungskraft eines nicht unmittelbar zutreffenden Beispiels auf die Situation des Hörers:

> Der Stinnes-Reifendienst warb im Herbst 1990 für Winterreifen. Dabei gab er den Preis dieses Reifens für einen bestimmten BMW-Typ an. Auf den ersten Blick war ich geneigt zu denken: »Wieso gerade für diesen BMW? BMW fahren doch die wenigsten!« Dazu kommt noch, daß der Preis für all die anderen Autofahrer kaum eine Vergleichsmöglichkeit bietet. Wer weiß schon auswendig, welche Reifengröße dieses Modell hat!
> Aber sehr schnell spürte ich die Wirkung. Das ist ja auch gar nicht nötig. Entscheidend ist nur: Da ist eine Reifenfirma, die wird erstens konkret. Die stellt sich zweitens einer Nachprüfung. Die scheint drittens ein günstiges Angebot für einen BMW-Typ zu haben. Dann wird sie mit Sicherheit auch ein entsprechendes Angebot für meinen Opel Vectra haben.

Genau diese Wirkung ist gewollt. Und ebenso ist es mit einem sehr speziellen Beispiel. Es zieht durch seine Konkretion alle ähnlich gelagerten Fälle geradezu magnetisch an.

Sie sollten beim Beispiel, auch beim biblischen Beispiel, ein wenig auf die unterschiedlichen Interessen von Assoziation und Identifikation achten: Alle engagierten oder erleidenden Personen in Ihrer Schilderung sollen der **Identifikation**

dienen. Alles, was nicht engagierte oder erleidende Personen beschreibt oder betrifft, dient der **Assoziation.**
Die **Identifikation** läuft Gefahr, zu speziell zu sein. Dieser Gefahr begegnen Sie, indem Sie »gegensteuern«: Geben Sie der Schilderung bewußt personale Weite, aber nur personale!
Beispiel für personale Weite zum Zweck der Identifikation:
Sagen Sie nicht:

Die **Samariterin**[28] (oder Samaritanerin) am Jakobsbrunnen,

sondern sagen Sie:

Die **Frau** am Brunnen,

vielleicht sogar:

Der **Mensch** dort am Brunnen.

Hier bei der Identifikation soll nämlich alles in umgekehrte Richtung gehen: So breit wie möglich müssen Sie die Gruppe beschreiben; denn welche Frau will sich mit einer zweifelhaften Frau aus Samarien vergleichen lassen, und welcher Mann identifiziert sich mit einer Frau? Unter »Mensch« sind wirklich alle Hörer eingeschlossen.
Die **Assoziation** läuft Gefahr, sich zu verallgemeinern. Auch hier müssen Sie »gegensteuern«, indem Sie die Schilderung schmal gestalten, also spezialisieren.[29]
Eine Reihe, die vom Allgemeinsten zum Speziellsten führt:

Lebewesen, Wirbeltier, Hund, kleiner Hund, Dackel, Langhaardackel, brauner Langhaardackel, frecher brauner Langhaardackel.

Benutzen Sie, um eine Assoziation zu erreichen, stets die speziellste Beschreibung, soweit das noch sinnvoll, zumutbar und nicht lächerlich ist. Sagen Sie deshalb in einer Erzählung nicht:

Der **Gegenstand**

sondern zumindest:

Das **Auto**

Schon besser:

Der **BMW**[30]

Noch besser:

Der **rote BMW 528 i**

Es geht beim »Gegensteuern« gegen die Verallgemeinerung der **Assoziation** im Gegensatz zur **Identifikation** darum, daß Ihre Zuhörer die Personen oder Gegenstände vor sich sehen. Zu diesem Zweck benötigen sie detaillierte Angaben.[31]

f) Die konkretisierende Anwendung

Wie Sie schon wissen, muß Ihre Rede Außerordentliches leisten. Sie muß zuweilen, besonders als Predigt, über tausende von Jahren und Kilometern hinweg geschichtliche Aussagen für heute verstehbar und in einem gewissen Sinn auch annehmbar machen. Geschichtlich sind diese Aussagen, weil sie unter ihren je-

---

28 Joh 4,1ff

29 Beispiele dafür finden Sie auf Seite 171.

30 Falls Sie keine Skrupel wegen der Schleichwerbung haben.

31 Zahlreiche weitere Beispiele auf den Seiten 167-174

weiligen geschichtlichen Umständen und in diese hinein gesprochen wurden. Es genügt meist nicht, die damalige Begebenheit zu erzählen und aus den damaligen Verhältnissen heraus zu erklären. Sie müssen Ihren Hörern auch sagen, wie z.B. Warnungen, Anweisungen, Zusagen aus früheren Zeiten heute aussehen und sich verwirklichen lassen. Zu diesem Zweck brauchen Sie bestimmte Formulierungen, durch die Sie über Jahrtausende und Kontinente hinweg in Richtung Hörergemeinde zum Sprung ansetzen können: gegebenenfalls vom Orient zum Okzident[32], vom Patriarchat[33] in die moderne Gesellschaft gleichberechtigter Menschen, von der Monarchie zur Demokratie, von der Agrargesellschaft zur Industriegesellschaft, eventuell von der Lehre oder Tröstung oder Warnung im Damals anschaulich in die Praxis von heute. Manche dieser Formeln verbinden von der Illustration zum Handeln, manche umgekehrt, vom Handeln zur Illustration. Auch Jesus Christus gebrauchte solche Formeln, zumindest auf Nachfrage:

> So geh hin und tu **desgleichen**[34]!

Oder:

> **Ebenso** wird Freude ....

Oder die sehr umfangreiche, nicht gerade liebenswürdige und äußerst konkrete Anwendung:

> Meint ihr, daß diese Galiläer mehr gesündigt haben als alle anderen Galiläer, ...? Ich sage euch: Nein; sondern wenn ihr nicht Buße tut, werdet ihr alle auch so umkommen. Oder meint ihr, daß die achtzehn, auf die der Turm in Siloah fiel und erschlug sie, schuldiger gewesen sind als alle anderen Menschen, die in Jerusalem wohnen? Ich sage euch: Nein; sondern **wenn ihr nicht** Buße tut, werdet **ihr alle auch so** umkommen[35].

Jesus gebrauchte solche Formeln auch am Anfang von Erzählungen, etwa so:

> **Wer** ist unter euch, der ....?

Ich biete Ihnen nun eine ganze Reihe derartiger Formeln völlig ungeordnet an. Übrigens fallen nicht alle unter den Begriff Illustration, und nicht alle sind gut. Sie sollten sich ein eigenes kritisches Urteil bilden. Hier sind sie:

> Seit damals hat sich darin nichts geändert; die Frage ist die gleiche geblieben - und das Problem auch.
> Und sehen Sie, die Fragen sind die gleichen geblieben; und die Antwort ist auch noch die gleiche.
> Das erinnert mich an ....
> Sie sehen: schon vor 2000 Jahren hat man solche Skrupel gehabt.
> Diese Geschichte hat Ähnlichkeit mit dem, was sich in dieser Woche in unserer Stadt abgespielt hat.
> Sie sehen, das ist nicht erst seit 1992 so.
> 80 von 100 in unserer Gemeinde -davon bin ich überzeugt- hätten nicht anders gehandelt als ....
> In diese Gefahr geraten wir heute kaum noch, dafür aber in ....
> Und sehen Sie, genau das ist es, was uns dieser Satz sagen will.
> Und so vergingen die Jahre und die Jahrhunderte und die Jahrtausende; und inzwischen schreiben wir das Jahr 1992; und das Problem ist immer noch dasselbe.
> In abgewandelter Form stehen wir heute noch in der gleichen Gefahr.

---

32 Vom Morgenland zum Abendland

33 Patriarchat = Gesellschaftsform der Vaterherrschaft; vom (grie.) *pater* (= Vater) und *archos* (= Anführer)

34 Lk 10,37

35 Lk 13,3-5

Wenn ich mich in diese Geschichte hineindenke, dann geht mir mit Schrecken auf, daß ich im tiefsten Inneren genauso denke, reagiere und handeln möchte wie ....
Aber das kann uns ja nicht passieren![36]
Nun fragen Sie mich: »Das ist ja alles recht schön und gut; aber was bedeutet das hier und jetzt praktisch?« Gut, ich sage es Ihnen: .....
Und man könnte so manche Parallele ziehen!
Wie ähnlich ist das doch bei uns!
Das klingt ja alles recht phantastisch; aber was hat es mit mir zu tun?
Das betrifft auch meine und Ihre Ehe.
Auch ich bin noch ständig auf der Suche nach ....

Mit meinen Schülern bin ich diese Liste durchgegangen. Es war sehr interessant, welche Formulierungen akzeptiert und welche abgelehnt oder mit gemischten Gefühlen behandelt wurden. Auch Sie sollten kritisch darüber nachdenken. Übrigens: Sie müssen gar nicht alles und jedes konkret anwenden: Ihr Ziel ist ja, daß Ihr Hörer an das denkt, woran er denken soll. Deshalb ist es hier und da auch möglich, einfach nur zu sagen:

Liebe Freunde, ich halte mich absichtlich so allgemein. Sie sind ja denkende Menschen. Sie werden schon wissen, um was es sich in Ihrem Leben handelt.

Damit regen Sie Ihren Hörer an, ohne daß er es besonders registriert, selbst zu suchen und fündig zu werden. Daß Sie ihm zugleich schmeicheln, wird er Ihnen gewiß nicht nachtragen. Allerdings darf dieser Kunstgriff nicht zum bequemen Ersatz für mühsame Konkretisierungsarbeit werden.

g) Die nonverbalen Medien

Der Wert der nonverbalen Medien[37] wird meist höher angesetzt, als sie es verdienen. Man sagt gelegentlich, was durch die Ohren **und** die Augen aufgenommen werde, werde doppelt so stark beachtet, doppelt so leicht verstanden und doppelt so lange behalten. Das stimmt nicht in diesem Maß; denn es gibt Menschen, die viel mehr durch die Ohren Aufgenommenes behalten. Man spricht dann von einem akustischen Gedächtnis. Und es gibt Menschen, die sich mehr an durch die Augen Wahrgenommenes erinnern. Bei ihnen spricht man von einem visuellen oder optischen Gedächtnis. Dennoch ist nicht zu leugnen, daß die Verstehbarkeit und die Erinnerbarkeit in den meisten Fällen höher liegen und in einigen Fällen tatsächlich nahezu doppelt so hoch, wenn die Information durch Ohren **und** Augen aufgenommen wird.[38] Das wäre natürlich schon Grund genug, Informationen aus Prinzip stets beiden Sinnen anzubieten. Nonverbale Medien bringen aber nicht nur einen Verstehens- und Erinnerungsgewinn. Ein nonverbales Medium verursacht immer auch in irgendeiner Weise Unruhe, Ablenkung und Behinderungen. Und es »entwöhnt« vom bloßen Hören.

---

36 Hier haben Sie das Stilmittel der »Ironie« (S. 227-228); aber gehen Sie vorsichtig damit um!

37 Nonverbal = (engl.) nicht durch Worte; medium = Mittel; es handelt sich also um einen Gegenstand, ein Plakat, ein Bild, die Projektion durch einen Tageslichtschreiber, ein Episkop, eine Videoanlage oder einen Diaprojektor ebenso wie um Dinge oder Blätter, die Sie den Hörern in die Hand geben, sogar auch um Töne, etwa Musik, kurz gesagt: um alle Informationen, die nicht durch die Sprache stattfinden.

38 Untersuchungen, wie viel vom einmal Aufgenommenen ein Mensch längere Zeit behält, ermittelten folgende Durchschnittswerte: 10 % vom Gelesenen, 20 % vom Gehörten, 30 % vom Gesehenen, 50 % vom Gehörten und Gesehenen, 70 % vom selbst Gesagten, 90 % vom selbst Ausgeführten. So auch Hofmeister, Seite 100

Die Gegenstandslektion
Eine Gegenstandslektion ist die Belehrung mit Hilfe von Gegenständen. In der Regel nimmt sie der Prediger bzw. der Redner mit an sein Redepult, um daran Sachverhalte deutlich zu machen. Der Phantasie sind bei der Wahl der Gegenstände keine Grenzen gesetzt.
Ich las[39] von einem Pastor in den USA, der sich so gründlich als Landstreicher verkleidet in seine vollbesetzte Kirche begab, daß ihn keines seiner Gemeindeglieder erkannte. Er wollte wissen und zeigen, wie seine Gemeinde mit einem solchen übelriechenden Menschen umgehen würde. Dann schlurfte er durch die Kirche nach vorn, erklomm zum allgemeinen Entsetzen die Kanzel und begann zuerst die Perücke, dann den zerschlissenen Mantel und weitere Teile abzulegen, bis ihn seine Gemeinde als ihren Pastor erkannte. Auch das war im weitesten Sinne eine Gegenstandslektion. Sie allerdings war erweitert durch das Verhalten der Hörer selbst. Die Perücke, der Bart, der Mantel und andere Gegenstände traten in den Hintergrund. Das Eingeständnis: »Wir haben versagt!« wog nun schwerer als die Verkleidung.

Das Mittel einer Gegenstandslektion kann wie jede andere Illustration eine große Hilfe sein. Dann ist es eine wirkliche »Lektion«. Oft aber überwiegen die Nachteile bzw. die Gefahren die Vorteile. Die Vorteile der Gegenstandslektion liegen darin, daß sie hohe Aufmerksamkeit erzeugt und die Merkbarkeit der vermittelten Botschaft deutlich steigert.
Ein Nachteil der Gegenstandslektion liegt darin, daß sie zugleich einen Ablenkungseffekt hat. Die hohe Aufmerksamkeit gehört dann nämlich, wenn die Sache nicht ausgezeichnet eingefädelt ist, dem Gegenstand und nicht der Botschaft, die er transportieren soll.
Nutzen Sie, bevor Sie Unruhe und Ablenkung durch einen Gegenstand riskieren, bei Erwachsenen die Chancen der Wortwahl, des Gebrauchs der Stimme[40], der Pausen, der Gesten[41] und der Mimik[42]!
Ein noch größerer Nachteil ist die Versuchung, in die der Redner kommt, die Gegenstandslektion zu überschätzen und dadurch bedingt seine verbale Leistung zu senken, also schludriger zu sprechen, weniger exakt zu erklären.
Für zwei Fälle nehme ich meine Einwände zurück: erstens, wenn sich der Redner so gründlich auf sein gesprochenes Wort vorbereitet, als habe er kein weiteres Mittel, zweitens, wenn der Redner verbal[43] tatsächlich nicht mehr leisten könnte und der Gegenstand seinen Mangel an Redekunst oder didaktischer[44] Fähigkeit ausgleichen hilft. Die Gegenstandslektion ist also tatsächlich eine Hilfe für weniger begabte Redner oder ein **zusätzlicher** Effekt für begabte.

---

39 idea spektrum vom 8. Mai 1985, Seite 10

40 Siehe auf den Seiten 313-320!

41 Siehe auf Seite 333!

42 Siehe auf Seite 333!

43 Verbal = durch Worte; aus (lat.) *verbum* (= Wort)

44 didaktisch = unterrichtskundlich; von (grie.) *didaskein* = unterrichten; hier: fähig, etwas zu erklären

Visuelle und audiovisuelle Medien

Unter visuellen und audiovisuellen Medien[45] verstehen wir alle Projektoren mit und ohne Ton, also auch Tonbildschauen und Videoanlagen, ebenso Tafeln, die mit Kreide oder Stiften beschrieben werden, Flip-Charts[46], auf die mit dicken Filzstiften geschrieben wird, Zeichenblöcke A3, ebenfalls für Filzstifte, auch Flanellbilder und dergleichen. Von Tafeln und -im kleineren Kreis- auch von Zeichenblöcken bin ich in besonderem Maß überzeugt. Es würde jedoch den Rahmen dieses Buches sprengen, wollte ich hier Anleitungen geben, wie Sie sich die genannten Einrichtungen schaffen oder besorgen können. In der Regel verstehen Lehrer am meisten vom Umgang mit Projektoren sowie von der Herstellung von Folien und dergleichen. Sollten Sie in Ihrem Bekanntenkreis einen Lehrer haben, so ist er sicher bereit, Sie in diesen Fragen zu beraten.

Diese Illustrationsmittel sind nützlich, sonst gäbe es sie nicht. Sie sind für die Rede hilfreich, solange sie gezielt eingesetzt und unnötiger Gebrauch vermieden wird. Solche Hilfen sollten nach Möglichkeit kein Ausgleich für eine mangelhafte Rede sein. Auf keinen Fall dürfen diese Mittel die Rede bestimmen. Sie müssen immer dem gesprochenen Wort untertan sein. Richten Sie nach Möglichkeit Redeteile nicht nach vorhandenen Bildern ein, sondern suchen, malen, zeichnen oder schießen Sie die Bilder nach Ihrem Thema. Auch **Lichtbildervorträge** sollten zunächst so vorbereitet werden, als gäbe es überhaupt keine Dias. Der Vortrag ist dann auch noch spannend, wenn Sie Ihre Dias vergessen haben. Es dürfte diese also niemand vermissen. Sie werden sehen, daß Sie damit die Qualität Ihrer Dia-Vorträge erheblich steigern. Ich wende mich hier besonders an Missionare, die ja zwecks finanzieller Unterstützung meist mit Lichtbildern umherreisen. In den Jahren meiner Lehrtätigkeit in der Bibelschule Bergstraße habe ich ungezählte Lichtbildervorträge von Missionaren gesehen. Ich weiß, wie allergisch unsere Schüler gegen mittelmäßige und schlechte Vorträge waren. Es wurde gelegentlich regelrecht als Wohltat empfunden, wenn ein Missionar einmal seine Bilder beiseite ließ und so berichtete. Er war dann gezwungen, mehr auf das zu achten, was er sagte. Das ändert nichts an der Tatsache, daß wir auch ausgezeichnete Diavorträge, oft mit wenigen sorgfältig ausgesuchten Dias, gehört haben. Sie waren aber äußerst selten.

Sollte Ihr Lichtbildervortrag nicht in einer mehr privaten Umgebung in völligem Dunkel stattfinden, so lassen Sie nicht alle Lichtquellen ausschalten! Streulicht muß ausgeschaltet werden, also alle Röhren, gebündeltes Licht hingegen, etwa Punktstrahler, kann an bleiben. Die Pultleuchte eignet sich als Notbeleuchtung nicht; denn ihr Licht zeichnet gruselhafte Schatten auf Ihr Gesicht. Und auch bei einem Diavortrag sind Sie auf Mimik angewiesen.

Sollten Sie auf die Idee kommen, zur Unterstützung Ihrer Botschaft ein Lied, etwa von Manfred Siebald, dessen Lieder ich hoch schätze, in die Predigt hinein

---

[45] Visuell = durch Sehen; audiovisuell = durch Hören und Sehen; aus (lat.) *visus* (= das Sehen) und *audire* (= hören)

[46] Flip-Charts sind dreifüßige, bis auf etwa 2 Meter höhenverstellbare Ständer, an deren fast senkrecht angeordneter Metall- oder Holzplatte große, meist schwach karierte Papierbögen herunterhängen, die nach der Beschriftung wie von einem Stenoblock abgerissen werden, um den nächsten Bogen freizugeben.

abspielen zu wollen, so erledigen Sie das bitte nicht mit Ihrem krächzenden transportablen Kassettenrekorder, den Sie noch irgendwo stehen hatten, von der Kanzel aus, sondern machen Sie sich wenigstens die Mühe, Ihre Stereoanlage mit einem anständigen Verstärker und den 220-Watt-Boxen aus Ihrem Wohnzimmer auszubauen, in der Kirche aufzustellen und von einer zweiten Person nach vorheriger Probe bedienen zu lassen. Ist Ihnen das zu viel Umstand, bitte ich Sie inständig, um Ihrer Predigt und der Hörer und um Manfred Siebalds willen, darauf zu verzichten. Können Sie dabei auf eine vorhandene und ausreichende Verstärkeranlage zurückgreifen, so ist das eine feine Sache. Nehmen Sie aber unbedingt beizeiten eine Klangprobe vor!
Überlegen Sie kritisch, ob sich der Aufwand, die Kosten, die Störung und die Verschandelung des Raums für den meist geringen Effekt oder Informationsgewinn lohnen! Der Projektor, der im Wege steht und bedient werden muß, der Tageslichtschreiber, der aufgestellt werden muß und dann den Blick verstellt, die Helfer, die zur Montage und Demontage sichtbare und hörbare Unruhe in die Veranstaltung bringen - sie alle sind nur vertretbar, wenn der Informations-, Merkbarkeits- und Verständigungsgewinn beträchtlich sind. Für eine Folie, für zwei Dias, die nur wenige Sekunden sichtbar bleiben, ist das nicht der Fall, wohl aber für eine Serie von zwölf Bildern oder für ein einziges, das während der ganzen Zeit stehen bleibt, weil es der gesamten Rede dient.

2. Die Illustration in ihren Grenzen

Illustrationen sind unschätzbar wertvoll, ja geradezu unverzichtbar. Dennoch müssen sie gelegentlich in ihre Grenzen verwiesen werden; denn sie **sind** nicht die Botschaft, sondern sie **dienen** nur der Botschaft. Für die Illustration bedeutet das, daß sie Bestandteil der Botschaft wird und damit von Ihnen verantwortet werden muß.

a) Die ethische[47] Verantwortung einer Illustration

Ich erinnere mich, daß ich in meiner Kindheit aufmerksam Predigten lauschte. Dabei nahm ich auch Ausschmückungen auf, die ich für den biblischen Bericht hielt. Später suchte ich in Konkordanzen verzweifelt nach den gehörten Begriffen. Vergeblich! Der Prediger hatte zwischen Ausschmückung und biblischem Bericht nicht unterschieden. Oft war ich jahrelang im Glauben, daß eine Passage, die der Prediger »dazugemacht« hatte, tatsächlich in der Bibel stehe. Es liegt auf der Hand, daß das nicht hilfreich ist. Schwererwiegend allerdings ist es, wenn es sich um solche Redebestandteile handelt, die zu einer schiefen oder gar schädlichen Vorstellung führen.

Ob ein Beispiel erfunden sein darf, überlasse ich Ihrem Wahrheitsempfinden. Sicher aber sollte kein Beispiel ein Ereignis vortäuschen. Das heißt, Sie sollten Ihre Hörer nicht glauben lassen, daß dies oder jenes, was Sie erfunden haben

---

47 = die Ethik betreffend, von der Sittenlehre bestimmt; hier: christliche Ethik =wie ein Christ handeln sollte; aus (grie.) *ethos* (= Sitte, Brauch)

und nun erzählen, tatsächlich geschehen sei. Das gilt besonders dann, wenn die Dinge, über die Sie sprechen, für Ihre Hörer eine besondere Bedeutung haben. Verwerflich ist es gewiß, persönliche Beziehungen zu erfinden, um dadurch als bedeutender Mensch zu erscheinen. Nicht nur erweist sich das Vertrauen, das Sie durch solche Tricks erwerben, hinterher als wertlos, sondern die Sache schadet Ihnen auch.

b) Wohin mit der Illustration?

Ihrer Daseinsberechtigung nach ist jede Illustration eingebunden zwischen Botschaft und Hörer. Ihrer Funktion nach ist die Illustration eingebunden zwischen Argumente, also Schlußfolgerungen, Begründungen, Beweise und dergleichen. Ihrer Wirkung nach ist die Illustration, sofern nicht die ganze Rede eine Illustration ist, eingebunden in eine wohlüberlegte Zielsetzung.

Ich weiß nicht, woher es kommt, daß so viele Redner mit einer Illustration, meist mit einer Geschichte, beginnen. Man nennt das eine »anekdotische Einleitung«. Und ebenfalls frage ich mich, weshalb die oft sehr passenden Zitate meist am Schluß stehen. Beides ist nicht optimal. Auf diese Weise ist Ihre Rede nach vorn und nach hinten offen. Eine Illustration ist so nicht eingebunden in Ihr strammes Argumentations-Gefüge. Sie stellen sich von Anfang an als Erzähler vor und enttäuschen viele in dem Moment, da Sie zur argumentativen Darstellung übergehen. Die Spannung fällt gerade in diesem Augenblick beträchtlich ab. Nicht aber, wenn die Illustration lediglich die Argumentation wohltuend unterbricht, ergänzt, erklärt, stützt usw. Weshalb sollten die wertvollen ersten Minuten erhöhter Hörbereitschaft, die Sie nie wieder aufholen können, durch ein Beispiel verpuffen, das Ihren Hörer nicht mitten in die Thematik Ihrer Botschaft hineinführt? Gut, wenn es das tut - ja! 95 von 100 tun es wohl kaum im nötigen Maß.[48]

Sollten Sie aber einmal eine Illustration an den Anfang Ihrer Rede stellen, so muß sie, da sie nach vorn ja nicht verknüpft sein kann, wenigstens sehr gut nach hinten, also zur Predigt hin, verwoben und verzahnt sein. Nicht erfüllt wird diese Forderung durch den folgenden Satz zu einer Themapredigt über »Frieden«:

> Am 1. September 1939, 5 Uhr 45, fallen Schüsse.

Erstens beschreiben die Schüsse nicht Frieden, sondern Unfrieden. **Zweitens** sind auch für den Unfrieden diese Schüsse nur eins von Tausenden möglicher Beispiele und 45 Jahre nach Kriegsende absolut nicht typisch für den Unfrieden unserer Tage in der deutschen Gesellschaft. **Drittens** ist der Beginn des Zweiten Weltkriegs nicht nur eine, sondern viele Nummern zu groß und damit ablenkend von den heutigen Problemen.

Ist Ihre Illustration gut genug für den Anfang, dann dient sie Ihnen bestimmt umso mehr als Argumentationshilfe mitten in einem Punkt. Ist sie aber für den Punkt zu fade, zu schwach oder zu wenig treffend, dann ist sie erst recht unbrauchbar für den Redeanfang. Ebenso verhält es sich mit den Zitaten, etwa mit Liedstrophen. Weshalb wollen Sie einem Fremden das letzte Wort Ihrer so wichtigen Botschaft zugestehen?[49]

---

[48] Mehr dazu auf Seite 49

[49] Mehr dazu auf Seite 66

Anfang und Schluß der Rede sind meist denkbar ungünstige Plätze für Illustrationen, zumal sie sich dort gern »selbständig machen« und die Rede dann der nötigen sachlichen Fassung entbehrt.
Achten Sie peinlich genau darauf, daß die Überleitungssätze von Ihren sachlichen Darlegungen zu der Illustration und wieder zurück, von der Illustration zu erneuten Darlegungen, einleuchtend, wegweisend und stützend sind!

c) Wie viele Illustrationen sind nötig?

Es gibt Sammlertypen. Manche sammeln Steifftiere, andere Briefmarken. Ich hörte im Fernsehen von einem Mann, der Klosettschüsseln sammelte. Einige Pastoren sammeln Beispiele. Nichts gegen systematisch angelegte Beispielsammlungen! Im Gegenteil: das empfehle ich Ihnen. Tun Sie es nach Themen und Stichworten alphabetisch! Es darf aber nicht »neurotisch« werden. Ein Münzensammler führt seine Sammlung ja auch nicht jedem Klempner vor, der an seinem Haus die Dachrinne lötet. Es gibt Prediger, die tun das in ihren Predigten mit ihren Beispielsammlungen. Das höchste, was ich erlebt habe, waren zwölf Beispiele aneinandergereiht, um ein einziges Argument zu stützen. Widerstehen Sie diesem Drang!
Eine Ausnahme gibt es: das Stilmittel der »Häufung«[50]. Beim »Klotzen« kommt es gerade auf die erschlagende Überlegenheit der Beweise an. In diesem Fall nutzen Sie die Menge aus und sagen gleich dazu etwa:

> Ich gebe Ihnen sieben Beispiele, in denen immer die gleichen Erfahrungen gemacht wurden. Und es ist mir kein einziger Fall bekannt, in dem die Sache anders verlaufen wäre. Beispiel 1: ...., Beispiel 2: ...., Beispiel 3: .... usw.

Recht bedacht, hat dieses »Klotzen« aber gar nicht mehr die Funktion der Illustration, sondern ist bereits Teil der Argumentation.
Es ist besser, für einen Gedanken nur eine Illustration zu wählen als zwei oder mehr. Illustrationen, besonders Beispiele, haben die Neigung, einander die »Schau zu stehlen«. Sie konkurrieren miteinander; in der Erinnerung bleibt entweder ein Gemisch von mehreren oder gar keins zurück. Und bleibt von mehreren Beispielen das stärkste im Gedächtnis, so ist damit erwiesen, daß Sie sich die anderen hätten sparen können. Auf keinen Fall kann Ihrer Botschaft die Menge der Illustrationen dienen.
Ich erinnere mich daran, daß ein bekannter deutscher Evangelist die Kettenreaktion beschreiben wollte. Wahrscheinlich ging es um einen Sachverhalt aus dem geistlichen bzw. ungeistlichen Leben, vielleicht um die Sünde. Es ist typisch, daß ich die Sache nicht mehr weiß, wohl aber die Beispiele, die sie verdeutlichen sollten. Folgendes **Bild** gebrauchte er sinngemäß:

> Sie kennen doch alle die Kettenreaktion bei Dominosteinen. Das kann man jetzt manchmal im Fernsehen sehen. Es sind in einem Saal Tausende von Steinen in einem regelmäßigen Abstand voneinander in den tollsten Figuren aufgestellt, vielleicht hundert Meter lang. Und dann gibt einer dem allerletzten Stein einen kleinen Schubs, und all diese Tausende von Steinen fallen in der endlosen Reihe um - bis zum letzten.

Nun gut, das Bild ist damals verstanden worden; Dominosteine waren in jenem Jahr große Mode. Dabei hätte er es belassen können. Aber er schob eine zweite

[50] Siehe auf Seite 226!

Illustration nach, um die gleiche Sache zu verdeutlichen. Diesmal war es ein **Beispiel**:

> Als wir letztes Jahr mit der Familie in Holland Urlaub gemacht haben, wollten wir natürlich auch Radtouren unternehmen. Also gingen wir zu einem Fahrradverleiher, um Räder zu mieten. Sie standen dort in der Halle in einer langen Reihe, sehr viele. Und plötzlich gab unser Jüngster dem ersten Rad einen Schubs und -wir hielten die Luft an- alle, ich weiß nicht wie viele, fielen um, bis hinten hin.

Auch diese Illustration drückt aus, was der Prediger hat sagen wollen. Vergleichen wir die beiden miteinander:

Die **Dominosteine** sind ein **Bild**, kein Beispiel; sie haben keinen persönlichen Bezug, weder zu dem, der den ersten Stein anstößt, noch zum Prediger, der das Bild gebraucht, noch zum Zuhörer. Diese Illustration drängt nicht zur Identifikation, sondern zur Assoziation. Die Sache ist wertneutral. Der Vorgang einer Kettenreaktion wird dadurch ohne unwillkommene Nebenwirkungen dargestellt. Die Übertragung auf das geistliche Leben geschieht auf dem kürzesten Weg, zuverlässig und schnell.

Die **Fahrräder** sind ein **Beispiel**, weil es erlebt wurde. Die Sache ist kein Spiel, sondern ein Malheur und nicht ohne Schuld; denn die Tollpatschigkeit oder der Experimentiertrieb des Buben hat den großen Fall ausgelöst. Der Prediger ist davon betroffen; denn er hat die Sache erlebt - und nicht nur das. Da er für seinen Jungen haftet, mußte er zunächst die Pein tragen, um wahrscheinlich danach kräftig belustigt zu sein.

Der Tatbestand einer Kettenreaktion wird auch durch das Fahrradbeispiel dargestellt. Aber es verursacht eine Menge Rand-Assoziationen und dazu Schmunzeln oder Gelächter. Die Gedanken der Hörer huschen weg in den letzten oder nächsten Urlaub. An Sünde jedenfalls denkt kaum noch einer. Der Redner hat nun alle Mühe, die Hörer zu dem zurückzuführen, was er eigentlich damit klarmachen wollte.

Daß das Fahrrad-Beispiel über das Domino-Bild wegen der höheren freigesetzten emotionalen Energien dominiert, ist für Sie wohl keine Frage. Daß das Dominosteine-Bild im Schatten des Fahrrad-Beispiels steht, ist offensichtlich. Daß nur eine der beiden Illustrationen hätte verwandt werden dürfen, ist Ihnen bestimmt auch bewußt geworden. Nun aber die Frage: Welcher der beiden Illustrationen ist der Vorzug zu geben?

Die Fahrräder haben den Vorteil des Persönlichen. Sie machen den Prediger als Familienvater, als einen, der lustige Dinge erlebt und nette Geschichten erzählen kann, vielleicht ein wenig sympathischer. Der Nachteil ist ebenso greifbar: Der Sache selbst dienen die Fahrräder weniger.

Die Dominosteine haben den riesigen Vorteil, der Sache optimal zu dienen. Der Nachteil: Die Schilderung ist relativ steril und kühl.

Ihre Hörerschaft, Ihr eigenes Temperament und der Ernst sowie der Stil Ihrer Rede mögen Ihre Wahl mitbestimmen. Aber zu entscheiden haben Sie selbst. Nur: auf eine der beiden Illustrationen **müssen** Sie verzichten! Eine Trennung von einer Illustration, auf die Sie so stolz sind, kann schmerzlich sein. Wir Prediger sind oft »verliebt« in bestimmte Geschichten.

Trotzdem gibt es Fälle, wo Sie für einen Gedanken mehrere Illustrationen aneinanderreihen müssen, ganz einfach deshalb, weil sich nicht alle Personen Ihrer

Hörerschaft darin wiederfinden können. Das darf aber keinesfalls umfangreiche Schilderungen betreffen, sondern höchstens relativ kurze »konkretisierende Anwendungen«. Mehr als drei sollten es in der Regel auch in diesen Fällen nicht sein. Nehmen Sie die besten! Den Rest streichen Sie erbarmungslos weg!
Nun fragen Sie aber mit Recht: »Wie viele Illustrationen brauche ich auf die ganze Rede verteilt?« Als Faustregel antworte ich: Nach Möglichkeit in jedem Hauptpunkt wenigstens eine kräftige Illustration. Es bleibt Ihnen überlassen, ob Sie eine Ausmalung, ein Bild, einen Vergleich, ein Beispiel oder eine Gegenstandslektion wählen. Optimal aber ist es, wenn Sie eine Illustration durch alle Redepunkte hindurch verwenden können. In diesem Fall nehmen Sie das anfangs gebrauchte Illustrationsmittel in jedem Redepunkt wieder auf, eventuell, um es zu erweitern!

d) Wann ist eine Illustration assoziierbar?
Die Frage ist hier: Kann der Hörer mit der Illustration etwas anfangen, kann er Ihre Gedanken einordnen in den Gesamtzusammenhang Ihrer Botschaft und in das Leben? Er muß Ihre Bilder, Vergleiche und Beispiele kennen, ordnen, einordnen, zuordnen und verstehen können. Beispiele, die nicht »hinhauen«, tun geradezu »weh« und lenken damit von der Sache ab, die sie erläutern sollten. Sie wären besser weggelassen worden. Machen Sie es Ihrem Zuhörer so leicht wie möglich! Vermeiden Sie Unnötiges!
Das heißt:

Die Illustration muß verstehbar sein!
Gestalten Sie Ihre Illustrationen übersichtlich, einleuchtend und nachvollziehbar! Klären Sie in einer gewählten oder geschaffenen Illustration lieber einmal mehr, wer wem etwas tut und wer von wem etwas getan bekommt. Oft schaffen Illustrationen Unklarheiten oder beseitigen sie zumindest nicht.
Achten Sie darauf, daß Ihre Erzählungen keine Brüche aufweisen! Hier das Beispiel einer ausmalenden Schilderung:

> Er ging in seine Dienstwohnung zurück und zog die Decke wieder über die Ohren.

Sie werden bemerken, daß in der Handlung etwas fehlt: Wenn er sich die Decke über die Ohren ziehen will, muß er sich zuvor ins Bett gelegt haben. Richtig also muß es lauten:

> Er ging in seine Dienstwohnung zurück, legte sich ins Bett und zog die Decke wieder über die Ohren.

Vielleicht schmunzeln Sie jetzt: »Aber das ist doch selbstverständlich. So erzähle ich doch nicht.« Nun, ich mache da leider ständig andere Erfahrungen. Ich weiß nur: Sie müssen es den Leuten so leicht wie möglich machen.

Die Illustration muß wirklichkeitsnah sein!
In einem Erholungsheim hörte ich eine grauenvolle Morgenandacht: Nachdem der Prediger über die Baptisten, die Pfingstler und Bultmann hergefallen war, Nikodemus als Pharisäer abgekanzelt und die Leute, die nicht nach »Maleachi 3« den Zehnten geben, mit den törichten Jungfrauen verglichen hatte, landete er schließlich beim 1. Johannesbrief. Um was es dort ging, war nicht so wichtig. Je-

denfalls beschrieb der Prediger die Beziehung des Verfassers, des Jüngers Johannes, zu Jesus:

> Johannes hat an der Brust Jesu gelegen. Der wußte die intimsten Gedanken seines Meisters. Der hörte die Herztöne, wenn er an seiner Brust lag.

Bei solchen Schilderungen kann mir die Galle hochkommen. Zwei ausgewachsene Männer liegen beieinander, und einer belauscht die Herztöne des anderen. Das ist weder der Jesus des Neuen Testaments noch die Sprache des Neuen Testaments. Sie sollten sich nicht wundern, wenn bei einer derartigen Darstellung ein Mann von der Straße fragt: »Waren die denn damals schwul?« Dies ist ein schlimmes Beispiel dafür, wie die vom Text benötigte und vom Geist Gottes erwünschte Assoziation nicht nur verhindert, sondern ins Gegenteil verkehrt wird. Ich hoffe, daß keiner meiner Leser diese Belehrung nötig gehabt hätte.
Seien Sie maßvoll auch in Kleinigkeiten! Wenn Sie von einem Menschen erzählen, der nach einem Unfall in einem Straßengraben liegt, so »lassen« Sie ihn nicht bei dreißig Grad Kälte dort liegen! Vier oder neun Grad stellen die Assoziation in unseren Breiten leichter her als dreißig Grad. Ebenso ist es mit Geschwindigkeiten oder Windstärken[51]. Hier gilt: Weniger wäre mehr![52]
Ihre Illustrationen sollten so lebensnah sein, daß sich Ihre Hörer fragen könnten: Woher kennt der mich denn so genau? oder: Wer hat das dem denn erzählt? Tödlich für Ihre Rede ist es, wenn Ihre Hörer denken: Das betrifft mich nicht. Oder: Das ist ja so gar nicht.
Es besteht noch eine andere Gefahr: daß Sie es mit der Konkretion übertreiben. Helmut Thielicke berichtet eine lustige Geschichte von einem Religionslehrer in Freiburg. Er hatte im Unterricht die Geschichte des Jünglings zu Nain erzählt. Um es farbig zu machen und den Kindern nun alles recht nahe zu bringen, verlegte er die Handlung in ihre Heimatstadt und sagte, die tieftraurige Mutter habe, als der junge Mann gestorben war, beim Schreinermeister Einhenkel den Sarg bestellt. Als der Lehrer anschließend aufforderte, Fragen zu stellen, meldete sich ein kleiner Junge, der nur eins wissen wollte: »Hat Meister Einhenkel den Sarg dann zurückgenommen?«[53] Diese Frage entsprach nicht dem pädagogischen Ziel.

Die Illustration muß zumutbar sein!

Ihre Illustrationen dürfen eine bestimmte ästhetische Grenze nicht überschreiten. Natürlich ist diese Grenze fließend, einmal, was Ihre Hörerschaft angeht, zum anderen aber auch, was Sie selbst angeht. Wenn ich ein »blutiges« Beispiel von einer geöffneten Bauchhöhle vortrage, so ist das nicht dasselbe, als wenn es ein Chirurg tut, der von seiner täglichen Arbeit berichtet. Nicht, daß es bei ihm weniger blutig wäre; nein, ihm wird es nur weniger übel genommen.
Ebenso verhält es sich mit den Gesetzen der Pietät. Wenn ein deutscher Prediger bei einer Predigt in den USA über die israelische Besatzungspolitik herzieht, so

---

[51] Siehe auch auf den Seiten 165-166!

[52] Nach Wieland in der Zeitschrift Merkur zu Neujahr 1774.
Siehe auch auf Seite 166!

[53] Thielicke, Zu Gast auf einem schönen Stern, Seite 149

ist das schlicht instinktlos. Und wenn er am Ende noch Vergleiche mit deutschen SD-Gruppen[54] hinter der Ostfront herstellt, so ist das verheerend.[55] Wenn er das gleiche in einer wissenschaftlichen Untersuchung auf sachliche Weise unternimmt, so ist dagegen nichts einzuwenden.
Sie werden es empfunden haben: Nicht nur das Was muß stimmen, auch das Wie, das Wo, das Wann, das Wem und das Wer spielen eine entscheidende Rolle. Selbst eine hundertprozentig treffende Illustration kann restlos daneben gehen, ja, sogar das Gegenteil bewirken, wenn der Falsche es sagt oder wenn es am falschen Ort oder zur falschen Zeit gesagt wird.

e) Wann drängt eine Illustration zur Identifizierung?
Die Identifizierung geht einen Schritt weiter als die Assoziation. Das heißt: in ihr wird die Assoziation auf die eigene Person übertragen. Wenn diese von Ihnen als Redner angestrebte Übertragung stattfindet, so ist es das Höchste, was eine Illustration bei einem Menschen erreichen kann. Die Identifikation ist also die Vorstufe kurz vor der Entscheidung für etwas oder für jemand. Aber die Entscheidung ereignet sich in der Regel nicht aufgrund einer Illustration, sondern aufgrund der Verkündigung, der die Illustration gedient hat.
Eine Illustration führt beim Hörer zur Identifikation, wenn er sich darin wiederfinden **kann** und **will**. Ob sich Ihr Hörer in Ihrer Illustration wiederfinden **kann**, das liegt daran, wie übersichtlich und einleuchtend Sie die Dinge geschildert haben. Ob er sich wiederfinden **will**, das liegt weitgehend daran, ob Ihre Darstellung wirklichkeitsnah und zumutbar war.
Es setzt mitunter große Demut und Selbstverleugnung voraus, **die** Illustration unter anderen herauszusuchen, die **nicht Sie** als Prediger herausstellt, **nicht Ihnen** am nächsten liegt, **nicht von Ihnen** am leichtesten darzustellen ist, weil Sie davon die meiste Ahnung haben, sondern eine Illustration zu wählen, die **dem Hörer** am nächsten liegt, **ihn** interessiert, von **ihm** verkraftet werden kann.
Es genügt auch nicht, daß der Hörer mit einiger Mühe »auf die Reihe bekommt«, was Sie ihm wohl mit Ihrem Bild oder Beispiel haben sagen wollen; sondern die geschilderte Sache muß sich ihm geradezu **aufdrängen** als ihn unbedingt betreffend. Dem Apostel Paulus sagte man nach, er »überrede« die Leute, Gott zu dienen[56]. Auch eine Illustration darf sich überredend aufdrängen. Dies soll aber nicht durch Ihren fixierenden Blick geschehen, auch nicht durch das Vibrato in Ihrer Stimme oder beschwörende Formeln, sondern ganz einfach, weil die geschilderte Sache stimmt und auf den Hörer paßt.
Das kann praktisch bedeuten, daß Sie in einer Arbeitergemeinde eben keine Beispiele von gekrönten Häuptern, von Nobelpreisträgern oder großen Komponisten wählen, sondern Begebenheiten aus der Welt der Hörer. Natürlich können

54 Sicherheits-Dienst der SS

55 Siehe auch auf den Seiten 200-202!

56 Apg 18,13; 26,28. Es ist aufschlußreich, wie Paulus das »Überreden« sieht. Seine Gegner sagten ihm nach, er beschwatze die Leute. Sie empfanden ihn anscheinend als gefährlich überzeugend. Er selbst verstand es völlig anders. Er wollte zwar Menschen gewinnen (2.Kor 5,11), aber er vertraute nicht auf das menschliche Mittel der Überzeugung, sondern auf die Kraft des Heiligen Geistes (1.Kor 2,4).

Sie vor sogenannten Gebildeten damit brillieren, wenn Sie Immanuel Kant zitieren können und vielleicht sogar noch davon überzeugen, daß Sie verstehen, was Sie zitieren. Selbstverständlich verbreiten Sie um sich eine Aura der hohen Wissenschaft, wenn Sie Bilder oder Vergleiche aus der höheren Mathematik oder aus diffizilen[57] Zusammenhängen der Molekularbiologie verwenden, ohne daß das Ihr Thema ist. Natürlich macht es Eindruck, wenn Sie die Jahreszahlen von historischen Ereignissen sowie die Geburts- und Todesjahre großer Männer nennen können - und vielleicht nicht nur die Jahre, sondern sogar die Tage. Aber das tun Sie sicher oft nicht aus Liebe zu Gott oder Ihren Hörern. Sie sollten sich fragen, ob das nicht blanke Angeberei ist, oder ob Sie es zum Kompensieren[58] nötig haben. Es macht Sie groß und den Hörer klein. Und einen Bildungsauftrag erfüllen Sie damit in aller Regel nicht; denn keiner kann sich die flüchtig genannten Zahlen merken. Ich kämpfe den gleichen Kampf mit mir.
Wie ältere Prediger, so gerate auch ich immer wieder in die Gefahr, Beispiele aus dem Dritten Reich und vom Krieg zu verwenden. Wer einmal vor Tieffliegern stiften gegangen ist, wer sich im Keller gekauert hat mit Bangen, ob die Betondecke wohl hält, und wer seine Heimatstadt hat in Flammen stehen und die Straßen voller Leichen liegen sehen, der wird diese Bilder verständlicherweise niemals mehr los. Trotzdem müssen wir uns um der jüngeren Generation willen einen disziplinvollen Verzicht auferlegen. Wenn auch die Menschen die gleichen geblieben sind: Die Zeit ist anders als damals. Und die Probleme sind ebenfalls andere. Und wenn meine heutigen Schüler in dreißig Jahren über die überwältigende Nacht des Mauerfalls in Berlin sprechen werden, dann wird die Jugend sagen: »Ach, immer diese alten Mauergeschichten!«
Selbstverständlich müssen Sie andererseits gelegentlich genaue Angaben machen, damit man Sie für kompetent hält. Inkompetent dürfen Sie nicht wirken. Natürlich kann niemand ein Verbot aussprechen, Illustrationen zu gebrauchen, die nicht zeitlich oder räumlich nah liegen. Es gibt Beispiele oder Zitate, die nach Jahrhunderten noch so hervorragend, so treffend und überzeugend sind, so viel mehr leisten als neuere, daß auch Sie nicht darauf verzichten sollten. Ohne Frage zählt dazu auch Kant, z.B. seine Definition der »Aufklärung«[59]. Letzten Endes geht es um die Leistung einer Illustration oder Beschreibung, nicht um ihre Entstehungszeit oder ihren Schauplatz.
Folgende Personen wurden in einer Andacht vor einfachen Hörern genannt:

> Gräfin von Amerongen, Fritz Laubach, der Vorsitzende der Deutschen Evangelischen Allianz, Paul Deitenbeck, einer der bekanntesten evangelikalen Prediger, Inspektor Edgar Schmid, der Leiter der Pilgermission von St. Chrischona, Prof. Karl Bonhoeffer, Dietrich Bonhoeffers Vater, der damals bekannteste deutsche Psychiater, Kurt Heimbucher, der Präses des Gnadauer Verbandes, Wilhelm Busch, der berühmteste deutsche Evangelist und christliche Autor der Nachkriegszeit, Thomas John Barnardos, der »Mann mit der Laterne«, Missionsleiter, Arzt und zentrale Figur eines evangelikalen Bestsellers, Reichsinnenminister Wilhelm Frick und eine Ärztin sowie der eigene Vater.

57 = schwierig, heikel; aus (lat.) *dif* für *dis* (= un) und *facilis* (= leicht), wörtlich: nicht leicht

58 Kompensieren = ausgleichen; hier: Minderwertigkeitsgefühle durch Vorzeigen von Wissen ausgleichen, das dem Kompensierenden das Gefühl von Vollwertigkeit vermittelt; aus *com* für *cum* (= mit) und *petrere* (= erstreben)

59 Kant, Werke, Bd. 9, Seite 53 (Aufklärung ist der Ausgang des Menschen aus ....)

Wohltuend nahm sich der schlichte Vater aus. Ganz davon abgesehen, daß alle Beispiele ihr Gewicht hatten und deshalb in ihrer Fülle überhaupt nicht verkraftet werden konnten, sind oder waren fast alle Personen Prominente. Der Prediger, der diese interessanten Persönlichkeiten heraufbeschwor, ist in deren Kreisen zu Hause. Seine Andacht war deshalb auch echt, interessant und teilweise bewegend. Trotzdem aber konnte er nicht davon ausgehen, daß sich seine Hörer mit den angeführten Personen aus »höherem Stand« ausreichend identifizierten. Beispiele aus dem mittleren Beamtentum oder dem Handwerk wären hilfreicher gewesen.
Wenn Sie treffende Illustrationen finden wollen, so erfüllen Sie einen Liebesdienst am Hörer: Schlüpfen Sie in die Haut Ihres Hörers! Nehmen Sie den Durchschnitt aller Ihrer Hörer als Maßstab dafür und zwar geschlechtlich, altersmäßig, wirtschaftlich, bildungsmäßig, geistlich[60]. Sie werden dann die richtigen Illustrationen finden: **zeitlich** so nah wie möglich, also in der Regel nicht aus dem letzten Krieg, den sich 60 % der Hörer nicht mehr vorstellen können, **räumlich** ebenfalls so nah wie möglich, also nicht von fernen Ländern, sondern vom eigenen Ort, **bildungsmäßig** so nah wie möglich an Ihrem Hörer.
Wenn Sie in einem bisher fremden Ort zu sprechen haben, kommen Sie ein paar Stunden früher dort an! Haben Sie eine Vortragsreihe, so fahren Sie nicht jeden Abend nach Hause, sondern übernachten Sie dort! Gehen Sie spazieren in diesem Ort, reden Sie mit den Leuten! Ich weiß, wie schwer das ist; ich verstoße inzwischen selbst gegen diese Regel. Aber entsprechend sind halt auch die Beispiele. Sagen Sie den Leuten, wie Sie das schmucke Rathaus in der Stadt, das alte Backhaus im Dorf finden. Machen Sie daraus ein taktvolles Beispiel oder Bild! Nehmen Sie sich den Apostel Paulus als Vorbild, der sich in Athen die heidnischen Götzenbilder und -altäre angeschaut und sogar die Inschriften gelesen und seine Schlüsse daraus gezogen hat! Er besaß dann anschließend auf dem Areopag[61] einen Anknüpfungspunkt[62].
Die Werbung bedient sich anderer Methoden. Sie will gerade die Illusion vermitteln, der Konsument sei etwas Besseres, wenn er eine bestimmte Marke benutze. Deshalb läßt man die Praline im Fernseh-Werbespot durch eine Gräfin in einem prunkvollen barocken Schloß anbieten, läßt einen flotten jungen Mann nach der Benutzung einer bestimmten Zahnpasta ein Rendezvous mit einem bildschönen jungen Mädchen haben oder zeigt Autoreifen neben rassigen Damenbeinen[63]. Da ist die Grenze zur Manipulation erreicht oder überschritten. Hier sollte ein gravierender Unterschied zwischen gemeindlicher und mancher weltlichen Rhetorik liegen. Die meisten Prediger und christlichen Organisationen geraten in die oft unbemerkte Gefahr, ebenfalls zum Anreiz besonders Ansehnliches als das Übliche vorzuführen. Manche Umschlagseite eines christlichen Buches spiegelt den verständlichen Versuch wider. Und wer mag es einer

60 Bildungsmäßig und geistlich ist es besser, seine Hörer eher etwas zu unterschätzen, als zu überschätzen.

61 Areopag = Marktplatz von Athen

62 Apg 17, ab 22

63 So auch Schulz von Thun, Seite 231 und 232

Gruppe verdenken, daß sie in der Öffentlichkeit ihre »Musterschüler« präsentiert? Eine Illustration ist geistlich, wenn sie wahrhaftig ist. Sie ist angemessen, wenn sie eine Mehrheit trifft; und sie ist zumutbar, wenn sie einer Mehrheit weiterhilft. Sie ist schließlich überzeugend, wenn sie die Würde des Hörers bzw. des potentiellen Hörers wahrt.
Martin Luther sagte, man solle »dem Volk aufs Maul schauen«. Berthold Brecht erweiterte diesen Satz: Man solle dem Volk aber nicht »nach dem Mund reden«. Und ich, unwürdig dieser berühmten Gesellschaft, erweitere den Satz dennoch um ein Drittes: Man soll den Leuten aber auch nicht »über den Mund fahren«. Und eben das geschieht häufig, auch indirekt in Illustrationen.

f) Wie steht es um die Diskretion?
Schutz vor Indiskretion[64] genießt jeder Mensch. Je älter und bekannter er ist, desto mehr Wert legt er darauf, und je mehr Vertrauen er uns erwiesen hat, desto mehr Sorgfalt haben wir auf diesen Schutz zu verwenden. Die Respektierung der Intimsphäre eines Menschen ist über alle Prinzipien christlicher Liebe hinaus gleichwohl eine Forderung der menschlichen Rücksicht. Nicht zu vergessen, daß sie auch ein vom Gesetz garantiertes Recht des Menschen ist. Damit nicht genug: sie ist auch ein Gebot der Klugheit. Das bedeutet: Sie dürfen keine Beispiele verwenden, in denen Sie ein Wissen weitergeben, das Ihren Hörern nicht zusteht. Das betrifft vor allem Informationen, die Ihnen durch die Seelsorge zugänglich waren oder sind.
In ländlichen Gemeinden müssen Sie noch vorsichtiger sein, selbst wenn Sie keine Namen nennen oder sie verändern. Jeder kennt jeden. Die städtische Großzügigkeit stellt sich dort nicht ein. Man kann sogar da noch Anstoß nehmen, wo Sie korrekt sind.

Eine Schwäche vieler Prediger -es war lange Zeit auch meine Schwäche- liegt darin, ihre Familie »auf die Kanzel zu zerren«. Es ist den Vätern und Müttern heranwachsender Kinder oft nicht bewußt, wie tief sie ihre Söhne und Töchter damit vor der Gemeinde demütigen, besonders vor Gleichaltrigen und solchen Erwachsenen, um deren Anerkennung sie kämpfen. Der Prediger gibt sich selten Rechenschaft darüber, in welchem Maß er hier die Kanzel zu privaten Erziehungsmaßnahmen mißbraucht, wieviele Aggressionen in solche lächelnd vorgetragenen Schilderungen von Unordnung, Faulheit und Streitereien einfließen, die nur allzu leicht verkappte Standpauken sind. Tausende von Pastorenkindern, gerade in Freikirchen, haben darunter bewußt und unbewußt gelitten.
Solange die Kinder sehr klein sind, mag es gehen, zumal in diesen Jahren ohnehin kein schwerwiegendes Urteil über sie gefällt wird. Sobald aber ein Kind mitbekommt, daß es als Beispiel »herhalten« muß, ist diese Art von Illustrationen unverzüglich einzustellen. Vielleicht wenden Sie nun ein: »Aber loben wird man doch dürfen!« Ja, aber die Meinungen gehen häufig auseinander über das, was Lob ist. Was Sie erfreut, mag Ihr Kind vor Klassenkameraden bloßstellen.

64 Diskretion = taktvolles, zurückhaltendes Verschweigen; aus (lat.) *discernere* – unterscheiden, beurteilen und deshalb schweigen können

Bleibt die Frage: In welchem Maße hat der Redner seine Frau und sich selbst vor Indiskretion zu schützen? Ich erzähle Lobendes über meine Frau. Meist ist sie ohnehin anwesend. Was aber darf ich über mich selbst berichten?
Es sagte mir einmal ein Predigthörer: »Wenn Sie mir nun noch den Stand Ihres Bankkontos nennen würden, dann wüßte ich alles über Sie!« Natürlich hatte er maßlos übertrieben; er wollte mir aber auf diese spitze und witzige Art sein Mißfallen an meinem persönlichen Zeugnis in der Predigt mitteilen. Ich weiß, daß es hier und da Menschen gibt, die sich die Rede auch in bezug auf den Redner vornehm zurückhaltend wünschen. Dabei handelt es sich aber um eine Minderheit. Solche Leute sind oft selbst einmal durch Derartiges, etwa als Dargestellte, verletzt worden. Die Mehrheit empfindet -exhibitionistische[65] Auswüchse einmal ausgenommen- persönliche Darstellungen als große Hilfe. Da mußte ich eine Entscheidung treffen, und auch Ihnen wird diese Entscheidung nicht erspart bleiben. Eine Rede jedenfalls, der man nicht abspürt, daß der, der sie hält, im gleichen Kampf steht, trifft selten die Herzen.[66] Es geht aber nicht nur darum, daß Sie die Intimsphäre Ihrer Beispielgestalten **gewährleisten**; Sie müssen das auch **demonstrieren**. Denn, selbst wenn Sie Ihre Beispiele unkenntlich machen oder sogar erfundene Personen in Erzählungen auftreten lassen, werden sich sensible Hörer dennoch fragen: »Wird der das, was ich ihm erzähle, woanders auch als Predigtbeispiel verwenden?« Auch dann, wenn Sie Ihr Beispiel so einleiten:

> Weit weg von hier bekannte mir eine junge Frau, daß sie ......,

werden Sie solche Fragen nicht ausschließen können. Diese Lösung ist zwar besser als gar keine Absicherung, aber dennoch zu wenig; denn Ihre Braunschweiger Hörer wollen auch in Erlangen nicht »bloßgestellt« werden, jedenfalls nicht ohne ihre Zustimmung.
Eine weitere Möglichkeit wäre:

> Ich habe Namen und Umstände soweit verändert, daß absolut niemand wissen kann, von wem ich rede.

Aber auch das bleibt eine **Not**lösung. Die sauberste Lösung, die ich durch einen vielbeschäftigten und bekannten Seelsorger kennenlernte, ist die: Sie holen sich vom Betroffenen die Erlaubnis und sagen das auch deutlich:

> Ich habe vom Betroffenen die Erlaubnis, diese Geschichte in Predigten zu erzählen, wenn es anderen Menschen helfen kann.

Das läßt Sie seriös sein und auch erscheinen und nagt nicht am Vertrauen zu Ihnen. Bekommen Sie diese Erlaubnis nicht, so haben Sie schlicht und einfach auf dieses Beispiel zu verzichten, und zwar in jeder noch so abgewandelten Version.
Vorfälle, die in der Öffentlichkeit besprochen wurden oder werden, etwa in den Medien, können mit entsprechendem Takt von Ihnen verwendet werden. Das betrifft ebenso alle Veröffentlichungen in Büchern. Auch über eine Schlägerei im Hamburger Hafenviertel oder auch vor dreißig Minuten am Eingang zur Kirche, die Sie beobachtet haben, können Sie berichten.

---

[65] Exhibitionistisch = krankhaft zur Entblößung geneigt; hier: übertriebene Zurschaustellung seines Seelenlebens; aus (lat.) *exhibere* (= zur Schau stellen)

[66] Siehe dazu auch auf den Seiten 193-194!

Ich benutze zum Beispiel in diesem Buch ohne Rückfrage, allerdings auch ohne Namensnennung, Redeteile aus Ansprachen, die in öffentlichen Gottesdiensten gehalten worden sind. Soweit sie wiedererkennbar aus dem Schulbetrieb stammen und kritisch sind, versuche ich, die Erlaubnis meiner Schüler bzw. ehemaligen Schüler einzuholen. Es kann natürlich auch vorkommen, daß ich eine Passage im Kopf habe, ohne zu wissen, woher. Die Vorsicht bei Harmlosigkeiten muß nicht übertrieben werden.

g) Welchen Rang hat die Illustration in einer Predigt?

Wir gemeindlichen Redner sind keine Alleinunterhalter, wenngleich wir unterhaltsam reden sollen. Wir sind keine Bildungsreferenten, wenngleich selbst die Predigt ruhig die Nebenprodukte »Wissen« und »Bildung« ein wenig mit hervorbringen darf. Wir sind auch keine wandelnden Zeitungen, wenngleich die Hörerschaft durch uns neue Gesichtspunkte kennenlernen und wesentliche Informationen erhalten darf. Selbstverständlich darf und sollte eine Gemeinde ihren Gliedern rundum vieles bieten, was den ganzen Menschen und seine Welt angeht.
Da aber die Illustration im Ringen mit abstrakten theologischen Lehrsätzen und geistlichen Wahrheiten immer die Stärkere bleiben wird[67], müssen wir sie **unter** die Botschaft **zwingen**. Lassen wir der Illustration aber freien Lauf, so macht sie sich unverzüglich selbständig und beansprucht ein eigenes Recht. Da sie wirkungsvoll ist, wird ihr dieses eigene Recht vom normalen Hörer auch fast immer eingeräumt. Mehr als Hilfsdienste hat die Illustration aber nicht zu verrichten. Wahrscheinlich liegt hier die größte aller Gefahren, die ich bisher beschrieben habe.
Klingt eine aufregende Neuigkeit erst mal im Raum nach und setzt sich im Ohr des Zuhörers fest, so entwickelt sie ihre Eigendynamik, die der Redner nicht mehr in den Griff bekommen kann. Ist es eine sehr starke Nachricht, so kann sie nicht einmal der Hörer mehr in den Griff bekommen. Die Aufmerksamkeit der Hörerschaft für die Botschaft dann noch zurückzugewinnen, ist nahezu ausgeschlossen. Dazu müßten Sie nun ungeheuerliche psychologische und rhetorische Mittel anwenden. Und das entspräche nicht mehr dem Charakter unseres gemeindlichen Auftrags. Sie könnten, wenn das alle Hörer betrifft, nun ruhig Ihre Rede beenden; es hört Ihnen doch niemand mehr zu.
Durch folgendes Beispiel will ich verdeutlichen, was ich meine: Meine Frau war von einem Verkaufstrainings-Lehrgang eines bekannten Markenherstellers heimgekommen und hatte eine Geschichte mitgebracht, die der Lehrgangsleiter zur »Auflockerung« als Erlebnis eines Schwagers nebenbei erzählt hatte. Diese Geschichte baute ich unter dem Gesichtspunkt der »Lieblosigkeit« am darauffolgenden Sonntag in meine Predigt ein:

> Jener Schwager kommt in einer deutschen Stadt an einem kalten Herbsttag an einem Fluß entlang, und plötzlich fällt ihm auf, daß viele Menschen am Ufer stehen und ins Wasser starren. Er fragt: »Was ist denn hier los?« Die Antwort ist: »Da!« Er schaut zu der Stelle

67 »Wenn man vom Artikel der Rechtfertigung predigt, so schläft das Volk und hustet. Wenn man aber anfängt, Historien (Geschichten) und Exempel (Beispiele) zu sagen, da reckt es beide Ohren auf, ist stille und hört zu.« Martin Luther, zitiert nach Ockert, Seite 43

> im Fluß und sieht, wie ein lebloser Kinderkörper abtreibt. Auf die Frage, ob denn niemand etwas unternehme, kommt nur Schweigen. Nun zieht der Schwager schnell seine Jacke und Schuhe aus, springt ins Wasser und holt das regungslose Kind ans Land; es ist offensichtlich ein Türkenkind. Er macht Wiederbelebungsversuche und hat sogar Erfolg damit. Das Kind kommt dann doch noch in die Klinik und kann gerettet werden.
> Nun ist der Mann, fremd in jener Stadt, völlig durchnäßt. Er fragt an einem Haus, ob er sich umziehen und ein paar trockene Sachen haben könne. Widerwillig läßt ihn ein Wohnungsinhaber ein und fährt ihn an, während er in den Hausflur tritt: »Sie sind doch vielleicht blöd, haben wir nicht Türken genug?«

Mit dieser Geschichte hatte ich aber etwas angerichtet! Keiner hörte mehr meiner Botschaft zu. Helle und natürlich verständliche Entrüstung ergriff die Hörer - wie sicher auch Sie jetzt. Nach dem Gottesdienst war dies das beherrschende Thema. Anschließend rappelte bei mir zu Hause wiederholt das Telefon. Die Sache sollte verfolgt werden. Einige Hörer wollten die Sache dem Staatsanwalt übergeben. Ich sollte meine Quelle nennen, damit der Mann, der das gesagt hatte, ermittelt und angeklagt werden könne.
Natürlich war meine Quelle sehr mangelhaft. Ob die Sache so überhaupt passiert oder erfunden war, all das stellte sich jetzt als fragwürdig heraus. Hinzu kommt, daß das Beispiel vielleicht nicht zu stark, aber viel zu spektakulär war für Lieblosigkeit, wie sie in dieser Gemeinde zu erwarten wäre. Als Inhalt meiner Predigt blieb -völlig abwegig- nur der Ausländerhaß übrig. Das Beispiel war unangemessen und hatte sich selbständig gemacht.
Nach diesem schwerwiegenden nun noch ein Beispiel für eine sich verselbständigende Illustration:
Der ältere Prediger erzählte etwa in der Mitte seiner Predigt, um die »Jugend von heute« zu charakterisieren, dieses Beispiel:

> Die Kinder kommen von den Großeltern zurück und sind sehr befremdet. »Da gehen wir nicht mehr hin«, sagen sie entschieden. »Aber Ihr wart doch immer so gern bei den Großeltern«, wenden die Eltern ein. »Nein, da gehen wir nicht mehr hin. Die saßen auf dem Sofa und hatten nichts an«, bleiben die Kinder hartnäckig. »Das können wir uns aber gar nicht vorstellen«, erwidern die Eltern, »die waren doch immer so vernünftige Leute; das können wir uns absolut nicht vorstellen.« »Es ist aber wahr«, bleiben die Kinder hart: »Sie saßen auf dem Sofa und hatten nichts an, keinen Fernseher, kein Radio, keinen Plattenspieler, keinen Videorekorder - nichts!«

Sie haben recht; das sollte ein Witz sein und zugleich eine Beschreibung der heutigen Kinder. Fünf Minuten später schmunzelte ich noch. Der Prediger war schon viel weiter in seiner Argumentation; ich aber überlegte, wem ich diesen Witz weitererzählen könne. Er war zwar harmlos, aber er lenkte von der Botschaft ab. Es gibt Witze, die widerstreben auch dem Geist der Botschaft. Der Illustration wird ihr Rang durch die Botschaft zugewiesen. Sie rangiert also deutlich hinter der Sache, um die es geht. In aller Regel steht sie auch platzmäßig hinter der Aussage, die sie verdeutlichen soll. Sie sollten über eine Illustration **erst dann** nachdenken, wenn Sie genau wissen, welcher Aussage sie dienen soll.
Am Schluß dieses Themas der Illustration will ich Ihnen angesichts der großen Bedeutung, die dieses Element in der Rede hat, noch einmal einschärfen: Nehmen Sie diese Fragen nicht zu leicht! Machen Sie es nicht »mit links«! Überlassen Sie Illustrationen nicht Ihren Einfällen und damit dem Zufall! Übernehmen Sie keine Beispiele, die Sie nicht sorgfältig geprüft haben! Wenn Sie Übung gewonnen haben, geht es ja schneller.

Vierter Hauptteil:

Zur Sprache

Es ist kaum möglich, eine Definition der Vortrags- oder gar der Predigtsprache zu formulieren. Es müssen aber bestimmte Ansprüche an die Sprache gestellt werden. Im großen und ganzen kann ich leichter sagen, was Sie **nicht** tun sollten. Ihre Sprache selbst muß Ausdruck Ihrer ureigensten Persönlichkeit und Entfaltung der für Sie typischen Kreativität sein und bleiben. Schon Claus Harms, ein einflußreicher Mann der Erweckungsbewegung in der ersten Hälfte des 19. Jahrhunderts, beklagte sich **einerseits** bitter über die monotonen und farblosen Predigten seiner Zeit, die in ihrer abstrakten Büchersprache **un**unterscheidbar geworden seien. »Mit Zungen![1] lieben Brüder, mit Zungen reden!« So hatte er einen Aufsatz überschrieben. Er äußerte **andererseits**, daß schon der Versuch, eine Definition der Predigtsprache zu entwerfen, davon zeuge, daß man nicht begriffen habe, worum es geht. Der entscheidende Maßstab, der an eine Rede angelegt werden muß, ist für Harms die Liebe[2]. August Tholuck, ein Zeitgenosse von Harms, sagte es so: »... Weg vom Kopfe in das Herz ...«[3]

Es kann mir hier leider nicht um Sprachpflege gehen. Zwar gebührte dem Evangelium, das ja die Mitte gemeindlicher Rede bildet, eigentlich die erhabenste Sprache, doch muß es in einer jedem Bürger geläufigen Redeweise weitergegeben werden.

An manchen Stellen werden Sie andere Empfindungen haben als ich; das ist natürlich. Lehnen Sie einen Vorschlag dieses Buches aber bitte erst dann ab, wenn Sie das entsprechende Beispiel **laut, betont und in der redegemäßen Geschwindigkeit** gesprochen haben.

1. »Spreche« ist nicht »Schreibe«!

Sie dürfen notfalls schreiben, wie Sie sprechen. Aber Sie dürfen niemals sprechen, wie Sie schreiben! Sprechen Sie Ihren Vortrags-Text halblaut vor sich hin; dann spüren Sie, ob er sich zum Anhören eignet. Der große Parlamentsredner Fox pflegte zu sagen: »Liest sich die Rede gut? Ja? Nun, dann war es eine schlechte Rede.«[4]
Wolfgang Manekeller[5] gibt in seinen Ausführungen zum Diktieren ein treffendes kleines Beispiel, das erst recht auf die Rede zutrifft:

---

1 Das hatte natürlich nichts mit der heute viel diskutierten Zungenrede zu tun.

2 Husar, Seite 47 und 48

3 Husar, Seite 47 und 48

4 Reiners, Seite 28

5 In »Wie diktiert man im Büro?« Duden-Taschenbuch, Band 19, Seiten 182 und 184

Ungünstig:
Wir wären Ihnen sehr verbunden, wenn Sie uns freundlicherweise mitteilen würden, ob Sie mit unserem Vorschlag in dieser Angelegenheit einiggehen.

Richtig:
Sind Sie mit diesem Vorschlag einverstanden?

Das Direkte ist dem Indirekten fast immer vorzuziehen. Auch das Einfache ist dem »Verschnörkelten« weit überlegen. Wenn das schon auf die »Schreibe« zutrifft, wieviel mehr auf die »Spreche«!
Sollten Sie einmal vor die Entscheidung gestellt werden: »Schreibstil, auch im Sprechen«, oder »Sprechstil, auch im Schreiben«? so sollten Sie sich mit Begeisterung für den Sprechstil entscheiden! Dabei kann nichts Schlimmes passieren. Ein Buch oder ein Brief im Sprechstil läßt sich zehnmal leichter ertragen als eine Rede im Schreibstil.

Auf den folgenden mehr als einhundert Seiten gebe ich Ihnen Tips, wie Sie Ihre Rede verständlicher, treffender, bewegter, farbiger und auch freundlicher gestalten können. Zuvor aber zwei Beispiele in einer Gegenüberstellung. Das erste Beispiel ist eine von mir für dieses Buch etwas veränderte Schüler-Rede, in der er seine Heimatstadt vorgestellt hat. Der Name der Stadt ist weggelassen, damit niemand errät, wer der Verfasser ist. Die Rede enthält bereits in der ursprünglichen Fassung viele lebendige Elemente. Ich habe absichtlich kein Negativ-Beispiel genommen. Nun sehen Sie, ob sich diese Heimatort-Darstellung noch typischer als »Spreche« umformulieren läßt.
Die Sätze sind als »Spreche« kürzer und gezielter. Es ist ein wenig auf den Rhythmus und auf den Klang der Sätze, also auf die Satzmelodie, geachtet. Nur, wenn Sie beide Versionen laut und betont vor sich hin sprechen, können Sie den Unterschied erkennen.
Relativsätze[6], die löblicherweise schon vorher selten waren, sind völlig ausgemerzt. Für eine Rede taugen sie selten. Besonders dann nicht, wenn sie auch noch auf »welche« lauten.

Es sind persönliche Anreden eingefügt, ebenso Befehlsformen und Ausrufe. Einige Ausrufe befinden sich bereits im Erstentwurf. Satzaussagen sind so weit wie möglich zum Satzanfang verschoben.
Auch Satzbrüche[7] sind eingeschoben, etwa: »Richtig, die Burg, die werden wir uns ...« Und ein paar Ungereimtheiten wurden entfernt. Insgesamt fällt auf, daß das vorrangige Interesse einer »Spreche« nicht im korrekten Satzbau liegt, sondern im kurzfristigen Verstandenwerden. Deshalb sind auch Satzfragmente[8] in einer Rede nicht nur akzeptabel, sondern häufig sogar erwünscht. Auch die Aussageart darf in der »Spreche« öfter wechseln als in der »Schreibe«. Sie dürfen z.B. Fragen einstreuen.

---

6 Hier: ».. Steinpflaster, **das so eng zusammensteht**, ...« oder »... Aussicht, **die wir von hier oben haben**, ...«

7 Siehe unter »Das Anakoluth« (Seiten 222-223)!

8 = Bruchstücke von Sätzen, Satzsplitter; aus (lat.) *fragmentum* (= Bruchstück)

»Schreibe«
Ich lade Sie ein, mit uns einen Spaziergang durch die Stadt, hinauf zur Burg und anschließend am Wasserfall vorbei, zu mir nach Hause zu machen.
Es ist ein warmer Donnerstagvormittag im Spätsommer. Wir kommen gerade in die neu ausgebaute Fußgängerzone. Dort ziert den Boden ein buntes Steinpflaster, das so eng zusammensteht, daß noch nicht einmal der bleistiftdünne Absatz eines Stöckelschuhs dazwischenpaßt. Hier fängt auch gleich die neugebaute Citypassage an; das fasziniert schon einen Eingeborenen so stark, daß er ohne Probleme einen vollen Arbeitstag darin verbringen könnte, ohne sich dabei langweilen zu müssen. Alles nur Denkbare ist da, vom Schuhgeschäft, einem Schreibwarenladen, einem Eissalon bis hin zu einem Kino und auch einer Bücherei fehlt dort nichts, was ich mir sonst noch hätte wünschen können. Gerne würden wir hier den Spaziergang noch beliebig lange fortsetzen, aber wir wollen uns ja noch andere Teile der Stadt ansehen.
Aus der Citypassage herausgekommen, sehen wir ein sehr buntes Bild, was unseren Alltag direkt in einen Urlaubstag verwandelt. Direkt vor uns steht ein Mann mit einer Drehorgel. Ach, welch holde Töne erschallen doch aus der kleinen Kiste. Dahinter bietet ein Bäcker seine duftenden Brötchen an. Der Eismann auf Rädern verteilt, für nur fünfzig Pfennige die Kugel, ein hervorragendes Eis. Damit noch nicht genug; da steht auch noch eine Gruppe Jugendlicher und singt flotte Songs.
Jetzt begeben wir uns etwas weiter in die Fußgängerzone hinein. Eine Vielzahl von Geschäften umringt uns, die alle zum Kauf einladen. Nicht zu übersehen ist natürlich der alte Mann im Kiosk mitten auf dem Marktplatz.

Fröhlich seine Pfeife rauchend, sieht er sich die verschiedenen Leute an, die dort vorbeigehen. Dieser alte Mann paßt sehr gut in das ganze Bild. Ich bin mir sicher, ohne ihn würde uns allen etwas fehlen.Etwas abseits von dem kleinen Kiosk finden Sie einen großen Markt, an dem nicht nur Kartoffeln angeboten werden, sondern auch Früchte aller Art, glänzend rote Johannisbeeren und sonst noch Dinge, die eine gesunde Ernährung vorschreibt. Das Menschenfreundliche daran ist, daß die Früchte für jeden von uns auch erschwinglich sind.

»Spreche«
Ich lade Sie ein zu einem Spaziergang durch meine Heimatstadt, in die City, hinauf zur Burg und schließlich, am Wasserfall vorbei, zu mir nach Hause.
Es ist ein warmer Donnerstagvormittag im Spätsommer. Wir betreten zunächst die Fußgängerzone. Ein buntes Steinpflaster ziert den Boden. Dicht sitzt Stein an Stein. Meine Damen, haben Sie keine Sorge, Ihr bleistiftdünner Absatz kann darin nicht steckenbleiben! Hier fängt auch gleich die Citypassage an. Sie ist erst ein Jahr alt. Das, was Sie hier sehen, fasziniert schon einen Eingeborenen. Sie, meine Damen und Herren, könnten einen vollen Arbeitstag darin verbringen. Und Sie würden sich dabei nicht langweilen. Hier ist alles zu haben. Vom Schuhgeschäft, einem Schreibwarenladen, einem Eissalon über ein Kino bis zu einer Bücherei fehlt hier nichts. Gerne würden wir in dieser Idylle verweilen, aber da sind ja noch die anderen Teile der Stadt!

Aus der Citypassage herausgekommen, präsentiert sich uns ein sehr buntes Bild. Sind wir im Urlaub? Wenige Meter vor uns steht ein Mann mit einer Drehorgel. Welche Töne aus der kleinen Kiste! Was für Kindheitsträume beschwört er herauf! Dahinter ein Bäcker mit seinen Brötchen! Der Duft erfüllt unsere Nasen. Links der »Eismann auf Rädern«; fünfzig Pfennige die Kugel, ein hervorragendes Eis! Nicht genug damit: Da steht auch eine Gruppe von Jugendlichen. Flotte Songs singen sie.
Jetzt begeben wir uns etwas weiter in die Fußgängerzone hinein. Eine Vielzahl von Geschäften - wir fühlen uns umringt. Alle laden sie zum Kauf ein. Aber das Wichtigste: der alte Mann dort im Kiosk. Mitten auf dem Marktplatz sitzt er, eingerahmt von Zeitungen.
Genüßlich seine Pfeife rauchend, sieht er vergnügt die unterschiedlichsten Gesichter vorüberhuschen. Stört es ihn nicht, daß so viele nichts von ihm wollen? Dieser alte Mann - wenn er nicht da säße! Rechts hinter dem kleinen Kiosk stoßen wir auf einen großen Markt. Nicht nur Kartoffeln werden hier angeboten, auch Früchte aus aller Welt, glänzend rote Johannisbeeren und goldene Orangen aus Jaffa. Und für jeden sind sie erschwinglich.

So, genug der Einkäufe. Von unserem Frischmarkt aus sehen wir die Turmspitze unserer Burg, die wir uns jetzt einmal näher ansehen werden. Am liebsten würden wir zur Burg direkt am Abhang hochklettern. Können wir aber leider nicht, auch wenn es kürzer für uns wäre. Deshalb kraxeln wir den kurvenreichen Weg hoch.
Oben angekommen, entdecken wir ein Kloster mit einigen Mönchen, die dort leben. Eine große Kirche mit einem riesigen Kirchturm ragt weit über die höchsten Gebäude der Stadt hinaus. Als wir dort hineingehen, versetzen mich die so interessanten Säulen, prächtigen Fenster und die kunstvollen Gemälde in eine andere Welt.
Beim Hinunterschauen über die Burgmauer hinweg wird uns erst so richtig bewußt, in welch schwindelnder Höhe wir uns befinden. Das gibt unserer Stimmung eine abenteuerliche Note. Die Aussicht, die wir von hier oben haben, läßt sich nicht in Worte fassen. Die ganze Stadt hat man von hier aus im Blickfeld. Aber dessen nicht genug: Selbst die Hochhäuser der Nachbarstädte sind noch problemlos zu erkennen.
Genug gesehen. jetzt geht's wieder den Berg hinunter, Richtung Wasserfall. Dort angekommen, erblicken wir eine Menge Menschen, die sich entweder sonnen, Wasserball spielen oder mit ihrem Paddelboot Kreise drehen. Beim näheren Hinsehen entdecken wir jedoch, und zwar unterhalb des Wasserfalls, einige Burschen, die unten am Wasserfall stehen und versuchen, mit ihren Netzen Fische zu fangen, die gerade den Wasserfall hochspringen. Ihr Glück, daß zur Zeit keine Wehrkontrolle durchgeführt wird, denn Fische mit Netzen zu fangen, wird sehr hoch bestraft.

Es ist interessant, die Fische beim Hochspringen zu beobachten; denn nur selten gelingt ein Versuch, den großen Wasserfall wirklich hochzukommen.
Das Ufer unterhalb des Wasserfalls besteht aus feinen Steinchen. Da sitzen Angler manchmal tagelang, um bestimmte Fische zu fangen. Oberhalb des Wasserfalls können verschiedene Ballspiele gemacht sowie andere sportliche Aktivitäten ausgeübt werden. Obwohl wir noch gern etwas länger hier geblieben wären, wartet zu Hause auf uns ein warmes Mittagessen.

Dort oben die Turmspitze unserer Burg! Richtig, die Burg, die werden wir uns jetzt einmal näher ansehen. Am liebsten würden wir gleich den Abhang hochklettern. Können wir aber leider nicht; er ist zu steil. Bleibt uns nichts übrig, als den kurvenreichen Weg hinaufzukraxeln.

Oben angekommen, entdecken Sie: Da ist ja ein Kloster! Einige Mönche begegnen uns. Eine große Kirche mit einem riesigen Turm ragt weit noch über die Burgdächer hinaus. Gehen wir doch hinein, meine Damen und Herren! Diese wundervollen Marmorfiguren, die prächtigen Fenster, die kunstvollen Gemälde - das ist eine andere Welt!
Aber auch diese andere Welt müssen wir wieder verlassen. Riskieren wir noch einen Blick über die Burgmauer hinweg! Beugen Sie sich nicht zu weit nach vorn, meine Damen, sonst wird Ihnen schwindlig! Das ist ja abenteuerlich. Nicht in Worte fassen läßt sich dieser Anblick! Die ganze Stadt liegt uns zu Füßen. Und selbst in der Ferne die Hochhäuser der Nachbarstädte, sie sind ohne Mühe zu erkennen.
Genug gesehen. Machen wir uns auf den Weg hinunter! Richtung Wasserfall. Dort tummelt sich eine Menge Menschen. Sie sonnen sich, spielen Wasserball, kurven mit ihren Paddelbooten. Und - dort hinten, beim näheren Hinsehen entdecken wir, gleich unterhalb der Gischt, ein paar Burschen. Die sollen sich nicht erwischen lassen! Versuchen die doch mit ihren Netzen die Fische zu fangen, Fische, die den Wasserfall hochspringen wollen. Mit Netz - das ist doch streng verboten!

Possierlich, wie diese Fische immer wieder den Sprung wagen! Dort, der erste, seit wir hier stehen, dem es gelungen ist!

Das Ufer unterhalb des Wasserfalls besteht aus feinen Kieselsteinchen. Meine Damen, jetzt müssen Sie auf Ihre Stökkelschuhe achten! Oft tagelang sitzen die Angler hier. Haben die eine Geduld! Gern blieben wir noch; aber zu Hause wartet ein warmes Mittagessen.

Und so machen wir uns auf den Weg. Nach etwa zehn Minuten Gehweg kommen wir etwas erschöpft zu Hause an.

Machen wir uns also auf den Weg, meine Herrschaften! Es sind nur zehn Minuten!

Erlauben Sie mir noch ein zweites Beispiel. Es ist eine Passage aus einer Schülerpredigt. Auch hier habe ich kein Negativ-Beispiel gewählt, sondern einen Entwurf, der sich selbst auch bereits sehen lassen kann.
Hier wird Ihnen auffallen, daß der Versuch einer Verbesserung zur »Spreche« mehr Platz und dementsprechend mehr Redezeit benötigt als der ursprüngliche Entwurf. Die Ausschmückungen und Stimmungsbilder sind meines Erachtens nötig, um den Zuhörer in die Zeit, Verfassung und Sachlage des Nehemia zu entführen. Er soll ja mit Nehemia denken und fühlen, um auf diesem Weg von der Frage »Wie war das?« zu der Frage »Wie ist das bei mir?« zu kommen.
Auch hier gilt wieder: Nur wenn Sie die beiden Entwürfe laut lesen, empfinden Sie den Unterschied! Wörter, die Sie unbedingt betonen sollten, sind fett gedruckt.

Erster Entwurf
Nehemia bekommt, so wird uns berichtet, die Nachricht, daß Jerusalem noch immer in Schutt und Asche liegt. Diese Nachricht macht ihn fertig; er trauert wegen dieser Tatsache; denn er liebt sein Volk, seinen Gott, sein Jerusalem.

Aber Nehemia trauert nicht nur oder fällt in Depressionen, sondern er überlegt auch, wie er helfen kann. Gott hatte ihm, so erkennt Nehemia, dieses Problem vor Augen gestellt.
Und Nehemia macht dieses Problem zu seinem eigenen Anliegen und Problem. Er überläßt die Lösung nicht einfach jemand anderem. Er geht selbst an die Arbeit.
Nehemia vertraut dabei völlig auf Gottes Hilfe, und mit dieser Hilfe allein will Nehemia dieses Problem, welches ihn auch in seinem Inneren getroffen hat, lösen.

Versuch einer Verbesserung
Nehemia bekommt die Nachricht: Jerusalem liegt noch immer in Schutt und Asche. Er stellt sich die Zustände vor, wie die Menschen dort in Jerusalem hausen, **seine** Brüder und Schwestern! Die offenen Mauern, die Schutzlosigkeit, die Angst bei Nacht, die Überfälle, den Spott der Feinde, die Verhöhnung seines Gottes, die bittere Armut, den Hunger, den Schmutz, die verheerenden Trinkwasserverhältnisse! Grauenhaft! Er darf nicht daran denken; aber er **muß** daran denken! Nehemia ist niedergeschlagen; er trauert um sein Volk; er trauert um sein Jerusalem. Und Gott?
Aber Nehemia **trauert** nicht nur; er **überlegt** auch: Wie könnte ich helfen? Ist es nicht Gott, der mir dieses Unglück nicht aus dem Sinn kommen läßt?

Und Nehemia macht dieses Unglück zu **seinem** Unglück, Judas Problem zu **seinem** Problem, Gottes Sache zu **seiner** Sache. »Nein, nicht irgend jemand anderes wird es tun; **ich** soll es tun!«
Nehemia sagt sich: »Wenn ich es tun soll, dann bekomme ich auch Hilfe!« Dieser Mann ist in seinem Innersten aufgewühlt und betroffen. Aber er ist entschlossen, die Sache in seine Hände zu nehmen. Nicht, weil er das so gut könnte, - nein, weil er weiß: Gott hat diese Aufgabe in **meine** Hände gelegt.

Aber obwohl er so tief davon getroffen ist, ist Nehemia nicht haltlos oder planlos.

Nein. Nehemia hat einen Halt: seinen Gott. Er weiß, wenn Gott einen Auftrag gibt, läßt er es auch gelingen.

Und Nehemia macht einen Plan, wie er diese große und schwere Aufgabe, die vor ihm liegt, lösen kann.

Betroffen? Ja, das ist Nehemia! Überfordert? Ja, das ist er auch! Verzweifelt? Nein, das ist er nicht! Haltlos? Nein, das ist er erst recht nicht! Und planlos? Das paßt nicht zu ihm.
Ja, Nehemia hat einen Halt: Nicht seinen Glauben oder seine Überzeugung, nein, eine **Person**: seinen **Gott**! Und weil er seinen Gott so gut kennt, deshalb sagt er sich: »Wenn der mir einen Auftrag gibt, dann weiß er auch, wie ich es schaffen kann.«
Und so macht er einen Plan und denkt: »**Gott** hat mich auf das Unglück Jerusalems aufmerksam gemacht. **Gott** hat mir den Gedanken eingegeben, daß ich dieser gedemütigten und bettelarmen Stadt helfen soll. Er hat mich darüber nachdenken lassen; und nun erwartet er einen Plan von mir. Und weil Gott das so will, deshalb bin ich sicher: Er wird meinen Plan auch **benutzen** und die Dinge **gelingen lassen**. Ich werde sie **einfädeln**; aber **bewirken** kann ich sie **nicht**.«

»Schreibe«
Auch David und seine Leute sind stehengeblieben. Als der Reiter näherkommt, sieht David zu seiner großen Überraschung, daß es eine Frau ist. Und noch bevor er einen klaren Gedanken fassen kann, hört er hinter sich aus den Reihen seiner Männer leise geflüstert ihren Namen: »Abigail, das ist Abigail«. Das ist also Abigail, die Frau des Mannes, zu dem sie unterwegs sind, um ihn zu töten.

»Spreche«
David ist stehengeblieben. Und seine Leute auch. Aber da - David traut seinen Augen nicht. Eine Frau! Das darf doch nicht wahr sein! Eine Frau! »Abigail« hört er einen seiner Männer hinter sich flüstern, das ist Abigail«. »So, so, Abigail ist das«, murmelt er nachdenklich in seinen Bart, »Abigail, die Frau, in ein paar Stunden die Witwe dieses vertragsbrüchigen Halsabschneiders, na ja, der habe ich einiges zu sagen«.

»Schreibe«[9]
Ich bin eine Soldatenfrau. Meinen Mann hat man vor acht Monaten weit fortgeschickt, und ich habe gar keine Nachricht von ihm. Mit dem Kind will mich niemand behalten.
Nun habe ich eben eine neue Stelle gefunden, kann aber erst nächste Woche beginnen. Zum Glück hat wenigstens eine Wirtin Mitleid mit uns und läßt uns bis dahin kostenlos bei ihr wohnen. Wir sind auf dem Weg zu ihr, aber der Weg ist lang und mühsam.

»Spreche«
Ich bin eine Soldatenfrau. Vor acht Monaten schon hat man meinen Mann fortgeschickt, weit fort. Kein Wort habe ich von ihm gehört seitdem. Niemand will mich behalten - mit dem Kind.
Eine neue Stelle habe ich ja eben gefunden. Aber anfangen kann ich erst nächste Woche dort. Zum Glück hat jemand Mitleid mit uns: unsere Wirtin. Sie läßt uns bis dahin bei sich wohnen - kostenlos. Nun sind wir auf dem Weg zu ihr. Ein langer Weg! Und so mühsam!

---

9 Aus einem veröffentlichten Weihnachtsspiel. Unsinnig wirkt auf mich, daß die Frau »niemand haben will«, obwohl sie trotz des Kindes eine Stelle bekommen hat und ihr darüber hinaus mit ihrem Kind kostenlos ein Hotelzimmer überlassen wird.

Gerade, weil eine Welt zwischen »Schreibe« und »Spreche« liegt, werden Sie die vielen Beispiele auf den kommenden Seiten nur verstehen, wenn Sie den riesigen Unterschied zwischen gesprochenem und geschriebenem Wort unablässig bedenken. Allein dann werden Ihnen meine Ratschläge als Hilfen dienen können. Ich bitte Sie deshalb noch einmal dringend, die in den folgenden Kapiteln angeführten Beispiele laut mitzusprechen, als redeten Sie vor Leuten. Nur so können Sie feststellen, ob ich recht habe oder nicht, ob ich kleinlich bin oder übertreibe, ob Sie sich verbessern oder nicht.

2. Korrektheit ist unabdingbar!

In einer Rede werden tausende von Impulsen gesetzt und ausgelöst. Wenn Sie sich größte Mühe zu Richtigkeit und Deutlichkeit Ihrer Rede geben, dann sind immer noch genug Holperstellen für den Hörer darin. Sie müssen dem Hörer das Zuhören so leicht wie möglich machen. Das bedeutet, daß Sie

* **alles vermeiden, was das Verstehen erschwert. Dazu gehören alle grammatischen Fehler.**
* **alles vermeiden, was vom Verstehen ablenkt. Dazu gehören sämtliche Ungeschicklichkeiten in der Wahl der Wörter.**

»Schön und gut«, mögen Sie sagen, »aber kommt es nicht darauf an, daß man sich versteht? Solange ich verstanden werde und nichts Falsches sage, kann ich mir doch einmal einen Schnitzer erlauben.« Meine Antwort: Sie müssen halt wissen, wo Sie sind. Viele Reden beanspruchen nicht nur Verständlichkeit, sondern auch das, was man früher »Würde« nannte. Und die christliche Verkündigung ist immer eine würdevolle Aufgabe. Es ist wahr: an einigen Plätzen kommt es nur auf die Verständlichkeit und die inhaltliche Richtigkeit an. Es gibt sogar Orte, wo die Fehlerhaftigkeit Vertrauen schafft. Wo das so ist, da richten Sie sich danach. Viele Anlässe aber erfordern doch einen gewissen Hauch von Seriosität. Bei grammatischen Fehlern ist dieser Eindruck schwer zu erreichen. Vermeiden wir sie also!
Es ist nicht hilfreich für Sie und die Wirkung Ihrer Rede, wenn man Sie für ungebildet oder unkorrekt hält. Daraus ergibt sich ein dritter Tip:

* **alles vermeiden, was Sie als ungebildet oder unkorrekt entlarven könnte.**

In zehn Jahren intensiven Predigthörens habe ich die folgenden Beispiele gesammelt. Die meisten kehren häufig wieder. Damit das Lesen abwechslungsreicher ist, liste ich sie innerhalb der Gruppen ungeordnet auf.

a) Beispiele für häufig verwechselte Begriffe:
Es regnet draußen nicht **scheinbar**, sondern **anscheinend**. Umgekehrt: Der Teufel ist nicht **anscheinend** ein Engel des Lichts, sondern nur **scheinbar**. Dieses Beispiel eignet sich, um etwas Grundsätzliches zur Wortwahl zu sagen: Das Wort »anscheinend« lenkt das Denken Ihrer Hörer von vornherein in einen anderen Kanal als das Wort »scheinbar«. Wenn dann der dazugehörige Begriff genannt wird, ist die Weiche längst gestellt. Die Gedanken müssen, wenn das Wort falsch gewählt war, im Gehirn des Hörers von »scheinbar« auf »anscheinend« sozusa-

gen »umrangiert« werden. Das kostet wertvolle Sekundenbruchteile. Auch solche Zuhörer sind davon betroffen, denen der Unterschied zwischen beiden Wörtern überhaupt nicht bewußt und denen er eigentlich auch egal ist.
Ich komme zwar **trotzdem**; aber ich komme nicht, **trotzdem** es regnet, sondern, **obwohl** es regnet.
Wenn Sie von einem **personalen** Gott reden, so meinen Sie damit hoffentlich den Gott, der selbst eine Person ist. Ein **persönlicher** Gott hingegen ist der Gott, zu dem Sie eine persönliche Beziehung haben.
Wenn Sie sich in engen Räumen übermäßig beengt fühlen und Angst bekommen, so leiden Sie nicht an **Platzangst**, sondern haben **Beklemmungen**. Wenn es krankhaft ist, nennt man es **Klaustrophobie**[10]. **Platzangst** hingegen ist, wenn Sie nur mit Mühe große freie Plätze überqueren können. Der Fachbegriff ist **Agoraphobie**[11]. Sie erwecken nicht gerade einen Eindruck von seelsorgerlicher Kompetenz, wenn Sie solche Unterscheidungen nicht wissen.
Eine **fixe Idee**[12] haben Sie nicht, wenn Ihnen plötzlich etwas einfällt, sondern sie ist ein Gedanke, der sich über lange Zeit bei Ihnen festgesetzt hat. Ein plötzlicher verrückter Einfall könnte unter Umständen eine **Schnapsidee** sein.
Wenn ein Seminar 14 Tage dauert, dann ist es **vierzehntägig**. Findet die Veranstaltung aber alle 14 Tage statt, so ist sie **vierzehntäglich**.
Sie sollten auch nicht sagen: »**Sowie** ich die Antwort habe, ...«, sondern: »**Sobald** ich ...«.
Es ist auch nicht richtig, daß Sie lesen, **daß** Sie etwas dazulernen, sondern **damit** Sie etwas dazulernen.
Sollte Ihr Pastor plötzlich etwas lauter werden, so **hören** Sie nicht auf, sondern Sie **horchen** auf.
Sie sagen etwas auch nicht ganz **profan**, sondern möglicherweise ganz **beiläufig**. »**Profan**« bedeutet ja »nicht zum heiligen Bezirk gehörig« und drückt den Gegensatz zu »**sakral**«[13] aus.
Wenn Sie an einen Mitmenschen keine zu hohen Anforderungen stellen, dann sind Sie **human**. Senden Sie Medikamente in ein Erdbebengebiet, so leisten Sie **humanitäre** Hilfe. Vertreten Sie eine Weltanschauung, die die Menschenwürde in den Mittelpunkt stellt oder gar den Menschen als Maß aller Dinge ansieht, so sind Sie **humanistisch** gesonnen. Sie können Ihr Kind aber auch auf ein **humanistisches** Gymnasium schicken; das ist eine Schulform, die ihre Entstehung den Idealen des »Neuhumanismus« (um 1800) verdankt und deshalb im Sprachunterricht die alten Sprachen Griechisch und Latein bevorzugt und eventuell auch Hebräisch anbietet.
Sie sind nach einer eindrücklichen Predigt auch gewiß nicht **existential** betroffen, sondern **existentiell**. »**Existential**« bedeutet »die Existentialphilosophie betreffend«, während **existentiell** ausdrückt, daß Ihr Leben berührt worden ist.

---

10 Von (lat.) *claustrum* = geschlossener Raum bzw. *claudere* = verschließen, und (grie.) *phobos* = Angst. Klause und Klausur sind damit verwandt.

11 Von (grie.) *agora* = Marktplatz, und *phobos* = Angst

12 Von (lat.) *fixus* = fest, unveränderlich; die Idee hat sich **festgesetzt**.

13 = außerhalb des geweihten Ortes; aus (lat.) *pro* (= vor) und *fanum* (= geweihter Ort, Tempel)

Wenn Sie Ihre Entscheidungen überwiegend auf der Vernunftebene treffen, dann sind Sie nicht ein **»rationeller«** Typ, sondern ein **»rationaler«**. Gelingt es Ihnen aber, in Ihrem Betrieb durch Umorganisationen erhebliche Kosten einzusparen, so haben Sie nicht **»rational«**, sondern **»rationell«** gewirtschaftet.
Sie können sich für begangenes Unrecht bei keinem Menschen **entschuldigen**. Sie können lediglich **um Entschuldigung bitten**. Zwar ist das »sich entschuldigen« selbstgerechte deutsche Sprachregelung; aber Christen können angesichts des biblischen Schuld- und Vergebungsverständnisses so nicht reden. **Ent**schuldigen kann Sie nur Ihr Opfer oder Gott!
Wenn Sie auch **perfektionistisch** denken, so sind Sie noch lange nicht **perfekt**. »**Perfekt**« sind Sie, wenn Sie keinen Fehler mehr machen; »**perfektionistisch**« sind Sie, wenn Sie an sich selbst oder an andere ständig den Anspruch stellen, keine Fehler machen zu dürfen.
Sicher ist es nicht korrekt, daß jetzt die Kollekte eingesammelt wird und Frau Wagner **dabei** ein Stück auf dem Klavier spielt. Nein, Frau Wagner spielt **währenddessen**.
Wir beten jetzt und stehen -hoffentlich nicht- **dabei** auf; sondern wir stehen **dazu** auf.
Sie sollten auch kein Beispiel **bringen**, sondern es **erzählen**.
Die Tageslosung **heißt** nicht: »Der Herr ist mein Hirte.«, sondern sie **lautet** so.
Sicher wünschen Sie sich Ihre Gattin **feminin**, aber wohl kaum **feministisch**. »Feminin« würde bedeuten, daß sie eine besonders »weibliche« Ausstrahlung hat. »Feministisch« bezeichnet eine Person, eine Haltung oder auch ein weltanschauliches Denken, das um die Rechte, um eine veränderte historische Würdigung und manchmal auch um die Übermacht des weiblichen Geschlechts kämpft.
Familie Meier kam vermutlich nicht mit **»Kind und Kegel«** zum Sommerfest. »Kegel« ist ein altes Wort für »uneheliches Kind«. Sie sollten mit dieser Redensart vorsichtig umgehen. Es gibt Leute, die ihre Muttersprache kennen. Manche kennen sogar ihre »Großmuttersprache«.
Karl Marx hat auch nicht gesagt: »Religion ist Opium fürs Volk«, sondern er hat gesagt: »Religion ist das Opium des Volkes.« Und Schiller hat ganz bestimmt nicht **getextet**, schon gar nicht: »Drum prüfe, wer sich ewig bindet, ob sich nicht noch 'was Beßres findet.«[14] Sondern er hat im »Lied von der Glocke« **gedichtet**: »Drum prüfe, wer sich ewig bindet, ob sich das Herz zum Herzen findet.« Versuchen Sie, Zitate korrekt vorzutragen und Parodierungen -wie diese- als solche kenntlich zu machen.
Ebenso sorgfältig müssen Sie mit »machen« umgehen. Mein Grundschullehrer pflegte zu sagen: »Machen tut man nur in die Hose.« Er hatte nicht ganz recht.

Sie können machen:

sich **auf etwas gefaßt** machen	**einen großen Fang** machen
sich **rar** oder **dünne** machen	**Unsinn** machen
sich und **anderen etwas vor**machen	eine **Wanderung** machen

[14] Eine solche witzige Umdichtung nennt man eine »Parodie« (= komische, übertreibende Nachahmung); aus (grie) *para* neben und (grie.) *ode* = Lied, also: Nebengesang.

sich und anderen **Sorgen** machen
Geschichten machen
Gewinn machen
Krach machen

jemand fertig machen
etwas **möglich** machen
Ihre **Aufgaben** machen[15]
ein **Angebot** machen[16]

Man macht nicht:

... Selbstmord	Richtig: begehen
... heute die Andacht	Richtig: halten
... gute Werke	Richtig: tun
... einen Kostenvoranschlag	Richtig: erstellen
... Anstrengungen	Richtig: unternehmen
... seine Arbeit	Richtig: erledigen oder tun

Und es **macht** auch nicht eine Mark fünfzig. Schließlich hoffe ich nicht, daß meine Worterklärungen (einen) Sinn **machen**, sondern daß sie einen Sinn **haben**.
Wir singen weder **28**, noch **Nummer 28**, sondern **Lied 28**.
Wir **stimmen** ebenfalls nicht **in ein Loblied ein**, weil wir es ja von Anfang an mitsingen wollen, sondern wir **stimmen es an**.
Sie sollten auch keine **Stelle** lesen, sondern einen **Abschnitt** oder einen **Text** oder **einige Verse aus der Bibel**.
Es ist auch nicht wahr, daß Sie **davon** Bescheid wissen, sondern **darüber**. Oder aber Sie **wissen davon**.
Die Bekanntmachung **war** ebensowenig ausgehangen, sondern sie **hat** ausgehangen. Sie **war** aber ausgehängt worden.
Es ist nicht richtig, daß Sie sich für die Religion **als solches** interessieren, sondern allenfalls für die Religion **als solche**.
Auch ein Landwirt bittet nicht **für** Regen, sondern **um** Regen.
Sie können gewiß Dinge **miteinander verwechseln**. Denken Sie aber bitte daran, daß das etwas anderes ist, als sie **füreinander auszugeben**.
Es kam kein Mädchen mit **dreizehn Jahren** zu Ihnen in die Seelsorge, sondern vielleicht ein **dreizehnjähriges** Mädchen.
Es ist seltsam, daß neuerdings so viele Leute Themen und Fragen **ansprechen**. Menschen sollten wir ansprechen. Fragen dagegen **anschneiden** oder auch ganz einfach **stellen**.[17]

Weitere Übungsbeispiele finden Sie im Anhang[18].

b) Beispiele für häufig verwechselte grammatische Fälle:

Sie kommen nicht **wegen mir**, sondern, wenn ich Glück oder Pech habe, **meinetwegen**. Sie kommen auch nicht trotz **dem** Regen, sondern trotz **des** Regens, auch nicht angesichts **dem** Schnee, sondern angesichts **des** Schnees.

---

15 Allerdings gilt das nur bei Hausaufgaben. Die Aufgaben des Lebens erledigen oder bewältigen Sie.

16 Oder vorlegen oder unterbreiten

17 »Anschneiden« ist ein Bild. Wie einen Kuchen schneidet man eine Frage an. »Ansprechen« dagegen ist kein Bild; es ist für Fragen, Themen und dergleichen schlichtweg falsch.

18 Auf den Seiten 353 und 354

Sie tun nichts gemäß **des** Willens Gottes, sondern gemäß **dem** Willen Gottes. Der Bürgermeister dagegen spricht namens **der** städtischen Körperschaften.
Es kann nicht sein, daß **seitens von** der Gemeindeleitung keine Bedenken bestehen, auch nicht **von seitens** dieser Gemeindeleitung. Es bestehen entweder **von seiten** der Gemeindeleitung keine Bedenken oder **seitens** der Gemeindeleitung.
Sie sind nicht mit Ihrer Ausbildung fertig binnen **einem** Jahr, sondern vielleicht binnen **eines** Jahres. Nicht **ab** 1. Juli 1990, sondern **seit** 1. Juli 1990 ist die DM das gültige Zahlungsmittel in den fünf neuen Bundesländern.
Die Bibel auf dem Tisch **ist** nicht mir, sondern sie **gehört** mir[19].
Sie sollten nicht **glauben**[20], daß morgen die Sonne scheint, sondern es **annehmen.** Sie sollten auch nicht **glauben**, daß Ihr Nachbar sich daneben benommen hat, sondern es allenfalls **meinen**. Sie sollten nicht **glauben**, daß die Zinsen noch weiter steigen, sondern es **vermuten**.
Die Konjunktur ist nicht der **Grund** Ihres höheren Einkommens, sondern deren **Ursache**. Dagegen ist Ihr Glaube durchaus der **Grund** Ihrer inneren Freude. Die Hoffnung auf einen tüchtigen Gewinn mag die **Motivation** zu Ihrem Fleiß sein.[21]
Es ist nicht das **Ergebnis** der Nachrüstung, daß nun Truppenreduzierungen vereinbart werden, sondern die **Folge** davon. Das **Ergebnis** der Verhandlungen ist hoffentlich die weitere Abrüstung.
Ihre Bibelstundenreihe findet nicht **ab Juli an** statt, sondern entweder **ab Juli** oder **von Juli an.**
Nach einem Blick auf Ihre Uhr werden Sie Ihr Fahrzeug nicht **schneller** beschleunigen, sondern evtl. **stärker**. Es wird dadurch aber hoffentlich **schneller**.
Eine schöne Frau ist nicht **für mich** schön, sondern **in meinen Augen**. Meine Frau allerdings macht sich vielleicht **für mich** schön. Und das ist bestimmt **für mich** sehr schön. So ist auch das schlechte Benehmen eines Menschen nicht **für mich** eine Katastrophe, sondern es ist das unter Umständen **in meinen Augen**.
Ich kann mich durchaus nicht **an etwas** entsinnen; sondern ich kann mich **dessen** entsinnen, daß ... Ich kann mich aber an etwas erinnern.
Es ist auch falsch, daß **meines Erachtens nach** etwas nicht stimmt; sondern **meines Erachtens** stimmt es nicht.
Ebenso **kann etwas meines Wissens nach** nicht so oder so sein, sondern nur **meines Wissens.**[22]
Es ist gewiß nicht so, daß die Dinge noch abschließend**e** Abmachungen bedürfen, sondern sie bedürfen abschließend**er** Abmachungen.
Es stimmt auch nicht, daß Sie nichts andere**s** begegnen, als einer Täuschung; sondern Sie begegnen nichts andere**m**.
Das Genitiv-S fällt weg, wenn es im Satz schon einmal vorhanden ist, bei Eigennamen, bei Begriffen aus eindeutig fremden Sprachen und Fremdwörtern, die

[19] »Gehören« steht immer mit Dativ!

[20] Das Wort »glauben« sollten Christen nur da gebrauchen, wo es sich wirklich um Glauben handelt. Ich weiß: Das erfordert hohe Konzentration.

[21] Halten Sie um Ihrer Hörer willen bitte »Grundlage«, »Ursache« und »Beweggrund« auseinander! »Grund« allein ist oft zu ungenau.

[22] »Nach« gehört zum Dativ, »Erachtens« oder »Wissens« aber ist Genitiv.

ohnehin auf »s« enden, etwa: des **Mose**, des **Ego**, des **Adagio**, des **Anathema**, des **Anthropos**, des **Egoismus** beschuldigen, am dritten Sonntag des **Advent**, aber: des Repertoirs, des Potentials, des Handelns Gottes. Immer wieder höre ich: »... des Namen Gottes .« Das ist falsch! Zwar ist bereits ein S in »des« und eins in »Gottes«; trotzdem muß es heißen: »... des Namens Gottes ...«; denn hier liegen zwei Genitive hintereinander, deren jeder ein S benötigt.
Falsch ist: »Vielleicht ist hier einiges Heikles und sehr Persönliches angeschnitten worden.« Richtig müßte es heißen: »Vielleicht ist hier einiges **Heikle** und sehr Persönliche[23] angeschnitten worden.«
Ich habe Jesus 1948 nicht als **Herr** in mein Leben aufgenommen, sondern als **Herrn**. Er ist der **Herr** meines Lebens. Deshalb lebe ich das Leben eines Chri**sten**.
Sie erhalten möglicherweise eines Tages einen Brief vom Superintenden**ten**, **nicht** aber vom Autor**en**, sondern allenfalls vom Autor, eine Rechnung dagegen unter Umständen vom Fotograf**en** und nicht vom Fotograf, eventuell sogar vom Detektiv, ganz bestimmt aber nicht vom Detekti**ven**.
Das alles ist nicht leicht zu unterscheiden. Klaus Gelbhaar gibt den Rat, im Zweifelsfall das Wort durchzudeklinieren. Er meint, in den meisten Fällen spürte man dann schon, wie es richtig heißen müsse, etwa:

der Typ, des Typs, dem Typ, den Typ.

»Zugegeben:«, meint er, »Absolut sicher ist auch diese Methode nicht ... Aber ein Strohhalm ist sie allemal. Nur, wenn Sie deklinieren: Der Typ, des Typen - dann kann Ihnen niemand helfen.«[24]

c) Beispiele für häufig falsch gebrauchte Zeiten:

Falsche Zeiten lassen das Zuhören zur Anstrengung werden. Der ungeübte Hörer weiß zwar nicht, was ihm so viel Mühe macht. Er empfindet nur, daß da irgend etwas im Wege ist, daß er ständig kleine ermüdende Hürden nehmen muß, um mitzukommen. Irgendwo in der Rede oder in der Predigt gibt er dann auf und folgt seinen eigenen Gedanken.
Ein häufiger Fehler, vor allem im Rhein-Main-Gebiet, ist: **»war gewesen«**. Es muß lauten: »**Es war**.« oder »**Es ist gewesen**«. Gang und gäbe ist das »futurische Präsens«: Ich **komme morgen** zu Ihnen. (Statt: Ich **werde** morgen zu Ihnen **kommen**.) Natürlich weiß jeder, was gemeint ist. Das »futurische Präsens« ist für eine Predigt oder Rede aber manchmal nicht präzise genug. In diesem Falle zum Beispiel genügt es nicht: »Ich lasse Ihnen das beim nächsten Mal nicht durchgehen.« Hier müssen Sie unbedingt sagen: »Ich werde Ihnen das beim nächsten Mal nicht durchgehen lassen.« Das wirkt sehr viel bestimmter. Wenn Sie es den Hörern leicht machen wollen, so drücken Sie sich korrekt aus!
In einer Predigt hörte ich kürzlich:

---

23 Hier dürfte es auch »und sehr Persönliches« heißen; »Persönliches« muß nicht unbedingt unter »einiges« fallen.

24 In der Wochenendbeilage zur Oberhessischen Presse vom 24. März 1990 in »Deutschstunde. Die Stunde des Detektiven« unter »Schule und Bildung«.

> Paulus wäre nicht beglückt gewesen, wenn er zu hören bekäme, daß Timotheus nur gelächelt hätte.

Ich hoffe, Sie bemerken, wie weh ein solcher Zeitbruch tut. Er kann nicht ohne nachteiligen Einfluß auf das Zuhören bleiben. Natürlich muß es heißen:

> ..., wenn er zu hören bekommen **hätte**, daß Timotheus nur gelächelt **habe**.

In diesem Zusammenhang ein Absatz aus einer deutschen evangelikalen Zeitschrift, wohlgemerkt, nicht aus einer Rede, sondern aus einer »Schreibe«, in der ähnliche, aber nicht exakt die gleichen Gesetze gelten:

> Während meiner vierwöchigen Südamerikareise im April d. J. fand ich vielfach bestätigt, was mir ein Mitreisender erzählte. Die Überfahrt nach Uruguay auf dem La-Plata-Fluß von Argentinien dauerte drei Stunden. Wir hatten Zeit. Mein Gesprächspartner - ein Deutsch-Argentinier mittleren Alters - spricht sowohl Deutsch als auch Spanisch. Er ist Angestellter in der Filiale eines deutschen Konzerns. Wir unterhielten uns über die politische, die soziale und auch die religiöse Situation der lateinamerikanischen Länder.

Der Absatz **beginnt** mit einem Satz im **Imperfekt**[25] zur Thematik des ganzen Artikels, also zur eigentlichen Sache. Der **zweite** Satz, ebenfalls im **Imperfekt**, versetzt mit einem Ruck auf ein Flußschiff. Der **dritte** ist eine wohltuend kurze Stimmungsaussage, ebenfalls im **Imperfekt**. Der **vierte und** der **fünfte** Satz beschreiben überraschend, aber prägnant den Gesprächspartner des Autors, nun aber sachlich richtig im **Präsens**[26]. Der **sechste** Satz, wieder im Imperfekt, berichtet von den Gegenständen der Unterhaltung.

In einer Rede, möglichst auch in einem Artikel, sollten Sie erstens nicht so unvermittelt von einer behandelten Sache zu einer Schiffs-Szene kommen. Am besten würden Sie mit der Schiffs-Szene einsteigen. So hätten Sie Ihre Hörer sofort mit auf dem Schiff. Das, was Sie bestätigt finden, ist dann Teil der Szene. Ein Übergang ist so denkbar:

> Während ... fand ich vielfach bestätigt. Auch der Mitreisende auf dem La-Plata-Fluß bestätigte es mir.

Zweitens kommt das »Wir« sehr unvermittelt. Daß der Hörer ohne Hinführung zu »Mitreisender« zurückdenken muß, wirkt in einer Rede kompliziert. Der »Gesprächspartner« kommt ja erst im nächsten Satz. Es schafft andererseits eine willkommene Spannung.

Drittens: Es ist zwar korrekt, daß dieser Gesprächspartner, falls er inzwischen nicht verstorben oder taubstumm geworden ist, auch **heute** noch Deutsch und Spanisch **spricht**, es ist aber ebenso richtig, daß er **damals** beide Sprachen **sprach** und damals Angestellter eines deutschen Konzerns **war**. Es ist in einem solchen Fall vorzuziehen, um der leichteren Verstehbarkeit willen im Imperfekt zu bleiben: Er **war** Deutsch-Argentinier und **sprach** Deutsch und Spanisch.

Viertens: Setzen Sie Begriffe, die dicht zusammengehören, auch in Ihrer Rede dicht zusammen. Also nicht: »... Überfahrt nach Uruguay auf dem La-Plata-Fluß von Argentinien ...«, sondern »... Überfahrt **von Argentinien** nach Uruguay auf dem ...«

Beginnen Sie einen solchen Bericht grundsätzlich mitten in der Situation. Auf diese Weise haben Sie Ihre Zuhörer gleich dabei. Als Einstiegs-Satz eignen sich

---

25 = die unvollendete Vergangenheit

26 = Gegegenwart

der zweite, der dritte und der vierte fast gleichermaßen, alle jedenfalls besser als der erste. Der Absatz könnte etwa so aussehen:

> Wir hatten Zeit. Die Überfahrt auf dem La-Plata-Fluß von Argentinien nach Uruguay dauerte drei Stunden. Mein Gesprächspartner war Deutsch-Argentinier, Angestellter in der Filiale eines deutschen Konzerns. Er sprach sowohl Deutsch als auch Spanisch. Wir unterhielten uns über die politische, über[27] die soziale und auch über die religiösen Verhältnisse in den lateinamerikanischen Ländern. Auch dieses Gespräch bestätigte mir, was ich während meiner vierwöchigen Reise im April dieses Jahres immer und immer wieder bestätigt fand:

Sorgfältiger müßte häufig auch mit dem Wort »seit« umgegangen werden. Ein Beispiel:

> Infolge der Trennung Deutschlands bestand seit 1951 ein Abkommen mit der Evangelisch-Lutherischen Kirche in Thüringen; ...

Entweder **besteht** das Abkommen **seit** 1951, und das heißt: noch heute; oder es bestand nach 1951 bis zu einem bestimmten Zeitpunkt und demnach heute nicht mehr. Solche Ungenauigkeiten verursachen keine großen Störungen. Aber viele kleine Störungen erschweren das Zuhören.

d) Beispiele für häufig falsch gebrauchten Plural:

Singular (manchmal falsch gebraucht):	**Plural (öfter falsch gebraucht):**
das Vis**um** (nicht: das Visa!)	die Visa
das Sol**o**	die Sol**i** (nicht: die Solos!)
der Atlas	die Atl**anten**
das Charisma	die Charis**men** oder die Charis**mata**
das Prakti**kum**	die Prakti**ka** oder die Prakti**ken**) (nicht: die Praktikas!)
das Lexikon	die Lexi**ka** (nicht: die Lexikas!)
das Inter**num**	die Inter**na** (nicht: die Internas und auch nicht die Internita!)
das Antibioti**kum**	die Antibioti**ka**
der termin**us** technic**us**[28]	die termin**i** technic**i**
das Virus	die Vir**en**

e) Beispiele für häufig falsche Steigerung:

Sie wissen nicht vom **bestgehütetsten** Geheimnis, sondern -vielleicht!- vom **bestgehüteten**. Im »best« liegt bereits die höchste Steigerungsstufe.

Ebenso gibt es nirgendwo den **meistgeliebtesten** Mann, sondern allenfalls den **meistgeliebten**. Auch das **meistbesuchteste** Museum existiert nicht, aber das **meistbesuchte**. Auf gar keinen Fall können Sie der **einzigste** Überlebende sein, höchstenfalls der **einzige**.

Es ist auch nicht richtig, daß Sie **in keinster Weise** böse sind. Dieser Ausdruck war einmal eine Parodierung. Nur als solche kann er selten(!) angewandt werden. Es muß in den allermeisten Fällen lauten: **in keiner Weise**.

Ihr Versandhaus kann Ihnen Ihr Kleid nicht **baldmöglichst** liefern, auch nicht **schnellstmöglichst**, sondern **schnellstmöglich, baldigst** oder **möglichst bald**.

---

27 Sparen Sie in einer Rede nicht mit der Wiederholung solcher Wörter wie »über«. Nicht ganz so nötig ist dies in einer »Schreibe«, um die es sich ursprünglich ja handelte.

28 Fachausdruck

Sie werden niemals die **optimalste** Lösung finden. Das höchste, was Ihnen widerfahren kann, ist die **optimale**[29] Lösung.
Wenn Sie einem Kunden **weitgehend** entgegenkommen, so ist das normal. Wenn Sie ihm **weitestgehend** entgegenkommen, so ist das etwas Besonderes. Aber **weitgehendst**, das geht nicht!
Sie können auch nicht feststellen, wer das **reflektierteste**, sondern allenfalls, wer das **tiefst reflektierte** Buch über ein Thema geschrieben hat.

f) Beispiele für falsche Vorsilben:
Wörter, die aus einer der alten Sprachen kommen, haben bei der Verneinung natürlich auch die entsprechenden verneinenden Vorsilben aus dieser Sprache. Für einige dieser Wörter hat sich inzwischen eine deutsche Vorsilbe eingebürgert. Viele aber müssen nach wie vor mit der (meist) lateinischen Vorsilbe benutzt werden, andere nur noch mit der deutschen:
Sie können nicht **un**konsequent sein, nur **in**konsequent.
Eine Sache kann **unrealistisch** sein oder **irreal**, aber nicht **unreal**.
Unrelevant kann etwas heute noch nicht sein, durchaus aber **ir**relevant.
Sie können eine für eine bestimmte Person **a**typische und neuerdings auch eine **un**typische Erfahrung mit jemand machen.
Nicht mehr richtig ist: **in**korrekt. Eine Handlungsweise kann nur **un**korrekt sein.

g) Beispiele für vermeintliche Konjunktive:[30]
Ich hörte, er **wäre** nach Paris abgereist. Das ist falsch! Es muß heißen: ... er **sei** nach Paris abgereist.
Das Gerücht, Ihr Chef **wäre** sehr konsequent, mag inhaltlich zutreffen. So, wie Sie es meinen, muß der Satz lauten: ..., Ihr Chef **sei** sehr konsquent. Das **»wäre«** drängt nämlich die Frage auf: »Unter welchen Voraussetzungen **wäre** er denn konsequent?«
Es gibt aber auch Aussagen, die aus grammatischen Gründen nicht im Konjunktiv stehen müßten, die der Konjunktiv in einer Rede aber verständlicher oder lebendiger macht.
Möglichkeit 1:

> Das waren Dinge, die wir nicht anders tun **konnten**.

Dieser Satz geht vom Fakt[31] aus, nicht von dem Konflikt. Wir konnten es nicht. Ob es uns schwergefallen ist, das geht niemand etwas an.
Deshalb Möglichkeit 2:

> Das waren Dinge, die wir nicht anders **hätten tun können**.

Der zweite Satz geht vom Konflikt aus: Er sagt: »Wir hätten es ja (vielleicht) gern anders gemacht. Aber wir saßen in der Klemme. Wir konnten es nicht anders machen.« Zugegeben: Beide Sätze sind korrekt. Aber das spannende Leben, das der zweite Satz vermittelt, das ist genau das, was Sie für Ihre Rede brauchen.

---

29 = bestmöglich, von (lat.) *optimum* (= das Beste); Superlativ von *bonus* (= gut)

30 Konjunktiv = Möglichkeitsform

31 = Tatsache, aus (lat.) *factum* (= das Geschehene, die Tat)

3. Unmißverständlich müssen jeder Begriff und jeder Satz sein!

Ungünstig	Günstiger
Wir haben alle Schwierigkeiten **zusammen** bewältigt.	Wir haben **gemeinsam** alle Schwierigkeiten bewältigt.[32]
Die Autos sind zusammen**gefahren**.	Die Autos sind zusammen**gestoßen**.
Er ist in München großgeworden.	Er ist in München aufgewachsen.

»Groß geworden« kann auch »berühmt geworden« heißen.

Ungünstig	Günstiger
Das war als **Strafe** gedacht.	Das war als **Bestrafung** gedacht.
... jene Freiheit vo**n** trieb-haft**em** Zwang ...	... jene Freiheit vo**m** trieb-haft**en** Zwang ...
Da werden Menschen als **Ware** angesehen.	Da werden Menschen als **Handelsware** angesehen.
..., daß Gott **Nicht-Christen** benutzt hat, um mich ...	..., daß Gott Menschen, **die nicht Christen waren**, benutzt hat, um mich ...[33] Besser noch: ..., daß Gott Menschen benutzt hat, die nicht Christen waren.[34]

Oder soll es heißen: ..., daß Gott **keine Christen** benutzt hat, um mich ...?

Ungünstig	Günstiger
... kommen Menschen zusammen, die **sich** nicht ausgesucht haben.	... kommen Menschen zusammen, die **einander** nicht ausgesucht haben.
In der Nacht **des** 9. November 1939 brannten die Synagogen.	In der Nacht **zum** 9. November 1939 brannten ...[35]

War es die Nacht **vom 9. auf den 10.** November? Oder war es die Nacht **vom 8. auf den 9.** November? Der Genitiv »des« ist für solche Angaben ungeeignet.

Ungünstig	Günstiger
Kürze ist wohltuend. Aber Verständlichkeit und Einprägbarkeit gehen **über** Kürze.	Kürze ist wohltuend. Aber Verständlichkeit und Einprägbarkeit **sind wichtiger als** Kürze.[36]
Ich habe dort **verschiedene** Menschen getroffen.	Ich habe dort sehr **unterschiedliche** Menschen getroffen.
Schwarze und Weiße haben in Südafrika **verschiedene** Rechte.	Farbige und Weiße haben/hatten in Südafrika **unterschiedliche** Rechte.
Als Mitarbeiter hatte ich sechs Gruppenleiter zur Verfügung.	Weil ich Mitarbeiter war, standen mir sechs Gruppenleiter zur Verfügung.

---

[32] Es muß klar sein, ob die Schwierigkeiten zusammen mit anderen **Schwierigkeiten** oder zusammen mit anderen **Menschen** bewältigt worden sind.

[33] Der Relativsatz klingt zwar steifer, nimmt manchmal mehr Zeit und ist nicht die eleganteste Lösung, aber er erleichtert mitunter das Verstehen.

[34] Es ist fast immer besser, das Prädikat früh im Satz anzuordnen und alles andere »nachzuschieben«.

[35] So war es in meiner Heimatstadt. Anderenorts geschah es eine Nacht später.

[36] Sie sind nämlich gerade nicht »über« die Kürze, sondern über die Präzision zu erreichen.

Waren die sechs Gruppenleiter die Mitarbeiter, oder war ich der Mitarbeiter, dem die sechs Gruppenleiter zur Verfügung standen?

Wahlplakat aus dem hessischen Kommunalwahlkampf 1989:

Tiefflug gefährdet!

Gefährdet der Tiefflug die Menschen, oder ist der Tiefflug gefährdet? Nur der, der das Parteiprogramm kennt, weiß, was gemeint ist. In diesem Fall kann man voraussetzen, daß die Doppeldeutbarkeit gewollt ist und der kurze Text nach einigem Nachdenken in seiner beabsichtigten Bedeutung besonders bewußt wird. Die Passanten auf dem Bürgersteig haben ja genug Zeit, darüber nachzudenken. Ähnlich verhält es sich mit einer Anzeige für ein bestimmtes Automodell. Es zeigt einen Pkw. Acht völlig identische Männer mit Hut, Krawatte und »Times« gehen am Fahrzeug vorbei, ohne es eines Blickes zu würdigen. Die Schrift darüber lautet: »Es soll noch Leute geben, die unser Sondermodell ... einfach links liegen lassen.« Meine Tochter kam mit der Zeitschrift zu mir und sagte: »Papa, fällt Dir an der Anzeige etwas auf?« Ich antwortete: »Ja, die Männer lassen das Auto nicht links, sondern rechts liegen.« Sie meinte, das sei ein Versehen der Druckerei. Nein, das war gewollt. Niemals, wenn alles in Ordnung gewesen wäre, hätte mich meine Tochter auf die Anzeige aufmerksam gemacht. Bei so kurzen Werbetexten zieht die Masche. Werbetexter verwenden sie in letzter Zeit häufig. In einer 30-Minuten-Rede allerdings sind solche doppeldeutbaren Formulierungen Gift; denn jede Zehntelsekunde wird zum Bedenken des Folgenden benötigt. Was sich Werbetexter erlauben können, können sich Prediger oder andere Redner noch lange nicht erlauben, weil ihnen weder die Zeit noch die Unterstützung durch ein Bild zur Verfügung steht. Dennoch können Sie viel von Werbetextern lernen und zwar für alle Texte, die Sie **auch** schriftlich vermitteln, etwa auf Programmen oder Einladungszetteln. Das Gleiche gilt für solche Sätze, die ständig wiederholt werden, also für Punktüberschriften und Leitsätze. Nehmen Sie sich Werbetexte aber nicht zum Vorbild für die laufende Darstellung oder gar für Ihre Argumentation.

Volvo zeichnet einen Kombi, der in einer schlanken Hochkant-Anzeige, den Kühler nach unten und die Heck-Klappe nach oben, auf der vorderen Stoßstange steht. Der Werbetext dazu lautet: »Volvo stellt die Preise **auf den Kopf**.« Mag sein, das Auto jedenfalls steht nicht auf dem Kopf, sondern allenfalls **auf der Schnauze**.

Der Firma Volvo kann nichts Besseres passieren, als daß sich die Leser möglichst lange an dieser Unstimmigkeit aufhalten. Ihnen als Redner kann nichts Schlechteres passieren; denn Ihre Argumentation geht ja unerbittlich weiter.

Zum unmißverständlichen Reden gehört unter Umständen, daß Sie **Genitive** in **Relativsätzen** aufgehen lassen.[37] Ein klassisches Beispiel, das für Martin Luther große Bedeutung gewonnen hat: Er verstand anfangs

[37] Bei allen Bedenken gegen die Steifheit von Relativsätzen in Reden sind sie als Kompromißlösung gelegentlich akzeptabel.

> Gerechtigkeit Gottes[38]

als die Gerechtigkeit, die Gott **hat**. Seine befreiende Entdeckung war, daß er eines Tages erkannte: Das ist ja

> die Gerechtigkeit, die vor Gott gilt,

die Gott also **gibt**. Dieses Beispiel zeigt zum einen den riesigen inhaltlichen Unterschied und zum anderen, wieviel eindeutiger dadurch die Aussage wird.
Es wird häufig gesprochen über das

> Opfer des Verstandes.[39]

Klarer wird der Satz, wenn Sie sagen:

> Das Opfer, das der Verstand zu bringen hat.

Oder wollten Sie sagen:

> Das Opfer, das ich dem Verstand bringen muß?

Oder war es das auch nicht? Müßte es am Ende noch heißen:

> Der Verstand, den ich opfern muß?

In einer Veröffentlichung las ich den Satz:

> Ich widme diese Arbeit meiner Frau, die in ... Jahren mir als Mann eine wertvolle Hilfe war.

Nach einigem Nachdenken weiß der Leser natürlich, was gemeint ist. Die Frau hat dem Mann zu seiner Arbeit das weibliche Element geliefert. Für Sekunden überlegt man allerdings auch, ob sie möglicherweise »wie ein Mann« oder »als ganzer Kerl« mitgearbeitet hat. Diesen Gedanken verwirft man dann gleich wieder. Aber zwei Sekunden sind vorüber. Genau diese zwei Sekunden hat der Zuhörer nicht zur Verfügung. Durch den Austausch zweier winziger Wörtchen helfen Sie ihm, diese Sekunden zu sparen, weil er es nun sofort richtig versteht:

> ... die in vier Jahren mir, **dem** Mann, eine wertvolle Hilfe war.

In einer Predigt über Nehemia, Kapitel 2, Verse 11 bis 20, sagte der Prediger:

> Als die feindlichen Nachbarn über sie spotten und sie von ihrem Plan abbringen wollen, stehen sie hinter ihrem Vorhaben und lassen sich nicht einschüchtern.

Wer steht hinter seinem Vorhaben? Die Nachbarn oder die Bauleute? Sparen Sie Ihren Hörern kostbare Denksekunden, indem Sie sagen:

> Als die feindlichen Nachbarn über Nehemia und seine Leute spotten und sie von ihrem Plan abbringen wollen, stehen sie (oder sogar noch einmal: Nehemia und seine Leute) hinter ihrem Vorhaben und lassen sich nicht einschüchtern.

Wenn Sie sagen:

> Wir bitten Gott um Geduld,

meinen Sie dann, daß Gott Ihnen Geduld **geben** soll oder Geduld mit Ihnen **haben** soll? Sagen Sie es unmißverständlich:

> Wir bitten Gott, mit uns Geduld zu haben,

oder

> Wir bitten Gott, uns Geduld zu geben.

Noch ein Beispiel:

> Trotz aller Verleumdungen ihres Mannes, ...

---

[38] Luther erkannte zum ersten Mal diesen Genitiv in Röm. 1,17; 3,21 als Genitivus objektivus.

[39] Aus dem Lateinischen »sacrificium intellectus«. Die Redensart geht auf das Vatikanische Konzil von 1869-1870 zurück, bei dem die Unfehlbarkeit des Papstes in Lehrfragen, die »Infallibilität ex cathedra«, zum Dogma erhoben wurde.

Hat sie ihren Mann verleumdet, oder hat ihr Mann sie verleumdet? Solche Stolperstellen darf Ihre Rede nie haben!
Wenn ich Ihnen oben vorschlug, Genitive gelegentlich in Relativsätzen aufgehen zu lassen, so gebe ich Ihnen jetzt einen **noch besseren Rat:** Lösen Sie die Relativsätze, wo immer es möglich ist, in eigene ganze Sätze auf!
Also nicht:

> Eine andere Sicherung vor der Behauptung zweier statischer Räume gibt es nicht.

Man könnte auf den ersten Blick meinen, es sollte heißen:

> Eine andere Sicherung gibt es nicht. Nur diese ... kann verhindern, daß zwei statische Räume entstehen. Und nur diese ... kann auch verhindern, daß sich diese statischen Räume auf Dauer behaupten.

Aber es soll wohl heißen:

> ... Und nur diese ... kann verhindern, daß man behauptet, es gebe zwei statische Räume.

Nicht so:

> Und mit dieser Hilfe will er das Problem, welches ihn auch in seinem Inneren getroffen hat, lösen.

Machen Sie zwei Sätze daraus:

> Und mit dieser Hilfe allein will er das Problem lösen. Es ist ein Problem, das ihn auch in seinem Inneren getroffen hat.

Eleganter geht es mit Nachschieben bzw. mit der Wiederholung des Gegenstandes. Man nennt das einen Satzbruch. Das Fachwort ist »Anakoluth«[40]. Zugleich ist auf diese Weise das Verb weiter nach vorn gerückt. Das Verstehen ist leichter. Und es ist sogar eine Spannung entstanden:

> Und mit dieser Hilfe allein will er dieses Problem lösen, dieses Problem, das ihn in seinem Innersten getroffen hat.

Meiden Sie in in solchem Zusammenhang das Wort »welches«! Es wirkt steif und »geschrieben«.
Vermeiden Sie auch, wenn es sich irgend machen läßt, Sätze mit zwei aufeinanderfolgenden Genitiven![41]
Eine modische Redensart sollten Sie aus Ihren öffentlichen Reden streichen:

> Das ist kein Thema für uns.

Diese Wendung will besagen: Darüber brauchen wir uns nicht zu unterhalten. Aber: Brauchen wir uns nicht darüber zu unterhalten, weil alles klar ist? Weil wir alle zustimmen? Oder weil wir alle dagegen sind? Oder weil wir uns darin nie einig würden? In den meisten Fällen, wenn ich diesen Satz höre, kann ich nicht feststellen, was gemeint ist.
Viele Christen besitzen nicht den Mut, sich deutlich auszusprechen. Andere ahnen, daß sie über eine Sache nicht genügend nachgedacht haben, wollen aber dennoch nicht auf eine Meinungsäußerung verzichten. Sie geraten dabei auf einen sehr schlechten Ausweg. Sie sichern sich nach beiden Seiten ab und zwar auf Kosten der Klarheit. Dazu eine Zwischenüberschrift aus einer freikirchlichen Zeitschrift:

> Erneuerung bezieht sich vor allem auch auf den Gottesdienst.

Was denn nun: **»vor allem«** oder **»auch«?** Es geht dort um das Reizthema der

---

[40] Siehe auf den Seiten 222-223!

[41] Also etwa: »... des Daches der Villa«

charismatischen Gemeindeerneuerung. Da »rollen leicht Köpfe« - in beiden Richtungen. Beanstandet einer das **»auch«**, dann hat man ja noch das **»vor allem«**. Stößt sich einer am **»vor allem«**, dann kann man auf die Absicherung durch das **»auch«** im Sinne von »unter vielem anderen« hinweisen.
Da ist es eine selbstironische und halbwegs ehrliche Lösung zu sagen:

> Liebe Gemeinde, ich bin nicht sicher, ob ich sagen soll »vor allem« oder »auch«. Beides ist mir wichtig. Bei beidem sehe ich Gefahren. Deshalb sage ich heute einmal: »vor allem auch«.

Ja, das kostet Zeit. Aber es lohnt sich! Weitere Übungsbeispiele im Anhang.[42]

Während viele Menschen aus Ungeschicklichkeit mißverständlich reden, tun es andere aus Absicht. Manche Redner lieben es, »zwischen den Zeilen« und »durch die Blume« zu reden. Auf diese Weise teilen sie oft auch Hiebe und Stiche aus. Vielleicht, weil sie für den Klartext zu feige sind. In der gemeindlichen Rhetorik ist das meist kein angemessener Weg. Dieser Weg würde Ihnen, verehrte Leserin, verehrter Leser, zum einen Ärger bereiten, und zum anderen könnten Sie auf diese Weise unangenehme Mißverständnisse verursachen. Sollten Sie zu den Rednern gehören, die von diesem Mittel gern Gebrauch machen, so gewöhnen Sie es sich bitte wieder ab!

4. Reden Sie überdeutlich und konturenscharf!

Oft genügt Deutlichkeit nicht, sondern es muß **über**deutlich formuliert werden! Jede Aussage kostet den Hörer Hör-Energie und Zeit. Jede Holprigkeit vergrößert die Energie- und Zeitmenge, die der Hörer aufzuwenden hat. Das wäre nicht schlimm, wenn er sie hätte. Wenn er sich zwischen zwei Möglichkeiten entscheiden muß, so dauert das einige Zeit. Das bedeutet aber, daß er sich noch mit dem Vorangegangenen beschäftigt, während Sie bereits bei einem neuen Gedanken sind. Der entgeht dem Hörer nun. Sie können sich tatsächlich keine einzige bewußt gewordene Nachlässigkeit leisten, wenn Ihnen Ihre Botschaft wichtig ist.
Um diese Überdeutlichkeit zu erreichen, müssen Sie schon mal ein Wort mehr hinzufügen, unter Umständen ein solches, das Ihnen Ihr Deutschlehrer als überflüssiges Füllwort durchgestrichen hätte. Was im Aufsatz falsch wäre, kann in der Rede richtig sein. Überdeutliches Reden kostet zudem Zeit. Ihre Rede wird, wenn sie überdeutlich ist, mindestens 20 % länger. Das bedeutet, daß Sie bei gleicher Zeit weniger sagen können. Das aber müssen Sie in Kauf nehmen; denn wenig Verstandenes ist besser als viel Unverstandenes.
Ich gebe hier Beispiele von Satzteilen, die durch einen kleinen betonten Zusatz deutlicher werden. Den von mir vorgeschlagenen Zusatz setze ich kursiv:

> Es besteht überhaupt kein Zweifel *daran*, daß ....
> Das ist *deshalb* so, weil
> Es ist gut *insofern* als ....
> Ich bin überzeugt *davon*, daß
> ... auch *dann*, wenn ...

[42] Auf den Seiten 354 und 355

.... *in diesem unglaublichen Maße*, weil .....
..., die *entweder* mehr hoffen *oder aber* mehr resignieren läßt.
..., daß Sie das *miteinander* verwechseln.
Hierher gehören auch *solche* Formeln, die ....
In Verbindung *gerade mit dieser* Erfahrung, die .....
..... wenn ....., *dann nämlich*, wenn Sie gar kein ....
Das AT ist voll von Hinweisen *darauf*, daß ...
Es ist wichtig, daß Sie solchen Menschen *dabei* helfen, aus diesem Sog herauszukommen.
Sie haben ja auch nicht solche ernüchternden Erfahrungen gemacht *wie ich*.
Wenn einer meint, man müsse sich bei jeder Krise trennen, *dann* hat er noch nicht begriffen, was eine Ehe ist.
Schmerzen sind ein Signal *dafür*, daß das natürliche Gleichgewicht des Körpers gestört ist.

Ungünstig:

Ist es wahr, daß es der Bundeskanzler gesagt hat, muß ich allerdings an seiner Kompetenz zweifeln.

Günstiger:

Wenn es wahr ist, daß es der Bundeskanzler gesagt hat, *dann* muß ich allerdings an seiner Kompetenz zweifeln.

Oft sind Wiederholungen einprägsamer. Brauchbar, aber nicht optimal[43]:

Dann sollten Sie sagen, ob Sie es wollen *oder nicht*.

Günstiger wäre:

Dann sollten Sie sagen, ob Sie es wollen, oder *ob Sie es* nicht *wollen*.

Ähnliches gilt für diesen Satz:

Aber der demokratisch denkende Mensch von heute, *der* weiß damit nichts ....[44]

»Schreibe«:

Eine andere Sicherung vor der Behauptung zweier statischer Räume und dem Gesetz privilegierender Grenze gibt es nicht.

Als »Spreche« könnte es etwa so lauten:

Eine andere Sicherung davor, daß sich zwei statische Räume behaupten, gibt es nicht. Und eine andere Sicherung vor dem Gesetz, das eine Grenze zwischen den Privilegierten und den Nicht-Privilegierten aufrichtet, diese Sicherung[45] gibt es ebensowenig.

Ungünstig:

Da ein systematisch denkender Theologe die Fragen der Predigt oft von der Trinität[46] her angeht, d.h. von der Schöpfung, der Gefallenheit, der Schuld und Erlösung sowie der Gemeinde Jesu und dem Einfluß Gottes auf die Menschen und von der Vollendung her, so ergibt sich[47] dadurch leicht eine Dreiteilung.

Günstiger, obwohl zeitaufwendiger:

Da ein systematisch denkender Theologe die Fragen der Predigt oft von der Trinität her angeht, ergibt sich auch dadurch leicht eine Dreiteilung.
Von der Trinität her zu denken, das heißt zum einen:
von der Schöpfung her zu denken.
Von der Trinität her zu denken[48]*, das heißt zum anderen:*
von der Gefallenheit, von der Schuld und von der Erlösung
her zu denken.

---

43 = bestmöglich, von (lat.) *optimum* (= das Beste); Superlativ von *bonus* (= gut)

44 Siehe auch auf den Seiten 222-223!

45 Siehe auch unter »Die Anapher« (3.17.13) und »Das Anakoluth als Wiederaufnahme« (Seiten 222-223)!

46 Trinität = Dreieinigkeit Gottes

47 Setzen Sie das Prädikat stets so weit wie möglich nach vorn im Satz!

48 Scheuen Sie sich nicht vor Wiederholungen! Lesen Sie bitte auch nach unter »Die Anapher« (Seite 206)!

> *Von der Trinität her zu denken, das heißt schließlich auch:*
> von der Gemeinde Jesu, von dem Einfluß Gottes auf die
> Menschen und von der Vollendung her zu denken.

Ein anderes Beispiel:

> Aber die Polarität zwischen Evangelisation, christlicher Erziehung, Mission und sozialem Handeln gehören zu den Entwicklungen, die Wesley sicherlich nicht gutgeheißen hätte.[49]

Die Polarität zwischen was? Wo liegt die Grenze? Zwischen Erziehung und Mission? Zwischen Mission und sozialem Handeln? Natürlich, der Kenner weiß es. Aber das darf nie unser Maßstab sein! Zwei Wörtchen schaffen Abhilfe:

> ... zwischen Evangelisation, christlicher Erziehung und Mission **einerseits** und sozialem Handeln **andererseits** gehören ......

Eine andere Art von Unklarheit entsteht leicht dadurch, daß die Ausdrucksweise wissenschaftlicher Bücher übernommen wird. In der Fachliteratur liest man zum Beispiel öfter von »dieses« und »jenes«, etwa:

> Damit gibt man dem Verweisungsbezug den Vorzug vor der Bedeutung des Textes selbst. Nun entspringen aber aus **diesem** und nicht aus **jenem** die »relectures«.[50]

Natürlich ist es klar: »diesem« bezieht sich auf das Letztgenannte, »jenem« auf das früher Genannte. Aber welcher ungeübte Zuhörer soll das in Bruchteilen einer Sekunde herausfinden? Zumal ja sofort neue Gedanken auftauchen, die auch wieder die ganze Aufmerksamkeit beanspruchen! Nur solche kommen da mit, die sowieso bereits wissen, was der Redner sagen will! Zwei weitere Zitate[51]:

> Die Bekennende Kirche blieb auch noch seine Kirche, als sie sich seiner nicht mehr annehmen und mit seinem Fall identifizieren konnte.

Gegenvorschlag für den Fall der »Spreche«:

> ... als sie sich seiner nicht mehr annehmen und **sich** mit seinem Fall **nicht mehr** identifizieren konnte.

Das andere Zitat:

> ..., nachdem jeder Prüfungsakt durch die Bekennende Kirche nun rechtskräftig verurteilt war.

Hat die Bekennende Kirche jeden Prüfungsakt rechtskräftig verurteilt? Oder war jeder Prüfungsakt rechtskräftig verurteilt, den die Bekennende Kirche vorgenommen hat? Letzteres natürlich! Im Buch weiß man es. Aber in einer Rede braucht man ein paar Sekunden, um dahinterzukommen. Und die hat Ihr Hörer nicht.

Gegenvorschlag für den Fall einer »Spreche«:

> ... nachdem nun jeder Prüfungsakt, den die Bekennende Kirche vornahm, rechtskräftig verurteilt war.

Etwas anderes:

> Schreinermeister Schmidt gibt Kiefernholz den Vorzug vor Buchenholz. Nun ist aber **dieses** und nicht **jenes** das härtere.

Schon besser:

> Schreinermeister Schmidt gibt Kiefernholz den Vorzug vor Buchenholz. Nun ist aber **letzteres** das härtere.

»letzteres« ist zwar leichter verständlich, aber nicht verständlich genug. Ich versuche, es noch verständlicher zu sagen:

---

49 Outler, Seite 24

50 Croatto, Seite 38

51 Aus Bethge, Bonhoeffer-Biographie, Seiten 771 und 777

> Schreinermeister Schmidt gibt Kiefernholz den Vorzug vor Buchenholz. Nun ist aber **Buchenholz** und nicht **Kiefernholz** das härtere.

Und noch mehr als »Spreche«[52]:

> ... Nun ist aber Buchenholz das härtere und nicht Kiefernholz.

Machen Sie es in Ihrer Predigt auch nicht so:

> Egal, wo unsere Nöte, die ich im ersten Punkt genannt habe, liegen.

Erstens reden Sie nicht von »Nöten«, sondern nennen Sie die Dinge beim Namen! **Zweitens** nehmen Sie in einer Rede die Satzaussage so weit wie möglich an den Satzanfang![53] **Drittens** und vor allem: Berufen Sie sich nicht auf abstrakte »Punkte«, sondern wiederholen Sie die Dinge, die hier »Nöte« genannt wurden, so ausführlich, daß sich der Hörer daran erinnern kann! Etwa so:

> Egal, ob Sie diese **Streitigkeiten mit Ihren Kindern** haben oder **vor Schmerzen nachts nicht schlafen können.**

Scheuen Sie sich nicht, immer wieder den entsprechenden Begriff einzusetzen! Sie helfen damit Ihren Zuhörern, sich zu erinnern und das Gesagte dadurch leichter zu verstehen.

Bei Aufzählungen wiederholen Sie die Verhältnisworte zur stärkeren Einprägung und gebrauchen Sie nach Möglichkeit die Artikel! Sagen Sie nicht:

> In Liebe, Wahrheit und Zucht

sondern

> In **der** Liebe **und in der** Wahrheit **und in der** Zucht

5. Setzen Sie Orientierungspunkte!

Der streßgeplagte Mensch unserer Tage hat viel zu verkraften. In dem Augenblick schaltet er ab, wo Sie ihm in Ihrer Rede viele nicht ganz alltägliche Gedanken zumuten und er nicht davon überzeugt ist, daß diese Gedanken wirklich wichtig für ihn sind. Dreißig Minuten sind viel. Aus diesem Grund müssen Sie Ihrem Hörer Orientierungspunkte setzen. Die sind wie Leitpfähle an einer Bundesstraße bei Nacht. Mit diesen Orientierungspunkten kann er eine Aussage in Beziehung zu einer anderen setzen und dann ermitteln, wie er sich dazu einstellen will. Bereits durch eine gute Gliederung und eine klare Gedankenführung bieten Sie Ihrem Hörer Orientierung. Aber die vielen kürzeren Einzelaussagen, die dazwischen liegen, erfordern ebenfalls Orientierungspunkte. In all diesen Formeln wird betont, daß eine Abgrenzung oder ein Unterschied zu etwas anderem oder früher Erfahrenem vorhanden ist, es sei eine Steigerung oder eine Abschwächung oder ein Gegensatz. Das Neue wird in Beziehung zu etwas Bekanntem gesetzt. Sie können kaum genug Gegenüberstellungen, Abgrenzungen, Gleichsetzungen sowie Quell- und Zielangaben machen. Ich unterscheide zwischen **sichtbaren** und **unsichtbaren** Orientierungspunkten:

---

52 Weil die Satzaussage vorgezogen ist

53 Es wäre dann immer noch besser zu sagen: »Egal wo die Nöte liegen, die ich ...«

a) Sichtbare Orientierungspunkte

Es handelt sich dabei um solche Mittel, die nicht nur ins Auge fallen, sondern auch zum unmittelbaren Vergleich anregen. Damit erleichtern sie das Verstehen, wirken also im Bereich des Oberbewußtseins.

Vergleichs- und Gegensatzformeln

... sowohl ... als auch
... zwar ... aber ...
Früher war das ... .
Aber heutzutage ist das ..
... im Gegensatz zu ....
Ganz im Gegenteil, diesmal ...
... nicht ..., sondern ....
... im Unterschied zu ....
... darüber hinaus bedeutet es ...
... nicht bloß ..., sondern auch ...
... zusätzlich zu dem, was ...
... nicht ganz so wie ...
... beinah, aber nicht ganz ...
... überhaupt, aber speziell ...
... theoretisch, aber praktisch...
... oder gar ...
Er geht soweit zu sagen, ...
... scheinbar, aber nicht wirklich ...
Paulus geht einen Schritt
weiter als ...., indem er ...
... schon in der Lehre -
erst recht im Alltag ...
... angesichts des ...

... weder ... noch ...
... einerseits ... andererseits ...
... zum einen: ... zum anderen: ...
... ähnlich wie ...
.., ja, sogar ...
Das hingegen liegt nicht ...
... verwandt mit ....
... gemessen an ...
... abgestuft gegenüber ...
... im Vergleich mit ...
... neuerdings aber ...
... sondern vielmehr ...
... in Richtung auf ...
Sie haben zwei Möglichkeiten:
Möglichkeit 1 ist ....,
Möglichkeit 2 *dagegen* ist ...
... zeigt *wenig* Wachstum -
oder *sogar* Rückgang.
Natürlich können Sie das unter
zwei verschiedenen Aspekten
sehen; aber nur unter einem
von beiden entspricht es ...
... mit Blick auf ...

Es kann bei langen Erklärungen und komplizierten Sachverhalten einmal nötig werden, zusätzlich zu sagen:

So, das war das **Einerseits**; jetzt kommt das **Andererseits**.

Hierher gehören auch solche Formeln, die einen Gedanken als Ursache oder als Zielsetzung von etwas anderem -möglichst Bekanntem- ausweisen wollen, etwa:

Davon leitet sich ab, daß ...
Daraus geht hervor, daß ...
Das leiten wir ab von ...
Das kommt von ...
Das zielt auf ...

Es wird gelegentlich gewitzelt über die pseudowissenschaftlichen[54] und zeitausfüllenden Versuche, gründlich zu wirken. Jemand parodierte[55] eine solche Auslegung der Emmausjünger-Geschichte durch »... nicht, sondern ...«:[56]

> Zwei Jünger gingen von Jerusalem nach Emmaus. Liebe Gemeinde, es waren nicht drei oder vier oder nur einer, sondern es waren zwei! Zwei Jünger gingen von Jerusalem nach Emmaus. Sie fuhren nicht, Brüder und Schwestern, sie ritten auch nicht, sondern sie gingen! Zwei Jünger gingen von Jerusalem nach Emmaus. Liebe Gemeinde, sie gingen nach Emmaus, nicht nach Jericho und auch nicht nach Bethanien. Sie kamen auch nicht von Beth-El oder aus Galiläa, Nein! Sie kamen aus Jerusalem, liebe Brüder und Schwestern!

---

54 Pseudo = falsch im Sinne von vorgetäuscht; aus (grie.) *pseudos* (= Unwahrheit, Täuschung) zu *pseudein* (= irreführen)

55 = komisch, übertrieben nachahmen; aus (grie.) *parodia* (= Nebengesang); zu *paradoein* (= ein Lied entstellt nachsingen)

56 Luk 24,13-35

Natürlich ist eine solche Kaugummi-Auslegung, die unsinnige und nutzlose Gegensätze aufbauscht, lächerlich. Aber wir sollten nicht das Kind mit dem Bade ausschütten. Die Formulierung »... nicht, sondern ...« und ähnliche Konstruktionen finden sich in der Bibel ausgesprochen oft[57]. Ein Beispiel, Galater 1, Vers 1:

> Paulus, ein Apostel **nicht** von Menschen, **auch nicht** durch einen Menschen, **sondern** durch Jesus Christus und ...

Alle Unterscheidungen können auch mehr als zwei Größen betreffen, etwa drei: Die Sache hat (drei) Seiten; und dies ist die **erste**, die **letzte**, die **wichtigste**, die **interessanteste**, die **packendste** davon. Oder:

> Ich nenne Ihnen nun die drei Gründe, die ich herausgefunden habe:
> **der erste** ist ...., **ein weiterer** ist ...., **der dritte schließlich** ist ....
> Ich sehe drei Möglichkeiten. Zwei davon sind eventuell annehmbar, die dritte ist keinesfalls **annehmbar**.[58]

Es ist keine Manipulation[59], solche konstruierten Steigerungen, Gegenüberstellungen oder Gegensätze zu schaffen bzw. hervorzuheben oder herbeizuführen, wenn sie den Tatsachen entsprechen. Paulus gebraucht sogenannte Triaden[60], z.B.:

> ...Glaube, Hoffnung, Liebe, diese drei.[61]

Durch die Erwähnung der Zahl »3« erreicht er besondere Aufmerksamkeit und bewirkt, daß in diesem Zusammenhang seine Leser keinen dieser drei Begriffe allein denken. Diese Triade hat zwei Jahrtausende ungeschwächt überdauert.

Eine relativ **schwache** Aussage können Sie ungeheuer **verstärken** durch die Schaffung eines künstlichen **Vergleichs** oder **Gegensatzes**, etwa so:

Künstlicher Vergleich

Dr. XY hat keine Ahnung von Nuklearmedizin.	Dr. XY hat von Nuklearmedizin *soviel Ahnung wie unser Schäferhund Pollo.*[62]
Ich liebe meine Frau sehr.	Ich liebe *meine Enkelkinder* sehr, *noch mehr allerdings* meine Frau.
Der Vater von Johann Sebastian Bach war **Stadtpfeifer** in Eisenach.	Der Vater von Johann Sebastian Bach war *nicht Stadtstreicher, sondern* **Stadt-Pfeifer** in Eisenach.

Einen solchen künstlichen Vergleich kann man noch herumdrehen zu einer »scheinbar« echten Aussage, die dann durch eine unerwartete Spitze zu beißender Schärfe führt:

> Ich habe genausoviel Ahnung von Nuklearmedizin wie er - **nämlich keine**.

Wenn Sie so starke Mittel wie im letzten Fall anwenden, dann müssen Sie allerdings damit rechnen, daß bei Ihren Hörern Emotionen freigesetzt werden. Damit drohen Ihrer Rede mindestens zwei Gefahren. Die eine: An einem starken Satz oder Beispiel bleiben die Gedanken Ihrer Hörer noch eine Weile »kleben«.

57 Siehe auch unter »Die Stilmittel«, dort unter »Der Gegensatz« (Seiten 224-225)!

58 Scheuen Sie die Wiederholung nicht!

59 = Anwendung von Kunstgriffen zum Zweck der Beeinflussung; aus (lat.) *manus* (= Hand) und *...plere* (= füllen)

60 Dreiheiten

61 1.Kor 13.13

62 Dies ist zugleich eine Persiflage , aus (frz.) *persiflage* (= beißender Spott), aus (lat.) *sibilare* (= zischen, pfeifen)

Sie sprechen also die folgenden Sätze unter Umständen »in den Wind«[63]. Die andere Gefahr: Zuhörer ergreifen Partei für den Geschmähten und wenden sich innerlich gegen Sie. Auch der Rest Ihrer Ausführungen ist dann in Gefahr, überhört oder umgedeutet zu werden.[64] Wo Sie jedoch Ihre Hörer fest auf Ihrer Seite wissen, da hat eine solche Wendung große Kraft. Im Wahlkampf ist das oft so.

Künstlicher Gegensatz

Christen übersehen leicht, daß Gott den Menschen oft **durch Menschen** helfen will.	Christen übersehen leicht, daß Gott den Menschen oft durch Menschen *und durch niemand anderes* helfen will.
Und nun tut er ihm Gutes.	Und nun, *statt sich an ihm zu rächen*, tut er ihm Gutes.
Sein Verhalten war **straferschwerend**.	Sein Verhalten zeigt, daß hier *nicht nur keine* Milderungsgründe vorliegen, *sondern* daß *alles, alles ausschließlich straferschwerend* ist.

Aus einer **bereits starken** Aussage können Sie durch die Konstruktion **eines Gegensatzes** eine **noch stärkere**, äußerst scharfe Aussage machen.

In diesem Buch gibt es beträchtliche Teile, die sich einer Geistlichkeit widersetzen.	In diesem Buch gibt es beträchtliche Teile, die sich einer Geistlichkeit *nicht nur entziehen, sondern die sich einer Geistlichkeit geradezu widersetzen.*
Das ist **hundertprozentig** so.	Das ist *nicht nur neunundneunzigprozentig so, sondern* hundertprozentig.
Das ist **ungenügend**.	Das ist *nicht nur mangelhaft, sondern* das ist ungenügend.
Er hat ein **sehr lautes** Wesen.	Man *sieht* schon viel von ihm, aber man *hört noch mehr*.

Hier ein zwar 140 Jahre alter, aber noch immer aktueller, geistlich und stilistisch ausgezeichneter Text von August Friedrich Christian Vilmar:

> Also das gepredigte Wort! Das hat Gewalt über die Geister. Wohl! es hat sie. Aber wann und wie hat es diese Gewalt durch **deinen**, eben durch **deinen** Mund? Nur dann, wenn es rein gepredigt wird, und nur dadurch, daß du dich selbst mit deinem ganzen Wesen, mit Geist und Seele und Leib, an das Wort hingibst, dich selbst Eins machst mit diesem Worte. Es muß .... sich alle deine Gedanken, deinen gesamten Willen und sogar alle deine Regungen und Gefühle ohne einen einzigen Rückhalt untertan gemacht, in seine volle Gewalt gebracht haben, dann gibt es sich auch wiederum in deine Gewalt, ganz und ungeteilt und ohne Rückhalt, und gestattet deiner armen sterblichen Zunge, Werke der Ewigkeit zu verrichten. So lange du noch etwas Eigenes zu dem Worte hinzutust, deine Kunst oder deine Weisheit oder deine Ansichten und Absichten, so lange kannst du **zwar** das Wort vielleicht nicht ohne Furcht predigen, **aber** so lange hast du *nur erst* **Einfluß** auf die Geister, *noch keine* **Gewalt** über sie.[65]

---

63 Siehe auch auf den Seiten 116 und 117!

64 Siehe auch auf den Seiten 165 und 166!

65 Zitiert nach Bohren, Predigt und Gemeinde, Seite 36 (Unterstreichungen und Fettdruck: EW)

Vilmar spitzt seine ganze Rede auf diesen einzigen Punkt zu: auf die Überschrift des Aufsatzes: »Gewalt über die Geister«. Um das möglichst konturenscharf zu erreichen, benutzt er den feinen Unterschied zwischen **Einfluß** und **Gewalt**; und diesen unterstreicht er durch den zeitlichen Gegensatz von »nur erst« und »noch keine«. Der Vilmar-Text gehört auch der nun folgenden Gruppe an.

Künstliche Steigerung

Er ist ein ganzer Kerl.	Er ist **nicht nur ein Mann; er ist auch** ein ganzer Kerl!
Er ist ja schließlich kein kleinkarierter Spinner!	Er ist ja schließlich nicht klein-kariert; und ein Spinner ist er **schon gar nicht.**
Er will alles bestimmen.	Er will nicht nur die **Erste Geige** spielen, sondern er will der **Dirigent** sein.
Das ist vor Paulus und Gott so.	Das ist vor Paulus so **und auch** vor Gott. Noch wirksamer: Das ist vor Paulus so und **erst recht** vor Gott.

Künstliche Abwiegelung:

Es geht darum, die »Wogen zu glätten«, nachdem zuvor durch Sie oder andere oder irgendwelche Umstände die Empfindungen stärker »aufgewallt« sind, als Ihnen lieb war. Diese Abwiegelung erfolgt in der Regel für den Hörer unbewußt.

Das ist ein Mangel an Bildung.	Das ist ein Mangel an Bildung; **und ich sage nicht:** ein Mangel an Intelligenz.

Künstlich-ironisches Plastischmachen:

Der Kerl griff durch das geöffnete Fenster in den Raum herein. Ich warf das Fenster zu; aber er hatte seinen Arm noch nicht völlig herausgezogen.	Ich warf das Fenster zu, aber er hatte seinen Arm noch schnell herausziehen können, wohlgemerkt: den Arm, nicht die Hand!

Ergänzungsformeln

Wenn Sie z.B. diese Aussage machen wollen:

> D.B. hat zwei dieser Argumente geliefert, und E.B. hat fünf weitere hinzugefügt,

so wäre es klug, diesen Satz durch die Summe von »sieben« zu ergänzen:

> ..., so daß wir uns nun mit **insgesamt sieben Argumenten** zu befassen haben.

So erreichen Sie eine erstklassige Merkbarkeit. Durch die Nennung von »sieben« bleiben auf jeden Fall auch die »zwei« und die »fünf« im Gedächtnis. Ein ähnliches Beispiel. Statt:

> Das Wirtschaftswachstum ist **auf 1,5 %** gefallen.

sagen Sie besser etwa:

> Das Wirtschaftswachstum ist **von 3 %** auf 1,5 % gefallen. **Es ist also nur noch halb so hoch.**

Dadurch, daß der Zuhörer nun nicht einen, sondern drei Werte hat, nämlich erstens das vorige, zweitens das jetzige und drittens den Unterschied zwischen beiden, behält er nicht etwa schlechter, weil er sich mehr merken muß, sondern im Gegenteil: eine Information stützt die andere; die Merkbarkeit ist gewachsen. Ergänzen Sie durch Nachschieben einer früheren Information! Der Satz:

> So nennt er auch hier in den Briefen beide Elemente eng vereint [66]

könnte in einer Rede leichter so aufgenommen werden:

> So nennt er auch hier in den Briefen beide Elemente eng vereint - **das Metaphysische und das Individualistische.**

Es hieße, am falschen Platz zu sparen, würden Sie aus Zeitgründen auf eine Wiederholung verzichten. Zugleich können Sie sich in Ermangelung genauer Werte durch Sätze wie:

> Das ist **knapp (gut)** die Hälfte.

den -vielleicht unverdienten- Anschein von Präzision geben.

b) Unsichtbare Orientierungspunkte

Dabei handelt es sich um solche Mittel, bei denen die Orientierung unauffällig erfolgt. Auch hier werden Personen, Dinge oder Gedanken in Beziehungen zu anderen gesetzt. Unsichtbare Orientierungspunkte wenden sich im Gegensatz zu den sichtbaren vorwiegend an das Unterbewußtsein. Diese Absicht grenzt an Manipulation[67]. Durch den Einbau eines fremden Elements in den Satz können Sie eine Aussage zum Beispiel unsichtbar auf- oder abwiegeln.

Unsichtbare Aufwiegelung:

Hier werden beabsichtigte Emotionen hervorgerufen, ohne daß dies offen zutage tritt. Dem Hörer bleibt die Technik weitgehend unbewußt.

> Das können wir schwer **oder gar nicht** hinnehmen.

Die Tendenz ist Steigerung. Der letzte Gedanke ist eher »gar nicht«.
Auch hier eine Tendenz von tolerierender zu zunehmender Kritik:

> ..., ein charmanter Unsinn, **aber ein Unsinn.**[68]
> Sie ist eine großartige, mir **höchst unsympathische** Schauspielerin.

Wieder ist die Tendenz negativ: Der Redner sichert sich den Ruf des Objektiven Beurteilers, aber »unsympathisch« steht am Schluß und klingt im Ohr des Hörers nach. Das »großartig« ist verschüttet.
Zu den unklügsten Einleitungssätzen gehört:

> Ich will ja nicht unhöflich sein, aber ...

Damit geben Sie indirekt zu, daß Sie eine so harte Kritik äußern wollen, die sich im Rahmen der Höflichkeit eigentlich nicht mehr aussprechen läßt. Noch weniger merklich, aber vom Unterbewußtsein des Hörers doch aufgenommen, ist diese Formulierung:

> Ich will ihm ja **nichts anhängen** und **erst recht nichts absprechen.**

---

[66] Natürlich ist dies in einem Buch nicht gleichermaßen erforderlich wie in einer Rede. Das Zitat stammt aus Bethge, Bonhoeffer-Biographie, Seite 980. Diese lese ich zur Zeit. Ich könnte meine Beispiele irgendeinem Buch entnehmen.

[67] Hofmeister definiert auf Seite 339 Manipulation als Verhaltensbeeinflussung zu fremdem Nutzen. Das allerdings trifft auf die hier gemeinte Bemühung zumindest aus unserer Sicht nicht zu.

[68] Siehe auch auf den Seiten 165-166!

Damit wird zum einen angedeutet, daß es durchaus etwas anzuhängen oder abzusprechen geben könnte, daß man daran nur im Moment kein Interesse hat. Zum anderen heißt es: Ich könnte ihm vielleicht schwerlich etwas absprechen, aber anhängen könnte ich ihm wahrscheinlich schon etwas. Eine unsichtbare Aufwiegelung ist der Satz, weil »anhängen« in der Regel als schwerwiegender gilt als »absprechen«. Es wird also eine Tendenz zum eigentlich verwirkten »Anhängen« geschaffen. Sie können von jemand berichten:

> Und dann ging er hin und **erzählte** es überall.

Als Aufwiegelung und natürlich auch bewegter wirkt der Satz:

> Und dann **hatte er nichts Besseres zu tun**, als hinzugehen und es überall **herum**zuerzählen.

Ein einziges Wort kann aus einer sachlichen Feststellung eine Aufwiegelung machen, die von der betroffenen Seite unter Umständen als massiver Angriff aufgefaßt wird. Das Wort »endlich« ist meistens für Emotionen gut:

> Wir erwarten, daß auf Pfarrkonventen, auf Tagungen kirchlicher Mitarbeiter, in evangelischen Akademien und in christlicher Jugenderziehung der Evangelisation **endlich** mehr Aufmerksamkeit geschenkt wird.[69]

Auch durch die Wortwahl können Sie natürlich unsichtbar aufwiegeln. Das geschieht gewöhnlich, wenn für »eine Tracht Prügel« der Begriff »Kindesmißhandlung« eingesetzt wird. Demselben Effekt dient es, daß man nicht von »Wehrdienstverweigerung« spricht, sondern von »Kriegsdienstverweigerung«, obwohl seit Bestehen der Bundesrepublik kein Mann hat Kriegsdienst tun müssen und auch kein Krieg geplant war.

Einen Orientierungspunkt setzen Sie, indem Sie den schwächeren gegen den stärkeren -oder umgekehrt- absetzen. Zur nun nicht mehr unsichtbaren, sondern deutlich sichtbaren Aufwiegelung wird es, wenn Sie sagen:

> Und ich rede **nicht** von einer Tracht Prügel, **sondern** von Kindesmißhandlung.

Zur sehr auffälligen Abwiegelung machen Sie den Satz:

> Ich rede hier **nicht** von Kindesmißhandlung, **sondern** von einer Tracht Prügel.

Wirksam sind Nachschiebungen, wie wir sie hier bei Altbundeskanzler Helmut Schmidt über die Pracht im Kreml finden[70]:

> Offenbar sollte ich beeindruckt werden - **und ich war es auch.**

Hier wurde eine Aussage unsichtbar verstärkt. Noch deutlicher geschieht das im folgenden Satz aus der gleichen Quelle:

> Der Glanz beeindruckt, **er blendet beinahe**.

Eine starke Aufwiegelung wäre auch der an passender Stelle eingeschobene Satz:

> Wie konnte das passieren!

Aufwiegelnd wirkt:

> Gibt es im Neuen Testament eine Begründung dafür, daß der Frau das geistliche Amt **und sogar** das Predigen versagt werden **darf**?

Im Gegensatz dazu eine Abwiegelung ist:

> Gibt es im Neuen Testament eine Begründung dafür, daß der Frau das Predigen oder **doch wenigstens** das geistliche Amt verwehrt werden **kann**?

---

69 Die zweite von sieben Erwartungen des Leitungskreises auf dem Deutschen Evangelisationskongreß im Oktober 1990

70 Helmut Schmidt, Menschen und Mächte (1987), 1990 Goldmann-Taschenbuch, Seite 52

Unsichtbare Abwiegelung:

Das können wir gar nicht **oder schwer** hinnehmen.

Die Tendenz führt von Kritik zu Versöhnlichkeit bei:

..., ein Unsinn, aber ein charmanter!

Auf diese Weise können Sie unmerklich, mehr für das Unterbewußtsein der Hörer bestimmt, eine Stimmung verbreiten, die entweder mehr hoffen oder aber mehr resignieren läßt.

Sie ist eine mir höchst unsympathische, **aber eine großartige** Schauspielerin.

Das Lob steht am Ende und bleibt im Ohr. Die Tendenz ist abschwächend und zielt auf Versöhnlichkeit. Noch ein Beispiel:

Ich will Ihnen **zwar keinen Vorwurf** machen, **aber** ich will Ihnen durchaus einen Rat für die Zukunft geben.

Wiederum können Sie durch die Wahl Ihrer Worte unsichtbar abwiegeln. Und ich hoffe, Sie tun es nicht in diesem Fall:

Schwangerschafts**unterbrechung**

suggeriert dem Unterbewußtsein, eine Schwangerschaft werde nur vorübergehend unterbrochen. Später gehe es dann weiter. Richtig ist aber, daß das getötete Kind zumindest, was seine irdische Existenz angeht, für immer tot bleibt. Sein Leben ist für immer **ab**gebrochen; es handelt sich um

Schwangerschafts**abbruch**.

Einen Orientierungspunkt setzen Sie, wenn Sie auf eben diesen Unterschied hinweisen, etwa so:

Ich nenne es nicht Schwangerschafts**unterbrechung**, sondern Schwangerschafts**abbruch**.

Es handelt sich dann allerdings nicht mehr um eine **un**sichtbare **Ab**wiegelung, sondern ganz im Gegenteil um eine **sicht**bare **Auf**wiegelung.

Es ist bereits eine unsichtbare Abwiegelung, von **»werdendem Leben«** zu sprechen. Es ist ja gar nicht »werdendes« Leben, sondern es ist, falls von einem Kind im Mutterleib die Rede ist, bereits **»gewordenes Leben«**.

Geschickte Abwiegelungen fand ich wiederum bei Altbundeskanzler Helmut Schmidt[71], diesmal gegenüber Leonid Breschnew, der sich über angeblich revanchistische Reden von Franz Josef Strauß beklagte, äußerte er im Oktober 1974 im Kreml:

Andere Meinungen bei uns dürfe Breschnew nicht durch ein Vergrößerungsglas betrachten.

Sehr wirksam ist dieser Satz:

Ich bin nicht sein Freund; aber man tut ihm unrecht, wenn man ihm Revanchismus unterstellt.

6. Sprechen Sie zeitgemäß, profan[72] und trotzdem seriös!

Um diesem Anspruch gerecht zu werden, ist es dringend nötig, daß wir uns die sogenannte **»Sprache Kanaans«** ebensowenig angewöhnen wie **die vom Existentialismus geprägte Theologensprache**. Wohl dem, der beides nie erlernt hat!

---

71 Helmut Schmidt, Seiten 53 und 54

72 = außerhalb des geweihten Ortes; aus (lat.) *pro* (= vor) und *fanum* (= geweihter Ort, Tempel)

Wer sich aber eine dieser beiden schädlichen Sprachen bereits angeeignet hat, der sollte tun, was er kann, um sie schnellstens wieder loszuwerden.
Claus Harms ging bereits zu Anfang des vorigen Jahrhunderts soweit, gegenüber einer abstrakten, stereotypen **»Büchersprache«** in der Predigt eine »bildreiche, spitze und eckige Sprache« zu fordern, die **»unbekümmert nachlässigen und inkorrekten Charakter tragen darf«**[73]. Der »unbekümmert nachlässige Charakter« ist am Ende des 20. Jahrhunderts gewiß nur noch in Sonderfällen angesagt. Aber das Anliegen dieses Mannes bleibt aktuell: Nieder mit den dünkelhaften Grenzzäunen, die den Verkündiger mit seiner Botschaft von dem Hörer in seiner Welt trennen! Unsere Zuhörer müssen sich bei unserer Sprache wohlfühlen. Sie brauchen die ihnen vertraute und zugleich die der Sache angemessene Ausdrucksweise. Soweit Ihre Hörer mit der »Sprache Kanaans« vertraut sind, müssen Sie aus missionarischen und sachlichen Gründen trotzdem darauf verzichten. **Zeitgemäß** - das heißt: Die Sprache soll **heute** verstanden werden. **Profan** - das bedeutet: Die Sprache soll **von jedermann** verstanden werden. **Seriös** - das erinnert daran: Das Evangelium ist eine **ernsthafte** und **würdevolle** Botschaft - zwar **für** jedermann, aber nicht **von** jedermann.

a) Die Sprache Kanaans

»Sprache Kanaans« ist ein Spottname für die Spezialausdrucksweise gewisser frommer Leute, die sich's im »gelobten Land« ihrer schützenden »vier Wände« wohl sein lassen. Diese Sprache ist ein schwieriges Problem der öffentlichen Rede. Ich will hier ihre Ursachen und ihre Erscheinungsweisen zu beschreiben suchen. Dabei geht es nicht um das noch tiefere Problem, daß wir **inhaltlich** keine Sprache mehr haben, die von unseren Zeitgenossen verstanden wird, sondern lediglich um **sprachlich** abstoßende Wendungen.
Aus Gründen der Liebe sollten Sie sich um eine natürliche und im normalen Berufs- und Familienleben gebräuchliche Sprache bemühen. Die von Ihnen, die in einer evangelikalen Familie aufgewachsen sind und sich den dort üblichen Lebensstil angeeignet haben, werden mir bestätigen, wie fremd sie sich fühlen, wenn sie einmal in eine wüste Kneipe kommen. Die ordinären Zoten[74] und die schlüpfrigen Reden stoßen solche Christen fürchterlich ab, sofern sie dieses Milieu nicht durch missionarische Aktivitäten gewöhnt sind. Was wir aber bedenken sollten: Mindestens so fremd fühlt sich ein gewöhnlicher Bürger, der sich einmal in eine Landeskirchliche Gemeinschaft oder in eine strenge Freikirche verirrt oder einer drängenden Einladung nachgegeben hat und jetzt in Ihrem frommen Kreis sitzt. Er hört nun Ihre Insider-Sprache an seinem Ohr vorbeirauschen und kann sich absolut keinen Reim darauf machen, was das wohl alles bedeutet. Es wird ihm nun so richtig bewußt, daß er hier nicht hingehört. Ein Schauder wird über ihn kommen, mehr noch als über Sie in der wüsten Kneipe.
Es ist eine Aufgabe der Liebe, ein normal-bürgerliches Deutsch zu sprechen. Als Vorbild können die Journalisten der »tagesthemen« oder des »heute journals«

---

[73] Husar, Seite 53

[74] = unanständiger Witz; aus (ital.) *zotico* (= ungeschliffen grob, dumm) und (frz.) *sot* (= dumm), ursprünglich aus dem Hebräischen

gelten. Deren Ausdrucksweise ist meist vorbildlich: einfach, farbig, klar und dennoch weitgehend korrekt und anspruchsvoll.
Auch für den Fall, daß Sie als Christen einer bestimmten Couleur »unter sich« sind, sollten Sie die »Sprache Kanaans« aus zwei Gründen nicht sprechen: Erstens: Es sollte in Ihnen ein Rest von Sehnsucht überlebt haben, daß doch noch einmal einer von der gottentfremdeten Welt da draußen bei Ihnen hereinschaut, dann sollten Sie in missionarischem Sinn jederzeit gerüstet sein. Zweitens: Das Abgewöhnen dieser Sprache ist eine hartnäckige und langwierige Angelegenheit. Wenn Sie nicht sofort damit beginnen, werden Sie diese Last vor Ihrem Lebensende nicht mehr los.
Es gibt sechs Ursachen dafür, daß fromme Leute einen anderen »Sound draufhaben« als »normale Menschen«. So würde es sicher ein jüngerer Besucher nennen.

1. **die zögernd revidierte Lutherbibel und andere Bibeln in veraltetem Deutsch**
2. **die Endungen aus der lateinischen Kirchen- und Gelehrtensprache**
3. **Auswanderer, die als Aussiedler oder Missionare wiederkamen**
4. **der tatsächliche Wesensunterschied zwischen Christen und Nichtchristen**
5. **ein gewisses Separierungsbedürfnis**[75]
6. **der Verfall von Begriffen durch den humanistischen Demokratisierungsprozeß**

Ursache 1: die zögernd revidierte Lutherbibel:
Als Martin Luther die Bibel ins Deutsche übersetzte, gebrauchte er eine höchst moderne und volkstümliche Sprache. Er schaute ja den »Leuten aufs Maul«. Inzwischen aber sind Jahrhunderte vergangen. Die Sprache hat sich weiterentwikkelt; und Luthers Bibel entspricht nicht mehr der Umgangssprache wie im 16. Jahrhundert. Nun ist Martin Luther im deutschen Volk stets sehr verehrt, wenn auch gar nicht so sehr gehört worden. Man traute sich nicht oder selten, an seinen Formulierungen größere Änderungen vorzunehmen. Seine markige Sprache galt zu Recht als wertvoll und setzte sich früher auch bei Revisionen gegen allzu profane Entwürfe durch. Das aber hat dazu geführt, daß ältere Christen die Bibelzitate nach dem Stand des 19. Jahrhunderts im Ohr und im Gedächtnis haben. Dieser Klang und Stil ist nun in die Predigtsprache pietistisch geprägter Gruppen übergegangen bzw. nicht daraus verschwunden.
Wendungen im Stil alter Bibelübersetzungen, die nicht ausgerottet, aber sparsam gebraucht und möglichst in Anführungszeichen gesprochen werden sollten, sind zum Beispiel:

Knechte und **Mägde** des Herrn[76]
Und der **ins Verborgene** schaut, ...
Gott hat ihn **dahingegeben**.
Wir sind ein böses **Gemächte**.
Gott **war mit** diesem Mann.
Es ist Gott **ein Kleines**, ...
Solange wir hier **wallen**, ...
... vor seinem **Angesicht**

Da ist kein ...
Unsere Hoffnung ist **dahin**.
Der Herr hat **Gnade dazu** gegeben.
... aus der **Knechtschaft Ägyptens** ...
... **kund werden** lassen
..., das er uns **darreicht**.
Wir sündigen **mannigfaltig**.
Er hat die **Welt** wieder **liebgewonnen**.

75 Separierung von (lat.) *separare* = abseits, getrennt, besonders bereiten; gemeint ist ein Absonderungsbedürfnis

76 Ich kenne eine Gemeinde, in der sich ein Bruder, der zum Gebet vor der Predigt aufgefordert worden war, folgenden »freudschen« Versprecher leistete: »Und lieber Herr, segne uns nun durch Deinen Diener, unseren Knecht!«

Es ist uns **ge**offenbart.
Wir haben einen Erretter.[77]
Laßt es uns tun, damit es Gott **wohlgefällt** (oder gar **wohlgefalle**!)!
Wir haben hier keine **bleibende Statt**.
Er hat leider einen **großen Fall getan**.
Er hat alles **wohlgemacht**
... ihm **etwas sein**

Von sprachgewandten Leuten werden veraltete Redewendungen heute schon wieder mit einem spitzbübischen Schmunzeln als Stilmittel gebraucht:

..., **sintemal** wir gefallene Kreaturen sind
Wir sind **allzumal** Sünder.
Ich lebte **weiland** in Sünden.
Wir müssen uns **hienieden** in Geduld üben.[78]
Gott läßt uns **mitnichten**[79] fallen.
Satan[80] darf uns **nimmermehr** anklagen.
Uns bewegt **sonderlich** die Sünde der .....
Dann haben wir unseren **Pilgerlauf**[81] vollendet.
Dann sollen wir **fürder** gehen.
Damit wir nicht **hinter uns wandeln.**

Ursache 2: grammatische Endungen aus der lateinischen Kirchen- und Gelehrtensprache:
Durch die alte Kirchensprache und die Überbleibsel aus der Vulgata[82], die für Martin Luther besonders bei seiner ersten Übersetzung ja eine große Rolle gespielt hat, sind bis heute mancherorts einige überholte Endungen übriggeblieben. Der lateinische Genitiv ist für Jesus und Christus in der theologischen Fachsprache noch sehr verbreitet. In seltenen Fällen wird er auch noch für die beiden größten neutestamentlichen Briefautoren, Petrus und Paulus, verwandt. Man spricht dann -nicht sehr glücklich- von den »Ermahnungen Pauli« und den »Lehren Petri«[83].
Wenn ich mit ganz normalen -besonders jüngeren- Bürgern rede, dann fällt mir auf, daß sie sagen:

»**der** Gott«, »**der** Jesus« oder »**des** Jesus«.

Das ist nicht unehrerbietig; das griechische Neue Testament tut es auch. Die lateinischen Genitive, z.B. »Leben Jes**u«** oder »Leiden Christ**i«**, mehr noch einige Dative, z.B. »in Christ**o«**, besonders aber der Akkusativ, z.B »aufsehen auf Jesu**m**«, und der Vokativ[84], z.B. »Liebster Jesu« oder »Christe, du Lamm Gottes«, gehören für die Umgangssprache der Vergangenheit an; und wir tun gut, daraus unsere Konsequenzen zu ziehen. Für lebende Personen dagegen gilt es unter

[77] Sprechen Sie einfach vom Retter; das würden Sie bei der Deutschen Lebens-Rettungs-Gesellschaft auch tun.

[78] Das Wort »hienieden« steht nicht einmal mehr im Duden.

[79] Manche sagen schmunzelnd: »mit Nichten und Neffen«.

[80] Auch »Satan« sollten Sie stets **mit** Artikel benutzen: »**der** Satan«; Sie tun ihm sonst zuviel Ehre an; denn die artikellose Nennung ist der Nennung Gottes zu ähnlich.

[81] Was würde schon ein ganz normaler Bürger unter »Pilgerlauf« verstehen? Aus dem Fernsehen kennt er Pilgerreisen nach Rom. Er stellt sich vielleicht »Jogging um den Vatikan« vor.

[82] Vulgata von (lat.) *vulgus* = Volk, *vulgaris* = allen zugänglich. Die Vulgata war die allgemein übliche und für die Römische Kirche verbindliche lateinische Bibel.

[83] Üblich ist nur noch der »Stuhl Petri« für das Amt des Papstes.

[84] Das ist (lat.) der Anredefall.

Gebildeten als unhöflich, diese mit dem Artikel zu nennen, etwa: **der** Herr Müller oder **die** Claudia. In einer Rede ist der Artikel oder ein Ersatz dafür aber ab und zu günstig aus Gründen des besonderen Hinweises. In solchen Fällen bietet sich oft an, von **»diesem«** Herrn Müller oder **»jener«** Frau Schmidt zu sprechen. Das gilt besonders, wenn sie vorher in der Rede schon einmal erwähnt worden sind. Auf die gleiche Weise kann dann auch rückbezüglich von diesem Jesus gesprochen und auch der Genitiv »dieses Jesus« benutzt werden.

Ursache 3: die Auswanderer und Aussiedler:
Zehntausende von Christen sind vor einem Jahrhundert oder früher oder später besonders in osteuropäische und amerikanische Länder ausgewandert. Dort haben sie oft deutsche Exklaven[85] gebildet, in denen sie -besonders im Familienkreis und in ihren Gemeindeveranstaltungen- die deutsche Muttersprache gepflegt und ihre Bibel in Deutsch gelesen haben. In diesen kleinen, von der Kultur im Mutterland weitgehend abgeschnittenen Gruppen hielt sich die Sprache so, wie sie zur Zeit ihrer Auswanderung gesprochen wurde, während die gleiche Sprache in Deutschland einem starken Wandel unterworfen war. Wenn diese Christen nun zurückkehren, so tritt der Unterschied kraß hervor, nicht nur in der Sprache. Im Fall vieler Aussiedler ist aber die Alltagssprache so stark von der religiösen Ausdrucksweise beeinflußt, daß Alltags- und Gemeindesprache fast deckungsgleich sind. Das bleibt auch in einigen Fällen so, weil manche dieser Gemeindegruppen hier in der Bundesrepublik aus Sicht der ortsansässigen Bürgerschaft nunmehr sprachliche und religiöse Enklaven[86] bilden.

Ursache 4: tatsächlicher Unterschied:
Es ist schließlich kein Wunder, daß sich der grundsätzliche Unterschied zwischen dem Denken von uns Christen und dem der Nichtchristen in der Sprache niederschlägt. Es liegt auf der Hand, daß wir einerseits manches, was aus oberflächlicher Moral oder aus dem Aberglauben herrührt, nicht aussprechen wollen, während wir andererseits von Dingen wissen und mit Überzeugungen leben, die andere nicht haben oder kennen.
Es kommt aber trotzdem darauf an, daß wir gewisse Ausdrücke in Maßen verwenden. Die **Häufigkeit** ist dabei ausschlaggebend.
Wörter, die an sich zur aktuellen deutschen Sprache gehören, für Evangelikale aber besonders typisch sind und deshalb sparsamer gebraucht werden sollten:

Ich habe dort einen **Dienst.**[87]	Das ist so **auf Erden.**[88]
Liebe **Geschwister!**[89] das ist eine große Herausforderung.	Herr, **du weißt** um ...[90]

[85] Exklave von (lat.) *ex* = aus; *clavis* = Schlüssel. Eigenes Gebiet inmitten eines fremden.

[86] Enklaven von *en* für (lat.) *in* = in. Fremdes Gebiet inmitten des eigenen

[87] Ich wurde einmal Zeuge, wie ein Pastor mit der Friedhofsverwaltung telefonierte. Er fragte, wann denn der »Dienst« sei. Die Verwaltungsangestellte am anderen Ende versuchte verzweifelt dahinterzukommen, was denn der Pastor meine, bis ich dazwischenrief, er solle doch einfach »Beerdigung« sagen.

[88] Weshalb nicht »auf der Erde« oder »weltweit«?

[89] Die Anrede »Geschwister« sollte wenigstens durch »Liebe Schwestern und Brüder« ersetzt werden (Siehe auch unter Anreden!).

Die Gaben, die uns Gott **beschert**[91] hat
Bruder Schmidt, wollen Sie uns bitte **im Gebet leiten**![92]
Wer hat noch ein **Anliegen**?
Da haben wir **etwas davon**[95] gespürt,
Die **schnöde** Sünde hat uns verführt.
sagen: ...Es geht dabei um **ein Doppeltes/Letztes**.
Wir sind ein **kleines Häuflein** in XY-Stadt.
Er ist an XY **schuldig geworden**.
... in dieser **Morgenstunde/Abendstunde**
... seit **es Gemeinde Jesu gibt**.[99]
... von der **Verheißung** her sehen[101].
Unser **Wandel** soll ein **Zeugnis** für Jesus sein[102].

Wir sehen das **irdisch**.
Er fuhr **gen** Himmel.[93]
Sie haben uns **verlacht**.[94]
Ich bin stark **gefordert**.[96]
..., wie wir **damit umgehen**.
Er fand **ein volles Ja** dazu.
Es hat mich so **umgetrieben**.
Welch/Solch ein ...[97]
manch Gutes ...[98]
Sie wurden **dahinge**mordet[100]
im **Schmelztiegel des Leids**
... ein Wort **voranstellen**.

Wenn Sie auf ein altes oder gar veraltetes Wort nicht verzichten wollen, dann sagen Sie etwa:

... um es **mit Luther** auszudrücken: ...

Sprechen Sie auch nicht mehr vom »reichen Jüngling« oder vom »blutflüssigen Weib«, sondern reden Sie von einem Mann und einer Frau. Eine gute Lösung ist zu sagen:

die unter dem Namen »das blutflüssige Weib« bekannt geworden ist.
der unter dem Namen »der reiche Jüngling« bekannt geworden ist.

Gewöhnen Sie sich nach Möglichkeit an, nicht mehr von den »Römern« und von den »Ephesern« zu sprechen, sondern von den »Christen in Rom« oder von den

90 Der unfromm empfindende Zuhörer denkt dabei: Wenn die wirklich meinen, daß Gott das weiß oder kennt oder sieht, weshalb sagen sie es ihm dann noch einmal? Daß ein solcher Satz auch Vertrauen ausdrückt und dem Beter helfen kann, das weiß ja der fremde Zuhörer nicht. Solche Sätze haben ihren Platz in der ganz persönlichen Stille. Möglich ist: »Es tut uns gut zu wissen, daß Du es weißt, und es erleichtert uns, daß wir es Dir trotzdem sagen dürfen.« Wenn eine Formulierung auch für gemeindeferne Leute hilfreich sein soll, müssen Sie meist erheblich mehr Worte und damit Zeit aufwenden. Ihre Hörer brauchen Denkhilfe und Zeit, sich in unsere Empfindungen hineinzudenken.

91 Weshalb nicht »gegeben«?

92 Sagen Sie doch: »Bruder Schmidt, beten Sie bitte mit uns!« Oder: »Sprechen Sie bitte das Eingangsgebet!«

93 Weshalb nicht »zum Himmel«?

94 »Ausgelacht« ist zeitgemäßer.

95 Wie vage muß unsere Glaubenserfahrung sein, daß wir uns so nebulös und unbestimmt ausdrücken müssen! Weshalb können wir nicht klar sagen, **was** wir gespürt haben?

96 Es stimmt nachdenklich, wenn Menschen, die sich einer frohen Botschaft erfreuen, so oft das Wort »fordern« in den Mund nehmen müssen. Viel günstiger: »Ich habe sehr viel zu tun.« oder »Ich habe ganz schön 'was auf dem Puckel.«

97 Die dichterischen Sonderformen »welch« und »solch« sind anderswo unüblich geworden; besser: »so ein Mann«, »was für eine Frau«. Ein Mechaniker würde auch nicht zu seinem Kollegen sagen: »Nimm doch mal solch einen Schraubenzieher!«

98 Sagen Sie stattdessen: »Manches Gute«!

99 Spendieren Sie der Gemeinde Jesu doch bitte einen Artikel: **die** Gemeinde Jesu! Sie ist nicht ein Stoff, sondern ein ganz bestimmter und konkreter und personaler Organismus. Sie ist den Artikel wert. Sonst klingt es wie: »Seit es Super-plus-Benzin gibt«.

100 »Ermordet« tut's auch.

101 Gegen das Wort »Verheißung« ist nichts anderes einzuwenden, als daß es der moderne Mensch nicht mehr kennt. Sprechen Sie deshalb von den »Zusagen« Gottes.

102 Besser: Unser Lebensstil soll unseren Glauben an Jesus Christus »bezeugen« oder »widerspiegeln«.

»Christen zu Ephesus«. In Rundfunkansprachen müssen Sie es ohnehin tun. Gemeindeferne Menschen können damit eher etwas anfangen. In der Vorbereitung von Fernsehgottesdiensten der öffentlich-rechtlichen Anstalten sorgen die verantwortlichen Kirchenfunk-Redakteure meist dafür, daß Formeln wie

> Gib uns **Kraft für den Tag!**[103] Herr, **du siehst**, daß ...
> Herr, **du kennst** ... **Hab Dank**, daß ...[104]

nicht benutzt werden. Es ist manchmal geschickt, Begriffe aus einer gewissen Distanz heraus zu gebrauchen: Dann sprechen Sie zum Beispiel nicht von einer »religiösen Äußerung«, sondern sagen:

> ... das, was **man** eine »religiöse Äußerung« **nennt**.

Weshalb dürfen sich Christen eigentlich nicht »Erfolg« wünschen? Warum muß es immer »Frucht« sein, obwohl sie doch oft viel lieber Erfolg hätten? Begriffe wie »Erfolg« sind jahrzehntelang verteufelt worden. »Segen wünschen« ist auch nicht sachgerechter; denn Segen wird »zugesprochen«. In der Bibel wird er nie »gewünscht«!

Ursache 5: Separierungsbedürfnis:
Natürlich kann ich nur erraten, weshalb sich eine solche Sprache in pietistischen und verwandten Kreisen entwickeln konnte, die zum Teil total abgehoben ist von jeglichem gebräuchlichen Deutsch und dann auch häufig in einem unnatürlichen süßlichen, salbungsvollen Ton oder leicht schluchzend gesprochen wird, oft auch mit gedämpftem Vibrato. Flotte Männer aus technischen Berufen, die tüchtig in ihrem Betrieb sind und zu denen es überhaupt nicht paßt, reden plötzlich so seltsam weich, wenn es um biblische Inhalte geht oder wenn gebetet wird.
Dieses »Neukanaanäisch« hat zum großen Teil keine der drei oben genannten Ursachen. Es ist anscheinend aus dem Bedürfnis geboren worden, »sich« abzuheben von der »Welt« und schließlich auch -zumindest sonntags- »abzuheben« vom Boden des nüchternen Lebens. Ich stelle mir vor, daß die, die diese Ausdrücke gebrauchen, besonders geistlich wirken wollen. Eventuell soll auch eine liebevolle Einstellung zu den Menschen oder ein gehobenes geistliches Niveau demonstriert werden. Daß das oft eine Täuschung ist, wird spätestens dann sichtbar, wenn man mit einem solchen Christen einmal in eine Meinungsverschiedenheit gerät.
»Neukanaanäisch« ist in den Ohren vieler Menschen fremd, für manche abstoßend. Als besonders unangenehm wird häufig empfunden, daß es einen Unterschied gibt zum Beispiel zwischen Versammlungs- und Berufssprache. Diese »zwei Gesichter« sind der verdächtigste Zug an »Neukanaanäisch«. Zwei weitere Negativwirkungen gehen von dieser Allüre[105] aus: Sie wirkt zum einen gemeinschaftstrennend gegenüber den Christen der Landeskirchen und installiert zum anderen ein oberflächliches, aufs Äußere gegründetes Gehabe von Geistlich-

---

103 Das ist viel zu wenig konkret. Immerhin wird die Kraft ja auch zum Sündigen verwandt.

104 Weshalb reden Sie nicht wie andere Leute: »Danke!« oder »Ich danke Ihnen!«

105 = Gangart eines Pferdes, hier: wichtigtuerische Angewohnheit; aus (frz.) allure (= Gang, Lauf, übertragen: Benehmen)

keit.[106] Wo das Neukanaanäische zur Getto-Sprache wird, da muß es mit Stumpf und Stiel ausgerottet werden. Das ist nötig, wenn Christen beim Mann und bei der Frau von der Straße noch einen Rest von Chance haben wollen. Sicher ist das nur zu erreichen, indem sich der davon Befallene totale Abstinenz[107] auferlegt. Da ich selbst im Pietismus aufgewachsen bin, ertappe auch ich mich bei derartigen Formulierungen, kämpfe aber dagegen. Sehen Sie mir bitte nach, daß meine Beurteilung der Beispiele nicht anders als subjektiv gefärbt sein kann!

Beispiele für Neukanaanäisch:

Wir freuen uns über **dieses Grüßen**.
Der Herr hat uns **sehr stark zusammengeführt**.[108]
... so oft **zu kurz gekommen**.[110]
Wir wünschen Ihnen **ein behütetes Nachhausekommen!**
Wir bitten, daß noch viele **herzukommen**.
Wir leben doch immer wieder von seinem **Schenken**.
Und wir beten für die **Geschwister**, die **daniederliegen**.
Teure Freunde! Lassen Sie uns **Großes** erwarten!
Da hat Dich Gott **in seine Schule genommen**.
Der Chor **dient** nun **mit dem Lied**.[111]
Ich **diene** Ihnen nun **mit dem Wort**.[113]
Wir sollten **ins Gebet gehen**.
Du mußt Dich **übergeben**.[115]
Ist das vielleicht ein **Fingerzeig Gottes**?[116]
Wir sollen das Wort **ausleben**.[118]
Nimm mein **Schlafzimmer in Deine Hand!**[119]

Ich habe dort **ein Wort bekommen**.
Es **darf** uns gut gehen.[109]
..., damit wir **in rechter Weise** ...
Wer sich **gedrungen fühlt**, der ....
Wir haben **inbrünstig** gebetet.
Damals **wurde** ich **fragend**.
Du mußt Dich **darunterstellen**.
Ich habe das alles **durchlebt**.
Da sind wir **auf die Knie gegangen**.
Dieses **Textwort** sagt uns, ...[112]
..., damit **wir** kein **Anstoß sind**.
Nun wollen wir **stille werden**.[114]
... ein **großes Stück Bewahrung**.
Das ist mir **groß geworden**.[117]
Das ist die **Retterliebe Jesu**
Komm heim ins **Vaterhaus**![120]

---

106 Mir ist wiederholt berichtet worden, daß solide Prediger als ungeistlich abgelehnt worden seien, nur weil sie löblicherweise nicht das entsprechende Vokabular benutzten. Gastredner spüren dann manchmal, daß sie nicht dazugehören. Das Umgekehrte, daß der »fromme« Redner in liberalen Kreisen anstößt, dürfte auch vorkommen. Aber der »Stärkere« soll sich ja nach dem »Schwächeren« richten. Und als »Stärkere« fühlen sich in der Regel die, die diese Insider-Sprache sprechen.

107 Enthaltsamkeit; aus (lat.) *abstinentia*

108 Obwohl ich diesen Satz immer wieder höre, wüßte ich nicht einmal, was das heißen soll. Wenn Sie über geistliche Sachverhalte informieren wollen, dann tun Sie es doch bitte so, daß jeder verstehen kann, was gemeint ist!

109 Meiden Sie das Wort »darf«, wo es irgend nach »Schmalz« riechen oder als kriecherisch empfunden werden könnte. Sagen Sie doch wie alle anderen Menschen: »Es geht uns gut.«

110 In der Umgangssprache bedeutet das, daß einer bei einer Verteilung von Gütern zu wenig abbekommen hat. Auf Neupietistisch heißt es, daß einer gegenüber Gott wieder einmal versagt hat. Sagen Sie lieber: »Ich habe schon wieder gelogen (oder was immer).«

111 Offenbar kann er nicht singen.

112 Sagen Sie doch: Der Abschnitt aus der Bibel, über den wir heute reden.

113 Weshalb kann ich nicht ganz einfach zu den Anwesenden sprechen oder, wenn es ein Gottesdienst ist, auch predigen?

114 Und das, obwohl doch jetzt gleich einer ziemlich laut reden (nämlich beten) wird.

115 An Jesus Christus natürlich

116 Gemeint ist: Will mir dadurch Gott zeigen, was ich tun soll?

117 Besser: Da ging mir ein Licht auf. Da schoß mir ein Gedanke durch den Kopf. Da war mir plötzlich etwas klar.

118 Das Wort »ausleben« ist in der Umgangssprache anders belegt: »sich ausleben«.

119 Die Ehrfurcht vor Gott sollte bewirken, daß wir etwas gründlicher über unsere Gebetswünsche nachdenken. Dadurch würden wir uns automatisch präziser ausdrücken.

Handle an ihr **nach Deiner Verheißung**[121]!
Sie war so ein fröhliches **Menschenkind**[122].
Was will mir der Herr **damit zeigen**?[123]
Bruder Müller ist **heimgegangen**.[124]
Sie sollten den Bruder vor Gott **hinlegen**!
Haben Sie **Freudigkeit**, den Gottesdienst
in Marburg zu halten?[125]
Gott wird Dich **einholen**.[127]
... **durch** schwere **Krankheitsnot gegangen**.[128]
Wir haben sein **Hindurchtragen**[130] verspürt.
Salbe seine **Lippen**, daß er rede ...!
Er ist mir **zum Segen geworden**.
Da ist er **suchend geworden**.
Er wurde zum **Hindernis**.
Wir haben die Sache **durchgebetet**.
Wir müssen ihn nun **umbeten**.
Ich will **an Sie denken**.[126]
Komm ans **Vaterherz** Gottes!
Schau nach Golgatha![129]
Er **steht nicht richtig**.[131]

---

120 Das Vaterhaus, früher Ort der Geborgenheit, ist für viele moderne Menschen der Ort des Grauens; er wirkt abschreckend. Das Wort ist denkbar ungeeignet, um damit zu Gott zu rufen. Die Geschichte vom Verlorenen Sohn bedarf deshalb sorgfältiger Interpretation und geschickter Übertragung ins Heute bzw. auf das Verhältnis Mensch/Gott.

121 Eine solche Wendung dürfen Sie nur dann gebrauchen, wenn jedem Zuhörenden klar ist, von welcher Verheißung Sie sprechen.

122 Der biblische Gebrauch dieses Wortes, etwa bei Hesekiel, ist ein völlig anderer.

123 Gemeint ist: Soll ich aus dieser Sache etwas lernen?

124 Das Wort »heimgegangen« ist natürlich keine ganz neue Ausdrucksweise. Z.B. die Herrnhuter Brüdergemeine benutzt diesen Begriff auf ihren Grabsteinen. Im Umgang mit der Gemeinde Fernstehenden aber ist Präziseres wirkungsvoller. Wenn es wirklich keine Phrase ist, sondern ein Glaubenszeugnis sein soll, dann sagen Sie es doch auch als solches, etwa: »Bruder Müller ist von seinem Gott in die Ewigkeit abgerufen worden.« Das ist zwar länger, dafür erfüllt es im Gegensatz zu »heimgegangen« aber auch meist die Funktion eines Zeugnisses. Und es führt zu keinem peinlichen Mißverständnis.

125 Freudigkeit kommt von dem alten deutschen Wort »Freidigkeit«. Es hat etwas mit Freiheit zu tun. Dort, wo das griechische Wort *parresia* im Neuen Testament vorkommt, ist eine innere geistliche Freiheit und Unerschrockenheit gemeint. Darum geht es aber beim heutigen Gebrauch des Wortes meist nicht. Richtig müßte gesagt werden: »Hätten Sie Lust?« oder »Würde es Ihnen Spaß machen?« Auch da, wo das Wort richtig steht, muß es als veraltet gelten. Sie sollten dann fragen: »Haben Sie den Eindruck, daß Sie den Gottesdienst halten sollten?« oder »Fühlen Sie sich in der Lage, den Gottesdienst zu halten?«

126 Weshalb nicht »für Sie beten«?

127 Gemeint ist: Gott kriegt Dich noch; dann wirst Du Dich bekehren.

128 Weshalb sind sie nicht, wie alle anderen Menschen, öfter oder ständig sehr krank gewesen?

129 Das ist eine Aufforderung, die nur ausgesprochenen Insidern etwas zu sagen hat.

130 Das Wort »durchgetragen« entspricht üblichem Deutsch, wenn es sich um einen Vergleich oder um ein Bild handelt. Dann aber muß gesagt werden, **durch was** etwas oder jemand getragen worden ist. Etwa so: »Ich habe mich durch die Wochen meiner Arbeitslosigkeit geradezu von Gott durchgetragen gefühlt, wie ein Kind von seinem Vater über eine tiefe Pfütze getragen wird.«

131 Das kann vieles bedeuten, z.B.: Er befolgt die örtlich gültigen Verbote nicht, in Württemberg etwa das Rauchverbot, im Siegerland das Alkoholverbot. Oder: Er vergeht sich gegen bestimmte gruppeninterne Gebote, etwa Bibellesen, kommt nicht mehr zur Gebetsstunde. Oder: Er hat seine Tochter Theologie studieren lassen. Oder: Er glaubt nicht an ein Tausendjähriges Reich. Oder: Er ist der Meinung erlegen, daß Paulus nicht die Pastoralbriefe geschrieben habe. Oder: Er beteiligt sich nicht an der Jagd gegen die Charismatiker - oder umgekehrt. Oder: Er hat sich einer politischen Partei angeschlossen und mischt nun in der Kommunalpolitik mit. Oder: Er ist Mitglied im Fußballverein geworden und besucht nun die Spiele und den Stammtisch. Oder: Er läßt es am Gebrauch der Insidersprache, des Kanaanäischen, fehlen. Es kann aber auch heißen: Er ist in große Glaubensnot geraten und hat nun mit Zweifeln zu kämpfen. Durchaus auch: Er hat sich in böse Dinge verstrickt. - Reden Sie im Klartext! Andeutungen, besonders die mit dem Anspruch auf geistliches Denken, sind Gift für die Aufrichtigkeit einer Gemeinde. Die wahrheitsgemäße Behauptung: »Er bricht ständig die Ehe« ist weniger schädlich als die nebulöse Andeutung: »Er steht nicht richtig.«

Was dabei immer wieder auffällt, sind die Substantivierungen von Verben und Adjektiven[132], etwa »das Grüßen«, »das behütete Nachhausekommen«, »das Schenken«. Ebenfalls typisch ist der partizipiale Gebrauch[133] von Verben wie »fragend« oder »suchend« geworden.
Abzuraten ist auch von dem undefinierten Gebrauch von Wörtern wie:

Endzeit oder Preisgericht.

Ursache 6: der Verfall von Begriffen durch den neuhumanistischen Demokratisierungsprozeß:
Das typischste Beispiel dafür ist die Bezeichnung, die für die ersten Christen eine der zentralsten war: Herr! Wenn sie von dem »kyrios« sprachen, so meinten sie den, der himmelhoch über dem Kaiser in Rom stand, dazu Macht über den Teufel, alle Dämonen und selbstverständlich über das gesamte Universum hatte. Wenn sie meinten, daß der Herr etwas wolle, so hatte der römische Kaiser mitsamt seinen Staatsorganen verspielt. Der moderne Mensch aber, der demokratische und bürgerrechtliche Denkstrukturen sozusagen mit der Muttermilch eingesogen hat, weiß mit dem Begriff »Herr« absolut nichts mehr anzufangen. Es gibt nicht nur keine Herren mehr; es **darf** ja keine mehr geben! Ähnlich verhält es sich mit dem Wort »König«. Ein König ist entweder eine Figur der Vergangenheit oder ein Sinnbild der Machtlosigkeit.

Sollen wir nun diese biblischen Begriffe aufgeben? Keinesfalls! Aber sie müssen jedesmal mehr oder weniger gründlich neu definiert werden. Im Falle von »Herr« verweise ich gern auf die Bedeutung, die das Wort für die neutestamentliche Gemeinde hatte. Wir können darüber hinaus etwas für diese wichtige Bezeichnung tun und die Hörer zum Aufhorchen und Nachdenken bewegen, indem wir Possessivpronomen[134] davorsetzen: **mein** Herr, **unser** Herr, **ihr** Herr, **sein** Herr, **Ihr** Herr. Sagen Sie doch ruhig einmal: »Jesus, der Herr«. Beten Sie einmal nicht: »Herr Jesus, ...«, sondern »Jesus, Du unser Herr«! Wenn Sie aber von Gott sprechen wollen und nicht ausdrücklich sein Herr-Sein meinen, sagen Sie besser nicht »der Herr«, sondern einfach »Gott«!
Das Wort König ist als Vergleich nicht mehr geeignet. Wo es in einem Bibeltext vorkommt, muß es geschichtlich interpretiert werden.

Eine traurige Entwicklung hat auch das schöne Wort »Heiland« genommen. Diese Bezeichnung für Jesus Christus wird noch bei Kindern in Verbindung mit »der liebe ...« verwandt. Dabei entsteht das Bild eines frauenhaften lieblichen Menschen mit einer Art Heiligenschein. Es wäre sicher reizvoll und hilfreich zu erfahren, was unsere Vorfahren unter einem Heiland verstanden haben: einen

---

[132] Gemeint ist, daß aus einem Tätigkeitswort oder einem Eigenschaftswort ein Hauptwort gemacht wird.

[133] Das bedeutet, daß aus einem normalen Tätigkeitswort ein Mittelwort wird, etwa: frag**end** werden.

[134] = besitzanzeigende Fürwörter wie »mein«, »unser«, »Euer« usw. »possessiv« aus (lat.) *possessivus* (= den Besitz anzeigend) aus *potis* (= vermögend) und *sedere* (= sitzen). »Pronomen« aus (lat.) *pro* (= für) und *nomen* (= Namen)

überaus klugen, mutigen und entscheidungskräftigen Staatsmann und Heerführer, einen, der, wenn die Schlacht so gut wie verloren war, im letzten Augenblick durch sein sicheres Einschätzungsvermögen, seinen Mut und seine überragenden Führungseigenschaften die Armee doch noch zum Sieg führte.
Es gilt also, dem Verfall der unaufgebbaren biblischen Zentralbegriffe zu begegnen. Wir tun das weder durch deren Weglassen noch dadurch, daß wir die uns geläufigen Begriffe ohne Rücksicht auf das Verstehvermögen unserer Zeitgenossen weitergebrauchen, sondern durch geschichtliche Interpretation sowie durch persönliche Bezeugung.

b) Die vielfach existentialistische Universitäts- und Kirchensprache:
So wie die Sprache Kanaans auffällt und es ermöglicht, die, die sie sprechen, kurzerhand in eine »Schublade« einzuordnen, so trifft das gleiche auch auf die vom Existentialismus beeinflußte Universitäts- und Kirchensprache zu. Ich habe in früheren Jahren oft Pfarrer beneidet um dieses »gepflegte Deutsch«, diesen »gehobenen Klang« und den »gebildeten Eindruck«. Inzwischen bin ich nur zu dankbar, daß ich mir diese Redeweise nie angewöhnt habe. Sie schafft ähnliche Barrieren wie das Kanaanäische und das Neukanaanäische und hat den gleichen Nachteil, daß sie vom einfachen Menschen, ob fromm oder nicht, unverstanden bleibt. Ich fasse mich hier kürzer, weil mein Leserkreis sicher zum kleineren Teil in dieser Richtung zu suchen ist.

Beispiele:

die **Ansage**
Schuld **wird erlebt als**[136]
sich betreffen lassen
das Hineingenommen**sein**
das Gehalten**sein**
das Gegeben**sein**
die Geworfen**heit**
das Geworfen**sein**
das **Woher** unseres **Geworfenseins**
Es will gesehen **sein**.
die Aufgehalten**heit**
die Vorläufig**keit**
die Jenseitig**keit**
die Geschöpflich**keit**
Geschichtlich**keit**
das **An-sich-Sein**
der Fluch der **Relativierungsmechanismen**
Eigentlichkeit und Wesentlich**keit**
das Daß des Gekommen**seins**
je und je
das Von-vornherein
die **Schlechthinnigkeit**
in seinem **Sosein**
die **schlechthinnige Abhängigkeit**
das **Sich-Gerufen-Wissen**

die **Grunderfahrung**[135]
das Betroffen**sein**
etwas **zur Sprache bringen**
sich **einlassen** auf
sich **nicht vereinnahmen** lassen
die **Voraussetzungslosigkeit**
sich ein Stückweit mit
hineinnehmen lassen
Wir **sind eingeladen**, ...
Ich **weiß mich** ...
das Woraufhin
die Annahme
die **Selbstannahme**
Anfälligkeit für Fremdbestimmung
das Angenommen**sein**
auf ... gewiesen sein
das **Vorverständnis**
das Jetzt und Hier
das »Aber auch«
die **Zuwendung**
das **sich ... Verdanken**
die **Zwänge**
die **Ängste**[137]
die Angewandtheit
die Angewiesen**heit**

---

[135] Manche Wörter sind der psychologischen Fachsprache entnommen.

[136] Typisch dabei das Passiv!

[137] Grundsätzlich »schick« im Plural

Ich **erlebe** den Autor so ...
das **kontrastharmonische Moment**
das **Je-in einem-bestimmten-Stande-Sein**
die **sozialethische Konfrontation**[139]
die **Geschichtlichkeit**
das **In-der-Welt/Zeit-Sein**

in seinem Geworden**sein**
Wie **Frauen Kirche** erleben[138]
Wortgeschehen und **Sprachereignis**
der **Erfahrungshorizont**
die **Wesenheit**
das **Aposteriori/Apriori**

Vermeiden Sie möglichst Wörter, die auf »**heit**« oder »**keit**« enden.

Negative Mustersätze:

> Dieses Wort ist bereits **negativ belegt**; wir müssen es **mit neuem Inhalt füllen**.
> Die **Betroffenheit** vom **Widerfahrnis** ist ja der Anfang des Weges, der zum Verstehen führt.

Der letzte Satz könnte bedeuten:

> Wenn Dir Jesus begegnet, dann beginnst Du zu begreifen.

Weitere Sätze:

> ... die anthropologische Frage, in die ... **hineingesprochen** hat.
> So kann es **einem** von innen zuflüstern oder von außen zugerufen werden.[140]

Ein besonders scheußliches Exemplar:

> ..., daß sich viele Theologen in ihrem reflektierenden Umgang mit der Bibel zuvor und danach nicht oder wenig von der sie darin **anrufenden Wirklichkeit** Gottes **existentiell betreffen lassen.**[141]

Der Satz will wohl sagen:

> Viele Theologen lassen sich von der Bibel kaum etwas sagen.

Ständigen Neubildungen sind keine Grenzen gesetzt. Hauptsache, ein Verb oder ein Adjektiv wird substantiviert und nach Möglichkeit in den meist verallgemeinernden und verschleiernden Plural verfrachtet. Die Wirkung ist dann immer wieder die gleiche: abgehoben, unpersönlich und vor allem unverbindlich. Der Prediger ist persönlich nie zu fassen, höchstens akademisch. Und das will er -sicher unbewußt- ja wohl auch so. Machen Sie einen weiten Bogen um diese Sprache!

Noch eine heikle Sache: In letzter Zeit tauchen im Gemeindeleben häufig veränderte Begriffe auf. Es ist an sich gar nichts einzuwenden gegen die Formel:

> Wir wollen unseren Gottesdienst **feiern**.[142]

---

[138] Ein für gewisse Kreise bezeichnendes Konferenzthema. Auffallend ist die Artikel- und Pronomenlosigkeit, die die Beziehungslosigkeit, die kritische Distanz, andeutet. Ich hätte vorgeschlagen: »Wie **wir** Frauen **unsere** Kirche erleben«.

[139] Damit ist ganz einfach »Nächstenliebe« gemeint.

[140] Aus einem Referat über das Thema »Zweifel«. Zugegeben: Das Verb »zuflüstern« schafft eine lebendige Vorstellung. Das Verb »zurufen« erfüllt hier seine Funktion nicht; denn es geht ja um etwas Negatives. Zugerufen wird aber Positives. Bonhoeffer sagt das Gleiche, aller Abstraktion zum Trotz, während seiner Zeit als Studentenpfarrer markiger: »Die Unsichtbarkeit Gottes macht uns kaputt.« Gesammelte Schriften I, Seite 61

[141] Zitiert nach Piper, Kommunizieren lernen, Seite 80

[142] Gottesdienst »feiern« statt »halten«. - Wenn eine Gemeinde ihren Gottesdienst wirklich **feiert**, so ist sie zu beglückwünschen. Wenn der vielversprechenden Ankündigung »feiern« dann aber das so triste und altgewohnte Einerlei folgt, das kaum einen Menschen etwas fröhlicher macht, so wäre der Begriff »halten« wohl angemessener. Sie sollten den Ausdruck »halten« nicht in »feiern« verbessern, es sei denn, Sie wollen eine Steigerung gegenüber »halten« ausdrücken. Ihr Bemühen muß dann aber auch dieser Steigerung gerecht werden. Gebrauchen Sie das Wort »feiern« nicht, wie oft geschehen, besserwisserisch, also den abweichenden Sprachgebrauch öffentlich indirekt rügend!

oder gegen den Begriff:

Die **Glaubenden**[143]

Es kann und soll nicht widerlegt werden, daß der Gottesdienst eine Feier ist. Auch daß Menschen, die an Jesus Christus glauben, Glaubende sind, ist nicht zu bestreiten. Aber die Polarisierung[144] im Reich Gottes ist soweit vorangeschritten, daß der ständige und weitgehend ausschließliche Gebrauch der einen oder der anderen Formel bereits auf eine theologische Herkunft schließen läßt. Ebenso verhält es sich mit der Formulierung, daß im Gottesdienst nicht **wir Gott** dienen, sondern **er uns.**[145] Natürlich kann keiner Gott dienen, wenn ihm zuvor nicht Gott gedient hat. Aber auch wir wollen -hoffentlich!- Gott im Gottesdienst dienen. Und den Gottesdienst kann man durchaus auch »halten«. Ebenso sind Leute, die Jesus Christus vertrauen, nicht nur »Glaubende«, sondern nach wie vor auch »Gläubige«[146]. Beides ist richtig. Es ist aber kaum hilfreich, daß sich »Fraktionen« bilden, deren eine ausschließlich die eine Formel gebraucht, während die andere nur den anderen Begriff verwendet. Ich fürchte, solche Formeln werden oft nach der Mode gebraucht. Was Sie vermeiden sollten, ist die Einseitigkeit und die Ausschließlichkeit. Unterstützen Sie keine Sprach-Fraktionen! Sie trennen sonst leicht Menschen voneinander. Und das wäre vermeidbar. Deshalb wechseln Sie die Ausdrücke, wenn Sie merken, daß Ihre Redewendungen auf Abneigung stoßen!

Noch einmal: weder beim Kanaanäischen noch bei der theologisch-philosophischen Fachsprache geht es mir um einen Kampf gegen bestimmte Wörter, sondern um Allgemeinverständlichkeit und -verträglichkeit. Neukanaanäisch allerdings halte ich in einer gemischten Gesellschaft für kaum noch verträglich. Das ganze Kapitel zusammengefaßt:

Reden Sie so fromm wie nötig und so profan[147] wie möglich!
Denken Sie so profan wie nötig und so geistlich wie möglich!

c) Die Jugendsprache

Wer öfter mit jungen Leuten zu tun hat, der weiß, daß sie ihre eigene Sprache sprechen. Die Jugendsprache hat mehrere Ursachen; eine trifft besonders auf solche zu, die nicht echte Fremdsprachen beherrschen; sie müssen diese Bildungslücke über eine Jugendsprache »kompensieren[148]«; eine andere ist die Separierung. Nun gibt es Prediger, die der Jugend imponieren wollen. Um ihre

143 »Glaubende« statt »Gläubige«

144 = die Entwicklung in Gegensätze (Pole); aus (lat.) *polus*, (grie.) *polos* (= Pol, Drehpunkt) und (grie.) *pelein* (= sich bewegen)

145 Vielleicht erklärt die Tatsache, daß manche Gott nicht mehr dienen wollen, das Chaos im einen oder anderen Gottesdienst.

146 Die Katholiken haben nicht so große Hemmungen, von »Gläubigen« zu reden. In der evangelischen Welt steckt gefühlsmäßig hinter »Gläubiger« mehr, daß ein Mensch gläubig **geworden** ist und nun im Glauben an einen persönlichen Gott **lebt**. »Glaubender« läßt eher empfinden: Da ist einer, der sich auf Grund eigenen Entschlusses, notfalls auf Zeit, dem Glauben, im Idealfall auch Gott, zugewandt hat.

147 = weltlich, nicht kirchlich bzw. nicht sakral; aus (lat.) profanus (= vor dem heiligen Bezirk gelegen), aus pro (= vor) und fanum (= geweihter Ort, Heiligtum, Tempel)

148 = ausgleichen; aus (lat.) *com* für *cum* (= mit) und *pensare* (= abwägen, ausgleichen)

Botschaft leichter anbringen zu können, gebrauchen solche Redner den Wortschatz der jungen Leute. Davor warne ich Sie aus drei Gründen:
Der erste Grund: Es macht Sie nicht überzeugender, wenn Sie sich jünger und »flotter« geben, als Sie sind. Mitunter machen Sie sich damit lächerlich, ebenso, wenn Sie sich Ihrem Alter unangemessen kleiden. Der Jugendliche braucht Sie auch nicht als neunzehnjährigen Ratgeber oder Seelsorger, sondern als dreißig- oder fünfzigjährigen. Anders ist es, wenn Jugendliche spüren können, daß Sie **als Älterer** ihnen zuliebe das eine oder andere mitmachen.
Der zweite Grund: Die Jugendsprache ist häufig falsch, primitiv oder flach. Sie ist zur Darstellung seriöser Sachverhalte, etwa zur Predigt des Evangeliums, nicht geeignet. Ihre Schwerpunkte liegen woanders, weil ihre Entstehung andere Ursprünge hat. Sie soll, ebenso wie die »Sprache Kanaans« oder die Universitäts- und Kirchensprache eine Gruppe gegen mißliebige Kreaturen, in diesem Fall die Erwachsenen, abschotten. Das Evangelium hat zwar stets das Bestreben, Grenzen niederzureißen, aber das geschieht nicht dadurch, daß Sie sich anbiedern.
Wenn Sie den Jugendlichen sprachlich entgegenkommen wollen, dann sagen Sie: »Ich glaube, Ihr nennt das ....«
Der dritte Grund: Die Jugendsprache ist zum einen landschaftlich unterschiedlich, zum anderen und vor allem aber einem ständigen und zwar extrem schnellen Wandel unterworfen. Bei Gesprächen mit Dreiundzwanzigjährigen stelle ich fest, daß sie gegenüber den Siebzehnjährigen bereits hoffnungslos »veraltet« sind. In einer Jugendsprache müßten Sie sich also mit unangemessenem Aufwand auf dem laufenden halten.

d) Das Reden in Mundart

Wenn Angehörige einer Volksgruppe restlos unter sich sind, dann ist das Reden, auch das Predigen, in Mundart sicher eine emotionale Verstehenshilfe. Das heißt: Die Gefühle helfen dem Verstand, weil der Hörer sich wohler fühlt. Das ist das Prinzip, nach dem die Wycliff-Bibelübersetzer die Bibel in Eingeborenen-Dialekte übersetzen, obwohl die meisten Eingeborenen doch ebenso leicht das Lesen in der entsprechenden Kultursprache erlernen könnten.
Wenn aber nur ein einziger Besucher anwesend ist, der die Mundart nicht oder nur unvollständig versteht, müssen Sie Hochdeutsch reden. Was den Dialekt angeht, so machen Sie sich keine Sorgen, wenn Ihr Schwäbisch oder Niederdeutsch durchklingt. Das ist sympathisch. Nur eins kann Ihnen nicht erspart werden, weil Mundarten oft die Grammatik verändern: Sie müssen, auch bei Durchklingen Ihrer Mundart, unbedingt grammatisch richtig sprechen!

7. Sprechen Sie angemessen und maßvoll!

Angemessenheit mißt sich an ihren Möglichkeiten. Angemessenheit in einer Rede zielt darauf, mit einer ganz bestimmten Sprache von einem ganz bestimmten Zuhörer verstanden zu werden. In einer Rede maßvoll zu sein bedeutet, an sich selbst einen Maßstab anzulegen, sich im Griff zu haben.

a) Das angemessene Sprechen

Angemessenes Reden stellt sich selbst mehrere Bedingungen. Es wird dem Abstraktionsvermögen oder -unvermögen[149] seiner Hörer ebenso gerecht wie deren Bildungsstand. Angemessenes Reden nimmt Maß an der Zumutbarkeit von Wortmenge oder Wortkargheit, an der Seriosität und an der Allgemeinverständlichkeit.

Angemessenheit, was das Auffassungsvermögen der Hörer betrifft:

Angemessen muß die Sprache sein im Anspruch, den Sie an Bildung und Auffassungsvermögen Ihres Hörers stellen. Das bedeutet, daß Sie weder eine Inflation der Worte über ihn ergehen lassen, noch daß Sie ihn mit Ihren Allüren behelligen, noch daß Sie eine dichterische oder eine Gelehrtensprache noch ein sogenanntes Fach-Chinesisch sprechen. Zwar richtet sich der Anspruch nach der Hörerschaft, am besten fahren Sie aber, wenn Sie diesen Grundsatz nur nach **unten** beherzigen, nicht nach **oben**. Damit meine ich: Sie sollten für eine wenig gebildete Hörerschaft **noch** einfacher werden, **nicht aber** für eine gebildete komplizierter. **Erstens** laufen Sie bei einer wirklich gebildeten Hörerschaft Gefahr, daß sich Ihre Fachsprache doch nicht als so einwandfrei erweist, und **zweitens** wollen auch diese Leute einmal »ausruhen«[150]. Ich verweise dabei auf die Untersuchungen des Psychologen Friedemann Schulz von Thun, der ermittelt hat, daß Akademiker zwar eine viel kompliziertere Sprache verstehen als Arbeiter, daß diese Akademiker aber bei einfacher Sprache **noch** mehr mitbekommen[151]. Und wir wollen doch das Optimale[152] erreichen. Dazu haben wir als Prediger des Evangeliums einen Rede-Gegenstand, den zum einen die Menschen unbedingt brauchen, dem sie zum anderen aber noch nicht die angemessene Aufmerksamkeit zu geben bereit sind.[153]

Ich kann nur immer wieder empfehlen, etwa -und das heißt: höchstens!- mit dem Anspruch an die Hörerschaft zu sprechen, den gute Rundfunk- und Fernseh-Journalisten an ihre Hörer stellen. Die von diesen Journalisten häufig zu stark benutzten Fach- und Fremdwörter müßten Sie in Ihrer Rede allerdings noch zusätzlich übersetzen.

Angemessenheit, was die Wortmenge betrifft:

Sparen Sie nicht mit Wörtern, wenn sie der Klarheit, der Stimmung oder der Milderung dienen. Seien Sie aber knausrig gegen jedes Wort, das Ihre Rede »belastet«. Entrümpeln Sie Ihre Rede! Was mit der gleichen Klarheit und Wirkung kürzer zu sagen ist, sagen Sie kürzer. Kurze Sätze sind wie Hammerschlä-

---

149 Die Fähigkeit, abstrakt (= nicht gegenständlich) zu denken

150 Gerhard Hilbert, 1927, zitiert nach Bub, Seite 46: »Gerade der von Denkarbeit geplagte Gebildete wird sich freuen, wenn er nicht von Kopf zu Kopf, sondern von Herz zu Herz angesprochen wird.

151 Schulz von Thun, Seite 140-155, besonders Seiten 154 und 155

152 = höchste Steigerung, von (lat.) *optimum* (= das Beste); Superlativ von *bonus* (= gut)

153 Michael Dieterich macht darauf aufmerksam, daß nicht alle Erwachsene die Stufe erreichen, auf der sie losgelöst vom konkreten Objekt in abstrakten Bezugssystemen denken können. Seiten 162 und 163

ge: Sie sitzen. Sie werden gehört. Sie gehen tief. Sie werden nicht so schnell vergessen. Aber einen Vorteil haben sie nicht: Sie bringen keinen Zeitgewinn. Sie kosten Zeit; denn in drei kurzen Sätzen sagen Sie, was Sie sonst in einen langen packen würden. Der Zeitaufwand lohnt sich!

Ich sagte schon, daß Füllwörter in einer »Spreche« nicht dasselbe sind wie in einer »Schreibe«[154]. Trotzdem sollten Sie einige davon für zwei Jahre »aus dem Verkehr ziehen«, so lange, bis Sie wieder sinnvoll damit umgehen können. Die drei schlimmsten sind:

also **eigentlich** **einfach**

»Also« wird von jüngeren Leuten am Anfang fast jeder öffentlichen Rede gebraucht. Es ist ein Ausdruck der Verlegenheit und hilft gelegentlich auch ein wenig, in die Rede hineinzukommen. Wenn das Wort »also« Schlimmeres verhindern hilft, mag es angehen. Der so beginnende Redner beläßt mit diesem Anfang aber zum einen stets den Hauch von Hilflosigkeit und Verlegenheit über seinem Auftritt. Zum anderen schwächt er den wirkungsvollen Einsatz seiner Rede. Das »erste Wort« kann nach »also« nicht mehr »sitzen«.

Mit »eigentlich« will sich der Redner häufig unbewußt absichern für den Fall, daß sich nicht restlos beweisen läßt, was er sagt. Sie werden bemerkt haben, daß auch in diesem Buch das Wort »eigentlich« gar nicht so selten vorkommt. Es hat seinen Platz aber eher in der »Spreche« als in der »Schreibe«. Wo es eine rhetorische Funktion hat, etwa eine Stimmung anzudeuten, Unsicherheit oder Skepsis auszudrücken, da soll es nicht verbannt sein. Besonders in Fragen hat »eigentlich« häufig eine nützliche Aufgabe. Etwa in der Frage:

Warum **eigentlich**?

Auch hier ist es sinnvoll:

Eigentlich sollte es ein Vorzeigeprojekt werden.[155]

Manchmal ist ein solches Füllwort auch nötig, um eine Atmosphäre der Lässigkeit zu erzeugen oder den Hörern Nachdenk-Sekunden zu verschaffen. Es mag sogar sein, daß solche Ihrem Hörer vertrauten Wörter dazu dienen, sein Verhältnis zu Ihnen zu kräftigen. Schlecht beraten sind Sie, wenn Sie derartige Wörter in Grundsatzaussagen einbauen.[156]

Das Wort »einfach« ist unter Evangelikalen viel öfter zu hören als woanders. Wahrscheinlich deshalb, weil man sich im Unterbewußtsein wünscht, das Glauben sei einfacher.

Nichts einzuwenden ist gegen diesen Satz:

Das gehört **einfach** dazu!

Kein Einwand auch bei diesem:

Das ist ganz **einfach** Schlamperei!

Ein weiteres Füllwort ist landschaftlich gebunden:

jetzt

---

[154] Siehe auf den Seiten 118-124 und 137-140!

[155] Aus der Hessenschau vom 20.10.1990

[156] Bedenken Sie zu dieser Frage bitte das Gebiet der »Sicherheit« auf den Seiten 187-191 und auch die Ausführungen zur »Redundanz« auf den Seiten 194-197!

Dort, wo es zuhause ist, wird es in fast jedem Gebets-Satz gebraucht. »Wir danken dir **jetzt**.« In der Öffentlichkeit darf das nicht sein! Ebenso verhält es sich mit: »ja«. So beten viele jüngere Leute:

Wir danken Dir - **ja** - für das schöne Wetter.

Was soll das? Gehen Sie aber auch sparsam um mit:

absolut und **echt!**

Angemessenheit, was die Seriosität betrifft:
Vor Jahren hatte sich der Moderator einer der ältesten und bekanntesten Quiz-Sendungen vorübergehend angewöhnt, überhaupt nicht mehr »das« zu sagen, sondern nur noch »dies«. Solcher »Mätzchen« ist die Kanzel zu würdig. Ähnlich ist es mit einem übertrieben »rollenden R«. Diese Allüren sind wohl nie eine Hilfe für die Botschaft. Was sie bewirken, ist, daß sich die Hörerschaft unsichtbar in zwei Gruppen spaltet: Die eine Gruppe ist aus unbewußt erotischen Gründen vernarrt in die Allüre, die andere Gruppe fühlt sich davon abgestoßen. Diese Spaltung bezieht sich nicht auf den Inhalt der Rede, sondern auf den Redner. Ihm kann es nutzen **oder** schaden, der Botschaft kann es **nur** schaden.
An dieser Stelle ist nach der Berechtigung von Scherzen oder Witzen im gemeindlichen Reden zu fragen: Bezüglich der Scherze gibt es keinen großen Unterschied zwischen Bunten Abenden, Gesprächskreisen, Jugendstunden und dergleichen einerseits und Gottesdiensten andererseits. Auch in einer Predigt sollten Ihre Hörer mindestens zweimal schmunzeln[157]. Und sie dürfen auch ein- oder mehrmals herzhaft lachen. Wenn das der Botschaft Abbruch tut, dann haben Sie entweder die Botschaft schlecht verkündigt, die Scherze sehr hilflos eingflochten oder beides.

Anders verhält es sich mit Witzen. Sie sind gewiß nicht völlig aus der Predigt zu verbannen. Und eine Gemeinde zum Gutfinden von Witzen erziehen, das kann nur sehr langfristig und taktvoll geschehen. Ob es die Sache wert ist? Vielleicht! Einen theologischen Grund gegen einen sauberen Witz in der Predigt gibt es sicher nicht. Einen homiletischen Grund[158] gibt es bestimmt: die Gefährdung der Aufmerksamkeit gegenüber der Botschaft.
Müssen Sie nun auf Witze verzichten? Oder lockern solche Späße angenehm auf? Die Entscheidung können nur Sie und zwar nur nach der jeweiligen Situation treffen. Aber zwei Dinge sollten Sie bedenken:
Das erste: Ein Witz dient selten der Botschaft. Das zweite: Nach einem Witz - und zumal nach einem guten- bekommen Sie die Aufmerksamkeit Ihrer Hörer nur sehr schwer wieder zurück.
Hans Conzelmann sprach im Fernsehen von schlüpfrigen Reden und witziger Gewandtheit. Er sagte: »In der Familie ist der Witz einer bestimmten Herkunft und Höhenlage nicht möglich.« Das trifft auch auf die Gemeinde Jesu zu. Auch sie ist eine Familie, der nur eine saubere und nicht hinterhältige Rede bekommt. Die Entscheidung, ob ein Witz der Gesamtatmosphäre und vor allem dem Ge-

---

[157] Etwas Ähnliches sagt auch Spurgeon.

[158] = einen Grund aus der Predigtlehre; siehe auch auf den Seiten 116-117!

samtanliegen der Veranstaltung »unter dem Strich« dennoch mehr dient als schadet, diese Entscheidung nimmt Ihnen niemand ab.
Eins aber ist klar: Witze, die man gewöhnlich als »nicht stubenrein« bezeichnet, sind sowohl für die Predigt als auch für jede andere gemeindliche Veranstaltung ausgeschlossen. Wenn es für diese Ablehnung keine theologischen oder moralischen Gründe gibt, so gibt es dafür gute Gründe der Rücksicht und des Taktes.

Angemessenheit, was die Allgemeinverständlichkeit betrifft:
Da ich mich überwiegend an Prediger des Evangeliums wende, schneide ich das Gebiet der theologischen Fachbegriffe an[159]. Selbst die Vokabel »Gott« ist unbedingt umschreibungsbedürftig. Wer kennt schon das alttestamentliche oder das neutestamentliche Gottesbild? Sollten Sie sich die Mühe machen, unter entschiedenen Christen nachzufragen, was diese unter Gott verstehen, so würden Sie über die Vielfalt und auch über die Abwegigkeit vieler Vorstellungen staunen. Wieviel erschreckender würde eine solche Umfrage im Zeitalter des Existentialismus, des »New Age« und ähnlicher Strömungen unter kirchenfernen Menschen ausfallen! Wer einfach »Gott« sagt, auch da, wo seltsame Vorstellungen sprießen könnten, der läßt jeder Verirrung Tür und Tor offen und handelt verantwortungslos.

Beispiele für interpretationsbedürftige Fachbegriffe:
Gott, Jesus[160], Heiliger Geist, Bibel, Schöpfung, Geschöpflichkeit, Sünde, Gnade, Opfertod, Werk Christi, Leiden Christi, Bekehrung, Wiedergeburt, Vergebung, Erlösung, Versöhnung, Retter, Freiheit, Wahrheit, Lobpreis, Freude, Friede, Geistesgaben, Wiederkunft und viele andere, ganz besonders aber solche wie:

Führung oder Gebetserhörung.

Meine Leser würden mich auf tragische Weise mißverstehen, wenn Sie aus meinen Worten heraushörten: Man darf nicht anspruchsvoll lehren. Ich meine das Gegenteil. Allerdings sollten Sie sich beim »Lehren«, worunter ich das Vermitteln biblischen Denkens verstehe, nicht zu viel auf einmal vornehmen, um das Wenige gründlicher und einfacher erklären zu können. Um die Spannung, in der das geschieht, anzudeuten, zitiere ich zwei sehr unterschiedliche, aber einander nicht widersprechende Passagen aus Büchern von Helmut Thielicke. Zunächst ein darin enthaltenes Zitat von Dorothy L. Sayers:

> Man versichert uns dauernd, die Kirchen seien darum so leer, weil die Prediger zu viel Gewicht auf die Lehre legten: auf das »langweilige Dogma«, wie man zu sagen pflegt. Man lasse mich einmal sagen, daß das Gegenteil wahr ist; es ist die Vernachlässigung des Dogmas, das die Predigten so langweilig macht.[161]

Wie recht hat D. Sayers doch! Die Tausende aus allen Generationen und Schichten, die zu Thielickes Vorträgen über die Zehn Gebote oder das Apostolische Glaubensbekenntnis strömten, bewiesen dieses Gegenteil.

---

[159] Siehe auch unter »Die Illustrationen«, dort zur Illustrationsmöglichkeit der »Umschreibung« (Seiten 95-96)!

[160] Auch Namen wie »Jesus« haben für kirchenfremde Menschen den Rang von Fachtermini.

[161] Helmut Thielicke, Ich glaube, 1965, Quell Verlag (neuerer Titel: Woran ich glaube), Seite 5

Nur bedingt richtig, aber dennoch nicht zu überhören, ist der Rat, den Geschäftsleute Helmut Thielicke gaben:

> Wenn wir unsere Margarine mit Vitamin- und Kalorienangaben anpreisen würden, kämen wir damit bei unseren Kunden ebensowenig an, wie wenn Sie von hochgestochenen Dogmen und überkandidelten Formeln handeln. ... Darum plagen wir sie nicht mit chemischen Angaben über unser Produkt, sondern setzen ihr ein buntes Plakat mit einem Kleinkind vor, das lustvoll in eine Margarinestulle beißt, und schreiben darunter: »O Mutti, schmeckt das gut!«[162]

Sie, meine Leserinnen und Leser, werden bemerken, daß man zum einen biblische Lehre und Margarine nicht völlig gleichbehandeln kann und zum anderen das eine tun und das andere nicht lassen sollte. Das Margarine essende Kind entspricht dem fröhlichen Glaubenszeugnis eines Christen; das muß sein. Auf die chemischen Angaben kann im Ernstfall keiner verzichten; sie entsprechen einer gründlichen Lehre, die alles andere als langweilig sein muß.

b) Das maßvolle Reden

Ich hörte einen Prediger als Predigtbeispiel den Satz zitieren, den ein anderer gesagt haben sollte:

> Alle Geschäftsleute sind **Verbrecher**.

Es liegt auf der Hand, daß sich etwa 95 % der Anwesenden innerlich gegen diesen Satz auflehnen würden. Zustimmen würden teilweise solche Anwesende, die in den letzten Wochen von einem Geschäftsmann übers Ohr gehauen worden sind. Zwar sind für sie Geschäftsleute keine Engel; aber Verbrecher sind sie auch nicht. Mit der Auflehnung gegen die Übertreibung weisen erst recht die anderen die übertreibende Art ab. Und mit der übertreibenden Art schließlich unbewußt den Übertreiber, den Redner. Würde man nun stattdessen sagen:

> Alle Geschäftsleute sind **Betrüger**,

so blieben vielleicht von den 95 %, die »Verbrecher« abgelehnt haben, noch 65 % übrig, die auch »Betrüger« innerlich ablehnen. Ließe sich der Redner nun bewegen zu sagen:

> **Alle** Geschäftsleute sind **unkorrekt**,

so würde er sich bereits auf biblischem Boden befinden, hätte sich evtl. aber immerhin noch mit einem Widerspruch von 25 % seiner Hörer abzufinden. Wäre er aber so maßvoll zu behaupten:

> **Viele** Geschäftsleute sind unkorrekt,

so würde der Satz fast von allen Hörern als richtig empfunden. Statt Sympathien und Glaubwürdigkeit zu verlieren, hätte er sogar ein wenig gewonnen.

Nennen Sie einen Menschen auf echt Süddeutsch

> **sau**dumm,

so haben Sie Ihre Zuhörer gegen sich. Durch solche Worte wird dazu noch Ihre Glaubwürdigkeit sehr angekratzt. Nennen Sie den Menschen

> **stroh**dumm,

so erleiden Sie nicht ganz soviel Schaden. Nennen Sie ihn

> einen **nicht so schnellen und tiefen Denker**,

---

[162] Helmut Thielicke in seiner Autobiographie »Zu Gast auf einem schönen Stern«, Seite 316

dann wird man Ihnen abnehmen, daß der andere **dumm** ist.
Nennen Sie einen Menschen

einen faulen Hund,

so gehen viele Ihrer Hörer nicht mehr mit Ihnen mit. Sprechen Sie von einem

Faulpelz,

so stimmt Ihnen der eine oder andere zu. Umschreiben Sie aber:

Er machte gern ein wenig früher Feierabend, dafür kam er morgens aber etwas später,

so schmunzeln Ihre Zuhörer. Und fast alle glauben Ihnen, daß der beschriebene Mensch ein »ganz fauler Hund« war. Kürzlich hörte ich in einer Predigt den Satz:

»Man müßte nochmal zwanzig sein und so verliebt wie damals«, was ein Unsinn!

Viele Ihrer Hörer finden das Lied gut, das Willy Schneider so unvergleichlich sang. Weshalb sollte ein Prediger so töricht sein, die ganze Potenz der Zuneigung zu Willy Schneider gegen sich und seine Botschaft einzusetzen? Wenn es Ihnen denn so wichtig ist, das zu äußern, dann sagen Sie:

..., ein Unsinn, aber ein charmanter!

oder:

..., ein charmanter Unsinn, aber ein Unsinn.

Wenn Sie in einem Beispiel sagen wollen, daß man doch nicht so unvernünftig sein dürfe, auf einer kurvenreichen Landstraße mit **200** in die Kurve zu fahren, so verlieren Sie Ihre Hörer. Die Hörer scheitern mit ihrer Assoziation[163]. Jeder, der Auto fährt, weiß, daß das sowieso keiner kann. Der Wagen würde kippen. Würden Sie aber eine Geschwindigkeit um die **100** oder allenfalls um die **120** wählen, so gäben Ihnen Ihre Hörer recht: Jawohl, das wäre unverantwortlich!
Sagen Sie Ihren Gottesdienstbesuchern, daß Sie sie **herzlich** begrüßen, so ist das mehr, als wenn Sie sie **recht herzlich** begrüßen. Das »recht« mindert eher die Aussage. Es wird als Floskel empfunden.
Es versteht sich von selbst, daß »maßvoll« sich auch auf derbe Ausdrücke der Gassensprache beziehen muß, zumal in einer Predigt, selbst wenn es sich um Zitate handelt. Sollte es nötig werden, eine sehr grobe Ausdrucksweise anzudeuten, so können Sie sich sozusagen auf Umwegen helfen, etwa so:

Da entfuhr mir ein Wort, **das dieses Platzes nicht würdig ist**!

Oder:

Er zitierte **einen gewissen Klassiker**.

Eine »Fäkalsprache«[164] sollten Sie für eine seriöse Rede oder gar für eine Predigt auf gar keinen Fall in Erwägung ziehen. Es gibt zwar Hörer, denen es gefällt; die Mehrheit aber ist dadurch irritiert. Die Rede muß »kanzelgemäß« sein. Und ich meine, das heißt: evangeliumsgemäß. Und das wiederum heißt: Jesus, unserem Herrn, gemäß![165]

---

163 Assoziation = Verknüpfung von Vorstellungen, von denen die eine die andere hervorgerufen hat. Assoziieren = eine gedankliche Vorstellung mit etwas anderem verknüpfen. Von (lat.) *as* für *ad* (= zu) und *sociare* (= verbinden).

164 Fäkalien = Kot, Harn; aus (lat.) *faex* (= Bodensatz, Niederschlag)

165 Wolfgang Bub macht darauf aufmerksam, daß das maßlose Reden in Superlativen die Sprache unwahrhaftig und unecht erscheinen läßt - auch wenn es um das Evangelium geht. Zu achten ist nach seinem guten Rat auf Sachgemäßheit, Echtheit und Quantität. Seiten 207 bis 214

8. Reden Sie konkret, treffend, bildhaft, warm und freundlich!

Konkret[166] reden Sie, wenn Sie Abstrakta[167] weitgehend vermeiden. **Bildhaft**, das erfordert, daß der Hörer das Berichtete vor Augen hat, es »sieht«. **Warm** ist Ihre Rede, wenn sich Ihr Hörer wohltuend »angerührt« fühlt. **Freundlich** sprechen Sie, wenn Ihr Hörer glauben kann, daß Sie es gut mit ihm meinen. **Treffend**, das bedeutet, daß Sie passende Adjektive[168] finden. Es handelt sich dabei letztlich um zweierlei: erstens darum zu zeigen, um **was** es geht. Das ist die Assoziation. Zweitens gilt es zu zeigen, um **wen** es geht. Das ist die Identifikation.

a) Zeigen, um was es geht

Abstrakta bezeichnen etwas, das Sie nicht sehen, hören, riechen, schmecken oder anfassen können. Solche abstrakten Begriffe sind zwar nicht entbehrlich; aber selten helfen sie zu einer Vorstellung. Sie tragen überhaupt nichts zu einer angenehmen Stimmung bei. Sie können zwar Systeme und Sammlungen, aber weder Gegenstände noch Verfassungen noch Gefühle treffend beschreiben. Das Gegenstück zum Abstraktum ist das Konkretum. Ein Konkretum bezeichnet ein Ding oder ein Verhältnis oder eine Stimmung, die man mit seinen Sinnen wahrnehmen kann. Beide Begriffsgattungen finden sich in mehreren Wortarten, besonders unter den Substantiven. Beispiele: **Gattung** ist ein abstrakter Begriff. **Kirchturmspitze** ist ein konkreter Begriff. Das Maß der Abstraktion ist unterschiedlich.
Wie singt doch Harald Juhnke in seinem Schlager?

> **Barfuß** oder **Lackschuh** ...

Er würde das, was er sagen will, präziser ausdrücken, wenn er abstrakte Begriffe gewählt hätte, etwa:

> **Armut** oder **Reichtum** ...

Er wäre damit sogar im Rhythmus geblieben. Aber keinen hätte sein Lied beeindruckt. »Barfuß« dagegen können Sie »sehen« und »Lackschuh« erst recht. Nicht nur, daß Sie das sehen, Sie sehen den Barfüßigen sogar abgerissen und hoffnungslos in seinem Elendsquartier oder als verbitterten Bettler vor einer teuren Haustür und den Lackschuhträger mit ausgelassenen Freunden und Begleiterinnen auf dem Parkett einer rauschenden Ballnacht. So müssen Sie reden! Dann hört Ihnen auch jemand zu. Dann kommen die Leute auch wieder.
Gerade, weil die Bildhaftigkeit Ihrer Ausdrucksweise so außerordentlich wichtig ist, finden Sie in diesem Abschnitt besonders viele Beispiele, zum Teil aus der hohen Politik.
Michail Gorbatschow versteht sein Handwerk. Er spricht nicht von Europa oder vom gemeinsamen Europa, sondern vom

> gemeinsamen **Haus** Europa.

Ein Haus kann jeder sehen.

---

[166] Von (lat.) *concretus* = verdichtet, aus etwas zusammengesetzt

[167] von (lat.) *abstrahere* = abziehen. Das Konkrete, das Sichtbare und Greifbare, ist »abgezogen«, so daß nur der nackte unanschauliche Begriff übrigbleibt.

[168] = Eigenschaftswörter wie etwa »berauschend«, »zugeschneit« oder auch »schön«

Ein Journalist in Tokio, vor Apfelbäumen stehend, in einer Fernseh-Reportage über Japans Ministerpräsidenten:

Seine Chance, noch im Amt zu sein, **wenn diese Apfelbäume blühen**, ist gering.

Der damalige Ministerpräsident Hans Modrow auf die Rede vom Zusammenwachsen der beiden deutschen Staaten:

Sie sollen zusammen**wachsen**; wir sollen sie nicht zusammen**nageln**.

Willy Brandt am 24. Februar 1990 auf dem SPD-Parteitag in Leipzig, ein inzwischen geflügeltes Wort vom »Zug der Einheit« aufnehmend:

Der Zug der Einheit rollt. Jetzt kommt es darauf an, daß keiner **unter die Räder** kommt.

Ein paar Tage später ein Journalist:

So mancher will jetzt noch auf den Zug aufspringen, natürlich auf den **1.-Klasse-Wagen.**

Am 18. Juni 1990 war dann zu lesen[169]:

Richard Schröder gar beschwor die Fahrt in die deutsche Einheit mit **Achsenbruch**.

Hier werden vorhandene und bekannte Bilder erweitert. Graf Lambsdorff in der Tagesschau vom 5. März 1990 zur Reparationsdiskussion sagt nicht:

Ich verstehe gar nicht, wie man jetzt dieses Thema beginnen kann.

sondern er sagt:

Ich verstehe gar nicht, wie man jetzt **dieses Faß aufmachen** kann.

Oder zur Diskussion um die 3-%-Hürde in der DDR in den »tagesthemen« vom 29. Juni 1990:

Wir sind auch nicht für die **Mund-zu-Mund-Beatmung** für die PDS.

Und noch ein Splitter eines Lambsdorff-Zitats:

Dieser Sprung vom **Klingelbeutel** zur **Staatskasse** ....[170]

Er ist nicht umsonst vor Jahren als bester Redner des Bundestages ausgezeichnet worden.

Frau von Kleist-Retzow über den sogenannten Essener Entwurf (Essen III vom 23. August 1938)[171]:

Wenn ich schon allein den **Salat von Unterschriften** betrachte!

Über das Jaguar-Cabrio schreibt Karl Schwill in einem Leserbrief[172] unter der Überschrift »Beleidigung der Mitglieder«:

Dies ist eben kein Auto für Menschen, die **darauf warten, daß ihr Bausparvertrag zuteilungsreif wird.**

Dies ist eine ausgezeichnete Negativ-Umschreibung des Käuferkreises, die fast jeder nicht nur rational, sondern auch emotional nachvollziehen kann. König David verstand eine Menge von der Sprache. Er rühmt nicht:

Gott hat meine Feinde **besiegt**,

sondern:

Gott hat meine Feinde durchbrochen, **wie Wasserfluten durchbrechen.**[173]

Wer könnte sich dabei nichts vorstellen?

---

[169] Oberhessische Presse, Marburg, Seite 1

[170] Über die 30-Milliarden-Forderung des Konsistorialpräsidenten Stolpe, damals Spitzenkandidat in der Brandenburger Landtagswahl, im »heute journal« am 10. September 1990

[171] Bethge, Bonhoeffer-Biographie, Seite 681

[172] ADAC-motorwelt 12/88, Seite 108

[173] 2.Sam 5,20

Belassen Sie es deshalb auch nicht bei:

... weniger als fünf ...

sondern sagen Sie:

... können Sie an weniger als den **Fingern einer Hand** abzählen.

Sagen Sie nicht:

Er hat diesen Einwand nicht gelten lassen,

sondern formulieren Sie:

Er hat diesen Einwand **mit einer Handbewegung vom Tisch gefegt.**

Sie mögen zu Hitler stehen, wie Sie wollen; aber er war wahrscheinlich der erfolgreichste, wenn auch schlimmste Redner, den Deutschland je hatte. Er hat sich in die Macht »hineingeredet«. Heutige junge Leute können nicht mehr verstehen, daß dieser Mann so viele Millionen mitriß. Das Phänomen ist eben nur aus seiner Zeit heraus zu begreifen. Damals wirkte anderes als heute. Gleichwohl klingen seine Bilder, etwa vom »schlanken und ranken deutschen Jungen«:

hart wie Kruppstahl, zäh wie Leder und flink wie Windhunde

nach mehr als einem halben Jahrhundert in unseren Ohren. Sie waren, heute vielbelächelt, damals ohne Zweifel eine rhetorische Meisterleistung.

Auch darin ein Meister, meinte Michelangelo:

Die Erinnerung ist die **Schwester** der Hoffnung.

Und der später ermordete Alfred Herrhausen sagte wenige Tage vor seinem Tod in einem Fernsehinterview:

Freiheit und Verantwortung sind wie **siamesische Zwillinge.**

Ein interessanter Satz von Ludwig Harig[174]:

Der Mythos **blies uns seinen Schaum ins Gesicht.**

Noch ein interessantes Beispiel bildhaften Redens von Ulrich Parzany[175]:

Die **Unterströmung** des **weltanschaulichen Relativismus** zieht vielen **die Beine weg.**

Das Interessante an diesen beiden Sätzen ist die Kombination von Abstraktion und Konkretion. Das erste Zitat besteht aus einem abstrakten und einem konkreten Begriff: »Mythos« und »Schaum«. Der zweite Satz enthält einen abstrakten und zwei bildhafte Teile. »Unterströmung« und »Beine weg« sind Bilder. Der »weltanschauliche Relativismus« ist ein abstrakter Begriff aus dem philosophischen Denken.

Ausdrücke wie

reinlegen, hinters Licht führen, auf den Arm nehmen

und tausend andere haben alle die gleiche Funktion, Vorstellungen zu schaffen. Verschenken Sie diese großartige Möglichkeit nicht!

Dagegen aber:

Treppen **beinhalten** Gefahren.

Spüren Sie, wie scheußlich dieser Satz klingt? Die Abstraktion ist auf die Spitze getrieben. Brauchbar wäre der Satz so:

Auf Treppen **lauern** Gefahren.

---

174 in »Meine Schulzeit im Dritten Reich« von Marcel Reich-Ranicki (Hrsg.), Gütersloh ²1988, Seite 217

175 In Informationsbrief Nr. 140 der Bekenntnisbewegung »Kein anderes Evangelium«, Lüdenscheid, Juni 1990

Sehr sachlich und abstrakt:

Wie die Dinge **sind**, ...

Anschaulicher:

Wie die Dinge **liegen**[176], ...

Drei abstrakte Wörter sollten Sie für zwei oder drei Jahre völlig aus Ihrem Wortschatz streichen. Das wäre eine unbezahlbare Übung, sich zur Gegenständlichkeit und Faßbarkeit zu zwingen. Diese drei Wörter lauten: »**Situation**«, »**beinhalten**« und »**man**«[177]. Besonders der Begriff »Situation« verleitet zur Denkfaulheit. Weitere Begriffe sind: Umstände, vorgenannt, das Folgende, dasselbe, dieselbe, derselbe, das Ebengenannte, wie folgt und andere. Statt ständig von der »Praxis« zu reden, sagen Sie lieber, wie Ihr Hörer diese Praxis verwirklichen kann.

Das Thema **beinhaltet** die Frage nach dem Leben.

Klingt der nächste Satz besser?

Das Thema **schließt** die Frage nach dem Leben **ein**.

Weitere weniger farblose Wörter für beinhalten: enthält oder umfaßt oder umschließt. Die Wörter »**umfaßt**« und »**umschließt**« sind wiederum »greifbarer« als »**enthält**«. »**Fassen**« und »**Schließen**« schaffen leichter Assoziationen.

Achten Sie bitte besonders auf Adjektive und Verben. Ich erinnere Sie daran, daß es an Adjektiven über

gut, schön, groß, klein, häßlich, breit, schmal, glatt, naß, laut, leise, schlimm und schlecht

hinaus noch andere Eigenschaftswörter gibt, zum Beispiel:

wohltuend, beglückend, berauschend, ergreifend, erfrischend, betäubend, niederschmetternd, verzweifelt, lauernd, glitschig, belebend, duftend und viele andere.

Sie haben gewiß bemerkt, daß die zweite Aufzählung aus solchen Wörtern besteht, die von Verben abstammen. Bereits dadurch kommt Leben in die Erzählung. Sie müssen schon eine Zeitlang über treffende Eigenschaftswörter nachdenken, wenn Ihre Erzählung Farbe bekommen soll. Nur wenigen Menschen fließen solche Begriffe in zwei Sekunden zu. Es gibt dazu ja eigens Wörterbücher, zum Beispiel das Synonym-Wörterbuch aus der Reihe des Großen Duden[178].

Auch die Substantive wollen sorgfältig überlegt sein. Schließen Sie bitte die Augen, und stellen Sie sich folgenden Satz vor:

Der Kirchturm ragt über die **Häuser** hinaus.

Schließen Sie die Augen bitte noch einmal! Vergleichen Sie nun bitte den Satz mit diesem:

Der Kirchturm ragt über die **Dächer** hinaus.

Im ersten Satz heißt es »**Häuser**«, im zweiten »**Dächer**«. Bemerken Sie den Unterschied? »Dächer« ist spezieller, näher am Kirchturm, »Häuser« ist allgemei-

---

[176] »liegen« ist immer noch leichter vorstellbar als »sein«.

[177] Sie werden bemerken, daß auch ich das Wort »man« in diesem Buch nicht selten gebraucht habe. Daran sehen Sie, daß es mir nicht um die Ausrottung dieses Wortes geht, sondern um die Entlarvung der Unpersönlichkeit, die es begünstigt. Und die Unpersönlichkeit ist meist wiederum eine Folge der Denkfaulheit.

[178] Band 8: Sinn- und sachverwandte Wörter; auch das Stilwörterbuch, Band 2, sei an dieser Stelle empfohlen.

ner. Beim zweiten Satz kommt das Bild näher heran wie durch ein gezoomtes Tele-Objektiv. Sie sehen die Dächer mit dem Kirchturm, der sie überragt, klarer. Vergleichen Sie den Satzteil:

.... die sich diesen Ton aufgrund ihres **Alters** erlauben darf

mit:

.... die sich diesen Ton aufgrund ihrer **weißen Haare** erlauben darf.

Alter ist etwas Abstraktes. Ihr Hörer kann es nur auf dem Umweg über die dafür typischen Merkmale erkennen. Weiße Haare dagegen sind konkret[179]; jeder kann sie unmittelbar wahrnehmen. Zugleich aber vermitteln sie wiederum unmißverständlich den Eindruck von Alter, auf den es Ihnen bei diesem Satz ja ankommt. »aufgrund ihrer weißen Haare« ist also vorzuziehen vor »aufgrund ihres Alters«.

Die **Assoziation** läuft Gefahr, sich zu verallgemeinern. Schnell verbindet Ihr Hörer noch weitere Umstände oder Bilder mit den beschriebenen. Sie müssen »gegensteuern«, indem Sie die Schilderung schmal gestalten, also spezialisieren.

Beispiele für Spezialisierung zum Zweck der Assoziation:

Er setzte sich auf den **Hocker**.

Was sehen Sie bei diesem Satz? Kaum etwas.

Er setzte sich auf den **gelben alten Küchenhocker**.

Was sehen Sie nun? Einen gelben alten Küchenhocker.

Er **ließ sich** auf den gelben alten Küchenhocker **niederfallen**.

Was sehen Sie jetzt? Sie sehen einen Mann, der sich auf einen gelben alten Küchenhocker niederfallen läßt.

Atemlos ließ er sich auf den gelben alten Küchenhocker niederfallen.

So, jetzt sehen Sie den Mann und hören zudem das morsche Holz des Hockers knarren. Diese Assoziationen brauchen Sie, wenn Sie Ihre Hörer dort in der Küche haben wollen. Weiter:

Wütend warf der Meister **etwas** hinter dem Lehrling her.

Alles, was Sie mit diesem Satz erreicht haben, ist Neugierde: Was hat der bloß geworfen? Vielleicht kommt Ihnen diese Neugierde gerade recht; dann ist es gut so. Wollen Sie aber nicht noch einmal auf das **Wurfgeschoß** zu sprechen kommen, so müssen es Ihre Hörer gleich sehen. Warf er ein **Werkzeug**? Das ist noch zu wenig. Warf er eine **Zange**? Immer noch zu wenig. Warf er eine **Kombizange**? Schon besser.

Wütend warf der Meister **die rote Kombizange** hinter dem Lehrling her.

So, jetzt sehen Sie das Ding fliegen, und Ihr Hörer sieht es auch.

Aber seien Sie vorsichtig! In einer Predigt hörte ich den Satz:

Und diesen **Berg** hat Gott uns vor die **Füße** gestellt.

Hier sind nun zwei wirklich konkrete Begriffe vorhanden. Und trotzdem ist der Satz Unsinn, ganz zu schweigen von der theologischen Fragwürdigkeit[180]. Das kann kaum einer assoziieren: Erstens ein großer Berg vor den kleinen Füßen. Zweitens ein stets am gleichen Ort stehendes Gebilde vor sonst bewegliche Körperteile »gestellt«.

---

[179] Die Bibel löst diese Aufgabe nicht anders; z.B.: 3.Mose 19,32; 1.Kön.2,6; Ps.71,18

[180] Der Redner geht in einer erstaunlichen Sicherheit davon aus, daß Gott den Menschen Berge in den Weg stellt.

Ähnlich verhält es sich mit diesem Satz aus einer Predigt:

..., auch wenn wir viele **Stolpersteine** auf diesem Weg nicht **verstehen**.

Wieder will ich die Frage nach der theologischen Richtigkeit[181] beiseite lassen. Stolpersteine kann man übersehen und dann darüber stolpern. Man kann sie auch bemerken, umgehen oder meiden. Aber »verstehen« kann man sie nicht. Verstanden soll höchstens werden, weshalb diese Steine dort liegen, wo sie liegen. Das müßte dann auch so gesagt werden.
Weitere Übungsbeispiele finden Sie im Anhang.[182]

b) Zeigen, um wen es geht

Die Identifikation[183] ist die nächsthöhere Stufe nach der Assoziation. Hörer, die vom Gesagten betroffen sein könnten, sollen die Gelegenheit erhalten, die Beispielgestalten zu identifizieren oder gar eine Identifizierung mit sich selbst herbeizuführen.
Vergleichen Sie bitte den an sich schon brauchbaren Satz:

Die Turmuhr schlug jede Viertelstunde.

mit diesem:

Vom Turm her schlug es viertel vor eins, eins, viertel nach eins - viertel vor vier, vier, viertel nach vier.

Das **»her«** läßt Sie vom Zuhörer zum Empfänger werden. Und die Nennung konkreter Zeiten erinnert einen Menschen, der das schon einmal erlebt hat, an die Endlosigkeit einer Nacht.
Vergleichen Sie bitte die folgenden drei Sätze miteinander:

Na hören Sie mal, wenn es um Ihre **Gesundheit** geht!
Na hören Sie mal, wenn es um Ihre **Augen** geht!
Na hören Sie mal, wenn es um Ihr **Augenlicht** geht!

Ich hoffe, Sie stimmen mit mir überein, daß der Satz an Wirkung zunimmt, je spezieller die Aussage wird. Das bedeutet: Augen sind spezieller als Gesundheit. Aber Augenlicht ist spezieller als Augen. Die dritte Version trifft am stärksten.
Vergleichen Sie den Satz:

Ein **Herr** und ein **Kind** kamen unter den Lastwagen.

mit diesem:

Ein **Großvater** kam **mit seinem Enkeltöchterchen** unter den Lastwagen.

Was die Stimmung im zweiten Fall ausmacht, ist dreierlei: Erstens sind die Personen spezieller beschrieben. Zweitens ist ein Verhältnis der beiden zueinander durch »mit seinem« dargestellt. Drittens sind durch die Verniedlichungsform »...chen« die Emotionen der Zuhörer unmittelbar angesprochen.
Ich frage meine Schüler nach einer Konkretion von

... der Mensch in seiner Situation.

---

[181] Der Redner setzt als selbstverständlich voraus, daß Gott den Menschen Steine in den Weg legt, damit sie darüber stolpern sollen.

[182] Auf den Seiten 355 bis 358

[183] = die Feststellung, wer jemand ist. Hier meist das Beziehen auf sich selbst, als »**sich** identifizieren«; von (lat.) *idem* (= derselbe, dieselbe, dasselbe) und *facere* bzw. *ficere* (= machen). Siehe mehr zur Unterscheidung von Assoziation und Identifikation unter »Die Illustrationen«, dort unter den Fragestellungen: »Wann ist eine Illustration assoziierbar?« (Seiten 109-111) und »Wann drängt eine Illustration zur Identifizierung?« (Seiten 111-114)!

Sie antworten: »Familie«. Ich will es noch konkreter haben. Sie nennen: »Eltern«. »Vater oder Mutter?« frage ich. »Vater!« »Noch konkreter«, verlange ich. Sie sagen: »Leid«. Ich bin damit noch nicht zufrieden. Sie sagen: »Krankheit«. »Welche Krankheit?« will ich wissen. »Krebs« sagen sie. »Wo?« »Magenkrebs!« »In welchem Stadium?« frage ich. »Im letzten!« antworten sie. »Mit oder ohne schlimme Schmerzen?« bohre ich. »Mit!« legen sie fest. »Wer pflegt den Vater?« »Die Mutter!« »Wie schafft sie es?« »Fast nicht.« »Macht es dem Vater etwas aus, daß die Mutter kaum noch kann?« »Ja, das ist schlimm für ihn.«
Versuchen wir's noch einmal:

> **... die Familie, in der sich der Vater in Schmerzen windet, weil ihm der Krebs seinen Magen zerfrißt, und es seine Qualen verdoppelt, daß er darum bangt, ob seine geplagte Frau unter der Pflege zusammenbricht, und sie sich darum grämt, daß er merkt: sie schafft es nicht, und davon umso kränker wird.**

So, jetzt haben wir ein Beispiel für das, was die meisten Prediger farblos **»Situation«** nennen. Mindestens zwei Einwände kommen jetzt:

Der erste Einwand: Diese Passage benötigt mehr als zehnnmal so viel Zeit wie die erste. Der Einwand ist unberechtigt. Ist es besser, daß Sie zwar zehnfache Zeit aufwenden, dafür aber die angestrebte Assoziation bei den Hörern erreichen, oder ist es vorzuziehen, Zeit zu sparen, allerdings um den Preis, daß so gut wie niemand das vor Augen sieht, was Sie meinten?
Der zweite Einwand: Das kann man zwar assoziieren, aber diese Beschreibung ist so speziell, daß sich nur wenige davon betroffen fühlen. Auch dieser Einwand ist falsch. So einleuchtend er klingt, er widerspricht jeder Erfahrung. Alle Hörer, die Ihre Konkretion von »Situation« hören, fühlen sich betroffen. Sie spüren: Da gibt es ein furchtbares Leid. Und dann erinnern sie sich daran, daß auch sie selbst großen Kummer haben, vielleicht Liebeskummer, vielleicht Angst vor dem ersten juristischen Staatsexamen, vielleicht das Bangen, ob die Hypothek mit 230.000,00 Mark nicht doch zu hoch war, vielleicht eine quälende psychische Erkrankung, vielleicht seit sieben Monaten Arbeitslosigkeit. Und nun ziehen diese Hörer den Trost oder den Rat oder irgendeine geistliche Stellungnahme dazu buchstäblich **an sich**. Und alles, was Sie zu der krebsgeschüttelten Familie zu sagen hatten, natürlich falls Sie überhaupt etwas zu sagen hatten, beziehen diese Hörer nun auf sich. Jetzt haben Sie nicht nur eine Assoziation erreicht, sondern auch noch eine Identifizierung.
Ein dritter Einwand ist häufig noch zu erwarten: Die Darstellung ist zu gefühlvoll, zu aufdringlich; hier wird ja »auf die Tränendrüsen gedrückt«, mit dem Leid anderer hausiert. Auch dieser Einwand ist falsch. Wer die Gefühle seiner Hörer nicht erreicht, erreicht überhaupt nichts. Mit solcher Kritik muß ein erfolgreicher Prediger leben lernen.
Wenn Ihnen die Zeit zu einer Konkretisierung zu schade ist, dann ist die Zeit zu schade für Ihre Rede.
Kürzlich hörte ich diesen Satz in einer Predigt:

> Nimm das mit in Deine **Lebenssituation!**

Machen Sie es besser! Weshalb sagen Sie nicht:

Nimm **diese Zusage** mit in Deine **splitternde Ehe**, in Dein **knirschendes Arbeitsverhältnis**!

Farblos:

Er **wurde nie** befördert.

Persönlicher:

Er **wartete sein Leben lang vergebens** auf eine Beförderung.

Spannungsreich:

Mit Beförderungen hatte er **immer nur dann** zu tun, **wenn er einem Kollegen dazu gratulieren durfte.**

Wenn Sie den Satzteil

In dem Jahr, als seine drei **Söhne** starben, ...

hören, empfinden Sie ein distanziertes Mitgefühl. Wenn Sie aber hören:

In dem Jahr, als **ihm** seine drei **Jungen** starben, ...

steigert sich dieses Mitgefühl in Richtung Identifikation, sogar dann, wenn Sie selbst nur einen Sohn oder ausschließlich Töchter haben.
Anders verhält es sich natürlich da, wo es Ihnen vorrangig um das Witzigsein geht. Der Satzteil:

... drei Kerls, die vor lauter **Kraft** kaum gehen konnten, ...

ist witziger als:

... drei Kerls, die vor lauter **Muskeln** kaum gehen konnten, ...

Nun sind aber »Muskeln« konkret, sichtbar, während »Kraft« einen abstrakten Begriff darstellt. Trotzdem ist in diesem Fall »Kraft« besser als »Muskeln«. Weshalb? Weil hier in erster Linie weder eine Assoziation noch eine Identifikation angestrebt war, sondern zuerst ein Sich-lustig-Machen. Und auf dem Umweg über diesen Spott sieht man dann auch die drei Kerls sich »daherschieben«.
Ich habe nun versucht, eine Lanze zu brechen für eine konkrete und bildhafte Ausdrucksweise. Das ist wichtig in all den Fällen, wo Sie tatsächlich eine Assoziation oder eine Identifikation herstellen wollen.

9. Gestalten Sie Ihre Redeteile übersichtlich!

Die Forderung nach Übersichtlichkeit betrifft den Aufbau, eine logische Verbindung der aufeinander folgenden Sätze an ihren »Nahtstellen« und die Wortfolge. Aufzählungen müssen einheitlich und Steigerungen kontinuierlich sein. Namen sowie Bezeichnungen sollen durchgehalten werden.

a) Die Übersichtlichkeit im Aufbau

Jeder Redeteil ist wie ein Bauwerk. Das heißt: es liegt jedem Punkt, jedem Absatz und jedem Satz eine Konstruktion zugrunde. Und diese wiederum wird durch eine Statik[184] kontrolliert. Nicht nur die Hauptpunkte müssen stimmen, sondern innerhalb deren auch die Unterpunkte. Und schließlich muß innerhalb

---

[184] = Lehre von den in ruhenden Körpern wirkenden Kräften; aus (grie.) *statike* (= Lehre vom Gleichgewicht), zu *statos* (= stehend). Bei einem Bauwerk ist die Statik die Berechnung der Tragfähigkeit.

eines jeden Gedankens noch jeder Satz stimmen. Bei der Formulierung eines Satzes dürfen Sie nie vergessen, welcher Satz vorausgegangen ist und welcher folgen wird. Die logische und sprachliche Verzahnung sämtlicher großen und kleinen Redebestandteile ist unabdingbar. Nur so dient das Ganze der Übersichtlichkeit. Der Aufbau einer Rede wurde bereits im zweiten Hauptteil »Zum Aufbau der Rede« dargestellt. Hier geht es darum, daß auch die Sprache der Übersichtlichkeit dienen muß.

Beginnen Sie deshalb keinen neuen Gedanken, ohne zu prüfen, ob auch der Übergang vom vorhergehenden für jeden Zuhörer einsehbar und nachvollziehbar ist. Besonders Übergänge von einer Aussagegattung zur anderen, etwa von einem Beispiel zur Anwendung oder von einem Argument zu einer Vermutung, wollen sorgfältig überlegt sein. Machen Sie das alles völlig übersichtlich!

b) Die Übersichtlichkeit in der Satzfolge

Nicht nur die Übergänge von einer größeren Aussageeinheit zur anderen, sondern auch die Nahtstellen zwischen den einzelnen Sätzen wollen bedacht sein. In diesem Zusammenhang zwei aufeinanderfolgende Sätze aus einer Predigt über Nehemia, Kapitel 2, Verse 11 bis 20:

> Die dazu benötigte Geduld konnte er nicht von sich aus aufbringen, sondern er bekam sie von Gott geschenkt. Geduld baut auf Liebe auf, die nicht ihren Eigennutz sucht oder Mutwillen treibt, das heißt zum Beispiel zornig wird, wenn nicht alles so läuft, wie man es sich vorstellt.

Was ist denn so unübersichtlich an diesen beiden Sätzen? Nun, wenn Nehemia die Geduld geschenkt bekommen hatte, dann war sie an keinerlei Voraussetzungen gebunden. Daß Geduld auf Liebe aufbaut, ist sicher nicht falsch. Aber das ist nicht zwingend so. Geduld kann mehrere Ursachen haben. Im vorliegenden Fall war sie sicher nicht durch die Liebe zu Menschen bestimmt, sondern durch die hohe Aufgabe von Gott und durch das vorgegebene Ziel. Aber es soll ja gerade gesagt werden, daß die Geduld Nehemias ein Geschenk war. Wenn sie dennoch -vom Menschen her gesehen- irdische Ursachen hatte, so müssen diese Ursachen etwas mit dem Geschenk zu tun gehabt haben. Gott hat dem Nehemia dann möglicherweise einen Blick für die Größe der Aufgabe und das Versprechen gegeben, daß er das Ziel erreicht. Und dies hätte in Nehemia die Geduld bewirkt.
Versuchen wir, die Gedanken übersichtlicher darzustellen:

> Die dazu benötigte Geduld konnte er[185] nicht von sich aus aufbringen, sondern er bekam sie von Gott geschenkt. Gott machte Nehemia klar, wie wichtig seine Aufgabe sei. Und vor allem: Gott ließ Nehemia wissen, daß er das Ziel dieses riesigen Einsatzes erreichen wird. Da hatte Nehemia anderes im Kopf als Eigennutz zu suchen oder Mutwillen zu treiben, das heißt zum Beispiel, zornig zu werden, wenn nicht alles so lief, wie er es sich vorstellte.

c) Die Übersichtlichkeit in der Wortfolge

Das Mittel, eine Rede übersichtlich zu machen, ist immer das Wort. Sie können viel dazu beitragen, daß sich Ihre Hörer bei späteren Passagen an dazugehörige frühere erinnern.

---

[185] Gemeint ist Nehemia.

Übersichtlich - das heißt zum einen: Aufzählungen müssen einheitlich sein.
Nicht so:

> aus der Enge der **Küche**,
> dem Lärm des **Maschinensaals**,
> der Hektik des **Büros**,
> dem **Alltagstrott** ...

Hier sind drei Konkreta und ein Abstraktum zusammengefaßt. Eine Küche, einen Maschinensaal und ein Büro kann sich jeder vorstellen. Der »Alltagstrott« dagegen ist ein Sammelbegriff für die drei vorausgegangenen Beschreibungen; er paßt nicht dazu. Das Wort ist abstrakt. Wenn Sie diese Zusammenstellung nicht aufgeben wollen, dann sagen Sie wenigstens:

> aus der Enge der **Küche**,
> dem Lärm des **Maschinensaals**,
> der Hektik des **Büros**;
> das ist unser **Alltagstrott**.

So wird der abstrakte Begriff zur Gesamtsumme dieser konkreten Begriffe.
Wenn Sie Verben oder Adjektive in einer Aufzählung verwenden, achten Sie bitte darauf, daß diese entweder alle gleich oder alle unterschiedlich sind. So meine ich das:

> ... wie ich mein Berufs**leben** gestalte, wie ich mein Privat**leben** gestalte, wie ich mein geistliches **Leben** gestalte.

So wirkt die Aufzählung als Refrain.[186] Sie können aber auch unterschiedliche Verben benutzen, so etwa:

> ... wie ich meinen Beruf **versehe**, wie ich meine privaten Interessen **ausrichte**, wie ich mein geistliches Leben **gestalte**.

Auf keinen Fall sollten Sie es **einmal so, zweimal anders** sagen, wie hier:

> ... wie ich meinen Beruf **versehe**, wie ich mein Privatleben **gestalte**, wie ich mein geistliches Leben **gestalte**.

Aus einer Predigt:

> Obwohl es die**selbe** Erde ist, die uns **trägt**, die**selbe** Luft, die wir **atmen**, das**selbe** Licht, das uns **umgibt**, obwohl es dieselbe Moral ist, die wir **verantworten**, das**selbe** Recht, das uns **schützt**, die**selbe** Politik, die uns **bestimmt**, die**selbe** Wirtschaft, in die wir **eingebunden** sind, die**selbe** Gesellschaft, in der wir **leben**, sind doch wir ... und die anderen ...

Das Wort »selbe« ist beibehalten, aber jedes Verb ist anders. Es würde stören, wenn zwei gleiche Verben auftauchten. Es würde ermüden, wenn Sie achtmal »in der/dem wir leben« sagten.
Das gleiche mit Adjektiven:

> Das war eine **großartige** Erfahrung, zugleich auch eine **großartige** Lektion und eine **großartige** Hilfe.

Oder aber:

> Das war eine **unbezahlbare** Erfahrung, zugleich auch eine **wichtige** Lektion und eine **großartige** Hilfe.

Eine stilistische Einheitlichkeit ist wünschenswert. Ich hörte folgenden Satzteil in einer Lobrede[187]:

> Ihre **Aufrichtigkeit**, Ihre **Eloquenz**[188], Ihre **weisen Worte** ...

---

[186] Siehe auf den Seiten 206-207!

[187] In dem amerikanischen Spielfilm aus dem Jahr 1965: »Heiraten will gelernt sein.«

[188] = Beredsamkeit; aus (lat.) *eloquentia* (= Beredsamkeit)

Bereits der Klang stört; besonders aber die Aufeinanderfolge -deutsches Wort, Fremdwort, deutsche Wörter- läßt das Zuhören unbehaglich werden. Achten Sie darauf, daß Sie nach Möglichkeit Fremdwörter mit Fremdwörtern und deutsche mit deutschen Wörtern zusammenstellen! Vernachlässigen Sie bitte nicht die Klangfolge!

Übersichtlich - das heißt zum anderen: Namen und Bezeichnungen müssen durchgehalten werden.
Führen Sie nicht ständig neue Bezeichnungen ein für vorher schon behandelte Wesen, Personen oder Sachverhalte. Sollten Sie das für nötig halten, so nennen Sie das neue Wort zusammen mit dem bisherigen.
Greifen Sie Gedanken immer wieder auf, sowohl Beispiele als auch Informationen und Argumente.

Übersichtlich - das heißt schließlich: Steigerungen müssen kontinuierlich verlaufen.
Unzumutbar für Ihren Hörer ist:

> Er sagte mir **Tag, Uhrzeit** und **Jahr**.

Die Steigerung läuft entweder vom Besonderen zum Allgemeinen[189] oder vom Allgemeinen zum Besonderen[190]. Niemals aber darf eine Aufzählung kreuz und quer verlaufen. Also entweder:

> Er sagte mir **Jahr, Tag** und **Uhrzeit**.

Oder -in der Regel weniger günstig- umgekehrt:

> Er sagte mir **Uhrzeit, Tag** und **Jahr**.

Ob in einer Schilderung das »Wo?« vor oder nach dem »Wann?« genannt wird, das richtet sich nach dem Zusammenhang. Aus dem ganzen geht hervor, welches von beidem in diesem Fall grundlegender ist. Das Grundlegendere hat den Vorrang. Ähnlich verhält es sich mit »Was«? und «Wer?« Wenn eine Person der Gegenstand der Betrachtung ist, rangiert das »Wer?« vor dem »Was?«. Ist die Person in dem bestimmten Fall nebensächlich, so kommt das »Was?« zuerst.
Noch wichtiger ist das bei der zeitlichen Abfolge von Ereignissen. Wenn z.B. jemand im Rahmen eines Predigtbeispiels sagt:

> Bereits im **Kindergarten** holte er sich blutige Lippen.
> In der **Grundschule** brachte er seine Lehrerin der Verzweiflung nahe.
> In seiner **Kfz-Lehre** drohte ihm dreimal der »Rausschmiß«..
> Seine **Ehe** wurde zum Katz- und Mausspiel,
> und im **Gymnasium** bestahl er seine Mitschüler,

so macht er seinen Hörern die Assoziation sehr schwer, ohne daß man sofort wüßte, warum; denn das »Gymnasium« gehört nicht an die letzte, sondern an die dritte Stelle in der Aufzählung. Die Lehre durchläuft man normalerweise nach der Schule.
Nun kann es Ihnen natürlich einmal passieren, daß Sie eine wichtige Position in einer Aufzählung vergessen haben. Hängen Sie diese nun bitte nicht einfach hinten dran! Sondern gebrauchen Sie eine relativierende Formel, etwa:

---

[189] Das nennt man »induktiv«.

[190] Das nennt man »deduktiv«.

> ... Seine Ehe wurde zum Katz- und Mausspiel;
> **nachdem er ja bereits**
> im Gymnasium seine Mitschüler bestohlen hatte.

Jetzt sieht es so aus, als hätten Sie von Anfang an das Bestehlen als Höhepunkt seiner bösen Entwicklung hinstellen wollen.
Die Kontinuität läßt sich allerdings auf unterschiedliche Weise herstellen; nicht nur chronologisch, sondern auch z.B., wie in diesem Fall, nach der Intensität der Konflikte. Die aber könnte hier ähnlich angeordnet werden:

> **Blutige** Lippen
> **Verzweifelte** Lehrerin
> **Bestohlene** Mitschüler
> **Bedrohte** Ausbildung
> **Problematische** Ehe

Lediglich das »Katz- und Mausspiel« wirkt etwas harmlos.
In diesem Fall sollten Sie aber einer Ordnung nach den betroffenen Personen den Vorzug geben:

> Verprügelte **Kinder**
> Verzweifelte **Lehrerin**
> Bestohlene **Mitschüler**
> Aufgebrachter **Lehrmeister**
> Geplagte **Ehefrau**

Keine Steigerung durch stärkere Adjektive ist hier am Platze:

> Der Konkurrenzkampf ist **härter** geworden; und wir erwarten, daß er noch **brutaler** wird.

Sondern der Satz müßte lauten:

> Der Konkurrenzkampf ist **härter** geworden; und wir erwarten, daß er noch **härter** wird.

Richtig aber wäre auch:

> Der Konkurrenzkampf ist **härter** geworden; und wir erwarten, daß er auch noch **brutal** wird.

Nicht kontinuierlich ist der Satz, den ich kürzlich in einer Fernseh-Reportage zu einem Bild hörte:

> Das ist nicht Schottland **und nicht** Loch Ness.

Wenn es nicht Schottland ist, dann kann es nicht Loch Ness sein; denn Loch Ness liegt in Schottland. Der Satz könnte umgekehrt lauten:

> Das ist nicht Loch Ness und **auch nicht woanders in** Schottland.

Er wäre auch so möglich:

> Das ist nicht Schottland und **schon gar nicht** Loch Ness.

Aber nun auch etwas Erfreulicheres, inzwischen längst Wirklichkeit:

> Die Wiedervereinigung ist **greifbarer geworden** und **näher gerückt**.

Dennoch, obwohl erfreulich, ist die Reihenfolge falsch. Eine Sache muß nah sein, **bevor** man sie greifen kann. Deshalb:

> Die Wiedervereinigung ist **näher gerückt** und **greifbar geworden.**

Unbrauchbar:

> Der Vorschlag hat sich als **sinnvoll** und **möglich** erwiesen.

Bevor ein Vorschlag sinnvoll sein kann, muß er möglich sein. Alles Unmögliche ist auch sinnlos. Brauchbar wäre also der Satz:

> Der Vorschlag hat sich als **möglich** und **sinnvoll** erwiesen.

Falsch ist auch diese Reihenfolge:

> Jesus Christus, der **mein Herr geworden** ist und **mich erlöst hat, ...**

Bevor Jesus Ihr Herr werden konnte[191], mußte er Sie erlösen. Dem Hörer wird bei falscher Reihenfolge zu viel unbewußtes Umdenken zugemutet. Er benötigt dagegen weniger Hörenergie, und seine Gedanken werden gleich in die richtige Richtung gelenkt, wenn Sie sagen:

Jesus Christus, der **mich erlöst hat** und **mein Herr geworden** ist, ...

10. Reden Sie dynamisch!

Dynamisches Reden ist zum einen kraftvolles und bewegtes Reden, zum anderen aber auch ein Reden, das für Überraschungen gut ist. Das griechische Wort *dynamis* heißt nämlich sowohl »Kraft« als auch »Möglichkeit«.
Dynamisches Reden ist die Voraussetzung für die Zuhörbereitschaft der Anwesenden. Was die Formulierungen angeht, so können Sie die Dynamik kaum übertreiben. Dynamisches Sprechen bedarf, was den Vortrag der Rede angeht, aber auch des Maßes. Weniges in Ihrer Rede kann aber so sehr übertrieben werden wie die Dynamik in der Art des Sprechens. Dann setzt sie den Redner leicht dem Eindruck der Lächerlichkeit oder des Fanatismus aus.[192]

»Dynamisch« bedeutet zum einen: Sie müssen Verben benutzen, wo immer Sie können!
Alles muß in Bewegung sein!
Besser, als von der

Liebe Gottes

zu reden, ist zu sagen:

Gott liebt Dich!

oder:

..., daß Gott mich liebt...

Vorteilhafter als:

Es war gerade die **Baumblüte**

wäre der Satz:

Die Bäume **blühten an jenem Montagmorgen weiß und rot und violett.**

Möglich ist auch:

Die Bäume **zeigten sich** in ihrer vollen Blütenpracht.

Nicht:

Der alte Mann **machte** seinen **Spaziergang**,

sondern etwa:

Der alte Mann **schlürfte** in **Pantoffeln** den **Kiesweg an der alten Stadtmauer** entlang.

Sie müssen immer versuchen, sich das vorzustellen, was Sie beschreiben wollen.
Sagen Sie nicht:

Wir müssen die **Heiligung im Blick behalten**,

sondern sagen Sie:

Gott will Menschen, die **heilig leben**.

---

[191] Einmal davon abgesehen, daß er schon immer der Herr war.

[192] Diese Fragen werden auf den Seiten 313-329 besprochen.

Sagen Sie nicht:

Eine Voraussetzung des **Glaubens** ist der **Wille**,

sondern sagen Sie:

Wenn Du **glauben können willst**, dann mußt Du glauben **wollen**.

Lassen Sie niemals etwas »zur Anwendung«, »zur Aufführung«, »zur Auszahlung« oder »zur »Verhandlung« kommen.

Bevor er **kam**, ...

ist besser als

Vor seinem **Kommen**.

Ersetzen Sie Hilfsverben durch Verben, wo immer Sie es können. Sagen Sie möglichst nicht:

Es **war** besser.

Sondern sagen Sie:

Es **erwies** sich als besser.
Es **erschien** mir besser.
Es **eignete** sich besser.
Es **klappte** besser.

Der Satz

Ich **hatte** Angst.

kann bereits sehr wirkungsvoll sein. Mit noch mehr Emotion können Sie die Aussage beladen durch:

Es **packte** mich die Angst.
Es **beschlich** mich Angst.
Angst **stieg** in mir auf.
Angst schien mir nach dem Herzen zu **greifen**.
Angst **lähmte** meinen Atem.
Die Angst **saß mir im Nacken**.
Es **kam** Angst über mich; sie wurde **stärker** und **stärker**.

Unsere alten Choräle können uns Vorbilder für eine dynamische Sprache sein. Als Beispiel vier Zeilen von Paul Gerhardt:

Mein **Herze** geht in **Sprüngen** und kann nicht **traurig** sein,
ist voller **Freud** und **Singen**, sieht lauter **Sonnenschein**.
Die **Sonne**, die mir **lachet**, ist mein Herr Jesus Christ.
Das, was mich **singen machet**, ist, was im Himmel ist.

»Dynamisch« bedeutet dann auch: Die Verben müssen treffen!

Gehen Sie sparsam mit »grauen Verben« und Hilfsverben um! Überlegen Sie eine Weile; nicht das erstbeste ist gut genug! Vergleichen Sie bitte den Satz:

Es war ein **Gewitter**.

mit diesem:

Die **Blitze zuckten**, und der **Donner krachte**.

Und noch diesen:

Sie ging **beleidigt** weg.

mit diesem:

Sie zog eine Flunsch und verließ die **Küche**.

und noch mit diesem:

Sie zog eine Flunsch und **trottete aus** der Küche.

Schlecht assoziierbar ist:

..., die meine Wellenlänge **haben**.

Leichter dagegen:

..., die auf meiner Wellenlänge **senden/empfangen.**

Ein Adler fliegt nicht, sondern er **zieht seine Kreise** oder er schießt auf sein Opfer nieder. Das **klare, weiche** Gebirgswasser **perlt** über die **in Jahrtausenden glattgeschliffenen Felsen.** Ein Bächlein fließt nicht, sondern es **plätschert** durch den Wiesengrund. Ein Gebirgsbach **schießt** oder **poltert** oder **stürzt** in die **Tiefe,** und eine Flutwelle **wälzt** sich durch die Ebene. Ein Rinnsal **sucht sich** seinen Weg. Lassen Sie Ihre Beispielfigur nicht jemand »helfen«, sondern ihm »unter die Arme greifen« oder, wenn das paßt, »ihn in den Sattel heben«. Ihre Beispielfigur sollte auf Glatteis nicht fallen, sondern **stürzen.** Ein Nest wird ausgehoben, ein Sumpf trockengelegt, ein Ring zerschlagen. Das ist lebendiger als: Eine kriminelle Gruppe wird entdeckt. Aus dem Kommentar zum Abriß des Checkpoint Charlie von Klaus Rüdiger Metze in den »tagesthemen« am 22. Juni 1990:

..., wo beinah der Kalte Krieg zum heißen **übergekocht** wäre.

Aus einer Fernseh-Reportage über eine Stadt des Fernen Ostens:

Die Bagger **fressen** ein Haus nach dem anderen.

Das ist die Sprache, die wir brauchen. Denken Sie bitte nicht, das sei kleinlich. Sie wollen doch ein guter Redner, eine gute Rednerin sein. Dann kommt es auch auf diese Feinheiten an! Wählen Sie immer das treffendste Wort und von den treffenden immer das farbigste und von den treffenden und farbigen das bewegteste! Um es zu finden, brauchen Sie Zeit. Es erfordert ein wenig Mühe.

»Dynamisch« kann ebenso bedeuten, daß die grammatischen Formen des »Aktiv« und des »Passiv« stimmen.

Aktive wirken häufig bewegter als Passive. Zum Beispiel wirkt:

Sie **aßen** gerade.

lebhafter und transportiert die Assoziation schneller als

Es **wurde** gerade **gegessen.**

Der Vorzug des Aktiv vor dem Passiv hat natürlich nur da sein Recht, wo er von der Sache her gerechtfertigt ist. Wenn ich ein Erlebnis durchgängig aus **meiner** Sicht erzähle und ich damit auch meine Stimmung wiedergeben will, dann kann der Satz:

Ich **wurde** von dem Polizeimeister **gefragt.**

genauer treffen als:

Der Polizeimeister **fragte** mich.

Natürlich wirkt der Satz direkter:

Gott **führt** mich.

Trotzdem kann die treffendere persönliche Aussage sein:

Ich **werde** von Gott **geführt.**

Auf jeden Fall sollten Sie behördentypische Wendungen vermeiden, etwa:

Ist das von Ihnen **verstanden worden**?
Ist die Uferstraße gegen 18 Uhr von Ihnen **befahren worden**?

In diesen Fällen ist die Form des Aktiv eindeutig richtig:

Haben Sie die Straße **befahren**?

Besser:

Sind Sie auf der Straße **gefahren**?

»Dynamisch«, das kann ferner auch bedeuten, daß Sie dem Akkusativ[193] den Vorzug vor dem Dativ[194] geben oder umgekehrt.

Gezielter als:

Gottes Weisung findet in unser**em** Leben Eingang.

ist die zugleich auch richtige Formulierung:

Gottes Weisung findet in unser Leben Eingang.

Sie hören aber sofort, daß der mit einem Akkusativ gebildete Satz:

Sie nahm ihre**n** Hut.

schwächer wirkt als der mit einem Dativ gebildete Satz:

Sie griff[195] nach ihre**m** Hut.

Es kann etwas **inhaltlich** passiv wirken, ohne daß es sich im **grammatischen** Sinn um ein Passiv handelt.

Das bewahrte Mose aber nicht davor, **einer** der geplagtesten Männer der Welt zu werden.

Sie können wirkungsvoller sagen:

..., **zu einem** der geplagtesten Männer der Welt zu werden,

weil Sie Ihre Hörer in den Prozeß des Werdens mit hineinnehmen.

Auch:

Er wird allmählich **zum** Problem.

Und statt:

Wir handeln, oder die Sache wird **eine** Gefahr!

Vom Hörer leichter einzuordnen:

Entweder wir handeln, oder die Sache wird **zu einer** Gefahr!

Es handelt sich um eine passive Wirkung, die in diesem Fall dadurch zustandekommt, daß ein Dativ gebraucht wird.

Wirkungsvoller sind die drei letzten Sätze deshalb, weil sie den Hörer in den Prozeß des Werdens mit hineinnehmen.

Es kann der Satz:

Hier konnten wir das Matterhorn sehen.

völlig richtig sein. In der Regel aber wird die Formulierung:

Von hier aus konnten wir das Matterhorn sehen.

treffender das beschreiben, was zu beschreiben ist.

Sie werden jetzt fragen: »Wieso das? Und wann ist welcher Fall besser? Ich antworte: Es geht mir ja nicht darum, daß Sie die Grammatik mehr oder weniger gut beherrschen. Und einige von Ihnen werden sich ausgezeichnet darin auskennen. Sondern dies ist ein Rhetorik-Buch; es bemüht sich um verständlicheres und vor allem assoziierbares Reden. Wann welcher Fall? Die Lösung liegt in den Standpunkten der beteiligten Personen: der Betroffenen, des Berichterstatters, des Erzählers bzw. der Erzählerin und des Redners oder der Rednerin. Die entscheidende Frage dabei ist: »Was spielt sich in welcher Richtung ab?« Oder personal gefragt: »Was spielt sich von wem zu wem bzw. von wem zu was oder von was zu wem ab?

Hier konnten wir das Matterhorn sehen.

---

193 Dem 4. Fall, nach dem durch »wen?« gefragt wird

194 Der 3. Fall, nach dem mit »wem?« gefragt wird

195 Das Wort »greifen« ist grundsätzlich günstiger als »nehmen«. Man »sieht« es leichter!

Das besagt: Wir waren an einen Punkt des Globus gekommen, an dem man das Matterhorn bei ensprechendem Wetter sehen kann. Es ist eine statische Aussage, die eigentlich nichts als einen geografischen Punkt bezeichnet.

> **Von hier aus** konnten wir das Matterhorn sehen.

Dieser Satz gibt außer dem Punkt auch noch eine Richtung bekannt. Es ist nicht nur ein Punkt, sondern ein **Ausgangs**punkt für Blicke. Und indem sich etwas abspielt oder abspielen kann, nämlich Sehen, ist der Weg zum eigentlichen Ziel nicht weit: vor dem inneren Auge Menschen zu sehen, die hinüberschauen zum Matterhorn. Versetzen Sie sich also in die Lage dessen, dessen Handlung, Bewegung, Richtung oder auch dessen Empfindung, Befürchtung, Hoffnung oder Bedrohung dargestellt werden soll. Sprechen Sie den Satz halblaut vor sich hin; und Sie spüren, wie Sie es besser sagen.
In einer zügig vorgetragenen Rede stehen für die Assoziationen, das heißt für die Vorstellungen Ihrer Hörer, nur Bruchteile von Sekunden zur Verfügung. In diesen winzigen Momenten ist es nicht einerlei, was in den Köpfen der Zuhörer vorgeht. Es muß nach Möglichkeit bei jeder Beschreibung die »Richtung« mitgeliefert werden. Denn die Richtung ist eine Voraussetzung für die Bewegung.

»Dynamisch«, das bedeutet gleichermaßen, Spannung auf einen bestimmten Punkt hin aufzubauen.
Hier ein freilich extremes Beispiel vom zweiundzwanzigjährigen Dietrich Bonhoeffer aus einer Predigt in Barcelona über 1.Kor.12,26f[196], das die Spannung bis dicht vors Zerreißen steigert, um dann erst preiszugeben, wovon er redet:

> Es gibt ein Wort, das bei dem Katholiken, der es hört, alle Gefühle der Liebe und der Seligkeit entzündet; das ihm alle Tiefen des religiösen Empfindens vom Schauer und Schrekken des Gerichts bis zur Süßigkeit der Gottesnähe aufwühlt; das ihm aber ganz gewiß Heimatgefühle wachruft; Gefühle, die nur ein Kind der Mutter gegenüber in Dankbarkeit, Ehrfurcht und hingegebener Liebe empfindet; Gefühle, wie sie einen überkommen, wenn man nach langer Zeit einmal wieder sein Elternhaus, seine Kinderheimat, betritt.
> Und es gibt ein Wort, das für den Evangelischen den Klang von etwas unendlich Banalem hat, etwas mehr oder weniger Gleichgültigem und Überflüssigem; das einem das Herz nicht höher schlagen läßt; mit dem sich so oft Gefühle der Langeweile verbinden; das zum Mindesten unserem religiösen Gefühl keine Flügel verleiht - und doch ist unser Schicksal besiegelt, wenn wir nicht diesem Wort einen neuen, oder vielleicht den uralten Sinn wieder abzugewinnen vermögen. Weh uns, wenn uns das Wort nicht bald wieder wichtig, ja Anliegen unseres Lebens wird.
> Ja, **»Kirche«** heißt das Wort, dessen Sinn wir vergessen haben und dessen Herrlichkeit und Größe wir heute anschauen wollen.

Ein weiterer Rat zum besseren Verständnis von Reden: Nehmen Sie das Prädikat[197] an entscheidenden Stellen Ihrer Rede so weit wie möglich nach vorn. Das hört sich dann so an:

> Der Wagen brauste davon - **der Wagen**, mit dem der Täter gekommen war.[198]

Diese Konstruktion hat den Vorteil, daß zum einen der Hörer sofort weiß, was passiert ist, nämlich: Der Wagen brauste davon. Zum anderen wird er neugierig

---

196 Bethge, Bonhoeffer-Biographie, Seite 91 und 92, (Fettdruck EW)

197 Satzaussage

198 Siehe auch unter dem Stilmittel der »Nachstellung« (Seiten 219-220)!

und fragt innerlich: Welcher Wagen? Diese Frage bekommt er nun beantwortet. Er ist voll befriedigt. Ein weiteres Beispiel; zunächst die ungünstigere Version:

> Nun ist der Mensch nicht mehr machtlos und hilflos dem Gesetz, dem Teufel, der Sünde und dem Tod ausgeliefert.

Günstiger:

> Nun ist der Mensch nicht mehr machtlos und hilflos ausgeliefert,
> nicht dem Gesetz, nicht dem Teufel,
> nicht der Sünde und auch nicht dem Tod.

Oder auch:

> Nun ist der Mensch nicht mehr dem Teufel ausgeliefert
> - machtlos und hilflos,
> auch nicht der Sünde, auch nicht dem Gesetz und auch nicht dem Tod.

Ein Beispiel für eine elegante Nachstellung aus den »tagesthemen« vom 31. Mai 1990:[199]

> Hinter mir, im Weißen Haus, sitzen sie: Michail Gorbatschow und George Bush.

Fragen Sie nicht:

> Ist das **Gottes oder meine** Verantwortung?

sondern:

> Ist das **Gottes** Verantwortung - **oder meine**?

Spannung bauen Sie natürlich nicht nur dadurch auf, daß Sie ein bestimmtes Wort bis zu einem gewissen Punkt vorenthalten, sondern auch dadurch, daß Sie von Anfang an Neugier wecken. Ein treffliches Beispiel dafür ist der Untertitel des Buches »Im Namen Gottes«[200]. David A. Yallop, der Verfasser, will in seinem Buch offensichtlich nachweisen, daß der nur 33 Tage im Amt gewesene Papst Johannes Paul I. von führenden Mitarbeitern seiner Kirche vergiftet worden ist. Hätte er als Untertitel nun gewählt:

> Die Ermordung des 33-Tage-Papstes Johannes Paul I.,

so hätten die meisten potentiellen Käufer das Buch wieder weggelegt und gemeint: »Davon hätte man doch einmal etwas hören müssen! Nein, das kann kein seriöses Buch sein.« Anders aber bei dem gewählten Untertitel:

> Der mysteriöse Tod des 33-Tage-Papstes Johannes Paul I, Tatsachen und Hintergründe

Jetzt wird die Phantasie in Bewegung gesetzt. Der potentielle Leser denkt: »Sollte das ... - Kaum auszudenken! Er gibt schließlich selbst zu, daß es mysteriös ist. Na, lesen könnte ich es ja einmal. Immerhin sollen Tatsachen in dem Buch stehen. Teuer ist es auch nicht; ich werde es mir mal mitnehmen.«
Gelegentlich ist es also klüger, die Kraft der Hörer-Phantasie mit einzuspannen und nicht jede Information gleich wie eine Bombe platzen zu lassen. Bei diesem Umgang mit der Spannung erreichen Sie oft mehr.

»Dynamisch«, das bedeutet auf jeden Fall, pointiert zu sprechen.
»Pointiert«[201] bezeichnet hier nicht eine Witzelei, wohl aber das Reden »mit Witz«. Gemeint ist eine spritzige Ausdrucksweise, die selbst bei ernstesten In-

---

[199] Aus dem Bericht H.J. Friedrichs aus Washington

[200] Erschienen 1984, 1988 als Knaur-Sachbuch 3812

[201] Pointe = Schlußeffekt eines Witzes oder einer Darstellung; (frz. = Spitze, Schärfe, Würze), aus (lat.) *punctum* (= Stich)

halten schmunzeln läßt. Der Hörer horcht auf und vergißt nicht so schnell, was er gehört hat. Ein klassisch gewordener Ausspruch von Dietrich Bonhoeffer aus dem Jahre 1938[202]:

> Nur wer für die Juden schreit, darf auch gregorianisch singen!

Unter »pointiertes Reden« fallen natürlich auch viele andere Beispiele, die unter anderen Überschriften in diesem Buch behandelt wurden.

»Dynamisch«, das bedeutet gleichwohl, den Hörer in eine gewisse Dramatik mit hineinzunehmen.

Es ist wahr, daß in bestimmten religiösen Kreisen sowohl das Pathos[203] als auch jegliches Dramatisieren zumindest umstritten sind. Diese Frage muß stets an der jeweiligen Sache geprüft werden. Schließlich wollen Sie Ihre Botschaft an den Mann und an die Frau bringen. Dieses Ziel ist wichtiger als die Frage, was wohl bestimmte Leute über Ihren Stil denken.

Andererseits dürfen Sie Ihre Hörer weder abstoßen noch sich vor ihnen lächerlich machen.

Dazu ein Beispiel von Franz Josef Strauß[204]: Er hatte einen Erfolg errungen, der dann von allen Seiten begrüßt wurde. Strauß stellt auf die ihm eigene Art fest, daß sich für diese Sache »niemand aus dem Fenster gelehnt« hatte. In einen Redeentwurf für ihn aber hatte sein Redenschreiber hineingeschrieben, daß »die Verdoppelung der Mittel für Stadtsanierung und Dorferneuerung ein Erfolg der Länder« sei. Diese Passage ließ er abändern mit den Worten:

> Das stimmt doch nicht. Sie können ruhig schreiben, daß ich das **in härtesten Anstrengungen** durchgesetzt habe, im **Kampf** gegen den Bundesfinanzminister, mit **beschwörenden Mahnungen** an die Adresse des Bundeskanzlers, daß die Städtebauförderung das beste Arbeitsförderungsprogramm ist, **das wir je hatten**, mit sofortiger beschäftigungspolitischer Wirksamkeit. Warum schreiben Sie das nicht rein? Ich bin der Politiker, der wie jeder Politiker gelobt werden muß und will.[205]

Wenn wir einmal vom Eigenlob absehen, das -oft zu Unrecht- in gemeindlichen Kreisen verpönt ist[206], wäre ein solcher Redestil öfter wünschenswert. Daß er leider der Manipulation dienen kann, indem er Unwichtiges über Gebühr betont, während dann Wichtiges »unter den Tisch fallen« kann, ist Ihnen wie mir bewußt.

»Dynamisch«, das bedeutet schließlich und vor allem, daß Sie direkte Reden gebrauchen, wo immer es geht.

Sagen Sie nicht:

> Er schrie mir nach, **ich solle** stehen bleiben,

sondern sagen Sie:

---

[202] Bethge, Bonhoeffer-Biographie, Seite 685

[203] Feierlichkeit, erhabene Leidenschaftlichkeit, von (grie.) *pathos* (= Leiden, Leidenschaft, Gefühl); »pathetisch« = leidenschaftlich

[204] Strauß, Seite 166f

[205] Fettdruck vom Verfasser

[206] Paulus und viele biblische Verfasser jedenfalls dachten so nicht; Siehe z.B. 1. Kor.15,10 und an anderen Stellen!

Er schrie mir nach: »**Bleib stehen!**«

Deshalb ist es nicht die beste Lösung zu sagen:

Jesus sagte zu den Jüngern, sie **sollten sich nicht** fürchten.

Sondern das ist zu sagen:

Jesus sagte[207] zu den Jüngern: »**Fürchtet Euch nicht!**«

Es reicht aber nicht, indirekte Reden in direkte Reden zu verwandeln, sondern an vielen Stellen, wo sich nicht einmal eine indirekte Rede befindet, täte Ihrem Vortrag eine direkte Rede gut. Statt:

Wir dürfen Gott allen unseren Kummer klagen.

könnten Sie z.B. sagen:

Liebe Freunde, klagen Sie Gott Ihren Kummer! Sagen Sie ihm einfach: »**Lieber Gott, es wird mir doch sehr schwer, diese Verdächtigungen zu ertragen. Und ich halte es bald nicht mehr aus, wie mich meine Nachbarin verachtet.**«

11. Ihre Sprache muß aktuell wirken!

Um dieses Ziel zu erreichen, haben Sie wieder zwei Möglichkeiten: eine inhaltliche und eine grammatische. Die inhaltliche Möglichkeit besteht in der Wahl der Worte und Beispiele, in der Anwendung auf die moderne Zeit. Das wird an anderer Stelle behandelt.[208] Die grammatischen Möglichkeiten beruhen auf einer glücklichen Anwendung der Tempi[209].

Das Präsens wirkt fast immer aktueller und dynamischer als das Perfekt; das Perfekt wirkt mitunter aktueller und dynamischer als das Imperfekt. Als unmittelbarer Beobachter fühlen Sie sich, wenn Sie hören:

Ich **blicke** durch die leicht geöffnete Tür seines Hobbyraums und **sehe**: Er **wiegt** gerade Heroin ab.

Das wirkt erheblich stärker als:

Ich **blickte** durch die leicht geöffnete Tür seines Hobbyraums und **sah**, daß er Heroin **abwog**.

Auf die Frage:

Was **tatest** Du in Deiner Angst?

ist natürlich die Antwort falsch:

Ich **habe** gebetet.

Sie müssen sagen:

Ich **betete**.

Trotzdem wirkt in einer Erzählung das Bekenntnis:

Ich **habe gebetet**.

urwüchsiger und glaubhafter als »Ich **betete**«.

Ungünstig:

Diese Menschen sind geistlich tot, weil sie nicht vom Geist Gottes erfaßt **wurden**.

---

207 Besser wäre allerdings das Präsens.

208 Siehe unter »Die Illustrationen«, dort unter: »Wann drängt eine Illustration zur Identifizierung?« (Seiten 111-114)!

209 »Tempi« = Plural von (lat.) *tempus*. Gemeint sind die grammatischen Zeiten. Siehe Seite 45!

Näher an der Sache:

> ... weil sie nicht vom Geist Gottes erfaßt **worden sind**.

Ein außerordentlich häufiger Fehler ist das Durcheinanderwerfen der Tempi. Der Laie bemerkt es bewußt nicht. Aber er empfindet es als ständige Erschwernis beim Zuhören. Es sind leichte Holperstellen, die sich in der Masse sehr summieren.

Achten Sie peinlich genau auf Ihre Zeiten; und schauen Sie sich Ihr fertiges Konzept noch einmal auf evtl. doch ungerechtfertigte Tempuswechsel hin durch! Oft haben Sie es in Ausmalungen oder Berichten ja mit drei Zeit-Ebenen zu tun: mit dem Jetzt, einem zurückliegenden Erlebnis und einem, das sich noch davor abgespielt hat. Das muß grammatisch sauber herauskommen, sonst verschwenden Sie die Hör-Energie Ihrer Hörer!

Beispiel:

> Ich sitze auf der Bank am Rheinufer und **werde** mir dessen bewußt, daß ich dem Mann gestern ja begegnet **bin**, und dann **kommen** weitere Erinnerungen: daß ich nämlich bei dieser Begegnung gedacht **habe**, daß der mir schon vor Wochen einmal am Hauptbahnhof über den Weg gelaufen **ist**.

Aber:

> Er **ist** mir gestern begegnet; und schon davor **war** er mir über den Weg gelaufen.

Ein anderes Beispiel, bei dem es auf Exaktheit ankommt:

> ... daß Adam und Eva so sein **wollten** wie Gott und dann das Gebot, das Gott ihnen **gegeben hatte**, übertraten.

Hier kommt es auf feinste Exaktheit an! Unscheinbare Fehler in der Zeitenwahl erschweren das schnelle Verstehen beträchtlich. Bei Adam und Eva mag es meistens noch gehen; sobald aber eine Materie fremd ist, wirkt sich jede Verwechslung der Zeiten spürbar aus.

Es gibt eine Möglichkeit, einen dramatischen Augenblick durch plötzlichen Zeitwechsel spannend zu machen. Dies geschieht aber -wie bei allen Stilmitteln- durch einen Regelbruch und ist im Grunde unkorrekt:

> Die Drei **liefen** vor uns her, und plötzlich **bleibt** der eine stehen und **dreht** sich um.[210]

Das soll nicht zur Regel werden!

12. Ihre Ausdrucksweise muß sicher sein!

Vermeiden Sie alle Wörter, die eine Aussage relativieren, **wenn** Sie diese Relativierung nicht ausdrücklich wünschen, etwa:

> **eigentlich, wirklich, sicherlich, vielleicht, möglicherweise.**

Beginnen Sie Ihre Rede nicht mit:

> **Wenn** ich heute vor Ihnen stehe, dann ...

Was ist »wenn«? Sie stehen doch! Diese Wendungen lassen auf Verlegenheit schließen. Sagen Sie nur »wenn«, wenn Sie auch »wenn« meinen! Dietrich Bonhoeffer sagte seinen Vikaren 1934/35 im Finkenwalder Predigerseminar: »Schreibe die Predigt bei Tageslicht;[211] ... »in Christus« gibt es keine Konditio-

---

[210] Dieses Stilmittel heißt: das »dramatische Präsens«.

[211] Das erleichtert helle, klare, kompromißlose Aussagen.

nalsätze[212]; die ersten Minuten auf der Kanzel sind der hoffnungsvollste Augenblick, darum verschwende ihn nicht mit Gemeinplätzen, sondern springe mit der ganzen Sache gleich in die Gemeinde hinein; ...«[213] Beginnen Sie eine seriöse Rede auch nicht mit:

Also **Also zunächst** **Nun** **Äh** **Ja** **Übrigens** **Allerdings**

Schon gar nicht mit

Ich muß **noch etwas vorweg** sagen.

Ebensowenig mit:

Vielleicht denken Sie, ...
Eigentlich wollte ich ...
Ich **weiß nicht**, ob Sie ...

Ich hörte eine Traupredigt, in der der Redner fünfmal »Ich weiß nicht« sagte. Was Sie nicht wissen, brauchen Sie nicht zu sagen. Und wenn Sie nichts wissen, dann sollten Sie nicht reden. Sollten Sie nicht kompetent sein, so nehmen Sie eine Einladung nicht an! Wenn Sie aber am Katheder oder auf der Kanzel stehen, dann haben Sie auch zu reden - und zwar kompetent!
Als Stilmittel des Gegensatzes[214] kann es reizvoll sein, besonders dann, wenn mehrere Gegensatzpaare aufeinander folgen:

Ich weiß **nicht**, wann Jesus Christus wiederkommt; **aber** ich weiß, daß er von mir Rechenschaft fordert, wenn er wiederkommt. Ich weiß **nicht**, was in der Offenbarung des Johannes »das Knäblein in der Wüste« bedeutet; **aber** ich weiß, daß ich heute für meinen Nachbarn da sein soll.

Eine andere Rede hörte ich, die begann mit den Worten:

Bibelkurs ist vielleicht nicht richtig, aber ...

Einen Vorteil hatte sie: Ich werde sie sicher nie vergessen. Aber sie bleibt eben nicht in angenehmer Erinnerung. Das ist der Nachteil.
Machen Sie sich nicht selbst klein![215]

Ich bin ja **kein Volltheologe**.
Möglicherweise bin ich **nicht kompetent** genug für ...
Leider kann ich **nicht so gut Griechisch**.
Ich bedaure, daß ich **nie Hebräisch gelernt** habe.
Damals habe ich ja **noch nicht gelebt**.

Das sind höchst überflüssige Formeln; sie schaffen auch keine Sympathie. Die Leute merken es sich, daß Sie kein Hebräisch können. Das nächste Mal zweifeln sie Ihre Auslegung an. Im übrigen merkt jeder, daß Sie mit diesen Reden nur durch »Ehrlichkeit« umgekehrt kompensieren[216] wollen. Sie sollen sich Ihren Hörern gegenüber offen zeigen. Aber glauben Sie mir: Ihre Hörer können mit dieser Art von Ehrlichkeit nicht umgehen!

---

212 = Umstandssätze der Bedingung, z.B. mit »wenn«, »falls«, »sollte« usw.

213 Bethge, Bonhoeffer-Biographie, Seite 508

214 Siehe auf den Seiten 224-225 und Seite 141!

215 Ich traute meinen Ohren nicht, als der Intendant der Bayreuther Festspiele 1991 im Fernsehen sagte, er kenne keine Noten, das sei wohl in der Schule an ihm vorbeigegangen. Ob er das für die Kamera gesagt hat? Äußern Sie Derartiges nie und bei niemand. Nichts wird schneller und freudiger weitergetragen als ein solches Eingeständnis. Glauben Sie mir; es schadet Ihnen bestimmt!

216 Kompensieren = ausgleichen, ein Begriff aus der Psychologie, von (lat.) *compensare* = gegeneinander abwägen (*com* bzw. *con* = mit, pensare = abwägen)

Was Sie positiv sagen können, sagen Sie nicht negativ! Wenn Sie es inhaltlich verantworten können, dann sagen Sie statt:

> Es ist **nicht sicher**, ob ...

lieber:

> Man **vermutet**, daß ...

oder:

> Manche ... **vermuten**, daß ...

Beginnen Sie nie so:

> Ich bin nicht von Kirchhain, sondern ...

Das klingt, als schämten Sie sich, hier in Kirchhain zu sein.
Auch nicht so:

> Ich habe heute morgen keinen speziellen Text.

Sondern sagen Sie:

> Ich spreche heute morgen zu Ihnen über das Thema: ...

Es bringt nicht viel zu sagen:

> Das ... **kennt ja vielleicht** der eine oder andere.

Gebrauchen Sie stattdessen bestimmtere Formeln:

> Einige von Ihnen **kennen gewiß** ...; **es handelt sich dabei um ...**

Oder:

> Sie wissen ja, wie die Geschichte weitergeht, **nämlich ...**

Es ist sehr wichtig, daß Sie das, was Ihre Hörer wissen oder wissen sollten, trotzdem **als Erinnerungshilfe** noch einmal **kurz** darstellen.
Leiten Sie Ihre Bekanntgaben nicht ein mit:

> Es ist **nicht viel**, was ich Ihnen heute zu sagen habe.

Wenn einer das sagt, dann wird es so gut wie immer lang. Selbst wenn es tatsächlich nicht viel ist, wird es nach solchen Formeln fast immer »gestreckt«. Günstiger wäre dann immer noch:

> **Dreierlei:**

Nur unter außergewöhnlichen Umständen ist der Satz inhaltlich angebracht:

> Ich **stelle mich** selbst mit **darunter**.

Die Formulierung ist ohnehin Kanaanäisch. Sagen Sie doch:

> Liebe Freunde, dieser Satz hat mir ganz schön zu schaffen gemacht, bevor ich mich entschlossen habe, Ihnen das zu sagen.

Allzu dumm ist immer wieder der Anfänger-Satz:

> Gut, daß die Kanzel hier vorn zu ist; damit Sie nicht meine schlotternden Knie sehen.

Wenn es gut ist, daß die Kanzel vorn geschlossen ist, dann lassen Sie's gut sein, und seien Sie froh! Daß es Ihr erster »Auftritt« ist, kann ja ein anderer sagen, wenn es so wichtig ist. Zittern Ihnen die Knie, dann ist es manchem schwer, Ihnen abzunehmen, daß nicht auch Ihre Überzeugung wankt. Wer will sich schon von einem Anfänger belehren lassen?

Ein weiterer sehr törichter Selbstverkleinerungsakt ist das ständige Berufen auf größere Leute. Dabei wird dann meist noch der Titel genannt: »Herr Doktor ... hat dazu gesagt ...« Glauben Sie nur nicht, daß das Ihre Botschaft glaubwürdiger macht!

»Werfen« Sie auch nicht ständig mit verschiedenen Übersetzungen um sich:

> Die Elberfelder Bibel sagt es so. Und Menge drückt es so aus.

Entscheiden Sie sich für eine Version, und stehen Sie dann dazu. Die Hörer mögen doch denken, Sie hätten es selbst übersetzt.[217] Ziehen Sie keine Beispiele oder Zitate bekannter Leute an den Haaren herbei, weil Sie meinen, Sie brauchten noch ein wenig mehr Autorität oder Legitimation! Wenn Sie das Mütterchen von nebenan zitieren, hat Ihr Hörer mehr davon. Nehmen Sie bitte kein Lexikon mit auf die Kanzel. Lesen Sie nicht am Ende noch wörtlich daraus vor, etwa gar unter Spaltenangabe. Das, was in einem Lexikon stehen kann, sagen Sie am besten mit eigenen Worten - und zwar so, als hätten Sie das alles schon als Kind gewußt. Mehr als gründlich und betend sich vorzubereiten, können Sie nicht tun. Mehr verlangt auch niemand. Wenn Ihnen ein Zitat aus einem Fachbuch, besser noch aus einer Zeitung oder aus einer bekannten Illustrierten, sehr wichtig ist, können Sie einmal ganz kurze Abschnitte daraus vorlesen. Sie dürfen die Zeitung auch kurz hochheben und sie zeigen. Tun Sie das alles aber grundsätzlich nur mit Texten der Presse oder der Hilfswissenschaften! Ein soziologisches, ein psychologisches oder auch ein ökologisches Buch können Sie wörtlich zitieren. Ein theologisches Buch oder einen Kommentar zitieren Sie als Prediger nicht! Bei einem Fachbuch nennen Sie den Autor! Wenn Sie das Evangelium predigen, sind Sie ein »Botschafter an Christi Statt«[218], Sie stehen also an der Stelle des Herrn der Gemeinde und der Welt. Da handeln Sie in seinem Namen und Auftrag. Da besteht kein Grund zu sagen:

> Wir **möchten** beten.
> Ich **möchte** Sie willkommen heißen.[219]

Ebensowenig wie Gott **möchte**, daß wir alle heilig sind. Gott ist Gott; er **möchte nicht**. Er **will**, und er **tut**! Deshalb sagen Sie auch als ordentlicher Diener[220] dieses Gottes und in durchaus auffälligem Kontrast zu allen menschlichen Höflichkeitsformen:

> Ich **heiße** Sie willkommen.
> **Schlagen Sie** bitte Ihr Gesangbuch auf bei der Nummer 28!
> Wir **singen** Lied 28.
> **Erheben Sie sich bitte** zum Gebet!
> Wir **beten**.
> Ich **lese** einen Abschnitt aus dem Propheten Micha.

Und außerdem:

> Gott **will** unsere Heiligung.
> Gott **will**, daß keiner verloren geht.

---

217 Sie meinen, das sei aber unaufrichtig? Sie sollen ja nicht behaupten, daß Sie es übersetzt haben. Aber die Erfahrung lehrt, daß im Ernstfall nur einem solchen Prediger etwas abgenommen wird, den man für kompetent hält. Sie sollen keine unzutreffende Kompetenz vorspielen, aber auch keine Schwäche zur Schau stellen.

218 2.Kor 5,20

219 Da möchte man manchmal dazwischenrufen: »Na, dann tu es doch!«

220 Ein solcher sind Sie auch als ordentlich beauftragter sogenannter Laie. Sie sind es immer, wenn Sie legal im Namen Ihres Herrn reden.

Weder Ihre Aussagen noch Ihre Stimme dürfen jemals einen devoten[221] Eindruck machen. Entweder haben Sie Ihren Hörern etwas zu sagen; dann sind Sie wichtig für sie. Oder Sie schweigen.

13. Ihre Sprache muß persönlich sein!

Eins der größten Probleme in den Kommunikations-Wissenschaften stellt das sogenannte »Selektive[222] Hören« dar. Darunter verstehen Fachleute die Tatsache, daß der Hörer stets das hört, was er hören will; er wählt es aus.
Der Amerikaner L. Festinger spricht von der »kognitiven Dissonanz[223]«. Damit meint er die Tatsache, daß jeder Zuhörer aus dem Gehörten nach ganz bestimmten Gesetzmäßigkeiten auswählt. Nach K.W. Dahm geht das so vor sich: Was nicht in das eigene Überzeugungssystem paßt, wird **überhört**. Was nicht mehr überhört werden kann, weil es so laut und deutlich vorgetragen ist, wird **umgedeutet**. Was so klar und überzeugend dargestellt ist, daß eine Umdeutung oder eine Verharmlosung beim besten Willen nicht mehr in Frage kommt, wird **überhöht**. Das heißt: es wird bis ins Lächerliche übertrieben, so daß es als extrem und absurd erscheint und als so überzogener Standpunkt unmöglich angenommen werden kann.[224]
Ich gebe Ihnen dazu jahrelange eigene Beobachtungen weiter: Hat der Hörer ein positives Verhältnis zum Redner, so hört er nur die Passagen der Rede, die ihn und seine Meinung bestätigen. Hat er ein negatives Verhältnis zum Redner, so hört er alles, worin er anderer Meinung ist. Das schlachtet er dann mitunter anschließend gegen den Redner aus - je nach Charakter in offener Kritik oder hintenherum.
Sollte es aber vorkommen, daß die Rede so eindeutig und überzeugend ist, daß das Unterbewußtsein seine selektierende Funktion einstellt, also nicht mehr auswählt, sondern ungefiltert und unmittelbar zur Kenntnis nimmt, dann reagiert der Hörer, der eine positive Einstellung zum Redner hat, nachdenklich, und der Hörer mit negativer Einstellung zum Redner reagiert aggressiv. Er gleicht einem ängstlichen Hund, der in eine Ecke gedrängt worden ist und nun, da er keinen Ausweg mehr sieht, beißt.
Was sich jeder Redner wünscht, ist die Nachdenklichkeit des Hörers. Diese Wirkung einer Rede ist sehr selten. Seit diese Dinge erforscht sind, hat sich unter den Theologen eine große Niedergeschlagenheit breitgemacht. Nun weiß man, wie wenig von dem, was dem Prediger wichtig ist, wirklich aufgenommen wird.

---

221 = unterwürfig aus (lat.) *devotus* (= zu eigen geben), eigentlich von *devotare* (= etwas oder jemand den unterirdischen Göttern weihen); *de* (= von weg); *vovere* (= geloben)

222 Selektiv = auswählend; von (lat.) *selectus* = auslesen (*se* = aus, *legere* = auslesen)

223 Kognitiv = auf Erkenntnis beruhend; aus (lat.) *cognitus* (= bekannt, erkannt), aus *co* statt *con* für *cum* (= mit) und *nomen* (= Name)

Dissonanz = Mißklang, von *dissonare* (= schlecht klingen); aus *dis* (= nicht) und *sonare* (= tönen)

224 Mehr dazu unter anderen bei: Rothermund, Seiten 122-130, auch bei Otto, Seiten 32 und 33

Es liegt nahe Null. Viele Pfarrer und Pastoren meinten daraufhin, das Predigen ganz einstellen zu sollen.
Vergessen ist bei diesen Überlegungen die Kraft des Heiligen Geistes, auf die unter anderen auch Rudolf Bohren wieder neu hingewiesen hat.[225] Dabei gebraucht der Geist Gottes durchaus menschliche und fachliche Geschicklichkeiten.
Die beste Waffe gegen das Überhören, Umdeuten oder Überhöhen Ihrer Botschaft haben Sie in einer **persönlichen** Gestaltung Ihrer Rede. Gegen einen kalten Anspruch lehnt sich der normale Hörer eher auf als gegen eine Person, die ihre Hörer als Partner anspricht und deshalb überzeugend wirkt.

a) Persönlichkeit durch die Wortwahl

Das einfachste sprachliche Mittel, eine Rede persönlich zu machen, ist die Verwendung von Personal- und Possessivpronomen[226]. Wo immer Sie können, wo immer es hinpaßt, sollten Sie

nicht sagen:	**sondern** etwa:
die Predigt	**meine** Predigt
die Gemeinde	**unsere** Gemeinde
die Interessen	**Ihre** Interessen
Wir meinen	**Sie** meinen, und **ich** auch
Man meint	Viele von **Ihnen** meinen, ...; **ich** übrigens nicht.
Das ist die Ansicht vieler ...	Das ist die Ansicht vieler von **uns**.
Es gibt **Leute**, die anderer Meinung sind.	**Ich** bin anderer Meinung.
Das ... **soll** in dieser Ansprache behandelt **werden**.	Das ... will **ich mit Ihnen** in dieser Ansprache bedenken.

Ein Predigtschluß:

> Dieses Glaubenswagnis möchte ich zum Schluß vergleichen mit einem kleinen Erlebnis von jemand, der schreibt: »Auf einem Bahnhof will ich telefonieren und suche nach dem Lichtschalter. Es ist keiner da. Und in der Telefonzelle ist es dunkel. Da tritt ein freundlicher Herr auf mich zu und sagt: »Sie müssen erst eintreten, dann wird es hell!««

Dazu vier Anmerkungen:
Erstens: Sagen Sie im Rahmen eines Gottesdienstes nicht »möchte«, sondern »werde«. **Zweitens:** Für den Schluß ist eine so aussagekräftige Illustration viel zu schade. Sie sollte früher auftauchen und dann evtl. am Schluß noch einmal aufgegriffen werden. Im Schluß soll außerdem nichts Neues gesagt werden. **Drittens:** Weshalb ein »kleines« Erlebnis? Es ist doch ein ganz ausgezeichnetes und großartiges! Machen Sie Ihre Rede-Elemente nicht klein! **Viertens:** Wer ist schon »jemand«? Entweder hat der Jemand einen Namen, oder aber, was Sie in

---

225 Bohren, Predigtlehre, z.B. Seiten 74-79

226 Pronomen von lat. *pro* (= für) und *nomen* (= Namen), Personalpronomen = ein Wort, das für eine Person steht. Possessivpronomen = ein Wort, das für einen Besitzer steht; (lat.) *possivus* (= den Besitz anzeigend); von *potis* (= vermögend)

einer Predigt vorziehen sollten, Sie berufen sich auf überhaupt niemand, sondern sagen es ganz persönlich, etwa so:

> Stellen Sie sich dieses Glaubenswagnis so vor: Sie stehen vor dem Bahnhofsgebäude und müssen dringend telefonieren. In einer Ecke sehen Sie eine dunkle Telefonzelle. So können Sie im Telefonbuch nichts finden. Sie wollen Licht anmachen, aber Sie finden keinen Schalter. Da kommt ein freundlicher Herr auf Sie zu und sagt: »Sie müssen erst eintreten; dann wird es hell!«

Also, wo es geht: In der 1. und 2. Person sprechen:

> **ich, Du, wir, Ihr, Sie, meiner, Eurer, Ihrer, meinem, Eurem, Ihrem**[227] usw.

Besonders gilt dies, wie oben gesagt, für:

> **Mein** Herr usw.[228]

Wie Sie wissen, erfordert die Höflichkeit, sich selbst zuletzt zu nennen, also:

> **Sie** und **ich**

Das ändert sich, sobald Sie etwas Unangenehmes über sich und die anderen aussprechen. Dann sagen Sie natürlich nicht:

> **Sie** und **ich** sind Sünder.

sondern in einem solchen Fall wäre es geschickt zu sagen:

> **Ich** bin ein Sünder; das wissen Sie. Und **Sie**
> sind ebenfalls Sünder; das wissen Sie auch.

Gleichwohl, beim persönlichen Zeugnis nennen Sie sich selbst zuerst:

> Jesus Christus ist für **mich** gestorben. Und für **Sie** ist er auch gestorben.

Genauso kann es richtig sein, sich selbst vor dem anderen zu nennen, wenn Sie berichten, daß Sie etwas Unverdientes bekommen haben, etwa:

> **Mir** wurde damals aus einer großen Verlegenheit herausgeholfen. Und **Sie** haben ähnliches bestimmt auch erfahren.

b) Persönlichkeit durch den Inhalt der Rede

Über rein grammatische Kunstgriffe hinaus soll Ihre Rede allerdings auch dem Inhalt nach persönlich gehalten sein. Eine interessante Beobachtung wurde bei einem Kurs der Clinical Pastoral Education[229] gemacht. In einem interessanten und lesenswerten Buch hat Hans-Christoph Piper Erfahrungen mit Predigthörern niedergeschrieben. Es wurde unter anderen eine Predigt von sieben Hörern beurteilt. Der Prediger hatte bis zum letzten Viertel 32 Personal- und Possessivpronomen in der 1. und 2. Person gebraucht, also: Ihnen, wir, uns, Sie, ihr, Ihr, mich, meine, Ihre. Und doch sagt einer der Hörer: »Erst am Schluß habe ich das »Wir« gehört.« Was hatte der Redner denn am Schluß gesagt? Sein letzter Satz war:

> Und das wünsche ich **Ihnen und mir**: daß wir es fertigbringen, uns auch im Leid in diesen guten Händen geborgen zu wissen.[230]

Ich hoffe, das gibt uns zu denken. Der Hörer erwartet nicht nur, daß er **oder** der Redner in der Rede vorkommt, sondern daß er **und** der Redner vorkommen.

---

227 Ich gebe Ihnen einen Tip: Schreiben Sie in Ihren Redekonzepten die Höflichkeitsformen »Sie«, »Ihre« usw. groß, als schrieben Sie einen Brief. So können Sie ein »Sie« oder ein »Ihnen« auf den ersten Blick von der 3. Person unterscheiden. Das ist auf der Kanzel eine große Hilfe!

228 Für Jesus Christus

229 Klinische Seelsorgeausbildung

230 Piper, Predigtanalysen, Seite 114f

Vorsicht ist allerdings geboten beim »Wir«[231] und bei »man«. Es besteht die Gefahr, daß Sie sich hinter dem Wir verstecken. Und fast immer läßt sich für »man« eine präzisere Lösung finden. Hüten Sie sich auch vor allen Pauschalierungen wie: die Leute, die Deutschen, die Ausländer. Dieses »Über-einen-Kamm-Scheren« ist so gut wie immer unzutreffend.
Noch ein Rat: Haben Sie keine Hemmungen, »ich« zu sagen und sich dabei auch zu meinen! Es ist nicht falsch, auch Sätze und sogar die ganze Rede mit »ich« zu beginnen. Das galt früher als unhöflich. Tatsächlich aber haben wir viel zu wenige Menschen, die »ich« sagen können und damit zu ihrem Wort stehen. Achten Sie jedoch ein wenig darauf, daß es nicht zu häufig wird. Das schadet Ihnen wiederum. Eine äußerst hilfreiche Regel, persönlich zu sprechen:

> Denke bei der Vorbereitung an **alle**; und Du erreichst **keinen**! Denke an **einen**; und Du erreichst **viele**!

c) Persönlichkeit durch den Umgang mit Namen

Persönlich soll Ihre Rede nicht nur gegenüber den Hörern sein, sondern auch mit Blick auf solche Gestalten, auch biblische, **über** die Sie sprechen.
Wenn Sie von einer bestimmten Person reden, etwa in einer Traueransprache, dann halten Sie die Waage zwischen den drei Möglichkeiten. Möglichkeit 1 ist: »er«, »sie«, »ihm« oder »ihr«. Möglichkeit 2: den vollen Namen, also Vor- und Zuname, evtl. abwechselnd mit und ohne Titel. Möglichkeit 3: eine Umschreibung: der/die Verstorbene, der/die Jubilar(in), der/die Preisträger(in), der Meister seines Fachs, dieses Vorbild an Menschlichkeit und ähnliches.[232]
Sprechen Sie im Rahmen eines Predigtbeispiels von einer bestimmten Person, so sollte deren Name in nicht zu langen Abständen wieder auftauchen. Manchmal »taucht ein Hörer weg« und zwar für einige Minuten. Der Name dessen, über den gerade gesprochen wird, kann den jetzt wieder Zuhörenden mit dem inzwischen behandelten Stoff vertraut machen.
Keiner näheren Begründung bedarf sicher die Warnung, mit Namen außerordentlich vorsichtig umzugehen. Es gibt viele Menschen, die ihren Namen oder den eines Angehörigen nicht gern von der Kanzel hören - wenigstens nicht in einem unangenehmen, mißverständlichen oder gar gefährlichen Zusammenhang.

14. Reden Sie hörerbezogen!

Jede Rede besteht aus zwei Elementen, aus:

> **Information** und aus **Redundanz**[233].

Information ist alles **Un**vorhersehbare. Redundanz ist alles Vorhersehbare. Wenn Sie Tatsachen erfahren, die Sie bis zu diesem Moment nicht kannten, so

---

231 Bohren fragt, ob er das homiletische Wir »ein Kennzeichen falscher Prophetie« nennen dürfe. Predigtlehre, Seite 409

232 Siehe dazu auch auf Seite 73, Anreden betreffend auf Seiten 309-313!

233 Von (lat.) *red* bzw. *re* (= zurück) und *unda* (= Welle). Redundanz heißt wörtlich: das Zurückwallende, das Überlaufende, das Überflüssige. Das Wort »überflüssig« ist aber für das, was es bezeichnen soll, völlig unpassend.

sind das Informationen. Wenn Ihnen Dinge gesagt werden, die Sie schon wußten, so ist das Redundanz. Reine Information kann kein Mensch aufnehmen. Jede Mitteilung muß eingepackt sein in Bekanntes. Eine reine Information wäre ein Brief für jemand, der überhaupt nicht lesen kann. Reine Redundanz wäre ein Palaver, das Sie schon hundertmal gehört haben. Während reine Information unfaßbar schwer ist, langweilt reine Redundanz. Es liegt auf der Hand, daß Sie ein gesundes Verhältnis zwischen beidem brauchen.

a) Was den Wortschatz der Hörer angeht,
so liegt es nahe, eine Redundanz von fast 100 % herzustellen. Jedes Wort, das Sie gebrauchen, sollte der Hörer kennen. Was er nicht kennen könnte, müssen Sie erklären. Trotzdem wird die Rechnung nicht immer mit 100 : 0 % oder 98 : 2 % aufgehen. Es ist klar, daß dieses Verhältnis vom Bildungsstand der Hörer abhängig ist.

b) Was die Sachverhalte angeht,
so müssen Sie herausfinden, ob Sie verstanden werden und ob man sich für das interessiert, was Sie sagen. Das wissen Sie relativ gut, wenn Sie die Hörerschaft kennen. Für die Zukunft können Sie es genauer durch Befragungen erfahren. Für die vor Unbekannten bereits begonnene Rede aber können Sie es lediglich von den Gesichtern ablesen.

Im Gegensatz zum Wortschatz darf hier auch einmal ein neuer Gedanke auftauchen. Er **muß** sogar auftauchen! Eine Rede, durch die keiner etwas dazulernt, ist unerträglich langweilig und auch sinnlos. Hier dürfte das Verhältnis von Information zu Redundanz zwischen 5 : 95 % und 20 : 80 % liegen. Ich vermute: 30 % Information schafft nicht einmal eine Spitzenschulklasse in den besten Stunden des Tages. Aber wiederum ist das Verhältnis vom Vorwissen und damit vom Bildungsstand der Hörer abhängig. Als ich vor mehr als dreißig Jahren anfing, theologisch zu denken, las ich die Ethik von Dietrich Bonhoeffer. Ich erinnere mich daran, wie schwer mir diese Texte vorkamen. Am Wortschatz kann es nicht gelegen haben; denn Bonhoeffer verwendet auffallend wenige Fremdwörter. Die Gedankengänge waren so fremd. Heute lese ich die gleichen Texte mit Leichtigkeit. Inzwischen bestehen sie für mich auch zu mehr als 80 % aus Redundanz. Wenn ein Student im ersten Semester eine Vorlesung hört, dann versteht er nur einen Bruchteil von dem, was er verstünde, wenn er die gleiche Vorlesung im letzten Semester anhören könnte. Wo also stehen Ihre Hörer? Ermitteln Sie es!

c) Was die Erfahrungswelt der Hörer angeht,[234]
so wird die Sache am kritischsten. Evangelikale Christen ahnen meist überhaupt nicht, wie fremd einem durchschnittlichen Bürger ein Bericht ist - etwa vom Warten auf Führung, vom Rechnen mit einer Gebetserhörung, vom Kämpfen um

[234] Für das Glied einer lutherischen Gemeinde kann die Rede von der Gnade überwiegend Redundanz und die Predigt vom Gesetz überwiegend Information sein. Für das Mitglied einer landeskirchlichen Gemeinschaft kann es sich umgekehrt verhalten.

Erneuerung durch einen heiligen Wandel, vom Gebet um Erweckung oder von der Freude auf die Wiederkunft Jesu.

Auf dem Gebiet der Erfahrungswelt darf die Information 10 % sicher nicht übersteigen. Alles, was darüber läge, wäre meines Erachtens unverkraftbar. Sie dürfen nicht vergessen, daß die Insider-Empfindungen dessen, was wir Glaubensleben nennen, für uns fast zu 100 % Redundanz sind, für den Mann von der Straße aber zu 100 % Information. Das sind zwei Welten, unterschiedlicher als die Erde und der Mond.[235]
Der Sinn dieser Überlegung ist: Verbinden Sie Informationen stets mit Tatsachen, die den Hörern nicht nur bekannt, sondern sogar vorstellbar sind! Im praktischen Fall heißt das:

> Das ist ein Weg von **dreieinhalb Kilometern**.

Tun Sie nun noch ein übriges und sagen Sie Ihren Hörern in, sagen wir, Niederwald:

> Das ist so weit **wie von hier nach Kirchhain**.

Sagen Sie nicht:

> **... fünftausend Quadratmeter** groß.

sondern sagen Sie:

> ... etwa so groß **wie ein Fußballfeld**.

d) Was die Standpunkte der Hörer angeht,
so müssen Sie bereits voraussehen, was Ihre Hörer antworten oder einwenden könnten. Sie sollen nach Möglichkeit auch ahnen, was Ihre Hörer aufregen, verärgern, rühren oder irritieren wird. Ihr Hörer soll sich von Anfang Ihrer Rede an verstanden wissen. Dieses Vorausplanen ist nur dadurch möglich, daß Sie in der Phase der Vorbereitung sehr viel Zeit nehmen, um sich in die Lage Ihrer Hörer hineinzudenken. Es genügt nicht, sich in das Wesen eines oder zweier Ihrer erwarteten Anwesenden zu versetzen. Sie müssen sich einen Querschnitt von einem möglichen Extrem zum anderen vor Augen halten. Dann müssen Sie entscheiden, wie weit Sie diesen Vorstellungen und Gewohnheiten Rechnung tragen wollen und können. Wo Sie vorbeugen wollen und können, da stehen Ihnen Vorbeuge-Formeln[236] zur Verfügung. Damit reagieren Sie auf konstruierte Einwendungen, die gar nicht gemacht werden, aber denkbar wären, etwa:

> Sagen Sie nun nicht: ..

Oder:

> Ich würde es verstehen, wenn Sie einwenden, ..., aber ...

Oder:

> Ich höre jetzt geradezu einige von Ihnen dazwischenrufen: ...

Meist nicht sehr geschickt ist diese Wendung:

> Aber nicht so, wie Sie jetzt meinen.

---

235 Mehr zur »Redundanz« bei Josef Kopperschmidt in Biemer (Hrsg.), Die Fremdsprache der Predigt, Seite 38ff; ferner: Rothermund, Seite 124ff

236 Siehe auf Seite 38!

Woher wollen Sie wissen, was Ihre Hörer jetzt meinen? Und wenn Sie es wüßten, Ihre Hörer wollen sich das trotzdem nicht unterstellen lassen. Sagen Sie dann eher:

> Ich würde mich nicht wundern, wenn Sie jetzt denken, ...

Vorstellbar wäre dieser Redeteil:

> Nein, Gott ist weder schwerhörig noch vergeßlich noch sadistisch. Die Zahl unserer Worte und ihre Lautstärke überzeugen ihn ebensowenig wie das Vibrato in der Stimme oder die bloße Häufigkeit unserer Gebete.
> **Nun mögen Sie einwenden:** Aber Jesus selbst hat doch Gott mit einem Richter verglichen, dem man so lange in den Ohren liegen müsse, bis er sich endlich erweichen lasse.
> Ja, das ist oft so verstanden worden und wird bis heute so verstanden, aber Jesus will ja gerade den Unterschied ...

Oder:

> Der Psalmist sagt: »Die Furcht des Herrn ist der Weisheit Anfang.«[237]
>
> Und Sie antworten: »Das ist aber doch alttestamentlich!«
>
> »Gut, ich nenne Ihnen einen neutestamentlichen Satz: Jesus selbst sagt: Fürchtet den, der in die Hölle werfen kann.«[238]
>
> Und Sie antworten wieder: »Aber das war ja noch vor Pfingsten.«
>
> »Gut«, sage ich, »dann nenne ich Ihnen eben einen Satz von nach Pfingsten: Fürchtet Gott! schreibt Petrus.«[239]
> »Ach«, sagen Sie, »das ist ein anderes Fürchten; das wird wohl im Griechischen so nicht heißen.«
> »O ja«, antworte ich Ihnen, »es ist genau das griechische Wort *phobeiste*, das exakt mit »fürchtet« übersetzt werden muß.«
> »Aber das kann doch so nicht sein«, sagen Sie.
> »Richtig«, sage ich: »Es gibt nichts im Leben eines Christen, das nicht davon bestimmt wäre, daß Gott uns liebt und Jesus Christus uns befreit hat. Auch die Furcht vor dem heiligen Gott ist eine Furcht **innerhalb** und nicht **außerhalb** des Vertrauensverhältnisses zwischen Gott und uns.«

Jesus selbst bedient sich des Mittels der angenommenen Unterstellung mit gleichzeitiger vorbeugender Beantwortung.[240]:

> Ihr habt gehört, daß zu ... - Ich aber sage euch: ...
> Denkt nur nicht, daß ihr bei euch sagen könntet: Wir haben Abraham zum Vater. Denn ich sage euch: Gott vermag dem Abraham aus diesen Steinen Kinder zu erwecken.

15. Ihre Sprache muß verraten, daß Sie für Ihre Hörer offen sind!

Gemeint ist nicht, daß Sie Themen oder Fragen offen lassen sollen, sondern daß Sie selbst sich offen halten sollen. Und das muß Ihr Hörer unbedingt merken. Hier haben Sie immer wieder zu entscheiden zwischen aufdringlicher Selbstanbiederung und falscher Zurückhaltung, die dann zur wenig hilfreichen Unpersönlichkeit wird. Jedem können Sie es nicht recht machen. Was der Hörer aber braucht, ist ein Redner, der unter dem gleichen Gericht, unter der gleichen Verheißung und im gleichen Kampf steht wie er.

---

[237] Ps 111,10

[238] Mt 10,28

[239] 1.Petr 2,17

[240] Mt 5,21,22; 3,9;7,4 und viele andere

Wenn wir hier von der Gabe des »Sich-einfühlens« mal absehen, so bleibt noch die Möglichkeit, sich selbst zu öffnen, so daß der Hörer feststellen kann oder doch wenigstens meint, feststellen zu können, ob wir für das gut sind, was wir sagen.

Eine ungeheure Erschwernis des Redens besteht darin, daß die Vorstellung, die sich ein Redner von sich selbst macht, nur sehr selten mit der Vorstellung übereinstimmt, die der Hörer vom Redner hat. Und auch das, was ein Redner über sich und seine Rede durch Dritte erfährt, ist häufig erschütternd für ihn, weil er sich das nicht hätte träumen lassen. Aber selbst das, was ein Redner über sich erfährt, wenn er sich zum ersten Mal über ein Videoband am Bildschirm hört und sieht, unterscheidet sich beträchtlich von dem, was dieser Redner bis dahin von der Wirkung seiner Person angenommen hat[241]. Schon vor dem Spiegel läßt sich das spüren. Diese Enttäuschungen gilt es einerseits zu überwinden bzw. sich selbst anzunehmen; andererseits sollen aus solchen ernüchternden Informationen heilsame Konsequenzen gezogen werden.

»Um sich selbst zu verstehen, muß man von einem anderen verstanden werden. Um von anderen verstanden zu werden, muß man den anderen verstehen.«[242]

Das ist sicher der Anfang der heilsamen Konsequenzen, die Sie zu ziehen haben. H.-Chr. Piper berichtet von einem Gespräch mit einem Schüler namens Stefan, der eine schlechte Note bekommen hat. Stefan sagt nun aber nicht etwa: »Ich habe eine schlechte Note in Mathematik, ich habe Angst, was mein Vater dazu sagen wird, sondern: in unserem Schulsystem stehen die Schüler ständig unter Leistungsdruck, die erwachsene Generation verliert den Kontakt zur Jugend.«[243]

Diese Redensarten sind typisch für unsere Zeit. So denken und reden auch unsere Hörer, wenn es sein muß, stundenlang. Von ihrem Prediger aber wünschen sie sich, daß **der** sagen kann: »Ich habe Angst, ich mache mir Sorgen, ich habe mich unheimlich gefreut, ich habe tiefe unerfüllte Herzenswünsche.« und dergleichen. Und einen solchen Prediger brauchen sie auch. Und wenn sie einen anderen haben, dann ist der nur einen Bruchteil des offenen Predigers wert.

Die Rede-Inhalte, der Redner und der Hörer, diese drei Komponenten, müssen fast zu gleichen Teilen an dem Vorgang, den wir zum Beispiel Predigt nennen, beteiligt sein. Piper sagt, daß dies eine Grundbedingung für das Verstehen von Sprache sei. »Fallen die Aspekte auseinander oder widersprechen sie einander«, so führt er aus, »so ist Verstehen nicht mehr möglich.«

Um solchen Forderungen gerecht werden zu können, muß der Redner offen sein im Sinne von »geöffnet, durchschaubar«. Ich sage es sehr salopp in der Hoffnung, daß es hängen bleibt: Wer nicht auch ein wenig seelisches Striptease vollführen kann, der sollte nie eine Kanzel betreten. Predigt-Roboter werden nicht benötigt. Und reine Informatoren auch nicht.

H.-Chr. Piper beschreibt eine Predigt über Matthäus 22, 1-14. Es ist die Einladung zum großen Festmahl.[244] Der Prediger gibt sich redlich Mühe. Er sagt

---

241 Über diese Vorgänge schreibt hilfreich Piper in »Kommunizieren lernen ...«, ab Seite 70.

242 Piper in »Kommunizieren lernen«, Seite 71

243 Piper in »Kommunizieren lernen«, Seite 71

244 Piper, Predigtanalysen, Seiten 65-73

selbst unmittelbar nach der Predigt: »Ich wollte Verstehen und Zutrauen und Mut zum Evangelium vermitteln.« Was aber sagen seine sechs im Buch zu Wort kommenden Kritiker zu seiner Predigt? Die Gefühle, die sie beim Hören hatten, reichen über Unruhe, Zweifel, Sperre bis hin zu Angst. Fast alle haben sich »ausgeladen« gefühlt. Deshalb überschreibt Piper auch die ganze Sache mit »Der ausladende Prediger«. Der Prediger war nach der Beurteilung seiner Predigt erschüttert. Nach einer schlaflosen Nacht stellte er dann fest, er »selber habe große Schwierigkeiten, Einladungen anzunehmen (und auszusprechen!) und fühle sich als Gast und unter Gästen ausgesprochen unwohl und fehl am Platze.«[245]

Das gibt uns zu denken: Der Prediger konnte auf der Kanzel nicht einladen, weil er selbst im Privatleben weder einladen noch sich einladen lassen kann. Und eben das merken die Hörer! Ihre Hörer spüren in der Regel, wenn Sie auf die entsprechenden Themen kommen, ob Sie Probleme mit Geld, mit der Sexualität, mit Ausländern, mit Ihren Eltern oder Kindern, mit Musik oder Sport oder sonst etwas haben. Eine Zeitlang klappt es mit Theaterspielen. Aber das bemerkt Gott sofort, Ihr Unterbewußtsein ziemlich bald, und Ihre Hörer bei nächster Gelegenheit.

Das Schlimme ist **nicht**, daß ein Prediger Probleme hat, **auch nicht**, daß diese Probleme auf persönliche Weise in der Predigt vorkommen, **sondern** daß er die Probleme als Verpackung nimmt für die Botschaft, diese Verpackung aber als Verpackung nicht kenntlich macht. So wird die Verpackung zum Inhalt. Die Probleme des Predigers werden zur Botschaft des Predigers. Und das kann er selbst leider überhaupt nicht kontrollieren.

Es gibt ein probates Mittel dagegen: Textgebundenheit! Themengebundenheit! Dieses Mittel wirkt allerdings nur bei aufrichtigen Seelen, nur bei solchen, bei denen sich die Textgebundenheit zur Vollmacht auswirkt. Grundsätzlich aber gilt für die Predigt wie für die Seelsorge: Ein Alkoholiker kann einem anderen Alkoholiker nicht helfen. Ein pathologischer Hintenherum-Schwätzer kann einem anderen pathologischen Hintenherum-Schwätzer nicht helfen. Und ein Ehebrecher kann einem anderen Ehebrecher ebenfalls nicht helfen. Sie »fallen beide in die Grube«[246]. Vermeiden Sie deshalb unbedingt Aussagen wie:

> Ich bin ja auch so hilflos.

Das erinnert mich an eine Operation in einer Klinik bei einer Lokalanästhesie, während deren der operierende Arzt ständig schrie:

> Ich schaff'es nicht! Ich sehe nichts! Ich kann es nicht!

Es war für mich eine große Ermutigung, der ich in Schweiß gebadet ständig ums Bewußtsein kämpfte. Wie Sie sich wohl denken können![247] Etwas anderes ist es, wenn Sie aus früheren Zeiten plaudern:

> Ich war damals noch sehr hilflos.

Das ist eher positiv, solange klar bleibt, daß Sie inzwischen nicht mehr hilflos sind. Sie sollten sich fragen, ob eigene ungelöste und vielleicht verdrängte Pro-

---

245 Piper, Predigtanalysen, Seite 73

246 Mt 15,14

247 Muß ich dazu sagen, daß dies das Stilmittel der Ironie ist? Siehe auch auf Seiten 227-228!

bleme möglicherweise eine Erklärung dafür sind, daß Sie trotz aller Tricks Ihre Zuhörer langfristig nicht überzeugt haben.
Aus dem Gesagten müssen wir nun einen Schluß ziehen: Einerseits habe ich gesagt, daß Sie durch eine personal- und possessivpronomenreiche Wortwahl den Eindruck einer offenbleibenden Rede vermitteln und so die Hörer gewinnen können. Andererseits habe ich später gesagt, daß das persönliche Leben mit der Rede übereinstimmen muß, um weiterzukommen.

Und noch ein Problem: Einerseits habe ich gesagt, daß Ihre Hörer mitbekommen müssen: Dieser Mann, diese Frau ist auch noch nicht vollkommen und auf Gottes Hilfe angewiesen. Andererseits habe ich später gesagt, ein Alkoholiker könne einem anderen Alkoholiker nicht helfen.

Und sehen Sie, genau dieser Konflikt zeichnet die engen Grenzen des Raumes, in dem ein Redner erfolgreich wirken kann. Offen sein heißt nicht, falsche Solidaritätserklärungen abzugeben, aber solidarisch zu sein. Eigene Probleme zu verschweigen darf nicht bedeuten, sie vor sich selbst zu verbergen.
Stellen Sie sich ein Dreieck vor: Der linke Schenkel trägt die Schrift: »Ich brauche auch Hilfe«. Auf dem rechten Schenkel steht: »Ich erfahre ständig wirksame Hilfe.« Unter dem unteren Schenkel dagegen lesen Sie: »Ich gebe mir jegliche erdenkliche rhetorische Mühe.« Diese Mühe, die Botschaft Gottes an Hilfe Brauchende weiterzugeben, gebe ich mir als Hilfe Brauchender und zugleich als Hilfe Empfangender. Meine Zuhörer wünschen sich von mir, dem Redner bzw. dem Prediger, nämlich Solidarität und Vorbildlichkeit zugleich.

16. Seien Sie fair!

Das betrifft einmal inhaltliche Fairneß und Takt, zum anderen die formale Fairneß. Drohen Sie nicht! Halten Sie Ihre Versprechen!

a) inhaltlich:
Bewahren Sie Ihren Hörern ihre Ehre und ihre Würde! Vermeiden Sie alles, was sie kränken könnte! Machen Sie sie nicht klein, sondern groß! Fragen Sie sich beizeiten, was die Anwesenden ertragen können, was ihnen helfen würde, womit Sie ihnen Mut machen könnten! - Über die Sonntagsschulkinder, die gesungen hatten:

> Das war nicht so toll. Die guten Sänger sind heute nicht da. Wir hoffen, noch weitere Kinder zu kriegen, damit wir ein paar Sänger mehr haben.

Wäre der Redner für einen Augenblick in die Haut der Kinder geschlüpft und dann noch einmal in die Haut der Eltern, die dabei saßen, dann wäre ihm diese dreifache Kränkung nicht unterlaufen. Erstens hätte er den Kindern Mut machen müssen, statt ihnen zu sagen, daß es »nicht so toll« gewesen sei. Zweitens hätte er die Kinder, die sich tapfer »geschlagen« haben, nicht als die schlechteren Sänger bezeichnen dürfen. Drittens gibt es wichtigere Gründe, Kinder in die Sonntagsschule einzuladen, als daß man ein paar Sänger dazubekommt.

Es sollte sicher »flott« sein, ging aber völlig daneben. Dazu gehört auch versteckte Ironie. Was soll z.B. der Satzteil:

> In **meiner** Bibel steht geschrieben: ...?

Als ob das in der Bibel der Hörer nicht stünde! Oder will man damit sagen, daß die anderen ihre Bibel ja nicht kennen oder nicht richtig verstehen? Was Sie sagen dürfen, falls es stimmt:

> Ich wähle meine Worte sehr bewußt.

Christian Zentner weist in seinem Bildband[248] darauf hin, daß der Siegeszug der CDU im Jahre 1949 zum großen Teil durch die flotten, das Gemüt mitreißenden Formulierungen des Wahlkampfs bestimmt war. Er stellt die langatmigen Slogans der SPD, etwa:

> SPD wählen heißt eine starke Regierung, Arbeit für alle, Wohnungen bauen, Heimat für die Vertriebenen, Hilfe für die Notleidenden und Friede für dich und mich!

den kurzen, bündigen und emotionsgeladenen Slogans der CDU gegenüber:

> Es geht um Deutschland.
> Wir wählen Köpfe, nicht Listen.

bis hin zu solchen, die zu der Abbildung auf dem Plakat sagen:

> Nein - darum CDU

Oder dann vier Jahre später nach dem Rezept Ludwig Erhards:

> Wohlstand aus eigener Kraft

Und nach Konrad Adenauers Erfolgskonzept - durchaus negativ:

> Alle Wege des Marxismus führen nach Moskau!

Was auffällt, ist: Die SPD wurde konkreter und war sachlicher als die CDU. Das half ihr aber nichts. Die CDU fing die Emotionen ein. Und damit die Wähler. »Dagegen«, so schreibt Zentner, »mußte die handgestrickte Werbekampagne der SPD unterliegen.«

Dazu ist mit Blick auf die Fairneß dreierlei zu sagen: Erstens ist gemeindliche Rede kein Wahlkampf. Psychologische Gesetze, und seien sie noch so erfolgreich, unterliegen der Kontrolle durch eine biblische Ethik der Wahrhaftigkeit. Zweitens dürfen wir aber nicht vergessen, daß wir neben der Weitergabe aller möglichen Informationen und korrekter Absichtserklärungen dennoch die Seelen der Menschen erreichen müssen und vor allem, ihnen eine Zukunftsperspektive zu liefern haben. Wir sollen Hoffnung verbreiten, motivieren und im guten biblischen Sinn auch begeistern. Unsere Slogans sind nicht einmal fragwürdig - wie die von politischen Parteien. Drittens müssen wir auf handliche, klangvolle und für die Menschen mit Leben gefüllte Formulierungen bedacht sein. Sachliche Information muß in mitreißende und durchaus nicht emotionslose Rede verpackt sein. Weshalb sollten wir die Menschen nicht an ihrer Seele packen? Aber zur Manipulation darf es nicht werden!

An dieser Stelle ist sicher noch ein Wort zu einer besonderen Art von Taktlosigkeit zu sagen: Ein Prediger, der einer der früheren Siegermächte angehörte, reflektierte theologisch in einer Predigt vor deutschem Publikum über das deutsche Versagen im Dritten Reich. Was er gesagt hat, mag richtig oder falsch gewesen

248 Deutschland. Von der Reichsgründung bis heute, Stuttgart 1982, Seite 334

sein. Das spielt kaum eine Rolle. Er hätte es jedenfalls nicht sagen sollen. Was er damit erreichen wollte, hat er mit Sicherheit nicht erreicht.
Ein anderes Beispiel: Ein Amerikaner äußerte seine Mißbilligung über eine europäische Zeitungswerbung in den Vereinigten Staaten mit ungefähr dem Slogan: »In Ariane we trust!«[249] Diese Werbung sollte wohl die Zuverlässigkeit der von den Europäern gemeinsam entwickelten Weltraum-Rakete namens Ariane gegenüber dem von Fehlschlägen gekennzeichneten amerikanischen Modell herausstellen. Daß sich der Amerikaner darüber geärgert hat, ist zu verstehen. Nun aber sinngemäß sein Kommentar vor deutschen Hörern in einer Predigt:

> Ihr Europäer schreibt: »Wir vertrauen auf Ariane.« Dabei ist sie doch gar nicht so zuverlässig. Wir Amerikaner aber haben auf unseren Dollarnoten stehen: »In God we trust!«[250]

Dabei kamen die Gastgeber als Gottlose -sicher zu Recht- ziemlich ungünstig weg, während der Gast das Eigenlob für sein Gott vertrauendes Land -zu Recht?- einheimste. Die verschlüsselte Botschaft: Wir sind besser als Ihr!
Überlegen Sie sich nicht nur gut, was Sie sagen, sondern auch, ob gerade Sie es gerade diesen Menschen sagen dürfen!

b) formal:

Es ist nicht wichtig, wieviele Minuten Sie sprechen. Das richtet sich nach dem Aufnahmevermögen der Hörer, nach dem Brauch am Ort und nicht zuletzt danach, wielange Sie etwas Interessantes auf anregende Weise zu sagen haben.
Wenn es aber am Ort üblich ist, daß zum Beispiel eine Predigt nach zwanzig Minuten fertig ist, dann sollten Sie diese Grenze nicht erheblich überschreiten. Wenn die Hörer gewöhnt sind, daß sie um 11 Uhr wieder im Freien sind, dann dürfen Sie mal zwei oder drei Minuten länger machen, wenn es ab und zu auch mal kürzer ist. Aber ohne schwerwiegenden Grund darf es nicht wesentlich mehr werden. Diesen Grund müßten Sie überdies auch nennen. Vor allem sollten sich die Hörer beizeiten auf eine verlängerte Veranstaltung einstellen können. Am besten ist es, Sie sagen das schon eine Woche vorher. Spätestens aber zu Beginn der Versammlung muß es klar sein. Am besten sagen Sie:

> Liebe Freunde, das Thema, das ich am nächsten Sonntag behandeln will, ist so umfangreich, aber auch so wichtig, daß ich statt fünfundzwanzig Minuten vierzig Minuten brauche. Stellen Sie sich bitte darauf ein, daß der Gottesdienst in einer Woche etwas länger dauern wird.

Machen Sie keine falschen Versprechungen! Wenn ein Redner sagt:

> Ich fasse mich heute **besonders kurz**,

dann bin ich gewöhnlich aufs äußerste mißtrauisch. Warum sagt er das? Weil er die Hörer beruhigen will. Weshalb will er das? Nun, er weiß, daß er heute lang machen will. Das ist unfair!

Wenn Sie ankündigen, daß Sie eine Sache **kurz** erklären wollen, dann muß es auch **unbedingt kurz** geschehen. Man wird Ihnen anderenfalls nach dem dritten Mal nichts mehr glauben.

---

[249] Zu Deutsch: »Wir vertrauen auf Ariane!«

[250] Zu Deutsch: »Wir vertrauen auf Gott!«

Wenn Sie sagen, daß Sie auf eine Sache nachher **noch einmal zurückkommen** werden, dann tun Sie es auch!
Wenn Sie versprechen, eine **Frage später noch zu beantworten**, dann tun Sie es auf jeden Fall! Es gibt ein Geflügeltes Wort unter den Theologen:

> Verflucht ist der Prediger, der nicht zum Schluß kommt, wenn er zum Schluß kommt.

Manche Redner, oft sehr bekannte, kommen mehr als dreimal zum Schluß. Und das in einer einzigen Predigt! Schande über ihr Haupt! Es wird viel Schindluder mit Beruhigungspillen getrieben, auch mit rhetorischen! Gewöhnen Sie sich diese Unarten schnell wieder ab!
Lasset das Drohen sein![251] sagt Paulus in anderem Zusammenhang. Drohen Sie nicht:

> Ich muß etwas weiter ausholen.

oder:

> Da muß ich kurz noch etwas vorausschicken.

Sie können aber sagen:

> Lassen Sie mich vor der eigentlichen Argumentation bitte noch einen für unser Thema äußerst wichtigen Abriß der damaligen Geschichte und Verhältnisse geben.

Über eine der schlimmsten Formeln macht sich Kurt Tucholsky lustig in seinen »Ratschlägen für einen schlechten Redner«:

> Meine Damen und Herren! Bevor ich zum Thema des heutigen Abends komme, lassen Sie mich Ihnen kurz ...

Mit dem, was nach solchen Formeln kommt, hat jedermann schlechte Erfahrungen. Deshalb lassen Sie besser auch die Formel weg.

Darf nun ein Satz lang sein? Oder muß er kurz sein? Das Institut für Kybernetik in Zusammenarbeit mit der Universität Paderborn kam nach achtjährigen Versuchen mit mehr als 1000 Personen zu dem Egebnis, daß gut die Hälfte aller Menschen einem Satz mit mehr als dreizehn Wörtern nicht mehr folgen könne. Rund ein Drittel aller Erwachsenen eines durchschnittlichen Publikums wisse nach elf aneinandergereihten Wörtern den Satzanfang nicht mehr. 15 % würden noch verstehen, wenn ein Satz aus achtzehn oder mehr Wörtern bestehe. Eine Wortkette dürfe nicht mehr als fünf Kommas haben und nicht länger als fünf Sekunden dauern.[252]

Der Berichter in der FAZ kommt -wohl witzig gemeint- zu dem Schluß, daß sich Redner künftig mehr auf Kurzformeln wie »Aufgepaßt!«, »Aufgewacht!«, »Raus!« oder »Kürzer!« umstellen müßten.
Natürlich ist es unfair, Hörer mit langen und verschachtelten Sätzen zu belästigen. Selbstverständlich müssen Sie alles nur Mögliche daransetzen, daß Ihre Sätze kürzer werden. Andererseits ist unsere Botschaft keine Primitivbotschaft nach der Melodie: »Seid alle schön brav!« Und der Gottesdienst ist nicht der Ort, an dem Kommandos erschallen sollen.

---

251 Eph 6,9

252 Berichtet in der Frankfurter Allgemeine Zeitung vom 13.12.83, Nr. 289, Seite 23 und in emk-aktuell, 8/84, Seite 19

Einen ganz anderen Gesichtspunkt erschließt Joachim Fest in einer Erzählung über seine Schulzeit[253]. Er berichtet, daß er -wohl als Rache seines Lehrers für eine lästige Frage- einen Aufsatz über ein an sich ungeliebtes Thema schreiben mußte. Er schreibt: »... jedenfalls schrieb ich den Aufsatz, der alle wichtigen Fakten ... verzeichnete, in einem einzigen, wenn auch streng konstruierten Satz von nahezu vier Seiten.« Dann die Reaktion: »Mit unbewegtem Gesicht forderte Dr. Malthan mich einige Tage, nachdem ich die Arbeit abgegeben hatte, auf, den Aufsatz vorzulesen. Während ich mich bemühte, den Text zu gliedern und einen Punkt oder doch ein Semikolon zu sprechen, wo nur ein weiteres Komma stand, beobachtete er mißtrauisch die Klasse. Als keine Regung sich zeigte, sagte er knapp: »Ordentlich« und fügte mit einem kaum merklichen Lächeln hinzu: »Vor allem der Vortrag.«

Beide Seiten haben recht. Wenige können einen Satz von vier Seiten so sprechen, daß die Zuhörer ihn verstehen. Der Normalbürger kann es nicht. Die erträgliche Länge einer Rede hängt davon ab, ob der Redner glücklich formulieren und »übersichtlich« sprechen kann. Verschachtelungen sind immer unglücklich. Aber durch die Stilmittel der Nachstellung[254] oder des Anakoluths[255] läßt sich vieles wettmachen. Bauen Sie dennoch einen Satz nie länger, als es die Sache erfordert!

253 In Marcel Reich-Ranicki (Hrsg.), Meine Schulzeit im Dritten Reich, Köln, 1988, Seite 210

254 Siehe auf den Seiten 219-220!

255 Siehe auf den Seiten 222-223!

17. Die Stilmittel

Ein Stilmittel ist der geschickte Umgang mit Buchstaben, Wörtern und Sätzen, durch den Aufmerksamkeit, Merkbarkeit, Betroffenheit oder Erheiterung verursacht werden sollen. Stilmittel kommen durchweg durch Regelverstöße zustande, und seien es auch nur Regelverstöße gegen die Ökonomie des Satzes.
Bedenken Sie stets: Auch das gediegenste Stilmittel muß im Dienst der Botschaft stehen; es darf sich ebensowenig selbständig machen wie eine Illustration[1].
Einige der Stilmittel erwähne ich zwar, empfehle sie aber nicht oder nur bedingt für die Predigt.
Es ist nicht nötig, daß Sie die Namen der Stilmittel wissen. Nötig ist aber, daß Sie sie zum Vorteil Ihrer Rede anwenden können. Manche Stilmittel gehören mehreren Gruppen an. Wenn Sie zum Beispiel sagen:

Es war ihm ein **»innerer Vorbeimarsch«.**

und meinen damit, daß derjenige etwas sehr genossen und ausgekostet hat, so mag das eine Metapher, eine Chiffre, ein Neologismus und eine Paraphrase zugleich sein. Das alles läßt sich notfalls begründen. Der Name ist nicht wichtig.
Einige Stilmittel ermöglichen dem Hörer ein besseres Verstehen, andere dienen eher der Merkbarkeit. Stilmittel vermeiden gelegentlich aber auch Kränkungen oder steigern die Eindrücklichkeit; sie wirken oft elegant und machen damit den Redner interessant. Falsch angewandt, so ist das immer im Leben, bewirken sie in der Regel das Gegenteil.
Die unauffälligsten Stilmittel sind meist die wirkungsvollsten. Sie machen selbstlos auf den Gegenstand aufmerksam und nicht auf sich selbst.
Die zumeist klassischen Stilmittel lassen sich unter anderen nach den folgenden Gesichtspunkten einteilen:[2]

a) Die Wiederholungsfiguren
b) Die Tropen
c) Die Figuren des syntaktischen Bereichs
d) Die Figuren des kompositorischen Bereichs
e) Die Figuren des argumentativen Bereichs

a) Die Wiederholungsfiguren

Es handelt sich um die Wiederholung von Wörtern oder von Bedeutungen, unmittelbar hintereinander oder in bestimmten Abständen.

(1) Die Tautologie[3]

stellt ungefähr oder ziemlich genau gleichbedeutende Begriffe nebeneinander.
Beispiele für eher abschwächende Wirkungen:

führen und leiten
loben und preisen
beschützen und beschirmen
schön und gut

---

1 Siehe auf den Seiten 116-117!

2 Einteilung weitgehend nach Schlüter, Seite 26ff

3 Bedeutung zu Deutsch: Fügung; von (grie.) *tauto* (= dasselbe), und *logos* (= Wort)

Beispiele für leicht verstärkende Wirkungen:

einzig und allein
allein und verlassen[4]

nie und nimmer

(2) Die Doppelung

Beispiele für eher abschwächende Wirkungen:

ja, ja

nein, nein

Beispiele für eher verstärkende Wirkungen:

nein und nochmals nein
niemals, niemals

viele, viele
sehr, sehr viele

(3) Die Anapher[5]

ist sehr gebräuchlich und durchaus empfehlenswert. Der Satzanfang wird wiederholt. Beim Refrain dagegen wird das Satzende wiederholt. Beispiele:

Dieser Christus ist für Dich und für mich auf die Erde gekommen.
Dieser Christus hat für Dich und für mich gelitten.
Dieser Christus ist für Dich und für mich gestorben.
Dieser Christus ist für Dich und für mich auferstanden.
Und
dieser Christus wird für Dich und für mich wiederkommen.

Wolfgang J. Bittner in »idea spektrum«:[6]

Sind wir uns einig, daß für die Bibel Sündenvergebung und Heilung des Körpers ... eine Einheit bilden?
Sind wir uns einig, daß die Krankenheilung ein Teil des ungekündigten Auftrages ... ist?
Sind wir uns einig, daß wir für unseren Dienst die Einheit der Christen brauchen, auch wenn ...?
Sind wir uns einig, daß die Formen, wie wir den Auftrag ausführen, befragbar bleiben ...?
Sind wir uns einig, daß Heilungen, obwohl sie zu unserem Auftrag gehören, immer freies, gnadenhaftes Handeln Gottes bleiben? ...
Sind wir uns einig, daß Heilungen »Zeichen« sind? ..

(4) Der Refrain[7]

ist ebenso brauchbar wie die Anapher. Beispiele:

Gott bietet Dir sich selbst an, **doch Du sagst: »Ich will mir's überlegen.«**
Gott schickt Dir Leid ins Haus, **doch Du sagst: »Ich will mir's überlegen.«**
Gott führt Dich an den Rand Deiner Existenz, **doch Du sagst: »Ich will mir's überlegen.«**

Refrain nach 1.Korinther 13, Vers 8:

Das prophetische Reden wird aufhören; **aber die Liebe hört niemals auf!**
Das Zungenreden wird aufhören; **aber die Liebe hört niemals auf!**
Die Erkenntnis wird aufhören; **aber die Liebe hört niemals auf!**

Ein Predigtschluß von Helmut Gollwitzer zu einer Predigt über Markus 1, 14 und 15:[8]

...: Da Johannes überantwortet war, **kam Jesus** und predigte ... Da ihr in großer Traurigkeit wart, **kam Jesus**. Nachdem ein Mensch zu euch geredet ... hat, **kam Jesus**. Da ein Mensch in großer Not war ..., **kam Jesus**. Da in Haß und Grauen dein Herz gebunden war ..., **kam**

---

4 Hier liegt zudem eine »Emotionalisierung« vor.

5 aus (grie.) *ana* (= hinauf, wieder) und *pherein* (= tragen)

6 Nr. 40/1987, Seite 3

7 = Kehrreim; über das Französische aus (lat.) *re* (= zurück) und *frangere* (= brechen)

8 Zitiert nach Ockert, Seite 102f

> **Jesus.** Da ... viele von uns ihr Leben hingegeben haben, **kam Jesus.** Als sie die Augen geschlossen ..., **kam Jesus.** Da die ganze Welt in den Kämpfen ihrer Sünden und des Todes lag, **kam Jesus** und predigte das Evangelium .... Da ihr das gebetet habt, ... **kam Jesus** und ... Da wir in großer Not waren und jetzt noch sind, **kam Jesus** und hat alles wohlgemacht.

Die Wendung »kam Jesus« erscheint mir hier sogar etwas zu häufig. Die Wirkung indessen ist stark.

(5) Die Kette

Der folgende Satz knüpft an den vorhergehenden an. Beispiele:

> Diese Regierung hat **gearbeitet.**
> Und was sie **gearbeitet** hat, das ist den **Reichen zugeflossen.**
> Und was den **Reichen zugeflossen** ist, das hat die **Reichen noch**
> **reicher** gemacht. Und was die **Reichen noch reicher** gemacht hat, das hat der
> Regierung genützt.

> **Gesagt** bedeutet noch lange nicht **gehört.**
> **Gehört** bedeutet nicht **verstanden.**
> **Verstanden** bedeutet nicht **einverstanden.**
> **Einverstanden** bedeutet nicht **behalten.**
> **Behalten** bedeutet nicht **angewandt.**
> **Angewandt** bedeutet nicht **Verhaltensänderung.**[9]

(6) Die Verdeutlichung

schiebt einem Satz Worte nach, die den Satz nachträglich verstärken. Die Figur ist mitunter sehr wirksam, weil sie dazu anregt, etwas bereits Gehörtes noch einmal kurz zu bedenken. Beispiele:

> Viele haben es erfahren, **unendlich viele.**
> Du bist teuer erkauft, **unsagbar teuer.**

(7) Die Bekräftigung

ist der Verdeutlichung sehr ähnlich. Beispiele:

> Liebe, **ja Liebe**, ist es, daß Gott Dir noch ...
> Du stehst vor dem Scherbenhaufen, **Du hörst richtig: Scherbenhaufen** Deines Lebens.

(8) Die Alliteration[10]

Es geht hier darum, daß die Wörter einer Gruppe mit den gleichen Buchstaben anfangen. Die Alliteration ist ein Stilmittel, das bewußt kaum auffällt, das aber, wenn es geschickt gebraucht wird, beim Hörer unbewußt außerordentlich starke Eindrücke hinterlassen kann. Beispiele:

> Bei **W**ind und **W**etter waren wir unterwegs.
> Unser Plan war **g**roß bis **g**igantisch.
> Sie sollten **ge**ben oder **ge**hen.
> Guter **R**eden **R**at ist teuer[11].
> **H**err und **H**elfer
> Suppe, Seife, Seelenheil[12]

---

9 Von Konrad Lorenz, zitiert nach Ebeling, Seite 19 (Fettdruck EW)

10 Stabreim von (lat.) *ad* (= zu hin), und *littera* (= Buchstabe), weil es sich um ein Stilmittel handelt, das auf die Buchstaben schaut.

11 Doppeldeutige Überschrift über eine Buchbesprechung in der FAZ vom 25. September 1989. Teuer bezieht sich auch auf den Preis des Buches.

12 Ein Motto der Heilsarmee

> **Qua**lität oder **Quan**tität?
> **Tr**otz oder **Tr**eue?
> Von **Ba**ch bis **Ba**rtók

Bekannt sind die drei »K«, für die früher die Frauen zuständig waren und zum Teil auch noch sind:

> **K**inder, **K**üche, **K**irche

Bekannt ist ebenfalls die Fernseh-Reihe:

> **P**leiten, **P**ech und **P**annen

Weiter:

> Der Mann ist unbeugsam und unerbittlich.
> Unser Vertrauen in ihn ist felsenfest.
> Dann wissen wir dies, daß eben dann doch die demokratische Denkungsart den Sieg davontragen wird.

Auch Werbetexter lieben die Alliteration. Weshalb sollten wir nicht von denen lernen, die Erfolg haben?

> **L**icht **l**ockt **L**eute!

(9) Die Variation

umschreibt etwas bereits Gesagtes noch einmal mit anderen Worten. So prägt sich das Erstgesagte mit dem Zweitgesagten zusammen ein. Beispiel:

> ... Sollte es aber dennoch geschehen, daß wir **ihm** nahekommen, daß wir ... **es** zu Gesicht bekommen, **»es«**, **das eigentlich Gemeinte und Gesuchte**, so sind jedenfalls nicht wir es gewesen, denen es gelungen ist, sondern **es** hat sich ohne unser Verdienst an uns ereignet, **es** ist uns unbegreiflicherweise gegeben worden, **was wir uns nicht nehmen konnten**.[13]

In diesem Satz von Eduard Thurneysen wird das »es« hintereinander vierfach und damit »variierend« beschrieben als:

1. es, ihm
2. etwas, was wir zu Gesicht bekommen
3. das eigentlich Gemeinte und Gesuchte
4. das, was wir uns nicht nehmen konnten

Ein anderes Beispiel:

> **Ihm, dem die Ausweglosigkeit auf dem Gesicht geschrieben stand.**

»Ihm« wird variiert durch »dem die Ausweglosigkeit ...«. Und ein letztes Beispiel[14]:

> ... der Inhalt des Neuen Testaments, **das, was in Christus und den Aposteln seine volle Entfaltung erfährt.**

»das, was in Christus und den Aposteln seine volle Entfaltung erfährt«, ist die Variation zu »der Inhalt des Neuen Testaments«.

(b) Die Tropen[15]

Es geht dabei um die Stilmittel im **lexikalischen** Bereich. Der lexikalische Bereich ist der Bereich der Wörter; es geht meist um Wortumstellungen.

---

[13] Thurneysen, Seite 29

[14] Egelkraut, Seite 5

[15] Tropen = Wendung, Vertauschung, von (grie.) *trope* (= Wendung)

(1) Die Verfremdung
geht häufig mit einem »Anachronismus«[16] einher. Ein »Anachronismus« ist es, wenn Sie Dinge oder Gedanken zusammenbringen, die historisch nicht zusammengehören können. Auch einen Ort können Sie verfremden. Verfremden Sie noch andere Dinge, so riskieren Sie größere Mißverständnisse. Beispiele für die Verfremdung der Zeit:

> Nikodemus war **Ordinarius für Altes Testament an der Universität von Jerusalem.**
> Lot lieferte seine Milch an die **Molkerei von Sodom**.

Beispiel für die Verfremdung des Ortes:

> Das ist der **Eiffelturm** von XY.

Solche Mittel werden häufig in Jugendgottesdiensten angewandt, wenn sich der Prediger nicht die Zeit nehmen will oder kann, mit seinen Hörern vom Heute ins Damals zu gehen, um dann mit dem Hörer wieder ins Heute zurückzukehren. Er holt dann das Damals ins Heute. Auf diese Weise ist **Jesus** bereits **Motorrad oder VW** gefahren. Und **Paulus** hatte schon **Reifenpannen** auf der **Autobahn**.
Aber auch »dynamische« Bibelübersetzungen[17] kennen solche Verfremdungen. Daraus ergeben sich zuweilen Rückverfremdungen. Martin Luther machte zum Beispiel aus **Terebinthen Eichen** und aus **Klippdachsen Kaninchen**. Zu Recht, denn das Volk brauchte Vorstellungen; Terebinthen und Klippdachse gab es in Deutschland ja nicht. Wenn wir heute von der »Terebinthe zu Sichem« sprechen, so ist das gegenüber dem vertrauten Luthertext eine Rückverfremdung.

Durch Verfremdungen können Sie Ihre Hörer aufhorchen lassen. Hüten Sie sich aber vor **Überfremdung**!

(2) Der Neologismus[18]
ist eine Neubildung von meist verschmitzt-witzigen oder sarkastisch gemeinten Wörtern. Verschiedene Jugendevangelisten arbeiten sehr stark mit diesem Effekt. Ältere Menschen sind nicht so begeistert davon. Neologismen werden in der Regel, wenn sie sich eingebürgert haben, zu Metaphern. Ein Neologismus ist zum Beispiel, wenn Sie von

> **gemeindlicher Euthanasie**[19]

sprechen und damit anprangern wollen, daß Gemeindeglieder unter der Hand mehr oder weniger schmerzlos aus Funktionen hinausgelobt und damit »ausrangiert« bzw. lästige Glieder gemieden und damit totgeschwiegen werden. Oder wenn Sie von

> **religiösem Edel-Murks**

sprechen. Sie können nach Ansicht verschiedener Leute auch jemand auf dem

> **Halleluja-Trip**

---

16 Von (grie.) *ana* = über ... hinaus, *chronos* (= Zeit); es handelt sich also um falsche zeitliche Einordnung.

17 = Bibelübersetzungen, die die Übertragung vom Damals ins Heute bereits mehr oder weniger mitvollziehen

18 Von (grie.) *neo* (= neu), und *logos* (= Wort)

19 Euthanasie = schöner Tod, von (grie.) *eu* (= schön oder gut) und *thanatos* (= Tod)

antreffen. Ein anderes Beispiel:

Die Besucher sind **evangelistisch**[20] gezählt worden.

Für Eigenarten von Einrichtungen oder Personen:

Es ist die **XY-Neurose.**
Das ist das **XY-Syndrom.**
Seelenschnupfen[21]
Dieser **Computer mit Dauerwellen**[22]!

Oder für einen Porsche, wenn der fünfzigjährige Fahrer nicht so recht dazu paßt:

Was willst Du mit diesem **Midlife-crisis-Geschoß?**

Für den Frankfurter Fernsehturm:

der Ginnheimer Spargel.

Für eine Fusion marktbeherrschender Konzerne:

Elefantenhochzeit.

(3) Das Fremdwort

Es ist nicht so schlecht, wie es oft »gemacht« wird. Und die Entwicklung zur Erweiterung des Wortschatzes ist nicht aufzuhalten. Viele Fremdwörter werden nicht mehr als solche empfunden, etwa das Wort »zitieren«. Oft ist ein Fremdwort passender als das entsprechende deutsche. Es ist durchaus nicht immer ein deutsches Wort mit gleicher Aussagekraft oder in gleicher Kürze zu finden.

Andererseits habe ich beobachtet, daß ein echtes Fremdwort -wie übrigens auch Lieder in einer Fremdsprache- selbst bei bester Übersetzung viele Hörer ärgert bis erbost, nicht weil sie es nicht verstehen, sondern weil es sie an ihr Bildungsdefizit erinnert. Nicht geeignet sind Fremdwörter für einen Prediger, um einen »snob appeal«-Eindruck zu machen, um eine »magische Aura« um sich zu verbreiten, sich in einen Schleier des Geheimnisses oder der Wissenschaftlichkeit zu hüllen. Es ist nicht wichtig, ob ein Wort ein Fremdwort ist. Wichtig ist, ob es

* **verstanden wird**
* **die gewünschte Leistung erbringt**
* **angenommen wird.**

Durch ein Fremdwort können Sie eine Sache **beschönigen**[23]:

transpirieren statt **schwitzen**
Fäkalien statt **Kot** (oder Schlimmeres)

Nicht wahr: Gleich riecht es weniger.

Sie können durch Fremdwörter auch **verschlimmern**:

Visage statt **Gesicht**
denunzieren statt **anzeigen**

Sie können eine Sache schlichter oder **treffender** machen:

simpel statt **einfach**
fair statt **anständig**

Sie können eine Sache auch **aufbauschen** durch Fremdwörter:

ventilieren oder **reflektieren** statt **nachdenken**
eruieren statt **nachforschen**

---

20 = sehr großzügig nach oben

21 Zugleich auch eine Metapher

22 Für eine hübsche, aber eiskalt berechnende junge Frau; aus einer Fernsehserie

23 Die Beschönigung ist ein Eulogismus, von (grie.) *eu* (= schön), und *logos* (= Wort).

(4) Die Metapher[24]
bringt zwei Begriffe oder Gedanken zusammen. Es handelt sich oft um zusammengesetzte Hauptwörter, von denen ein Teil bei der gemeinten Sache vorhanden ist, der andere aber dazukommt. Beispiele:

Wo steht Deine Rost**laube**?

Gemeint ist ein altes Auto. Der Rost ist da; die **Laube** kommt hinzu.

Er ist ein Publikums**magnet**.
Bist Du mit dem Draht**esel** da?
Ein **Bär** von einem Mann war das!
Zieh' mal Dein Fahr**gestell** ein!
Greif Dir mal eine **Sitzgelegenheit** (oder einen **Untersatz**)!
Heute morgen steht ... auf der **Speisekarte**[25].

Metaphorisch wäre auch, wenn es einer behaupten könnte:

Ich bin von Kopf bis Fuß auf **Dienen** eingestellt.

Hier wird eine früher bekannte Schlagerzeile[26] zu einer geistlichen Aussage benutzt. Die Zeile ist da; das »Dienen« kommt dazu. Andere Metaphern sind so gebräuchlich, daß sie als solche nicht mehr wirken, etwa:

das Fluß**bett** über die Ufer **treten**

(5) Die Chiffre[27]
ist ein Begriff, der etwas anderes sagt, als er meint. Nur durch einen hohen allgemeinen Bekanntheitsgrad der Chiffre wird verstanden, was gemeint ist. Sinn dieses Stilmittels kann entweder Witzigkeit sein oder -wie manchmal bei Fremdwörtern- die Absicht, daß nur bestimmte Hörer es verstehen sollen. Für die christliche Predigt fällt die letztgenannte Möglichkeit aus. Beispiele:

Ich sah **Meister Adebar**[28].
Dieser **Caruso**[29] fällt mir auf die Nerven.

Die Chiffre ist **nicht** -wie die Metapher- darauf angewiesen, daß wenigstens ein Teil des Begriffs vorhanden ist, während der andere hinzugefügt wird.

(6) Die Paraphrase[30]
umschreibt Personen, Gegenstände oder Sachverhalte mit anderen Worten. Dabei kann etwas heruntergespielt oder auch hochgespielt werden. Die Paraphrase kann jemand in Schutz nehmen oder beleidigen. Herunterspielend wirken:

Seitensprung für Ehebruch[31]
Dritte Zähne für Gebiß

---

[24] = woandershin tragen, von (grie.) *meta* (= nach), *pherein* (= tragen)

[25] Für die Gliederung einer Predigt

[26] 1930: »Ich bin von Kopf bis Fuß auf **Liebe** eingestellt«, gesungen von Marlene Dietrich in dem Film »Der blaue Engel«

[27] Geheimzahl mit verabredeter Bedeutung, Geheimbegriff, von (frz.) *chiffre* (= Ziffer), über das Lateinische aus (arab.) = leer, null

[28] Fabelname für einen Storch

[29] Nach einem berühmten italienischen Tenor spöttisch für einen Mann, der laut und störend, etwa in der Badewanne, singt.

[30] = Umschreibung; von (grie.) *para* (= neben), und *phrasis* (= Ausdruck)

[31] Das ist zugleich ein Euphemismus

Herabsetzend wirken:

Eierkopf für einen besonders intelligenten Menschen
Spaghettifresser für einen Italiener

(7) Die Hyperbel[32]
übertreibt, und zwar zum Guten wie zum Bösen. Sie ist oft mit Ironie verbunden. So können Sie von einem

geistigen **Riesen**

sprechen oder von einem, der

die **Güte in Person**

ist. Es kann Ihnen auch etwas

schrecklich leid

tun. Sie können auch

unsterblich verliebt sein.

Viele dieser Übertreibungen wirken abschwächend, weil sie als exakte Aussagen nicht ernstgenommen werden. Auch das ist eine Hyperbel:

Sonntags, wenn die Mutter das Kochen **zelebrierte**, ...

(8) Das Lautspiel und das Wortspiel
dienen der Merkbarkeit. Sie haben eine besonders starke Wirkung in den Leitsätzen, die Ihr Hörer auf jeden Fall im Gedächtnis behalten soll. Eine großartige Möglichkeit ist es für Überschriften und für die Gliederung. Allerdings besteht bei einigen Rednern die Gefahr, die Sache zu übertreiben. Ich habe schon erlebt, daß Zugeständnisse an das Wortspiel zu Lasten des Inhalts gemacht wurden. Da ist Vorsicht geboten. Die Botschaft ist wichtiger als die Rhetorik! Es wird mit Lauten, meist mit Gleichklängen, gespielt oder mit ganzen Wörtern.
Das klassische Wortspiel lebt davon, daß ein gleichgeschriebenes oder gleichgesprochenes Wort mehr als eine Bedeutung haben kann. Dabei geht es zunächst um Gleichheiten und Ähnlichkeiten im Klang bzw. in Vor- oder Endsilben wie **Geld** und **Geltung, See-** und **Seh**leute, **Lehre** und **Leere** oder **je** und **jäh**, aber auch **verzichten** und **vernichten**[33], **nachtragen** und **nachsehen**[34], **streben** und **sterben**, also etwa:

Ohne **Moos** nix **los**! - Ohne **Knete** keine **Fete**!
... wie Hans im **Schlick**[35]
Nicht den Bruder **stürzen**! **Stützen**!
Bruder**schaft** ist, wenn ein Bruder **schafft**.
Da ist das **Komplott komplett**.
Politiker sind nicht von **Weisungen** abhängig, sondern von **Überweisungen**.[36]
Ohne **Mampf** - kein **Kampf**![37]
Sie nimmt sich als Vorbild einige **repräsentable**, aber leider nicht **repräsentative** Frauen.

---

32 = Übertreibung, aus (grie.) *hyper* (= über ... hinaus), und (grie.) *ballein* (= werfen)

33 Es geht dabei also auch um Reime.

34 Zugleich auch Alliteration und Anapher

35 Statt »Hans im Glück«

36 In den »tagesthemen« vom 6.11.90

37 = Wenn man den Hilfsbedürftigen nichts zu essen gibt, läuft nichts. Und wenn wir keine Stärkung erhalten, können wir nichts erreichen.

Protestanten: Der **Protest** ist vorbei; die **Tanten** sind geblieben.
Bei dem heißt »**Theolog**«: »Der **Theo log**!«
Manches Ver**sprechen** gab sich hinterher als Ver**sprecher**.

Dann geht es aber auch -das ist nun das eigentliche Wortspiel- um Doppelbedeutungen von Wörtern wie

... mit **fortlaufendem** Erfolg[38]
Ungehaltene Reden **ungehaltener** Frauen[39]
Das ist der **Fall** von dem **Fall** des **gefallenen** Mädchens
Wer **über uns geht**, der **übergeht** uns[40].
Da wird die **Annahme** zur An**nahme**.
Das führt von der Um**schreibung** zur **Um**schreibung.

> **Sie brauchen nicht zu warten, bis Ihnen eine gute Idee für ein Wortspiel »zufliegt«, sondern Sie können ein Wortspiel durch Versuche systematisch aufbauen, wenn Sie einen Begriff bereits haben. Nur übertreiben Sie es bitte nicht; solche Effekte verbrauchen sich schnell!**
>
> **So sind mir zum Beispiel für das Wort »Kreuz« auf Anhieb sieben unterschiedliche Bedeutungen eingefallen, mit denen man »spielen« könnte:**
>
> **1. Kreuz als grafische Figur**
> **2. Kreuz Christi als historischer und theologischer Tatbestand**
> **3. Kreuz als Symbol auf Kirchen oder Gräbern und als Halsschmuck**
> **4. Kreuz als schweres Leid, das es zu tragen gilt**
> **5. Kreuz als Kreuzung, etwa als Autobahnkreuz**
> **6. Kreuz als Rückenpartie**
> **7. Kreuz als Markierung, etwa auf einem Stimmzettel**

schaukeln und **verschaukeln**
Wissenschaft oder das, was **Wissen schafft**?
Eifersucht oder das, was **mit Eifer sucht**?
Aufgabe oder **Aufgabe**?[41]
Diesem Seelsorger kann man singen: »Geh aus mein Herz und suche **Freud**!«[42]
Die **Teilung** kann nur durch **Teilen** überwunden werden[43].
Schafe sollen wir sein, nicht **Schafsköpfe**![44]
Einfälle, Ausfälle und **sonstige Fälle**
... **Ausbrüche, Einbrüche, Ehebrüche**; es bricht an allen Enden.[45]
Jeder **Ratschlag** ist ein **Schlag**.
Positiv in den Herbst[46]
Ohne seinen **Schöpfer** ist das **Geschöpf** bald **erschöpft**.
Früher war sie **bildschön**. Heute ist nur noch das **Bild schön**.
Hast Du auch schon einmal einen solchen Fehler gemacht? Nicht **einen**!

Dalia Lavi singt sehr beziehungsreich und -arm zugleich:

Halt mich **fest**, aber **halt** mich **nicht**!

---

[38] Wenn Sie mit Ihrer Rede erreichen, daß Ihnen die Hörer »fortlaufen«

[39] Ein Buchtitel

[40] Das stand auf den Transparenten der Demonstranten, die sich so vor dem Dom hingelegt hatten, daß die hochwürdigen Herren über sie hinwegsteigen mußten.

[41] Die Aufgabe erfüllen oder die ganze Sache aufgeben?

[42] Für Siegmund Freud

[43] Der damalige DDR-Ministerpräsident de Maizière öfter im April 1990

[44] Z.B. nach Joh 10,1-16

[45] Ulrich Parzany, Schuld, zitiert nach Bub, Seite 132

[46] Thema einer Tagung von AIDS-Kranken

Bismarck zu einer aufdringlichen Diplomatengattin, die von ihm den Unterschied zwischen »senden« und »schicken« erklärt haben wollte:

Gnädige Frau, Ihr Herr Gemahl ist ein **Gesandter**, aber kein **Geschickter**.

Dazu gehören auch Begriffe, die zusammenpassen wie **Topf** und **Deckel**, etwa:

Ob **Öko** oder **Bio**. Hauptsache **DISPO**[47]
Frei**giebig**, nicht frei**geizig** sollst Du sein!
Die Ausstellung soll **heute** zeigen, was **morgen** möglich ist, um mit dem Dreck von **gestern** fertigzuwerden.
Der Kommunismus ist bereits **tot**, aber noch nicht **begraben**.[48]

Renate Bütow im Kommentar der »tagesthemen« am 6. Juni 1991:

Wer es **verpaßt** hat, der hat nichts **versäumt**.

Oder:

Start am **Ziel**[49] Auf jede **Antwort** eine **Frage**

Aus einer Predigt:

Wenn Du meinst, Du könntest Gottes Auftrag für **heute morgen** erledigen, dann darfst Du Dich nicht wundern, wenn **morgen gestern** war.

Oder:

Aufdringlichkeit ist der Tod der **Eindringlichkeit**.[50]

Oder:

Sie sind nicht dafür verantwortlich, wenn jemand Flüchtling **wird**. Sie sind es, wenn er es **bleibt**.

Der kleine Junge, der seinem Hund nichts vom Schnitzel abgeben durfte:

Ach Flocki, es sollte ein **Opfer** werden. Aber es ist nur eine **Kollekte** geworden.

Dasselbe gilt für Gegensätze oder Klassifizierungen **wie oben** und **unten, Eingang** und **Ausgang, Gott** und **Mensch, Zeit** und **Raum, qualitativ** oder **quantitativ**, etwa:

Heiße Tips für **eiskalte** Rechner!
Er ist lieber ein **stadtbekannter** Säufer als ein **Anonymer** Alkoholiker.
Immer **mehr** Diesel rauchen jetzt immer **weniger**.
Vom Ziel her - zum Ursprung hin
Da wird der **Jäger** zum **Gejagten**.
Denke **global**! Handle **lokal**!
Ich ärgere mich **grün** und **blau**, wenn ich etwas nicht **schwarz** auf **weiß** habe.
Zwerg*schulen* sind **große** *Klasse*!
Nicht **Bach**, **Meer** sollte er heißen![51]
Die Schüler der **ersten Klasse**, nicht die **erstklassigen** Schüler!
Fange nie an **aufzuhören**; höre nie auf, **anzufangen**!

Wenn Sie Begriffe zusammenbringen, die nach langjähriger Erfahrung keiner an dieser Stelle erwarten würde, dann haben Sie eine starke Wirkung. Zwei Beispiele dafür sind ein Filmtitel und die traurige Asylantenrealität:

Todfreunde **Gastfeindschaft**

---

47 Eine Werbung des Beamten-Heimstätten-Werks in der »Funkuhr«

48 Aus einem Rundfunkkommentar zur Präsidentenwahl in Russland am 12. Juni 1991, 19,10 Uhr im Hessischen Rundfunk

49 Am 31. Juli 1991 Thema des »heute journals« zur Unterzeichnung des START-Vertrags über die Verringerung der Interkontinentalraketen in Moskau

50 Bethge, Bonhoeffer-Biographie, Seite 990

51 Ludwig van Beethoven über Johann Sebastian Bach

Oder die Frage:

Gibt es ein Leben **vor** dem Tod?[52]

Hierher gehören auch die Abwandlungen bekannter Zitate. Die Aufmerksamkeit wird dadurch erzielt, daß der dem Ohr vertraute Klang abgewandelt wird, etwa:

Seid **ver**schlungen, Millionen![53]

Nicht zu vergessen: **gleiche Begriffe mit gleicher Bedeutung**, einander erweiternd oder mit unterschiedlichem Akzent:

Hilf helfen!
Hilfe zur **Selbsthilfe**
Sie müssen das **Wollen wollen**!
Sie sollen lehren, aber nicht **be**lehren!
Da läßt der **Winter** Sie **eiskalt**.
Wende oder nur **Wendehälse**?
Menschenherden und **Herdenmenschen**
Bevor Sie **ver**dienen, müssen Sie **dienen**!
Hauptsache ist, daß die **Hauptsache** die **Hauptsache** bleibt.
Suchst Du ein **Wort** für die **Zeit**, nimm Dir **Zeit** für das **Wort**!
Wer sich so die Menschenrechte abtrotzen läßt, der kann höchstens den **Hals drehen**, aber keine **Wende vollziehen**.[54]

Die Anzeige eines Karosseriebetriebs:

Da sind Spezialisten für **krumme Sachen** am Werk!

In einer katholischen Homiletik[55] las ich sinngemäß:

Wenn Sie **spielend** mit Worten **spielen**, dann wirkt es **spielerisch**. Wenn aber die Wort**spiele verspielt** wirken, dann haben Sie **verspielt**.

Dazu gehört auch die Benutzung von Begriffen, die gewöhnlich **sinnbildlich** verstanden werden, jetzt aber **wörtlich** gemeint sind, etwa:

Weil es dem Wasser **äußerst dreckig** geht, ...

Eine Werbeanzeige, die eine andere Erwartung der Hörer scherzhaft ausnutzt:

Frühling, Sommer, Herbst und **Prämie**

Oder auch klangähnlich eine Anzeige von VW:

Diesel **à la Kat**

Und im Anklang an ein bekanntes Zitat für ein Mineralwasser:

Keins wie alle; aber **eins für** alle.

(9) Das Paradox[56] (oder Scheinparadox)

will, indem es scheinbar etwas Widersinniges ausdrückt, feine Unterschiede hervorheben, etwa:

Liebe ist nicht **Liebe**
Richtig muß nicht unbedingt **richtig** sein.

Oder auch:

Ein **guter Charakter** ist eine **Last**.

---

52 Predigttitel von Johannes Hansen

53 Dies ist eine Persiflage (= ein beißender Spott) gegen gewisse Politiker und zugleich eine Parodierung von Schillers »Ode an die Freude«, die Beethoven im Chorteil seiner 9. Sinfonie vertont hat. Korrekt lautet der Satz: »Seid **um**schlungen, Millionen; diesen Kuß der ganzen Welt.«

54 Sinngemäß nach einer Reportage vom 12.11.89 aus der damaligen DDR

55 Ich kann die Quelle leider nicht mehr nennen.

56 Paradox = Widersinnigkeit; aus (grie.) *para* (= daneben), *doxa* (= Vorstellung)

Gemeint ist: Ein guter Charakter kann sich schwer tun, z.B. beim leichteren Leben, beim Vergessen oder beim Reichwerden. Es ist ein Paradox insofern, als der gute Charakter normalerweise als Vorzug gilt. Auch dies ist ein Paradox:

> Die Empfänger des Hebräerbriefes hatten ganz **andere** Probleme als wir - und es waren doch die **gleichen**.

(10) Das Oxymoron[57]

ist ein sehr reizvolles Stilmittel; es bringt Dinge miteinander in Verbindung, die sich normalerweise ausschließen. Es wirkt witzig, oft geistreich, läßt, wenn es geistreich ist, besonders intelligente Zuhörer schmunzeln und prägt sich relativ stark ein. Beispiele:

> Ich habe den Auftrag, über das Thema **mindestens** 40 und **höchstens** 30 Minuten zu sprechen.[58]
> Lieber **keine Haare** als eine **Glatze**
> Dieses Musikstück klingt nun schon so **häßlich**; und man kann es **trotzdem kaum anhören.**
> Das ist **zwar ungebräuchlich, dafür aber selten**.
> Der hat seine **Zukunft hinter sich**.
> Das Leben ist **eins der schwersten.**
> Ich hoffe, Sie **mißverstehen** mich **richtig**!
> Den Kerl **ignoriere ich doch nicht einmal**.
> **Unvorbereitet**, wie **ich mich habe, ...**
> **Halten Sie doch den Mund, wenn Sie mit mir reden!**[59]
> **Setzen Sie sich, oder nehmen Sie meinetwegen auch Platz!**[60]
> Nehmen Sie **reichlich** Platz!
> Die XYs sind **aktive Ungebildete**; sie **unbilden** sich eifrig.
> Das ist die **Wollust** der **Erschöpfung**.
> Ich **bekenne, gelebt zu haben.**[61]
> Du hast **keine** Chance; nutze **sie**!
> **Englisch** ist das beste **Deutsch**.
> Da **wartet** der Deutsche **etwas schneller**.[62]
> Wenn Sie meinen, ich könnte **Auto fahren**, dann müssen Sie mich erst mal **Tennis spielen** sehen.

Einer meiner Freunde sagte öfter:

> Die sind ja so **gerissen** in ihrer **Dämlichkeit**!

Ein junger Pfarrer belustigte sich Ende der fünfziger Jahre über die Studenten in Basel:

> Da sitzen sie unter dem Katheder von Karl Barth und **sind stolz darauf, daß sie nichts verstehen**.

Diesen tiefgründigen Scherz erzählte ich gelegentlich vor meinen Schülern. Mit Erstaunen stellte ich fest, daß sie es meist nicht verstanden. Es wurde dann nur verständnislos zurückgefragt: »Ja, wie kann man denn stolz darauf sein, daß man nichts versteht?« Das zeigt mir, daß nicht jedes Oxymoron zu jedem Publikum paßt.

---

[57] = das Scharfdumme, der scharfsinnige Unsinn; von (grie.) *oxys* = scharf(sinnig), und *moros* = töricht

[58] Wenn z.B. zwei unterschiedliche Aufträge vorliegen

[59] Nach Heinz Erhardt

[60] Nach Heinz Erhardt

[61] Ein Buchtitel

[62] Aus den »tagesthemen« vom 31.10.90

Ein Psychologe sagte in der kritischen Beurteilung einer größeren religiösen Gruppe:

> Was ich jetzt sage, ist zu **100 % ironisch** gemeint. Es sind mir allerdings **90 %** davon **todernst**.

Auch die Werbung bedient sich dieses Stilmittels; ich sah eine zweiseitige Anzeige mit dem Mercedes-Stern in einer Illustrierten. Sie zeigte eine Luftaufnahme von der Nordsee mit einer kleinen, von Wasser eingeschlossenen Hallig. Auf der Hallig war eine einzige Kate[63] zu sehen, und unter der Panoramaseite stand relativ klein gedruckt:

> Ganz im Vertrauen: Auf Hallig Habel sind wir **nicht** vertreten.

Dies ist ein Oxymoron insofern, als die ganze Idee der Werbung der Mitteilung widerspricht. Und doch ist die Wirkung enorm stark. Wüßte ich es sonst noch? Anzeige in Tageszeitungen:

> Ohne Zeitung wüßten Sie nicht, wie es Ihnen im Theater gefallen hat.
> Ohne Zeitung hätten Sie beim Fernsehen nichts zu lesen.

Oder hören wir Kurt Tucholsky:

> Nähme man den Zeitungen den Fettdruck - um wieviel stiller wäre es in der Welt.

Oxymora sind aber auch Einzelbegriffe wie:

> Er ist ein **weißer Rabe**
> Dieser **alte Knabe**
> Der mit seiner **süßsauren** Miene!
> **Hübsch häßlich** habt Ihr's hier!

Und in Verbindung mit einer Verhunzung der Sprache:

> **noch** und **nöcher**.
> **ent**- oder **weder**

(11) Die Katachrese[64]

besteht aus nicht zulässigen Metaphern bzw. deren Vermengung. Es handelt sich also oft um sogenannte Stilblüten. Die Katachrese ist witzig. Aber außerhalb von »gestellten[65]« Zitaten kann ich sie mir in der Predigt nicht oder nur bei Könnern vorstellen. Beispiele:

> Das schlägt dem Faß die Krone ins Gesicht.[66]
> Wer den Schaden hat, spottet jeder Beschreibung.
> Der **Apfel** fällt nicht weit vom **Birnbaum**.
> Nicht jeder **Armleuchter** ist ein **Licht**.
> Der wäscht mit verschränkten Armen seine Hände in Unschuld.
> Ich **durch**schaue Deine **schwarze** Seele.[67]
> Wir **Piloten** sind ein glückliches **Land**; und das **Frühstück** ist die schönste **Jahreszeit**.[68]
> Was nützt ein **Tiger im Tank**, wenn ein **Esel am Steuer** sitzt?
> Wir wissen zwar **nicht, was wir glauben**, aber das **von ganzem Herzen**.

---

63 = kleines Bauernhaus (in Niederdeutsch)

64 = die mißbräuchliche Anwendung, von (grie.) *kata* (= gegen), und *chresthai* (= gebrauchen)

65 Unter »gestellt« verstehe ich, daß ein solches Zitat aus der Vergangenheit nicht tatsächlich existiert, sondern eigens für die jetzt vorhandene Gelegenheit geschaffen worden ist. Etwa: Fritzchen sagt zu Peter: »Der Apfel ist mal wieder nicht weit vom Birnbaum gefallen.« Fritzchen und Peter sind hier keine geschichtlichen Gestalten. Insofern ist das Zitat »gestellt«.

66 Ursprünglich: »Das schlägt dem Faß den Boden aus« und »Das ist ein Schlag ins Gesicht«.

67 (Lehrer zu Schüler) Ich habe diese Katachrese, als ein Freund mir die dazugehörige Geschichte erzählte, selbst zunächst nicht erkannt. Vorher muß einem aufgehen, daß man eine schwarze Seele gar nicht durchschauen kann.

68 Hans Albers in dem alten Spielfilm »F.P. 1 antwortet nicht«.

Aber auch:

Er ist **gegangen** (oder **zurückgetreten**) **worden**.

Ein bekanntes Musterbeispiel:

Der Zahn der Zeit, der schon manche Träne getrocknet hat, wird auch über diese Wunde Gras wachsen lassen.

(12) Die Verhunzung der Sprache

gehört nicht zu den Stilmitteln. Ich will sie aber erwähnen, weil auch damit nicht selten Stimmung gemacht wird. In der Predigt hat sie sicher nichts zu suchen; denn ein kanzelgemäßes Stilmittel sollte geistreich sein. Wohl aber hat sie in begrenztem Maße ihren Platz bei lustigen oder festlichen Auftritten. Beispiele:

Das **tut** mir schrecklich **traurig**.
Das ist nicht **unflott**.
Das können Sie tun, **wie Sie lustig sind**[69].
Es hat heute Nacht wieder **geschnieen**.
Die Flaschen sind **unkaputtbar**![70]
Er ist heute morgen nach Bayern **abgerissen**.
Haben Sie schon **gespiesen**?
Ich gehe jetzt zur Kreiss**paß**kasse.
Das habe ich **geschonken gekrochen**.
Das mache ich **mit ohne Festhalten**.
Die Blume ist **verwolken**.
Ich bitte um **Entschuldigkeit**!
Ich **beneidige** ihn.
Ich werde nun **beginnen anzufangen**.
Ach, waren wir **albrig**!
Das dauert aber **länglich**!
Nichts Genaues weiß man **nicht**.
Die Flasche ist **leichtwiegig**.
Wir **frühstückelten** im Bett.
Nein, ganz im Gegen**tum**!
Du bist jetzt **am drannsten**.
Hast Du Deine Jacke **aufgehonken**?
Es wäre viel **schadiger**, wenn ...
Wir haben heute nicht **geabendbrotet**.
Da habe ich schnell **nachgedonken**.
Das ist ja **lustiglich**.

Seien Sie mit solchen Verhunzungen besonders in Gegenwart von Ausländern vorsichtig, die noch nicht sicher mit der deutschen Sprache umgehen können! Sie meinen sonst am Ende noch, das sei richtiges Deutsch und gewöhnen es sich an.

c) Die Figuren des syntaktischen Bereichs

Es geht also um Figuren, die durch den Satzbau zustande kommen. Einige sind außerordentlich wichtig für die Predigt, besonders die Nachstellung bzw. die Umstellung.

(1) Die Umstellung

Die Umstellung ist meist emphatisch[71] bedingt. Das heißt, es will jemand leidenschaftlichen Nachdruck auf etwas legen. Und zu diesem Zweck braucht er bestimmte Wörter an bestimmten Plätzen.

Stellen Sie sich vor, Sie stehen am Rednerpult eines Parlaments und wollen der Koalition ein schweres Versäumnis vorwerfen. Sprechen Sie jetzt laut den Satz:

Sie haben **zehn Jahre** gebraucht, um diese Reform **nur halbwegs** durchzubringen.

---

[69] Eigentlich: ... wie Sie Lust haben.

[70] Nach der Werbung für die neuen Flaschen eines weltweiten Getränkeherstellers, die »leichtwiegig« und »unkaputtbar« seien. Diese Wort-Neubildungen haben eine überaus starke Erinnerungswirkung. Die Merkbarkeit ist weit überdurchschnittlich.

[71] = leidenschaftlich, nachdrücklich, von *em* bzw. *en* (= in), und (grie) *phainein* (= sichtbar machen)

Sprechen Sie nun:

> **Zehn** Jahre haben Sie gebraucht, um diese Reform **nur halbwegs** durchzubringen.

Sie bemerken, daß Sie die »zehn Jahre« unbedingt am Anfang des Satzes brauchen, um die beiden Wörter so richtig schön lang ziehen zu können.

Noch ein Vergleich:

> **Dein Geld ist nicht** gefährdet, sondern meins!
> **Nicht Dein Geld ist** gefährdet, sondern meins!

Vergleichen Sie die drei folgenden kurzen Sätze miteinander; sprechen Sie sie laut:

> **Das** ist aber schwer!
> Aber **das** ist schwer!
> **Das** aber ist schwer!

Es besteht kein Zweifel; alle meine Schüler bestätigen es mir: Der erste Satz ist der schwächste, der letzte ist der stärkste. Glauben Sie nicht, daß das einerlei sei! **Warum** können Sie **sonst** so vielen Predigern so schwer längere Zeit zuhören? Oder sollte ich fragen:

> **Warum sonst** können Sie so vielen Predigern so schlecht längere Zeit zuhören?

Die Antwort lautet: Weil die sich keine Mühe in Kleinigkeiten geben!

Noch eine Frage:

> **Warum** haben sich die Jünger **eigentlich** so sehr entsetzt?[72]

Fragen Sie nun:

> **Warum eigentlich** haben sich die Jünger so sehr entsetzt?

Wenn das »eigentlich« gleich dem »warum« folgt, wird die Frage als eine besondere und interessante ausgewiesen. Der Hörer spitzt die Ohren. Hinzu kommt, daß der Rhythmus günstiger ist. Darüber hinaus kommen Sie mit der Luft besser aus; denn Sie können nun nach »Warum eigentlich« eine kleine Pause machen. Das geht bei »Warum haben ..« nicht.

(2) Die Nachstellung

bringt riesige Vorteile. Das Prädikat kommt bald »zum Zuge«; der Hörer weiß also frühzeitig, was der Satz besagt. Während er noch darüber nachdenkt, zeigen Sie ihm, wie der Satz gesehen werden soll. Damit leiten Sie einen bereits verstandenen Satz in einen ganz bestimmten, von Ihnen gewollten Kanal. Beispiele:

> Ist es schlimm, wenn mein Nachbar anders als ich **betet**?

Besser:

> Ist es schlimm, wenn mein Nachbar anders **betet** als ich?

Weiter:

> Ist es recht, daß Du über Deinen Nachbarn in seiner Abwesenheit sprichst?

Besser:

> Ist es recht, daß Du über Deinen Nachbarn sprichst - **in seiner Abwesenheit**?

Oder:

> Sie können nicht gleichzeitig **an Buddha und an Jesus Christus** glauben.

Besser:

> Sie können nicht gleichzeitig an **Buddha** glauben - **und an Jesus Christus**.

---

72 Sie taten es mehrmals, z.B. Mt 19,25

Sie können sagen:

> Laienprediger sind ein Schatz, ein Reichtum, ein Segen für eine Kirche.
>
> Besser sagen Sie:
>
> Laienprediger sind ein Segen für eine Kirche - **ein Reichtum, ein Schatz!**

Sie können kurz und bündig sagen:

> Jesus lebt!

Sie können aber auch sagen:

> Er lebt - **dieser Jesus**!

Und so wurde das Stilmittel angewandt:

> So sieht er aus - der »wiedervereinigte« Duden.[73]

Der Vorteil beim letzteren ist: Der Hörer wird neugierig: Wer lebt? Und während er fragt, bekommt er die Antwort: dieser Jesus!

(3) Die Kreuzstellung

erwähne ich nur. Sie ist für dichterische Sätze geeignet, für die Predigt selten. Dort widerstrebt sie häufig der so sehr benötigten und erwünschten Kontinuität. Eine Kreuzstellung, wie sie in einer Predigt kaum geeignet wäre; sie stammt aus Grillparzers Grabrede für Beethoven[74]:

> Wir waren dabei, als sie ihn begruben - und als er starb, haben wir geweint.

Es gibt aber Kreuzstellungen, die sich gut einprägen und schon deshalb für eine Predigt in Frage kommen, zum Beispiel zwei kurze Sätze aus einer Predigt von Helmut Lamparter:

> Das ist ein Lauf; ein Lauf ist das.

(4) Die Ellipse[75]

ist das Gegenteil von der Anapher. In der Anapher oder im Refrain wird ein Satzteil am Anfang bzw. am Schluß des Satzes öfter wiederholt. Die Ellipse läßt gerade diese Teile aus und macht daraus einen rhetorischen Effekt. Ein berühmtes Beispiel:

> Cäsar **kam**, **sah**, **siegte**!

Oder:

> Ich **will** nicht, **kann** nicht, **werde** nicht helfen!

Die Ellipse ist so stark in die Umgangssprache eingegangen, daß sie als besondere Konstruktion keinen Staat mehr machen kann. Der Vorteil der Auslassung besteht heute gerade darin, daß sie den Prediger alltäglich wirken läßt. Und das ist eine äußerst wichtige Funktion. Weitere Beispiele:

> **Mag sein**, daß die Sache anders ausgegangen wäre.
> **Zugegeben**, die Sache war gefährlich.
> **Als ob** Du Dich bekehren könntest, wann Du willst.
> **Nicht**, daß ich schon vollkommen sei, ...[76]
> **Dann nämlich**, wenn auch die Wirtschaft wieder intakt ist.
> **»Freßsucht« deshalb**, weil die betreffenden Menschen ...

---

73 »heute journal« vom 26. August 1991

74 Zitiert nach Schlüter, Seite 38

75 Auslassungssatz, von (grie.) *el* für. *ek* (= aus), und *leipein* (= lassen)

76 Phil 3,12

Wohl noch nie 'was vom Ozonloch gehört?
Schön, Sie kennengelernt zu haben.
Grausam, diese Stürme!
Undenkbar, eine solche Behauptung!
Egal, ob das Ihnen paßt.

In allen Fällen hätte der Satz korrekt anders beginnen müssen, etwa:

Sie haben wohl noch nie etwas vom Ozonloch gehört?

(5) Die Syllepse[77]

ist die sogenannte »Schiefe Klammer«. Sie faßt Subjekte, die sachlich und gattungsmäßig überhaupt nichts miteinander zu tun haben, unter einem Prädikat zusammen. Heinz Ehrhardt war ein Meister der Syllepse. Er erzählt von dem Ritter Fips, der auf dem Balkon stand und über das Geländer nach unten schaute.

Er verlor zuerst den **Helm** und dann den **Halt**. Und dann fiel und fiel er. Und weiter unten verlor er dann noch das **Leben**[78].

Erhardt erzählt auch von der Fee,

mit einem faltenreichen **Gewand** und einem ebensolchen **Gesicht**.

Er begrüßt die Zuschauer, die sich

teils **nieder**-, teils **herab**gelassen haben.

So ist es möglich zu sagen:

Ich habe so viel auf dem Puckel, daß Du mir mal denselben herunterrutschen kannst.

Eine Schülerin sagte in einer Unterrichtspredigt:

Und damit kommt **Paulus** zu einem neuen Thema und **ich** zu meinem dritten Punkt.

Ein Freund schrieb mir:

Auch ich will nun schnell meine Vorstellungen **zu Papier und auf die Post** bringen.

Andreas Malessa gebraucht eine herrliche Syllepse in seinem Buch »1000 Tips für Mitarbeiter«[79]:

... daß der **Dorfsäufer** ins Therapiezentrum und der **Friede Gottes** in die Ehen einzieht.

Aus dem »heute journal« vom 20. August 1990 über Reiner Gohlke, den Präsidenten der Treuhandanstalt:

Er sollte ein Mann für schwierige Fälle sein; er war ein Mann für fünf Wochen.

(6) Das Asyndeton[80]

ist die Aneinanderreihung von gleichen Sätzen, ohne daß ein »und« oder ein »oder« oder ein anderes Bindewort dazwischen steht. Beispiele:

Ich weiß es; ich kann es; ich will es.
Du kannst; Du willst; Du wirst!
Jesus kam; Jesus starb; Jesus erstand auf.

(7) Die direkte Rede

gehört zu den wichtigsten Stilmitteln schlechthin. Benutzen Sie die direkte Rede nicht nur zu Ihren Ausführungen und Erzählungen, etwa:

---

77 Zusammenfassung, von (grie) *syl* für. *syn* (= zusammen), und *lambanein* (= fassen, nehmen)

78 Sinngemäß zitiert

79 Malessa, Seite 63

80 = nicht verbunden, von (grie.) *a* (= nicht), und *syn* (= zusammen), und *dein* (= binden)

Er flüsterte mir zu: »Sei doch ruhig!«

statt:

Er flüsterte mir zu, ich solle ruhig sein.

sondern machen Sie auch Ihren Hörern Vorschläge, wie sie auf die Predigt in direkter Rede reagieren können! Zum Beispiel:

Beten Sie zu Gott; sagen Sie ihm: »Gott, ich will das jetzt lassen; und ich brauche Deine Kraft!«

(8) Das (oder der) Anakoluth[81]

Wenn eine Satzkonstruktion nicht regelrecht durchgehalten wird, sondern der Satz ein Torso bleibt bzw. die Rede anders weitergeht, als es die Grammatik erlaubt, dann handelt es sich um ein Anakoluth. Daß wir es hier mit einem außerordentlich wichtigen Stilmittel zu tun haben, verdanken wir zwei Möglichkeiten, die das Anakoluth bietet. Nur mit diesen beiden Funktionen wollen wir uns jetzt beschäftigen: Da ist zum einen seine Funktion als **Einschub**. Sie mag in der politischen Rede angemessener sein. Seine Funktion als **Wiederaufnahme** des Subjekts indessen müßte jeder Prediger stundenlang üben. Mit dieser Wiederaufnahme können Sie die längsten Schlangen- und Schachtelsätze sprech- und verstehbar machen.

Das Anakoluth als Einschub:

Dieses Programm **-wer wüßte das besser als Sie, Herr Bundeskanzler?-** hat sich nicht bewährt!
Und diese Meckerer, wie Sie sie bezeichnen, haben **-und ich bin deren einer und bin stolz darauf-** immerhin das Bewußtsein einer Nation verändert.
Sie haben deswegen **-völlig zu Unrecht übrigens-** Ihre Bedenken geäußert.
Das ist doch **-buchstäblich fast, meine Damen und Herren-** eine Sauerei!
Diese schamlosen Manöver sind **-ich tue mich schwer, es auszusprechen-** schlichtweg ein Verrat an unserem Volk.
Und das, liebe Gemeinde **-es sollte nicht nötig sein, es Ihnen zu sagen-** wäre der Ruin unserer jahrelangen Bemühungen.

Das Anakoluth als Wiederaufnahme:

Hier ein Satz **ohne** Anakoluth:

Dieser Jesus, den die Masse ignoriert, den die Gebildeten schätzen, den die Frommen verehren, fordert Gehorsam und wird, wie ich ganz genau weiß und auch Sie, liebe Freunde, nur zu deutlich ahnen, wiederkommen und Gericht halten.

Jetzt derselbe Satz **mit** Anakoluth:

Dieser Jesus, den die Masse ignoriert, den die Gebildeten schätzen, den die Frommen verehren,
dieser Jesus fordert Gehorsam; und das weiß ich ganz genau, und das, liebe Freunde, ahnen auch Sie nur zu deutlich:
dieser Jesus wird wiederkommen und Gericht halten.

Weitere Beispiele:

Aber die Freiheit zu entscheiden, wollen Sie haben!

Die gleiche Aussage mit teilweiser Wiederaufnahme ist wesentlich schneller verständlich:

---

81 = Der Satzbruch bzw. die Satzstörung; von *an* (= nicht), und (grie.) *akoluthia* (= Aufeinanderfolge)

Aber die Freiheit zu entscheiden, **die** wollen Sie haben!

Ohne Anakoluth:

Jesus macht von seiner Stärke des Erzählens Gebrauch. Mit diesem Satz »Gehe hin und tue desgleichen« sagt Jesus, was er mit dieser Geschichte meint.

Mit Anakoluth:

Jesus macht von seiner Stärke Gebrauch, **von der Stärke** des Erzählens.

Mit diesem Satz »Gehe hin und tue desgleichen« - **mit diesem Satz** sagt Jesus, was er mit dieser Geschichte meint.

Ein neutestamentliches Beispiel für ein Anakoluth als Wiederaufnahme finden Sie in Gal.2,6:

Von denen aber, **die das Ansehen hatten** - was sie früher gewesen sind, daran liegt mir nichts; denn Gott achtet das Ansehen der Menschen nicht -, mir haben die, **die das Ansehen hatten**, nichts weiter auferlegt.

Ein Anakoluth enthält auch das Weihnachtslied »Ihr Kinderlein, kommet«:

O beugt wie die Hirten anbetend die Knie'!
Erhebet die Händlein, und danket wie sie!
Stimmt freudig, Ihr Kindlein
- wer wollt sich nicht freu'n! -
Stimmt freudig zum Jubel der Engel mit ein!

(9) Die Prolepse[82]

ist die Vorwegnahme eines Satzgliedes. Sie ist mit der Nachstellung eng verwandt; denn die **Voran**stellung eines Satzgliedes bedeutet ja immer auch die **Nach**stellung eines anderen und damit eine **Um**stellung. Es ist der alte Trick, eine von zwei Möglichkeiten erst einmal auszusprechen und dadurch Neugierde und Spannung zu erzeugen. Wenn diese Spannung dann aufgebaut ist, stellen Sie die zweite Möglichkeit daneben und erzielen im Denken des Hörers einen von Ihnen genau so gewollten Vergleich. Zunächst schreibt der Redner seinen Hörern bei diesem Vergleich unbewußt vor, zwischen welchen Größen oder Farben, Denkungsweisen oder Personen sie sich zu entscheiden haben, etwa so:

Nun werden Sie sehen, ob es **schwarz oder weiß** ist.

Dann können Sie derselben Frage eine proleptische Form geben, um Ihrem Hörer vorzuschreiben, **wann** er diesen Vergleich anzustellen hat, nämlich nicht gleich zwischen »schwarz« und »weiß«; sondern, sagen wir, zuerst soll er sich fragen, ob es schwarz ist. Mitten in diese Überlegung hinein kommen Sie mit der Alternative: oder weiß? Rot oder grün stehen ja nicht zur Debatte. Die Frage lautet jetzt:

Nun werden Sie sehen, ob es schwarz ist - **oder weiß**.

Die Alternative lassen Sie bestehen, aber den Zeitpunkt und die Reihenfolge der Entscheidung haben Sie selbst bestimmt. Ein anderes Beispiel:

»Nein, ein Wechsel ist ausgeschlossen«, sagt der Bauer.

Die Aussage steht fest. Wer sie gemacht hat, ist nicht mehr so wichtig. Die Spannung ist ohnehin weg. Die Spannung können Sie so besser aufbauen:

»Nein«, sagt der Bauer, »ein Wechsel ist ausgeschlossen.«

---

82 = Vorwegnahme; von (grie.) *pro* (= vorwärts), und *labi* (= gleiten); nach vorn gleiten, vorwegnehmen

Das »Nein« läßt sich mit der Stimme leicht hervorheben. Nun baut sich die Spannung auf. Wozu sagt da jemand »nein«? Wer ist derjenige? Die zweite Frage wird zuerst beantwortet: der Bauer! Deshalb steigt die Spannung noch einmal: Wozu sagt er denn »Nein«? Jetzt erst die Antwort: zu einem Wechsel!

(10) Die Aposiopese[83]

In der Aposiopese lassen Sie am Schluß der Aussage einen Satzteil aus, den sich der Hörer dazudenken muß und in der Regel auch kann. Der Satz verstummt also, bevor er fertiggesprochen ist. Dadurch, daß Sie offen lassen, was Sie gesagt hätten, wenn der Satz vollständig gewesen wäre, geben Sie der Phantasie Ihrer Hörer Raum. Die Sache kann sehr wirkungsvoll sein. Beispiele:

> Sie können ja so weitermachen, **aber dann!**
> Komm Du mir mal nach Hause, **dann warte!**
> Der Tag wird kommen, **o weh ...!**
> Der mag mich doch mal - **naja!**
> **Wenn Sie wüßten!**

Eine Gefahr allerdings besteht: daß Sie dieses Mittel anwenden, weil Sie zu bequem oder zu ängstlich waren, eine solide theologische Aussage zu formulieren und zu vertreten. Schleierhaftes Drohen können und dürfen Sie sich nie leisten! Bei vielen Hörern geht dann automatisch die Jalousie runter.

d) Die Figuren des kompositorischen Bereichs

Hierbei handelt es sich um Stilmittel, die nicht durch Wiederholung oder Auslassung, durch Wortwahl oder Wortumstellung zustandekommen, sondern durch den schöpferischen Umgang mit Gedanken. Hier wird also nicht nur hin- und hergeschoben, sondern »geschaffen«, »komponiert«.

(1) Der Gegensatz

Es gibt eine nette Parodie, mit der man sich über gewisse Prediger lustig macht, die anscheinend, um tiefschürfend und gründlich zu wirken, alle möglichen Gegensätze aufbauschen. Sie ist weiter oben[84] bereits abgedruckt.

Natürlich ist die kleine »Geschichte« als Scherz gemeint. Aber dieser Scherz suggeriert, man dürfe keine Gegensätze aufbauen. Und das ist grundfalsch. Die gesamte Bibel tut das. Auch der Apostel Paulus, auch Jesus! Das hat damit zu tun, daß es nach der Bibel ein Falsch und ein Richtig gibt. Ich greife aus einer Fülle von Beispielen nur ein paar heraus:

> Du meinst **nicht**, was göttlich, **sondern** was menschlich ist.[85]
> Ihr sollt **nicht** viel plappern wie die Heiden; ... , **sondern** wenn ihr betet, ..[86]
> **Nicht**, daß ich's schon ergriffen habe ...; ich jage ihm **aber** nach,ob ich's ...[87]
> **Er** hat uns gemacht und **nicht wir selbst**.[88]

---

83 Von (grie) *aposiopesis* (= das Verstummen)

84 Unter 3.5.1; die Geschichte bezieht sich auf Luk 24,13-35

85 Jesus, Mt 16,23

86 Jesus, Mt 6,7

87 Paulus, Phil 3,12

88 Ps 100, 3

Sie können also sagen:

> Wir, **nicht** durch unsere Leistung, **sondern** durch Gottes Leistung ...
> Und dann tun Sie das, **nicht** weil es Ihnen Spaß macht, **sondern** weil Sie einen klaren Befehl dazu haben.

(2) Die Litotes[89]

ist die Verneinung des Gegenteils. Zur Zeit ist dieses Stilmittel in der Werbung der großen Firmen sehr geläufig:

> Wenn Ihre neuen Bremsscheiben 650° **nicht** verkraften, dann können sie **nicht** von BMW sein.
> **Ohne** Zeitung hätten Sie beim Fernsehen **nichts** zu lesen.

So können Sie Ihren ehemaligen Lehrer loben und sagen:

> Er war **nicht** der **schlechteste** Lehrer.

Man könnte auch sagen:

> Es ist **nicht** so angenehm, an **Krebs** zu sterben.
> Das ist **nichts anderes** als Erpressung.
> **Nicht**, daß er sich **nie** geirrt hätte.

Auf diese Weise können Sie evtl. eine pikante Aussage entschärfen, das Nötige sagen, aber etwas weniger verletzen:

> Der Mann ist **nicht un**schwierig.

(3) Die Steigerung

ist wiederum eins der unauffälligen Stilmittel. Sie können sie in unterschiedlicher Hinsicht einsetzen. Als Steigerung der Aussagen:

> Sein Bemühen hat **Frucht** getragen und nun eine **Krönung** erfahren.
> Jesus hat dem Bösen **widerstanden**;
> Jesus hat das Böse **besiegt**; und
> Jesus wird das Böse **vernichten**.

Spurgeon erzählt von seinen Erfahrungen[90]:

> Ein Bruder kam zu mir - was sag' ich, **einer? 10, 20, 100 Brüder,** die mir versicherten, sie seien ihres Berufs zum Predigtamt vollkommen gewiß, weil - ...

Sie können aber auch die Ausdrucksmittel steigern oder abschwächen - unabhängig von den Wörtern. Das ist die »Gradation«[91]: von einer **Vermutung** über eine **Wahrscheinlichkeit** zu einer **Behauptung** und unter Umständen sogar noch zu einem **Beweis**. Etwa so:

> Freunde, ich meine, wir sollten diesem Gedanken **nähertreten**, daß wir Geschöpfe Gottes sind und nicht Zufallsprodukte.

Drei Minuten später:

> Es spricht **manches** dafür. Es spricht sogar **sehr vieles** dafür und nichts dagegen.

Nach **sechs** Minuten:

> Freunde, wenn wir's recht bedenken, dann müssen wir zugeben: Es spricht sogar **überwältigend viel** dafür, daß wir Geschöpfe Gottes sind.

Nach **neun** Minuten:

> Es gibt **überhaupt keinen Zweifel** daran: Wir sind Geschöpfe Gottes.

---

[89] = (grie.) das Einfache, Schlichtheit

[90] Spurgeon, Seiten 17 und 18

[91] Von (lat.) *gradus* (= Stufe)

Die **Bibel** behauptet das; die **Kirche** behauptet das. Und ich behaupte das. Und ich erfahre täglich meinen Schöpfer.

Oder:

Ich habe da **so meine Zweifel**, daß es bald zu durchgreifenden Reformen kommen wird.

Später:

Ich **bezweifle das sogar sehr**, daß es bald zu nennenswerten Reformen kommen wird.

Noch später:

Ich **bin sicher**, daß es in Kürze keine umwälzenden Reformen geben wird.

Die Steigerung ist ebenso möglich vom **weniger Wichtigen** zum **Wichtigeren**. Dann heißt das Stilmittel »Klimax«[92]:

Das merken Sie, wenn Sie an Ihrem Tisch sitzen und sich fragen, ob Sie Ihre **Pilzsuppe jetzt essen** sollen; das spüren Sie, wenn Sie entscheiden müssen, ob Sie sich ein **neues Auto kaufen** sollen; und das spüren Sie auch bei so schwerwiegenden Fragen, etwa, ob Sie eine Frau **heiraten** sollen, die Sie erst seit sechs Monaten kennen.

Das ist natürlich auch in umgekehrter Richtung anwendbar: vom Wichtigen zum weniger Wichtigen. Dann ist es die »Antiklimax«[93]:

Kein **Erdbeben**, kein **Terroranschlag**, kein **Krebs**, keine **Einsamkeit** und kein **Liebeskummer** können an dieser tief inneren Freude etwas ändern.

(4) Die Häufung

ist ein rhetorisches Mittel, mit dem Sie Ihre Hörer durch die Masse »erschlagen« können. Sie reihen in diesem Mittel Fakten oder Beweise oder einschlägige Aussagen zügig aneinander. Die Häufung gehört nicht zu den unterschwelligen Effekten. Sie wirkt stark; und sie wird auch als stark empfunden. Ihre Wirkung liegt nicht in der Qualität, sondern in der Quantität. Allerdings können Sie es auch mit dieser Quantität sehr schnell übertreiben. Zwei Beispiele:

Dieser Ansicht waren die bekannten Theologen unseres Jahrhunderts: **Karl Barth, Rudolf Bultmann, Paul Tillich,** aber eben auch **Adolf Schlatter und Karl Heim**. Die gleiche Meinung vertraten die Theologen des vorigen Jahrhunderts **von Schleiermacher bis Ritschl**. Ebenso sahen es auch führende Pietisten wie **Spener, Francke und Bengel**, nicht anders dachten die Reformatoren, auch **Martin Luther**. Nicht zuletzt sahen es so die Apostel **Petrus und Paulus**. Und - das wiegt für uns am schwersten: so sah es **Jesus Christus selbst**.Und wenn Sie meinen, Sie könnten sich das leisten, so sollen Sie wissen, daß das Ihre **Arbeitskraft** beeinträchtigen, Ihre **gesellschaftlichen Beziehungen** stören, Ihre **Ehe** gefährden und schließlich auch Ihre **Gesundheit** ruinieren wird.

(5) Der Pleonasmus[94]

In diesem Stilmittel reihen Sie mehrere sinnverwandte Ausdrücke aneinander, um sie als »geballte Ladung« einzusetzen. Das funktioniert im guten wie im bösen, mit Adjektiven ebenso wie mit Substantiven. Beispiele:

Diese
böswillige,
scheinheilige,
niederträchtige,
perfide
Unterstellung!

Das war ein
wunderschöner,
großartiger,
berauschender,
unvergeßlicher
Abend!

Nie werde ich
diesen Krieg,
dieses Grauen,
dieses Morden,
dieses Gemetzel
vergessen können!

---

92 = (grie.) Leiter

93 *Anti* = (grie.) gegenüber, heute meist als Vorsilbe gebraucht, die das Gegenteil ausdrückt.

94 = Fülle, Überfluß, von (grie.) *pleonazein* (= überflüssig), zu *pleon* (= mehr)

(6) Die Ironie und der Sarkasmus[95]
sind in der Predigt gefährliche Mittel. In der Ironie behaupten Sie das Gegenteil von dem, was Sie meinen. Im Sarkasmus ist es ähnlich. Die Ironie belustigt die **Zuschauer** bzw. Zuhörer und verletzt die **Betroffenen**. Um sarkastische Bemerkungen recht einordnen zu können, muß der Zuhörer eine ganz bestimmte Antenne haben. Diese Antenne ist aber gerade in evangelikalen Kreisen selten.

Trotzdem kann man auf diese Möglichkeiten nicht völlig verzichten. Auch die Bibel verzichtet nicht darauf. Es versteht sich von selbst, daß der evangelische Prediger nicht gerufen ist zu verletzen. Es gibt aber Dinge, die anders kaum verstanden werden. Und möglicherweise muß etwas auch einmal ein wenig »piken«, um endlich bedacht zu werden. Wenn Sie genau wissen, daß zum Beispiel ein paar ältere Damen so viele Pfunde mit sich herumschleppen, nur, weil es immer wieder »mit Sahne« sein muß, und sich damit das Leben sehr schwer machen, dann ist unter Umständen ein kleiner Pik recht heilsam:

> Das wäre ja eine unvorstellbare Katastrophe, wenn Sie einen Schwarzwaldbecher weniger essen würden, am Ende noch auf eins von Ihren teuer erkauften Pfunden verzichten müßten, um die sechs Mark für hungernde Kinder in Äthiopien spenden zu können.

Bei einem solchen Satz in der Predigt kann natürlich allerlei schief gehen. Vielleicht muß er trotzdem einmal gesagt werden. Fügen Sie schelmisch hinzu:

> Ich hab' natürlich nichts gegen Schwarzwaldbecher, ich schon gar nicht.

Oder ein ganz anderes Beispiel:

> Aber wir kennen ja die Gedanken Gottes so gut. Wie könnten wir uns darin denn noch irren!

Oder:

> Wenn Gott uns nicht hätte, was würde er dann nur mit seiner Welt anfangen?

Oder:

> Die Leute können schließlich nicht alle so tüchtig und vollkommen sein wie ich.

Ich kenne einen Pastor, der sagte, wenn er als Eingeladener das Eßzimmer betrat, wo der Tisch überreich gedeckt war:

> Ach, es ist ja nicht so recht 'was da.

Auch das ist Ironie. Es werden die übertriebenen Bemühungen der Gastgeber aufs Korn genommen.

> Das ist doch die **Pflichtübung** eines evagelikalen Predigers: eine Schimpfkanonade auf die **moderne Theologie**!
>
> Die Predigt hat nichts getaugt. Sie haben mit keinem Wort das **Ozonloch** berührt!

Nach Matthäus 14, Vers 9:

> Der Herodes war doch ein **Ehrenmann**! **Deshalb mußte er natürlich sein Wort halten!**

Zur traurigen deutschen Geschichte:

> Herr Himmler war ein sehr sensibler und feinfühliger Mann. Deshalb konnte er die Erschießungen nicht gut mitansehen.

Wenn Sie Ironie oder Sarkasmus als solche kenntlich machen, dann ist natürlich die Eleganz der Bemerkung dahin. Andererseits ist die Gefahr, daß unsensible oder übersensible Menschen eine ironische Bemerkung für eine echte Mei-

[95] = bitterer Spott; von (grie.) *sarkasmos* (= grimmiger Hohn), ursprünglich von *sarx* (= Fleisch)

nungsäußerung halten, riesengroß. Deshalb empfehle ich Ihnen, vorsichtshalber hinzuzufügen:

> Das habe ich natürlich ironisch gemeint.

Oder:

> Für die, die es nicht bemerkt haben: Das war eine sarkastische Bemerkung.

Genau das empfiehlt auch Franz-Josef Strauß, der mit diesen Waffen ja nun wirklich häufig kämpfte[96].

(7) Die Binsenwahrheit

Im Gegensatz zum »Paradox« bzw. »Scheinparadox« spricht die im Zusammenhang mehr sagende Binsenwahrheit zutreffende Tatsachen aus, die jeder kennt, die der Zuhörer ohne diese Aussage vielleicht aber nicht in der Intention bedenkt, mit der es sich der Redner bei seinem Hörer gerade wünscht. Manchmal sind es Pointen, die eines bissigen Witzes nicht entbehren:

> Aber Jesus Christus war nicht Isaak.
> Moskau ist nicht Bonn.
> Wasser ist nun mal naß. Und der Ball ist rund.
> Betonköpfe sind eben schwer beweglich.

e) Die Figuren des argumentativen Bereichs

Diese Figuren erhalten ihre Wirkung durch das Argument. Sie entstehen, indem sich der Redner für eine bestimmte Art des Satzes, etwa die Frage, entscheidet.

(1) Die rhetorische Frage

Eine rhetorische Frage ist eine Frage, auf die keine Antwort erwartet wird. Sie ist sehr verbreitet. Besonders in evangelikalen Kreisen, in denen die Predigt des Gesetzes zu Hause ist, beherrscht sie ganze Redeteile. Sie entspricht in ihren aufdringlichen Versionen ganz und gar nicht der Eigenart des Evangeliums.

Was so ein richtiger Gesetzesprediger ist, der macht aus dem schönsten Bibelvers eine Strafpredigt. Er zitiert Paulus[97]: »Freuet Euch!« Und schon hat er sein Stichwort und seine Hörer fest im Griff mit rhetorischen Fragen:

> Haben Sie sich heute schon einmal gefreut?
> Weshalb haben Sie sich heute noch nicht gefreut?

Ihm kommt der Satz in den Sinn: Jesus lebt! Und schon schießt er los:

> Haben Sie heute schon daran gedacht, daß Jesus lebt?
> Hat das heute schon jemand an Ihnen bemerken können?
> Haben Sie es heute schon jemand gesagt, daß Jesus lebt?

Hinter dem Mißbrauch der rhetorischen Frage stehen drei schlimme Ursachen, die erste: Es ist die nicht erkannte Sucht, Menschen in die Enge zu treiben, mit der Frohen Botschaft zu prügeln, schlechte Gewissen zu erzeugen. Vermutlich haben solche Leute nie das Vorrecht gehabt, frei durchzuatmen und zu erkennen, was das Evangelium ist.

---

96 Strauß, Seite 169

97 Phil 4,4

Die zweite: Mit der rhetorischen Frage kann man Menschen unmerklich manipulieren, sie über das schlechte Gewissen sich gefügig machen.
Die dritte Ursache: Mit rhetorischen Fragen kann man »scheinbar« seine Pflicht tun, indem man Druck ausübt. Solche Prediger überlassen die überaus schwierige theologische Anwendungsarbeit dem Hörer. Das heißt: Die rhetorische Frage ersetzt die »Hausaufgaben«, die der Redner vorher hätte machen sollen. Der Schwarze Peter liegt nun beim Hörer. Das ist faul! Beispiele:

> Muß uns das nicht allerlei zu denken geben?
> Beunruhigt Sie das nicht?
> Tun wir genug?
> Werden wir uns unserer Verantwortung bewußt?
> Können wir vor Gott bestehen?

Wenn das alles so fraglich ist, dann sagen Sie Ihren Hörern doch, was sie tun können oder müssen!

Die rhetorische Frage hat aber auch ihren Raum, da nämlich, wo sie bewußt und gezielt dazu dient, den Hörer nachdenklich zu machen. Als Prediger, der seine Gemeinde jede Woche sieht, können Sie Ihre Anbefohlenen auch einmal mit einer Frage heimgehen lassen. Sie stehen ja im Notfall während der Woche seelsorgerlich zur Verfügung. Am nächsten Sonntag spätestens muß dann die Antwort kommen.

> Liebe Gemeinde, ich lasse diese Frage nun absichtlich unbeantwortet. Denken Sie darüber nach! Und am nächsten Sonntag werde ich versuchen, eine biblische Antwort darauf zu geben.

Wohlgemerkt: Eine rhetorische Frage können Sie jederzeit und auch sinnvollerweise stellen, aber eben nur dann, wenn Sie auf eine solche verallgemeinernde Frage eine ganz konkrete und nachvollziehbare Antwort geben wollen.

Recht sinnvoll ist eine rhetorische Frage, wenn sie nur einer Erinnerung oder Bewußtmachung dient, wenn sie weder manipuliert noch der Frohen Botschaft zuwiderläuft, und wenn die Antwort ohnehin jedem bekannt ist, etwa zu Verteidigungszwecken:

> Habe ich jemals einen Pfennig von Ihnen angenommen?
> Habt Ihr auch nur einen Tag bei mir hungen müssen?[98]
> Hat er für diese Gemeinheit mit auch nur einem Wort um Entschuldigung gebeten?

Es liegt aber auf der Hand, daß dies schwerlich ein typisches Element einer Predigt sein kann. Fragen wie:

> **Wer hätte das gedacht?** **Wohin soll das führen?**

sind zwar rhetorische Fragen, fungieren eigentlich aber mehr als Aufruf oder Auflockerer im Sinne von Stimmungsmache. Soweit ihr Inhalt harmlos, also nicht bedrängend, ist, mögen Sie solche Fragen einstreuen. Meine Ablehnung bedrängender rhetorischer Fragen rührt ja nicht aus der Rhetorik, sondern aus dem Charakter des Evangeliums als froher Botschaft und aus der seelsorgerlichen Verantwortung, die keine Ersatzlösungen duldet.

---

[98] Jesus fragt seine Jünger etwas ähnliches (Lk 22,35). Interessant aber ist, daß er eine Antwort darauf erhält.

(2) Die Diatribe[99]
ist im Sinne unserer Stilmittel praktisch eine rhetorische Frage mit sofort nachfolgender Antwort. Im Gegensatz zur rhetorischen Frage eignet sich dieses Stilmittel für eine Predigt recht gut. Paulus gebraucht auffallend viele Diatriben im dritten Kapitel des Römerbriefs:

> Was haben dann die Juden für einen Vorzug, oder was nützt die Beschneidung? **Viel in jeder Weise!**
> Sollte ihre Untreue Gottes Treue aufheben? **Das sei ferne!**
> Ist Gott dann nicht ungerecht, wenn er zürnt? ... **Das sei ferne!**
> Haben wir Juden einen Vorzug? **Gar keinen!**
> Wo bleibt nun das Rühmen? **Es ist ausgeschlossen.**
> Ist er nicht auch der Gott der Heiden? **Ja gewiß, auch der Heiden!**

Andere Beispiele:

> Wissen Sie nicht, daß Gott Anspruch auf Ihr Leben hat? Natürlich wissen Sie es! Sie glauben das nicht? Doch, Sie glauben es!

Auch dies ist eine Diatribe:

> Aber das **wäre** doch paradox! Ja, das **ist** es.

(3) Der Anruf
ist eine Möglichkeit, Aufmerksamkeit zu schaffen, eine Möglichkeit, die unter Christen viel zu selten genutzt wird: die Anrede mitten im Vortrag. Was im Bundestag zu viel geschieht, das geschieht in Predigten zu wenig[100]. Beispiele:

> ..., liebe Gemeinde, ...
> ..., Freunde, ...
> ..., meine Damen und Herren, ...

Petrus gebrauchte diese Möglichkeit in der Pfingstpredigt:[101]

> Ihr Juden, liebe Männer, ...
> Ihr Männer von Israel, ...
> Ihr Männer, liebe Brüder, ...

Aber auch:

> ..., Sie, die Sie das längst begriffen haben, ...
> ..., Sie, die Sie das bestens beurteilen können, ...

(4) Das Aufrütteln
ist in Predigten sicher nur bedingt einsetzbar. Vor allem muß eine solche Mitteilung aus tief aufrichtigem Herzen kommen. Die Hörer merken, ob es aus Ihrem Munde glaubwürdig ist. Beispiel:

> Nur die tiefe Sorge um das Wohlergehen unserer Gemeinde hat mich dazu bewegt, heute hier das Wort zu ergreifen.

Auch für das Aufrütteln gibt es biblische Beispiele, z.B.:[102]

> So wisse nun das ganze Haus Israel gewiß, daß Gott diesen Jesus, den ihr gekreuzigt habt, zum Herrn und Christus gemacht hat.

---

99 = ursprünglich eine weitschweifige gelehrte Abhandlung, später eine Moralpredigt mit fingiertem Dialog; von (grie.) *dia* (= durch), und *tribein* (= verweilen)

100 Dafür wird bei Christen in Gebeten das »Herr« oft inflationär »dahergeschwätzt«.

101 Apg 2,11,22,29

102 Apg 2,36

(5) Das Anheimstellen
hat ebenfalls demagogische[103] und biblische Anwendung gefunden. Joseph Goebbels im Sportpalast zu Berlin:

> Wollt Ihr Butter oder Kanonen[104]?

Aber auch Josua an die Israeliten:[105]

> Gefällt es euch aber nicht, dem Herrn zu dienen, so wählt euch heute, wem ihr dienen wollt ...!

f) Die gemeindliche Verwendbarkeit von Stilmitteln
Es liegt auf der Hand, daß einige Stilmittel für die Predigt besonders geeignet sind, andere kaum oder bei einem bestimmten Publikum, etwa bei Jugendlichen, wieder andere überhaupt nicht.

Fast durchweg sehr hilfreich für die Predigt sind die Stilmittel, die sich mit Wiederholungen befassen, weil die Wiederholung sowieso ein wichtiges Mittel der Pädagogik und damit auch einer lehrhaften Verkündigung ist. Eine nicht empfehlenswerte Ausnahme sehe ich bei Tautologien, die durch ihre Doppelung abschwächen, **z.B. »führen und leiten«** oder **»loben und preisen«**. Hier werden wichtige und nötige Aussagen entwertet. Besonders brauchbar sind die **Anapher**, der **Refrain**, die **Kette** und die **Alliteration**.
Die **Alliteration** ist eine großartige Einpräghilfe für Themen, Punktüberschriften, Leit- und Merksätze. Machen Sie Gebrauch davon!
Die Tropen, also die Figuren, die sich durch das Auswechseln von Wörtern ergeben, erfordern meist eine spezielle Hörerschaft, etwa Jugendliche für die **Neologismen** und **Metaphern**, **Paraphrasen**, **Katachresen** und die **Verhunzung** der Sprache. Sie brauchen gebildete Zuhörer für die **Fremdwörter**, das **Paradox**, die **Chiffren**, **Paraphrasen** und **Hyperbeln**, besonders für das **Oxymoron**.

Wiederum eine ausgezeichnete Möglichkeit, Themen, Gliederungen und wichtige Aussagen einprägsam und merkbar zu machen, ist das Wortspiel. Üben Sie sich darin!
Im syntaktischen Bereich bieten sich alle Arten von **Nach- und Umstellungen**, auch die **Prolepse** und das **Anakoluth**, dringend an. Mehr für scherzhafte Anlässe ist die **Syllepse**.

Wichtig im kompositorischen Bereich ist der **Gegensatz**. Unbedingt zu üben aber ist die **direkte Rede**! Sie gehört zu den wichtigsten Mitteln schlechthin. Wirkungsvoll anwenden können Sie gelegentlich auch die **Häufung**. Mit Vorsicht zu genießen **sind Ironie** und **Sarkasmus**.

Aus dem argumentatorischen Bereich schließlich empfehle ich die **rhetorische Frage** mit größten Vorbehalten, nur, wenn Sie sie im Lauf der Rede auch beant-

---

103 = volksverführerisch, aus (grie.) *demos* (= Volk), und (grie.) *agoge* (= Führung)

104 Zitiert nach Schlüter, Seite 43

105 Jos 24,15

worten wollen, dagegen aber die **Diatribe** mit Überzeugung. Der **Anruf** ist nützlich; **Aufrütteln** und **Anheimstellen** werden nur wenigen als Ausdruck tiefer eigener Betroffenheit abgenommen.

Für Gliederungspunkte eignen sich besonders die **Anapher**, der **Refrain**, die **Alliteration** und ganz besonders das **Wortspiel**.

Fünfter Hauptteil:

Zum Umfeld des Redens

Während ich unter den vorhergehenden Überschriften die Sprache, nicht aber das Sprechen der Rede behandelt habe, soll jetzt das gesamte Umfeld der Rede zur Sprache kommen. Dazu gehört das Äußere des Redners ebenso wie das Pult oder die Lautsprecheranlage. Es ließe sich darüber streiten, in welchen Hauptteil das Konzept gehört. Da es nicht die Entstehung einer Rede beeinflußt, sondern lediglich deren Niederschrift ist, behandle ich diese Dinge unter »Zum Umfeld des Redens«.
Ich bin bereits gefragt worden, weshalb ich nach der Sprache nicht das Sprechen behandle. Diese beiden gehörten doch zusammen. Das Umfeld sei doch nicht das Eigentliche der Rhetorik. Dazu zwei Antworten: Erstens brauchen Sie, verehrte Leserin, verehrter Leser, jetzt eine Verschnaufpause. Nach so vielen Seiten über die Sprache müssen Sie Ihren Blick nun einmal auf Gegenständliches richten können. Sie brauchen Abwechslung wie nach einer langen Predigt. Zweitens ist es chronologisch so richtig. Bevor Sie Ihre Rede vortragen, müssen Sie sich um all die hier behandelten Äußerlichkeiten kümmern. Sonst klappt es mit Ihrem Sprechen nicht so, wie Sie es sich wünschen. Was würde Ihre exzellente Rede bewirkt haben, wenn Sie nicht beizeiten festgestellt hätten, daß die Lautsprecheranlage ausgefallen ist?

1. Die Redezeit

Redezeit ist zum einen die Zeit, **zu** der Sie reden, also der **Zeitpunkt**, zum anderen die Zeit, **während** der Sie reden, also die **Rededauer**.

a) Der Zeitpunkt

Die Uhrzeit, falls sie nicht feststeht, ist ebenso des Erwägens wert wie der Platz auf der Rednerliste, wenn mehrere Personen sprechen sollen.

(1) Die Uhrzeit

Versuchen Sie, wo es möglich ist, eine günstige Redezeit zu bekommen. Sie selbst wissen, um welche Stunde des Tages Sie Ihre höchste Leistung erbringen. Selten ist eine andere Tätigkeit im Gemeindeleben wichtiger als die öffentliche Rede. Deshalb sollten Sie in der Regel zu der Stunde sprechen, wann Sie in Form sind. Ihre Verfassung ist aber nicht das einzige Kriterium. Auch die Aufnahmefähigkeit der Hörer ist von Belang und zwar nicht nur, weil sie über den Erfolg der Rede mit entscheidet, sondern weil auch die Verfassung der Hörer Ihre eigene Verfassung aufs stärkste mitbestimmt. Es gibt Redner, denen es nicht viel ausmacht, wenn ihre Zuhörer gähnen. Das sind aber nicht die beeindruckendsten. Ein Redetalent ist stark abhängig von der Abnahme seiner Botschaft durch die Hörer. Die Rede, und besonders die Predigt, soll ja keine

»Einbahnstraße« sein. Erfolgreiche Rede ist ein unhörbarer Dialog. Rechte Predigt ist ein Zwiegespräch.
In der Regel gelten als günstig die Zeiten:

9.00 bis 10.30 Uhr 15.00 bis 16.00 Uhr 19.30 bis 21.00 Uhr

Als besonders ungünstig gelten:

8.00 bis 9.00 Uhr 11.30 bis 15.00 Uhr

(2) Der Platz auf der Rednerliste

Der erste Redner einer Reihe hat den Vorteil, daß sein Überziehen auf Kosten der Nachredner geht. Der letzte Redner hat den Nachteil, daß er die Zeche für die Überziehungen aller Vorredner zu bezahlen hat.
Ob Sie es als erster Redner bzw. erste Rednerin in einer Reihe leichter oder schwerer haben, hängt aber auch davon ab, wie wichtig Ihre Inhalte sind, wie packend und bildhaft Sie sprechen können und zwar im Vergleich mit den anderen Rednern. Wenn Ihre Rede wegen ihres Inhalts von allen brennend erwartet wird oder wenn Sie mit deutlichem Abstand der bessere Redner sind, kommen Sie am Ende der Rednerliste am besten weg. Sie können dann noch einmal richtig »durchstarten« und den Hörern zeigen, wie die anderen hätten sein müssen. Das ist sicher nicht sehr christlich gedacht. Dennoch ist es so.
Sind Sie aber ein schwaches Redetalent oder vertreten Sie Dinge, die nur eine Minderheit interessieren, so werden Sie am Schluß, wenn alle auf das Ende warten und nach Hause oder zum Essen möchten, mit den Hörern und folglich auch mit sich selbst hart zu kämpfen haben. In solchen Lagen ist es zu überlegen, ob Sie sich nicht von der Liste absetzen lassen oder wenigstens die Rede radikal kürzen.

b) Die Rededauer

Es wird heutzutage oft gesagt, daß eine Rede vor durchschnittlichem Publikum nicht über sieben Minuten hinausgehen sollte. Diese Werte sind relativ. Es hängt weitestgehend von Ihrem Talent ab, mit der Sprache umzugehen und Menschen zu fesseln, sowie von der Aufnahmekapazität Ihrer Hörer. Es ist kein Geheimnis, daß Leuten wie Adolf Hitler, Leonid Breschnew oder auch Franz Josef Strauß bis zu vier Stunden zugehört wurde, ganz einfach, weil das, was sie sagten, interessierte.
Die Volkskirchen sind bezüglich der Predigtlängen ständig zurückgewichen. Sie beugen sich nur allzu willig dem Diktat der Kommunikationswissenschaften. Deren Feststellungen gelten aber offensichtlich nur für die religiöse Rede. Die Politik denkt nicht entfernt daran, sich an derartige Vorgaben zu halten. Und die Wirtschaft tut ebenso, was sie als nützlich ansieht. Für viele Kirchen bleibt auf diese Weise nur noch die Möglichkeit, Themen »anzureißen«, bestenfalls Interessen »aufzureißen«. Der Chance einer gründlichen Lehrtätigkeit mit dem Zweck der Grundlegung in Glaubensfragen hat man sich vielerorts begeben.
In bezug auf Predigten sage ich immer wieder: Es wird in Deutschland nicht zu lang gepredigt, sondern zu schlecht. Reden Sie interessanter, und Sie können länger reden! Reden Sie nachlässig, und Sie müssen nach fünf Minuten aufhören!

Franz Josef Strauß hat recht, wenn er schreibt[1]: »Wenn das Thema geeignet ist und wenn die Menschen spüren, daß der Redner mit Leib und Seele hinter dem steht, was er sagt, sind sie bereit zum Zuhören. Wenn man eine Rede mit langweiligem Inhalt auch noch herunterhaspelt wie eine Koransure, geht die Aufmerksamkeit schnell verloren. Man muß seine Zuhörer ernst nehmen, dann kann man sie auch fordern. Ich sage meinem Publikum offen, daß eine angemessene und gründliche Behandlung des anstehenden Themas ihre Zeit braucht, was stets mit ermunternder Zustimmung aufgenommen wird.«

Ich denke, diese Voraussetzungen sollten wir Prediger uns »hinter die Ohren schreiben« lassen: Erstens soll die Thematik interessieren. Zweitens soll der interessante Stoff interessant vorgetragen werden. Dann können Sie drittens Ihrem interessierten Publikum unbesorgt sagen: »Heute dauert es etwas länger; für Ihre längere Aufmerksamkeit bekommen Sie aber auch einen Gegenwert.«

Beachten Sie jedoch, daß Sie nicht dem Anfänger- oder Gästefehler verfallen und zu viel in Ihre zeitlich begrenzte Rede hineinpacken! Ein Bibelschüler hat bereits nach vier Wochen Studium so viel gelernt, daß es ausreicht, um damit seine Heimatgemeinde zu erschlagen. In eine ähnliche Gefahr gerate auch ich, dann nämlich, wenn ich irgendwo zum ersten Mal spreche und damit rechnen muß, daß ich nie wieder dorthin komme. In solchen Fällen regt sich in mir das unbewußte Bedürfnis, den Hörern so viel wie möglich von meinen Erkenntnissen mitzugeben. Anders ist es in einer Gemeinde, wo ich relativ häufig predige. Dort vertage ich Gedankengänge einfach. Kürzere Redezeit muß also immer bedeuten: weniger Gedanken!

2. Die Vorstellung des Redners

80 % der Referenten werden falsch vorgestellt. Die Vorstellung eines Redners ist aber deshalb so wichtig, weil sie den Referenten sozusagen in den Sattel hebt[2]. Für den Fall, daß Sie irgendwo zum ersten Mal eine Ansprache zu halten haben, gebe ich Ihnen den Rat, sich vorher zu erkundigen, wer Sie vorstellen wird. Besprechen Sie es mit demjenigen, geben Sie ihm vielleicht einen deutlich und nicht zu klein beschriebenen Zettel in die Hand, auf dem steht, wer Sie sind, woher Sie kommen und inwiefern Sie für dieses Thema kompetent sind. Auch die Nennung Ihrer Titel sollte abgesprochen werden. Vielleicht wollen Sie ja, daß ein Titel nicht genannt wird, vielleicht wäre es aber auch sehr wichtig, daß er erwähnt wird. Selten sind die Versammlungsleiter daran interessiert, daß Sie richtig gesehen werden. Sie sind meistens darauf bedacht, daß sie selbst gut wirken. Die Art und Weise und die Worte, mit denen Sie vorgestellt werden, ist weitgehend maßgebend für die Einstellung, die Ihre Hörer zu Ihnen haben werden.

Eine günstige Vorstellung hebt aber auch Ihr eigenes Wohlbefinden vor der Hörerschaft. Und wenn die Sache so verfahren war, daß Sie sich sogar genötigt sehen, einiges richtigzustellen, so treibt das wiederum einen »Keil« zwischen Sie und den, der Sie eingeladen hat. Deshalb: Kommen Sie beizeiten an, und bespre-

---

1 Strauß, Seite 173 und 174

2 So Ebeling, Seite 167

chen Sie die Dinge! Sagen Sie dem Vorstellenden überdeutlich, was Sie nicht gesagt haben wollen! Er wird dann gerade noch genug auf ungünstige Weise sagen. Werden Sie in einer nicht-gottesdienstlichen Veranstaltung vorgestellt, so erheben Sie sich kurz und schauen Sie, sich ganz leicht verbeugend und freundlich lächelnd, in die Runde. Werden Sie in einem Gottesdienst begrüßt, etwa als Redner oder Rednerin, so ertasten Sie, was dort üblich zu sein scheint. In der Regel bleiben Sie sitzen und nicken nur dem Begrüßenden freundlich zu.
Wenn Sie zu Beginn Ihres Vortrages oder Ihrer Predigt etwas nettes Persönliches sagen wollen, etwa, daß Sie in dieser Stadt Ihre Frau kennengelernt haben oder ähnliches, dann teilen Sie dies auf keinen Fall dem Versammlungsleiter mit! Er wird Ihnen diese »Schau« mit Sicherheit »stehlen« und es seinerseits für die Vorstellung vorwegnehmen. »Den Rahm abschöpfen« nannte das meine Tante.
Wenn Sie sich selbst vorstellen müssen, nennen Sie Ihren Vor- und Nachnamen, Ihre Funktion, nur notfalls Ihren Titel. Erwähnen Sie niemals einen etwa vorhandenen Doktorgrad! Sagen Sie betont freundlich, wo Sie herkommen, wer Sie eingeladen hat und, zu Ihrer eventuellen Rechtfertigung, wer das Thema der Veranstaltung verantwortet. Bedanken Sie sich für die Einladung; aber leisten Sie sich nie einen so negativen und abstoßenden Einstieg, wie ich ihn kürzlich miterlebte: »Ich gehöre nicht nach Kirchhain, sondern ...«! Was soll das? Wenn Sie nicht mit einem Ortsansässigen verwechselt werden wollen, dann sagen Sie doch positiv, wer Sie sind und wo Sie herkommen![3]
Sollte Ihnen selbst die Aufgabe zufallen, einen Redner vorstellen oder ankündigen zu sollen, so reden Sie vorher mit ihm! Hat er Verdienste, die irgend etwas mit seiner Rede zu tun haben, so erwähnen Sie diese! Ist er für eine größere Sache zuständig oder trägt er besonders hohe Verantwortung, so lassen Sie auch das nicht unerwähnt. Machen Sie es ihm leicht! Stellen Sie ihn so vor, wie Sie selbst gern vorgestellt werden möchten!

3. Die äußere Erscheinung des Redners

Zur äußeren Erscheinung zähle ich Typ, Haltung, Kleidung, Schmuck und Frisur. Zuvor aber muß ich etwas besprechen, mit dem auch Sie fertigwerden müssen.

a) Das Lampenfieber

Das Erscheinungsbild wird von einem Phänomen stark mitbestimmt, das manchem Redner, besonders einem Anfänger, schwer zu schaffen macht. Es ist durchaus nichts Äußeres. Aber es wirkt sich auf das Äußere aus: Das Lampenfieber.
Auch große Stars sind selbst nach vielen Jahren nicht frei von dieser unangenehmen Erscheinung, die sich vor dem Auftritt in innerer Unruhe, Angst, Hitze, rotem Kopf, trockener Kehle und Inkoordination[4] der Gliedmaßen äußert. Aber selbst, wenn Sie bereits vor Ihren Hörern stehen, kann es Ihnen, wenn Sie ein

3 Weiteres zu den »ersten Worten« auf den Seiten 242-244

4 Nicht-Zusammenwirken; von (lat.) *in* (= nicht), und *coordinare* (= beiordnen), von *con* für *cum* (= mit), und *ordinare* (= ordnen), von *ordo* (= Ordnung)

Anfänger sind, passieren: Auf einmal versagt der Körper Dienste, die er seit Jahr und Tag einwandfrei geleistet hat. Sie spüren unversehens Ihre Beine, können bekannte Wörter nicht mehr aussprechen, wissen mit der Spucke im Mund nicht hin; die Stimme erstirbt in einem heiseren Krächzen, so daß nur die Leute in den ersten Reihen etwas verstehen; Sie müssen sich räuspern, nach Luft schnappen, können plötzlich nicht mehr sehen; denn es ist ein Schleier vor Ihren Augen, und die Buchstaben auf dem Konzept scheinen Tango zu tanzen; jedenfalls finden Sie die letzte Zeile nicht wieder. - Das war natürlich eine maßlose Übertreibung. Dennoch: es kann schlimm kommen, wenn auch nicht alles auf einmal. Es ist auch keine Frage, daß Ihre Hörer das mitbekommen und das Lampenfieber auf diese Weise Ihr äußeres Erscheinungsbild mitprägt.

Berühmte Künstler helfen sich gegen das Lampenfieber **vor** dem Auftritt mit Essen, Alkohol, Rauchen, Yoga, Vorstellungen in der Phantasie, Lesen alter Kritiken, Spazierengehen, Medikamenten und vielem anderen. Lampenfieber **während** des Auftritts haben Profis meist nicht; sie haben es vorher abreagiert.

Es ist eine Tatsache, daß die meisten Menschen vor nichts solche Scheu haben wie davor, öffentlich reden zu müssen. 41 % der Bevölkerung haben hier ihre größte Angst, während 32 % von Höhenangst befallen sind, 22 % Ungeziefer und Insekten fürchten, ebensoviele tiefes Wasser, 19 % Krankheit und Erbrechen, ebensoviele den Tod, 14 % die Einsamkeit, 11 % Hunde, 9 % Autofahren, 8 % Fahrstühle, 5 % Rolltreppen[5].

Im Umgang mit meinen Schülern fällt mir auf, daß einige recht vorlaut ihre Scherze anbringen können oder bei irgendwelchem Unsinn ganz vorn sind. Wenn dann im Unterricht eine ganz offizielle und betont seriöse Rede fällig ist, unter den angenommenen Bedingungen etwa einer Feierstunde im Rahmen eines mittleren Betriebs, müssen dieselben Schüler oft ihre ganze Kraft aufbieten, um eine Verabschiedung oder eine Tischrede zustandezubringen. Es wird behauptet, das Lampenfieber sei größer vor unbekannter Hörerschaft. Das kann ich von mir nicht bestätigen. Ebensowenig kann ich für mich bestätigen, daß eine größere Zuhörerzahl größere Angst verursache. Bei den meisten Rednern wird es aber sicher so sein.

Eine solche Angst wird durch Streß ausgelöst. Das Unterbewußtsein signalisiert: »Dieser Auftritt jetzt ist sehr wichtig!« Der Körper reagiert auf dieses Signal mit erhöhter Adrenalin-Ausschüttung. Das bewirkt, daß das Blut bevorzugt den Muskeln zugeleitet wird. Die Muskulatur gerät nun in Spannung, während die Fähigkeit, klar zu denken, eingeschränkt wird. Es wird uns heiß, der Mund scheint ausgetrocknet. Der Körper hat sich auf einen Kampf oder auf die Flucht eingestellt.

Ich bin davon überzeugt, daß ich Ihnen wesentliche Hilfen zur Überwindung dieses lästigen Phänomens anbieten kann:

Zunächst: Die körperlichen Reaktionen mögen bei Ihnen die gleichen sein, wie sie weltliche Künstler erfahren. Ihre Stellung als christlicher Prediger oder Redner bzw. Rednerin ist eine völlig andere. Sie stehen dort im fremden Auftrag, im Auftrag Gottes!

---

5 Zahlen nach Ebeling, Seite 129

Machen Sie sich klar, daß Sie eine wertvolle Botschaft zu verkündigen haben, die Ihre Hörer brauchen. Hoffentlich ist es so! Wenn nicht, müssen Sie halt besser daran arbeiten! Wenn Sie einen klaren Auftrag zu der Rede haben, sei es ein innerer oder ein äußerer, und Ihre »Hausaufgaben gemacht« sind, dann sagen Sie sich selbst: »Ich bin hier am Platz!« Eine schludrige Predigt hätten Sie weniger vor Ihren Hörern zu verantworten als vielmehr vor Gott. Wenn Sie diese Gottesfurcht haben, werden die Menschen für Sie das sein, was sie sind, ganz gewöhnliche Menschen!

Ferner: Denken Sie **über das** nach, was Sie zu sagen haben, und nicht **über den**, der es zu sagen hat, nämlich sich selbst! Ihre Hemmungen haben stets etwas mit Ihrer eigenen Person zu tun. Erinnern Sie sich daran, daß Ihre Furcht nicht aus dem Redevorgang selbst entsteht, sondern allein aus den Gedanken, die Sie sich darüber machen![6] Eins stimmt allerdings: Die Beherrschung der Redetechnik steigert das Selbstbewußtsein und gibt Ihnen mehr Sicherheit[7]. Das ist übrigens in fast jedem Beruf so; wer reden kann, fühlt sich sicherer als andere. Ein Grund mehr, es gründlich zu erlernen!

Weiter: Bieten Sie Ihrem Körper, was er braucht, um Ihnen klare Gedanken zu ermöglichen! Frische Luft, also einen Spaziergang in einer ruhigen Gegend. Schon am Tag vorher können Sie das tun. Üben Sie Ihre Rede, wenn das möglich ist, am Tag vorher, auf keinen Fall in der letzten halben Stunde vor Beginn der Veranstaltung! Während dieser halben Stunde -oder länger- tun Sie etwas ganz anderes; unterhalten Sie sich vielleicht mit netten Menschen! Gehen Sie in dieser Stunde Leuten aus dem Weg, von denen Sie eine Aufregung erwarten könnten. Seien Sie ausgeschlafen! Ausgeschlafen zu sein ist fast wichtiger, als gut vorbereitet zu sein. Mir jedenfalls geht es so. Bevor Sie vom Stuhl aufstehen, um zum Rednerpult zu gehen, atmen Sie noch einmal gründlich und vor allem langsam aus! Die leere Lunge saugt sich automatisch wieder voll. Wenn Sie aufgestanden sind, können Sie das wiederholen. Geschieht es im Sichtbereich des Publikums, so nutzen Sie die Sekunden zu einem freundlichen Blick auf die Menschen, von denen Sie gesehen werden.

Schließlich: Gehen Sie auf Ihre Aufgabe zu! Jedes engagierte Auf-die-Hörer-Zugehen verringert Ihre Hemmungen und macht Sie freier. Gegenüber Ihren Zuhörern schaffen Sie sich damit Autorität.

Ein trockener Mund kann aber auch eine andere Ursache haben; es muß nicht Lampenfieber sein. Möglicherweise sind Sie an einem heißen Tag in einem Stau hängengeblieben, aus dem Auto gestürzt, mehrere Treppen hinaufgesprungen, so daß Sie außer Puste dort ankamen, wo Sie sofort mit Ihren Ausführungen beginnen mußten. In einem solchen Fall wirkt ein Glas Wasser Wunder. Ich brauchte früher selten Wasser; es wird zu Predigten ja auch fast nie hingestellt, wohl aber außerhalb des kirchlichen Raums, etwa in der Politik. Inzwischen nehme ich ein Glas Wasser oft dankbar an. Wenn Sie die Verantwortung für eine Veranstaltung haben, überlegen Sie bitte, ob ein Glas Wasser am Pult stehen sollte!

---

6 So Ebeling, Seite 36f

7 So auch Ebeling, Seite 21

Gelegentlich geraten Sie vielleicht bei Rundfunkaufnahmen im Studio in Schwierigkeiten, weil Sie wegen des Mikrophons über der Tischmitte und wegen des Manuskripts, das auf dem Tisch liegt, nach unten gebeugt reden müssen. Nicht jeder kann es ohne Mühe. Ich rede besser mit erhobenem Kopf, zumindest so, daß ich alle paar Sekunden aufblicken kann. Es mag sein, daß der Tontechniker mit sich reden läßt und Ihnen das Mikrophon so hindreht, daß Sie aufrecht sitzen und das Manuskript vor sich halten können. Der am Rundfunk so sehr erwünschte Unterhaltungston kommt so außerdem viel eher zustande.

b) Der Redner-Typ

Im Grunde ist es egal, welchem Menschentyp Sie angehören. Nur sollten Sie einiges darüber wissen, wie andere auf Sie reagieren könnten. Roman Hofmeister warnt: »Glauben Sie nicht zu sehr an den Sachinhalt einer Rede!«[8] Das bedeutet, daß Sie nicht nur durch Worte und Argumente reden, sondern durch Ihre Erscheinung. Es wäre alles leichter, aber auch langweiliger, wenn das nicht zuträfe.
Man hat zum Beispiel festgestellt, daß prominente Personen körperlich größer wirken als unbekannte[9]. Solche Vorstellungen inszeniert das Unterbewußtsein Ihrer Hörer automatisch. Ihre Zuhörer tragen in sich aber nicht nur das Wissen um Prominenz oder Unbekanntheit, sondern auch Erfahrungen mit ganz bestimmten Menschentypen. So sagt man etwa, daß sogenannte Leptosome[10] häufiger empfindlich, reizbarer, schneller verärgert und zuweilen griesgrämig seien, Pykniker[11] dagegen gemütlich, fröhlich oder traurig und warmherzig. Wenn sich nun einem Menschen diese Vorstellung in mehreren Fällen als zutreffend bestätigt hat, wenn er etwa mit mehreren hageren Männern heftige und unerquickliche Zusammenstöße hatte, dann wird er Sie, wenn Sie so aussehen und zum ersten Mal in sein Leben treten, mit dem entsprechenden Vorurteil betrachten. Dementsprechend wird er Ihnen, wenn Sie ein eher rundlicher Typ sind, möglicherweise keine scharfe Argumentation zutrauen, sondern von Ihnen lieber persönliche Erfahrungen hören wollen.
Wenn Sie diesem manchmal unbewußt vorhandenen Vorurteil entgegenwirken wollen, so sollten Sie gleich in den ersten Minuten Ihres Auftritts einen genau entgegengesetzten Eindruck machen. Vorsicht ist nur geboten, daß dies nicht unnatürlich verkrampft geschieht. In der Regel tun Sie am besten, so zu sein, wie Gott Sie gemacht hat.
Dennoch gehört es zum Sinn dieses Buches, daß Ihnen geholfen wird, das Bestmögliche aus Ihrer Rede zu machen. Präzision, Originalität und Eleganz der Darstellung und der Problemlösung können durch gezielte Anleitung, guten Willen und Übung verbessert werden. Wie es Sänger für unterschiedliche Musikstile gibt, so gibt es auch unterschiedliche Rednertypen. Die beiden Extreme nenne ich einmal: »Operettenredner« und »Oratorienredner«. Vermutlich liegt

8 Hofmeister, Seite 19

9 Hofmeister, Seite 28

10 Schmalwüchsige, Schlanke; aus (grie.) *leptos* (= dünn, zart) und *soma* (= Körper)

11 Zu Fettansatz neigende Dicke, Menschen mit gedrungenem, zu Rundungen neigendem Körperbau; aus (grie.) *pyknos*) (= dicht, fest, derb)

Ihre Neigung irgendwo dazwischen. »Operettenredner« stehen in der Gefahr der Oberflächlichkeit, des schwachen Inhalts. Was sie anstreben, ist zuallererst der locker-flockige oder schicke Stil. »Oratorienredner« drohen zu kompliziert, zu gewichtig und zu breit angelegt zu reden. Auch hier gilt es, ein wenig gegenzusteuern, ohne sein Naturell zu verleugnen. Lockere und publikumsorientierte Redner, deren Sorge manchmal überwiegend der persönlichen Wirkung gilt, sollten sich um solide Gedankengänge, um Begründungen für ihre Lösungen bemühen. Betont ernsthafte problemorientierte Redner müssen sich um Lockerheit, Eleganz und Originalität in der Darstellung kümmern.

c) Die Haltung

Natürlich gibt es verschiedene Anlässe, zum Beispiel Interviews oder Veranstaltungen mit Ansagen im Stil einer Show-Sendung. Da spricht man auch schon mal im Gehen oder mit dem Rücken zur Hörerschaft. Die Regel ist allerdings die frontal gehaltene Rede. Wenn Sie aus einem solchen Anlaß zu sprechen haben, etwa zu einer Begrüßung, einer Verabschiedung, einer Information, einer Ehrung oder einer Gratulation, so stehen Sie von Ihrem Platz auf und gehen ohne Hektik, aber zielstrebig auf die Stelle zu, von der aus Sie sprechen wollen. Wenn Sie frei stehen müssen, mimen Sie nicht Bescheidenheit, indem Sie irgendwo - natürlich unten- schräg im Raum »herumstehen«! Sondern entscheiden Sie nach Gesichtspunkten der Zweckmäßigkeit. Zweckmäßig ist, daß Sie gut gesehen und gehört werden. Stehen Sie etwa in der Mitte der Raumbreite, es sei denn, die Zuhörer säßen auf einer Seite. Gibt es ein Podium, eine Bühne oder einen erhöhten Altarraum, so betreten Sie diesen. Stellen Sie sich nicht mit den Fußspitzen an die äußerste vordere Kante über der oberen Stufe oder unmittelbar an die hintere Abgrenzung oder Wand des Raumes, sondern stellen Sie sich, wenn es ein Altarraum ist, bei angemessenem Abstand mitten[12] vor den Altar! Stehen Sie gerade, nicht wie ein Fragezeichen! Auch wenn Sie nicht bei der Armee Geradestehen gelernt haben! Pazifismus demonstriert man nicht durch durchgebogenes Stehen oder halbes Hängen. Manche Prediger stehen zwar **vorn**, aber sie stehen nicht **vor**. Doch gerade das sollen sie.

Nun wenden Sie sich Ihren Hörern zu. Atmen Sie dabei langsam tief durch, indem Sie vor allem gründlich aus- und dann einatmen, so daß sich das Zwerchfell deutlich hebt. Stellen Sie sich dabei vor, daß Sie die Luft tief in den Unterleib einatmen, ohne sie hineinzupressen, als seien Sie bestrebt, im unteren Teil des Bauches Raum zu schaffen![13] Dabei schauen Sie die Menschen vom rechten zum linken Ende des Saales -oder umgekehrt- und auch bis in die letzte Reihe ruhig eine längere Zeit freundlich an![14] Wenn Sie den Hörern in die Augen sehen, wird diese Verzögerung nicht als Unsicherheit oder Stocken gewertet, sondern -ganz im Gegenteil- als angenehm empfunden. Außerdem steigern Sie damit die

---

[12] In die Mitte - sowohl von der Seite als auch von vorn gesehen! Betrifft es einen Gottesdienst, so stellen Sie sich 50 cm vor den Altar!

[13] Wenn Sie erfolgreich sein wollen, müssen Sie sich wohlfühlen. So auch Hofmeister, Seite 19

[14] »Freundlichkeit Ihrerseits kommt wie ein Bumerang zurück«, sagt Peter Ebeling, Seite 35

Spannung[15]. Stehen Sie nicht stramm oder steif, aber gerade und frontal zu Ihren Zuhörern. Besonders am Anfang Ihrer Rede sollten Sie die Füße relativ dicht beieinander halten, so daß Ihre Hörer auch an Ihrer Haltung erkennen können: Der Mann oder die Frau hat uns jetzt etwas Wichtiges zu sagen.
Wenn Sie ein Pult vor sich haben, so ist die Versuchung sehr groß, sich daran festzuhalten. Das ist auch nicht verboten; und ab und zu ist es sogar angemessen. Dieses Festhalten hat aber zwei unwillkommene Nebeneffekte, manchmal auch mehrere, dann nämlich, wenn das Pult nicht feststeht oder knarrt.
Der eine Nebeneffekt ist, daß Sie an der Gestik gehindert werden. Ein Teil Ihres Körpergewichts liegt ja auf dem Pult. Wenn Sie nun eine Ihrer Hände gebrauchen wollen, müssen Sie erst das Gewicht von seiner Unterlage nehmen. Wollen Sie das nicht ruckhaft tun, so ist die Textstelle, die Sie mit Gestik zu unterstreichen gedachten, schon vorüber, wenn Ihre Hände bereit sind.
Der andere Nebeneffekt ist, daß Sie durch das Festhalten meist zu dicht am Pult stehen und deshalb zu steil nach unten auf Ihr Konzept blicken müssen. Es liegt ja unmittelbar vor Ihrem Bauch. Darunter leidet der Augenkontakt mit Ihren Hörern erheblich. Gleichzeitig empfindet man Sie als »Vorleser«.
Wenn Sie sich eine optimale Haltung wünschen, dann stehen Sie ohne Pult oder hinter einem Pult gleichermaßen frei. Das erfordert zwar Disziplin und auch Kraft, zahlt sich aber aus.

Am leichtesten spricht es sich mit beiden Händen in den Hosentaschen, am zweitleichtesten mit einer Hand in der Tasche. Ein Jammer, daß das in Deutschland als unhöflich gilt. Aber so ist es nun einmal. Joachim Kuhlenkampff erzählte in einer Talkshow, daß nach einer großen Showsendung, wenn der Showmaster einmal kurz die Hand in der Tasche gehabt hat, im Schnitt etwa 400 erboste Zuschauer anrufen und ihre Entrüstung darüber äußern. Diese Beschwerde ist also 400 Menschen in der Bundesrepublik ein meist teures Telefongespräch am hellen Tag, oft von einem Ende des Landes zum anderen, wert. Eine Diakonisse tadelte mich vor dreißig Jahren, ich habe auf der Kanzel die Hand in der Tasche gehabt. »Aber das konnten Sie doch gar nicht sehen«, entgegnete ich ihr. »Stimmt«, sagte sie, »aber man konnte es am Faltenwurf des Jacketts sehen«. Schade! In Deutschland geht es nicht.
In der Tat sind die Hände eines der größten Probleme, besonders für den Anfänger, der noch nicht seine typische Haltung und eine gewisse Sicherheit gefunden hat. Die Hände befinden sich meist dort, wohin der Zuschauer am leichtesten schauen kann. Und da sie sich bewegen, wird er noch zusätzlich darauf aufmerksam. Hinzu kommt, daß sich gerade an der Haltung der Hände Schüchternheit mit am typischsten abzeichnet. Ich rate Ihnen deshalb dazu, die Lösung im »Angriff« zu suchen: Gewöhnen Sie sich von vornherein an, die Hände zu Ihren Zwecken einzusetzen. Und dann vergessen Sie sie!

---

15 Das stille Stehen und Warten war eins der wirkungsvollen rhetorischen Mittel Adolf Hitlers. Er konnte bis zu vier Minuten still stehen, bis die Nerven der Hörer zu bersten begannen. Dann begann er leise und langsam, um sich in wahre Rede-Orgien zu steigern. Das ist sicher nicht Ihr Stil. Dennoch können Sie auch von solchen Leuten lernen.

Ergibt es sich, daß Sie während eines Anbetungsliedes, etwa bereits beim Ansingen vor dem offiziellen Anfang der Veranstaltung, vorn stehen, vielleicht auch den Gesang leiten, so schauen Sie dabei nicht auf Ihre Armbanduhr, wenigstens nicht sichtbar! Es wirkt unglaubwürdig, wenn Sie die Anwesenden animieren zu singen »Ich will dich loben von ganzem Herzen« und dann mitten in der vermeintlichen Anbetung offensichtlich über Ihre Zeit disponieren.
Wenn Sie irgend können, vermeiden Sie, daß Sie beim Reden in die Sonne oder in eine helle Lampe schauen müssen! Das Licht im Rücken zu haben, ist angenehm - für Sie. Leider meistens nicht für Ihre Zuhörer, auch nicht für Ihre Mimik oder Gestik. Achten Sie als Verantwortlicher unbedingt darauf, daß Rollos vorhanden sind und herabgelassen werden. Sie können auf den Gesichtern Ihrer Zuhörer lesen, ob die geblendet werden. Ist das der Fall, so unterbrechen Sie Ihre Rede, und bringen Sie zuerst diese Sache in Ordnung. Man wird Sie für mitfühlend und rücksichtsvoll halten. Das kann Ihrer Rede nur nützen.

d) Die ersten und die letzten Worte

Warten Sie mit dem ersten Wort, bis wirklich Ruhe herrscht! Sprechen Sie nicht in Stühlescharren, Kleidergeraschel oder Papiergeknister hinein! Auch nicht in Gelächter oder Gekicher hinein! Sprechen Sie, falls vorher der Chor gesungen hat, erst, wenn alle Chorsänger wieder still sitzen. Verschaffen Sie sich aber niemals Ruhe durch das aggressive »psssst!«, sondern setzen Sie, wenn es sein muß, kräftig Ihre Stimme ein! Damit kommen Sie dem »psssst!« von Zuhörern zuvor, das diese von sich geben, wenn Sie einfach nur vorn stehen.
Es ist von vornherein ein Manko, wenn Ihre ersten Worte nicht die Begrüßung, sondern eine Ermahnung zur Ruhe waren. Versuchen Sie deshalb, jemand anderes für diese unangenehme Arbeit zu finden, aber jemand, der die Anwesenden nicht maßregelt! Finden Sie eine solche Person nicht, so müssen Sie selbst für Ruhe sorgen. Setzen Sie in diesem Fall aber irgend etwas zwischen die Ermahnung und die Begrüßung. Zumindest ein paar Sekunden, ein tiefes Luftholen und einen ausgedehnten freundlichen Blick. Von einem Ermahner läßt man sich nicht gern begrüßen.
Waren Sie dennoch gezwungen, zur Ruhe zu mahnen, so legen Sie sofort danach betonte Fröhlichkeit in Ihre Stimme! Nach wenigen Worten wirkt das bereits versöhnlich.
Handelt es sich um eine Abendveranstaltung, so ist es ein wirksames Signal, die Beleuchtung im Raum herunterzuschalten, die zum Rednerpult hin aber herauf. Das veranlaßt die meisten Anwesenden, ihre Unterhaltungen einzustellen und auf die Dinge zu warten, die da kommen sollen. Vom Kino her sind es viele gewöhnt.
Findet Ihr erstes Wort im Anschluß an ein Kaffeetrinken statt, so sagen Sie Ihren Hörern, daß sie gern noch fertig essen und trinken können. Sie lassen sonst entweder ihre Speisen mit knurrendem Magen stehen oder sie essen mit schlechtem Gewissen weiter und fühlen sich bei jedem Klirren der Tasse als Störenfriede. Beides wäre nicht gut für die Aufnahme Ihrer Worte.
Lassen Sie ein Vorspiel oder einen Gesangsbeitrag, die möglicherweise der Begrüßung noch vorgelagert sind, nicht im Gemurmel untergehen. Die Musiker, die

sich sorgfältig vorbereitet haben, verdienen ungeteilte Beachtung. Aber nicht nur den Musikern schadet diese Unordnung, sondern auch dem ganzen Einstieg in Ihre Veranstaltung.

Reden Sie auch nicht weiter, wenn ein Düsenjäger das Haus überfliegt! Sollte es Ihnen doch einmal passiert sein, so wiederholen Sie die mit Sicherheit verlorengegangenen Passagen! Nutzen Sie solche Ausfallzeiten dadurch, daß Sie in Ihre Zuhörerschaft hineinschauen und ihr durch freundliche Blicke zeigen, daß Sie gern zu ihnen sprechen. Das ist eine äußerst wichtige Tätigkeit!

Die erste von Ihnen gesprochene Silbe muß bereits die volle Lautstärke haben. Wenn **eine** Silbe deutlich sein muß, dann die **erste**! Folglich: Die Zähne auseinander! Das bewahrt Sie auch vor dem geistlosen »Also«. Und fangen Sie frisch und mit einem aufgeschlossenen Wesen an!

Gehen Sie Ihrerseits, falls Sie begrüßt worden sind, mit ein paar verbindlichen Worten auf diese Begrüßung ein! Sagen Sie, wenn Sie zum ersten Mal an diesem Platz sprechen, etwas Nettes über Ihren Gastgeber, über die Stadt, die Firma oder Gemeinde, die Sie eingeladen hat. Vielleicht bedanken Sie sich für die »Vorschußlorbeeren« im Willkommensgruß. Bauen Sie in Ihre Rede ein paar Freundlichkeiten ein, Komplimente gegenüber den Hörern, ein Lob der Landschaft und des Menschenschlags. Nennen Sie, was irgend Sie mit Ihren Hörern verbindet. Dadurch ergibt sich zwischen Ihnen und Ihren Hörern eine erste Übereinstimmung. Vielleicht haben Sie zusammen mit dem einladenden Pastor studiert. Mag sein, daß es nur ein Semester war und Sie sich damals nicht allzu viel gesehen haben. Aber es macht sich gut. Es ist doch auch wirklich nett, daß er Sie trotzdem eingeladen hat.

Beugen Sie sich bei solchen Sympathiesätzen ein wenig nach vorn zu Ihrer Hörerschaft hin! Das schafft nicht nur Ihnen Zuneigung, sondern entspannt auch Ihre eigenen Nerven. Nicht zuletzt die Reaktionen auf Ihre Nettigkeit sind es, die Sie als Redner befreien und beflügeln.

Versuchen Sie niemals, die Kopie eines anderen zu sein; seien Sie immer Sie selbst! Das soll sich auch im Inhalt Ihrer Rede niederschlagen. Führen Sie nicht so viele Gedanken anderer aus, sondern bringen Sie eigene Ideen vor. Zitate sind sicher nicht schlecht. Aber zu viele davon vermitteln den Eindruck, daß Sie sich an die Meinung anderer Leute anhängen und keine eigenen Vorstellungen besitzen.

Wenn Sie bemerken, daß Ihnen keiner mehr zuhört, hören Sie bitte sofort auf! Sie erkennen es daran, daß **mehrere** Ihrer Hörer in den Liederbüchern blättern, auf die Uhr schauen, hin- und herrutschen, gähnen, länger anhaltend miteinander tuscheln[16] und dergleichen. Quälen Sie sich und das Wort Gottes nicht »über die Runden«! Es schadet nur. Nützen können Sie dann niemand mehr. Eine Möglichkeit: Lassen Sie eine Strophe singen! Während dieser Sekunden überlegen Sie, was Ihr Hauptanliegen der Rede oder Predigt war. Das sagen Sie nach dem Singen in einem einzigen Satz. Diesen einen wichtigen Satz haben Sie nun gerettet. Und dann: Schluß!

---

16 Bei einer Predigt kann kurzes Tuscheln auch ein gutes Zeichen sein. Alarmieren sollte es Sie allerdings, wenn mehr als einer Ihrer Hörer auf die Uhr schaut.

Sprechen Sie nicht im Gehen, auch nicht im Weggehen, auch nicht, wenn Sie aus irgendeinem Anlaß nach einer Seite oder nach hinten schauen müssen! Sind Sie am Ende Ihrer Rede, so bleiben Sie nach der letzten Silbe noch ein oder zwei Sekunden freundlich blickend stehen. Erst dann gehen Sie in mittlerem Tempo zu Ihrem Sitzplatz zurück! Auch eine Liedansage, auch bei knapper Zeit, machen Sie im Stillstehen. Wenn Sie sagen: »Wir singen nun Lied 235, alle Strophen«, dann sollten Sie bei »alle« nicht schon wieder unterwegs sein.
Ihre letzten Worte müssen noch einmal besonders deutlich, sorgfältig akzentuiert und sachgemäß betont werden. Sprechen Sie die letzten Worte, möglichst die letzten Sätze, grundsätzlich auswendig und mit deutlichem Augenkontakt! Beenden Sie Ihre Rede nach Möglichkeit mit einem Paukenschlag![17]
Je gerader Sie bei alledem stehen, je geehrter fühlen sich Ihre Zuhörer. Oder sollen sie das gerade nicht? Bei einigen jüngeren Predigern habe ich genau diesen Eindruck. Das ist nicht ein Schaden für die Gemeinde, sondern für den Prediger. Er weiß es nur nicht.

e) Kleidung, Schmuck und Frisur

Das, worauf es immer bei Predigten und fast immer bei anderen, auch bei weltlichen Reden ankommt, ist der Inhalt. Der Redner ist das Medium, also das Mittel, mehr nicht, aber auch nicht weniger. Neuere Untersuchungen haben erwiesen, daß der äußere Eindruck eines Redners oder einer Rednerin stärkeres Gewicht hat als der Inhalt seiner oder ihrer Rede. Wie eine entsprechende Untersuchung besagt, erfolgt die Wirkung einer Rede zu

7 % durch die Worte
38 % durch den Tonfall
55 % durch andere nonverbale Ausdrucks- und Erscheinungsmittel[18].

Folglich sollten Ihre Kleidung und Ihre Frisur, ebenso wie Ihr Schmuck, letzterer besonders bei Männern[19], dem Anlaß, dem Ort und der Zuhörerschaft angemessen sein. Es gibt keine Zuhörerschaft, die sich durch Schlampigkeit geehrt fühlt. Allerdings: was Schlampigkeit ist, das entscheidet sich an den Hörern. Knittrige Hosen können gewollt und gewünscht sein. Aber ein normaler Anzug sollte gebügelte Hosen haben. Und die Hose sollte nicht pumpig auf den Schuhen hängen, es sei denn, daß das einmal Mode ist. Aber auch dann, wenn es für junge Leute Mode ist, darf der Geschmack der älteren Besucher nicht einfach übergangen werden. Haben Sie eine Krawatte an, so soll sie gerade gebunden sein. Sie soll auch nicht »auf Halbmast« hängen, ausgenommen bei fürchterlicher Schwüle. Tragen Sie ein Jackett, so soll es zugeknöpft sein, wenigstens, wenn Sie ohne Pult frei stehen. Ist es sehr heiß und sitzen Ihre Hörer selbst leicht bekleidet da, so bitten Sie um Zustimmung, sich Ihres Jacketts und Ihrer Krawatte entledigen zu dürfen; es wird Ihnen bestimmt erlaubt. Aber fragen müssen Sie! Es macht Sie sympathisch. Ein Prediger, der auch schwitzt, ist »einer von uns«.

---

17 Ähnlich Ebeling, Seite 116, der von einem »Hammerschlag« spricht.

18 Rush, Seite 123; eine ähnliche Statistik auf Seite 102

19 Bei Frauen werden Schmuckstücke zwar eher toleriert als bei Männern, wenn sie aber im Scheinwerferlicht sehr glitzern, lenken sie außerordentlich ab.

Bei konservativem Äußerem haben Sie nach wie vor mehr Einfluß auf die Durchschnittsgemeinde. Betont alternative Kleidung, Brille und Frisur bleiben nie ohne Wirkung. Sie müssen entscheiden, ob es die Wirkung ist, die Sie sich wünschen können.
Ein entscheidendes Kriterium ist: Ihre Kleidung, Ihr Schmuck und Ihre Frisur dürfen in keiner Weise von der Botschaft ablenken, weder durch Schmutz oder Unordnung noch durch auffällige Modeorientierung. Ein bunter Pfau auf Ihrer dunkelblauen Krawatte wäre sicher reizvoll. Ziehen Sie diese Krawatte trotzdem erst **nach** der Veranstaltung an!

Wie gesagt, das alles ist relativ. Diese Relativität sollte Sie andererseits nicht zur Oberflächlichkeit verleiten. Es gibt Prediger und Predigerinnen, die sich sehr auffällig kleiden oder frisieren. Wenn das ein Mensch tut, so hat es immer Gründe. Ich sehe augenblicklich drei.
Der erste Grund: Die Person hat Freude an individueller künstlerischer Gestaltung, ist kreativ und bezieht sich selbst in ihre ästhetischen Vorstellungen ein. Das ist das gute Recht eines Menschen.
Der zweite Grund: Dieser Mensch macht jemand nach, den er verehrt; er vertritt in Verbindung mit dem Vorbild die Überzeugung, daß diese Aufmachung zu ihm passe, ihn wirklichkeitsgemäß darstelle. Ob das Wirklichkeit oder nur Wunsch ist, kann ihm meist nur eine neutrale Person sagen.
Der dritte Grund: Der Mensch **muß** auffallen. Er braucht es geradezu, entweder als Objekt der Bewunderung oder aber provozierend im Mittelpunkt der Aufmerksamkeit zu stehen. Für den Erfolg eines Pfarrers oder eines Pastors bzw. einer Pfarrerin oder einer Pastorin ist es nicht von Belang, welcher dieser drei Gründe zutrifft. Sondern einzig entscheidend dafür ist, **was die Gemeinde für den Grund hält**. Und da ist es für mich keine Frage, daß in den allermeisten Fällen der dritte Grund angenommen wird: auffallen oder provozieren wollen.
Eine freikirchliche Gemeinde, die von einem starken Gemeinschaftsbewußtsein geprägt ist, überwindet die Abneigung mit der Zeit durch Gewöhnung bzw. Inkaufnahme. In einer Volkskirche aber, wo der Besuch von Gemeindeveranstaltungen sowieso häufig als persönliche Gefälligkeit gegenüber dem Pfarrer angesehen wird, hat das provozierende Äußere des Gemeindehirten oft weitreichende Konsequenzen. Jugendlichen Gottesdienstbesuchern gefällt ein von der Norm abweichendes Erscheinungsbild heutzutage. Männer finden eine auffallende Frau und Frauen einen auffallenden Mann ganz interessant, zuweilen anregend. Ob das der Botschaft dient, ist eine andere Sache. Das gleiche Geschlecht aber reagiert, besonders in den mittleren Lebensjahren, gereizt. Die aufgedonnerte Pastorin stiehlt den Frauen der Gemeinde gegenüber den Männern die Schau. Sie wird als Rivalin empfunden. Der langbärtige und mähnige Pfarrer verärgert die Männer mittleren und höheren Alters. Sie fühlen sich »ausgestochen«.
Eine immerhin weltliche Rhetorik empfiehlt »betont schlichte, konventionelle Kleidung bei attraktiven Frauen mit stark erotischer Wirkung, die als Fachleute zu einem Sachthema anerkannt werden wollen«.[20] Der Autor stellt außerdem die

[20] Hofmeister, Seite 42

Frage: »Will ich mich durch die Kleidung mit den Zuhörern solidarisieren, oder will ich mich von der Gruppe absetzen?«[21]
Wenn einer sehr auffällig erscheinenden Frau Pfarrerin die Frauen wegbleiben und einem sehr auffällig gemustert die Kanzel besteigenden Pastor kaum noch Männer »ihre Aufwartung machen«, so sollte der Betreffende das zum Anlaß nehmen, einmal darüber nachzudenken, ob er noch auf der ganzen Linie Gemeinde baut.
Natürlich kann man sagen: »Das sind Äußerlichkeiten; und es ist vor allem die Privatsache eines Predigers oder einer Predigerin. Das geht keinen etwas an. Wenn die Menschen so anmaßend und kleinkariert sind, sich noch daran zu stoßen, dann müssen sie halt erzogen werden.« Schön und gut, aber werden Sie, der Sie so denken, noch Gelegenheit haben, Ihre kleinkarierten Gemeindeglieder zu erziehen, wenn diese nicht mehr kommen? Was Sie erreichen, ist oft lediglich, daß die das Evangelium nicht mehr hören.

Durchaus aber können Sie zum Beispiel in bezug auf die Farben, die Sie tragen, etwas für Ihr sympathisches Erscheinungsbild tun. Vielleicht sollten Sie bei der Wahl Ihrer Kleiderfarben und gegebenenfalls Ihrer Haartönung und Ihres Make ups mehr darauf achten, was zu Ihnen paßt. Es besteht kein Zweifel daran, daß Sie einerseits mit passenden Farben Schönheitsfehler wettmachen und sich andererseits mit ungünstigen Farben für Ihre Wirkung Nachteile einhandeln können. Leider gilt es auch für evangelikale Kreise, daß man einem sympathisch erscheinenden Prediger leichter eine Botschaft abnimmt als einem weniger positiv wirkenden. Man sollte meinen, der Inhalt und die Vollmacht entschieden über die Wirkung. Schön wäre es! Viele Christen sind sogar ausgesprochen anfällig gegenüber Äußerem
Es ist inzwischen weithin bekannt, daß jeder Mensch bezüglich der Farbe einer von vier Gruppen angehört. Es gibt Frühlings-, Sommer-, Herbst- und Wintertypen. Zum Beispiel in den Büchern von Carole Jackson und Isolde Bräckle und Doris Losch[22] werden diese Zusammenhänge beschrieben. Hier einige wenige Informationen:
Sie sollten sich nicht **grundsätzlich** modisch kleiden; denn nicht jede Farbe, die Ihnen die neueste Mode vorschreiben will, paßt auch zu Ihnen. Was zu Ihnen paßt, kann Ihnen eine gute Kosmetikerin sagen. Zu welchem Typ Sie gehören, hängt davon ab, ob Ihre Haut einen bläulichen und damit kühlen oder einen goldenen und damit warmen Unterton hat. Selbst durch Bräunung können Sie diese Grundtatsache nicht verändern. Auch Ihr Alter spielt dabei keine Rolle. Frühlings- und Herbsttypen brauchen warme Stofftöne und zwar Frühlingstypen überwiegend Pastelltöne und Herbsttypen kräftigere Farben. Sommer- und Wintertypen benötigen kühle Farbtöne, Sommertypen überwiegend Pastelltöne, Wintertypen wiederum kräftigere Farben. Schwarz und reinweiß stehen demnach nur Wintertypen. Fragen Sie gelegentlich einen Ihnen wohlgesonnenen Menschen mit gutem Geschmack, wie Sie wirken!

21 Hofmeister, Seite 41

22 Siehe im Literaturverzeichnis am Schluß!

Aber Vorsicht! So wichtig diese Dinge sind, und so sehr Sie darauf bedacht sein müssen, daß die Äußerlichkeiten das Hören, Verstehen und Annehmen leicht machen, so wenig dürfen Sie sich auf den Gedanken bringen lassen, Ihr Ziel sei die gute Wirkung! Das Ziel eines christlichen Redners oder gar eines Predigers darf nie die gute Wirkung sein, sondern muß stets die Wirkung des Heiligen Geistes sein!

4. Die Versammlungsleitung

Unter dem Stichwort »Versammlungsleitung« fasse ich alles zusammen, was zur Durchführung einer Versammlung gehört, die Leitung wie die Elemente. In erster Linie ist an Veranstaltungen gedacht, die einen Verkündigungscharakter haben, also an Gottesdienste, Evangelisations- oder Gemeindeabende. Es sind hier solche Programmpunkte berücksichtigt worden, die in derartigen Versammlungen einen Platz haben könnten.

a) Der Ablauf

Der Ablauf einer Veranstaltung hat großen Einfluß auf die Wirkung der Veranstaltung. Damit entscheiden Präzision oder Lockerheit ebenso darüber, ob Ihr Ziel erreicht wird, wie Ungenauigkeit, Unsicherheit oder Schlampigkeit. Eine Versammlung muß durchaus nicht immer »geradezu nach Präzision riechen«! Sie darf ohne weiteres einen legeren Eindruck machen. Ihr Leitungsstil darf sogar das Empfinden Ihrer Gäste zulassen, Sie machten von Punkt zu Punkt das, was Ihnen gerade einfällt. Sollte das so sein, hält man Sie für ein Genie, solange die Leute meinen, daß Ihnen sehr gute Dinge zum richtigen Zeitpunkt einfallen. Das meinen Ihre Zuhörer, wenn alles, was Sie tun, Folgerichtigkeit und offensichtlichen Sinn erkennen läßt. Wirkt die Aufeinanderfolge Ihrer Aktivitäten aber ungeordnet und sinnlos, so nützen Ihnen Ihr sauberstes Programm und die strengste Disziplin nichts. Weder Krampf noch Konzeptlosigkeit soll empfunden werden.[23]

Sprechen Sie niemals aus der Stuhl- oder Bankreihe heraus! Auch nicht aus Bescheidenheit! Ausnahme: ein Gebet aus der Mitte der Gottesdienstbesucher. Machen Sie sich sonst immer die Mühe, frontal, vorn mitten vor Ihre Hörer zu treten! Nicht nur, daß es höflicher ist und Sie außerdem besser verstanden werden. Es geht auch um die Sache selbst. Die Mitteilung oder Ansage, etwa eines Liedes, wird aus irgendeiner Ecke des Raumes nicht als ebenso ernst empfunden, wie wenn sie ganz offiziell von vorn erfolgt.

(1) Begrüßung oder Eingangsformel

Ist Ihre Versammlung kein Gottesdienst, so begrüßen Sie Ihre Gäste herzlich. Geben Sie Ihrer Freude Ausdruck, daß jeder einzelne gekommen ist. **Keiner** sollte sich dabei **nicht** angesprochen fühlen! Reden Sie warm! Lächeln Sie dabei!

---

23 Helmut Thielicke berichtet von der Feier zu seinem 75. Geburtstag in seiner Autobiographie »Zu Gast auf einem schönen Stern«, Seite 439: »Der Ablauf war so perfekt, daß der Abend spielerisch locker erschien und den Charakter einer Improvisation »höherer Ordnung« gewann.

Beugen Sie sich bei besonders liebgemeinten Wendungen ein wenig nach vorn! Sie nennen dabei die Mitwirkenden, etwa einen Chor oder ein Orchester oder einen Solisten, zuletzt und unter besonderer Hervorhebung erwähnen Sie dann auch den oder die Redner bzw. Rednerinnen des Tages. Ein paar nette Worte zu diesen oder über diese Personen können Sie schon jetzt verlieren, das Wesentliche aber sagen Sie kurz vor deren erstem Auftritt. Oder Sie bewahren sich jede Nettigkeit bis dahin auf.
Begrüßen Sie solche Anwesenden, die von weit her oder unter großen Mühen gekommen sind! Sie können von der Norm abweichen, müssen es aber begründen. Ich begann meine Rede zum 75jährigen Jubiläum meines Geschäftes etwa so:

> Meine Damen und Herren, heute begrüße ich, die hohen Herrschaften mögen es mir verzeihen, zuallererst meine Mutter, weil sie die einzige Person in diesem Raum ist, die vom ersten bis zum heutigen Tage mit dabeigewesen ist und alle Lasten mit getragen hat.

Wenn Sie nicht sicher sind, wer zuerst begrüßt werden muß, ob es der Oberbürgermeister ist oder der Präsident der Industrie- und Handelskammer, und Sie vergessen haben, sich zu erkundigen, so helfen Sie sich so: Mit einem charmanten Lächeln sagen Sie:

> Meine Damen und Herren, ich bitte Sie, mir nicht böse zu sein, wenn ich Sie in der Reihenfolge begrüße, in der Sie hier vor mir sitzen.

Welcher hohe Herr bzw. welche Dame will schon als kleinkariert gelten! Alle werden charmant zurücklächeln und dezent nicken. Handelt es sich um nicht so prominente Herrschaften, dürfen Sie es mit dem Alphabet wagen, etwa so:

> Meine Damen und Herren, ich bitte Sie um Nachsicht, daß ich Sie in der alphabetischen Folge Ihrer Namen begrüße.[24]

Wenn es sich bei Ihrer Veranstaltung um einen Gottesdienst handelt, so **begrüßen** Sie die Gemeinde nicht »im Namen des Vaters und des Sohnes und des Heiligen Geistes«. Diese Worte sind keine Formel zur Begrüßung der Gemeinde durch den Pastor. Sie sind viel mehr! Die Eröffnungsformel ist ein Hinweis darauf, daß der gesamte Gottesdienst nicht im eigenen Namen stattfindet. Sie sind eine Proklamation unseres Gottes als unseres höchsten Herrn, dessen Befehl und Urteil sich die Gemeinde unterwirft, die nach dem Namen Jesu Christi genannt ist. Zu einer bloßen Begrüßung wäre es auch kaum angemessen, daß alle aufstehen. Sagen Sie es vielmehr als eine Verschreibung an Gott, als die Anrufung Gottes, jetzt seinen Willen zu bekunden, und als eine Bewußtmachung all dessen für die anwesende Gemeinde. Dieser Gottesdienst geschieht in einem ganz bestimmten Namen:[25]

> Im Namen des Vaters und des Sohnes und des Heiligen Geistes. Amen.

Und seien Sie beim Amen nicht schon wieder mit den Augen in Ihren Büchern! Es ist nicht falsch, schlicht im Namen Jesu zu eröffnen. Jesus hat schließlich seine Gemeinde auf seinen Namen »verpflichtet«. Fast alle entsprechenden Formeln der Evangelien lauten auf den Namen Jesus, »in meinem Namen«[26], die

---

24 Mehr zu Anreden auf den Seiten 309-313

25 Ähnliches in der hilfreichen Broschüre von Heinz Schäfer. Siehe Literaturverzeichnis!

26 Zum Beispiel: Mt 18,5,20; 19,29; 24,9; Mk 9,39,41; 16,17; Lk 9,48; 10,17; 21,12; Joh 14,13; 16,24; auch Apg 3,16; 4,18 und viele andere

Anrufung der Dreieinigkeit ist eine spätere Form der Gemeinde, deshalb aber nicht falsch[27]. Noch möglich ist die etwas legere Eröffnungsformel:

> Wir begrüßen einander im Namen unseres Herrn Jesus Christus, in dessen Namen wir hier versammelt sind.

Dann ist die Bewußtmachung im Vordergrund, die Verschreibung im Hintergrund. Aufstehen sollte die Gemeinde zu bloßer Begrüßung nicht.

(2) Programmpunkte oder Liturgie[28]

Überlassen Sie nichts dem Zufall! Denken Sie voraus, auch in kleinen Dingen; viele Kleinigkeiten machen das Gelingen einer Veranstaltung aus. Klären Sie alles, worüber ein Teilnehmer im unklaren sein könnte. Fertigen Sie ein schriftliches Programm an, und geben Sie eine Kopie davon jedem Mitwirkenden. Markieren Sie möglichst auf der jeweiligen Kopie jeden Programmpunkt, für den **dieser** Mitarbeiter zuständig ist! Klären Sie vorher ab, wer am Ende seines Beitrags schon den nächsten ansagen muß und wie er das tun soll.

In den meisten freikirchlichen Gemeinden und in Gemeinschaften liegt die Programmfolge nicht fest. Es bedarf ständig klarer Anweisungen.

Eine Ansage vor dem ersten Lied in meiner Heimatgemeinde könnte etwa lauten:

> Schlagen Sie bitte das Lied 236 auf! Die Strophen 1 bis 4 singen wir jetzt; nach der alttestamentlichen Lesung singen wir (ohne gesonderte Ansage und ohne Vorspiel[29]) die fünfte, nach der neutestamentlichen Lesung die sechste und nach dem Gebet die achte als Anbetungsstrophe. Zum Gebet und zur Anbetungsstrophe stehen Sie dann bitte auf.
> Noch einmal: Lied 236, jetzt die Strophen 1 bis 4.

Trennen Sie zusammengehörige liturgische Stücke nicht durch Anweisungen; erklären Sie vorher, am Anfang eines Blocks, wie alles laufen soll! Und sagen Sie bitte nicht, weil nun »Ehr' sei dem Vater und dem Sohn und dem Heiligen Geist« gesungen werden soll, einfach:

> Ehr' sei dem Vater.

Das ist ein unehrerbietiges Bruchstück. Entweder Sie sprechen den ganzen Lobpreis vor, oder aber Sie bringen Ihre Gemeinde auf andere Weise dazu, dies zu singen.

Es gibt Gemeinden, in denen die Gottesdienstordnung so fest eingeführt ist, daß die überwiegende Mehrheit der Gottesdienstbesucher genau weiß, was kommt. Ob das ein Vorteil ist, sei dahingestellt. Dort jedenfalls brauchen Sie nicht zu sagen, wann die Gemeinde aufsteht oder wann sie sitzenbleibt, wann sie liturgische Stücke singt, wann sie ein Gebet mitspricht oder im Wechsel mit dem Liturgen betet. Umso deutlicher muß jede Abweichung bekanntgemacht werden, **nicht nur:**

> Wir singen nach dem Segen die letzte Strophe von Lied 236.

sondern:

> Wir singen nach dem Segen anstelle des »Amen« die letzte Strophe des Liedes 236.

---

27 Das Matthäusevangelium kennt sie bereits. Vgl. Mt 28,19 mit Apg 2,38 und 8,16!

28 Von (grie.) *leithurgia* (= Dienst eines öffentlichen Würdenträgers, meist im Staatsdienst); von *laitos* (= öffentlich) aus *laos* (= Volk) und *ergon* (= Werk, Arbeit)

29 Wenn dort nicht selbstverständlich!

Wenn in diesem besonderen Fall kein Vorspiel vorausgehen soll, was nach dem Segen sinnvoll ist, so fügen Sie auch dies noch hinzu:

... und zwar ohne Vorspiel.

Während die Gemeinde ein liturgisches Stück spricht oder singt, besonders wenn es ein Lobpreis ist, sollten Sie sich als Prediger nicht umdrehen, um z.B. die Bekanntmachungen vom Altar wegzunehmen oder gar zu ordnen. Das hat drei Gründe: erstens die Ehrfurcht, zweitens die drohende Ablenkung und drittens die Solidarität des Liturgen mit der Gemeinde. Er ist doch ein Glied derselben, nicht mehr und nicht weniger. Was gäbe ihm die Sonderstellung, sich nicht am Lobpreis der Gemeinde beteiligen bzw. ihm nicht andächtig zuhören zu müssen?
Liturgische Stücke, die die Gemeinde zügig mitspricht, etwa das Apostolische Glaubensbekenntnis, sprechen Sie am besten in verhaltener Lautstärke mit, bei einer Lautsprecheranlage noch verhaltener. Ist die Gemeinde selbst unsicher, so sprechen Sie kräftiger. In jedem Fall achten Sie darauf, daß Sie immer eine schriftliche Fassung solcher Stücke bei sich haben, und lesen Sie dann ab! Es passiert gern bei den bekanntesten Bekenntnissen, daß man sich verhaspelt. Und versuchen Sie, die Gemeinde zu einem etwas langsameren Tempo zu beeinflussen! Was ist das ganze wert, wenn bei hastigem Reden keiner Zeit hat, darüber nachzudenken? Es erfordert langfristige Erziehung.
Versuchen Sie das doch auch einmal mit dem Segen am Schluß! Sprechen Sie den Aaronitischen Segen[30] ganz langsam, so daß man über jede Halbzeile nachdenken kann!

(3) Die Lieder

Lieder[31] werden aufs Programm gesetzt, weil man sie aus mindestens drei Gründen braucht:

* **zur Anbetung, zum Bekenntnis, zum Zeugnis**
* **zur Stimmung im Raum, also zur Ausschmückung**
* **zur Gewinnung von Sauerstoff und neuer Zuhörbereitschaft.**

Sie werden unter mindestens drei verschiedenen Gesichtspunkten ausgesucht:

* **weil sie zum Thema oder zum Text passen**
* **weil sie eine gottesdienstliche Funktion erfüllen**
* **weil sie beliebt sind.**

Oft wird wenig Mühe aufgewandt, passende Lieder zu finden. Sie werden häufig auch nicht bis zum Schluß durchgelesen, weshalb manchmal in einer der hinteren Strophen peinliche Überraschungen warten: ein Sommerlied im Winter, ein Abendlied am Morgen, Aussagen, mit denen Sie theologisch oder sachlich nicht übereinstimmen können. Ich denke an ein häufig gesungenes modernes Lied: Strophe 1: Das Höchste meines Lebens ist: dich kennen, Herr. Strophe 2: Das Höchste meines Lebens ist: dich lieben, Herr. Strophe 3: Das Höchste meines Lebens ist: dir dienen Herr. Es klingt gut. Es hat Bekenntnischarakter. Und es bewegt die Gemüter. Aber, abgesehen davon, ob hier leichtfertig gesungen wird, gibt es Leute, die mitdenken. Immer wieder höre ich Versammlungsbesucher sa-

30 4.Mose 6,24-26

31 Siehe auch unter »Das öffentliche Gebet« (Dogmatische Reinheit), Seiten 259-261

gen: »Was ist denn nun das Höchste: Kennen oder lieben oder dienen? Natürlich wird versucht, den Widerspruch aufzulösen, daß etwa Kennen, Lieben und Dienen zusammengehören, also ein und dieselbe Aussage darstellen. Überzeugend ist das indessen nicht. Denken Sie über Lieder, die Sie vorschlagen wollen, nach!
Zu einigen Gesangbüchern gibt es auch Lied-Konkordanzen, z.B. zum Evangelischen Kirchengesangbuch[32] und zu dem der Evangelisch-methodistischen Kirche[33].
Fast jedes gute Lieder- oder Gesangbuch hat hinten ein Verzeichnis der Liederdichter. Dort stehen meist nicht nur Name und Lebensdaten, sondern auch einige Stationen dieser Persönlichkeiten. Es gibt dazu aber auch ergiebige Literatur.[34] Schauen Sie ab und zu unter einem Namen nach! Vielleicht findet sich dort eine hilfreiche Information. Aber übertreiben Sie es nicht! Die meisten Gemeinden reagieren äußert allergisch gegen das, was allzu oft vorkommt.

Wenn es sich bei Ihrer Veranstaltung um einen Gottesdienst handelt, bleiben Sie von Anfang bis Schluß bei einem durchgehenden Thema, das sich durch alle Lieder, Lesungen und Gebete ziehen sollte! Die meisten Ihrer Hörer können sich innerhalb einer Stunde nicht mehreren Thematiken hingeben. Selbstverständlich können Lieder zu Beginn des Gottesdienstes mehr Anbetungscharakter haben, während solche nach der Predigt eher dem Bekenntnis oder der Willensäußerung dienen. Achten Sie darauf, daß vornehmlich die Lieder kurz vor und kurz nach der Ansprache zum Inhalt und damit zum Thema oder Text passen. Ganz ohne Mühe ist diese Harmonie nicht zu erreichen.
Die Lieder, die Ihnen gerade so zu Ihrem Vorhaben einfallen, reichen gewiß nicht aus. Es sei denn, Sie sind eine »wandelnde Lied-Konkordanz«. Sind Sie das nicht, so müssen Sie sich schon im **sachlichen** Inhaltsverzeichnis Ihres Gesangbuchs umschauen. In der Regel ist das die reichste Fundgrube. Am Schluß einer jeden Rubrik wird in den meisten Liederbüchern auf weitere Lieder verwiesen, die sich auch noch zu diesen Anlässen oder Themenkreisen eignen.
Wenn Sie bereits ahnen können, daß ein Lied Ihren Hörern unbekannt ist und auch Sie nicht in der Lage sind, es Ihrer Gemeinde beizubringen, dann verzichten Sie auf dieses Lied und bitten eine Woche, bevor Sie es wieder singen lassen wollen, Ihren Chorleiter, es in der nächsten Chorstunde einzuüben. So haben Sie dann wenigstens den Chor als kräftige Mitsänger.
Ist der Gesang mager ausgefallen oder quält er sich noch über die Runden, so lassen Sie sich bitte keinen Ärger darüber anmerken! Sondern ermutigen Sie freundlich und mitreißend zum engagierteren Mitsingen! Oder sagen Sie nichts! Besser als bissige Anmerkungen ist noch der Verzicht auf den weiteren Gesang. Aber nicht mit bitterem Gesicht!

---

32 Helmut Krause hat Bibeltexten passende Lieder zugeordnet. Siehe im Literaturregister!

33 Karl Dahn hat seine Lied-Konkordanz in drei Teile gegliedert: 1. nach Versanfängen, 2. nach Bibelversen, 3. nach Stichworten. Siehe im Literaturregister!

34 Zum Beispiel hat Wolfgang Heiner ein Buch über die Entstehung bekannter Lieder geschrieben. Es heißt: »Bekannte Lieder - wie sie entstanden« (Hänssler-Verlag, Neuhausen - Stuttgart). Dort müßten Sie unter den ersten Wörtern eines Liedes nachschlagen.

Für das Ansingen vor einer Versammlung wählen Sie Anbetungslieder nur dann, wenn der Rahmen der Anbetung angemessen ist, wenn kein Gemurmel in der Kirche, im Saal oder im Zelt herrscht, bzw. wenn es nach einem mehr allgemeinen Lied abgeklungen ist. Gelingt es Ihnen nicht, Ruhe herzustellen, und Sie singen aller Unruhe zum Trotz Lieder vom Lob Gottes, so machen die Umstände die Anbetung komisch.
Suchen Sie nach einem passenden Lied, so wenden Sie sich ein wenig ab, daß es nicht jeder mitbekommt. Raten Sie Liednummern nicht mit der Zuhörerschaft! Unterbrechen Sie lieber das Programm für einen Augenblick, und nehmen Sie sich Zeit zum Suchen!
Wenn Sie zum Begleiten der Lieder einen Gast-Posaunenchor gewinnen können, so hat das den Vorteil, daß sich die Zuhörerschaft um die Bläser erweitert. Es bringt weiter den Vorteil, daß evtl. ein paar Angehörige der Bläser mitkommen und auch, daß viele Besucher Posaunenchöre als Attraktion ansehen. Die musikalische Ausbeute indessen ist selten groß, weil Posaunenchöre besonders bei evangelistischen Anlässen häufig Nachteile haben. Der feierliche Sound, der es oft gut vertragen könnte, daß ihn ein paar Flöten, Klarinetten und ein Schlagzeug aufmöbeln, paßt nicht ideal zu der in Evangelisationen üblichen Musik. Neuerdings, hörte ich, soll sich manches gebessert haben. Auch das Spieltempo und die Dynamik der Intonation hat vielerorts wohl zugenommen. Selbst das Repertoire und der verwendbare Notenbestand sind heutzutage reichhaltiger. Ein gut gespieltes Klavier, Elektroklavier oder eine versiert bediente Elektronenorgel sind meist variabler, beweglicher und anpassungsfähiger. Sie sollten auch neben einem Posaunenchor zusätzlich zur Verfügung stehen. Laden Sie einen Posaunenchor trotz eventueller Schwächen ein! Wenn er gut ist, haben Sie Ihre Freude, wenn er mäßig ist, haben Sie zum Trost wenigstens zusätzliche Hörer.
Anspruchsvolle Musikdarbietungen sollten angesagt werden. Etwa so:

> Kristina Wagner spielt auf der Querflöte das Andante aus der Sonate in C-Dur von Johann Sebastian Bach. Sie wird auf dem Klavier begleitet von Gisela Wagner.

Aber bitte keine Labereien dazu, auch keine langen geistlosen und überflüssigen Reden zwischen den verschiedenen Beiträgen durch Sänger oder Dirigenten! Veranstalten Sie ein Konzert, so beauftragen Sie einen gebildeten Menschen, der das gut kann, mit dezenten Ansagen!
Fremdsprachige Lieder, so etwa Spirituals, müssen stets wenigstens grob übersetzt und in dieser Übersetzung sauber vorgetragen werden. In einer geistlichen Versammlung sollte, wenn Sie ein Spiritual singen lassen, erklärt werden, welche historische Bewandtnis es damit hat.
Wird ein Lied oder ein anspruchsvolleres Werk im Rahmen eines normalen Gottesdienstes vom Gemeindechor vorgetragen, so gilt es als üblich, daß die Sänger vom Blatt singen. Handelt es sich aber um eine evangelistische Aktion, mit der Menschen durch den persönlichen Einsatz der Mitwirkenden zu Jesus Christus gerufen werden sollen, so muß unbedingt völlig auswendig gesungen werden. Das werbende Zeugnis von Gott wirkt abgelesen geradezu grotesk. Der Augenkontakt der Sänger mit den Hörern ist dabei unabdingbar. Es ist anderenfalls vorzuziehen, eine Gruppe, die Musik und Texte nicht auswendig beherrscht, nicht singen zu lassen. Dasselbe gilt -und noch dringender!- für ein

An- oder Zwischenspiel. Abgelesene Rollen sind schlechter als gar keine. Ist die Sache Jesu nicht wert, das, was man in seinem Namen zu sagen hat, beizeiten und gründlich zu üben, so tut man besser daran, es ganz zu lassen.
Natürlich gibt es Kompromißlösungen, die unter Umständen akzeptiert werden können, etwa: Die Liederhefte werden ziemlich tief gehalten, und nur jeder zweite hält ein solches vor dem Bauch, so daß die Sänger nur im Notfall hineinschauen, im wesentlichen aber die Augen in der Zuhörerschaft haben. Dabei ist natürlich klar, daß das Singen aus einem niedrig gehaltenen Heft nicht gerade ideale Luftverhältnisse zuläßt.

(4) Das öffentliche Gebet
Das öffentliche Gebet ist nichts anderes und trotzdem etwas anderes als das persönliche Gebet. Es ist insofern das Gleiche, als auch in der Öffentlichkeit eine Person zu einer anderen Person spricht. Es ist etwas anderes insofern, als sich der Beter zum Sprecher einer Gruppe macht. In dieser Funktion hat er auch solchen Anforderungen gerecht zu werden, die ihn im »Kämmerlein« nicht bekümmern müssen.

Die Arten des öffentlichen Gebets
Es werden mehrere Arten des öffentlichen Gebets nach ihren Funktionen unterschieden. Hier kann es nicht darum gehen, alle in allen Kirchen üblichen Gebete oder Gebetsweisen darzustellen. Darüber geben die Agenden Auskunft. Ich will Sie lediglich darauf aufmerksam machen, daß Sie der Funktion eines Gebets Rechnung tragen müssen. Es geht in erster Linie also um alle nicht vorgeschriebenen Gebete in Landes- und Freikirchen sowie den Versammlungen der Landeskirchlichen Gemeinschaften, besonders bei Veranstaltungen mit gemeindefernen Gästen.

Im Eingangsgebet bitten Sie stellvertretend für die Versammelten Ihren Gott um alles, was Sie sich für den Gottesdienst bzw. für die Veranstaltung wünschen und was sich die versammelte Gemeinde wünschen sollte. Das heute noch selten so genannte Kollektengebet[35] ist nicht die Bitte um eine gute Kollekte. Vielfach wird es als das Gebet vor der Kollekte angesehen. Das ist auch häufig so. Gemeint ist aber die **innere Sammlung**. Durch das Gebet vor einer Predigt oder Ansprache bitten Sie darum, daß Gott speziell durch die Verkündigung seines Wortes zu der versammelten Gemeinde reden möge. An einer Stelle eines Gottesdienstes schließlich, in der Regel nach der Predigt, hat das große Fürbitten- und Dankgebet seinen Platz.
Außerhalb des Rahmens regelmäßig wiederkehrender Gebete gibt es öffentliche Gebete, die aus besonderem Anlaß gesprochen werden, etwa beim Abendmahl, bei Taufen, Einsegnungen, Trauungen, Aussendungen, Amtseinführungen, während Handauflegungen, Lossprechungen, am Sarg und aus anderem aktuellem Anlaß. Zu dreien dieser Gebete will ich etwas sagen:

[35] Von (lat.) *colligere* (= zusammenlesen, sammeln); dies von *col* statt *con* für *cum* (= mit) und *legere* (= lesen)

- zum Fürbitten- und Dankgebet

Es sollte keinen Gottesdienst und keine ähnliche Versammlung geben, in denen nicht öffentliche Fürbitte geübt würde für alle Menschen, die hungern, auf der Flucht, abhängig oder krank sind, besonders für Glieder oder Angehörige der Gemeinde[36]. Immer[37] sollten die für die Politik und für die Kirche bzw. die Gemeinde Jesu Verantwortlichen in Ihr Gebet eingeschlossen werden. Auch solche Christen, die um des Namens Jesus willen verfolgt werden[38], sollten Gegenstand gemeinsamen Bittens sein. Der eigene Ort sollte niemals vergessen werden[39]. Diese Gebetsanliegen sind ein Mindestbestand!

Sollten Sie unter Namensnennung für einen Menschen beten, etwa daß Gott ihn heilen, ihn bewahren oder jetzt gleich als Prediger durch ihn wirken möge, so nennen Sie ihn bei seinem Namen oder beim Titel mit Namen, etwa:

> ... bewahre unsere Schwester Christa Schneider auf ihrer anstrengenden Reise vor...!
> Rede du nun bitte durch unseren Pastor Hans Kurz zu uns!

Beten Sie nicht ohne weiteres:

> Und segne Helmut!

Beten Sie für niemand ausschließlich beim Vornamen, wenn Gäste anwesend sind, mit denen derjenige nicht per du ist! Konkrete Bitten für bestimmte beim Namen genannte Personen sind aber grundsätzlich eine gute Sache, auch im Gottesdienst.

Nennen Sie Beten auch Beten! Es ist erstens nicht präzise zu sagen:

> Wir wollen auch an unseren Bruder Müller denken.

Wenngleich »an etwas denken« in unserer Umgangssprache bedeutet, daß wir es **nicht vergessen** wollen. Sie wollen aber für ihn beten.

Zweitens ist es mißverständlich. Es gibt gefährliche Sekten, die durch Denken heilen. Mit ihnen haben wir nichts zu tun. Deshalb sollten wir auch ihre Ausdrucksweise meiden. Sagen Sie doch schlicht und zutreffend:

> Wir wollen für unseren Hans Müller beten.

- zum Gebet am Sarg

Sie sollten weder in das Grab hineinrufen und zum Verstorbenen in der 2. Person sprechen, noch sollten Sie für ihn beten, noch eine Segensformel über ihm sprechen, wenn es Ihre Kirchenordnung nicht ausdrücklich von Ihnen verlangt. Dies alles ist biblisch nicht abgedeckt.[40]

- zum Gebet für einen Kranken

Im Rahmen der Bekanntmachungen sollten in einer freikirchlichen Gemeinde oder in einer Landeskirchlichen Gemeinschaft, wenn darüber Einverständnis mit den Betroffenen besteht, die kranken Gemeindeglieder und -freunde mit Namen genannt werden. Derjenige, der sie nennt, sollte im unmittelbaren Anschluß

---

36 Gal 6,10

37 1.Tim 2,1

38 Eph 6,18-20

39 Jer 29,7

40 Mehr dazu auf den Seiten 72-73

daran ein gesondertes und zusätzliches Fürbittengebet sprechen. Beten Sie nicht für Personen, solange von deren Krankheit oder anderen Problemen kaum einer etwas weiß!

Die Elemente des öffentlichen Gebets

Die Elemente sind Anrede, Anbetung, Dank, Bekenntnis, Beugung, Bitte, Fürbitte, Übereignung, Schluß. Zu dreien dieser Elemente einige Empfehlungen:

- zur Anrede

Sie haben viele Möglichkeiten, den anzureden, dem Sie alles verdanken und von dem Sie alles erwarten. Denken Sie darüber nach. Seien Sie nicht so einfallslos! Eine passende, aber nicht alltägliche Anrede für unseren Gott hilft Ihnen und Ihren Hörern zu erkennen, wer Gott ist. Sprechen Sie die Anrede deutlich und ebenso laut aus, wie Sie Ihre sehnlichen Bitten vortragen. Überlegen Sie doch einmal, ob Sie statt des leider abgegriffenen »Herr« einmal zu

> Jesus, unser Herr!
> Unser allmächtiger und gütiger Herr!
> Heiliger Vater!
> Gütiger Gott!

beten sollten. Ehrfurchtslos und abstoßend zugleich ist das zahllos wiederkehrende »Herr« als Füllwort bzw. als Füll- und Verlegenheitssilbe. Oft widert mich die verschluckte Anrede »Herr Jesus« an, die man günstigenfalls als »Hrjess« wiedergeben könnte.

- zur Bitte

Sie sollte verstehbar, konkret und von allgemeinem Interesse sein. Beten Sie aber nur für solche Dinge, die bekannt sind! Mitteilungen durch's Gebet sind nicht nur ein Mißbrauch dieser Einrichtung, sondern auch äußerst nachteilig für die Andacht Ihrer Zuhörer.

Es ist der Sache unwürdig, wenn Sie zum Beispiel vor einer völlig ahnungslosen Gemeinde beten:

> Lieber Herr, stehe bitte unserem Bruder Schmidt bei, dessen Ehefrau heute Nacht so plötzlich von seiner Seite gerissen wurde!

Wenn Sie für diesen Bruder öffentlich beten wollen, so ist das gewiß eine gute Tat. Aber informieren Sie die Gemeinde bitte **vor** dem Gebet über diesen Todesfall! Die »Oh!« und »Ach!« und »Was?«, die anderenfalls geraunt, geschluchzt und als Schrei entwichen ins Gebet hinein zu hören sein werden, sind der Würde des Augenblicks nicht angemessen.

- zum Schluß

Verzichten Sie nicht auf ein kräftiges und deutliches, aber nicht affektiertes Amen[41]! Auch bei Gebetsgemeinschaften ist ein Amen hilfreich. Zum einen weiß so jeder, wann der Vorgänger fertig ist, zum anderen sollte jeder Anwesende die Gelegenheit zur hörbaren Zustimmung durch dieses »So sei es« haben. Hängen Sie das Amen nicht im gleichen Atemzug an den letzten Satz des Gebetes an,

---

[41] In der deutschen Aussprache von »Amen« liegt die Betonung auf dem A, nicht auf dem E.

sondern lassen Sie bitte zwischen beiden eine kleine Pause. Das Amen ist ein ganzer Satz. Es ist nicht nur ein Ordnungswort, das ein Gebet vom anderen trennt, sondern eine geistliche Äußerung des Glaubens und Bekennens.

Der Stil des öffentlichen Gebets

Das öffentliche Gebet sollte seinem Stil nach Sachlichkeit mit persönlicher Hingabe verbinden. Weder kühl noch gefühlig, sondern glaubwürdig persönlich und aufrichtig muß es klingen. Meiden Sie sowohl den sachlichen Lese-Ton, der leider jetzt auch in Freikirchen Fuß faßt, als auch den Überschwang. Nach drei Wörtern hört man oft schon, daß das Gebet gelesen oder vorher aufgeschrieben und auswendig gelernt worden ist. Solche Gebete verbinden den Charakter eines Briefes mit spärlichem Du mit dem eines sterilen Aufsatzes. Das sind keine Gebete, zu denen ich von Herzen Amen sagen kann. Ich empfinde dabei meist, daß jede innere persönliche Beteiligung entweder vorsätzlich aus dem Gebet verbannt worden ist oder nie bestanden hat. Meiden Sie ebenfalls den süßlichen Kanaan-Ton, der restlos ignoriert, daß auch Menschen anderer Herkunft zuhören! Meiden Sie auch die »gemachte« und aufpeitschende Emotionalität! Und meiden Sie schließlich die plumpe, »aufgesetzte« Vertraulichkeit, die die Ehrfurcht vor dem heiligen und allmächtigen Gott »links liegen« läßt.

Gegen selbstgefertigte oder fremdgefertigte abgelesene Gebete ist nichts einzuwenden, ebenfalls nichts gegen liturgische Gebete und Liedstrophen, erst recht nichts gegen Bibelworte, die in Gebetsform abgefaßt sind. Doch halte ich es für normal, daß in einer lebendigen christlichen Gemeinde das persönliche freie Gebet vorherrscht. Und sprechen Sie Liedstrophen oder Bibeltexte als Gebete nicht so schnell!

Die Anforderungen an das öffentliche Gebet

Das öffentliche Gebet muß verschiedenen Anforderungen entsprechen, die Sie an das private Gebet so nicht zu stellen brauchen.

Die Ehrfurcht

Ihre Hörer sollen Ihre persönliche Ehrfurcht vor dem lebendigen, heiligen, allwissenden und allmächtigen Gott spüren. Ich handle mir oft heftigen Widerspruch ein, wenn ich hin und wieder sage, die heute üblich gewordene Wendung:

> Wir sprechen jetzt **mit** Gott.

sei nicht völlig in Ordnung; denn wir sprächen ja nicht mit unseresgleichen. Wir sagten nicht einmal: »Ich will darüber mit dem Bundespräsidenten sprechen.« Wir könnten uns allenfalls an ihn wenden, ihm etwas vortragen. Ich bleibe allem Protest zum Trotz dabei, daß es, zumindest in der Öffentlichkeit, richtiger ist zu sagen:

> Wir sprechen jetzt **zu** Gott.

Die Ehrfurcht vor Gott, die dem Vertrauen zu ihm und dem Charakter der Zwiesprache keinerlei Abbruch tut, läßt Entstellungen wie

> Vadder

statt Vater in einem Gottesdienst in aller Regel nicht zu[42]. Es gehört zu den tiefsten Weisheiten Martin Luthers, daß er einer jeden der Erklärungen zu den zehn Geboten den Satz voranstellte:

Wir sollen Gott fürchten und lieben, daß wir ...

Das gerade erhöht ja unser Vertrauen zu Gott, daß er so groß und mächtig ist und uns deshalb auch wirksam helfen kann. Das gerade macht die Würde und das Vorrecht zu beten aus, daß uns dieser Große und Mächtige seine Gemeinschaft gewährt. Wäre er nicht zu fürchten, was könnte er schon groß für uns tun? Selbst wenn Sie dies alles nicht für Ihr höchstpersönliches Gebetsleben akzeptieren können, so finden Sie sich wenigstens dazu bereit, dieser Anforderung in der Öffentlichkeit Rechnung zu tragen.

Die Klarheit der Gedanken

Sie erfordert eine Vorbereitung der Reihenfolge, zuvor aber eine Zielsetzung und Übersicht über das, was vor Gott gebracht werden soll. Sie sollten es nicht darauf ankommen lassen, was Ihnen gerade einfällt! Das öffentliche Gebet zielt ja immer darauf, daß andere Menschen sich die Bitten des Beters zueigen machen können.

Es wird gelegentlich über Christen gespöttelt, die, wie man dann gern sagt, »quer durch den Gemüsegarten« beten. Es ist dabei an solche Beter gedacht, die bei Adam und Eva auf den ersten Seiten der Bibel anfangen und beim großen weißen Thron auf den letzten Seiten aufhören. Ehrlich gesagt, wenn das einer so kontinuierlich tut, so muß zwar gefragt werden, ob es noch ein Gebet ist oder eine Predigt, ob evtl. Bibelkenntnis zur Schau gestellt werden soll, ob der betreffende Bruder oder die betreffende Schwester das tut, weil er oder sie während der Predigt geschlafen hat. Aber immerhin ist ein so klarer geschichtlicher Überblick nicht zu verachten. Es gibt solche Gebete, die Gottes Handeln geschichtlich bewußt machen, auch in der Bibel. Und ich muß zugeben, daß ich solche Darstellungen der Heilsgeschichte im Gebet nur noch sehr selten erlebe. Wenn Sie etwa Gott für seine heilsgeschichtlichen Taten danken wollen, so straffen Sie die Sache sehr. Schlecht ist aber dieser Gedanke nicht. Fordern Sie Christen, die diese Methode jeden Sonntag anwenden würden, nur einmal im Jahr zum Gebet auf, oder reden Sie mit einem solchen Beter darüber!

Zur Klärung der Gedanken gehört, daß Sie sich überlegen, ob Sie in der Einzahl oder in der Mehrzahl beten: Ich oder wir? Wenn es sich nicht um ein höchstpersönliches Bekenntnis handelt, dem sich der normale Hörer nicht ohne weiteres anschließen könnte, ist das Gemeinschaft betonende und fördernde »Wir« sicher am Platz.

Die Deutlichkeit der Sprache

Geben Sie sich bezüglich des Ausdrucks, der Aussprache und der grammatischen Korrektheit bitte wenigstens so viel Mühe wie für Ihre Rede! Ihre Hörer sollen vom Gebet nicht weniger verstehen können als von der Predigt. Sie sollten dar-

[42] Ausgenommen bei einem **reinen** Mundartgebet, etwa auf Schwäbisch innerhalb Württembergs

über hinaus Ihrem Gott nichts Schlechteres zumuten als Ihren Predigthörern. Also: beim Gebet erst recht die Zähne auseinander!
Beim Stichwort »Sprache« taucht noch der Gedanke auf, ob ein Gebet in einem anderen Deutsch gesprochen werden sollte als etwa eine Predigt, ob eine Hochsprache angemessen ist mit Formeln wie:

> Du mögest
> Du wollest uns ... geben
> Du gebest uns
> Es werde ...
> Es geschehe ...
> Du habest ...
> ..., daß er dein Wort bewahre und ...

Meine Antwort: Beten Sie so nicht! In den ausgesprochen liturgischen Gebeten mag das **noch** angehen. Aber darüber hinaus läßt das die Anwesenheit von jüngeren und modernen Menschen nicht mehr zu. Jeder soll beten können und dürfen, auch im Gottesdienst. Und es wäre schlimm, wenn er dazu erst noch eine Sondersprache erlernen müßte oder auch nur meinte, er müsse das.
Ähnlich verhält es sich mit dem süßlichen Sound wie:

> Geliebter Heiland.

Solche Wendungen waren durchaus nicht immer süßlich. Das heutige Sprachempfinden aber wird dadurch abgestoßen.

Die emotionale Anpassung

Bedenken Sie: Gott ist nicht schwerhörig. Sie brauchen deshalb nicht zu schreien. Gott ist sich seiner Sache nicht unsicher. Sie können deshalb, was ihn betrifft, ruhig auf einen flehentlichen Ton verzichten. Stimmgewalt und Vibrato berühren allenfalls Menschen, niemals Gott. Unser Gott hat eine direktere Erkenntnisquelle; er schaut in die Herzen[43]. Wir können ihn deshalb auch nicht durch Worte oder durch die Stimme »weichreden«. Wenn Gott sich erbitten läßt oder sich unser erbarmt, dann geschieht es aufgrund unserer Herzenseinstellung. Versuchen Sie deshalb nicht, Ihren Hörern einen anderen Eindruck zu vermitteln!
Wir lesen, daß die Israeliten zu Gott schrien[44] und er sie erhörte. Gewiß ist damit nicht die Betätigung der Stimmen gemeint. Trotzdem ist auch das uns nicht verboten. Nur: es ist nicht unsere Stärke, sondern unsere Schwäche, die darin zum Ausdruck kommt.
Auf eine weitere Gefahr will ich hinweisen: Gebete können so unglücklich formuliert werden, daß sie Aggressionen provozieren. Es ist eigentlich gar nichts einzuwenden gegen Wendungen wie:

> Bitte, lieber Herr, halte böse Einflüsse von unserer Versammlung fern!

oder:

> Wehre bitte dem Wirken der Finsternis unter uns!

Aber wie leicht empfindet ein Anwesender, der gerade gestern noch eine Auseinandersetzung mit Ihnen hatte, daß er als der böse Einfluß gemeint ist, daß Sie

---

[43] 1.Sam 16,7

[44] Zum Beispiel 2.Mose 14,10

dabei an ihn gedacht haben, daß er dem Wirken der Finsternis Raum geben könnte. Und manchmal hätte er auch Grund zu einer solchen Annahme. Wie schnell ist ein »diesmal« dazugedacht oder -gesagt! Diesmal, weil diesmal der Herr XY anwesend ist, weil diesmal ein Streit gärt, den der Bruder XZ vom Zaun zu brechen im Begriff ist. Solche an sich gerechtfertigten Gebete können unter den Umständen schwelender Spannung gefährlichste Aggressionen wekken. Über eine »Luft zum Schneiden« und plötzliche Vulkanausbrüche brauchen Sie sich nach einem solchen Gebet nicht zu wundern. Sie sind »hausgemacht«. Sie haben es dann mit Ihren eigenen höchst frommen Worten selbst provoziert. Solche Gebete sprechen Sie besser in der Stille.

Die dogmatische[45] Reinheit

Ihre Gebete dürfen keine falschen Vorstellungen vermitteln; sie müssen mit der biblischen Lehre und mit der Lehre Ihrer Kirche übereinstimmen. Viele Gebete, Lieder und Gedichte bestätigen es immer wieder: Je mehr eine Aussage neue Gedanken oder Vorstellungen vermittelt, je lieber zitiert man sie. Verse, die den gewohnten zwar ähnlich sind und naheliegen, aber die präzisen biblischen Sachverhalte doch ein wenig umgehen, verschleiern oder unangemessen ausschmükken, finden meist schnellere Verbreitung als streng korrekte. Je unauffälliger Kernsätze die biblischen Sachverhalte haarscharf verfehlen, je beliebter sind solche Texte. Es handelt sich fast immer um Wendungen, die vornehmlich künstlerischen Menschen liegen, die romantisierende oder nostalgische Empfindungen wecken. Trotzdem: Ihre Gebete müssen ganz einfach »richtig« sein! Ich weiß, daß ich mir auch in allerfrömmsten Kreisen Feinde mache mit dem, was ich in den nächsten Zeilen schreibe; aber ich bleibe dabei.

Das häufigste Motiv in Gebeten und Liedern der letzten hundert Jahre ist:

> Bleibe bei uns; denn es will Abend werden, und der Tag hat sich geneigt[46].

Dieses Gebet ist streng genommen falsch. Die sogenannten Emmaus-Jünger baten Jesus mit diesen Worten ins Haus, als sie noch nicht wußten, wer Jesus ist und auch noch nicht ahnten, wie ihnen der Auferstandene begegnen kann. Der gewichtige Satz »Ich bin bei euch alle Tage bis an der Welt Ende[47]« war ja noch nicht gesprochen. Wir aber haben heute keinen Anlaß mehr zu diesem Gebet. Ebenso verhält es sich mit dem Tischgebet:

> Komm, Herr Jesu, sei unser Gast, und segne, was du uns bescheret hast!

Oft wird gebetet:

> Sei bei uns!
> Gehe mit ...!
> Begleite ... auf der Heimreise!

Das sind keine schlimmen Gebete; aber sie dienen nicht gerade der sauberen theologischen Bildung Ihrer Gemeinde.

---

45 Dogmatik ist die systematische Beschreibung und Begründung des zu Glaubenden. Von (grie.) *dogma* (= Lehrsatz) zu *dokein* (= glauben)

46 Lk 24,29

47 Mt 28,20

Ähnlich liegt der Sachverhalt bei den meisten Pfingstliedern, die in irgendeiner Form das Motiv enthalten:

> Komm, Heilger Geist ...!

Als ob er nicht da wäre![48] Und dazu enthält er eine Anrede, die vielleicht nicht falsch ist, die aber an keiner Stelle der Bibel bestätigt wird. Es ist interessant, daß diese allgemeine Neigung zur geringfügigen Abweichung oder Unschärfe besteht. Ich habe auch viel Verständnis dafür. Dennoch und gerade, weil es eine Tendenz ist, müssen wir ein wenig gegensteuern, selbst wenn durch solche »künstlerischen Freiheiten« meistens keine schweren Schäden angerichtet werden.

Das nach dem Krieg wohl am häufigsten zitierte geistliche Gedicht sind gewiß die ergreifenden Worte von Dietrich Bonhoeffer aus der Zelle des Reichssicherheitshauptamtes in der Berliner Prinz-Albrecht-Straße im Dezember 1944:

> Von guten Mächten wunderbar geborgen
> erwarten wir getrost, was kommen mag.
> Gott ist mit uns am Abend und am Morgen
> und ganz gewiß an jedem neuen Tag.

Es ist nicht strittig, daß es sich um ein außerordentlich wertvolles persönliches Zeugnis handelt. Es ist auch klar, daß es Dietrich Bonhoeffers gutes Recht war, sich so zu trösten und diese Gedanken seiner Nachwelt zu hinterlassen. Es ist auch zuzugestehen, daß in einer Dichtung legalerweise mit Metaphern und Chiffren gearbeitet wird. Es steht gleichwohl außer Frage, daß die zweite Hälfte der ersten Strophe und die weiteren Strophen bibelgemäße Sachverhalte wiedergeben. Aber als Kirchenlied sind im Zeitalter des New Age und vieler anderer pseudochristlicher[49] Strömungen und Irrungen die ersten Worte des Gedichts nicht brauchbar. Und gerade sie sind die bevorzugten. Was sind gute Mächte? Die Engel etwa? Die meinte Bonhoeffer gewiß nicht. Deshalb eben ist die erste Zeile ja so beliebt, weil sie verschleiert. Weil sie den Trost auf etwas biblisch nicht Belegtes legt. Weil sie die Hoffnung auf Dinge anregt, die über die Aussagen der Heiligen Schrift hinausgehen. Diese Tendenz ist fast überall und ständig festzustellen. Das Gebet ist dafür besonders anfällig. Passen Sie auf, daß Sie sich mit Ihren Aussagen im Rahmen einer gesunden Lehre bewegen!
Falsch sind auch Sätze wie:

> Herr Jesus, hab Dank, daß wir Deine Kinder sein dürfen.

Jesus hat keine Kinder, sondern Jünger, Brüder und Schwestern. Gott ist doch kein Großvater!
Seien Sie auch vorsichtig, daß Sie sich nicht auf Verheißungen berufen, die Ihnen so nicht gelten. Ich erinnere mich an eine gläubige Frau, die in meiner Kindheit allwöchentlich unter Tränen betete:

> Lieber Herr, errette doch bitte meinen Mann und meine Tochter. Du hast es doch verheißen: »so sollst du und dein Haus selig werden[50]«.

---

48 Es kann also nur die Bitte um einen besonderen Erweis des Geistes sein; kann das jeder der Mitbetenden unterscheiden?

49 Die Vorsilbe »pseudo« bedeutet falsch im Sinne von »gefälscht« oder »vortäuschend«.

50 Nach Apg 16,31

Es handelt sich bei diesem Satz nicht um eine allgemeine Verheißung. Er war unter ganz speziellen Umständen zu einem ganz bestimmten Mann gesagt worden. Aber Gott weiß natürlich mit solchen Bitten umzugehen. Und sicher ist ein solches Gebet überhaupt nicht schlimm. Wenn es aber öffentlich gesprochen wird, so vermittelt es falsche Vorstellungen; und das ist nicht gut.

Das Achten auf dogmatische Reinheit hilft auch Ihnen selbst, die Personen, die Dinge und Ihre eigenen Wünsche klarer zu sehen und treffender zu beurteilen.

Die Allgemeinheit

Ein öffentliches Gebet ist deutlich zu unterscheiden vom »Gebet im Kämmerlein«. Daraus folgt auch, daß öffentlich nur solche Anliegen vor Gott gebracht werden dürfen, die die Gemeinde bzw. die Hörerschaft als Ganze betreffen oder berühren. Private Dinge haben nur dann Raum, wenn sie in irgendeiner Beziehung zur Hörerschaft stehen. Solche Dinge dürfen aber nicht durch das Gebet in diese Beziehung gebracht werden, sondern sie müssen zum Zeitpunkt des Betens bereits in dieser Beziehung stehen. Deshalb sind solche Wendungen wie:

> Herr, du weißt, daß unsere Schwester ...
> Herr, du siehst, ...

nur in seltenen Fällen sinnvoll. Und überhaupt, weshalb beten Sie nicht:

> Lieber Herr, ich freue mich darüber, daß du ... weißt!
> Treuer Gott, es tröstet uns, daß du weißt, wie ...!

Aber auch das ist nur angebracht, wenn Sie das, was der Herr weiß, als bekannt voraussetzen können oder wenn Sie die Gemeinde darüber vorher aufgeklärt haben.

Die Situationsbezogenheit

Es ist nicht nötig, daß alles in jedem Gebet vorkommt: der Zustand der Gemeinde oder Gemeinschaft mit allen Sorgen und Hoffnungen, ihre Umgebung, die politische Gemeinde, die Politik, die Kranken, die Verfolgten, die Mission und anderes. In einem Fürbittengebet aber sollten diese Dinge Gegenstand Ihres Redens zu Gott sein. Und dann sollten Sie sich auch gut überlegen, wie Sie diese Dinge ordnen und so aussprechen, daß Ihre Zuhörer, wohl wissend, was sie tun, zustimmen können.

Die Verkündigungsbezogenheit

In einem Gebet nach der Predigt sollten Sie durchaus wesentliche Gedanken der Predigt noch einmal aufnehmen und vor Gott aussprechen. Aber bitte nur **echte** Bitten, keine »gemachten«! Drei Gefahren bahnen sich dabei an.

Gefahr 1 - Verkündigungsbezogenheit um jeden Preis:

Man hat nicht aufgepaßt und weiß bis auf einen oder zwei Sätze nicht mehr recht, was in der Predigt gesagt worden ist. Der Beter will aber trotzdem zeigen, daß er die Predigt verstanden hat. Nun stampft er Bitten aus dem Boden, von denen er meint, sie entsprächen der Predigt. Er stellt sie in einen vermeintlichen, aber entstellenden Zusammenhang. Ein solches Gebet erfüllt seinen Zweck als

Bittgebet, das konkrete Gedanken der Verkündigung vor Gott bringen soll, nicht. Bitten Sie Christen, die so beten, nur notfalls um das Schlußgebet!

Gefahr 2 - Ergänzung der Predigt:
Viele ältere Christen haben sofort eine Palette von Auslegungsmöglichkeiten vor Augen, wenn sie einen Text hören. Wehe, wenn dann das in der Predigt nicht kommt! Solche Leute packen all das, was nach ihrer Meinung in der Predigt gefehlt hat, in das Gebet. Auf diese Weise teilen sie der Gemeinde und dem Prediger mit, was sie selbst wissen und wie viel der Redner noch zu lernen hat. Es wäre doch ein Segen, wenn einmal ein Redner unvorhersehbare Wege ginge und dabei sogar noch aus dem Text heraus spräche. Auch solche Christen bitten Sie nur im Notfall um ein Schlußgebet!

Gefahr 3 - Die »Gegenpredigt«:
Dies ist die folgenschwerste Gefahr. Sie trennt, schafft Bitterkeit und Verwirrung. Wenn einer meint, der Prediger läge nicht richtig, so sollte derjenige ihm das ins Gesicht sagen. Geht er aber diesen heimtückischen und scheinbar geistlichen Weg der Korrektur und Widerlegung unter Mißbrauch des Gebets, so stellt das eine Nötigung der Gemeinde dar, die entweder erpreßt wird, dazu auch noch ihr Amen zu sagen oder aber ihr Amen spricht ohne zu ahnen, daß sie damit einem Mißbrauch und einer Tücke beigepflichtet hat. Beter, die so etwas tun, sollten Sie nie zum öffentlichen Gebet auffordern!

Abschließendes zum öffentlichen Gebet
Eine ganz andere Frage ist die nach der tatsächlichen geistlichen Echtheit. Sie ist nicht Gegenstand dieser Zeilen. Ich weiß, daß öffentliches Beten sehr schwer ist. Nicht schwer wäre es, wenn man **entweder nur** auf den Stil und den Inhalt **oder aber nur** auf sein Anliegen vor seinem Gott konzentriert sein müßte. Schwer ist es hingegen, beidem zugleich gerecht zu werden. Die geistliche Komponente müssen Sie jedoch immer wichtiger nehmen als die rhetorische!
Ich gebe Ihnen drei gute Ratschläge. Es sind sehr schwere Übungen. Sie werden es merken, wenn Sie sie versuchen:

1. **Bedenken Sie Ihr Gebet vorher gründlich, auch im Blick auf die mitbetende Gemeinde!**
2. **Stehen Sie, wenn Sie beten, ganz und gar vor Ihrem Gott!**
3. **Beten Sie voll konzentriert mit, wenn andere beten!**

Wenn es in Ihrer Gemeinde üblich ist, daß ein Gemeindeglied mit Namen zum Gebet aufgefordert wird, so lassen Sie das denjenigen vorher wissen, und nehmen Sie es einem Bruder oder einer Schwester bitte nicht übel, wenn sie Ihnen das einmal abschlagen. Wenn Sie wissen, daß mehrere Christen unter Ihren Hörern öffentlich beten können, so dürfen Sie auch ohne Namensnennung dazu auffordern. Müssen Sie aber »gegensteuern«, etwa, weil immer wieder derselbe Bruder »wie aus der Pistole geschossen« anfängt und dann endlos lang, eventuell auch ungeordnet oder in einem peinlichen Singsang betet, über den die jungen Leute kichern müssen, so kommen Sie diesem Problem durch Planung zuvor!
Scheuen Sie nicht längere Zeiten der Stille, etwa vor oder nach einem Gebet, auch nach einer Lesung oder nach der Predigt. Diese Zeiten sind wohltuend und

hilfreich. Oft werden sie auch so empfunden. Nur angekündigt müssen sie werden.

(5) Die Lesung

Zunächst sei gesagt, daß es hier um biblische Lesungen geht. Es sind drei Fragen, die uns in bezug auf die Lesung bewegen: Wie viele Texte können meine Hörer verkraften? Welchen Text soll ich lesen, und wo finde ich ihn? Nach welcher Übersetzung lese ich sinnvollerweise? Wie habe ich einen solchen Text vorzulesen?

Wie viele Texte können meine Hörer verkraften?

Muten Sie Ihren Hörern nicht zu viele verschiedene Bibeltexte zu! Das hat überhaupt keinen Sinn; es rauscht an den meisten Ohren vorbei. Je vertrauter es klingt, desto weniger bleibt hängen. Was soll das: Wochenspruch, Tageslosung, Lehrtext, Psalmlesung, alttestamentliche Lektion, Evangelium, Epistel, Friedens- bzw. Kanzelgruß, Predigttext, Kanzelsegen und dann noch ein Grußvers an die Geburtstagskinder und auch noch einer an die Paare mit den Aufgeboten sowie nach den Sterbefällen noch ein Trostvers? Wer soll das alles aufnehmen? Und wenn doch, so geht es von der Aufnahmefähigkeit für die Predigt wieder ab. Nehmen Sie als Eingangsspruch den Kernsatz des Predigttextes, verwenden Sie den Predigttext gleichzeitig als Lesung! Vor der Predigt lesen Sie den gleichen Text noch einmal. Auf diese Weise bekommen Ihre Hörer den Text zwei- bis dreimal mit. Die Aussagen können sich auf diese Weise schon mal setzen; man weiß dann einigermaßen, worüber Sie reden werden.

Ganz anders kann es sich mit einer ausgesprochen langen Lesung verhalten, die der Gemeinde einen größeren Abschnitt der Heiligen Schrift im Zusammenhang bekanntmachen soll. Das ist eine gute Möglichkeit in solchen Gemeinden, die die Bibel kennen und eine positive Einstellung zu biblischen Inhalten haben.

Welchen Text soll ich lesen, und wo finde ich ihn?

Als erste Möglichkeit bietet sich, wie soeben beschrieben, der Predigttext oder ein größerer Abschnitt an, der den Predigttext enthält. Es kann aber auch sinnvoll sein, Verse zu lesen, die dem Predigttext vorausgehen oder ihm folgen.

Eine zweite Möglichkeit ist, in der Konkordanz nachzuschlagen. Ermitteln Sie, welcher biblische Begriff aus Ihrem Text für Ihre Predigt am typischsten ist. Unter diesem Stichwort suchen Sie dann!

Eine dritte und vierte Chance, einen geeigneten Text zum Vorlesen zu finden, haben die, die nach Perikopen[51] predigen. Die dritte: Schauen Sie in Ihrer Perikopenordnung nach! Dort finden Sie mindestens fünf weitere Texte[52] aus den anderen Jahren, die in aller Regel, besonders in der festreichen Zeit, zu Ihrem Predigttext passen. Die vierte: Schlagen Sie Ihr Herrnhuter Losungsbüchlein

51 Perikope = für einen Gottesdienst vorgeschriebener Schriftabschnitt (= Predigttext), der in den lutherisch geprägten Kirchen Deutschlands jedes sechste Jahr wiederkehrt; aus (grie.) *peri* (= um, herum) und *koptein* (= abschlagen)

52 In Württemberg z.B. sechs weitere

oder Ihren Pfarrerkalender auf! Da finden Sie die Bibellesen für diesen Tag. Auch diese passen nach meiner Erfahrung häufig zum Wochenspruch und zum Predigttext.
Ein fünfter Tip: Wenn Sie über einen neutestamentlichen Text predigen und dort auf einen alttestamentlichen Bezug genommen wird, nehmen Sie als Lesung den Abschnitt, in dem dieses Zitat steht. Umgekehrt, wenn Sie einen alttestamentlichen Predigttext haben, der im Neuen Testament aufgegriffen wird, lesen Sie den neutestamentlichen Abschnitt, in dem dieses Zitat Verwendung gefunden hat.
Grundsätzlich müssen Sie ein wenig aufpassen, daß Sie keine Paralleltexte zur Lesung wählen, die einen anderen Schwerpunkt oder eine andere Zielsetzung haben als Ihr Predigttext. Sie müssen Verwirrungen, auch scheinbar geringfügige, weitgehend vermeiden!
Eine sechste und besonders sinnvolle Lösung: Führen Sie in Ihrer Gemeinde die *lectio continua*[53] ein! Lesen Sie ein Bibelbuch nach dem anderen Ihrer Gemeinde Abschnitt für Abschnitt vor! Dazu brauchen Sie allerdings eine regelmäßig erscheinende Hörerschaft.

Nach welcher Übersetzung lese ich sinnvollerweise?
Es gibt sehr unterschiedliche Bibelübersetzungen. Einige tragen der Verständlichkeit in der heutigen Zeit mehr Rechnung als dem ursprünglichen Wortlaut, andere tragen dem Wortlaut mehr Rechnung als der Verständlichkeit. Beides ist nicht falsch; beide Zielsetzungen haben ihren Platz. Es gibt zwischen diesen Extremen solide Übersetzungen, die versuchen, beidem gleichzeitig zu dienen. Etwa die 1984 revidierte Lutherbibel ist ein solcher weitgehend geglückter Versuch. Ich persönlich gehe den Mittelweg zwischen fast wörtlichen und sehr freien Übersetzungen; ich benutze die Lutherbibel zu Lesungen und als Predigttext gleichermaßen.
Vor die Frage gestellt, ob Sie eine moderne oder eine altbekannte Übersetzung lesen sollen, müssen Sie sich zwei Fragen stellen.
Die erste Frage: Welchem Zweck dient die Lesung? Soll ein größerer Abschnitt im groben Zusammenhang bekannt gemacht werden, so wäre z.B. »Die gute Nachricht« gar nicht so ungeeignet. Soll anschließend über den Text gesprochen werden, so brauchen Sie eine Übersetzung, die dem Wortlaut im Grundtext mehr Rechnung trägt als der Verständlichkeit. Für die Verständlichmachung haben Sie ja dann Ihre Auslegung. Man nennt die freieren Arbeiten »dynamische« Übersetzungen. Sie versuchen, soweit das die Umstände überhaupt zulassen, etwa die Paulusbriefe so zu formulieren, als schriebe Paulus heute. Übersetzungen, die sich streng an den biblischen Wortlaut halten, sind meist grundhäßlich, lassen das heutige Denken außer acht und sind in aller Regel für Lesungen gänzlich ungeeignet. Die zweite Frage: Wer hört zu?
Lesen Sie vor jüngeren Menschen, die der Kirche entfremdet sind, so wäre es eine unnötige Belastung, ihnen eine nahezu wörtliche Übersetzung zuzumuten. Sie sind nicht gewöhnt, in biblischen Bildern und Strukturen zu denken. Ihr Interesse ist, wenn überhaupt, mehr an der Wirkung als am Detail orientiert. Geht

53 *lectio continua* = (lat.) fortlaufende Lesung

es aber um Christen, die dem genauen Wortlaut Wahrheiten entnehmen wollen, so kann es hin und wieder angezeigt sein, solchen Leuten eine exakte Übersetzung vorzutragen. Die Häßlichkeit nehmen diese Zuhörer gern in Kauf. In der Regel allerdings ist der Kompromiß richtig.

Wie habe ich einen solchen Text vorzulesen?
Eine unabdingbare Voraussetzung verständlichen Vorlesens ist, daß Sie, der oder die Vorlesende, selbst den Text vorher zutiefst verstanden haben.
Wenn Sie vorlesen, besonders wenn es ein biblischer Text ist, verzichten Sie ruhig völlig auf Augenkontakt! Es soll durch offensichtliches Ablesen zum Ausdruck kommen: Hier spricht ein anderer, nicht der Redner oder der Prediger!
Es gibt Gemeinden, deren Gottesdienstbesucher ihre Bibeln mitbringen. Sobald der Liturg oder Prediger eine Schriftstelle nennt, geht das Geblätter los. Das ist gewiß ein guter Brauch. Warten Sie unbedingt mit Ihrer Lesung, bis der Letzte den Text gefunden hat! Dennoch paßt mir das Mitlesen nicht immer ins Konzept. Das hat mitunter zwei Gründe: Der erste Gund ist, daß ich gern nach der Lutherbibel lese. In den betreffenden Gemeinden aber führt man vorwiegend die Elberfelder Bibel mit sich. Es ist zwar sicher interessant, wenn sich die Anwesenden während der Schriftlesung oder, während der Predigttext vorgelesen wird, Gedanken darüber machen, weshalb Luther wohl anders übersetzt haben mag, in dieser Phase des Gottesdienstes jedoch halte ich es nicht für hilfreich. Der zweite Grund: Ich persönlich halte viel vom Zuhören. Ich finde es gut, wenn ein Text der Heiligen Schrift nur durchs Ohr auf die Gemeinde wirkt, ohne daß man sich dazu Nebengedanken über das Formale macht. Der Text trägt ja zuallererst einen Anspruch an die Gemeinde heran. Er ist erst in späterer Hinsicht ein Studien- oder Prüfungsobjekt. Aus diesen Gründen kann es vorkommen, daß ich erst nach der Lesung die Stellenangabe nenne. Dann allerdings ermutige ich die Zuhörer, ihre Bibeln aufzuschlagen und gebe ihnen auch Zeit dazu. Während der Ansprache mögen sie den Text verfolgen und ruhig auch prüfen, ob ich schriftgemäß predige. Es ist auch schon vorgekommen, daß ich gebeten habe, vorläufig die Bibeln noch geschlossen zu lassen.

Weil es bei Bibeltexten nicht um die Abwechslung, sondern um den Anspruch des lebendigen Gottes geht, lasse ich Bibeltexte in der Regel nicht von zu vielen verschiedenen, vor allem nicht von zu unterschiedlichen Personen lesen. Das trifft auch auf Bibelstunden zu. Ich lasse nicht reihum lesen. Zwar ist es pädagogisch geschickt, recht viele Anwesende an der Arbeit zu beteiligen, jedoch geht durch die unterschiedlichen Stimmen, Lesegeschwindigkeiten, Färbungen und vor allem durch Übersetzungen, die den Satzfortgang nicht gewährleisten, die Kontinuität des Textes zum Teil verloren.

(6) Die Bekanntmachungen
Achten Sie darauf, daß Abkündigungen immer unzweideutig sind. Versetzen Sie sich in die Lage Ihrer Zuhörer und fragen Sie sich dann selbst: »Was würde **ich** gern wissen wollen?« Benutzen Sie zum Nachdenken die guten alten deutschen Fragewörter: Wer? Was? Wo? Wann? Wie? Warum? Stellen Sie sich vor, Sie

wüßten noch nichts und müßten jetzt nach Ihrer eigenen Bekanntmachung handeln! Ich las in der ADAC-Motorwelt von November 1989:

> Wenn man in Deutschland eine Panne hat oder gar abgeschleppt werden muß, 19211 anrufen! Der ADAC-Straßendienst kommt rund um die Uhr.

Bin ich eigentlich der einzige, der sich fragt: »Ohne Vorwahl?« Ich nehme an, ohne Vorwahl, sonst stünde sie sicher dabei. Aber dieser Frage hätte man vorbeugen können, indem man genau das hinzugefügt hätte: (keine Vorwahl benutzen!). Wenn Sie das »benutzen« weglassen, fragen sich einige Anwesende: »Nur in der Angabe ohne Vorwahl oder auch beim Wählen?« Ich habe in meiner Klasse mit dem Originaltext die Probe darauf gemacht. Die ganze Klasse rief: »Mit oder ohne Vorwahl?« Versuchen Sie, Ihre Abkündigungen so zu formulieren, daß mit kurzen Worten alles weitestmöglich klar ist!

> Ab 22. September finden in St... keine Gottesdienste mehr statt.

Und wie ist es am 22. September? Fällt der letzte bereits auf den 14. September? Genau:

> Am 22. (oder 14.) September findet der letzte Gottesdienst in St... statt.

Es reicht nicht, daß Sie bekanntgeben:

> Nächsten Sonntag haben wir unseren Gottesdienst um 19.30 Uhr.

Sie müssen sagen:

> Nächsten Sonntag haben wir unseren Gottesdienst ausnahmsweise nicht am Vormittag, sondern um 19.30 Uhr!

Es kann sogar nötig werden, daß Sie sagen:

> Das heißt also, daß Sie ...

Wenn Sie einen Ortsnamen am Anfang Ihrer Ansage einmal nennen und ihn dann nicht mehr erwähnen, so ist das für viele Ihrer Zuhörer, wie wenn sich einer etwas später in die Nachrichtensendung einschaltet und von einem Bombenanschlag hört. Nun fragt er sich: War das in einer deutschen Stadt? Aber der Stadtname taucht nicht mehr auf. Wiederholen Sie Namen von Personen und Orten an einer späteren Stelle noch einmal. Wiederholen Sie wichtige Teile einer Bekanntmachung!

Besonders wenn Sie Ihren Zuhörern einschärfen: »Vergessen Sie dieses Datum bitte nicht!«, dann müssen Sie das Datum unbedingt noch einmal wiederholen. Denn meistens fährt man dabei zusammen und fragt sich: »O, welches Datum war es, das so wichtig war?« Dasselbe gilt für eine Rede, einen Bericht oder eine Predigt. Alles, was Sie für wichtig erklären, müssen Sie mindestens einmal wiederholen.

Überlegen Sie sich Bekanntmachungen gründlich **vorher**! Das bezieht sich auch auf die Mitteilung von sogenannten Gebetsanliegen und Gebetserhörungen. Es würde schon viel helfen, wenn Sie sich beizeiten ein wenig zurechtlegen würden, wie Sie die Sache darstellen wollen, womit Sie anfangen und wie Sie aufhören sollten. Die meisten Gemeindeleiter lassen es einfach darauf ankommen, haben dann aber doch nicht die Fähigkeit zu sorgfältiger Wortwahl und Satzbildung. Es ist peinlich, wenn in einem Gottesdienst -wie geschehen- eine Frauendienstveranstaltung mit den vielfach interpretationsfähigen Worten angesagt wird:

> Die Frauen sollen sich für den Pastor frei machen.

Und nun sitzen die einen mit regungslosen eisigen Mienen da, während die anderen nicht wissen, wie sie ihr Kichern unterdrücken sollen. Und der arme Kerl davorn ahnt nicht, was er gesagt hat.
Unangenehm war z.B. auch dies: Das Missionszelt war mit einem eigenen Telefon ausgestattet. Ratsuchende sollten sich über diese separate Nummer an den Evangelisten wenden können, ohne daß eine ortsansässige Person davon etwas bemerken würde, also gewissermaßen anonym. Der Ortspastor machte nun aber diese Möglichkeit unter der Bezeichnung »Unser anonymes Telefon« bekannt. Das war nicht deutlich genug; denn eine Anzahl von Interessierten verstanden es falsch. Sie riefen den Evangelisten anonym an, und durchaus nicht immer mit dem Wunsch nach seelsorgerlicher Hilfe. Das zeigt einmal mehr: Bekanntgaben wollen sorgfältig formuliert sein!
Vorsicht bei der Richtigstellung falscher Informationen! Wenn etwas durch einen anderen fehlerhaft angesagt wurde, und Sie nun meinen, es geraderücken zu müssen, so passen Sie auf, daß die **Richtigstellung** einer **Sache** nicht zur **Bloßstellung** eines **Menschen** wird!
Tragen Sie Ihre Bekanntmachungen nicht durch Rundfrage in der Versammlung zusammen! Klären Sie die Dinge am Tag vorher. Es macht einen sehr schlechten Eindruck auf Gäste! Prüfen Sie auch die Richtigkeit Ihrer Ansagen, damit nicht jemand dazwischenrufen muß: »Stimmt nicht, der Chor übt am Dienstag!« Ein Ortsgespräch zur rechten Zeit in einer solchen Angelegenheit ist meist sein Geld wert. Es kann ja einmal durch besondere Umstände vorkommen, etwa weil der Verantwortliche plötzlich erkrankt ist, daß die Gemeinde ihre Termine selbst zusammentragen muß. Dafür hat dann jeder vernünftige Mensch Verständnis, wenn es richtig gesagt wird. Gegen Schusseligkeit aber haben viele eine Abneigung. Mancher Pastor könnte angesehener sein, wenn er sich vorher überlegte, was er bekanntgibt und was er nicht vergessen sollte.
Gedenken Sie, in einer Veranstaltung eine Geldsammlung durchzuführen oder eine Kollekte zu erheben oder Ihren Gästen gar ein Opfer abzuverlangen, so lassen Sie die potentiellen Geber nicht im unklaren, welchem Zweck diese Beträge zugeführt werden sollen. Klären Sie fernerhin auch, auf welche Weise die Sammlung durchgeführt wird, ob ein Körbchen durch die Reihen geht oder ob am Ausgang ein entsprechendes Behältnis steht oder aber ob dort Mitarbeiter stehen und das Geld persönlich einsammeln. Werden bei ein und derselben Veranstaltung mehrere Kollekten oder Opfer erhoben, so sagen Sie deutlich, was welchem Zweck dient. Die Spender sollten auch in angemessener Zeit erfahren, welche Beträge zusammengekommen sind und welche Ziele damit verwirklicht werden können. Handelt es sich um einen Gottesdienst, so sollte Ihrer Gemeinde irgendwann einmal bewußt gemacht werden, daß das Einlegen von Geld ein gottesdienstlicher und durchaus geistlicher Akt ist.
Brauchen Sie größere Beträge und sind potente Gäste in Ihrer Veranstaltung, so vergessen Sie nicht, für Umschläge und Schreibstifte zu sorgen. So kann der Geber eines namhaften Betrags seine Adresse auf den Geldumschlag schreiben und hinterher eine Spendenquittung erhalten.
Handelt es sich um eine regelmäßig wiederkehrende Veranstaltung, etwa um einen Gottesdienst, so sollten Ihre Hörer unbedingt erfahren, welcher Betrag

beim letzten Mal zusammengekommen ist. Und noch einmal sollten Sie sagen, wofür die Kollekte vom letzten Sonntag bestimmt war. Danken Sie dafür!
Wenn das Einsammeln einer Kollekte oder eines Opfers ein gottesdienstlicher Akt ist, so eignet sich dieses Geschehen nicht zu Witzeleien oder Geschmacklosigkeiten wie:

> Wir sammeln eine »stille« (oder: »sanfte«) Kollekte ein.

Oder:

> Warum brüllen die Kühe so sehr? Weil sie gemolken werden wollen.

Aufforderungen zum Opfer appellieren an unsere geistliche Persönlichkeit. Der scherzhafte Name »Kollektenpredigt« ist fehl am Platz.
In einem Gottesdienst gehören im Gegensatz zu einer profanen Veranstaltung in die Bekanntmachungen die Begrüßungen. Vergessen Sie keine Mitwirkenden: Redner, Solisten, Chöre, sofern diese nicht regelmäßig mitwirken. Begrüßen Sie Gäste aus anderen Gemeinden! Sagen Sie ein paar nette Worte zu jedem von ihnen bzw. zu jeder Gruppe!
Auch die Geburtstage gehören hierhin. Lassen Sie dabei etwas Phantasie walten! Wenn Sie es können, werden Sie mit Ihren Wünschen ein wenig speziell-konkret, ohne Indiskretionen zu begehen. Haben Sie den Mut, nur eines zu wünschen! Weniger ist fast immer mehr. Gottes Segen gehört dazu. Ihn **wünscht** ein christlicher Prediger aber nicht; er **spricht ihn zu** im Namen Jesu. Tun Sie es ruhig ein bißchen origineller, etwa:

> Unser Gott, der Sie bisher geführt hat, liebe Frau Becker, der mache Ihnen bei Ihren wichtigen Vorhaben auf seine unvergleichliche Weise Mut im kommenden Jahr!

In einigen Gemeinden kann es gelegentlich vorkommen, daß sich die Versammlung zu kleineren Gruppen von etwa drei bis sieben Personen zusammensetzt, um Gebetsgemeinschaft zu haben. Diese Kreise sehen die Sache mathematisch. So können statt eines Menschen ganz viele zu gleicher Zeit beten und mehr verschiedene Anliegen vor Gott gebracht werden. Man geht von der Vorstellung aus, daß sich Gott durch die Masse beeindrucken lasse. Ich kann das nur teilweise nachvollziehen. Jedenfalls ensteht durch diese Praxis ein Gemurmel, das nicht nur mir, sondern auch anderen Christen unehrerbietig vorkommt.
Wenn Sie das so machen wollen, dürfen Sie nicht vergessen, welchen Eindruck es auf Gäste macht. Erstens gibt es möglicherweise Versammlungsteilnehmer, die nicht vor anderen Menschen beten können. Sie fühlen sich »überfahren«. Ich auch! Zweitens müssen Sie mit Zuhörern rechnen, denen ganz und gar nicht danach zumute ist. Drittens stößt es andere ab. Sie müssen also Gelegenheit geben, einer solchen Kleinrunde fernzubleiben. Das kann dadurch geschehen, daß nicht der ganze Saal »umfunktioniert« wird, sondern die Gebetswilligen nach hinten oder in andere Räume gehen, während die nicht dazu Bereiten still auf ihren Plätzen warten und vielleicht still beten können. In jedem Fall aber sollten Sie mit einigen Sätzen erklären, **was** Sie tun und **weshalb** Sie es **so** tun.

(7) Der Bericht

Vielleicht feiern Sie Ihren Gottesdienst in einer Kirche, in der die Gemeinschaft für wichtig gehalten wird. Dann gelten bei Ihnen also neunzig Minuten als eine akzeptable Dauer für einen Gottesdienst. Das betrifft in der Regel alle Freikir-

chen, die Gläubige taufen. Auch solche Gemeinden, in denen eine geistliche Erweckung herrscht, haben durchweg längere Gottesdienste. Man schaut dort kaum auf die Uhr. Vor einer solchen Zuhörerschaft werden Sie im Rahmen der Bekanntmachungen auch, wenigstens ab und zu, Ihre verschiedenen Gemeinde-Arbeitsgruppen zu Wort kommen lassen. Es macht sich gut und dient der ganzen Gemeinde, wenn von jedem dieser Kreise einer in wenigen(!) kurzen(!) Sätzen von den Aktivitäten berichtet. Sie sollten sich als Versammlungsleiter aber vorher berichten lassen, was der- oder diejenige zu sagen gedenkt. Gejammer über Mißerfolge und Klagen über das geringe Interesse an gewissen Bemühungen sollten vorher(!) gestrichen werden, nicht aber sachliches Berichten über Negatives. Das muß die Gemeinde für ihre Fürbitte wissen. Es darf nicht ums »Schönen« oder »Retouchieren« gehen, wohl aber um die Abwendung von demotivierender Miesmacherei.
Im Rahmen der Bekanntmachungen ist es oft reizvoll und sinnvoll sowie durchaus neutestamentlich abgesichert, einen Bericht auch über persönliches Ergehen zu geben bzw. geben zu lassen. Vielleicht ist ein Gemeindeglied zu einem Krankenbesuch in der Klinik gewesen. Ein anderer mag eine Partnergemeinde besucht haben, vielleicht in der früheren DDR. Eine Schwester will eventuell von ihrem Besuch bei einem Seelsorge-Seminar berichten. Die Jugend war möglicherweise auf einem überregionalen Treffen. Solche Berichte können Ihre Gemeinde sehr ermutigen. Sie als Versammlungsleiter sollten das aber nicht »auf gut Glück« zulassen, sondern Umfang und Intention[54] besprechen. Das heißt: die Minuten und die Zielsetzung der Kurz-Rede werden **vorher(!)** vereinbart.

(8) Das Zeugnis
In vielen Gemeinden, und es sind in der Regel nicht die toten, ist es üblich, daß innerhalb des Vorprogramms bzw. der Liturgie eines Gottesdienstes ein Christ/eine Christin -oder auch zwei- von ihrem Erleben mit Jesus Christus berichten.

Zum Begriff des Zeugnisses
Das Wort »Zeugnis« ist zweifellos ein zutreffender Begriff. Es ist theologisch und biblisch einwandfrei und auch von den heutigen Prozeßordnungen her durchaus geläufig[55]. Der Begriff »Zeugnis« trifft genau die Sache. Was sie gesehen und gehört haben, das haben schon die Apostel weitergegeben[56]. Was Sie selbst erfahren haben, das sollen auch Sie berichten. Aber obwohl das Wort »Zeugnis« **sachgerecht** ist, müssen Sie sich überlegen, ob es auch zeitgemäß ist. Das richtet sich nach Ihrem Publikum. Der Begriff »Zeugnis« ist inzwischen einerseits sehr stark in die »Sprache Kanaans« eingegangen, während er andererseits aus der Umgangssprache gewichen und nur noch in der Begrifflichkeit des Gerichtswesens zuhause ist. Bei Zuhörern, die nicht wissen, worum es geht, ist sicher ein Begriff wie »Erlebnisbericht« oder »Erfahrungsbericht« eher ange-

[54] = Absicht; von (lat.) *intendere* (= nach etwas streben)

[55] Man spricht z.B. vom Zeugnisverweigerungsrecht.

[56] Joh 3,11; 19,35; Apg 1,8; 1.Joh 1,1 und andere

bracht. Auch die Bezeichnung »persönliche Stellungnahme zu Jesus Christus[57]« dürfte die Sache treffen; und sie würde auch verstanden. Nicht schlecht allerdings ist es, wenn Sie das Wort »Zeugnis« verwenden, es aber bei jedem neuen Anlaß aus dem Neuen Testament heraus und mit einem Seitenblick auf das Gerichtswesen erklären.

Zum Inhalt des Zeugnisses

Das Zeugnis ist der Bericht von eigener Erfahrung. Je näher diese Ihre Erlebnisse oder Erfahrungen zeitlich und räumlich am Tag ihrer Weitergabe liegen, desto wertvoller ist das, was Sie bezeugen, für Ihre Hörer. Was Sie am Wohnort der meisten Anwesenden erlebt haben, ist für diese wichtiger als das, was Sie von einer Geschäftsreise nach Hongkong zu berichten haben. Mag sein, daß Ihre Erlebnisse in Hongkong interessierter aufgenommen werden, hilfreicher ist es indessen nur, wenn Sie Gleiches aus der Nähe nicht zu erzählen wissen. Ebenso sind Tragisches und Erfreuliches aus der letzten Woche nützlicher als ähnliches, das sich in den siebziger Jahren abgespielt hat. Es versteht sich demnach von selbst, daß eigene Berichte Vorrang haben vor dem, was andere erlebt haben.

Bei aller Aktualität und Persönlichkeit achten Sie aber bitte auf gewisse Grenzen! Berichten Sie keine Erlebnisse, die als Indiskretion empfunden werden können. Äußerste Vorsicht ist geboten, wenn andere Personen in Ihrem Bericht vorkommen, die davon nichts wissen. Auch wenn Sie diese Menschen nicht mit Namen nennen, sie könnten wiedererkannt werden!

Ein Bibelwort kann durchaus Gegenstand Ihres Zeugnisses sein, dann nämlich, wenn Sie berichten, wie Sie zum Beispiel Klarheit bekommen haben über eine biblische Forderung oder Ermutigung, die Sie vorher nicht verstanden haben oder nicht glauben konnten. Eine Auslegung ist kein Zeugnis.

Zu den Gefahren des Zeugnisses

Sie sollten als Versammlungsleiter darauf achten, daß nur seriöse Personen einen solchen Erlebnis- oder Erfahrungsbericht geben. Ich mache Sie auf vier typische Gefahren aufmerksam:

Gefahr 1 - Das Aufschneiden:

Es gibt Kreise, wo es sich eingebürgert hat, daß möglichst viele etwas Geistliches zu sagen haben und -das ist schlimmer!- wo es üblich geworden ist, die Echtheit der eigenen Christusbeziehung durch die öffentliche Bekundung spektakulärer Erfahrungen nachzuweisen. Wer viel zu sagen hat, der ist dann geistlich. Man sitzt dabei und kommt sich ganz schäbig vor, daß man selbst von so großen Erlebnissen nicht berichten kann. Da ist die Gefahr groß, daß einer beim nächsten Mal auch etwas zum »großen Gotteslob« beitragen möchte und von Dingen berichtet, an denen zwar etwas Wahres dran ist, die er aber so einschneidend oder extrem nicht erlebt hat. Er schneidet auf.

So wichtig das Zeugnis für eine Gemeinde und für Nichtchristen ist, so wenig kann sich Gottes Geist zu einem »frisierten Zeugnis« bekennen. Das Wesen des

57 Oder auch »zum Glauben«

Glaubens läßt nicht zu, daß jede Erfahrung nachprüfbar sein kann. Es sollte aber nur das bezeugt werden, was von anderen Christen -ohne daß dies immer tatsächlich geschehen muß- mitbezeugt werden **könnte**.[58]

Gefahr 2 - Das Ausschweifen:
Eine andere Art von »Aufschneiden« liegt im »Ausschweifen«, darin nämlich, daß die Stoßrichtung des Zeugnisses nicht das Bezeugen Gottes gegenüber einem Dritten ist, also die persönliche Erfahrung mit Gott, die einem anderen Menschen Mut macht, sondern eine Selbstdarstellung dessen, der das Zeugnis gibt. Das kann sehr fromm geschehen. Er sagt vielleicht:

> Seht mal, wie herrlich Gott handelt!

und wünscht sich im stillen, daß die Hörer denken:

> O, was für ein Mensch, daß Gott ihm so begegnet![59]

Solche Reden ufern oft zu Pseudo[60]-Predigten aus. Man »stellt ein Wort in den Mittelpunkt« oder »schickt es voraus« oder »legt es zugrunde« und denkt gar nicht daran, irgend etwas oder irgend jemand zu bezeugen außer sich selbst. Ein solches Zeugnis erkennen Sie in aller Regel bereits an seiner Länge. Zugleich bemächtigt sich Ihrer ein unangenehmes Gefühl. Typisch für solche Reden ist, daß sich der Berichtende in unwesentliche Einzelheiten verliert. Der Hörer empfindet, daß die Nebensächlickeiten »aufgemacht« werden. Die Hauptsache, falls es eine solche je gegeben hat, ist nicht mehr zu erkennen. Eine gedankliche Linienführung existiert anscheinend nicht. Zeugnisse, die länger als zwei, höchstens drei Minuten dauern, sollten Sie im Gottesdienst nicht zulassen. Es sei denn, Sie wissen um die Wichtigkeit dessen, was gesagt werden soll, und geben deshalb die nötigen Minuten von Ihrer eigenen Zeit ab. Wer die ihm zugestandene Zeit, besonders in einer größeren Gemeinde, grob überzieht, sollte für lange Zeit »gesperrt« bleiben. Es ist keine Entschuldigung, der Geist Gottes habe dazu gedrängt. Der ist nicht ein Geist der Unordnung. Und sollte es der Geist Gottes getan haben, so müßten das auch die anderen erkennen.
Problematisch ist allerdings, wenn Sie einem Menschen, während er spricht, das Wort entziehen. Nicht, daß es ungeistlich wäre! Aber Sie bereiten sich damit zu viel Ärger; es wird Ihnen von einem größeren Teil der Versammelten übel genommen. Die allgemeine menschliche Tendenz ist, sich eher auf die Seite des Angegriffenen oder Gemaßregelten zu schlagen. Diese Gesetzmäßigkeit würde dann »greifen«. Sollten Sie aber bemerken, daß die Mehrheit der Anwesenden unter der Länge leidet, so bleibt Ihnen nichts anderes übrig, als den Langzeit-Zeugen zu unterbrechen.
Von fremden Personen lassen Sie sich vorher einen kurzen Abriß seines bzw. ihres Berichts geben. Lassen Sie sich ruhig auch sagen, was derjenige oder diejenige damit bezwecken will.

---

58 So auch Bub, Seite 69

59 John Stott schreibt in »Der Verkündiger«: »Das echte Zeugnis weist weg von der Person des Predigers. Es ist immer Zeugnis für Jesus Christus, seinen Tod und seine Auferstehung.« (Zitiert nach Bub, Seite 61)

60 = falsch, vorgetäuscht, von (grie.) *pseudos* (= Täuschung)

Gefahr 3 - Die Geschmacklosigkeit:
Darunter fallen in erster Linie peinlich aufbereitete Intimitäten, aber auch inhaltlich Abstoßendes.
Eine Pfarrfrau war in einer deutschen Ausbildungsstätte für Prediger zur Morgenandacht. Dort erzählte ein Schüler, er habe vor einiger Zeit eine Reise machen wollen, aber kein Geld dazu gehabt. Auf sein Gebet hin hätten dann fünfzig Mark in seinem Postfach gelegen. Der Spott der Berichterstatterin war beißend: Der Fahrkartenpreis hätte ja ein Vielfaches der Geldspende betragen.
Ich hatte einen sehr ernsthaften Studenten ermutigt, eine bestimmte Jugendgruppe in einer deutschen Großstadt zu besuchen. Was er aber dort erlebte, widerstrebte ihm so sehr, daß er nicht mehr hingehen wollte und auch von dieser Art des Glaubens abgestoßen war. Man hatte sich dort ebenfalls in der oben beschriebenen Weise sogenannte Gebetserhörungen berichtet. Meist ging es um Geld. Er sagte nun: »Das ist doch kein Wunder, wenn die vorher öffentlich um Geld für einen bestimmten Zweck beten, daß ihm dann einer, der das Gebet gehört hat, anonym einen Geldschein zusteckt. Damit jubeln sie sich gegenseitig geistlich hoch. Und dann wird mit diesen fragwürdigen Vorgängen Reklame für den Glauben gemacht.«
Ich will die beiden erwähnten und ähnliche Fälle nicht als unseriös abqualifizieren. Im Gegenteil: ich halte es für durchaus legitim, seinem Gott gegenüber auch in Geldnot Wünsche zu äußern, sofern es unter der von Jesus geübten Prämisse »Aber nicht mein, sondern dein Wille geschehe« gedacht und ausgesprochen wird. Derjenige aber, der ein sogenanntes Glaubenszeugnis geben will, sollte sich überlegen, wie seine Darstellung auf solche Menschen wirken kann oder muß, die derartige Erfahrungen noch nie gemacht haben. Ich bin davon überzeugt, daß die Hilfen im Alltag, die Gott uns gewährt, in der Regel nicht zur Reklame für seine Sache geeignet sind. Es ist eben ein großer Unterschied, ob Gebetserhörungen zur Ermutigung und Freude dienen oder als Gottesbeweise fungieren sollen. Letzteres ist nicht sinnvoll.
Der gute Geschmack ist ebenso verletzt, wenn sich dem Zuhörer der Eindruck aufdrängt, hier werde über die »Erfolge« berichtet, die »Mißerfolge« aber würden verschwiegen, als gäbe es keine.

Gefahr 4 - Die Verallgemeinerung (Generalisierung):
Viele Berichte von Glaubenserfahrungen haben einen Unterton. Dieser Unterton suggeriert dem Hörer: »So müßte das bei Dir auch ablaufen.« Das trifft aber meist nicht zu. Besonders, wenn es um ein Bekehrungserlebnis geht, darf auf gar keinen Fall verallgemeinert werden. Gott führt die Menschen individuell. Ein Zeugnis soll keinen »normativen«[61] Charakter haben, als könne die Begegnung mit Gott nur so und nicht anders geschehen.
Ähnlich ist es mit Heilungserlebnissen, mit Lösungsversuchen in Ehekrisen, die beim einen Paar hilfreich, beim anderen aber unter Umständen schädlich sind.
Ich wiederhole: Ein Zeugnis ist ein Bericht, wie Gott an einem bestimmten Ort

61 = richtungsweisend, maßgebend, Normen setzend; aus (lat.) *norma* (= Winkelmaß, Richtschnur, Regel, Vorschrift)

zu einer bestimmten Zeit gegenüber einem bestimmten Menschen gehandelt hat. Der Grund, weshalb er so gehandelt hat, ist nicht immer auszumachen.

(9) Das Interview

Das Interview ist eine zeitgemäße Art der Nachrichten- oder Meinungsübermittlung. Sowohl ein Bericht als auch ein Zeugnis kann in die Form eines Interviews gekleidet werden. Sogar Bekanntmachungen sind auf diese Weise möglich.

Unechtes oder echtes Interview?

Zwei Interview-Arten stehen zur Wahl: das **unechte** und das **echte**. Das unechte Interview will Meinungen **bilden oder verändern**; das echte will Meinungen **erfahren**. Im unechten ist der Befragte lediglich ein Medium, ein Mittel, um zum Ziel zu kommen. Er ist sogar weitgehend austauschbar; denn den erwünschten Dialog könnte man mit vielen verschiedenen Personen einüben. Im unechten Interview geht es lediglich um einen Sachverhalt, im echten ist der Befragte der Mittelpunkt. Im unechten hat vorrangig der Befrager Einfluß auf das Ergebnis, im echten vorrangig der Befragte. Beim unechten Interview können alle Fragen vorher schriftlich überreicht werden, beim echten allenfalls die erste Frage. Mehr als beim unechten müssen Sie für das echte Interview Sorgfalt bei der Auswahl der Gesprächspartner aufwenden! Denn ein Befragter könnte ja auf echte Fragen echte Antworten geben. Und die sind Ihnen möglicherweise peinlich; oder Sie können vor Überraschung nicht schnell genug darauf reagieren.
Sei das Interview nun echt oder unecht, in jedem Fall stehen Sie dicht[62] bei Ihrem Gesprächspartner und schauen Sie beim Sprechen und Zuhören einander an! Vor allem aber müssen Sie als Interviewer wissen, wohin Sie wollen und was Sie erreichen wollen und sollen und dürfen.

Das unechte Interview

Das unechte Interview ist »gestellt«. Die Fragen sind abgesprochen und die Antworten auch. Eigentlich ist es eine Art legerer Sprechmotette. Schlimm, wenn dann zu allem Unglück auch noch abgelesen wird! Die Fragen zielen nicht auf originale Informationen, sondern auf das, was der Interviewer hören will bzw. was die Zuhörer mitbekommen sollen.
Weil das unechte Interview nicht Meinungen erfahren, sondern bilden und verändern will, deshalb benötigt es zwingend ein vorgefaßtes Ziel. Der Befrager ist dafür verantwortlich, daß dieses Ziel erreicht wird. Er muß den Befragten durch die Tendenz und Stoßrichtung seiner Fragen ständig in die angepeilte Richtung bringen oder zurückbringen. Wird es geschickt aufgezogen, so täuscht das unechte Interview ein echtes vor. So könnte verabredet sein, daß der Befragte absichtlich ausweichend antwortet und der Befrager ihn zum Amüsement der Zuhörer immer wieder zur Sache zurückholt, bis endlich genau das ausgesprochen ist, was von Anfang an beabsichtigt war. Auf diese Weise kann ein Interview vom Stil her echt und von der Zielsetzung her unecht sein.

---

[62] So dicht, daß Sie ein gemeinsames Mikrophon benutzen können, nicht aber so dicht, daß Sie den Atem des Partners spüren!

In einem unechten Interview wird der Befragte durch die Fragen meistens nicht in peinliche »Zwickmühlen« gedrängt. Er kann sich die Themen ja aussuchen. Beide Gesprächspartner sind sich vorher einig. Und wenn alles vorschriftsmäßig verlaufen ist, sind sie sich auch hinterher noch einig.

Das echte Interview
Wenn ein Reporter auf dem (vorläufig noch Roten) Platz in Moskau einen Passanten nach seiner Meinung über die Reformpolitik Gorbatschows oder Jelzins befragt, so will er damit nicht die Politik der Präsidenten unterstützen oder schädigen, sondern er will lediglich den Bundesbürgern an den Fernsehgeräten sagen, was die Moskauer Bürger über diese Politik denken. Das echte Interview ist natürlich viel ehrlicher und auch lebendiger als das unechte. Ob es deshalb für den Gottesdienst weniger geeignet ist? Hoffentlich nicht! Es will nicht Meinung bilden, sondern erfragen. Es setzt eine hohe Sachkompetenz und eine große Denkschnelligkeit des Fragenden voraus. Der Befragende kann auf Antworten reagieren und an interessanten Stellen tiefer bohren, nachhaken, sogar interpretieren. Auch hier ist selbstverständlich Manipulation möglich; aber die fällt auf.
Das echte Interview birgt die Gefahr, daß unerwartet konträr gesprochen wird. Es ist nicht ganz auszuschließen, daß sich einer der Gesprächsteilnehmer über eine Frage oder eine Antwort ärgert und sich das auch anmerken läßt. Das offenbar gegen echte Meinungen anfällige Christentum verkraftet solche Offenheit in der Regel nicht. Sollten wir vielleicht gerade das wieder lernen? In der Tat ist das konträr geführte Interview eine Gefahr für die Atmosphäre im Gottedienst. Leider!
Drängen Sie dem Befragten nichts auf! Zwingen Sie ihn nicht zu Aussagen, die er nicht machen will, denen er nun aber wegen der Öffentlichkeit nicht ausweichen kann oder nicht den Mut zur Verweigerung aufbringt! Schützen Sie Ihren Gesprächspartner vor Bloßstellung; und helfen Sie ihm bei Gedächtnisausfällen oder zu großer Erregung durch eine freundliche Überbrückung!
Lassen Sie sich andererseits aber auch nicht die Führung des Gesprächs aus der Hand nehmen; unterbrechen Sie mutig endlose oder vom Thema abschweifende Monologe[63]! Manchmal bemerkt der Befrager erst im Gespräch, daß er sich einen völlig ungeeigneten Partner ausgesucht hat. Kommen Sie in einem solchen Fall zügig zum Schluß. Aber freundlich! Und bedanken Sie sich höflich für die Antworten! Wechseln Sie blitzschnell zum nächsten Programmpunkt oder Partner über, so daß der bisherige nicht die Gelegenheit hat, nach der Bedankung noch einmal »durchzustarten«.
Ein Vorschlag: Wenn Sie sich kein echtes Interview zutrauen und Sie mit jemand Bekanntem reden wollen, so führen Sie mit der zu befragenden Person vorher unter vier Augen ein echtes durch. So retten Sie wenigstens etwas von der ursprünglichen Spontaneität[64] in das nunmehr unechte Interview hinüber.

---

63 = Selbstgespräche, im Sinne von allein reden, als sei er allein da, im Gegensatz zum Dialog, an dem mehrere Partner beteiligt sind; aus (grie.) *monos* (= einzig, allein) und *logos* (= Wort, Rede)

64 = Handeln aus unmittelbarer eigener Anregung, aus (lat.) *spons* (= freier Wille)

(10) Die Bild-Meditation

Die Bild-Meditation ist in den letzten Jahren zu einem recht häufig genutzten Medium geworden. Besonders in Familiengottesdiensten, Christvespern und dergleichen erfreut sie sich, meist anstelle einer Kurzpredigt, zunehmender Beliebtheit.
Lassen Sie mich zunächst etwas über ihren Wert sagen, dann über die Voraussetzungen sprechen, die der Redner bei der Anwendung dieses Mittels erfüllen sollte, und schließlich erlauben Sie mir ein paar Ratschläge, wie Sie an die Sache herangehen können.[65]

Der Wert einer Bild-Meditation

Eine Bild-Meditation mit gesprochenen Erklärungen wirkt über Ohr und Auge. Sie hat deshalb besonders da ihren Platz, wo sich konzentriertes Zuhören nur mit Mühe einstellt. Die Bild-Meditation ist aber nicht nur eine Not- oder Hilfslösung, sondern vermittelt auch zusätzliche und sogar ganz eigene Impulse; sie spricht besonders Menschen mit musischer Veranlagung an. Wenn das Bild stimmungsgeladen ist, kann es durchaus zum Träger romantischer oder anderer Gefühle werden. Es mag sein, daß diese Gefühle der Botschaft nützen. Stellt das Bild eine biblische Szene dar, so besteht die Möglichkeit, daß es das Evangelium zum Zuhörer zu »transportieren« vermag.

Eine Bildmeditation **bedient** aber nicht nur das Ohr und das Auge, sie **beansprucht** auch Ohr und Auge des Hörers. Das zeigt sich in solchen Veranstaltungen, die von kirchenfremden Menschen besucht werden. Wer einmal im Jahr zu einem Gottesdienst kommt, etwa wegen der Kinder oder um einem gewissen Folklore-Bedürfnis zu huldigen, der mag's »nicht so heiß«. Eine Bild-Meditation liefert ihm den Vorwand, er betätige sich kulturell. Ein solcher Besucher, eine solche Besucherin braucht sich hinterher nicht einzugestehen, der eigenen modernen Einstellung untreu geworden oder gar Gott begegnet zu sein. Das zählt etwa wie der Besuch der Matthäus-Passion. Es gehört zum Leben eines gebildeten Bürgers.
Genau diese Unverbindlichkeit aber ist es, die evangelikalen Christen ihre Kritikpunkte liefert: »Nun haben wir die Menschen einmal im Jahr unter der Kanzel; und da hören sie nicht einmal eine klare Botschaft.« Dem kann natürlich einiges entgegengehalten werden, zum Beispiel, daß kirchenentfremdete Leute von einer unerwarteten massiven Verkündigung eher abgestoßen als angesprochen seien. Manchmal ist das so, nicht immer. Es kann weiter eingewandt werden, daß zum Beispiel die Anwesenheit der vielen unruhigen Kinder, etwa zur Christvesper, das verstehende und anwendende Hören einer klaren Botschaft ohnehin verhindere. Auch das stimmt weitgehend.
Stellen Sie deshalb, wenn die Meditation eine Kurzpredigt ersetzen soll, unbedingt auf geschickte Weise einen biblischen Bezug her! So haben Sie »zwei Fliegen mit einer Klappe« geschlagen.

---

[65] Weitere Hilfen erhalten Sie gewiß auch in den Anleitungen zum Erzählen. Siehe auf den Seiten 34 und 43-45!

Bedenklich wird es, wenn ein Verkündiger an den großen christlichen Festen auf eine Bildmeditation »ausweicht«, um sich der klaren Glaubensaussage, die diesen Tag bestimmen soll, nicht stellen zu müssen.[66]

Redner-Voraussetzungen bei einer Bild-Meditation
Die Alternative »Bild-Meditation oder klare Botschaft« ist natürlich falsch. Eine gut gemachte Meditation schließt die klare Botschaft des Evangeliums nicht aus, sondern ein; und die klare Botschaft benötigt das Bild. Die Fragen sind vielmehr, ob der jeweilige Prediger zum Bild flüchtet, um der Konfrontation zwischen Botschaft und Zuhörern aus dem Weg zu gehen, und ob er das gezeichnete Bild braucht, weil er es mit Worten nicht »malen« kann. Sie können eine Bild-Meditation mit der klarsten und dennoch unaufdringlichen Botschaft gestalten. Und Sie können ebenso ohne gezeichnete oder gemalte Bilder, Holzschnitte oder Kupferstiche dem Zuschauer »gesprochene« Bilder vor das innere Auge zaubern. Suchen Sie Zuflucht zur Meditation, weil Sie sich die Mühe der Predigtvorbereitung schenken wollen, so wird daraus ebensowenig werden, wie aus der Predigt geworden wäre. Als Not- oder Bequemlichkeitslösung taugt die Bild-Meditation nicht.

Ratschläge zur Durchführung einer Bild-Meditation
In jedem Fall sollte Ihre Bild-Meditation gut vorbereitet sein. In der Regel werden Sie sich erst dann für eine Bild-Meditation entscheiden, wenn ein Bild bereits zu Ihnen gesprochen hat. Es kann aber auch einmal vorgegeben sein.
Schauen Sie zunächst ziellos auf das Bild, um die Atmosphäre zu »erschnuppern«, dann gehen Sie systematisch durch, von oben links nach unten rechts oder umgekehrt. Teilen Sie das Bild ruhig in Planquadrate ein, damit Sie nichts Wesentliches übersehen! Sparen Sie nicht an Zeit des Betrachtens! Schreiben Sie sich auf einen Zettel, was Ihnen am Bild aufgefallen ist. Das können kleine Gegenstände sein. Sind die Gegenstände aus der Zeit des Geschehens? Stammen sie vom Ort des Geschehens? Sind die Häuser dort vielleicht europäische Häuser in einer orientalischen Geschichte? Was könnte das bedeuten? Überhaupt: Ist das Bild perspektivisch gezeichnet, oder stammt es aus einer Zeit, in der man die Symbolik im Auge hatte? Spielen die Entfernungen eine Rolle? Wenn ja, welche? Gibt es dort Tiere? Leben die am Ort des ursprünglichen Geschehens? Wie und wo steht die Sonne oder der Mond? Was für Gesichter machen die Menschen? Erschrockene oder verzweifelte oder müde oder glückliche? Wohin schauen die Menschen auf dem Bild? Was tun die Menschen auf dem Bild? Was tun die Tiere? Welche Verbindungen sind zwischen Menschen und Tieren zu erkennen? Hat der Künstler etwas über Gebühr hervorgehoben? Und viele andere Fragen können Sie an das Bild stellen. Betrachten Sie dann das Bild wieder in seiner Gesamtwirkung!

---

66 Es liegt nahe, daß sich ein Verkündiger mit Hilfe einer Bild-Meditation besonders leicht um die wesentlichen Aussagen der Glaubensbekenntnisse herummogelt, ohne daß es auffällt. Meine Anmerkung gilt weniger den kritischen Gemeindegliedern als vielmehr demjenigen, der von dieser Gefahr bedroht ist.

Jetzt wäre zu fragen: Was wollte der Maler erreichen? Was will ich mit dieser Meditation erreichen? Was will und was kann ich **bei diesen Zuhörern** damit erreichen? Das **Ziel** ist außerordentlich wichtig! Ebenso wichtig wie das Ziel ist der **Ausgangspunkt**. Überlegen Sie sich sehr gut, wo im Bild Sie einsetzen wollen! Auf keinen Fall darf die Sache planlos wirken. Der Einsatz muß nach **Ort** und **Zeit** festgelegt werden. Von da aus müssen Sie alle anderen abgebildeten Vorgänge entwickeln.[67]
Dann wäre zu entscheiden: Wollen Sie jedem Anwesenden eine Kopie des Bildes in die Hand geben? Dann legen Sie sie am besten auf oder an den Sitzplätzen aus. Oder ist es besser, eine Folie davon anzufertigen und das Bild per Tageslichtprojektor an eine Wand zu werfen? Wäre das von den Räumlichkeiten her möglich?

In jedem Fall müssen Sie darauf achten, daß die Beziehung zwischen dem Bild und Ihren Erklärungen in jeder Phase der Meditation erhalten bleibt. Es genügt nicht, einmal am Anfang zu sagen: »Nehmen Sie bitte das Blatt zur Hand!« Sie müssen Ihre Zuhörer ständig am Bild festhalten. Dabei dient es nicht gerade einer romantischen Stimmung, wenn Sie technisch von »oben links« reden. Wärmer ist, zum Beispiel von dem »Mann im Vordergrund« oder von der »Frau mit dem wallenden Haar« zu sprechen.
Verbindungsformeln zur biblischen Botschaft könnten unter vielen anderen sein: Der Zeichner hat wohl an ... gedacht. Das hat der Maler begriffen. Der Hirte mit dem großen Hut weiß, daß ... Dieser Holzschnitt will uns sagen: ...

(11) Das Predigtnachgespräch

Das Predigtnachgespräch ist eine Veranstaltung, die den Gottesdienstbesuchern im Anschluß an den Gottesdienst angeboten wird. Sie findet unter der Leitung des Predigers oder einer eigens dazu bestellten Person im Kirchenraum oder in einem Nebenraum statt. In der Regel wird der Gottesdienst zuvor auf die übliche Weise -das heißt mit Segen und Nachspiel- beendet. Liegen zu viele Minuten oder gar ein beschwerlicher Weg zwischen Gottesdienst und Nachgespräch, so besteht die Gefahr, daß sehr wenige Gottesdienstbesucher daran teilnehmen. Es sollte aber in Ihrem Interesse liegen, daß möglichst viele Gemeindeglieder und Freunde zurückbleiben. Ist ein repräsentativer Querschnitt der Gemeinde anwesend, so kann dadurch vielleicht verhindert werden, daß das Gespräch in die Hand einiger weniger einseitig Interessierter gerät.
Grundsätzlich eignet sich für ein Nachgespräch jede gründlich vorbereitete und sauber vorgetragene Predigt. Themenorientierte Predigten dürften bei Ihren Hörern mehr Interesse für eine anschließende Besprechung wecken als Textpredigten. Botschaften, die betont als Gottes Zusage oder Forderung aus seelsorgerlicher Verantwortung und in Vollmacht weitergegeben worden sind, eignen

---

[67] Beispiel: Bei einer Weihnachts-Darstellung der Hirten bei ihrer Herde auf Bethlehems Fluren ist zu fragen: War der Engel bereits da? Haben sie bereits ein wenig begriffen, was ihnen gesagt wurde? Haben sie sich vom Schrecken schon erholt? Haben sie bereits den Entschluß gefaßt, nach Bethlehem zu gehen und nachzusehen?

sich möglicherweise weniger zur anschließenden Diskussion, damit das zur Annahme oder Ablehnung »Vorgelegte« nicht »zerredet« wird. Sollten Sie sich trotzdem entscheiden, eine solche Predigt dem Meinungsaustausch preiszugeben, so achten Sie bitte sorgfältig darauf, daß die guten Ansätze bei aufgeschlossenen Hörern nicht durch diskussionswütige zerstört werden.

Es kann von Vorteil sein, wenn Sie als Prediger nicht gleichzeitig das Nachgespräch leiten. So haben Sie jederzeit die Möglichkeit, Fragen zu beantworten, ohne sich selbst das Wort erteilen zu müssen. Durch einen neutralen Gesprächsleiter kommen auch eher neue Fragestellungen zu ihrem Recht, die die Thematik fruchtbar erweitern können. Leiten Sie das Gespräch selbst, so finden Sie sich leicht entweder in der Rolle des »Angeklagten« oder in der des Lob Einheimsenden wieder. Beides ist nicht gut.

Diese Gesichtspunkte treffen aber nur für den Fall zu, daß der neutrale Gesprächsleiter bzw. die Gesprächsleiterin eine verantwortungsbewußte, auf Ausgewogenheit und die sachliche Lösung von Problemen bedachte sowie eine zur Gesprächsführung befähigte Person ist. Es empfiehlt sich, das Gespräch und vor allem die Gesprächsinteressen mit dieser Person gründlich abzustimmen. Die inhaltlichen Gesprächsziele sollten indessen nicht abgesprochen sein, weil das die Originalität der Veranstaltung begrenzt.

Wie jeder Programmpunkt, so hat auch das Predigtnachgespräch seine Licht- und seine Schattenseite. Zur hellen Seite gehören unter anderem die Möglichkeiten, den Predigtinhalt zu vertiefen, durch die Predigt aufgekommene Unklarheiten zu beseitigen, lückenhafte Erklärungen zu vervollständigen, nachträglich Vertrauen zu erwerben und eventuell noch Kompetenz nachzuweisen. Auch spezielle Fragen können beantwortet und Mißverständnisse ausgeräumt, Gerüchten aus Fehlinterpretationen vorgebeugt werden. Sie erhalten durch persönliche Fragen mitunter eine späte Chance, Ihre Botschaft auf bestimmte Personen und spezielle Lebenslagen anzuwenden, was die Predigt so gezielt nicht immer leisten kann. Je mehr Sie mit Ihrer Thematik vertraut sind, desto mehr wird das Nachgespräch zu Ihrer Chance. Deshalb dürfen Sie den Inhalt Ihrer Botschaft nicht nur auf dem Papier haben, sondern Sie müssen durch und durch mit ihm vertraut sein. Nachgespräche können darüber hinaus für Sie als Prediger zu Schatzkammern an Anregungen werden und Ihnen künftige Fehler vermeiden helfen.

Auf der Schattenseite drohen einige Gefahren, die das Gute an der Idee eines Nachgesprächs verhindern, schlimmstenfalls sogar die Wirkung auch der Predigt im nachhinein zunichte machen können. Ich habe erlebt, daß plötzlich engste Freunde des Predigers nicht mehr an den Aussagen der Predigt interessiert waren, sondern ihr Spezialwissen zu Randfragen der Botschaft zur Geltung bringen wollten. Die Zielsetzung der Predigt spielte keine Rolle mehr. Rechnen Sie mit allem!

Beobachtungen zeigen leider, daß nach einem Gottesdienst in der Regel der größte Teil einer Gemeinde nach Hause geht. Zu einem Nachgespräch bleiben ganz bestimmte Leute zurück. Diejenigen, die am Predigtnachgespräch teilnehmen, sind nicht immer und oft nicht überwiegend solche Menschen, die einer fruchtbaren Nachbereitung der Predigt dienlich sind. Zur Charakterisierung Ihrer Hörer im allgemeinen und der Nachgesprächsteilnehmer im besonderen verwende ich hier sinngemäß die Zusammenstellung eines weltlichen Rhetorikbuches. Dieses Handbuch nennt für ähnliche, aber nicht-kirchliche Veranstaltungen neun Typen[68]:

Konstruktive und Aufgeschlossene
Lernwillige
Aufmunternde und Zustimmende
Geltungssüchtige
Besserwisserische
Nörgler
Skeptiker
Desinteressierte
Ablehnende

Mit dem **Aufgeschlossenen** habe Sie es leicht; er hat schon während der Predigt mit offenen Augen zugehört, hat Sie freundlich angeschaut und positiv, etwa durch gelegentliches Kopfnicken, reagiert. Auch jetzt ist er ein idealer Gesprächsteilnehmer. Er redet, wenn er meint, daß sein Beitrag der Wahrheitsfindung dient. Er unternimmt Anstrengungen, um selbst ordnend oder klärend einzugreifen. Sein Interesse ist aber nicht automatisch auf Ihrer Seite; es kann streckenweise auch einem Gegner des Predigers gelten.
Am **Lernwilligen** können Sie Ihre Freude haben. In der Predigt sitzt er in gespannter Aufmerksamkeit vor Ihnen. Er ist auf Ihrer Seite, wenn Sie ihm etwas Neues bieten. Enttäuschen Sie ihn, kann er ungehalten reagieren.
Der **Aufmunternde und Zustimmende** ist mitunter unkritisch. Sein Harmoniebedürfnis ist groß. Dem Redner macht er es leicht, hilft der Sache aber nicht unbedingt weiter.
Der **Geltungssüchtige** kann Ihnen gefährlich werden. Schon in der Predigt sitzt er an exponierter Stelle in auffälliger Haltung, »adelt« Sie vielleicht durch gelegentliches Mitschreiben, unterhält lebhaften Blickkontakt, reagiert auf rhetorische Mittel übertrieben und verweist gern auf eigenes Material zum Thema, das er demonstrativ hält oder trägt. Den Geltungssüchtigen können Sie als Verbündeten für Ihre Ziele »einspannen«. Spürt er aber, daß etwas nicht seinen Zielen dient, so läßt er Sie einfach fallen. Lassen Sie die Bedürfnisse eines Geltungssüchtigen unerfüllt, so schaffen Sie sich einen Feind.

Der **Besserwisser** hat nichts anderes im Sinn, als sich bestätigen zu lassen, daß Sie nichts Besonderes zu bieten haben. Sein ganzes Wesen fordert Sie auf: »Nun zeig mal, was Du weißt!« Er wird nicht versäumen, Ihnen Verbesserungsvorschläge zu unterbreiten und Ihnen eventuell noch ein paar Bibelstellen nennen, die Sie nach seiner Meinung unbedingt hätten erwähnen müssen.
Der **Nörgler**, bereits während der Predigt mit griesgrämigem Gesicht, findet allenthalben Schwächen und glaubt nicht an Lösungen.

[68] Diese Hörertypen treffen Sie auch in Bibelstunden, Hauskreisen, bei Podiumsdiskussionen und anderen gemeindlichen Veranstaltungen an. Sie spielen überall da eine Rolle, wo ein Austausch stattfindet. Die Beschreibung folgt zum Teil Roman Hofmeister, Seiten 120 bis 124.

Der **Skeptiker** kann überzeugt werden. Er wird durch Sie entweder zum Konstruktiven oder zum Nörgler.
Der **Desinteressierte** gähnt während der Predigt oder schaut auf die Uhr. Sollte er sich in ein Nachgespräch »verirrt« haben, vielleicht weil ihn jemand »mitgeschleppt« oder sehr dazu gedrängt hat, so sind ihm die anderen Anwesenden sicher wichtiger als Ihr Thema. Lassen Sie ihn nicht zur Ruhe kommen! Fragen Sie ihn ruhig unter Namensnennung um seine Meinung. Hofmeister urteilt: »Besser, es wird ihm zu lästig und er geht, als er vergiftet Ihr Vortragsklima.«[69]
Der **Ablehnende** signalisiert Abwehr bereits während der Predigt. Sollte er aus einem Grund, vielleicht seiner Braut zuliebe, zum Nachgespräch gekommen sein, so wird er sich unverhohlen Unbehagen anmerken lassen. Ihm gegenüber haben Sie zwei Möglichkeiten: Sie können ihn »links liegen« und gehen lassen, wie er gekommen ist, oder Sie können um ihn »kämpfen«. Es könnte sich lohnen! Um zu kämpfen, müssen Sie Zeit und Kraft investieren, zunächst um herauszubekommen, wogegen sich seine Ablehnung richtet. Sind Sie es selbst? Oder sind es Ihre Zuhörer? Ist es die Umgebung, der Raum etwa, oder ist es die Thematik? Sind Sie es, und er sagt es Ihnen, so sind Sie bereits ein großes Stück weiter!
Sie haben sicher etwas von der in der Psychologie bekannten Unterscheidung von

Kindheits-Ich **Eltern-Ich** **Erwachsenen-Ich**

gehört[70]. Diese Darstellung besagt, daß jeder Mensch mehr oder weniger in jedem dieser drei Ich-Zustände lebt und mit jedem dieser drei Ichs sprechen kann.
Das **Kindheits-Ich** leidet, spielt, genießt. Es zeigt sich, indem ein Erwachsener scherzt, spottet, albern ist oder einmal etwas »ganz Verrücktes« tut. In einem Predigtnachgespräch kann es sich im Drang zeigen, die Dinge lustig darzustellen, Nebensachen zu belächeln. Das ärgert andere.
Das **Eltern-Ich** weiß, bewertet, wiegt. Im Nachgespräch tritt es als »Ordner« auf, tadelt »Ausbrecher«, ruft zum Ernst der Sache zurück. Es will Ordnung herstellen, übersieht aber gelegentlich auch schöpferische Möglichkeiten.
Das **Erwachsenen-Ich** erfaßt, prüft, bedenkt, sieht voraus. Im Nachgespräch kommt es zur Sache und ist bei der Sache; es gibt sich verständnisvoll und ist insofern auf Ihrer Seite.
Hofmeister gibt den guten Rat[71]: Als Gesprächsleiter »stellen Sie sich vorsichtshalber dumm! Nehmen Sie ganz einfach an, alle Fragen kommen aus der Ebene des »Erwachsenen-Ich«, das heißt, sie sind sachlich, und hören Sie nur mit dem Sachohr! Mit dieser Methode kann Ihnen in der Diskussion am wenigsten passieren.«[72] Behandeln Sie also auch solche Beiträge sachlich, die Sie in Ihrem tief-

---

[69] Hofmeister, Seite 123

[70] Der damit überwiegend verbundene Name ist Eric Berne, eines seiner darüber aufklärenden Bücher: »Spiele der Erwachsenen«, 1974.

[71] Hofmeister, Seite 139

[72] Zum »Sachohr«: Der Psychologe Schulz von Thun unterscheidet hinsichtlich der menschlichen Kommunikation Sachinhalt, Selbstoffenbarung, Beziehung und Appell. Diesen vier in jedem Gespräch mehr oder weniger vorhandenen Interessen des Redenden entsprechen die vier Ohren beim Zuhörenden: das Sach-Ohr, das Selbstoffenbarungs-Ohr, das Beziehungs-Ohr und das Appell-Ohr. Nachzulesen in seinem Buch »Miteinander reden«.

sten Inneren nicht als weiterführende Anmerkung ernst nehmen. Einen letzten Tip dazu gebe ich Ihnen: Sehen Sie zu, daß Sie im Nachgespräch unter dem Publikum außer dem Gesprächsleiter einen Ihnen wohlgesonnenen, vertrauenswürdigen und durchsetzungsfähigen Menschen haben, der sich in Augenblicken zu Wort meldet, da das Gespräch eine unliebsame Wendung zu nehmen droht. Sie brauchen im Nachgespräch unter Umständen so etwas wie einen »Anwalt«.

b) Kleine Tips zum Umgang mit nonverbalen Medien

Nonverbale Medien sind Mittel, die nicht auf dem gesprochenen Wort beruhen. Im Zusammenhang mit der Durchführung einer Veranstaltung geht es dabei hauptsächlich um die sogenannten **audiovisuellen Medien**. Sie können durchs Hören **und** Sehen wirken. Die häufigsten solcher Einrichtungen sind gewiß Diaprojektoren und Tageslichtschreiber, Flip-Charts[73], gelegentlich auch noch Wandtafeln, Flanelltafeln und vorgefertigte Plakate.

Überlegen Sie kritisch, ob sich der Aufwand, die Kosten, die Störung und die Verschandelung, etwa des Altarraums in einer Kirche, für den meist geringen Effekt oder Informationsgewinn lohnen! Der Projektor, der im Wege steht und bedient werden muß, der Tageslichtschreiber, der nicht in die Kanzel integriert ist, die Leinwand, die nicht elektrisch angetrieben lautlos hinter einer Blende hervorgleitet, sondern aufgestellt werden muß und dann den Blick auf das Kreuz, den Altar bzw. den Abendmahlstisch oder ein buntes Glasfenster verstellt, die Helfer, die zur Montage und Demontage sichtbare und hörbare Unruhe in den Gottesdienst oder in eine andere Versammlung bringen - sie alle sind nur vertretbar, wenn der Informations-, Merkbarkeits- und Verständigungsvorteil beträchtlich ist. Bei einer Folie oder für zwei Dias, die nur wenige Sekunden sichtbar bleiben, ist das nicht der Fall, wohl aber für eine Serie von zwölf Bildern oder für ein einziges, das während der gesamten Predigt bzw. während des ganzen Vortrags stehen bleibt, weil es der gesamten Rede dient.[74]

c) Kleine Tips zum Umgang mit Kindern

Sind Kinder anwesend, so betrachten Sie das als etwas zutiefst Positives! Stören die Kinder, so schmunzeln Sie dazu! Kommt ein Kind zu Ihnen nach vorn getrottet, so nehmen Sie es vor aller Augen auf den Arm und machen Sie eine nette Bemerkung dazu. Sagen Sie, wie dankbar Sie dafür sind, daß es noch Kinder in den Gemeinden gibt. Alles andere würde Ihnen ohnehin übel genommen.

Wenn Sie es sich begabungsmäßig und zeitlich leisten können, gehen Sie mit ein paar Worten auf die Kinder ein, so daß auch diese wenigstens einen Gedanken verstehen. Reden Sie sie ruhig freundlich an! Ist die Anwesenheit von Kindern von vornherein eingeplant, etwa zu einem Familiengottesdienst, so wäre es ein

---

[73] Flip-Charts sind dreifüßige, etwa 1,80 Meter hohe Ständer, an denen über eine fast senkrecht angeordnete Metallplatte große, meist schwach karierte Papierbögen herunterhängen, die nach der Beschriftung wie von einem Stenoblock abgerissen werden, um den nächsten Bogen freizugeben.

[74] Die nonverbalen und die audiovisuellen Medien wurden ausführlicher bereits auf den Seiten 102-105 behandelt.

schier unverzeihliches Versäumnis, wenn Ihre Ansprache nicht wenigstens über einige Passagen für Kinder verständlich wäre und die Kinder darin angesprochen würden. Aber übersehen Sie nicht eine Kleinigkeit: Allzu auffällige Zuwendung macht die lieben Kleinen albern. Und das können Sie in Ihrer Veranstaltung wahrscheinlich gar nicht gebrauchen. Und noch eine Tatsache lassen Sie nicht außer acht: Kinder haben ein sehr gutes Gedächtnis. Es ist fast ein halbes Jahrhundert her, daß einer der bekanntesten deutschen Evangelisten in unserer kleinen Stubenversammlung sprach. Nachdem er uns alle durch einen Witz zum Lachen gebracht hatte und ich ein wenig länger nachlachte, legte er mit todernster Miene seinen Finger auf den Mund und machte vor aller Öffentlichkeit zu mir hin gewendet: »Pssst!« Er ist schon seit vielen Jahren tot; aber noch heute huscht ein Schatten über mein Gesicht, wenn sein Name fällt. Unterschätzen Sie nie das Gedächtnis von Kindern! Hüten Sie sich davor, Kinder aus Gedankenlosigkeit ungerecht zu behandeln!

Es gibt allerdings Eltern, die einem Redner Ungeheuerliches zumuten. Ich habe erlebt, daß ein Kind so laut und anhaltend erzählte oder schrie, daß ich es nur durch äußerste Anstrengung übertönen konnte. Bereits nach zehn Minuten bemerkte ich, daß ich nur unter Schmerzen zu Ende sprechen können würde. Leider hatte ich in unmittelbarem Anschluß einen weiteren Gottesdienst im Nachbarort. Dort konnte ich nur noch ganz leise reden. Zur Erklärung sagte ich: »Meine Stimme ist kaputt; deshalb kann ich nur noch ganz leise sprechen. Im vorigen Gottesdienst mußte ich ein Kind überschreien.« Was ich als Fremder nicht ahnen konnte: In jenem Dorf wußte man genau, welches Kind in der Nachbargemeinde es war. Zehn Minuten nach dem Segen wußte die Mutter des Kindes per Telefon, was ich gesagt hatte. Macht nichts! Das Problem dort soll seitdem gelöst sein.

Die meisten Kinder sind eine Bereicherung im Gottesdienst. Sie stören nicht oder wenig. In penetranten Fällen jedoch müssen Sie mit den Eltern taktvoll, aber bestimmt reden. Besser noch wäre es, wenn es eine andere Person mit Fingerspitzengefühl täte. Das Evangelium ist wert, gehört zu werden. Sicher dürfen Sie nicht zulassen, daß es übertönt wird.

Haben Sie aber alles Mögliche für die Kinder getan? Gibt es eine Aufbewahrung für Kleinkinder, eine Sonntagsschule, eine Krabbelstube? Wäre es möglich, daß ein störendes Kind von Gemeindegliedern, die sich abwechseln, betreut wird, damit die Mutter zum Gottesdienst gehen kann? Das müssen Sie sich fragen, bevor Sie ein energisches Wort sagen.

Es ist nicht nur Bequemlichkeit, auch nicht nur Bescheidenheit oder Schüchternheit, sondern es hat psychologische Gründe, daß viele Zuhörer sich in die letzten Bankreihen setzen wollen. Sie haben so das unbewußte Gefühl, »weit ab vom Schuß« nicht so sehr getroffen werden zu können. Und die vordersten Plätze bleiben meist nicht deshalb leer, weil der Prediger »eine feuchte Aussprache« haben könnte, sondern weil sie meinen, ihre Zugehörigkeit zur Gemeinde am äußersten Rand nur verhalten demonstrieren zu müssen. Selbst die Schwerhörigen machen von ihrer Chance, verstehen zu können, keinen Gebrauch. Dieses Phänomen zeugt oft von einer menschlich-gemeindlichen Störung. Kommen Sie deshalb Ihren Anbefohlenen entgegen, indem Sie ein dezentes, sauber beschriftetes Schild gut sichtbar an die hinterste Stuhl- oder Bankreihe heften: »Reserviert für Familien mit Kleinkindern!« So bekommen Sie die Kinder nach hinten und die Erwachsenen ein wenig näher nach vorn.

d) Das Aufstehen

Das Aufstehen ist eine Gebärde der Ehrerbietung. Ein Herr kann nicht im Sessel sitzen bleiben, wenn eine Dame ins Zimmer kommt. Auch eine weltliche Versammlung würde sich erheben, wenn ein Staatsoberhaupt den Saal betritt. Ein Parlament singt die Nationalhymne stehend. Und auch der Toten wird stehend gedacht. Zu allen besonderen Würdigungs-, Ehrungs-, Weihe-, Verleihungs- und Gelöbnisakten erheben sich die Anwesenden, so auch, wenn das Gericht in den Verhandlungs-Saal einzieht, wenn ein Eid geschworen oder das Urteil gesprochen wird, wenn ein Sarg vorbeigetragen wird oder wenn ein Brautpaar hinter dem Pfarrer zum Altar schreitet. Stehende Ovationen[75] im Theater oder im Konzertsaal gelten als außergewöhnliche Würdigung der Leistung eines oder mehrerer Künstler.

Im Rahmen dieser weltlichen Vergleiche ist zu fragen: Wann und wie ehren wir unseren Gott im Rahmen eines Gottesdienstes? Kürzlich besuchte ich einen landeskirchlichen Gottesdienst, in dem nicht ein einziges Mal gestanden wurde. Die äußere Ehrfurchtsbezeugung hat mir gefehlt. Ist es nur Erziehung? Es gibt Gruppen, die zum Gebet aufstehen, andere zu allem, was man ihnen, den Besuchern, zuspricht. Einige, namentlich reformierte Gemeinden, bezeugen ihre besondere Ehrfurcht vor dem Wort Gottes dadurch, daß sie immer dann aufstehen, wenn aus der Bibel vorgelesen wird. Unsere Kirchenmusiker hätten natürlich am liebsten, wenn zum Singen aufgestanden würde; denn dann sängen die Leute kräftiger, weil sie tiefer atmen könnten. Und schließlich, sagen sie, sind ja die meisten Choräle Anbetungslieder. Die Empfindungen für den Ausdruck von Ehrfurcht sind zudem von Volk zu Volk verschieden.

Ich sage hier nur meine persönliche Meinung: Ich halte es für unangemessen, daß gesunde Menschen sitzenbleiben, während am Gottesdienstbeginn der Name Gottes über einer Gemeinde ausgesprochen wird: »Im Namen des Vaters und des Sohnes und des Heiligen Geistes.« Ebenso empfinde ich es, wenn liturgische Anbetungsstücke, etwa »Ehr' sei dem Vater und dem Sohn und dem Heiligen Geist« und »Halleluja« oder die Große Doxologie[76] gesungen wird. Das gleiche gilt für das »Unser Vater« und für den Zuspruch des Segens am Schluß des Gottesdienstes.

Sie sollten, wenn es nicht feststeht, der Gemeinde unmißverständlich sagen, wann sie aufstehen soll, ebenso, wann sie sich wieder setzen kann. Wenn Sie wissen, daß gebrechliche Menschen anwesend sind, sagen Sie ruhig, daß solche, »die sich körperlich dazu in der Lage fühlen«, aufstehen mögen. Es soll niemand ein schlechtes Gewissen haben oder sich diskriminiert fühlen, wenn er sitzenbleibt. Sagen Sie es etwa so:

> Ich bitte die, die sich dazu körperlich in der Lage fühlen, zum Gebet aufzustehen.

---

[75] = Beifallssturm aus (lat.) *ovatio* (= kleiner Triumph), zu *ovare* (= jubeln)

[76] Von (grie.) *doxa* (= Lichtglanz, Herrlichkeit); es bedeutet Verherrlichung, Ehrung.

Es wirkt komisch, wenn Sie in der 1. Person sagen: »Wir erheben uns«, wo Sie selbst doch schon die ganze Zeit stehen. Versäumen Sie hinterher nicht, in der 2. Person zu sagen:

> Nehmen Sie bitte wieder Platz!

Das Winken mit der Hand, das die Hörer zum Aufstehen oder zum Platznehmen veranlassen soll, ist nicht sehr höflich. Auf mich wirkt es, als wolle der Pfarrer Hühner wegscheuchen. Wenn Sie sich absolut nicht davon trennen wollen, dann führen Sie die entsprechende Bewegung wenigstens sehr verhalten aus!
Sollten zu einem Gebet ein paar Leute ohne Aufforderung aufstehen, so ordnen Sie nichts Gegenteiliges an, etwa: »Wir bleiben sitzen.«, sondern schweigen Sie entweder oder unterstützen Sie bei allgemeiner Verunsicherung die Geste, indem Sie sagen: »Ja, Sie haben recht; wir sollten stehend beten.«!

e) Die Zusammenarbeit

Sind Sie der Versammlungsleiter, so legen Sie **vorher** fest, **was** durch **wen wie** geschehen soll. Die Veranstaltung sollte einerseits zwar nicht eintönig, sondern reichhaltig wirken, andererseits aber als »ein Guß« empfunden werden können. Gehen Sie dabei nicht Ihren »Steckenpferden« nach. Verhindern Sie aber auch, daß es andere Mitwirkende tun! Es gibt freikirchliche Gemeinden, in denen es sich eingebürgert hat, daß nicht der Prediger den Gottesdienst leitet. Das kann einen guten Eindruck auf die Gemeinde machen. Es wirkt immer positiv, wenn mehrere Christen harmonisch miteinander arbeiten. Oft aber artet das gut gemeinte Teamwork zum öffentlichen Rhetorik- und Geistlichkeitswettstreit aus. Jeder will den angenehmeren Eindruck hinterlassen, die ergreifenderen Worte gefunden haben, die Empfindungen der Hörer am genauesten getroffen oder am sympathischsten gewirkt haben. Das ist ganz und gar nicht gut. Ich bin kein Freund von Korreferaten[77] zur Predigt, auch nicht von Vorreden, die »den Rahm abschöpfen«. Wollen Sie so etwas zulassen, dann sprechen Sie es inhaltlich vorher genauestens ab. Und arbeiten Sie mit niemand zusammen, der sich nicht an die Abmachungen hält. Ergänzen oder interpretieren aber auch Sie als Gastgeber und Versammlungsleiter Ihren Gastprediger nur im äußersten Notfall! Franz Josef Strauß schreibt dazu[78]:

> Als Hauptredner unzähliger Veranstaltungen verfüge ich über einen reichen Schatz an Erfahrungen mit Vor- und Nachrednern, der sich auf drei Grundmuster zurückführen läßt.

Er beschreibt nun, daß im ersten Fall der Gastgeber damit eröffnet, daß er selbst ausführlich darlegt, worum es geht, und dann noch umständlich ankündigt, daß der Redner auf diese Probleme unter erstens, zweitens und drittens eingehen werde. Strauß dazu:

> Die Spannung wird auf diese Weise nicht eben gesteigert, sie wird zu Tode geredet - der Hauptredner hat bereits einen schlechten Start.

Strauß spricht mir da aus der Seele; ich habe das oft erlebt. Brüderliche Liebe steckt sicher nicht dahinter.

---

77 = Nebenbericht zum gleichen Thema aus (lat.) *con* für *cum* (= mit, zusammen), und *referre* (= berichten, eigentlich: zurückbringen)

78 Strauß, Seiten 170 und 171

Franz Josef Strauß schildert nun die zweite Kategorie, in der der **Nachredner** weit ausholend zusammenfaßt. Er meint dazu:

Aber danach verlangen weder die Zuhörer noch ich.

Als ihm besonders ärgerlich beschreibt er die dritte Gruppe, die sich vor dem Publikum praktisch dafür entschuldigt, daß sie einen so umstrittenen und kontroversen Politiker eingeladen hätten. Auch solches ist dem Reich Gottes nicht fremd.

Gerade bei Vor- und Nachreden ist die Gefahr, daß einer guten Sache Abbruch getan wird, sehr groß. Da sind einmal die Steckenpferde, die doch unbedingt geritten werden müssen, und die Lieblingsthemen, die wiedergekäut sein wollen. Und zum anderen soll doch das Stegreifwissen demonstriert werden. Im übrigen kann man da so herrlich zeigen, daß man **noch** mehr Ahnung von der Thematik hat als der Hauptredner.

Wenn ich mich sorgfältig auf eine Predigt vorbereitet habe und dabei auch offen für den Einfluß des Heiligen Geistes war, dann kann ein Stegreif-Nachredner schwerlich meine auch pädagogisch und psychologisch bedachten Ausführungen verbessern. Ich behaupte: in 90 % aller Fälle wird er die Wirkung verschlechtern. Es ist deshalb abwegig, wenn auch in Freikirchen leider häufig üblich, daß nach der Predigt noch einmal eine andere Person zum Reden kommt.

Spreche ich z.B. über den »Segen« und aus einem wohlüberlegten Grund einen Gedanken anreiße, aber zum Nachdenken offen lasse und das sogar sage, und es kommt ein Nachredner, der seine eigene Definition liefert und diese dann auch noch in einer völlig anderen Intention und mit einem ganz unpassenden Bibelzitat belegt, so ist das außerordentlich traurig. Das vergleiche ich mit einer Kriegsszene aus alter Zeit: Eine belagerte Stadt soll genommen werden. Die Kriegsknechte rennen mit einem riesigen Baumstamm auf das Stadttor zu, um es damit zu zersplittern. Aber kurz bevor der mächtige Rammbock auf das Holztor kracht, kommt von der Seite eine andere Gruppe Kriegsknechte, die gutgemeint helfen wollen, das Tor aufzubrechen. Aber statt die gleiche Stelle am Tor zu treffen, fährt ihr Holz mit großer Wucht gegen den Stamm der ersten Gruppe.
Er lenkt ihn ab; und beide Stämme landen nicht im Tor, sondern am Mauerpfeiler. Feierabend! Für diesmal ist die Chance vertan. So macht man das im Reich Gottes nicht so selten.

Wenn ein Prediger über die Geschichte von der Ehebrecherin predigt und im Laufe seiner Ausführungen auch Johannes 8, Vers 6, erwähnt, wo die Rede vom »in die Erde schreiben« ist, und dieser Redner aus gutem Grund nicht die Parallele von Jesaja 17, Vers 13, erwähnt, so müssen Sie nicht unbedingt wie aus der Pistole geschossen ergänzen, nur um Ihre Bibelkenntnis unter Beweis zu stellen: »Jesus bezieht sich da auf eine Jesaja-Stelle; das wollte ich noch sagen.« Gar nichts ist damit gewonnen, nur geschadet.

Helmut Thielicke berichtet in seiner Autobiographie[79], wie er einen Vortrag über das ethische Problem der Atomwaffen auf dem CDU-Parteitag gehalten hatte und dann Konrad Adenauer ans Rednerpult trat und -eingehüllt in allerhöchstes Lob- den Vortrag unmerklich in seinem Sinne nivellierte, so daß nichts von den Aussagen stehenblieb, auf die es Thielicke angekommen war.

Und noch etwas ist für Nachreden[80] zu bedenken, was möglicherweise wieder ein wenig trösten könnte: Wenn ein Prediger sein Amen gesagt hat, ist der Spannungsbogen der Zuhörer endgültig bei null angekommen. Die Hörer sind also nicht mehr auf Aufnahme eingestellt und auch nicht mehr dazu bereit. Es ist den Zuhörern zumute, als kämen sie im Morgengrauen todmüde von einer langen Reise zurück und freuten sich nun auf einen kurzen Imbiß und anschließend auf ihr Bett. Und nun stände da einer, der sagt: »Setzt Euch gleich wieder ins Auto, und fahrt in die Stadt zurück, um zuvor für die nächste Fahrt neu zu tanken.« Das würde die Heimkehrer sicher sehr unwillig werden lassen. Und genauso reagieren die Hörer auf eine Predigt nach der Predigt. Sie wollten schließlich den Hauptredner hören und nicht den Nachredner. Dem verweigern sie nun unbewußt die Aufmerksamkeit. Positives kann der Nachredner nun also kaum noch an den Mann oder die Frau bringen, nur noch ablenken vom Vorhandenen. Das ist der Flurschaden, den er in den allermeisten Fällen anrichtet.

Vermeiden Sie öffentliche Konfrontationen! Kürzlich erlebte ich einen Gottesdienst mit Gästen aus einer theologischen Schule.[81] Es war mit dem Gemeindepastor ein detailliertes Programm aufgestellt worden. Einer der Schüler hielt eine kleine Meditation zu dem Begriff »Erkenntnis«. Bevor er sich wieder setzte, sagte er an:

> Wir Gäste singen Ihnen jetzt das Lied ...

Der mitgekommene Lehrer stand auf und äußerte recht ärgerlich vor der ganzen Gemeinde sinngemäß:

> Nein, wir singen nicht. Das zu wissen braucht man auch keine Erkenntnis, sondern man müßte nur lesen können.

Und dann begann er, mit der Gemeinde den Kanon zu singen: »Herr, gib uns Frieden!« Ich war innerlich so aufgebracht, daß ich dachte: Jetzt kann mir nicht einmal der Herr Frieden geben.« Nach seiner Predigt machte er dann einen ähnlichen Fehler wie der Schüler und wußte nicht mehr, welches Lied er ansagen mußte. Obwohl **er** lesen konnte! Solche Spitzen vor versammelter Gemeinde halte ich geradezu für eine Katastrophe. Dazu tragen Sie einen Ton in die Gemeinde Jesu, vor dem wir uns verwahren sollten. Ich kann den Mann einerseits gut verstehen. Er ärgerte sich, daß sein Schüler sich nicht einmal auf die wenigen Programmpunkte konzentrieren konnte. Aber das mußte er dem jungen Mann unbedingt unter vier Augen nach der Versammlung sagen.

---

79 Zu Gast auf einem schönen Stern, ab Seite 302

80 Eine Nachrede ist natürlich nicht zu verwechseln mit einer vorgesehenen, eingeplanten und abgesprochenen zweiten oder dritten Ansprache zu einem Thema.

81 Die Umstände und Bezeichnungen sind zum Teil verändert dargestellt.

Ebenso verhält es sich mit Verbesserungen, etwa:

Bruder XY wird uns nun noch ein Schlußwort sagen.

Bruder XY geht zur Kanzel und sagt:

Ich sage kein Schlußwort, sondern nur noch ein paar Worte zum Schluß.

Wozu diese unfruchtbaren Haarspaltereien? Sie schaden der Sache Gottes! Sie vergiften die Atmosphäre! Ich erinnere mich an ein solches Erlebnis vor mehr als vierzig Jahren. Ein junger Missionsschüler hatte zu Beginn seiner Ausführungen gesagt:

Den **Löwen**anteil an der Verkündigung hat heute Bruder G.

Als dann Bruder G. auf der Kanzel stand, begann er seine Ausführungen mit den Worten:

Mit **Löwen** wollen wir doch lieber nichts zu tun haben.

Ich weiß noch genau, wie mich dieser öffentliche Rüffel für den jungen Bruder, den ich jungenhaft verehrte, getroffen hat und den älteren Bruder in meinen Augen sinken ließ. Nehmen Sie doch lieber einmal eine Ungenauigkeit in Kauf!

Vor vielen Jahren hatte ich mich einmal bereiterklärt, in einer Abendveranstaltung aushilfsweise die Orgel zu spielen. Ich spielte die vorgeschriebene Melodie, die aber weder die Gemeinde noch der Redner kannte. Es klappte nicht recht, und die bekannte Melodie war wiederum mir fremd. Der ältere Pastor meinte wohl, besonders witzig zu sein, als er anschließend unter allgemeinem Gelächter bemerkte:

Unser Organist hat wohl die Überschrift »Eigene Melodie« zu wörtlich genommen.

Ich gebe zu, das kann ich diesem damals so anerkannten älteren Herrn bis heute noch nicht so recht nachsehen. Es war ganz einfach flegelhaft. Reißen Sie sich am Riemen! Beißen Sie sich auf die Lippen! Aber sagen Sie so etwas nicht öffentlich! Sagen Sie auch niemals:

Der Dankmar hat mir schon alles weggenommen.

Es macht einen überaus negativen Eindruck und schadet Ihnen, jemand einen öffentlichen Vorwurf zu machen. Auch dann, wenn es gar nicht als Vorwurf gemeint war, vielleicht sogar als Kompliment. Ihre Hörer fragen sich: »Weshalb redet er denn trotzdem, wenn er doch gar nichts mehr zu reden hat?« Sollten Sie wirklich nichts anderes Wichtiges mehr zu sagen wissen, so schweigen Sie einfach.

Sprechen Sie niemals über einen Dritten, schon gar nicht über einen Prediger, in öffentlicher Versammlung per Vornamen! Reden Sie nach Möglichkeit auch nicht von **Bruder** XY, sondern von **Pfarrer** XY, von **Pastor** XY oder auch einfach von **Frau** oder **Herrn** oder **Sven** oder **Sylvia** XY! Lassen Sie bei der Verwendung von Titeln oder Vornamen ruhig das »Herr« oder »Frau« weg! Es genügt zu sagen:

Nun spricht Pastor Müller. Wir hören jetzt Karl Schulze.

Gewöhnen Sie sich an diese profane Regelung, auch wenn Sie unter sich sind, sonst können Sie es nicht, wenn doch einmal Gäste kommen. Wollen Sie auf das »Bruder« und »Schwester« nicht verzichten, so müssen Sie es erklären. Weiter:

Bruder XY wird jetzt das Wesentliche sagen.

Die sehr unglückliche Reaktion darauf:

> Ich werde nicht das Wesentliche sagen, sondern ....

Es sind oft gerade die hochqualifizierten Kräfte im Reich Gottes, die solche Anmerkungen machen. Vielleicht denken sie, sie wollten dadurch noch ein wenig Wissen vermitteln. Was sie vermitteln, ist aber lediglich Ärger. Spitzen von Spitzenleuten sind doppelt spitz. Sie vergiften den Ton einer ganzen Gruppe. Über den bissigen Ton in manchem Haus wundere ich mich meist nicht, wenn ich den Hausherrn kenne. Und weil solche Leute Macht besitzen, sagt ihnen aus Angst vor Nachteilen keiner das brüderliche und hilfreiche Wort der Korrektur. Ihre Verantwortung ist doppelt groß - wie ihre Last.
Vermeiden Sie bitte in Podiumsgesprächen und dergleichen Veranstaltungen Bemerkungen wie:

> Lassen Sie mich doch bitte ausreden.

Oder:

> Ich konnte das vorhin nicht zu Ende führen, weil mir Frau Schmidt ins Wort gefallen ist.

Oder:

> Beantworten Sie doch endlich meine Frage!

Dieser scharfe Ton samt allen Spitzen macht gewiß eine Veranstaltung interessant, er widerspricht aber der Botschaft des Evangeliums. Versuchen Sie um Jesu willen, sich diese Art von Schlagfertigkeit abzugewöhnen!
Auch die Kanzel ist nicht der Platz für öffentliche Rechtfertigungsreden und private oder öffentlich verbrämte private Erklärungen und Mitteilungen. Auch nicht, wenn sie in das Kleid eines Zeugnisses oder einer Blumenüberreichung verpackt sind. Als Versammlungsleiter dürfen Sie einen Beitrag nur zulassen, wenn er von öffentlichem oder seelsorgerlichem Interesse ist. Das seelsorgerliche Interesse muß dabei auf seiten der Öffentlichkeit und nicht auf seiten der Privatperson vorliegen.

Halten Sie bitte keine Rückversicherungs-Reden, und lassen Sie auch keine durch andere zu, etwa:

> Ich werde Ihnen nun das Flötenkonzert ... vorspielen. Bedenken Sie bitte, daß ich erst seit einem Jahr spiele.

Oder:

> Ich konnte im letzten halben Jahr kaum üben.

Oder:

> Ich konnte mich auf die Predigt nicht so recht vorbereiten.

Entweder ist es gut oder nicht. Sollte es sich als sinnvoll erweisen, daß aus ganz bestimmten Gründen etwas Derartiges gesagt wird, so lassen Sie das durch einen anderen für den Betreffenden geschehen! Beziehungsweise tun Sie es für ihn! Sie könnten dann etwa sagen:

> Wir sind unserem Hans Schneider sehr dankbar, daß er sich hat erweichen lassen und uns nun die Freude macht, das Flötenkonzert ... vorzuspielen, obwohl er sich wegen seiner Prüfungen in den letzten Monaten kaum noch mit seiner Flöte befassen konnte.

Versammlungsleiter, Musikleiter und Redner sollten in größeren Veranstaltungen normalerweise nebeneinander sitzen, damit sie sich kurzfristig und verbindlich abstimmen können.

Ist ein Gastredner eingeladen, und ist er zu Versammlungsbeginn noch nicht da, so beginnen Sie mit dem Programm! Wählen Sie ein neutrales Lied und neutrale Lesungen aus. Kommt der Redner dann doch noch, so ist er Ihnen bestimmt dankbar, daß die Zeit nicht ungenutzt oder gar frustrierend für die Versammelten vertan worden ist.
Wo Sie selbst Gast sind, liegt vieles nicht in Ihrer Hand. Versuchen Sie dort wenigstens zu erfahren, was Ihrer wartet. Versuchen Sie, das Schlimmste rechtzeitig zu verhindern. Schlagen Sie Eingangswort, Lieder und Lesungen beizeiten vor!
Wenn es Ihnen nicht möglich war, wichtige Programmpunkte rechtzeitig mit den Beteiligten zu besprechen, etwa weil ein Mitwirkender von auswärts durch einen Verkehrsstau zu spät erschienen ist, so sagen Sie das vor allen offen, und erklären Sie, wie es nun ablaufen wird oder soll. Bitten Sie Leute stets unter Namensnennung, was sie tun sollen! Nehmen Sie den Anwesenden, etwa bei einer Abendmahlsfeier, jegliche Unsicherheit!

Arbeiten Sie auch Hand in Hand mit denen, die Ihre Veranstaltung gestalten helfen: Organist bzw. Pianist oder Leiter einer Kapelle oder eines Orchesters, Chorleiter, Leute, die ein Gebet zu sprechen haben, Bekanntmachungen geben oder eine Lesung vornehmen, Kollekte einsammeln, läuten oder das Licht ein- und ausschalten. Selbst Ihre Körperbewegungen sollen informativ sein. Trainieren Sie mit Ihren Mitarbeitern eine Augensprache ein!
Zwar soll ein Organist wissen, welche Strophe er gerade begleitet, schon deshalb, weil er zum einen mitsingen und zum anderen die Begleitung dem Inhalt der jeweiligen Strophe gemäß interpretieren soll. Aber erstens hat nicht jede Gemeinde einen studierten Kirchenmusiker, und zweitens kann auch der einmal schlecht in Form sein. Deshalb machen Sie es ihm leicht, indem Sie deutlich vor Schluß der letzten Strophe aufstehen und so, daß er es sehen kann, zum Altar oder auf die Kanzel oder von der Kanzel gehen. Soll nach einer Lesung gesungen werden, so beenden Sie sie mit einem deutlichen »Amen« bzw. mit der vereinbarten Schlußformel!

Organisten sind oft verbittert, weil sie vom Pfarrer oder vom Pastor wie »das fünfte Rad am Wagen« oder als ein »notwendiges Übel« behandelt werden. Es gibt aber viele Organisten, die ihren Beruf mit Überzeugung ausüben und durchaus gute Arbeit leisten wollen. Sagen Sie deshalb die Lieder nicht auf die letzte Minute durch, sondern spätestens am Freitagabend. Der Organist bzw. die Organistin würde vielleicht gern ein passendes Präludium heraussuchen, evtl. auch eine anspruchsvollere Fuge noch einmal üben. Sicher will Ihre Organistin bzw. Ihr Organist auch noch einmal über die Registrierung der Vor- und Nachspiele sowie der Liedbegleitungen nachdenken. Bekommt er oder sie die Angaben zu spät, so wird »08/15-Ware« geliefert. Das haben Sie dann auch nicht besser verdient. Leider bekommt die Gemeinde auf diese Weise kaum einmal etwas Besonderes zu hören.
Organisten fragen sich manchmal, weshalb nach dem Orgel-Vorspiel gesagt wird: »Wir beginnen unseren Gottesdienst im Namen des Vaters und des Sohnes und des Heiligen Geistes.« Der Gottesdienst hat doch bereits mit dem Vorspiel

begonnen. Und viele Organisten haben es doch auch im Namen ihres Gottes gespielt. Sagen Sie deshalb, wenn es nicht ohnehin vorgeschrieben ist, entweder:

Im Namen des Vaters und des Sohnes und des Heiligen Geistes. Amen!

oder :

Unser Gottesdienst geschehe im ...

So ist die Tätigkeit des Organisten oder des Chores oder anderer bereits tätig Gewordener mit hineingenommen in das, was im Namen Gottes geschieht.

Hat der Pianist bzw. der Organist verabredungsgemäß das Podium betreten und sich an sein Instrument gesetzt, obwohl Sie inzwischen kurzfristig beschlossen haben, dieses Lied ausfallen zu lassen, so lassen Sie ihn nicht einfach dort sitzen. Die Gemeinde meint natürlich: Der hat sich geirrt; was will der da oben? Klären Sie es auf durch einen freundlichen Satz wie:

Wir singen nun doch nicht mehr!

Der Spieler kann so, ohne »sein Gesicht zu verlieren«, still wieder zu seinem Platz zurückkehren und muß nicht während der ganzen Ansprache dort auf dem Präsentierteller sitzen bleiben. Verhindern Sie grundsätzlich, daß sich einer Ihrer Mitarbeiter blamiert vorkommen kann. Sie haben als Leiter die Fürsorgepflicht. Benutzt einer für seine Lesung das falsche Mikrophon, so nehmen Sie unter Umständen auch Ihre Lesung oder das Gebet oder die Bekanntmachungen aus Solidarität von dort aus vor! Demonstrieren Sie nie: **Ich** mach's richtig! Setzen Sie sich zu einem allein sitzenden Mitwirkenden! Üben Sie Bruder- und Schwesternschaft!

Knüpfen Sie in Ihrer Rede, wenn irgend möglich, an ein Chorlied oder an ein Solo an! Auch ein Anspiel oder eine Pantomime sollte grundsätzlich in Ihrer Predigt verarbeitet werden. Sind Sie nicht der Redner, sondern der, der das Lied oder das Anspiel zu verantworten hat, so legen Sie es dem Redner vorher nahe, auf Ihre Darbietung einzugehen. Berichten Sie ihm in kurzen Zügen den Text bzw. den Inhalt und Ihre Absicht, die Sie mit diesem Programmpunkt verfolgen.

Laden Sie zu Ihren Veranstaltungen ruhig auch weltliche Chöre ein! Tun Sie es unter missionarischen Gesichtspunkten. Auf andere Weise ist heutzutage kaum noch ein kirchenentfremdeter Mensch in eine evangelistische Versammlung zu bringen. Haben Sie aber die vierzig Sänger des Gesangvereins Liedertafel in Ihrer Kirche, so können Sie vierzig Menschen das Evangelium sagen, die es sonst wohl kaum hören würden. Geben Sie aber auf gar keinen Fall einer inneren Haltung Raum, die sich über diese Leute stellt. Lassen Sie sich von diesen Gästen ganz ehrlich beglücken! Auch wenn die Lieder sich ein wenig seltsam in dem übrigen Ablauf ausnehmen. Freuen Sie sich von Herzen an ihrer Anwesenheit und an ihren Darbietungen. Schaffen Sie das nicht, so blasen Sie die Sache beizeiten ab!

Ist es aber dazu gekommen und haben Sie diese Menschen als Gäste, so begrüßen Sie sie warm! Tun Sie es auf eine so natürliche Weise, die sowohl den Sängern als auch einigen Ihrer überfrommen Gemeindeglieder jedes peinliche Gefühl wegnimmt. Gehen Sie auf die von den Gästen gesungenen Lieder auf jeden Fall ein. Sie können nicht damit rechnen, daß die Lieder passen oder irgendwie Ihre Bemühungen unterstützen. Trotzdem lassen Sie sich vorher die Texte geben und nehmen Sie eine oder zwei Zeilen daraus, die Sie mit einer geschickten

Wendung mit Ihrer Rede verknüpfen. Im schlimmsten Fall haben Sie sogar eine Gelegenheit zur Klarstellung eines unannehmbaren Textes. Das tun Sie aber bitte äußerst taktvoll!
Hat ein Gastredner ordentliche Arbeit geleistet, so bedanken Sie sich als Versammlungsleiter im Namen der Versammelten öffentlich. Geben Sie ihm evtl. sofort nach seiner Rede für die Anwesenden sichtbar die Hand als Zeichen Ihrer persönlichen Zustimmung!
Bedanken Sie sich hinterher stets für die Dienste aller Mitwirkenden! War es gut, loben Sie. War es miserabel, so würdigen Sie wenigstens den Einsatz. War das Lied passend, der Gesangsvortrag aber schlecht, so zitieren Sie ein paar Zeilen davon, und geben Sie Ihrer Freude am Inhalt Ausdruck. War der Inhalt unmöglich, der Vortrag aber hervorragend, so loben Sie die Brillianz. War beides schlecht, aber der Satz gut, so erwähnen Sie wenigstens das.
Es ist zum Schluß dieses Abschnitts von der Zusammenarbeit noch eine diffizile[82] Problematik zu bedenken: Der Leiter bzw. der Organisator einer öffentlichen christlichen Versammlung, besonders einer evangelistischen, hat die zuweilen sehr schwere Aufgabe, Brüche im Programm zu vermeiden. Solche Brüche können z.B. durch den Stil der Darbietungen oder auch -was delikater ist- durch die unterschiedliche Prägung der Mitwirkenden bedingt sein.
Die Vielfalt der Typen und Gaben ist gewiß eine Demonstration des Reichtums unseres Gottes und seiner Gemeinde. Dieser Reichtum ist aber nicht der Gegenstand der Botschaft, sondern Gott selbst in Jesus Christus. Es ist deshalb nicht Sinn einer gottesdienstlichen Veranstaltung, wie in einem Schaufenster die Vielfalt der Menschen und Gaben vorzuführen, sondern eine Botschaft von einem Herrn zur Annahme oder Ablehnung vorzulegen.
Um nicht bestimmte Persönlichkeiten und ihre Beiträge unangemessen und auf Kosten der Gesamtveranstaltung mit ihrem Auftrag hervorzuheben, muß eine besonders bunte Programmfolge unbedingt geglättet werden. Das heißt praktisch, daß eine künstlerisch voraussehbar schwache Leistung einer voraussehbar starken Leistung nicht unmittelbar folgen darf. Es heißt auch, zu vermeiden, daß ein eher älter und ruhig wirkender Redner nicht direkt nach einem ungeheuer dynamischen Musikinterpreten spricht. Es bedeutet ferner, daß stark unterschiedliche Stile durch moderierende Einlagen voneinader getrennt und damit zugleich sachgemäß verbunden werden. Es soll vermieden werden, daß sich ein Mitwirkender auf Kosten eines anderen profiliert, besonders aber, daß sich Christen auf Kosten der Botschaft »herausputzen«.
Sicher müssen Persönlichkeiten »aufgebaut« und auch »bekanntgemacht« werden. Die Gefahr ist aber riesig, daß dieses zum Selbstzweck wird und nicht im Interesse der Botschaft von dem einen lebendigen Herrn erfolgt.

f) Die Improvisation

Sollte sich herausstellen, daß die Gemeinde eine bereits angegebene Melodie nicht kennt, so ist es sicher keine Ehrung Gottes, wenn die vorgesehenen Strophen verbissen »runtergekrächzt« werden. Entweder, Sie selbst können sauber

---

[82] = schwierig, heikel; aus (lat.) *dif* für *dis* (= un) und *facilis* (= leicht), wörtlich: nicht leicht

und kräftig singen, dann üben Sie das Lied kurzerhand mit der Gemeinde zeilenweise ein. Oder Sie haben diese Fähigkeit nicht, so unterbrechen Sie den Gesang und schlagen ein bekanntes Lied vor. Es gibt eine dritte Möglichkeit, nämlich eine andere Melodie anzugeben. Das bedeutet allerdings, daß die Ausweichmelodie im Buch vermerkt oder Ihnen schon bekannt war. Manche Liederbücher haben ein sogenanntes Versmaßverzeichnis. Darin stehen häufig mehrere Ersatzlösungen. Die vierte Möglichkeit ist, die Strophen vorzulesen. Überhaupt wäre es eindrücklich, gelegentlich einzelne Strophen im Wechsel mit dem Gemeindegesang vorzutragen.
Bricht Ihr so gut gemeintes und wohlvorbereitetes musikalisches Konzept zusammen, so können Sie mit Ihrer Gemeinde einfach einen Kanon oder Chorus singen. Es ist auch eine gute und beliebte Ausweichlösung, nun aus der Gemeinde ein Wunschlied vorschlagen zu lassen. Es gibt in einer Gemeinde immer Leute, die gern mal wieder »ihr« Lied singen und hören möchten. Vielleicht ist es eins, das Sie seit Jahr und Tag nicht mehr eingeplant hatten. Bei Wunschliedern müssen Sie allerdings Rücksicht auf Ihren Organisten nehmen. Ist er sicher im Vom-Blatt-Spiel, so gibt es kein Problem.
Es wird immer wieder vorkommen, daß Sie improvisieren müssen, weil die Umstände nicht vorhersehbar waren. So berichtete mir kürzlich ein Gemeindeglied enttäuscht von der sehr peinlichen Atmosphäre bei einer Trauung. Der Pfarrer hatte seine Lieder herausgesucht und angegeben. Aber es stellte sich heraus, daß kein einziger der Hochzeitsgäste die Lieder singen konnte oder wollte. So peitschte der Organist seine zahlreichen und endlos wirkenden Strophen pflichtgemäß durch. Ich habe mich gefragt, weshalb der Pfarrer seine Amtshandlung so instinktlos »abgezogen« hat. Er war doch früher selbst einmal Organist und wäre durchaus in der Lage gewesen, dem Augenblick die Peinlichkeit zu nehmen. Die Kirche wird nicht sympathischer dadurch, daß sie solche Momente zumutet.
In jedem Fall sollten Sie durch eine taktvolle Bemerkung die Spannung abbauen. Mindestens drei Möglichkeiten hätte der Pfarrer gehabt:

Möglichkeit 1
Er hätte etwa sagen können:

> Ich sehe, verehrte Hochzeitsgäste, daß Ihnen das Lied nicht geläufig ist. Andererseits will ich Ihnen diese wertvolle Dichtung von ... (vielleicht Paul Gerhardt) nicht vorenthalten. Deshalb werde ich Ihnen die vorgesehenen Strophen als Solo vorsingen. Ich bitte den Organisten, mich leise zu begleiten. Die letzte Strophe versuchen wir dann alle miteinander.

Möglichkeit 2
Er hätte auch etwa sagen können:

> Meine Damen und Herren, da Sie das Lied nicht kennen, werde ich Ihnen den wertvollen Text vorlesen (oder vortragen). Sie werden spüren, wie trefflich der Dichter in diesen Zeilen die Vorstellungswelt des ... eingefangen hat.

Möglichkeit 3
Er hätte notfalls sogar sagen können:

> Meine Herrschaften, Ich hatte angenommen, daß dieses Lied allgemein bekannt ist. Nun will ich Sie aber nicht damit quälen. Wir wollen es bei der ersten Strophe bewenden lassen.

g) Die Atmosphäre

Sie wissen genau, welche Bedeutung die Atmosphäre unter den Menschen in einem Raum hat. Sie wissen, was die Redensart meint: »Man konnte die Luft mit Messern schneiden«. Die Atmosphäre ersetzt sicher nicht den Heiligen Geist. Und wir haben ausgespielt, wenn wir diesen Ersatz gelten lassen. Aber der Heilige Geist findet auch nicht gerade die günstigsten Arbeitsbedingungen vor, wenn die Atmosphäre vergiftet ist. Wir wissen um die Hilfe oder die Behinderung, die das Evangelium durch Äußeres erfahren kann.

Die Kriterien

Wenn wir einmal von der biblischen Frage nach der Anwesenheit und Wirksamkeit des Heiligen Geistes absehen, so stellen wir fest, daß viele Dinge zusammengenommen die Atmosphäre in einem Raum bestimmen. Es sind die Menschen mit ihrer Wesensart, aber auch mit ihren kürzlich gemachten Erfahrungen; es ist die Thematik der Veranstaltung, aber auch das Maß, in dem die Programmpunkte harmonisch ablaufen. Und sie wird bestimmt vom Raum. Zu einer guten Stimmung gehört nicht Fehlerlosigkeit, aber das Empfinden, daß hier alles gewissenhaft und fair geschieht. Die Frage, ob etwas »geklappt« hat, ist die Frage danach, ob die Menschen befriedigt und glücklich oder positiv nachdenklich nach Hause gegangen sind.

Die Möglichkeiten

Eine gute Atmosphäre im Sinne eines geistlich geplanten und geistlich abgelaufenen Gottesdienstes muß nicht aus hohen Gefühlen bestehen. Es kann ebensogut auch Betroffenheit oder eine nützliche Traurigkeit[83] sein. Diese Überlegungen dürfen uns aber nicht davon ablenken, daß wir auch auf dem Gebiet des Äußeren viel für oder gegen eine günstige Atmosphäre tun können. Selbstverständlich gehört dazu, daß rhetorische Möglichkeiten ausgeschöpft und grobe Fehler vermieden werden. Es gehört weiter dazu, daß die technischen Einrichtungen in Ordnung sind und mit Sachverstand bedient werden. Viele Gemeinden sparen an den Kosten für das Stimmen der Orgel und besonders des Klaviers. Das sind keine gemeindefreundlichen Einsparungsposten[84]. Musikinstrumente werden oft ganz plötzlich gebraucht. Wenn sie aber verstimmt sind, gebraucht sie keiner. Und das vermittelt den Eindruck, sie würden nicht gebraucht. Eine unser Vorhaben fördernde Atmosphäre verlangt, daß auch im Umfeld der Veranstaltung Wärme verbreitet wird, etwa durch liebevolle Begrüßung und Verabschiedung der Gäste sowie durch das freundliche Angebot, erstmaligen Besuchern einen günstigen Sitzplatz zu besorgen. Es gehört schließlich auch der ganze Raum zu den Faktoren, die die Atmosphäre bestimmen. Wenn Sie die Möglichkeit haben, den Saal für eine Veranstaltung zu bestimmen, so seien Sie in Ihrer Entscheidung nicht zu großzügig oder oberflächlich! In unwirtlichen Räumen werden Ihnen Ihre Zuhörer nicht allzu viel abnehmen. Sind Sie selbst der Hausherr, so

---

[83] 2.Kor 7,10

[84] In der evangelikalen Welt vermisse ich oft die Kultur; sie ist doch ein Teil der Schöpfung Gottes! Weshalb so oft nur Behelf zu Gottes Ehre?

nehmen Sie einen dunklen, altmodischen, schmutzig wirkenden Raum mit unbequemen Sitzgelegenheiten nicht lange in Kauf! Beseitigen Sie schnellstens Flekken auf dem Teppichboden, Wasserspuren an der Decke, Spuren von größeren Reparaturen, defekte Glühlampen, verstaubte Gardinen, Verschalungen oder Lampen. Sorgen Sie langfristig für ordentliche Musik, Insrumente und Spieler, für fröhlichen Gesang, für angemessene Luftfeuchtigkeit, Sauerstoff und Heizung![85] Größe, Form, Raumhöhe, Luft, Ausstattung, besonders auch der Geruch eines Saales wirken stärker auf das Gefühl der Besucher, als es Einheimische allgemein ahnen.[86]

»Der Profi, der die Beleuchtung dem Zufall überläßt, ist kein Profi.« und »In falsch beleuchteten Räumen kämpfen selbst Meister vergebens.« Das sind Feststellungen eines Fachmanns[87]. Das Licht, das auf dem Redner liegt, sollte an Stärke ein Mehrfaches dessen besitzen, was den übrigen Raum beleuchtet. Der Redner sollte aber nicht angestrahlt, sondern schräg von oben »ins rechte Licht« gerückt werden. Für die Mimik ist wichtig, daß er gut gesehen wird. Das Licht darf aber nicht so auf ihn fallen, daß seine Nase und andere Erhebungen im Gesicht gespenstische Schatten werfen. Das Gleiche kann passieren, wenn der Saal extrem dunkel, die Pultbeleuchtung aber zu hell ist. Wenn Sie irgend Gelegenheit haben, prüfen Sie beizeiten die Lichtverhältnisse eines Raumes; und wenn die Möglichkeit besteht, ändern Sie noch etwas.[88] Nehmen Sie eine späte Änderung aber bitte möglichst nicht mitten in einen Programmpunkt hinein vor, etwa während des Chorliedes, sondern warten Sie einen Zwischenraum ab!

Trotz mancher Vorteile großer Lokale ist es viel besser und leichter, in einem kleinen überfüllten Raum zu sprechen als in einem großen halbleeren. Auf Ihre Zuhörer wirkt ein halbleerer Saal denkbar ungünstig, auf Sie als Redner erst recht.

h) Strittig: der Applaus

Bei der Frage: »Soll in einem Gottesdienst oder in einer ähnlichen geistlich ausgerichteten Veranstaltung, etwa einem Kirchenkonzert, geklatscht werden?« spaltet sich die Gemeinde Jesu in zwei Lager. Das ist nicht die folgenschwerste Spaltung, die sie zu verkraften hat. Für beide Ansichten gibt es Gründe. In einigen Fällen finden fast alle gemeinsam zu einer ästhetischen Antwort, etwa: Nach der Matthäuspassion ist der Applaus gewiß nicht am Platz. Weshalb aber nicht nach gut gesungenen flotten Jesus-Liedern? Warum nicht gar nach einer gelungenen Predigt?

Für den Applaus spricht: Moderne Menschen, die wir uns ja als Gäste wünschen, sind gewöhnt, erfreuliche Leistungen zu beklatschen. Auch in einem Gottes-

---

85 Hofmeister, Seite 59: »In einem ungeeigneten Raum riskieren Sie auch bei einer guten Rede, beim Publikum nicht entsprechend anzukommen.

86 Ähnlich auch Hofmeister, Seite 57

87 Harald Hofmann in »Der Reden-Berater«, Ausgabe Oktober/November 1988, Seite 6

88 Zur Beleuchtung erfahren Sie mehr bei Dr. Ing. Harald Hofmann in »Der Reden-Berater«, Ausgabe Oktober/November 1988, 2.6

dienst werden Leistungen erbracht. Das soll vielerorts zwar totgeschwiegen werden, darf in manchen Kreisen auch nicht sein. Es wäre aber weltfremd zu meinen, es geschehe alles zu Gottes Ehre oder nur zu Gottes Ehre. Wo Menschen sind, wird auch aus menschlichen Motiven gehandelt. Und das heißt: Das geistlichste Lied ist immer **auch** eine Darbietung und erfordert immer **auch** Leistung. Dies zu leugnen hieße »den Kopf in den Sand zu stecken«. Käme man den Gästen nicht entgegen, wenn man ihnen die Möglichkeit zum Applaus gäbe, den zu geben sie ja auch unter ihresgleichen gewöhnt sind? Doch, das wäre bestimmt der Fall!
Zweifellos brauchen Menschen Anerkennung. Nur unter frommen Leuten wird dieses Recht den Menschen, die Gott dienen, oft versagt. Sie sollen ohne irdische Bestätigung, allein für Gott und aus dem Glauben heraus, ihre Kraft einsetzen und die Arbeit bewältigen. Jeder Schlosser darf stolz sein Meisterstück vorführen. Ein Prediger des Evangeliums braucht nach Meinung vieler frommer Menschen kein Lob, »weil nicht sein kann, was nicht sein darf«. Wem Anerkennung versagt wird, der erleidet Mangelerscheinungen. Ein Pastor, der nie gelobt wird, wird immer leistungsschwächer und unsicherer. Ein Vorteil für die Gemeinde ist es jedenfalls nicht. Nicht selten wird an Menschenseelen gesündigt. Sie werden zu Heuchlern erzogen und viel zu oft auch zu psychischen Wracks gemacht. Wäre der Applaus im Gottesdienst eine Möglichkeit, falscher Verklemmung entgegenzuwirken? Wäre er eine angemessene Weise, Dienern Gottes eine Anerkennung auszusprechen? Ja, das ist denkbar!
Und schließlich, weshalb sollte eine Versammlung nicht die Möglichkeit erhalten, ihr Gefallen an einer Darbietung spontan auszudrücken? Macht das nicht Spaß? Hebt das nicht die Stimmung? Hat das nicht etwas mit Dank zu tun? Auch das ist so!

Gegen den Applaus spricht: Tatsächlich geht es in einem Gottesdienst um die Ehre Gottes. In der Tat steht nicht die Leistung eines Menschen im Mittelpunkt. Offensichtlich lenkt die Anerkennung einer Darbietung grundsätzlich vom Inhalt ab, der ja nicht zur Begutachtung steht, sondern zur Annahme oder Ablehnung. Zweifelsohne gibt es Lieder, deren zur Buße rufende Wirkung durch Applaus zerstört wird. Ohne Frage darf der Unterschied zwischen einem Gottesdienst und einer weltlichen Veranstaltung auch in äußeren Formen zutage treten.

Was denn nun? Es geht mir hier nicht darum, Sie, meine Leserinnen und Leser, zu einer der beiden Meinungen zu überreden. Sie sollen erkennen, und das auf möglichst natürliche, unverkrampfte Weise, daß man verschiedener Meinung sein kann. Worum es mir hier geht, das ist, daß Sie eine Entscheidung treffen, entweder für immer oder für den einzelnen Fall, und dieser Entscheidung gemäß dann Klarheit schaffen. Ihre Hörer sollten, wenn der Fall eintritt, nicht verlegene Versuche starten und dann, wenn sie mit Schrecken in die brüskierten und strafenden Gesichter der »Oldtimer« und »Insider« blicken, den begonnenen Applaus irritiert abbrechen oder mit schlechtem Gewissen fortsetzen. Es darf nie der Eindruck aufkommen: »**So etwas** tut **man** hier nicht!« Sagen Sie, was Sie wollen! Nur: Lassen Sie es nicht offen! Sagen Sie doch, wo es naheliegt, vor einem Konzert etwa:

> Meine Damen und Herren, bei uns darf applaudiert werden!

Oder:

> Ich bitte Sie, heute nicht zu klatschen.

Oder:

> Ich bitte Sie, nicht nach jeder Darbietung zu klatschen. Aber am Schluß unseres Programms freuen sich die Mitwirkenden bestimmt sehr über einen kräftigen Applaus.

Oder:

> Ich bitte Sie, meine verehrten Gäste, um Verständnis, daß wir Sie um der ernsten Texte willen bitten, auf Applaus zu verzichten.

Oder:

> Ich hoffe, es befremdet Sie nicht zu sehr, wenn wir Sie bitten, nicht zu klatschen, weil wir unsere Veranstaltungen nicht als Darbietungen sehen, sondern als Verkündigung.

Egal, wie Sie sich entscheiden, beugen Sie jeder Unsicherheit und damit jeder Bloßstellung Ihrer Gäste vor!

i) Das Fotografieren bei gottesdienstlichen Handlungen

Mit dem Fotografieren bei gottesdienstlichen Handlungen verhält es sich ähnlich wie mit dem Applaus. Einerseits gibt es gute Gründe dafür, den Augenblick der Taufe oder der Einsegnung für die Nachwelt festzuhalten. Andererseits geht es um geistliche Dinge, die ohnehin von keinem Bild wiedergegeben werden können. Einerseits sollten wir unseren Gästen das erlauben, was sie allerwärts tun und tun dürfen. Andererseits hat das, was wir im Gottesdienst tun, überhaupt keine Ähnlichkeit mit dem, was anderswo geschieht.

Wir müssen aber eine Entscheidung treffen. Mit »einerseits« und »andererseits« können wir keinen Gottesdienst gestalten. Deshalb empfehle ich Ihnen diese Entscheidung:

Wenn jemand die Kirche oder ihre Besucher im Bild festhalten will, so mag er es tun, solange es niemand stört. Die Kirche und ihre Besucher sind vor einer Segnung nicht anders als während der Handlung. Wenn aber etwas geschieht, was nach andächtiger Konzentration verlangt, so sollte das Fotografieren streng verboten sein. Nicht, weil die Handlung dadurch entweiht würde, sondern weil es stört.

Es sollte uns dabei ein weiterer Gedanke leiten, den aber unsere kirchenentfremdeten Gäste, die ja nur bei kirchlichen Handlungen mit der Verwandtschaft auftauchen, nicht verstehen werden. Die allermeisten Bürger unseres Landes sehen solche Veranstaltungen wie Taufe, Konfirmation oder Trauung als reine Folklore an. Und Folklore wird natürlich und zu recht im Bild festgehalten. Das Dia oder das Videoband von der Taufe ist vielen Menschen wichtiger als die Taufe selbst. Dieser Mißdeutung sollten wir als bekennende Christen schon entgegenwirken. Ich erlebte bei einer Säuglingstaufe, daß der Onkel des Täuflings sich mit dem Rücken auf den Boden vor dem Altar legte, um die Taufzeremonie von unten abzulichten. Daraufhin haben wir das Fotografieren in unserer Kirche verboten.

j) Dank oder Kritik und die Reaktion darauf

Es wird Ihnen hoffentlich gelegentlich passieren, daß sich ein Zuhörer oder mehrere im Anschluß an die Veranstaltung bedankt oder Sie lobt. In manchen Gemeinden sind es bis zu vierzig Prozent der Besucher, die Sie verabschieden, besonders bei Gästen, seltener leider bei eigenen Leuten. Es gibt Gemeinden, wo das nicht einmal im Jahr mit einem Besucher vorkommt. Es gibt ausgesprochen dankbare und ausgesprochen undankbare Gemeinden. Es ist teilweise typisch für den Menschenschlag, aber auch ein Zeichen des Bildungsstandes.

Werden Sie für eine Predigt gelobt, so bilden Sie sich nichts darauf ein. Nicht, weil Sie kein Lob gebrauchen könnten, sondern weil Ihnen die Augen übergehen werden, wenn Sie einen solchen Lobenden mal genau danach fragen, was denn so erfreulich an Ihrer Predigt gewesen sei. Vor Jahren wurde ich von einer älteren Dame so herzerweichend gelobt, daß mir ganz wohl wurde. Aber dann packte mich die Neugierde. Ich fragte: »Was hat Ihnen denn so gut gefallen?« »Ei, weil Sie doch den Hess erwähnt haben«, war die Antwort.[89]

Ein anderes Erlebnis: Ich predigte über Matthäus 11, 28 bis 30. Die wesentliche Aussage war: Jesus will uns erquicken. Aber solange wir nicht im Himmel sind, tut er es, indem er uns sein Joch auf uns nehmen läßt. Ohne das Joch geht es hier unten nicht. Nach der Predigt bat ich einen Zuhörer um das Schlußgebet. Er betete: »Lieber Herr, hab Dank, daß Du uns heute gesagt hast, daß Du uns das Joch abnehmen willst.«

Nach solchen Erfahrungen vergeht Ihnen der Stolz auf Ihre Leistung. Trotzdem glaube ich, daß Gott seine Leute auch durch Mißverständnisse segnet. Der Mann aus dem zweiten Beispiel hat die Befreiung vom Joch empfunden, die ich überhaupt nicht gepredigt hatte. Wir müssen nicht meinen, daß die rationale Schiene die einzige Möglichkeit sei, durch die Gott wirken könne. Die Welt des Emotionalen ist ebenso wichtig. Wir sollten sie entschlossener in den Blick nehmen.

Antworten Sie auf Lob:

> Es freut mich, daß es Ihnen gefallen hat.

Antworten Sie auf Dank:

> Bitte, es hat mir Spaß gemacht.[90]

Es wird Leute geben, die das Wort »Spaß« beanstanden. Sagen Sie es trotzdem. Es wird Zeit, daß gewisse Christen auch eine natürliche Ader an sich entdecken. Notfalls halten Sie sich an die offizielle Sprachregelung und sprechen von »Freude«. Ob das dann noch so ehrlich ist?

Sagen Sie nie:

> Danken Sie nicht mir; danken Sie dem Herrn!

Das klingt sehr geistlich. Zugleich bestätigen Sie damit, daß Ihre Leistung sehr hoch war, so hoch, daß sie ein Dankgebet gegen Gott rechtfertigt. Aber wird man nicht »zehn Meter gegen den Wind riechen«, daß es die blanke Heuchelei ist? Und selbst wenn Sie ehrlich davon überzeugt sind, daß Gott Ihnen geholfen hat und daß ihm zu danken ist, wird Ihnen ein solches »Schmalz« kaum einer ab-

---

[89] Mit Friedrich Nietzsche möchte man da sagen: »Ich horchte auf Widerhall, und ich hörte nur Lob ...«. Zitiert nach Hofmeister, Seite 17, aus »Jenseits von Gut und Böse«

[90] Falls es so war!

nehmen. Würde es Ihrer Gemeinde geistlich weiterhelfen? Kaum! Sollte Sie jemand loben, von dem Sie meinen, er dürfe sich das nicht anmaßen, so lassen Sie sich das niemals anmerken! Reagieren Sie nicht so:

> Wieso, das ist doch mein Beruf.

Oder:

> Weshalb sollte ich das nicht gut machen; ich habe doch Übung.

Oder gar:

> Eine schlechte Aussprache könnte ich mir doch überhaupt nicht leisten.

Solche Reden irritieren und verärgern stets den wohlwollenden Spender des Lobs. Sie zeugen von einem unüberbietbaren Hochmut. Sie sind überdies in sich unaufrichtig; denn das Lob eines jeden Hörers ist Ihnen wichtig und ist nötig, ob Sie es wahrhaben wollen oder nicht. Weshalb freuen Sie sich nicht gleich darüber?

Was aber, wenn Sie kritisiert werden? Zunächst: Bleiben Sie freundlich! Dann: Hören Sie zu! Wenn der Kritiker einen seriösen Eindruck macht und die Sache mit einem Satz behoben werden kann, gut, dann reagieren Sie präzise darauf! Ist die Sache kompliziert, so schauen Sie sich unauffällig um, wer in der Nähe steht. Sind es nur eigene Leute und besteht nicht die Gefahr, daß diese sich einmischen, so können Sie auch ein etwas ausführlicheres Gespräch führen. Sind die Umstände aber ungünstiger, so bitten Sie den Kritiker in einen Nebenraum oder vereinbaren Sie ein späteres Gespräch oder hören Sie sich die Sache kommentarlos an. Sagen Sie etwa:

> Ich danke Ihnen für Ihren Einwand; ich werde darüber nachdenken.

Vielleicht können Sie auch ausdrücken:

> Ich verstehe Sie.

Eins dürfen Sie nie tun: sich plump verteidigen. Gehen Sie bei der Beantwortung grundsätzlich von den Gedanken des Kritikers aus, niemals von Ihrem eigenen Standpunkt! Versetzen Sie sich in seine Lage, und seien seine Einwendungen noch so abwegig!

Verabschieden Sie Ihre Zuhörer, wenn irgend möglich, per Handschlag am Ausgang! Ein paar nette Worte oder eine freundliche Frage nach einem Angehörigen werden Sie für den einen oder anderen sicher übrighaben. Und wenn Sie Reaktionen brauchen, wenn Sie die Kritik wissen möchten und wenn Ihnen Lob guttut, hier ist der Platz, dies alles zu erhalten oder doch wenigstens zu erspüren.

5. Das Konzept

Es gibt drei Gruppen von Rednern: solche, die kein Konzept brauchen, solche, die es bis zum letzten Wort ausschreiben, und dazwischen solche, die mehr oder weniger ausführliche Stichpunkte notieren. Zur Gruppe der »Konzeptlosen« gehören wiederum drei Typen: entweder Genies oder Redner, die viel Zeit hatten und ihre Rede auswendig lernen, nachdem sie sie zuvor aufgeschrieben haben, oder aber sehr schlampige Menschen. Diese schlampigen Redner überschätzen meist ihre Fähigkeiten, logisch zu denken und auch ihre Interessantheit. Genies sind sehr selten; es gibt nur wenige in einem Jahrhundert. Bleiben uns unter den konzeptlosen Rednern die fleißigen mit viel Zeit und die schlampigen zur Wahl.

Das Ausschreiben jedes Satzes verleitet zum Lesen und damit zur Steifheit. Ich kenne Leute, die mit einem eng geschriebenen ausformulierten Konzept fließend und dynamisch umgehen können; sie sind selten. Ich empfehle Ihnen, sich der mittleren Gruppe anzuschließen, also denen, die sich mehr oder weniger ausführliche Stichpunkte schaffen. Schreiben Sie so viel auf, daß Sie gerade eben den Faden nicht verlieren, und so wenig, daß Sie es sich nicht leisten können, nicht mehr mitzudenken.

a) Die Form des Konzepts
Grundsätzlich gibt es auch hier wieder zwei Möglichkeiten, die ernsthaft in Betracht kommen: das Ringbuch und die losen Blätter.
Das Ringbuch hat die Vorteile, daß

* **Ihnen die Blätter nicht bei einem Windstoß von der oft recht hohen Kanzel schweben.**
* **Ihnen die Blätter nicht durcheinander geraten, weder auf der Kanzel oder auf dem Pult noch vorher, auf dem Weg dorthin.**
* **Sie Ihre Blätter zweiseitig beschriften können und deshalb auch nur die Hälfte an Blattwechsel haben.**

Das Ringbuch hat die Nachteile, daß Ihre Hörer das Blättern

* **sehen**
* **durch ein evtl. vorhandenes Mikrophon hören.**

Lose Blätter haben die Vorteile, daß Sie

* **sie unauffällig zur Seite schieben können. Oft klappt es aber nicht so recht.**
* **größere Formate verwenden können, etwa DIN A 4.**

Lose Blätter kommen eher für die in Frage, die voll ausformulieren.
Welche Größe von Blättern Sie verwenden, hat letzten Endes mit Ihren Augen zu tun. Sie wollen ja mehr als einen Satz auf einem Blatt haben. Die Verfassung Ihrer Augen wiederum ist meist vom Alter abhängig. Ich begann mit Postkartenformat. Das ist lange her. Nun werden die Buchstaben auf DIN A 5 immer größer. Und damit steigt die Seitenzahl, eines Tages vielleicht noch einmal das Papierformat.

b) Die Anfertigung des Konzepts
Auch ich benutze einen Computer, und ich arbeite viel damit. Aber ein Predigtkonzept schreibe ich grundsätzlich mit der Hand. Ich gebe Ihnen den Rat, es auch so zu machen. Mehr als raten kann ich nicht. Einige meiner Schüler allerdings sind unbelehrbar. Zu allem Überfluß wählen sie auf dem Computer auch noch »Blocksatz«. Damit ist links **und** rechts alles gerade. Anhaltspunkte für die überforderten Predigeraugen sind nur noch die Fettdruckstellen. Und je mehr es davon gibt, desto weniger dienen sie als Orientierung. Bei den Satzanfängen nützen sie nichts. Kein Wunder, daß diese Leute öfter den Anschluß verlieren. Ich sage Ihnen einfach, wie ich es mache:
Das Wichtigste: Nicht an Papier sparen! Viele weiße Stellen auf dem Konzept lassen! Unterschiedliche Zeilenlängen und Zeilenabstände schaffen! So kann sich Ihr Auge an ganz bestimmte Bilder erinnern. Die Bilder verbinden sich in Ihrem Gedächtnis mit dem Inhalt dieser Zeilen wie beim Betrachten einer Landkarte.

Ein weiterer Rat: Beginnen Sie jeden Satz und jeden neuen Gedanken vorn, **niemals** in der Mitte einer Zeile!
Weiter: Setzen Sie Aufzählungen jedweder Art untereinander. Eine senkrechte Linie vor einem Wörterblock kann Ihnen signalisieren: Dies ist eine Aufzählung! Sie übersehen so mit einem Blick, wieviele Positionen ausgesprochen werden müssen. Und Sie behalten sich die Art der Formulierung, die Betonung, die Bindewörtchen oder Pausen nach den jeweiligen Erfordernissen oder nach der momentanen Stimmung vor.
Durchgehende rote Unterstreichungen fassen Wortgruppen zusammen, die in einem Atemzug gesprochen werden sollten. Der Lufthaushalt ist wichtiger als der Anfänger meint. Deshalb sind Merkmale hilfreich, die beizeiten auf den verlängerten Luftbedarf hinweisen.
Die meisten griechischen Buchstaben haben den großen Vorteil, daß sie sich von den 24 Buchstaben des deutschen Alphabets auffallend absetzen; sie dienen mir zum Teil als sogenannte »Kürzel«. Durch markante Zeichen erkenne ich beim Überfliegen schon einige Zeilen im voraus, was kommt.

Der handschriftliche Text liest sich evtl. so:

... sondern die Bereitschaft,
sich **Zeit** zu nehmen und **stille** zu werden,
die Bereitschaft, dann **hin**zuhören
und über das Gehörte **nach**zudenken,
und die Bereitschaft,
sich dann auch
für den Ge**hor**sam zu entscheiden
und das Gehörte und Bedachte
dann auch zu **tun**.

Das gilt ebenso bei einem gemeinsamen Satzanfang für mehrere aufeinanderfolgende Sätze:

Der handschriftliche Text liest sich etwa so:

Ich schaffe Dir eine Basis,
Dein Brot **selbst** zu verdienen.
Ich schaffe Dir das Recht
auf Deine **eigene Persönlich**keit.
Ich schaffe Dir **Dein**
persönliches Recht.
Und überhaupt:
Ich schaffe Dir eine **Zu**kunft.

Denken Sie sich »Kürzel« aus! Wörter, die bei Ihnen besonders häufig vorkommen, sollten Sie durch Zeichen ersetzen. Nicht zu viele! Vielleicht dreißig. Fangen Sie mit wenigen an, und erweitern Sie Ihre Liste allmählich. Sie werden andere wählen als ich.
Ein Gedankenstrich vor einem Satz bedeutet: Das ist nicht der Anfang des Satzes; der muß erst formuliert werden. Weitere Beispiele:

Barmherzigkeit,
das ist eine **runde Sache**.
Das ist ein **Kreis**lauf.
Das ist **kei**ne Einbahnstraße
von einem Punkt **A** zu einem Punkt **Z**.
Sondern das ist eine **Ring**straße.

Das ist ein Ort der
Ge**bor**genheit
und ein Ort der
Sicherheit.

Und auch das können Sie zur jeweiligen Variation darstellen:

... wie man sich
lieben lernt,
wie man sich korri**giert**
und wie man
Konflikte austrägt.

Pünktchen bedeuten: Der Satz muß im Sprechen fertig formuliert werden.
Schreiben Sie Zitate in Anführungszeichen ("...") und Anführungen oder Hervorgehobenes, die aber nicht ausdrücklich ein Zitat kenntlich machen sollen, in einfache Anführungszeichen ('...'). Auf diese Weise erkennen Sie auf den ersten Blick, um welche Art der Aussage es sich handelt.
Schreiben Sie die Wörter »Herr«, »er«, »ihm« und »sein«, wenn es um Gott geht, in Ihrem handgeschriebenen Konzept immer in Versalien[91] (HERR, ER, IHM, SEIN). Sie können es noch so differenzieren, daß Sie, wenn der alttesta-

91 = Großbuchstaben

mentliche Gottesname Jahwe im Text steht, »HErr« schreiben. So können Sie jedes Mal entscheiden, ob Sie von Gott, vom Herrn oder von Jahwe sprechen wollen. Das meine ich nicht wegen der Ehrfurcht, sondern weil Sie dann ein gewöhnliches »er« von einem, das Gott bezeichnet, im Bruchteil einer Sekunde unterscheiden können.

Einige meiner Kürzel:

Gott[92]:

Jesus oder Christus oder Jesus Christus:[93]

Christi, des Christus[94]:

Christ/Christen:

christlich:

Heiliger Geist:

Reich Gottes[95]:

Wort Gottes[96]:

Gemeinde:

Mensch:

Petrus[97]:

Paulus[98]:

---

92 Das griechische Theta, der erste Buchstabe von *theos* (= Gott)

93 Das deutsche J anstelle des griechischen Jota und das griechische Chi. Es sind die ersten Buchstaben von Jesus und Christus. Welche der Namen ich ausspreche, das entscheide ich erst im Augenblick des Sprechens.

94 Wo es noch nötig ist; besser: des Christus. Das kürze ich aber genauso ab.

95 Das griechische Betta (=B) und das griechische Theta (=TH), die Anfangsbuchstaben von *basileia* (= Königreich) und *theos* (= Gott)

96 Das Griechische Lambda (= L) für *logos* (= Wort) und das griechische Theta (= Th), Anfangsbuchstabe von *theos* (= Gott)

97 P ohne Punkt dahinter

98 P. mit einem dicken Punkt dahinter

Johannes, der Apostel:

Johannes der Täufer:

Kreuz:

Herz:

herzlich:

geboren:

gestorben:

Haus:

Haushalt:

Hausgenossen:

Das Alter eines Menschen zu einem bestimmten Zeitpunkt[99]:

Ampel:

einmal:

noch einmal:

das dritte Mal:

Und:

oder einfach durch Untereinander-
schreiben mit senkrechter Linie davor[100]:

ist, sind, waren, werden sein usw.:

ist nicht, sind nicht, waren nicht, werden nicht sein:

---

99 Das Alter, etwa in dem er bzw. sie etwas tut oder tat usw., setzen Sie in einem Kreis unmittelbar hinter den Namen! Sie sehen es beizeiten und können z.B. sagen: »Die achtundzwanzigjährige Mutter des ...«.

100 Heute **und** morgen ...

das heißt:
das bedeutet:
das hat zu tun mit:

Alle Verneinungen wie
nein, nicht, keine, ohne usw.:

Die Frage ist; es gilt zu fragen:

zu ... hin, auf das ..., dahin ..., dazu usw.:

von ... her:

Neuer Gedanke, Pause, Luft holen:

Der Gedanke ist noch nicht zu Ende,
obwohl die Seite zu Ende ist[101]:

Städte geben Sie nach Möglichkeit mit den Buchstaben der Autokennzeichen an, z.B. HH für Hamburg. Es geht nicht darum, daß ein Wort kürzer ist oder daß es sich schneller schreiben läßt, auch nicht nur darum, es schneller lesen zu können. Sondern es geht darum, daß Ihre Konzeptseite ein möglichst uneinheitliches Bild bietet, damit sich im Gedächtnis zusammen mit den Inhalten bestimmte Bilder speichern. Es geht also darum, daß ein Wort oder Zeichen charakteristisch ist und sich deshalb einprägt.
Schreiben Sie grundsätzlich alle Zahlen in Ziffern. Sie lassen sich zum einen schneller lesen und unterscheiden sich zum anderen deutlicher von Wörtern. Nutzen Sie überhaupt alle anerkannten Abkürzungen. Setzen Sie aber aller Kürzungswut zum Trotz die Satzzeichen äußerst penibel; durch sie erkennen Sie ja die Konstruktion der Sätze. Und die ist wiederum für die Betonung von grundlegender Wichtigkeit.
Arbeiten Sie hier und da mit Farben, denen Sie dann besondere Bedeutungen zuweisen. Aber auch hier gilt: Nicht zu viele! Alles, was häufig wird, ist wieder neu verwirrend.
Schließlich: Schreiben Sie alle Personal- und Possessivpronomen der zweiten Person, die Sie in einem Brief groß schreiben würden, auch in Ihrem Konzept groß. Sie sehen dann auf den ersten Blick, ob das »sie« oder das »ihnen« oder das »ihr« die Leute im Text bzw. im Beispiel betrifft oder ob Sie Ihre Hörer anreden müssen.

101 Wenn dieses Zeichen in Sicht kommt, weiß ich, daß ich über das Blatt hinaus noch Atemluft brauche. Ich muß umblättern, bevor ich alle Wörter des Blattes zu Ende gesprochen habe.

Manchmal muß ein Redner früher als gedacht zum Schluß kommen. Natürlich eignen sich die wenigsten Sätze als Schlußsätze. Deshalb fügen Sie an dafür brauchbaren Stellen in Ihr Konzept einen oder mehrere »Ausstiegspunkte« ein. Das sind Markierungen, die Ihnen sagen: »An dieser Stelle könntest Du notfalls oder halbwegs sinnvoll aufhören.«
Vielleicht wollen Sie sich mit einem kleinen Zettel begnügen, auf dem lediglich die wenigen Wörter stehen, die die Haupt- und Unterpunkte bezeichnen. Für diesen Fall, daß Sie nur ein ganz knappes Konzept anfertigen, ziehen Sie in der Mitte des Papiers eine senkrechte Linie. Links von dieser Linie notieren Sie sich die Hauptpunkte, rechts davon die Unterpunkte!

1.	
	a)
	b)
	c)
2.	
	a)
	b)
	c)
3.	
	a)
	b)
	c)

Knapper Erinnerungszettel

c) Der Gebrauch des Konzepts

Stellen Sie sich so weit wie möglich vom Pult weg, und leiern Sie, wenn möglich, das Pult so hoch wie nötig. Der Winkel, in dem Ihre Blicke auf das Konzept fallen, soll so flach wie möglich sein. Auf diese Weise brauchen Sie zum Lesen nicht den Kopf zu senken, sondern nur die Augen nach unten zu richten. Ihre Hörer bemerken dann kaum, daß Sie lesen. Gewöhnen Sie sich an, bei einer Drehung des Kopfes von rechts nach links die Hörer anzuschauen und bei der Rückbewegung von links nach rechts zwei oder drei Zeilen Ihres Konzepts »mitzunehmen«. Lesen Sie stets eine oder zwei Zeilen voraus! Das, was Sie gerade aussprechen, müssen Sie zwei bis fünf Sekunden vorher gelesen haben. Verlegen Sie die Lesephasen nicht an Satzenden, sondern möglichst mitten in die Sprechpartien hinein!
Wenn Sie sichtbar lesen müssen, dann sagen Sie entweder: »Ich lese einmal vor!« Oder Sie zeigen eine Mimik, die Nachdenken suggeriert. Dazu gehört, daß Sie auch nachdenklich sprechen. Während Sie lesen, verzichten Sie unbedingt auf Handbewegungen, es seien denn eben solche, die Nachdenken anzeigen, etwa: Zeigefinger auf die Unterlippe, Daumen unter's Kinn. Das kann aber die Sprache undeutlich machen.

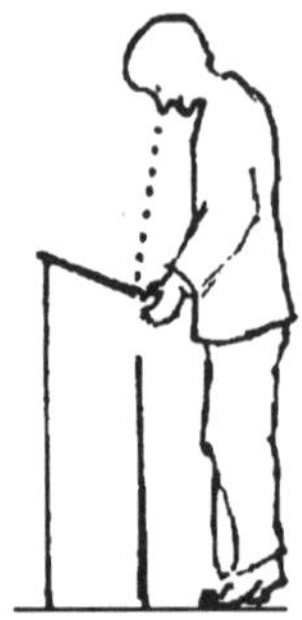

So ist es **ungünstig!**

So ist es **günstig!**

Wenn Sie Brillenträger sind, lassen Sie sich eine Brille anfertigen, die ihre optimale Leseschärfe bei etwa 50 bis 60 cm hat[102]. Auf diese Weise können Sie den Abstand vom Pult auch mit Brille halten.
Schwierig wird es, wenn Sie an ein ziemlich weit vorn angebrachtes Mikrophon gebunden sind, das keinen größeren Abstand überbrückt. Sehen Sie zu, daß Sie es so weit wie möglich an sich heranbekommen, ohne daß es Ihr Konzept verdeckt. Sprechen Sie mit dem Küster oder mit jemand anderem ab, daß die Anlage nach Ihrer Stimme ausgesteuert wird! Vorzuziehen sind immer Ansteckmikrophone, besonders drahtlose.

Wenn Sie sich -wie ich- für ein Ringbuch entschieden haben, müssen Sie irgendwann umblättern. Und das soll ja nach Möglichkeit niemand bemerken. Sie sehen zu, daß Sie kurz vorher noch einmal zwei oder drei Zeilen überschauen können. Kurz vor dem Umblättern werden Sie ein wenig lauter, beugen sich eine Kleinigkeit nach vorn, fassen Ihre Hörer besonders intensiv ins Auge und führen in Gesichtsnähe eine sinnvolle Geste mit Ihrer rechten Hand aus. In diesem Augenblick, da Ihre Hörer auf Ihre Augen, Ihre Stimme und die Hand achten, blättern Sie mit Ihrer linken Hand um. Das können Sie fünfzehnmal wiederholen. Niemand bemerkt es. Und das ist gut so.

Wenn Sie beim Lesen Ihres Konzepts die Zeile verlieren, dann bringen Sie den Satz oder den Gedanken schnell irgendwie zu Ende, evtl. indem Sie die letzten Worte[103] wiederholen, und machen einen Absatz in Form einer Pause. Obwohl Sie in Zeitdruck sind, nehmen Sie dennoch zwei Sekunden, um in Ihr Publikum zu schauen. Dann wenden Sie ganz allmählich, auf keinen Fall hektisch, Ihre Augen wieder Ihrem Konzept zu und suchen in aller Ruhe den Anschluß. Gelingt Ihnen das, so werden fast alle Ihre Hörer meinen, die Pause sei Absicht gewesen. Sollten Sie bemerken, daß es eine längere Zeit in Anspruch nehmen wird, bis Sie

[102] Probieren Sie aus, mit welcher Entfernung Sie zurecht kommen!

[103] Aber als ganzen Satz oder Satzteil!

sich gefangen und die Zeile im Konzept wiedergefunden haben werden, so sagen Sie notfalls ganz offen:

Ich bitte Sie um einen Augenblick Geduld.

Machen Sie sich klar, daß das nicht schlimm ist. Im Gegenteil, wenn Sie es verstehen, charmant zu reagieren, machen kleine Fehler Sie sympathischer.

Etwas anders verhält es sich, wenn Sie ohne Konzept sprechen. Haben Sie in der freien Rede den Faden verloren, so wiederholen Sie den letzten Gedanken, wenn es der Stil der Veranstaltung zuläßt, eventuell in Form einer Frage an Ihre Zuhörer. Nehmen Sie völlig ohne Panik Zeit zum Nachdenken. Kommt Ihnen der Zusammenhang trotzdem nicht in die Erinnerung zurück, so leiten Sie einfach zum nächsten Ihnen geläufigen Punkt über. Wenn es in Ihrem Fall nicht unwahrhaftig ist, können Sie den Eindruck vermitteln, als komme Ihnen der Abbruch nicht ungelegen. Vielleicht war ja der vergessene Gedanke doch nicht so wichtig wie zunächst angenommen. Auf jeden Fall können Sie eine Formel benutzen wie etwa:

Lassen wir das jetzt.

Wenn es nötig ist, können Sie ruhig zu einem Gedanken springen, der gedanklich-inhaltlich ein großes Stück entfernt liegt. Beginnen Sie diesen neuen Gedanken zügig und kraftvoll. Fällt Ihnen später ein, wo Sie den Gedanken verloren haben und war er doch wichtig, dann kommen Sie leger »noch einmal darauf zurück«.

Sollten Sie sich in Details verhaspelt oder sich zu weit in »unübersichtliches Gebiet« gewagt haben, so treten Sie die »Flucht ins Prinzipielle« an! In der Politik könnte das ein Satz sein wie:

Wozu haben wir Parlamente?

Nun stellt sich Ihnen gewiß immer wieder einmal die Frage: Was soll ich tun nach einem Versprecher? Soll ich ihn übergehen und einfach weiterreden? Oder soll ich die fehlerhaften Worte noch einmal richtig wiederholen?

Zunächst einige Überlegungen: Wenn Sie die fehlerhaften Worte wiederholen, erziehen Sie sich selbst zur Disziplin. Der Hörer bemerkt, daß Sie korrekt sind und wird unter Umständen sogar vor einem Mißverständnis bewahrt. Wenn Sie den Fehler übergehen, bemerken die meisten Hörer gar nichts davon. Es wird ihnen eine Ablenkung erspart. Und Sie selbst machen nicht den Eindruck eines schlechten Redners.

Die Sache entscheidet sich am Gewicht des Fehlers. Ist Ihnen statt eines »o« nur ein »u« herausgerutscht, und ergibt sich dadurch kein ganz anderes Wort und vor allem keins mit einer völlig anderen Bedeutung, dann ist die Sache klar: Sie übergehen den Lapsus[104]. Ist aber der Sinn entstellt worden, so müssen Sie die Sache in Ordnung bringen. Sind Sie im Satz noch nicht weitergekommen, so wiederholen Sie das falsch gesprochene Wort richtig. Haben Sie aber inzwischen bereits einige weitere Worte gesprochen, so wiederholen Sie den ganzen Satz oder Satzteil korrekt und zwar so betont, daß die meisten Ihrer Zuhörer es nicht für eine Berichtigung, sondern für eine Unterstreichung halten.

---

[104] = geringfügiger Fehler, aus (lat.) *lapsus* (= nach unten gleiten oder fallen, Versehen)

Flattert Ihnen durch eine Ungeschicklichkeit oder einen Windstoß das Konzept vom Pult, so empfiehlt Roman Hofmeister[105], die Sache lustig zu nehmen, etwa zu sagen:

> Nun bekommt meine Rede auch noch Flügel.

Fällt Ihnen etwas von der Kanzel oder vom Pult, was Sie zunächst nicht brauchen, so lassen Sie es liegen. Vielleicht sagen Sie noch dazu:

> Es kann da liegenbleiben; ich brauche es jetzt nicht.

So können Sie vielleicht verhindern, daß vier Zuhörer nach vorn stürmen, um es Ihnen hinaufzureichen.
Mit diesen Überlegungen sind wir eigentlich schon mitten in der Thematik des nächsten Hauptteils vom Vortragen der Rede.

[105] Hofmeister, Seite 127

Sechster Hauptteil:

Zum Vortragen der Rede

Nun endlich komme ich zum eigentlichen Sprechen. Es geht um die Technik des Vortragens. Dazu gehören die Stimme, die Aussprache, die Betonung, die Mimik und die Gestik. Auch hier habe ich, wenngleich ich von »Rede« und »Rhetorik« spreche, natürlich überwiegend meine Schüler und damit künftige Prediger sowie alle beruflichen und nebenberuflichen Verkündiger des Evangeliums im Auge. Das Buch ist ja eine rhetorische Hilfsaktion für das Gemeindeleben.
Das Vortragen steht am Schluß, weil es auch im Redneralltag das Letzte ist, was der Redner zu tun hat.

1. Die Anreden

Anreden sind eminent wichtig! Sie müssen stimmen. Sie müssen treffen. Und sie müssen der Rede nützen. Selbst wenn alles falsch wäre, die Namen und Titel dürfen es nie sein!

a) Wer wird wie angeredet?
Die übliche Anrede in nicht gottesdienstlichen Veranstaltungen ist:

> Meine Damen und Herren!

Sie können auch sagen:

> Meine verehrten Damen und Herren!

Aber es ist nicht sicher, daß das ehrerbietiger wirkt. Ausgesprochen jahrmarkthaft und nicht mehr seriös wirkt:

> Meine hochgeschätzten Damen und Herren!

Machen Sie es ruhig schlicht!

> Liebe Verwandte!
> Liebe Kolleginnen und Kollegen!
> Liebe Mitarbeiter!

Wenn Sie der Chef sind, macht es sich gut, die Untergebenen mit »Liebe Kollegen!« anzureden. Reden Sie aber als Untergebener, und der Chef oder die Chefs sind dabei, so sagen Sie:

> Meine verehrten Damen und Herren, liebe Kolleginnen und Kollegen!

Natürlich sind spezielle Anreden wie

> Kollegen!
> Freunde!
> Soldaten!

am passenden Ort völlig in Ordnung. Sollten Sie einmal in einer Strafanstalt für männliche Gefangene zu sprechen haben, so ist die Anrede: »Männer!« am Platz.
In einem Gottesdienst wird nur die Gemeinde angeredet; denn vor Gott sind alle Menschen gleich. Vielleicht bewegt Sie die Sorge, daß Ihre Hörer doch nicht alle gleich sein könnten, daß nämlich sogenannte Gläubige und sogenannte Ungläubige anwesend sein könnten. Theodor Christlieb nämlich, Systematischer Theo-

loge in Bonn und ein Mann der späteren Erweckungsbewegung gegen Ende des vorigen Jahrhunderts, soll einmal gesagt haben: »»Liebe Gemeinde«, das ist die erste Lüge, die der Pfarrer auf der Kanzel ausspricht.« Wenn Sie solche geistlichen Skrupel haben, dann helfen Sie sich durch eine alternative Anrede: »Liebe Freunde, liebe Schwestern und Brüder!« So haben Sie zwei Fliegen mit einer Klappe geschlagen: Sie haben zum einen die Gäste höflicherweise zuerst angeredet und zum anderen niemand unberechtigt zum Christen erklärt oder ihm diese Bezeichnung gar aufgezwungen. Jeder kann sich aussuchen, unter welchem Begriff er sich angesprochen fühlen will, unter Freund oder Bruder oder Schwester. Zunehmend wünschen Menschen distanzierte Anreden. Andererseits will niemand einen Status abgesprochen bekommen. Er will es sich allenfalls selbst aberkennen. Durchaus ist heute, etwa in einer Abendveranstaltung, auch die Anrede denkbar: »Meine Damen und Herren, liebe Schwestern und Brüder!« Es versteht sich wohl von selbst, daß eine Dame die Herren und die Brüder zuerst nennt; denn wir haben Gleichberechtigung in Deutschland. Mit welchem Recht wollte eine Frau ihr eigenes Geschlecht zuerst nennen? Und was dem einen recht ist, ist dem anderen billig.

Grundsätzlich aber bleibt es in einem Gottesdienst dabei: Vor Gott sind alle gleich. Selbst wenn der Bundespräsident anwesend wäre, er könnte nur im Rahmen der allgemeinen Bekanntgaben begrüßt werden, ebenso wie auch andere Gäste. In der Predigtanrede kann er nicht vorkommen. Die Zeiten sind seit 1918 vorbei, da die »**aller**höchsten Herrschaften« dem Gottesdienst beiwohnten, um dem »Höchsten« ihre Referenz zu erweisen, da der Pfarrer sich zuerst vor der kaiserlichen Familie verbeugte und dann erst vor dem Kreuz.

Völlig anders ist es bei weltlichen Anlässen. Hier wird die Gruppe zuerst genannt, die die größere Anzahl darstellt. Davon gibt es aber Ausnahmen, dann nämlich, wenn eine oder mehrere Persönlichkeiten anwesend sind, die zwar jeder für sich nur eine Person sind, durch ihr Amt aber eine noch größere Gruppe als alle Anwesenden repräsentieren. Da müssen Sie gegebenenfalls sagen: »Herr Bundespräsident, meine Damen und Herren!« Es wird damit aber nicht der jeweilige Amtsinhaber geehrt, sondern das Amt selbst, das er bekleidet, die Menschen, die er repräsentiert[1]. Sollten Sie tatsächlich einmal in eine solche Lage kommen, es wissen zu müssen, so erkundigen Sie sich bei einem höheren Politiker, wie und in welcher Reihenfolge Sie anreden müssen. Etwa: »Majestäten, Eminenzen, Exzellenzen, meine Damen und Herren!« Normalerweise rangiert in der Bundesrepublik das geistliche Amt vor dem entsprechenden weltlichen.

Bei Trauungen wird in der Regel zuerst das Brautpaar angeredet, dann gegebenenfalls die nächsten Angehörigen, dann die Hochzeitsgemeinde. Wenn Sie mit den Brautleuten per du sind, dürfen Sie sie in diesem Fall auch mit den Vornamen anreden, etwa:

Liebe Elke, lieber Jens, verehrte Familien Schneider und Müller, liebe Hochzeitsgemeinde!

---

1 Deshalb erfolgt in einem solchen Fall die Anrede auch mit dem Amtstitel, aber ohne personengebundene Titel, etwa akademische Grade, und ohne Namen, während es heutzutage im persönlichen Gespräch genau umgekehrt üblich ist. Im Gespräch: »Herr Doktor Eichel«; in der Rede: »Herr Ministerpräsident«.

Zu einem Begräbnis wird zuerst der hinterbliebene Ehegatte angeredet, dann Kinder und Eltern, dann in der Regel bereits die Trauergemeinde, etwa:

> Verehrte (oder liebe) Frau Schmidt, sehr geehrte Familien Schmidt und Maier, liebe Trauergemeinde!

Die persönliche Beziehung zum Verstorbenen, besonders aber zu dessen hinterbliebenen Angehörigen, schlägt sich in der Anrede nieder. Sind Sie mit einem nahen Verwandten des Verstorbenen per du, so reden Sie ihn auch per du an:

> Liebe Christa, liebe Familien Müller!

Auch Konfirmanden sollten hin und wieder angeredet werden. Wenn sie im Mittelpunkt des Gottesdienstes stehen, sogar an erster Stelle - natürlich als Teil der Gemeinde. Sagen Sie am Konfirmationstag ruhig:

> Ihr lieben Konfirmandinnen und Konfirmanden, liebe Gemeinde!

Sie sollten im Gottesdienst anwesende Kinder, etwa zwischen sechs und zehn Jahren, übrigens öfter ansprechen.

Es kann einmal vorkommen, daß die Anzuredenden hinter Ihnen sitzen. Mir ist das kürzlich so begegnet, als ich die Festansprache zu einer Absolvierung halten durfte. Ich redete die Festversammlung an:

> Liebe Absolventen! Alle anderen mögen sich recht herzlich mit angeredet fühlen. Dies aber ist Euer Tag.

Die hinter mir sitzenden Absolventen schaute ich ganz am Anfang einmal an und dann nur noch zu ganz wichtigen und persönlichen Passagen. Im übrigen wandte ich mich optisch nur an die vor mir sitzende Versammlung. Das ist sicher eine gute Lösung. Beim Sprechen nach hinten müssen Sie sehr darauf achten, daß Ihre Stimme trotz der Abwendung noch durchs Mikrophon geht.

Es versteht sich von selbst, daß Sie Jubilare zuerst anreden. Wenn Sie zur Goldenen Hochzeit, zum 90. Geburtstag oder zur Verleihung des Bundesverdienstkreuzes sprechen, reden Sie natürlich die Personen als erste an, deretwegen Sie alle zusammengekommen sind. Normalerweise findet diese Regel ihre Grenze da, wo der Anlaß über eine gewisse Provinzialität oder Privatheit hinausreicht. Bei der Verleihung großer weltweit beachteter Preise würde Mut dazu gehören, den Preisträger vor dem Bundespräsidenten anzureden.

Was für meine Leser in Frage kommen wird, das dürfte in den meisten Fällen die Begrüßung unterer und mittlerer Würden- und Amtsträger sein: Bürgermeister, Pfarrer, Pastoren, Dekane, bei Einweihungen Architekten, Vorsitzende oder Präsidenten von Verbänden usw. Je niedriger der Rang des falsch Angeredeten ist, je unangenehmer sind die Folgen einer mangelhaften Anrede für Sie als Redner. Deshalb gleichen Sie wenigstens durch Charme aus!

Haben Sie im Rahmen des christlichen Gemeindelebens eine gemeindefremde Person mit akademischem Grad anzureden, so nennen Sie den Namen mit Titel höchstens einmal am Anfang, etwa:

> Herr **Doktor** Schulz
> Frau **Professor** Müller

später aber nur noch den Namen verbunden mit Bruder/Schwester oder Herr/Frau.

Es kann Ihnen einmal geschehen, daß Sie jemand etwa mit

> Verehrter Herr **Professor** Schreiber

anreden, und der hat nichts Besseres zu tun als dazwischenzurufen:

> **»Herr** Schreiber« genügt!

Dann »vermaulen« Sie sich nicht mit:

> Ich wollte ja nur höflich sein.

oder:

> Ehre, dem Ehre gebührt!

Sondern sagen Sie schlicht:

> Danke!

Fortan reden Sie den Mann mit »Herr Schreiber« an. Der Unhöfliche sind übrigens nicht Sie, sondern er. Er wollte Bescheidenheit demonstrieren - auf Ihre Kosten! Und Sie haben gewonnen, wenn Sie es durch Höflichkeit quittierten.
Bei der Wahl der Attribute[2] rangieren normalerweise die ehrenden vor den persönlichen oder zuneigungsbedingten, also:

> Verehrte, liebe Schwester Margarete!

Von dieser Regel können Sie abweichen, um einen bestimmten Effekt zu erzielen. Es ist auffällig, wenn Sie entgegen dem Üblichen mit Betonung sagen:

> Liebe **und verehrte** Schwester Margarete!

Damit drücken Sie aus, daß Sie zwar aus einer persönlich nahen Beziehung heraus sprechen, aber trotzdem Ihre Verehrung öffentlich zum Ausdruck bringen wollen.
Noch eine Frage ist zu klären: Du oder Sie?
In den meisten Gemeinden, besonders in der Stadt, ist die Sache klar. Auf dem Lande sagt ein älterer Prediger schon mal »Ihr«, obwohl er am Montagmorgen die Leute einzeln per sie anredet. Es gibt freikirchliche Gemeinden, wo es geradezu als Pflicht gilt, mit allen per du zu sein. Trotzdem wage ich folgenden Vorschlag: Wenn nur eine einzige Person unter Ihren Zuhörern ist, zu der Sie auch sonst »Sie« sagen, dann sollten Sie die ganze Zuhörerschaft entweder mit »Sie« oder zumindest mit »Sie und Ihr« anreden. Ebenso verhält es sich, wenn Sie öffentlich für jemand beten. Wenn nicht alle per du mit dieser Person sind, dürfen Sie nicht für »Werner« oder »Angelika« beten, sondern müssen zumindest Vor- **und** Nachnamen nennen.
»Ihre Frau« oder »Ihre Gattin«? Das ist eine Frage des Standes ebenso wie eine Frage der Beziehung. In Arbeiterkreisen oder im unteren Mittelstand würde man es als überkandidelt empfinden, wenn zum Beispiel der Prediger einer landeskirchlichen Gemeinschaft einen Schreinermeister mit Namen ansprechen und dann von »Ihrer Frau Gemahlin« reden würde. Wäre der Redner aber ein Propst, so sähe die Sache anders aus. Er könnte nicht seinesgleichen anders behandeln als seine Hörer von geringerem Stand. Spricht der Prediger einen Chefarzt an, den er nicht sehr nah persönlich kennt, so darf er keinesfalls von dessen »Frau« reden, sondern nur »Ihre Frau Gemahlin« oder »Ihre Gattin« sagen. Handelt es sich um eine Gruppe, in der man sehr privat miteinander umgeht, so entfällt jede derartige Förmlichkeit. Das Entsprechende gilt selbstverständlich umgekehrt bei: »Ihr Gatte« oder »Ihr Herr Gemahl«. Niemals jedoch spricht man von seinem eigenen Ehegatten als »**meine** Gattin« oder »**mein** Gatte«.

---

2 = Eigenschaft oder auch Beifügung; von (lat.) *at* für *ad* (= zu) und *tribuere* (= beimessen)

Wollen Sie der Unhöflichkeit ebenso entfliehen wie die Förmlichkeit meiden, so helfen Sie sich durch den Rückzug auf rechtliche Positionen des Behördendeutschs und sagen: »Frau XY, Ihr **Ehemann**«.

b) Wohin mit der Anrede?

Der erste Satz muß sitzen. Das schaffen Sie am besten mit einer provokativen, aber nicht beleidigenden Äußerung. Eine Anrede nimmt Ihnen an dieser Stelle zwar den Schwung. Ohne Anrede allerdings fehlt ein äußerst wichtiges Element. Deshalb setzen Sie die Anrede nach Möglichkeit nicht ganz an den Anfang, aber in einen der ersten Sätze!

Ich gehe einmal vom freikirchlichen Brauch aus, wenn ich vorschlage:

> Unser Seelenleben ist wie ein tiefes, tiefes Wasser. Wenn wir es selbst nur ergründen könnten! Über dieses tiefe, tiefe Wasser, **liebe Freunde, liebe Schwestern und Brüder**, will ich heute morgen zu Ihnen sprechen.

Reden Sie darüber hinaus die Hörerschaft häufig an, immer wieder im Lauf Ihrer Rede oder Predigt[3]. Und schauen Sie die Angeredeten grundsätzlich während der Anrede an! Mit den Blicken im Konzept dürfen Sie Ihre Hörer nie anreden! Reden Sie grundsätzlich niemand an, während Sie noch blättern oder Ihr Konzept ordnen. Ich erlebte das kürzlich. Und ich gestehe, daß ich mir sehr mißachtet vorkam.

Ich sagte, daß Gäste in einem Gottesdienst am besten im Rahmen der Abkündigungen begrüßt werden. Viele Pastoren haben es sich angewöhnt, gleich zu Beginn zu grüßen. Das ist völlig in Ordnung, wenn es sich nicht um einen Gottesdienst handelt. In einem Gottesdienst aber geht es in den ersten Sätzen ausschließlich um die Beziehung zu Gott. Mit einer Begrüßung oder Anrede von Menschen hat das absolut nichts zu tun.[4]

Einige Agenden[5] schreiben die Anrede »Liebe Gemeinde« vor. Auch Kanzelgebete, Friedensgrüße und dergleichen werden mitunter vorgeschrieben. Dann können Sie nicht anders. Allerdings ist damit auch eine rhetorische Möglichkeit vertan. Denn die allerersten Worte, die von einem Redner gesagt werden, gehören zu den wirkungsvollsten. Sind es aber altbekannte Formeln, so ist ein »zweiter Start« nicht ganz leicht.

2. Die Stimme

Die Stimme ist ein außerordentlich starkes Medium. Menschen, die sich zum ersten Mal vom Tonband hören, sind oft entsetzt. Sie haben von der eigenen Stimme eine andere Vorstellung gehabt. Sollte das Ihnen so ergangen sein oder noch immer so ergehen, so bedeutet das durchaus nicht, daß Ihre Stimme unan-

---

3 Siehe unter »Die Stilmittel«, dort unter »Der Anruf« (Seite 230)!

4 Siehe unter »Der Ablauf« (Seiten 247-249)!

5 Eine Agende ist das verbindliche Buch einer Kirche, in dem die Formen und Programmfolgen der verschiedenen Gottesdienste und Feiern vorgeschrieben sind. Es stehen meist verschiedene Möglichkeiten zur Auswahl. Gewisse Bestandteile sind bindend. Von (lat.) *agenda* (= das zu Betreibende), von (lat.) *agere* (= treiben, führen, bewegen). Das Wort ist verwandt mit »agieren«.

genehm ist. Ihr Schrecken rührt nur daher, daß Sie etwas anderes hören, als Sie erwartet haben. Sie sollten Ihre Stimme annehmen! Und Sie sollten damit leben, daß die Geschmäcker verschieden sind. Gott selbst hat das so gemacht.
Natürlich ist es wahr, daß einige Stimmen von vielen Menschen bewundert und geliebt werden, andere dagegen nur geduldet sind. Natürlich hat der Klang Ihrer Stimme Einfluß auf die Aufnahmebereitschaft Ihrer Hörer. Natürlich können sich Menschen mit angenehmer Stimme und Ausstrahlung bei ihren Stimm-Fans gröbere Schnitzer erlauben als andere. Natürlich können sich Prediger mit blecherner oder schriller Stimme weniger Patzer leisten als andere. So ist es mit allem im Leben. Machen Sie sich davon frei, daß das ein Werturteil über den Menschen und seine Botschaft sei. Und wo es zum Werturteil gemacht wird, da akzeptieren Sie auch das als typisch für eine unvollkommene Welt! Stehen Sie darüber!
Es gibt Stimmen, die sich besonders für Rundfunksendungen eignen; andere wirken in Verbindung mit der sichtbaren Persönlichkeit. Gute und unbestechliche Freunde können Ihnen sagen, wie und wann Sie günstig wirken. Durchaus aber können Sie einiges zur Verbesserung Ihrer Wirkung tun. Schon die Tatsache, daß Sie sich selbst annehmen -auch Ihre Stimme- wirkt sich so positiv auf Ihre Ausstrahlung aus, daß Sie innerhalb kürzester Zeit viele Punkte wettmachen.
Eins merken Sie sich bitte als Grundsatz: Sprechen Sie vor einer größeren Gruppe und besonders in einem Gottesdienst niemals in einem anderen Tonfall oder Stil als im normalen Leben! Verwenden Sie bewußt und willentlich Ihre eigene Stimme! Versuchen Sie nie, sie in einer Art zu verstellen, die Ihnen angenehmer erscheint! Halten Sie vielmehr eine Rede, die das Publikum Ihre Stimme vergessen läßt! Bleiben Sie stets der, der Sie sind!
Beim praktischen Einsatz Ihrer Stimme geht es um:

die Höhen- bzw. Tiefenlage
die Lautstärke
die Färbung, den Ton
die Sprechgeschwindigkeit

a) Die Höhen- bzw. Tiefenlage

Als Sprechstimme werden durchweg tiefere Lagen bevorzugt - und zwar bei Männern und bei Frauen. Bei Frauen allerdings sind die ganz tiefen Lagen nicht so beliebt wie solche, die leicht tiefer als der Durchschnitt liegen. Sie bemerken es daran, wie die Rundfunkanstalten ihre Ansager und Sprecher bzw. Sprecherinnen aussuchen.
Es ist kein Geheimnis, daß eine Stimme mit der Lautstärke höher wird. Das bedeutet gleichzeitig, daß Sie tiefer sprechen, wenn Sie leiser werden. Wenn Sie also ein gutes Mikrophon so dicht vor den Mund halten, daß Sie es fast mit den Lippen berühren, können Sie extrem leise sprechen. Ihre Stimme wird tief und voll und fast immer sympathischer, übrigens auch ein wenig sexy; denn sogar Ihr Atem ist zu hören. Die Hörer hören Sie, wie ein junges Mädchen ihren schmusenden Verlobten hört, wenn er ihr ins Ohr raunt: »Ich liebe Dich!« Allerdings ist nicht jeder Redner damit vertraut, so leise zu sprechen. Die winzigsten Unebenheiten in der Sprache, selbst die Lippenbewegungen, werden ja mittrans-

portiert. Das heißt: Sie müssen so dicht am Mikrophon außerordentlich exakt sprechen, gleichmäßig atmen und Ihre Gefühle im Zaum halten. Sollten Sie tief durchatmen müssen, so nehmen Sie das Mikrophon für diesen Moment zwanzig Zentimeter zurück!
Es ist verständlich, daß die Predigt ein solches Sprechen -das Mikrophon unmittelbar am Mund- in der Regel nicht zuläßt. Wie sollten Sie Ihr Konzept lesen können? Sollte Ihre Stimme aber so extrem hoch liegen, daß Sie etwas tun **müssen**, und sollten Sie am Redeplatz zu Hause sein, so daß Sie etwas tun **können**, dann bringen Sie ein Mikrophon an einem längeren Arm so an, daß es beide Voraussetzungen zugleich erfüllt: das Konzept nicht verdeckt und trotzdem nahe am Mund ist. Evtl. muß es von der Seite herangeführt werden.
Die Höhen- oder Tiefenlage Ihrer Stimme ist aber gewiß nicht nur dazu zu gebrauchen, daß Sie Veranlagungsmängel ausgleichen, falls es solche überhaupt sind. Sie dient ebenfalls nicht nur dazu, sich bei Ihren Hörern ein wenig einschmeicheln zu können, sondern -und das besonders- sie trägt auch bei zur Unterstreichung des jeweiligen Redetextes. Das ganze Bemühen um die Stimme muß nicht nur mit dem Inhalt übereinstimmen, nein, es muß dem Inhalt **untergeordnet** sein. Gelegentlich wird es nötig sein, durch die Höhen- oder Tiefenlage Empfindungen Ihrer Hörer zu regulieren. Teilen wir Ihre Stimme einmal in drei »Etagen« ein:

Tiefe Lage = Vorwurf, Ermahnung, Herablassung
Mittlere Lage = sachliche Information, Argumentation
Hohe Lage = Freude, Zorn, aber auch Angst, Unsicherheit und Trauer

Vielleicht müssen Sie einen Vorwurf gegen Ihre Zuhörer erheben, wollen aber ausschließen, daß er allzu hohe Wellen schlägt. Dann benutzen Sie nicht die tiefe, sondern die mittlere Stimmlage dazu! Ihr Vorwurf wirkt dort sachlicher, und Sie wirken ein wenig betroffener. Es mag sein, daß Sie Ihrer Argumentation Nachdruck verleihen wollen. Sprechen Sie diese Passage deshalb in der hohen Stimmlage! Sie machen einen »beteiligteren« und engagierteren Eindruck. Vorstellbar ist ebenfalls, daß Ihre Hörer nicht zu stark Notiz von Ihrer Freude oder von Ihrem Zorn nehmen sollen. Weichen Sie also in die mittlere Stimmlage aus! Dann erscheinen Sie als der Sachliche, der entweder sich in der Gewalt hat oder den nichts erschüttern kann.
Indessen muß ich den meisten Schülern in den Predigtbeurteilungsbogen schreiben: »leicht monoton«. Sie wissen selbst, wie mühsam es ist, eine monotone Rede anzuhören. Am Anfang mag der Schmelz der Stimme oder der Inhalt der Rede diesen Mangel ausgleichen. Dauert die eintönige Rede aber länger, so weichen auch die letzten Sympathien. Sie müssen also unbedingt die Tonhöhe wechseln und damit zwangsläufig auch die Lautstärke.

b) Die Lautstärke
Hier geht es einmal um das Wechseln der Lautstärke, um die Schwerhörigen, um die Probleme mit den Lautsprecheranlagen, zum anderen aber auch um die Fär-

bung der Stimme, also um den rechten Ton. Schließlich behandle ich hier die Frage nach der günstigen Redegeschwindigkeit, wozu auch die gewollten Pausen gehören.

Für und Wider des Wechsels

Die Lautstärke ist mit der Höhenlage ebenso verbunden wie mit der Färbung der Stimme. Leise können Sie nicht tief sprechen. Das bedeutet: Wenn Sie sich für eine Lautstärke entscheiden, entscheiden Sie sich grundsätzlich auch für eine Höhenlage und für eine bestimmte Färbung.

Viele Menschen lieben die Lautstärken-Unterschiede. Wir sprechen dabei von dynamischem oder engagiertem Reden[6]. Und es ist in der Tat unerträglich, wenn ein Redner vierzig Minuten lang gleich laut spricht. Sie haben bei unterschiedlichen Stärken eine größere Chance, Ihre Hörer vor dem Einschlafen zu bewahren. Dies allein bewahrt die gleichen Hörer aber nicht davor, Gedanken-Spaziergänge zu unternehmen. Der Inhalt muß auch stimmen, sonst nimmt sich der Wechsel an Stimmgewalt lächerlich aus. Es besteht die große Gefahr, daß man übertreibt. Es wird der Scherz erzählt, daß ein Redner auf den Rand eines Konzeptblattes den Vermerk geschrieben habe: »Argument schwach; laut schreien!« Genau diesen Eindruck habe ich manchmal. Ihre Hörer bemerken sehr schnell, ob Inhalt und Stimmgewalt übereinstimmen.

Der Lautstärkenwechsel hat aber noch andere Gefahren: eine dieser Gefahren sind die Schwerhörigen, eine andere die Lautsprecheranlagen.

Die Schwerhörigen

Viele Schwerhörige sind in doppelter Weise schwerhörig. Zum einen hören sie schlecht, was ein Redner sagt, zum anderen hören sie besonders ungern auf den Rat, sich vornhin zu setzen, wo sie besser hören könnten. Wenn sich ein alter Mensch auf eine bestimmte Tonstärke »eingehorcht« hat, und plötzlich werden Sie leise, was für den Rest der Hörer ja recht effektvoll sein kann, so bekommt dieser alte Mensch zumindest die ersten Silben nicht mit. Wenn ein Hörbehinderter ein Hörgerät benutzt, so kann er auf heftige Stärkenschwankungen kaum reagieren. Er müßte sein Gerät fortwährend regulieren. Bei leisem Vortrag hat es in der Relation zum Empfang zu hohe Nebengeräusche. Bei übermäßig lautem Vortrag hallt es. Wenn Sie wissen, daß Hörbehinderte anwesend sind, müssen Sie Rücksicht nehmen. Meiden Sie also den plötzlichen Wechsel zwischen sehr laut und sehr leise. Aber nicht so, daß dabei jegliche Dynamik auf der Strecke bleibt und die Jugend Sie »lahm« nennt!

Die Lautsprecheranlagen

Es findet sich in einer Kirchengemeinde selten jemand, der feinfühlig, begabt und willig genug ist, während einer ganzen Predigt oder Ansprache ständig mit den zugriffbereiten Fingern an dem Regler auf der Hut zu sein, von einer Se-

---

[6] Dynamisches oder engagiertes Reden bezieht sich aber nicht nur auf die Lautstärke, mindestens ebenso auf die Ausdrucksweise und auch auf den Inhalt. Auch wörtliche Reden und treffende Verben machen eine Rede dynamisch.

kunde zur anderen Ihre auf- und abschwellende Stimme blitzschnell und zart auszugleichen, ohne wiederum alle Unterschiede zu verwischen. Sie müssen also davon ausgehen, daß die Anlage, die einmal eingestellt ist, während Ihrer gesamten Rede so stehen bleibt. Anlagen, die das automatisch wirkungsvoll korrigieren, sind noch selten. Ein wenig regulieren können Sie selbst, indem Sie bei leisem Sprechen näher ans Mikrophon kommen und bei lautem weiter davon weg bleiben. Aber wer denkt schon bei engagiertem Reden an die Anlage! Und hören können Sie es selbst selten. Dazu ist ein ständig wechselnder Abstand vom Mikrophon noch problematischer als die wechselnde Lautstärke.

Machen Sie sich mit einer Anlage vertraut, indem Sie mit einem zuverlässigen Menschen einmal im leeren Raum üben und dann sich auch im vollbesetzten Raum von ihm Zeichen geben lassen. Der gefüllte Raum reagiert anders. Deshalb sollten Sie diesen zuverlässigen Menschen in der Mitte oder hinteren Hälfte des Saales oder der Kirche Platz nehmen und Ihnen nach vereinbarten Zeichen Hilfen geben lassen. Schauen Sie aber zu ihm hin! Geht es das erste Mal schief, mag er Sie für das nächste Mal unter vier Augen instruieren.
Können Sie die Anlage vorher nicht ausprobieren, so haben Sie vielleicht einen Vorredner am gleichen Mikrophon, möglicherweise denjenigen, der Sie vorstellt. Beobachten Sie, wie er sich verhält und wie er zu verstehen ist. Pfeift das Mikrophon bei seinen Worten, so halten Sie nachher einen korrekten Abstand.
Franz Josef Strauß urteilt aufgrund seiner jahrzehntelangen Erfahrung mit Großveranstaltungen[7]:

> Die Technik muß funktionieren, schlecht eingestellte Lautsprecher können eine ganze Rede kaputtmachen.

Ich habe wiederholt erlebt, daß die Besucher sich nach einem Gottesdienst mit den Worten verabschiedeten: »Schade, daß wir nichts verstanden haben; die Lautsprecher waren wohl nicht an.« Ich habe nichts davon gemerkt, und leider auch beizeiten nichts erfahren. Rechnen Sie damit, daß Sie nicht gewarnt werden!
Insgesamt muß ich sagen: Mit Mikrophon können Sie sich weniger Dynamik leisten als ohne Mikrophon. Genauso, wie ein älterer Mensch mit seinem Blick weniger schnell von der Nähe auf die Ferne und wieder zurück wechseln kann, ebenso haben Ihre Hörer, besonders die älteren, Schwierigkeiten, von laut auf leise und zurück zu schalten. Wenn Ihre Zuhörer sehr weit rechts und links von Ihnen sitzen und wenn Sie Einfluß darauf sowie die Mittel dafür haben, können Sie diesem Problem begegnen: Schließen Sie einfach zwei oder drei gleiche oder gleichgeschaltete Mikrophone an, eins in der Mitte und je eins rechts und links. So können Sie sich beliebig auch zu den außen Sitzenden wenden. Ein Ansteckmikrophon aber würde auch diese Investition überflüssig machen.
Übrigens: Sollten Sie nicht vortragsreif singen, so beteiligen Sie sich bitte am gemeinsamen Gesang nicht unmittelbar am Mikrophon! Treten Sie einen Schritt zurück, damit Ihre Stinme nicht kraft Verstärkeranlage die gesamte Gemeinde übertönt! Dieser Programmpunkt heißt ja »Gemeinsamer Gesang« und nicht

---

7 Strauß, Seite 165

»Solo mit Gemeinde- und Orgelbegleitung«. Ebenso sollten Sie sich nicht mit einem Mitarbeiter etwa über einen Programmpunkt in der Nähe des eingeschalteten Mikrophons beraten. Treten Sie auch dann bitte einen Schritt zurück, und sprechen Sie verhalten! Solche Gespräche dürfen keinesfalls über die Anlage gehen.
Achten Sie darauf, daß das auf Stativ stehende Mikrophon Ihr Gesicht ebensowenig verdeckt wie ein unglücklich angeordnetes Blumengesteck. Die Wirkung, die von Ihrem Gesicht ausgeht, ist sehr wichtig. Die Mimik darf nicht durch Sichtblenden behindert oder gar karikiert werden.

Und noch einen Rat zum Umgang mit dem Mikrophon: Wenn Sie mit dem Mikrophon auf Wanderschaft gehen müssen, etwa zu einem Interview, und nicht in der glücklichen Lage sind, ein drahtloses Mikrophon[8] zu benutzen, dann besteht die Gefahr, daß Sie oder ein anderer auf das Kabel tritt, während Sie damit unterwegs sind. Es kann Ihnen entweder aus der Hand oder das Kabel herausgerissen werden. Deshalb bilden Sie aus dem Kabel bitte eine Schlaufe, die Sie zusammen mit dem Mikrophon umgreifen. Beim Gehen lassen Sie das Kabel durch die andere freie Hand gleiten!
Sollten auf Ihrem Mikrophon die Buchstaben »M« für Musik und »S« für Sprache stehen, so schalten Sie stets auf »S«. Die Baßverminderung senkt zusätzlich die Rückkoppelungsneigung.
Falls Sie darauf Einfluß nehmen können: Die Lautsprecher sollten nicht allzu weit von Ihnen entfernt sein, weil es der Hörer als angenehm empfindet, wenn Blick und Gehör in die gleiche Richtung gelenkt werden.[9]
Was aber, wenn der Schrecken aller Großveranstalter Wirklichkeit wird und die Lautsprecheranlage ausfällt? Sprechen Sie augenblicklich lauter; aber schreien Sie nicht! Sondern formen Sie die Worte ganz vorn im Mund mit den Lippen! Sie werden staunen, wie gut man Sie verstehen wird, wenn Sie nicht hinten im Hals sprechen und die Zuhörer angespannt lauschen. Besonders gilt das, wenn die Lage dadurch prekär wird, daß die ganze Stromversorgung in einer Abendveranstaltung zusammenbricht. Dann kommt es darauf an, daß von Ihrer Stimme Ruhe ausgeht.
Wenn Sie keinen Versammlungsleiter haben, beauftragen Sie für alle hörbar einen umsichtigen Mitarbeiter, nach dem Rechten zu sehen, damit sich nicht alle möglichen Anwesenden darum kümmern.

c) Die Färbung, der Ton

Zwar ist richtig: Der Ton macht die Musik. Auch hier gilt das. Aber gerade deshalb ist es nötig, daß sich Ihr Ton dem Inhalt Ihrer Botschaft unterordnet. Wie bereits mehrmals gesagt, sind Ton, Lautstärke und Höhenlage nicht getrennt

---

8 Drahtlose Mikrophone gelten für viele Gemeinden noch als Luxus. Vielleicht wird manchmal an der falschen Stelle gespart. Besonders nützlich ist ein drahtloses Ansteckmikrophon. Beachten Sie aber bitte, daß es Teil einer Funkanlage ist und in Deutschland bei der Post angemeldet werden muß.

9 Zum Umgang mit Mikrophonen erfahren Sie mehr bei Erich W. F. Kartheuser in »Der Reden-Berater«, Ausgabe Juni/Juli 1988, 2.4.

voneinander zu haben. Noch weniger dürfen diese drei getrennt vom Inhalt zu haben sein. Dennoch kann es passieren. Sie können sich in einen Ton hineinsteigern, der der Botschaft nicht mehr entspricht. Das ist genau der Augenblick, an dem Sie anfangen, unglaubwürdig zu wirken.
Sie können betont **sachlich** sprechen. Das ist gewiß am Platz, wenn Sie lediglich informieren wollen und niemand bemerken sollte, wie Sie selbst zu diesen Informationen stehen. Sie können auch **polemisch**[10] reden. Es gibt bestimmt sehr wenige Anlässe in einer Predigt oder Rede, wo dieser Ton günstig wäre. Er spaltet Ihre Hörerschaft in Zustimmende und Widerstrebende. Polemik ist ansteckend. Und wo sie unangebracht ist, stößt sie ab. Sie können sich als Redner und Seelsorger damit auf Monate hin disqualifizieren.
Ihr Ton kann auch **versöhnlich** sein. Das ist an sich nicht schlecht. Passen Sie aber auf, daß Sie nicht **jovial**[11], herablassend, werden. Das können wenige Menschen vertragen. Wenn durch Ihren versöhnlichen Ton aber aufrichtige Bereitschaft zur tatsächlich nötigen Versöhnung klingt, dann kann diese Stimmfärbung Wunder bewirken.
Gelegentlich wird sich Ihre Hörerschaft daran belustigen und ergötzen, wenn Sie **verschmitzt-witzig** sprechen - solange es nicht zu oft ist! Es entspannt Ihre Hörer; und entspannte Menschen hören leichter zu. Machen Sie Gebrauch von dieser Möglichkeit, wo es die Botschaft nicht entstellt.
Bleibt noch die hoch gefährliche Färbung der **spöttisch-ironischen** Sprache. In der Politik die Regel und auch da nicht immer zum Vorteil des Redners, ist sie in der Gemeinde Jesu sicher selten angebracht. Ganz ausschließen aber kann ich diese Möglichkeit nicht. Sie ist auch nicht unbiblisch. Bedenken Sie aber, daß Leute, die von einer erhöhten Stelle öffentlich angegriffen werden, stets mitfühlende Verteidiger finden. Angegriffen werden schafft Solidarität bei anderen. Schnell schaffen Sie nicht nur anderen Schmerzen, sondern sich selbst auch Feinde.

d) Die Redegeschwindigkeit

Hier geht es sowohl um das Sprechtempo als auch um gewollte Pausen.

(1) Das Tempo

Das Tempo Ihres Redens kann zu schnell oder auch zu langsam sein. Anfänger neigen unbewußt zum Rasen. Ihr Unterbewußtsein sagt ihnen: »Wenn Du Dich beeilst, hast Du's schneller hinter Dir!« Wenn Profis zu schnell reden, dann wissen sie, daß sie sträflicherweise zu viel Stoff in ihre Rede aufgenommen haben, daß sie vielleicht zu feige oder zu schwach waren, sich vom Überschuß zu trennen und nun mit der ihnen zugestandenen Zeit nicht auskommen. Zu langsames Reden wirkt ermüdend. Beides, zu schnelles und zu langsames Reden, läßt den Hörer sich irgendwann »abseilen«. Die schnelle Rede fordert ihm zu große Mühe der Konzentration ab. Die langsame Rede spannt ihn auf die Folter, wann denn nun endlich das Wichtige kommt, dessentwegen er überhaupt zuzuhören

---

10 = kämpferisch, angreifend; aus (grie.) *polemos* (= Krieg)

11 = herablassend = zu *Jovis* (= Iuppiter = Jupiter = die höchste antike Gottheit) gehörig

bereit war. Seine Gedanken gehen in beiden Fällen eigene Wege. Sie sind Ihren Hörer los.
Um in der richtigen Geschwindigkeit sprechen zu können, brauchen Sie Luft. Luft aber haben Sie nur durch tiefes und vor allem langsames Atmen. Das **Ein**atmen klappt ja von selbst, wenn Sie nur gründlich **aus**atmen. Das will trainiert sein. Von heute auf morgen lernen Sie es nicht. Sänger und Sportler haben es damit leichter.

(2) Die Pause

Eins der wirkungsvollsten rhetorischen Mittel ist die Pause. Die Pause dient Ihnen und Ihren Hörern. Ihnen dient sie, indem Sie Zeit zum Atmen, zum kurzen Überblicken des Konzepts und vor allem (!) zum Anschauen der Zuhörer bekommen. Sehen Sie zu, daß Ihre Blicke während 90 % einer jeden Pause bei der Hörerschaft sind! Den Zuhörern dient die Pause, indem sie Zeit erhalten, das Gehörte zu bedenken und neue Hörbereitschaft aufzubauen. Es wird immer wieder beobachtet, daß Sätze, die länger als drei Zeilen sind, von den meisten Hörern nicht wiederholt werden können. Durch das Sprechen mit kleinen Pausen erscheinen diese Sätze kürzer, und es wird dem Hörer Zeit zum Verstehen verschafft.
Peter Ebeling bietet ein ausgezeichnetes Beispiel, von dem ich hier die ersten Zeilen zitiere[12]. Jede Zeile soll mit einer kleinen Pause enden. Sprechen Sie es bitte einmal nach:

> Unsere Stadtwohnung war so klein.
> Die Fenster, die Zimmer,
> alles war viel zu eng.
> Wir hatten eins, zwei, drei, vier Kinder,
> die tobten ständig herum:
> einmal waren sie **hier**, dann **dort**.
> Wir wurden beinahe wahnsinnig.
> So beschlossen wir, ein Haus zu bauen.
> Wir besichtigten viele Grundstücke:
> **große**, **kleine**, **mit** Aussicht, **ohne** Aussicht,
> im **Tal**, am **Hang** und manche oben am **Berg**.

Leider wird das starke Mittel der Pause so selten genutzt. Wenn sie vorkommt, ist sie häufig eine Zwangspause. Aber selbst die Zwangspause können Sie durch einen freundlichen Blick auf die Zuhörer nutzen. Geraten Sie nie in Panik, wenn Sie den »Faden verloren« haben! Es ist weder nötig, noch lohnt es sich.
Wollen Sie an einer Stelle Ihrer Rede einen deutlichen Punkt setzen, können Sie das folgendermaßen bewerkstelligen: Alten Satz beenden, Ton dabei senken, den folgenden Redeeinfall abwarten, tief Luft holen, neuen Satz von der ersten Silbe an kräftig beginnen! Und das natürlich mit Augenkontakt!

3. Die Aussprache

Die Aussprache ist nicht von der Atmung, der Deutlichkeit des Sprechens oder der Betonung zu trennen.

---

[12] Ebeling, Seite 150

a) Das Atmen

Grundsätzlich und grundsätzlich richtig sprechen Sie beim **Aus**atmen. Daraus läßt sich ohne Mühe schließen, daß Sie zum Sprechen Luft brauchen und zwar Luft, die Sie vorher eingeatmet haben. Für kurze Sätze mit Pausen würde ja wenig Luft benötigt, wenn - ja, wenn Sie zum einen diese Pausen wirklich einlegen würden, und zum anderen nicht aufgeregt wären. Genau diese beiden Voraussetzungen erfüllen aber nur geübte Redner. Und die atmen in der Regel genügend aus und damit Luft ein. Wenn Sie nämlich einen längeren Satz einmal in einem Atemzug sprechen müssen, um den Sinn nicht zu entstellen, dann fehlt Ihnen eben diese Luft.

Der Durchschnittsbürger ist Flachatmer. Das heißt: er atmet 14- bis 18mal pro Minute und füllt damit nur ein Sechstel seiner Lunge. Das erstrebenswerte Ziel ist, nur achtmal pro Minute zu atmen. Es wird empfohlen, beim Sprechen die Endsilben stärker zu betonen, um dadurch mehr Luft loszuwerden und sich gewissermaßen selbst überlistend zu zwingen, wieder einzuatmen. Ich empfehle Ihnen das **grundsätzliche** Betonen der Endsilben **nicht** unbedingt[13]. Wenn das dem Verständnis der Botschaft dient, ist es eine gute Übung. Wenn es aber affektiert[14] wirkt, lenkt es zu sehr vom Inhalt der Rede ab. Atemübungen in frischer Luft dagegen sind sehr zu empfehlen. Unternehmen Sie die über einen längeren Zeitraum hinweg; Sie werden die Wirkung beim Reden spüren.

b) Das Sprechen

Sprechen sollen Sie vor allem deutlich. Daran werden Sie gelegentlich aber durch verschiedene Umstände gehindert. Es stehen einer verständlichen Aussprache mitunter mechanische, körperliche oder seelische Erschwernisse im Weg. Auch technisches Unvermögen oder Ungeübtheit mindern zuweilen die Wirkung Ihrer Rede. Vielem ist abzuhelfen; anderes ist zu verringern.

(1) Die Deutlichkeit

Als nächstes, nachdem Sie richtig atmen, haben Sie zu lernen, die Sprache von hinten nach vorn, vom Hals zu den Zähnen, zu verlagern. Sie sind dann bei längeren Reden oder bei mehreren Predigten hintereinander nicht so anfällig für eine Halsentzündung. Sprechen Sie dem Raum angemessen. So schonen Sie Ihre Stimme. Achten Sie darauf, daß die Konsonanten deutlich herauskommen! Öffnen Sie dabei den Mund weit genug. Nehmen Sie die Zähne auseinander! Wenn Sie es noch nicht können, es aber fließend beherrschen wollen, sind Ihnen sicher Übungen der Zungengymnastik nicht zu ersparen. Auch Ihr Kiefer muß sich an ausgeprägte Konsonantenbildung gewöhnen.

Unternehmen Sie, wenn Sie allein sind, Schnellsprechübungen! Lesen Sie Texte besonders schnell und zugleich auch besonders deutlich. Öffnen Sie den Mund weit, führen Sie Kaubewegungen aus! Sprechen Sie auch einmal recht laut! Versuchen Sie, in verschiedener Geschwindigkeit, Tonlage und Färbung zu sprechen! Üben Sie, mehrere Konsonanten hintereinander schnell und deutlich zu

---

13 Wohl aber das saubere Zu-Ende-Sprechen eines jeden Wortes!

14 Geziert, unnatürlich; von (lat.) *affectare* (= anstreben)

sprechen! Versuchen Sie es auch mit sogenannten »Zungenbrechern«! Achten Sie auf die Vokale: sie sollen warm, rund und voll herauskommen!
Je klarer die Aussprache, vorn im Mund natürlich, je mehr Stimme sparen Sie, je länger können Sie sprechen, je größer darf der Saal sein.
Bei der Gelegenheit weise ich auf zwei besonders häufige Schwächen hin: das Verschlucken der Endsilben und das Aneinanderkleben von Wörtern, wenn das vorhergehende mit dem gleichen Konsonanten endet, mit dem das folgende beginnt. Üben Sie diese beiden:
das korrekte Zu-Ende-Sprechen der Wörter und Sätze sowie das exakte Hintereinander-Sprechen gleicher Konsonanten in verschiedenen Wörtern. Machen Sie keine zu lange Pause, aber doch einen kleinen Absatz, etwa bei:

ab Baustelle	log geschickt	ein Narr
und dann	viel länger	dieser Rembrandt
fünf Fässer	diesem Meister	dieses Silo

Im großen und ganzen rate ich Ihnen: Hören Sie bewußt darauf, wie Radio- und Fernsehsprecher reden. Tun Sie es Ihnen im wesentlichen nach! »Im wesentlichen« sage ich, weil auch diese Leute mitunter Allüren haben und lässig sind.

Ein guter Rat: Die Mundreinigung und bestimmte Speisen
Damit Sie trotz aller Bemühungen nicht zu guter Letzt doch noch vor dem Hörer in Schwierigkeiten kommen, ein zusätzlicher wichtiger Rat: Reinigen Sie Ihren Mund gründlich. So gesund Vollkornbrot und Leinsamenbrot sein mögen, die etwas derbere Nahrung unserer Zeit führt zunehmend dazu, daß man Körner und ähnliches zwischen den Zähnen hat, es sei denn, man hätte die Zähne geputzt oder eine Mundddusche benutzt. Wenn sich ein solcher Rest während der Rede löst, so ist das recht unangenehm. Sie können es schließlich nicht in Ihre Hörerschaft blasen. Sorgen Sie deshalb beizeiten vor!

Eine weitere Gefahr droht Ihrem Vortrag in Wort oder Gesang, wenn Sie in den Stunden vor Ihrem »Auftritt« bestimmte Speisen gegessen oder Getränke zu sich genommen haben. Viele Menschen reagieren auf Rettich, Radieschen, Gurken, Paprika und ähnliches oder auf kohlensäurehaltige Getränke mit Aufstoßen oder Sodbrennen. Das kann Ihnen sehr lästig werden und Ihre Rede empfindlich stören oder mindern. Passen Sie auch in dieser Beziehung vor längeren Reden oder anspruchsvollem Gesang bitte ein wenig auf!

(2) Die Erkältung
Sicher kann es nötig sein, daß Sie erkältet reden müssen. Versuchen Sie, Ihre Stimme zu schonen; sprechen Sie leise aus ganz geringem Abstand ins Mikrophon! Sollte es am betreffenden Ort keine Lautsprecheranlage geben, so ist es sinnvoll, selbst eine kleine tragbare Anlage zu besitzen. Wenn Sie oft reden müssen, ist es nicht falsch, sich für solche Fälle ein ordentliches tragbares Transistor-Radio mit separaten Boxen, Kassettenteil und Mikrophoneingang(!) anzuschaf-

fen. Dazu brauchen Sie ein Mikrophon und ein Stativ. Für tausend Mark ist Erstaunliches zu haben.
Sollte sich während des Redens Schleim lösen oder müssen Sie die Nase putzen, so geraten Sie nicht in Panik! Drehen Sie sich ruhig um und erledigen Sie Ihre Entsorgungsarbeiten. Quälen Sie sich nicht aus falscher Rücksicht über die Runden! Sagen Sie höchstens(!) anschließend beiläufig: »Verzeihen Sie bitte!« Damit hat sich's dann. Geben Sie allerdings anschließend niemand die Hand! Die Leute haben sich gemerkt, daß Sie ein »Bakterien-Silo« sind.
Wenn Sie einen Hustenanfall während des Redens erleiden, so lassen Sie sich davon nicht nervös machen. Das ist natürlich und passiert jedem. Wenden Sie sich um, ziehen Sie schnell ein Taschentuch aus der Tasche und dämpfen Sie damit die Geräusche. Beginnen Sie mit Reden erst, wenn keine Gefahr mehr besteht, daß eine neue Reizung auftritt. Bevor Sie weiterreden, sagen Sie ganz beiläufig und undramatisch: »Verzeihung bitte!«
Grundsätzlich aber ist es nicht sehr nützlich, viel zu husten oder sich zu schnäuzen. Besser ist, daß Sie zur Beruhigung des Hals-Nasen-Raums beitragen. Trinken Sie lieber einen Schluck Wasser gegen den Hustenreiz!
Sollten Sie heiser sein, so daß Sie fast keine Stimme mehr haben, sagen Sie die Rede ab! Es ist eine Täuschung, daß Ihnen leises Reden keinen Schaden zufüge. Auch leises Reden ist schädlich, unter Umständen sogar mehr als lautes.

(3) Die Ergriffenheit
Die Fähigkeit, ergriffen zu sein und es auch zeigen zu können, ist keine Schwäche, sondern eine Stärke. Dennoch kann es lästig sein. Aber eben auch hilfreich und sogar nötig!

Die feierliche Ergriffenheit
Viele haben etwas gegen pathetisches[15] Reden. Ich nicht. Es hat seinen Platz. Wenn ich wirklich bewegt bin, wenn es der verhandelten Sache angemessen ist, hat das Pathos seinen Platz[16]. Aber wenden Sie es bitte sparsam an! Keinen Raum hingegen sollte salbungsvolles Reden bei Ihnen haben. Die Botschaft, die im Rahmen des Gemeindelebens zur Sprache kommt, ist weder süßlich-weichlich noch geschwollen. Sollte Ihnen jemals salbungsvolles Reden zur Last gelegt werden, so lassen Sie eine ganze Rede von sich aufnehmen, und hören sie diese dann zusammen mit einem guten Freund oder einer guten Freundin durch!

Die begeisterte Ergriffenheit
Weshalb sollten in einem hohen Augenblick nicht auch einmal »die Pferde mit Ihnen durchgehen«? Das dürfen sie. Aber fangen Sie sie beizeiten wieder ein; sie richten sonst Flurschaden an, schlimmstenfalls verursachen sie Unfälle. Genauso

---

15 = erhaben, feierlich; aus (grie.) *pathos* (= leiden, mitleiden)

16 Strauß sagt auf Seite 170: »Ich bin kein Freund des Pathos, dennoch glaube ich, daß ein guter Redner ohne Pathos nicht auskommt.« Recht hat er! Zugleich plaudert er auf Seite 172 über Konrad Adenauer: »... er verfügte über das nötige Pathos. Der Zuhörer spürte eine historische Verpflichtung, das Kreuz an der richtigen Stelle des Stimmzettels zu machen, um nicht am Untergang des Abendlandes mitschuldig zu werden.«

ist es mit Ihrer Begeisterung. Sie erfreut; sie reißt andere mit; sie macht Sie menschlich und sympathisch. Aber sie ist auch gefährlich, wenn sie keine Grenze findet. Zwanzig Sekunden in einer Rede sind eine lange Zeit. Dann allerspätestens sollte eine Passage der ergriffenen, hoch- und überschwappenden Begeisterung wieder in normale Regionen zurückgeführt werden. Damit ist kein Wort gegen begeisterndes Reden gesagt. Das soll vom ersten bis zum letzten Wort andauern.

Die trauernde Ergriffenheit
Wenn sie »gemacht« ist, dann ist das eine schräge Sache. Ich nehme an, daß sich dieses Thema bei Ihnen erübrigt. Trauer, etwa an einem Sarg, kann einen Redner aber durchaus überwältigen. Es ist sicher auch Veranlagung und tritt im vorgerückten Alter häufiger auf als mit vierzig. Ist es bei Ihnen die Regel, daß Sie beim Reden in Tränen ausbrechen müssen, daß Ihnen die Stimme erstickt, dann versuchen Sie, solche Redeanlässe zu vermeiden. Ist es aber unvermeidlich oder tritt diese Behinderung unerwartet auf, so gibt es Hilfen: Erstens machen Sie sich klar, daß das keine Schande ist und daß niemand das über Sie denkt, was Sie möglicherweise befürchten! Zweitens denken Sie konzentriert an Ihre Rede, ausnahmsweise nicht so sehr an den Inhalt, sondern vielmehr an den Aufbau und die Grammatik! Drittens schauen Sie nicht zu solchen Anwesenden, bei denen Sie ähnliche Gefühle erwarten können! Viertens atmen Sie tief und langsam durch; nehmen Sie sich Zeit! Hält der redebehindernde Zustand trotzdem an, so »ziehen« Sie fünftens nicht Ihre Rede schluchzend durch, sondern unterbrechen Sie. In einer christlichen Versammlung besteht allemal die Möglichkeit, jemand zwischendurch eine passende Liedstrophe anstimmen zu lassen. Singen Sie mit! Dann führen Sie Ihre Rede mit einem »Dankeschön« für die Strophe und ohne jede weitere Erklärung zügig zu Ende!

c) Die Betonung
Keine Frage: das Reden ohne Betonung ermüdet und läßt den Sinn entweder dunkel oder nur mit Mühe erfassen. Falsche Betonung dagegen führt mitunter geradezu auf Irrwege. Eine sehr nachteilige Wirkung kommt hinzu: Der Redner erscheint bei unglücklicher Betonung als ungebildet. Das ist nicht gerade eine Hilfe für die wichtige Botschaft, die er zu verkündigen hat. Sollten Sie auf diesem Gebiet Probleme haben, so müssen Sie hart arbeiten, um Ihre Sätze in den Griff zu bekommen. Wenn Ihnen trotz aller Mühe Verstehensprobleme bleiben, so lassen Sie sich von einem Freund oder von einem Deutschlehrer aus Ihrem Bekanntenkreis helfen. Nehmen Sie das nicht zu leicht! Leider halten gerade die eine Nachhilfe für diskriminierend, die sie am nötigsten hätten. Solche Redner, die ihre Sache schon ganz ordentlich machen, bilden sich ständig weiter und bauen Fehler ab.

(1) Die richtige Silbe
Es können zwei verschiedene Fälle eintreten: Im einen Fall ist es völlig unbestritten, welche Silbe betont werden muß, im anderen Fall sind Sie frei, durch die Auswahl der Silben eigene Akzente zu setzen.

Die zwingende Betonung

Mir klingt ein an 1.Mose 32,27 angelehntes Gebet im Ohr, das ich immer wieder einmal höre:

> Wir lassen dich **nicht**, du segnest uns **denn**!

Richtig betont:

> Wir **las**sen dich nicht, du **seg**nest uns denn!

Ich kann die Fehlbetonung nicht begreifen. Wahrscheinlich hält sich der Beter am Rhythmus fest, um den Text nicht zu vergessen oder falsch zu zitieren. Allerdings ist das auch eben die Betonung der meisten Kinder bei Krippenspielen zu Weihnachten. So wird ihnen das Auswendiglernen leichter. Sie können es besser »leiern« und haben es schneller hinter sich. Die Sonntagsschulleiter scheinen selten darauf zu achten. So prägt sich dieser Leier-Rhythmus fürs Leben ein. Schade!

Ich hörte einen Pastor den bekannten Vers Römer 8,28a[17] in einer Predigt so zitieren:

> Wir wissen aber, daß denen, die Gott lieben müssen, alle Dinge zum Besten dienen.

Er hatte ganz einfach an der falschen Stelle Luft geholt. Damit war das Komma verschoben. Der Sinn aber war ein völlig anderer und auch ein falscher geworden.[18]

Die freie Betonung

Die ersten 11 Kapitel des Römerbriefes nach Luther sind ein gutes Übungsfeld für Betonungsübungen:

Römer 1,16b:

> denn es ist eine Kraft Gottes, die selig macht ...

Möglich ist, je nach dem, was Sie hervorheben wollen:

> denn es ist eine *Kraft* Gottes, die selig macht ...
> denn es ist eine Kraft *Gottes*, die selig macht ...
> denn es ist eine Kraft Gottes, die *selig* macht ...

Römer 2,4b:

> Weißt du nicht, daß dich Gottes Güte zur Buße leitet?

Wieder ist mehreres möglich:

> Weißt du nicht, daß dich *Gottes* Güte zur Buße leitet?
> Weißt du nicht, daß dich Gottes *Güte* zur Buße leitet?
> Weißt du nicht, daß dich Gottes Güte zur *Buße* leitet?

Oft wird eine wichtige Tatsache nicht bedacht. Bei lehrhaften Texten kann es nötig sein, nicht das klangvolle Substantiv zu betonen, sondern ein unscheinbares Wörtchen wie »die« oder »der« oder »darauf« oder »deshalb« oder »sondern« oder »nicht«, etwa:

Römer 14,13b:

> sondern richtet vielmehr *darauf* euren Sinn, daß niemand seinem Bruder einen Anstoß gibt.

Römer 14,17:

> Denn das Reich Gottes ist *nicht* Essen und Trinken, sondern Gerechtigkeit und Friede und Freude in dem Heiligen Geist.

---

[17] Nach einer älteren Luther-Version

[18] Das Komma gehört hinter »lieben«.

Es kann nötig sein, so zu betonen:
Römer 3,21:

> Nun aber ist *ohne* Zutun des Gesetzes *die* Gerechtigkeit, die vor *Gott* gilt, offenbart, bezeugt durch das Gesetz und die Propheten.

Weitere Beispiele:

> In der Nachfolge[19] dürfen wir respektlos gegenüber den Grenzen sein, die Menschen voneinander trennen.

Haben Sie den Satz verstanden? Ein Schüler las irritiert:

> In der Nachfolge dürfen wir respektlos gegenüber den **Gren**zen sein, die Menschen voneinander **tren**nen.

Wir dürften demnach die Menschen voneinander trennen. Als »Schreibe« müßte ich den Satz umformulieren. Als »Spreche« kann ich ihn stehen lassen, muß ihn dann aber so betonen:

> In der Nachfolge dürfen wir respektlos sein gegenüber **den** Grenzen, die Menschen voneinander **tren**nen.

Aus einer Unterrichts-Predigt:

> Was du an ihm ge**tan** hast und was du durch ihn ge**tan** hast.

Es hätte heißen sollen:

> Was du **an** ihm getan hast und was du **durch** ihn getan hast.

Ich habe Hemmungen, solche Banalitäten[20] niederzuschreiben. Wenn ich nur nicht ständig solche Reden hörte!

Lassen Sie es sich nicht ergehen wie jenem Kleinbauern im Krieg, als man noch eine Genehmigung zum Schlachten brauchte, der seine Behörde aufforderte:

> Bitte schicken Sie mir den Inspektor, damit ich das Schwein schlachten kann.

Es liegt nahe, falsch betonte Sätze stillschweigend zu übergehen. Sollte sich das evtl. entstandene Mißverständnis in Grenzen halten, so ist das möglich. In der Regel aber sollten Sie, schon um Ihrer eigenen Erziehung willen, den Satz richtig betont wiederholen. Das mag ruhig den Eindruck hinterlassen, es sei Absicht gewesen.

Als weitere Betonungs-Schulung rate ich Ihnen, sich einen Gedichtband zur Hand zu nehmen und Gedichte laut vorzutragen. Wählen Sie Gedichte aus jeder Periode, Lieder von Martin Luther, Paul Gerhardt, Gedichte von Goethe, Schiller, dann Eichendorff, aber auch Körner, Wedekind, schließlich auch moderne, etwa Brecht, Kästner und Eugen Roth! Lassen Sie ruhig einen guten Freund, der davon Ahnung hat, zuhören. Unterstreichen Sie sich mit Bleistift genau die Silben, die Sie meinen, betonen zu müssen.

Hören Sie sich selbst zu, etwa auf einer Kassette. Fragen Sie sich, ob Sie zufrieden sind, ob die Botschaft des Gedichtes herauskommt. Dann versuchen Sie es mit anderen Silben. Im Mittelpunkt einer solchen Silbe steht immer ein Vokal, den Sie voll aussprechen müssen. Übertreiben Sie es zunächst einmal! Nehmen Sie die Übertreibung aber im Ernstfall wieder zurück!

Nicht immer ist es nur eine Silbe, die betont werden sollte. Manchmal müssen Sie Ihre Betonung über einer ganzen Periode von Wörtern aufrechterhalten. Die Entscheidung, welche Silben betont werden, hängt auch von den Satzteilen davor

---

19 Satz aus Piper, Kommunizieren lernen, Seite 96

20 = Alltäglichkeit, fade, geistlose Sache; aus (frz.) *banal* (= gemeinnützig, allen gehörig)

und danach ab. Üben Sie das Betonen doch gleich mit den drei letzten von mir geschriebenen Absätzen:

> Als **wei**tere Betonungs-Schulung rate ich Ihnen, sich einen Ge**dicht**band zur Hand zu nehmen und Ge**dichte laut vor**zutragen. Wählen Sie Ge**dich**te aus **je**der Periode, Lieder von Martin **Lu**ther, Paul **Ger**hardt, Gedichte von **Goe**the, **Schi**ller, dann **Ei**chendorff, aber auch **Kör**ner, **We**dekind, schließlich auch mo**der**ne, etwa **Brecht**, **Käst**ner und Eugen **Roth**! Lassen Sie ruhig einen guten **Freund**, der davon **Ah**nung hat, **zu**hören. Unterstreichen Sie sich mit Bleistift **genau die** Silben, die **Sie** meinen, betonen zu **müs**sen.
> Hören Sie **sich selbst** zu, etwa auf einer Kas**set**te. Fragen Sie sich, ob Sie zuf**rie**den sind, ob die Botschaft des Gedichtes he**raus**kommt. Dann versuchen Sie es mit **an**deren Silben. Im Mittelpunkt einer solchen Silbe steht immer ein Vo**kal**, den Sie **voll** aussprechen müssen. Über**trei**ben Sie es zunächst einmal! Nehmen Sie die Übertreibung aber im **Ernst**fall wieder zurück!
> Nicht **immer** ist es nur **eine** Silbe, die betont werden sollte. **Manch**mal müssen Sie Ihre Betonung **über einer ganzen Periode von Wörtern** aufrechterhalten. Die Entscheidung, **wel**che Silben betont werden, hängt **auch** von den Satzteilen da**vor** und da**nach** ab.

Was die korrekte Aussprache der einzelnen Wörter, auch der Fremdwörter, betrifft, so haben Sie die Möglichkeit, im Aussprachewörterbuch von Duden nachzuschlagen. Es ist Duden Band 6.

Eines Tages werden Sie ein Gedicht oder eine Liedstrophe vorzutragen haben. Übertreiben Sie dabei die Betonung nicht! Es wird Ihnen sicher aufgefallen sein, daß Fachleute -erfahrene Schauspieler zum Beispiel- ehrwürdige Texte zurückhaltend betonen, um sie nicht banal zu machen oder gar der Komik auszusetzen. Umso nötiger aber ist die sachgerechte Betonung in ihrer Gediegenheit.

(2) Der Rhythmus

Die Rhythmisierung zwingt Ihren Hörer zum rhythmischen Mithören. Sie gehört zu den rhetorischen Mitteln, die der Laie überhaupt nicht wahrnimmt. Aber - wie das Stilmittel der Alliteration- hat sie ungeheure Wirkung auf das Nachhallen im Ohr und damit auf die Einprägung eines Textes durch den Hörer. Nicht zuletzt wurden diese beiden Mittel von Adolf Hitler mit Vorliebe und mit größtem Erfolg angewandt. Das ist keineswegs ein Grund, sie aus dem Repertoire zu streichen. Allerdings müssen Sie als christlicher Prediger aufpassen, daß sich gute Möglichkeiten nicht zur psychologischen Manipulation auswachsen.

Ich will Ihnen hier nur ein Beispiel nennen. Sprechen Sie bitte zügig und laut die folgenden vier Zeilen:

> Darauf warten wir.
> Wir ersehnen das.
> Das betreiben wir.
> Darum werden wir kämpfen.

Nun sprechen Sie ebenfalls zügig und laut diese vier Sätze[21]:

> Darauf **war**ten wir.
> Das erse**h**nen wir.
> Das bet**rei**ben wir.
> Das er**käm**pfen wir.

---

[21] Dieser Block von vier Sätzen gehört gleichzeitig mehreren Stilmitteln an. Er ist eine Anapher (Seite 206), ein Refrain (Seiten 206-207) und eine Steigerung (Seiten 225-226).

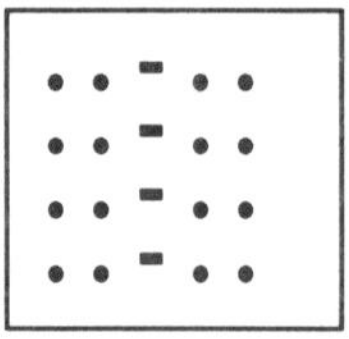

Spüren Sie, wie sich der viermal gleiche Rhythmus einprägt?

Andere Beispiele finden Sie im Zusammenhang mit den Stilmitteln der »Umstellung« und »Nachstellung«[22]. Nur eine Empfehlung gebe ich Ihnen: Sprechen Sie Sätze, die an markanten Stellen Ihrer Rede stehen, einmal laut und betont aus! Versuchen Sie, wie das ein Werbetexter tut, Umstellungen in der Wortfolge. Achten Sie dabei auf die Satz-Melodie. Sie werden die Unterschiede hören, zumindest, wenn Sie ein wenig musikalisch sind. Proben Sie so lange, bis der wichtige Satz einprägsam klingt! Dies gilt besonders für den ersten und den letzten Satz Ihrer Rede, für den Leitsatz in der Einleitung sowie für die Grundsatzaussagen in den Hauptpunkten.

(3) Die Emphase

Gelegentlich müssen Sie ein Wort besonders betonen. Diese Betonung nennen wir Emphase[23]. Sie kann zweierlei Bedeutung haben. Einmal ist es das einfache Hervorheben eines Wortes im Sinne von starker Betonung. Zum anderen aber kann dadurch auch ein Wort die Bedeutung wechseln, etwa wenn Sie sagen:

> Er ist ein **Mann**!

Das kann bedeuten, daß er **männlichen Geschlechtes** ist. Sie können damit aber auch sagen wollen:

> Er ist ein **ganzer Kerl**! Er ist **mutig**! Er **steht zu seinem Wort**!
> - wie Männer nun einmal[24] sind.

Mehrere Möglichkeiten bietet der Begriff »Mensch«. Wenn Sie sagen:

> Sie ist ein **Mensch**!

so kann das über die **Unterscheidung vom Mann** hinaus bedeuten sollen:

> Sie ist **ja auch nur** ein Mensch!

Aber auch:

> Sie benimmt sich **wie ein großer oder gütiger** Mensch, **also human**.

Sie können damit aber auch sagen wollen:

> Sie ist doch **immerhin** ein Mensch! So kann man doch nicht mit ihr umgehen!

Üben Sie die Betonung solcher Worte im ganzen Satz! Sprechen Sie Ihre wichtigsten Sätze ruhig zweimal hintereinander. Sie benötigen zur optimalen Wirkung allerdings eine Formel, die die Wiederholung hervorhebt, etwa:

> Und weil mir dieser Satz so wichtig ist, sage ich ihn noch einmal: ...

(4) Anführungszeichen sprechen!

Anführungszeichen markieren Sie bitte nicht dadurch, daß Sie mit den Zeige- und Mittelfingern Ihrer beiden Hände »gegen die Saaldecke wackeln«. **Sprechen**

---

22 Siehe auf den Seiten 218-220!

23 Emphase = Nachdruck; aus (grie.) *em* aus *en*(= in) und (grie.) *phainein* (= zeigen)

24 Wirklich?

Sie Anführungszeichen! Wenn es genügt, machen Sie sie durch Akzentuierung kenntlich, etwa so:

> **Kurze, aber merkliche Pause, dann die Anführung in leicht veränderter Geschwindigkeit, Tonlage und Lautstärke, vor allem aber sehr viel akzentuierter, mit schärferen Konsonanten sprechen, dann wieder eine kurze, aber merkliche Pause und schließlich in der alten Sprechweise weiterreden.**

Das betrifft auch kürzere Zitate. Wenn das in der Anführung Gesagte problematisch ist, etwa mißverständlich oder als Ihre eigene Meinung aufgefaßt werden könnte, was Sie vielleicht verhindern wollen, dann sagen Sie:

> ... - in Anführungszeichen: - ...

Etwa so:

> Wenn es auch **-in Anführungszeichen- »nur«** Luthers Vorrede zum Römerbrief war, die John Wesley zum Glauben half.

Oder:

> ... - ich zitiere - ...

(5) Akustisch mißverstehbare Ausdrücke

Vermeiden Sie klanglich ungünstige Formulierungen. Sagen Sie nicht:

> **Unter tausend**

sondern sagen Sie:

> **weniger als tausend.**

»Unter tausend« kann leicht als **»hunderttausend«** mißverstanden werden. Gebrauchen Sie nach Möglichkeit bei Zahlen nie die Begriffe

> **über** oder **unter**

sondern stets

> **mehr als** und **weniger als.**

Oder:

> Der XY-Rundfunk wird auch im nächsten **Jahr hundert** Predigten senden.

Oder hieß es:

> ... wird auch im nächsten **Jahrhundert** Predigten senden?

Natürlich können Sie sagen, daß ein **Vortrag** aufschlußreich gewesen sei. Wenn Sie damit aber meinen, daß es aufschlußreich gewesen sei, **wie** der Vortragende vorgetragen hat, so sollten Sie die weniger elegante, dafür aber weniger mißverständliche Formulierung in Kauf nehmen und vom Vortrag**en** der Rede sprechen.

Es wird immer einmal passieren, daß Sie mißverstanden werden. Räumen Sie aber im Vorfeld der Predigt oder Rede aus, was irgend an Mißverstehbarkeiten ausgeräumt werden kann. Machen Sie sich die Mühe, notfalls ein paar Silben mehr sprechen zu müssen.

(6) Zwei Übungen

Zwei der wirkungsvollsten Übungen[25] können Ihnen helfen, Ihre Stimmkraft zu stärken und Ihre Aussprache deutlicher zu machen. Wiederholen Sie diese Übungen, bis Sie und eine urteilsfähige neutrale Person deutliche Verbesserungen spüren.

---

25 Siehe diese beiden und weitere Übungen bei Ebeling, Seiten 163-173!

Die Stimmkraftübung
Suchen Sie einen ruhigen Raum auf! Legen Sie sich auf den Rücken, und klopfen Sie mit den Händen auf die Brust! Dabei erzeugen Sie einen Summton! Sie kräftigen damit zunehmend Ihre Stimme.

Die Korkenübung
Um eine klarere Aussprache zu erzielen, halten Sie einen Flaschenkorken zwischen den Zähnen! Mit dieser Beeinträchtigung lesen Sie einen Text vor. Sie werden bemerken, daß Sie nach der Übung präziser sprechen und somit auch deutlicher vorlesen können.

(7) Fachliche Beratung bei Stimmproblemen
Sollten Sie mit Ihrer Stimme anlagenbedingte Probleme haben, so sprechen Sie mit Ihrem Arzt. Er wird Ihnen einen Logopäden oder eine Logopädin, einen Stimmbildner oder eine Stimmbildnerin empfehlen können. Dies gilt auch, wenn Sie zwar nicht krank sind, das Sprechen aber beruflich einsetzen müssen und eingefleischte schlechte Angewohnheiten haben. Häufig könnte Ihnen auch ein Opernsänger, ein Kammersänger oder ein Schauspieler bzw. eine Opernsängerin, Kammersängerin oder eine Schauspielerin weiterhelfen.

4. Der Augenkontakt

Die Frage, wie der Augenkontakt war, gehört zu den allerwichtigsten Aspekten, unter denen Ihre Rede oder Ihre Predigt von Ihren Hörern beurteilt wird. Auch, wenn diese Beurteilung unbewußt erfolgt! Franz Josef Strauß schreibt[26]:

> Zur erfolgreichen Rhetorik gehört, nie den Kontakt zu den Zuhörern, seien es einige hundert oder viele tausend, zu verlieren. Die Augen sind dafür das wichtigste Instrument. Wenn ich mich in ein Redemanuskript verliere, geht der Kontakt verloren, was ich sofort merke - es ist, als würde der Strom abgeschaltet.

Als Augenkontakt können **nur die** Blicke gelten, durch die ein **wirklicher Kontakt** zwischen Ihnen und Ihren Hörern hergestellt wird. Das erfordert, daß Sie nicht nur vom Konzept **hoch**schauen, sondern Ihre Hörer **an**schauen. Das Anschauen ist keine »Einbahnstraße«. Im Augenkontakt sind Sie nicht nur Sender, sondern auch Empfänger. Ihr Hin- und Anschauen dient nicht nur der Übermittlung einer visuellen Botschaft an Ihren Zuhörer, sondern gibt Ihnen auch Aufschluß über die Reaktionen Ihrer Hörer auf Ihre Rede.
In Ihrer Eigenschaft als **Sender** übermitteln Sie Ihren Hörern zum Beispiel:

> »Ich bin ergriffen.« Oder: »Ich engagiere mich.« Oder: »Ich habe Sie gern.« Oder: »Ich spreche gern zu Ihnen.« Oder: »Ich möchte gern wissen, was Sie über meine Rede/Predigt denken.«

In Ihrer gleichzeitigen Eigenschaft als **Empfänger** vernehmen Sie von Ihren Hörern Botschaften wie:

> »Ich langweile mich.« Oder: »Du kannst gut reden.« Oder: »Dich höre ich gern.« Oder: »Es war ja ganz gut, aber jetzt werde ich müde.« Oder: »Ich könnte Dir noch lange zuhören.« Oder: »Dein Schreien geht mir auf die Nerven; Deine Ausdrucksweise gefällt mir nicht.« Oder: »Wenn Du doch nur ein wenig lauter und deutlicher sprächest!«

---

26 Strauß, Seite 164

Es ist mir wichtig, daß Sie einsehen: Augenkontakt ist nicht, wenn Sie einen bestimmten Prozentsatz der Zeit die Augen oben haben. Sondern Augenkontakt ist eine Zwiesprache mit den Hörern[27]. Für den Hörer, den Sie im Gegensatz zum Rest der Versammelten ständig anschauen, wird Ihr Blick bedrängend. Andere sensible Zuhörer empfinden die Bevorzugung bestimmter Hörer als Vernachlässigung ihrer selbst. Sie werden dadurch nicht gerade zum aufmerksamen Hören und zur begeisterten Annahme des Gehörten animiert. Durch einen ausgewogenen Augenkontakt dagegen wird eine persönliche Beziehung zur gesamten Hörerschaft aufgebaut. Er kann andere unvermeidliche Schwächen ausgleichen, etwa eine ungünstige Stimme.
Um sich aber diesen Augenkontakt leisten zu können, müssen Sie zumindest teilweise von Ihrem Konzept frei sein. Grundsätzlich müssen Sie vorauslesen. Das heißt: Sie müssen mit Lesen einige Wörter, möglichst ein paar Zeilen, weiter sein als mit Sprechen. Während Sie das vorher Gelesene sprechen, muß Ihr Blick bereits neuen Stoff aufnehmen. Auf diese Weise erreichen Sie, daß Sie während des überwiegenden Teils Ihrer Redezeit Ihre Zuhörer anschauen können. Dafür müssen Sie zwei Voraussetzungen erfüllen: die eine ist, daß Sie diese Technik üben. Die andere fordert, daß Sie Ihren Text sehr gut kennen. Das heißt: Sie müssen im groben wissen, was dort steht. Sie müßten auch ohne Konzept die Hauptlinien Ihrer Rede oder Predigt umreißen können. Es erfordert schon etwas Mühe. Aber das können Ihre Hörer ja auch erwarten! Wenn sich 20 oder 100 oder gar 300 erwachsene Menschen vor Sie hinsetzen, von denen jeder mit Hin- und Rückweg eineinhalb bis drei Stunden seines Lebens zur Verfügung stellt, um einem einzigen Menschen zuzuhören, so können diese Bürger mit Fug und Recht verlangen, daß Sie alles Mögliche getan haben, um Ihren Vortrag hörens- und anhörenswert zu machen.
Wenngleich Sie sich bemühen, nicht nur einen oder zwei bestimmte Zuhörer anzusehen, sondern viele verschiedene, so leuchtet es trotzdem ein, daß Sie nicht alle gleichermaßen anschauen können. Der Versuch, es zu tun, würde Ihnen auch zu viel Kraft und Aufmerksamkeit rauben, die Sie für den Inhalt und Vortrag Ihrer Rede benötigen. Deshalb müssen Sie einige Zuhörer stellvertretend für alle anschauen. Diese »Stellvertreter« sollten gut verteilt von rechts nach links zwischen vorn und der Mitte des Saales sitzen.
Wählen Sie als Stellvertreter solche Menschen, die Ihnen Zustimmung signalisieren. Hörer, die Ihnen Ablehnung entgegenzubringen scheinen, zehren an Ihrer Kraft. Sie fangen unbewußt an zu fragen: »Was mache ich falsch?« Und dabei können Sie es sich sogar eingebildet haben. Kämpfen Sie nun mit intensiven und vielleicht aggressiven Blicken gegen diese Ablehnung oder vermeintliche Ablehnung an, so vergeuden Sie eine unmenschliche Energie. Und dem betreffenden Zuhörer ist es alles andere als eine Hilfe. Er wird Sie entweder noch schlimmer finden oder aber sich durch Sie bedrängt fühlen. Dieser Hörer hat Sie vermutlich

---

27 Durchaus nicht zustimmen kann ich in dieser Frage Friedrich Winter, der im Handbuch der Praktischen Theologie, Teil II, auf Seite 311 schreibt: »Die Augen dürfen über die Hörer leicht hinwegschweifen.« Das wäre, wenn ich ihn nicht mißverstanden habe, die alte pfarrherrenhafte und menschenverachtende Amts-Überheblichkeit, die über lebende Menschen hinwegsieht und den Eindruck hinterläßt, sie sehe geradezu durch Menschen hindurch.

nur aufmerksam und nicht ablehnend angeschaut. Nach der Ansprache bedankt er sich vielleicht herzlich für die große Hilfe, die er empfangen habe. Das habe ich dutzendfach erlebt.
Schauen Sie dagegen in zustimmende oder vermeintlich zustimmende Gesichter, so geht es Ihnen besser, und der Hörer wird nicht bedrängt, selbst wenn er tatsächlich gegen Sie gewesen wäre.
Der Augenkontakt dient einer weiteren Aufgabe: Sie können besser ertasten, ob Ihre Hörer bestimmte Sätze verstanden haben. Natürlich können Sie sich dabei irren. Das habe ich oben erklärt. Und selbstverständlich sollen Sie nicht bei jedem Satz prüfend blicken, ob er auch angekommen ist. Spüren Sie aber im Blick einer Mehrheit von Leuten eine plötzliche Verständnislosigkeit, und begegnet Sie Ihnen besonders in den Gesichtern, die soeben noch zustimmend dreingeschaut haben, dann ist wahrscheinlich etwas schief gegangen. Es ist etwas falsch, ungünstig oder überhaupt nicht begriffen worden. Sie müssen den Sachverhalt also noch einmal mit anderen Worten wiederholen. Eine Illustration wäre vielleicht hilfreich. Seien Sie aber mit spontanen Einschüben und ungeprüften, unbewährten Illustrationen vorsichtig! In wenigen Sekunden können Sie ein Beispiel nicht nach allen Seiten hin durchprüfen. Flüchten Sie in diesem Fall eher in eine kindliche Einfachheit der Gedanken!

Um den Augenkontakt in bezug auf eine ganz bestimmte Predigt oder Rede zu üben, schaffen Sie sich nach Möglichkeit realitätsnahe Umstände. Ideal ist es, wenn Sie an genau der Kanzel oder an gerade dem Pult bei leeren Stühlen üben können, wo Sie auch die betreffende Rede zu halten haben. Schaffen Sie sich die gleiche Beleuchtung; stehen Sie im selben Abstand, und sprechen Sie Ihre Rede im Original-Tempo und, wenn das niemand stört, sogar in der Original-Lautstärke! Der vollbesetzte Raum erfordert allerdings nachher etwas mehr Stimmgewalt als der leere.

Wenn Sie Anfänger sind und es gut machen wollen, so streben Sie an, daß Ihr Konzept mehrere Tage vor dem »Auftritt« fertig ist. Dann können Sie nämlich die Augenkontakt-Übung im Abstand von jeweils einem Tag oder von wenigstens ein paar Stunden mehrmals wiederholen. Wenn Sie später geübter sind, brauchen Sie eine solche Übung nur noch selten. Als »alter Hase« haben Sie ein so realistisches Empfinden, daß Sie Ihre Rede oder Predigt auch leise lesen können und trotzdem den Klang in der richtigen Geschwindigkeit und Betonung im Ohr haben.
Gerade das »im Ohr haben« ist besonders wichtig für den Augenkontakt; denn dadurch haben Sie eigentlich zwei Konzepte, die einander ergänzen: ein visuelles und ein akustisches. Die Erinnerung an das Bild der Konzeptseiten verbindet sich in Ihrem Gedächtnis mit der Erinnerung an den Klang der Sätze. Dadurch erlangen Sie eine zweifache Absicherung und dadurch wiederum eine erhöhte Sicherheit. Diese Sicherheit nimmt Ihnen die Angst vor dem Hochschauen. Und das Hochschauen -zusammen mit der doppelten Erinnerung an die Inhalte- gestattet Ihnen, wahrhaften Kontakt mit den Augen Ihrer Zuhörer aufzunehmen.

5. Die Mimik

Unter Mimik ist das Mienenspiel zu verstehen.[28] Der Augenkontakt ist die Voraussetzung für die Mimik. Eine angenehme, natürliche und sachgerechte Mimik eröffnet Ihnen ungeahnte Chancen. Ihr Blick ist ein Bindeglied zwischen der Sprache und den Händen. Sie können eine ungelenke, tollpatschige Handbewegung oder einen verunglückten, holprigen Satz durch einen schmunzelnden Blick wieder ausgleichen.

Nochmals: Achten Sie darauf, daß Sie wenigstens den ersten und den letzten Satz Ihrer Rede auswendig können und so vortragen, daß Ihre Augen bei der Hörerschaft sind. Lesen Sie nicht ein Beispiel ab, das von Ihrem zweijährigen Söhnchen handelt! Dabei müssen einem Vater die Augen funkeln! Lassen Sie sich Freude, Bedauern, Trauer, Mitleid, Entschlossenheit, Empörung und Ablehnung ruhig ansehen. Schmunzeln Sie auch einmal. Wo es hingehört, blicken Sie pfiffig, lauernd, entrüstet, spöttisch. Aber lassen Sie das alles in einer Predigt nie zur »Vorstellung«, zum Theater, verkommen! Die Kanzel ist keine Bühne! Gebrauchen Sie all diese Möglichkeiten, aber übertreiben Sie es bitte nicht! Dezente Andeutungen genügen auf der Kanzel.

Voraussetzung zum Gelingen der Mimik ist, daß Ihr Mienenspiel mit der Sprache des Mundes, des Körpers und der Hände eine harmonische Einheit bildet. Das ist natürlich leichter geschrieben als getan. Ist es nicht geradezu ein Widerspruch, daß die Mimik einerseits sachgemäß und andererseits natürlich sein soll? Ist das Bemühen um Sachgerechtheit nicht immer etwas »Gemachtes«; und ist Natürlichkeit nicht immer etwas, das von selbst kommt? Wenn das so wäre, würde ich sagen: Dann seien Sie einfach natürlich! Und in jedem Fall wäre es die bessere Lösung. Aber leider gelingt das auch nicht immer. Sie müssen sich also zusätzlich Mühe geben. Mühe aber bestimmt nicht, um Grimassen zu schneiden, sondern Mühe, sich mit dem Spiel Ihrer Miene einverstanden zu erklären, ihm also nicht von vornherein zu widerstreben, und Mühe, sich so in den Inhalt Ihrer Worte zu versenken, daß Ihre Mimik automatisch einerseits natürlich und andererseits sachgerecht ausfällt. Und das tut sie, wenn Sie mehr an die Sache denken als an Ihre Wirkung vor den Zuhörern. Dadurch überlisten Sie die Verkrampfung.

Je kleiner die Versammlung ist, desto mehr bewirkt die Mimik. Je größer die Halle, desto geringer ist ihre Bedeutung für die Masse, es sei denn, Ihr Konterfei würde auf einen riesigen Monitor geworfen. Zur eigenen emotionalen Entfaltung aber, gewissermaßen als Selbstbeeinflussung, spielt die Mimik immer eine Rolle.

6. Die Gestik

Gestik ist das Bewegungsspiel mit den Händen. Was für die Mimik gilt, gilt gleichermaßen für die Gestik: Die Hände verkündigen keine separate Botschaft.

---

[28] Zum Beispiel: Hochgezogene Stirn bei offenen Augen = aufmerksamer Beobachter; hochgezogene Stirn bei hängenden Augenlidern = müdes, desinteressiertes Gegenüber

Was sie ausdrücken, muß unbedingt im Einklang mit der gesamten Körperhaltung, der Stimme und dem Mienenspiel stehen.

a) Erfordernisse der Gestik

Auch für die Gestik gelten diese Voraussetzungen: Sie muß dem gesprochenen Wort dienen, darf also nicht ein eigenes Recht erhalten. Sie muß natürlich, darf also nicht gekünstelt sein. Sie muß sachgerecht und angepaßt, darf also nicht aufdringlich sein oder gar dem Inhalt zuwiderlaufen.[29] Ihre Texte sollten so farbig und lebendig abgefaßt sein, daß sie der Gestik nicht bedürfen. Die Gestik darf nur als unterstützendes Element hinzukommen. Sie wissen ja, wer mit »Händen und Füßen« reden muß: Taubstumme und Ausländer, die die Sprache des Gastlandes noch nicht verstehen. Es hat bedeutende Evangelisten und Prediger gegeben, die während ihrer langen Predigten die Hand am Revers oder an einer Klappe der Jackentasche hielten und dennoch ihre Hörer eine Stunde lang fesseln konnten.

Sollten Sie einmal gezwungen sein, ablesen zu müssen, so lassen Sie während des Lesens unbedingt Ihre Hände ruhen. Wenden Sie keinesfalls Gestik an, während Sie lesend unter sich blicken! Stellen Sie sich doch eben einmal vor, wie es aussieht, wenn ein Prediger mit den Händen über oder vor oder neben dem zum Lesen gesenkten Kopf gestikuliert. Zum Schreien sieht das aus! Wollen Sie eine Aussage durch Bewegungen unterstreichen, so schauen Sie während dieser Passagen unbedingt ins Publikum!

b) Rahmenbedingungen für die Gestik

Ihre Bewegungen sind, vornehmlich der Intensität nach, abhängig von Ihrem Alter, Ihrem Geschlecht, Ihrem Typ und von den Räumlichkeiten.

Die Rechte des Alters

Ältere Menschen werden sicher geringere körperliche Anstrengungen unternehmen. Es paßt zu einem ergrauten Prediger gewiß mehr die verhaltene Bewegung. Dafür darf er sich aber auch Bewegungen erlauben, von denen einem jüngeren Menschen abzuraten wäre. Er darf sich schon mal eher nach vorn über das Podium bzw. über die Kanzelbrüstung lehnen, um seinen Hörern ins Gewissen zu reden.

Die Rücksicht auf das Geschlecht

Damen ist in der Regel anzuraten, besonders ihre Arme zurückhaltender einzusetzen, als sich das Männer leisten können. Nicht, weil eine Frau dazu kein Recht hätte, sondern in ihrem eigenen Interesse. Sie will ja als Dame wirken und als

---

[29] Helmut Thielicke berichtet in seiner Autobiographie, Seite 256, daß ihn sein alter Gymnasialdirektor heftig maßregelte, als er bereits ein bekannter Professor war: »Was Sie Ihr Temperament nennen, ist eine manchmal ganz unkontrollierte Emotionalität. Inhalt, Ton und Gesten Ihrer Rede können dann so auseinanderklaffen, daß die Grenze des Erträglichen naherückt. Als Sie gestern den Satz Jesu zitierten: »Kommet her alle, die ihr mühselig und beladen seid«, haben Sie das mit drohend erhobener Faust herausgeschmettert, ...« Thielicke wußte, daß er recht hatte.

solche ihren gediegen zarten Charme spielen lassen. Mit den Ruderbewegungen eines Rangiermeisters, der dem Lokführer auf 200 Meter Entfernung Signale zu geben hat, dürfte ihr das schwer gelingen.

Die Grenzen des Typs
Aber auch innerhalb Ihres Alters und Geschlechtes kann es sein, daß für Sie, der oder die Sie ein Original sind, all diese Empfehlungen nicht gelten. Zum einen Menschen kann passen, was zum gleichaltrigen gleichen Geschlechts nicht paßt. Achten Sie ein wenig darauf, was zu Ihnen paßt! Kleine Menschen dürfen etwas dynamischer auftreten als große. Wenn Sie sachkundige und zuverlässige Freunde haben, lassen Sie sich beraten!

Die Erfordernisse des Raums
Zweifellos hat das Ausladen Ihrer Armbewegungen etwas mit der Größe des Saales, der Kirche oder der Halle zu tun, in der Sie zu sprechen haben. Je kleiner der Raum, desto geringfügiger die Bewegung. In einer Stubenversammlung können Sie schon mit einem Finger oder mit einer schwachen Drehung der Hand sinnvolle Gestik ausführen. In einer Halle müssen Sie gewiß öfter die Ellbogen vom Oberkörper entfernen und weit ausstrecken.

c) Die Figuren der Gestik
Grundsätzlich müssen sämtliche Bewegungen weich, rund und langsam ausgeführt werden. Das bedeutet zugleich: leicht und elegant.
Bei mehreren aufeinanderfolgenden Bewegungen muß eine Bewegung in die andere übergehen.
Eine Bewegung darf weder hektisch eingeleitet noch ruckhaft beendet werden.
Die Ellbogen sollten bei jeder Bewegung so nah am Körper bleiben, wie es die Bewegung zuläßt.
Es gibt Handstellungen, die als bestimmte Botschaften aufgefaßt werden[30]:

> **Hände unterhalb der Gürtellinie = negative Aussage**
> **Hände zwischen Gürtellinie und Brusthöhe = neutrale Aussage**
> **Hände oberhalb der Brust = positive Aussage.**

Das Verschränken der Arme vor der Brust kann unter Umständen eine Barriere zwischen Ihnen und dem Hörer aufbauen.
Besonders wichtig(!): Die Bewegungen eilen den dazugehörigen Worten grundsätzlich ein wenig voraus. Sollten Sie Ihre Hände nicht zeitig genug in Position gebracht oder eine Bewegung verpaßt haben, dann holen Sie sie auf keinen Fall nach! Wollen Sie den Satzteil:

> Die **umfassende** Güte Gottes ...

durch Ihre Hände bekräftigen, so müssen diese bereits bei »Die« oben **sein**, um das »umfassend« zu demonstrieren. Genau wie bei einem Dirigenten, der seinem Orchester stets ein Stück voraus sein muß, wenn er nicht eine Schallplatte dirigieren will. Gehen die Hände erst bei »um« oder gar erst bei »fassend« hoch, so

---

30 Das ist sozusagen eine grobe übergeordnete Empfindung, die selbstverständlich durch die Bewegung selbst und durch die Mimik außer Kraft gesetzt werden kann.

kommen sie zu spät, zumal die Hände ja nicht ruckartig, sondern harmonisch-ruhig und in einer runden Figur über den Rand des Podiums oder der Kanzel gelangen sollen.

(1) Die Gegensatzbewegungen

Die Gegensatzbewegungen fallen uns am leichtesten. Sie liegen nah; und ein Gegensatz orientiert sich am anderen. Trotzdem verkrampfen sich Anfänger enorm auch bei diesen naheliegenden Bewegungen. Bekannte Beispiele für Gegensatzbewegungen sind:

Ich/Du	**einerseits/andererseits**
aus mir heraus/aus Dir heraus	**innen/außen**
Einwirkung auf mich/Einwirkung auf Dich	**horizontal/vertikal**
Annahme/Zurückweisung	**hart/weich**
oben/unten	**schwer/leicht**
von oben nach unten/von unten nach oben	

(2) Die Unterstreichungsbewegungen

Im weitesten Sinn ist jede Gestik eine Unterstreichungsbewegung; denn sie unterstreicht stets das gesprochene Wort. Hier jedoch geht es um die Unterstreichung formaler Aussagen im engeren Sinn. Auch die Unterstreichungsbewegungen liegen nahe und fallen relativ leicht; es sind zum Beispiel:

Häufung	**Ausdehnung: groß und weit**
Verstärkung	**Ausdehnung: tief und hoch**
Zartheit	**klein und eng**
Anerkennung	**flach und niedrig**

(3) Die Stimmungsbewegungen

Diese Gattung von Figuren verträgt am wenigsten Technik. Nicht einmal Könner können sie »machen«. Sie haben ihren Platz in kleinen Räumen. Ohne begleitenden Gesichtsausdruck sind sie eher linkisch oder peinlich.
Ich rate Ihnen, mehr den Inhalt Ihrer Rede im Sinn zu haben und über Handbewegungen der folgenden Anlässe erst dann nachzudenken, wenn Sie sich sicher fühlen.

Innerlichkeit	**Betroffenheit**
Freude	**Trauer**
Bedauern	**Müdigkeit**
Unsicherheit	**Triumph**
Entrüstung	**Gleichgültigkeit**
Suchen nach Worten und »Sprechdenken«	**Entschlossenheit**
Zurückweisung	**Bewahrung, Sorgfalt**

Tragisch wäre es, wenn Sie diese Gefühle nur »spielen« würden. Es sei denn, es geschähe in einem Spiel.
Auf den drei folgenden Seiten mache ich Ihnen zu Kurztexten einige Vorschläge.

Also, wenn Sie **mich** fragen, ...

Einerseits haben Sie die Chance, ...

So ein **kleines** Bürschchen war er.

Wenn ich mich Gott **öffne**, ...

Nach solcher Weite - diese **Enge**!

Das weise ich **von mir**!

Das ist eine **solide** Sache.

So ein **zerbrechliches** Wesen.

Eine **ausgezeichnete** Leistung!

Das will **ertragen** sein.

... und ... und ... und ...

Ein anderer Vorschlag: ...

So behutsam macht das Gott.

Was geht das **mich** an?

Dafür muß **ich** geradestehen.

Wenn ich nur wüßte, ...!

Wie soll ich es sagen?

Ich bin es **so leid**!

7. Die Pannen

Pannen haben unterschiedliche Gesichter. Ich rede hier nicht von den schwerwiegenderen Vorkommnissen, die wir nicht so leicht »unter die Füße« bekommen, nach denen wir meinen, wir müßten im Erdboden versinken und dürften uns nie wieder unter Menschen sehen lassen, weil wir uns als Versager oder als unfähig entlarvt fühlen. Gemeint sind hier die eher harmlosen, teils zufällig, teils durch Ungeschicklichkeit oder Achtlosigkeit entstandenen Pannen. Jedem passieren sie; und keiner müßte sich eigentlich darüber aufregen: Ein Versprecher, ein Versäumnis, eine Verwechslung von Namen. Meinen Schülern sage ich: »Sie machen Fehler wie ich. Der Unterschied zwischen uns ist: Sie werden noch rot, ich nicht mehr.« Also, verehrte Leserinnen und Leser, werden auch Sie nicht mehr rot! Wir alle sind Menschen; und auch unsere Zuhörer wissen das. Zum weiteren Trost kann ich Ihnen verraten: Was uns als Betroffenen so schrecklich ist, bedeutet den anderen fast nichts, meist bemerken sie es kaum. Und wenn, dann vergessen sie es schnell. Ist niemand dabei zu Schaden gekommen, so übergehen Sie es mit einem Lächeln. Ist es zum Nachteil für jemand, so bitten Sie um Entschuldigung, ohne es breit zu begründen. Viele Worte machen jeden harmlosen Fehler schlimmer.

Und schließlich gibt es die Pannen, die zwar keine ehrenrührige Ursache haben, aber trotzdem schwerwiegende Folgen erwarten lassen. Nehmen wir an, Sie sind ein sehr konzeptgebundener Redner und haben eben dieses Konzept zu Hause liegen gelassen. Wissen Sie genau, daß es Angaben enthält, die Sie unmöglich auswendig zusammenbekommen, so müssen Sie es Ihren Hörern sagen. Im Idealfall würden Sie sich aber gar nichts anmerken lassen, sondern entweder auf eine Ihnen auswendig geläufige Materie überwechseln oder Ihr Thema aus dem Gedächtnis entfalten, so gut es geht. Sie werden sich wundern, wie frei Sie plötzlich sein können, wenn die Not Sie drängt. In solchen Lagen können Sie Ihrem Geist ungeahnte Höchstleistungen abverlangen. Helmut Thielicke bestätigt das: »Wenn ich in äußerster Bedrängnis war und mein Manuskript nicht zur Hand hatte, ging es am besten. Nicht nur Enthusiasmus, auch Angst kann beflügeln.«[1]

1 Zu Gast auf einem schönen Stern, Seite 61

Siebter Hauptteil:

Die Korrektive

Ein Korrektiv[1] ist eine Einrichtung, eine Person oder eine Gruppe, die uns sagt, was wir richtig oder falsch machen, was günstig oder ungünstig ist. Ein Korrektiv ist auch ein Maßstab, an dem wir unseren Auftrag und dessen Erfüllung, unsere Leistung, messen können. Ein Korrektiv kann korrigieren.
Auf Korrektive, liebe Leserin, lieber Leser, kann ein Redner nicht verzichten. Das hat nicht nur damit zu tun, daß kein Mensch unfehlbar ist, sondern auch damit, daß er sich selbst anders sieht, hört und erlebt als andere. Wir sind objektiv meist nicht die, die wir subjektiv zu sein meinen. Und da auch die anderen Menschen, die uns erleben, subjektiv sind, sind wir oft weder so, wie wir meinen, noch so, wie uns die anderen sehen.
Bei der Rhetorik jedoch geht es darum, daß wir anderen Menschen Informationen zur Verarbeitung und zum Ziehen von Konsequenzen anbieten. Zu diesem Zweck müssen wir gehört, verstanden und akzeptiert werden. Es ist für die Sache also weder entscheidend, wie wir uns sehen, noch wie wir wirklich sind, sondern einzig und allein, wie unsere Hörer uns erleben.

Die innergemeindliche Rhetorik dagegen ist nicht denkbar ohne das Urteil Gottes über uns. Das macht den himmelweiten Unterschied zwischen profaner und gemeindlicher Rhetorik aus. Daraus ergibt sich, daß unsere Korrektive geistlicher, fachlicher und gesellschaftlicher Art sind. Das ist auch die maßgebende Reihenfolge. Als Christ fragen wir erstens: Wie will Gott meine Rede haben? Zweitens: Wie ist meine Rede sachlich und fachlich richtig zu gestalten? Drittens: Wie komme ich, gemessen an diesen Kriterien, bei den Menschen zum Ziel?

Da es im vorliegenden Buch aber vorwiegend um das Handwerk geht und dieses Kapitel in die Handhabung der Korrekturmöglichkeiten einführen will, wähle ich eine pragmatische[2] Reihenfolge.

1. Die Fremdbeurteilung

Es gehört persönliche Größe dazu, sich korrigieren zu lassen. Und Sie brauchen eine tüchtige Portion Sicherheit, um sich raten lassen zu können. Gewinnen Sie deshalb eine positive Einstellung zu dem, was andere über Ihre Reden sagen! Unabhängig, ob die Leute Recht oder Unrecht haben, ob sie höflich oder lieblos urteilen, in jedem Fall ist Kritik eine Informationsquelle!

---

1 = etwas, was Fehlhandlungen ausgleichen kann, aus (lat.) *correctus* (= verbessert, genau: gerade gerichtet)

2 = von der Tat und ihren Konsequenzen bestimmt; aus (grie.) *pragma* (= die Tat, Streben) zu *prassein* (= vollbringen)

a) Die fachlich-schulische Beurteilung

Hier will ich Ihnen verraten, wie ich es im Rhetorik-Unterricht meiner Fachschule mache. Die Schüler stehen ganz am Anfang ihrer theologischen Ausbildung. Sie sollen ihre schlimmsten Hemmungen bei betont seriösen Reden verlieren und im Überblick erfahren, was zu korrektem und erfolgreichem Reden gehört. Sie werden gewiß nur einen Bruchteil dessen sofort anwenden können, was sie erlernen. Der Unterricht wirkt langfristig und wird in späteren Semestern durch den Homiletik-Unterricht befestigt und vertieft.

Nachdem meine Schüler die entsprechenden Unterlagen -künftig dieses Buch- erhalten und ich ihnen das Allernötigste daraus noch einmal erklärt und nähergebracht habe, halten sie zunächst einfache Vier-Minuten-Reden vor der Klasse. Einige stellen ihren Heimatort vor, andere ihren vorherigen Beruf. Manche erzählen ihre »größte Verlegenheit«. In einem zweiten Durchgang werden fiktive[3] Reden gehalten: Eine Tischrede zu der Goldenen Hochzeit der Großeltern, zum 85. Geburtstag eines Gemeindegliedes, ein Grußwort zum Beispiel eines Baptistenpastors zur Einweihung eines methodistischen Gemeindezentrums, eine Begrüßung, eine Einweisung in eine Aufgabe, eine Ehrung, eine Verabschiedung, eine Einweihungsrede zu einem städtischen Hallenschwimmbad oder andere Reden. Der Phantasie sind keine Grenzen gesetzt.

Es bleibt dem Schüler überlassen, ob er ganz frei, mit Stichpunkten oder aber nach einem voll ausgeschriebenen Manuskript spricht. Der Schüler bzw. die Schülerin gibt am Abend vorher eine Kopie dessen bei mir ab, was er/sie mit an das Pult nimmt. Spricht derjenige frei, gibt er natürlich nichts ab; dann läuft ein Tonband mit. Habe ich aber etwas bekommen, so lese ich es vorher und mache meine roten Anmerkungen. Nach der Schüler-Rede lasse ich zunächst die Klasse zu Wort kommen. Dabei kommt es mir ganz stark auf die emotionale Beurteilung an. Manchmal sage ich: »Versuchen Sie einmal, sich vorzustellen, Sie seien ganz ungebildete Leute, hätten auch keinerlei Ahnung von Theologie und Rhetorik - was hätten Sie dann bei dieser Rede empfunden?«

Nur sehr selten habe ich Ansätze davon bemerkt, daß Schüler ihre Mitschüler lieblos oder vernichtend zu kritisieren drohten. Ich würde es auch nicht zulassen, daß sie übereinander herfallen. Von Universitäten und manchen theologischen Seminaren wird mir derartiges gelegentlich berichtet. Meine Schüler sollen nicht das Kritisieren erlernen, sondern das Reden und das Predigen. Ich bin der Lehrer, und sie sind die Schüler. Und so soll es während des Ausbildungsgangs auch bleiben. Ich habe mich kundig gemacht; und meine Schüler wollen davon profitieren. Daran ändert auch nichts, daß jeder Mensch seine eigene Art und seine individuelle Begabung hat, die es zu entwickeln und zu fördern gilt. Denn wenngleich ich meinen Schülern keinen Stil aufzwingen will, müssen sie doch am Anfang ihrer Ausbildung grundlegende Techniken beherrschen. Wie sie später damit umgehen, ist ihre Sache.

---

[3] = etwas, was es gar nicht geben muß, was man sich ausgedacht hat; aus (lat.) *fictio* (= Bildung, Gestaltung)

Beurteilungsbogen[4]

Redner: .... Datum:..

Art der Rede: ....Thema: ....

Angenommener Anlaß: ....

Angenommene Zuhörerschaft: ....

Persönliche Erscheinung: ....

Körperhaltung: ....

Augenkontakt: ....

Gestik: ....

Mimik: ....

Aussprache: ....

Betonung: ....

Redefluß: ....

Gebrauch der Stimme: ....

Tonfall: ....

Ausdrucksweise: ....

Grammatik: ....

Dynamik des Vortrages: ....

Überzeugungskraft: ....

Freundlichkeit: ....

Aufbau: ....

....

Sachkenntnis: ....

Themafrage beantwortet? ....

Kontinuität der Gedanken: ....

Proportion der Zeiten: ....

Übersichtlichkeit: ....

Merkbarkeit: ....

Höhepunkte vorhanden? ....

Stilmittel genutzt? ....

Illustrationen eingefügt? ....

Allgemeine Gesamtwirkung: ....

Bemerkungen und Ratschläge: ....

....

---

4 Anhand dieses Bogens werden die Reden meiner Schüler bewertet. Der Beurteilungsbogen für Predigten hat den dreifachen Umfang.

Dann beurteile ich die Ansprache, meist von vorn nach hinten, manchmal auch systematisch. Die Schüler sollen verschiedene Möglichkeiten des hilfreichen Beurteilens kennenlernen. Ich nehme das Lob nicht immer an den Anfang, sondern oft mittenhinein oder an den Schluß. Das ist im Moment härter, aber auf die Dauer erträglicher. Später erhält der Schüler den abgebildeten Beurteilungsbogen[5] mit bis zu fünfundzwanzig Einzelzensuren, aus denen sich die Gesamtnote der Rede errechnen läßt. Einige besonders wichtige Positionen, etwa Augenkontakt, werden doppelt gewertet.

Gelegentlich arbeiten wir auch mit der Videokamera, selten mit dem Kassettenrekorder. Die anschließende sehr zeitaufwendige Besprechung am Monitor bringt nicht so viel, wie manche denken. Der Schüler sieht sich, wenn kein leistungsfähiger Kameramann am Werk ist, meist nur aus einer unrealistischen Perspektive. Das ist meist ein wenig deprimierend. Er soll ja nicht ein Gefühl für seinen Körper vor der Kamera bekommen, sondern ein Gefühl für seinen Körper vor der Hörerschaft.

Einige Schüler und Schülerinnen, die mir der Strapaze seelisch gewachsen scheinen, bitte ich später mit ihrer bereits einmal gehaltenen und benoteten Rede ein zweites Mal ans Rednerpult. Ich stehe dann neben dem Schüler oder der Schülerin und habe die Zweitschrift des Konzepts in der Hand. Nun gehen wir vor der Klasse Satz für Satz, manchmal auch Wort für Wort, durch. Ich mache Änderungsvorschläge, spreche es vor, demonstriere Haltung und Handbewegungen. Wörter werden ausgetauscht, Sätze umformuliert, Betonungen verlagert, Mimik und Gestik verändert und notfalls fünfmal hintereinander geübt, bis es sich so anhört und ansieht, wie es sich für einen erfolgreichen und dynamischen Redner gehört. Über Erfolg oder Mißerfolg dieser Übungen urteilt überwiegend die Klasse.

b) Die subjektive Hörermeinung

Sie mögen das Wort »subjektiv« als sehr negativ empfinden; »objektiv«, das ist das Erwünschte. Schön und gut, aber was wäre eigentlich eine objektive Hörermeinung wert, wenn es die gäbe? Nichts! Die Hörer sind ja Subjekte und wollen als solche ernstgenommen sein. Folglich geben sie subjektive Meinungen ab. Und allein diese subjektiven Meinungen besagen, ob und wie Ihre Rede angekommen ist. Wenn sich meine Schüler gelegentlich verteidigen, sie hätten einen Satz doch gesagt, und wenn sie mir das dann noch aus dem Konzept nachweisen wollen, dann sage ich: »Es ist mir doch völlig egal, ob Sie es gesagt haben. Von Belang ist lediglich, ob ich es **gehört** habe.« Erst, wenn mir eine Mehrheit der Klasse bestätigt, daß der Satz gefallen ist, muß ich unterstellen, daß ich selbst ein unterdurchschnittlicher Hörer gewesen bin.

Wie aber kommt man an diese subjektive Hörermeinung heran? Jede Hausfrau fragt: »Hat es Ihnen geschmeckt?« Nur ein Redner darf nie fragen. »Wie habe ich gesprochen?« Weshalb eigentlich nicht?

Fast alles, was Ihnen zu Ohren kommt, ist entweder Lob oder vernichtende Kritik, letztere in christlichen Kreisen fast durchweg hintenherum. Die Durch-

---

5 Siehe Seite 343!

schnitts-Meinung der großen Menge erfahren Sie selten. Die Zensuren stammen häufig entweder aus Begeisterung oder aus Ärger. Beidem können Sie nicht die Meinung der Masse entnehmen. Beiden dürfen Sie nicht trauen. Konkrete Hilfen kommen in der Regel nur von Fachleuten. Pauschale Vorschläge von rhetorischen Laien als Einzelpersonen sind weitgehend wertlos. Alles andere als wertlos sind dagegen die Eindrücke von einfachen Hörern, wenn sie präzise beschrieben werden. »Heute habe ich zum ersten Mal begriffen, was Gottesfurcht ist«, das ist ein großartiges Kompliment. »Ihr Bild von dem Bergsee hat mir sehr geholfen«, das ist auch ein ernstzunehmendes Urteil. »Ihre vielen Beispiele aus dem Dritten Reich fallen mir auf die Nerven«, das ist ein Einwand meist junger Leute, den Sie nicht überhören sollten. Seien Sie dankbar für positive **und** negative Äußerungen! Ihnen können Sie nur weiterhelfen.

»Es war herrlich«, bedeutet gar nichts. Wenn Sie nachhaken, erfahren Sie, daß es eine Banalität war, die so begeistert hat. »Es war alles Unsinn«, ist ebenso wertlos. Das vernichtende Urteil beweist, daß sich der Beurteiler nicht die Mühe des Sortierens und Darüber-Nachdenkens gemacht hat. Solche Einschätzungen erhalten erst dann Gewicht, wenn sie, ohne von einer Stelle initiiert[6] zu sein, von mehreren Teilnehmern gleichzeitig kommen. Während eine einzelne Pauschalmeinung oft nur geringen Wert[7] hat, läßt sich das Ergebnis einer breitangelegten Befragung in Gold aufwiegen.

Sie tun gut daran, wenn Sie ein Vertrauensverhältnis zu zuverlässigen Freunden aufbauen. Diese sollten über einen gesunden Menschenverstand und ein natürliches Empfinden verfügen. Mit solchen Menschen können Sie vereinbaren, daß sie Ihnen sagen, was sie empfunden und von anderen gehört haben. Dennoch ist auch hier eine gewisse Vorsicht geboten: Jeder Berater urteilt aufgrund des Maßes seiner Auffassungsgabe und seines Geschmacks. Meine Frau beanstandete in meinen Predigten häufig die Wiederholungen. Sie hatte es eben nicht nötig, daß ich einen Sachverhalt auf zwei unterschiedliche Weisen erklärte. Anderen Hörern aber erging es durchaus nicht so; sie brauchten die Mehrfachdarstellungen. Ein wirklich repräsentatives Urteil erhalten Sie erst durch eine ganze Menge von unterschiedlichen Menschen.

Ein Ehepartner kann Ihnen helfen, wenn er nicht befangen ist. Ehegatten sind oft viel kritischer als andere Menschen. Schlimmer aber ist, wenn für eine Frau z.B. alles richtig ist, was ihr Mann tut, dann kann sie ihm nicht nur nicht mehr helfen, sondern sie bestärkt ihn in seinen beschmunzelnswerten Allüren. »Mein Gatte, der Herr Dekan, macht das schon richtig.« Da ist dann natürlich »nichts mehr zu retten«. Und wenn ich manchen Pfarrer oder Pastor sehe oder höre, frage ich mich: »Hat der Mann denn keine Frau?«

---

6 = den ersten Anstoß gegeben; aus (lat.) *in* (= hinein) und *ire* (= gehen)

7 Lenin hatte sicher nicht ganz unrecht mit dem Satz: »Sage mir, wer dich lobt, und ich sage dir, worin dein Fehler besteht.«

c) Die gemeindliche Beurteilung

Gemeindliches Reden erfordert gemeindliche Legitimation[8]. Bezüglich der Predigt geht gemeindliche Legitimation von göttlicher Legitimation aus. Die Gemeinde oder Kirche verteilt nicht Predigt-Privilegien; sondern Gott beruft, und die Gemeinde bestätigt. Die gemeindliche Beurteilung einer bestimmten Rede und Ihres Redens überhaupt geschieht unter zwei Gesichtspunkten: Zum einen urteilen Gemeindeglieder als subjektive Hörer wie alle anderen Menschen. Zum anderen haben Gemeindeglieder als Teil der Gemeinde Jesu und damit als Teilhaber am »Leib des Christus« die geistliche Aufgabe der geistlichen Beurteilung. Geht es um die Verkündigung des Evangeliums, so hat die Gemeinde -besonders in einer Freikirche- festzustellen, ob Gott einem Gemeindeglied diese Gabe gegeben hat. Dabei ist es gleichgültig, ob das, was der- oder diejenige sagt, gefällt, auch nicht, ob man ihn oder sie mag. Es darf keinerlei Rolle spielen, ob man Mitleid hat, weil doch sonst alle seine Bemühungen umsonst gewesen wären. Es ist »Sünde am Leib des Christus«, ihn oder sie als Belohnung für treue Küsterdienste mit der Predigtaufgabe zu betrauen oder aus Angst, sie oder er könne sonst Schaden leiden, oder aus Gefälligkeit, weil ihr Vater die Orgel gestiftet hat, ins Predigtamt zu empfehlen. Die Beauftragung zur Verkündigung darf auch nicht aus pädagogischen Gründen erfolgen, etwa, um jemand zur Mitarbeit in der Gemeinde zu motivieren. Es gibt ein einziges Kriterium dafür, ob jemand predigen darf. Und das lautet: Haben wir als Gemeinde den Eindruck, daß Jesus Christus, der Herr seiner Gemeinde, diesen Mann bzw. diese Frau zum Predigtdienst berufen hat? Soviel zum theologischen Urteil über das »Ob«.

Nun zum sachlichen Urteil über das »Wie«: Die Gemeinde Jesu ist keine Demokratie; sie ist auch nicht von der Basis zur Spitze verfaßt, sondern von oben nach unten. Die Kirche ist von ihrem biblischen Verständnis her überwiegend nicht soziologisch gesteuert, sondern geistlich. Selbst im geistlichen Leben[9] soll nichts ungeordnet vor sich gehen. Die Ordnung stammt von oben, vom Herrn der Gemeinde. Und sie setzt Kontroll-Institutionen, die sich zwar demokratischer Mittel bedienen, aber keine Demokratie sind. Kontrolle ist ein neutestamentliches Prinzip. Es wird auf allen Ebenen der Gemeinde ausgeübt, und das soll wiederum unter der Kontrolle des Heiligen Geistes geschehen. Wo es zur Bespitzelung wird, pervertiert es die Absicht Gottes. Wenn Kirchenfunktionäre und Religionsbeamte unter »geistlich« immer wieder »diktatorisch« verstehen, so berechtigt dieser Mißbrauch dennoch nicht zur Demokratisierung der Kirche, lediglich zur wirkungsvolleren Kontrolle. Vom Bischof, dessen neutestamentlicher Titel wörtlich übersetzt »Aufseher« heißt[10], über sogenannte »Regierer«[11] bis zum Gemeindeglied sind der neutestamentlichen Gemeinde Aufsichtsfunktionen zuge-

---

8 Bezüglich des Lehrens: Jak 3,1; Die Berufung des Apostels Paulus nach Gal 1,1 (nicht von Menschen, auch nicht durch einen Menschen) kann wohl kaum zum Maßstab der Berufung eines heutigen Gemeindegliedes in eine gemeindliche Aufgabe gemacht werden.

9 1.Kor 14,32 und 33 und andere

10 In einer kongregationalistisch verfaßten Gemeinde, etwa der Baptisten, ist der Gemeindeleiter der Bischof.

11 1.Kor 12,28

ordnet. Die Ordnungsfunktion der Gemeinde, die Kontrolle einschließt, bedeutet praktisch, daß sich ein gemeindlicher Redner nicht über das Urteil der Gemeinde hinwegsetzen darf; denn sie führt durch berufene Gremien die Aufsicht und nimmt damit auch die geistliche Verantwortung wahr. Solange Sie einer christlichen Gemeinde angehören und in dieser Gemeinde Verkündigungsaufgaben wahrnehmen, haben Sie sich grundsätzlich den ordentlichen Gremien dieser Gemeinde oder Kirche zu beugen, auch wenn sie nach Ihrer Meinung völlig ungeistlich entscheiden.

Im Ernstfall gilt zwar: »Man muß Gott mehr gehorchen als den Menschen.«[12] Aber es kann geschehen, daß dieses Prinzip für Sie dann in einer anderen Kirche gelten muß.

Anders verhält es sich, wenn einzelne Gemeindeglieder urteilen[13]. Sie tun das zwar auch als Mitchristen; und ihre Meinung ist an der Heiligen Schrift in Liebe und Wahrheit zu prüfen. Es ist aber leicht möglich, daß ihre Meinung sehr persönlich bedingt ist. Im Konfrontationsfall gilt hier erst recht: »Man muß Gott mehr gehorchen als den Menschen.« Als private Kritiker sind Gemeindeglieder nichts anderes als Leute mit einem subjektiven Hörerurteil. Sie als Prediger haben nicht aufgrund von Marktforschung zu arbeiten, sondern unterstehen in der Ausübung Ihres Amtes im Rahmen der vom Neuen Testament aufgegebenen gemeindlichen Ordnungsstrukturen unmittelbar dem Herrn der Gemeinde. Sind Sie erst einmal zum Verkündigungsdienst eingesetzt, so tun Sie mutig, was Gott Ihnen aufgibt![14] Ein nichtberuflicher Prediger, ein sogenannter Laienprediger, ist ein vollgültiger Verkündiger des Evangeliums.[15]

2. Die Selbstprüfung

Es ist zwar nicht sicher, daß die Art, der Stil und die Wirkung, die Sie sich für sich selbst wünschen, gut für Sie und Ihre Aufgabe sind. Dennoch steht Ihnen im Rahmen der fachlichen Selbstprüfung selten ein anderer Maßstab zur Verfügung als die Frage, ob und wie Sie Ihren eigenen Ansprüchen gerecht werden. Aber es gibt außer der fachlichen auch noch eine geistliche und eine vernunftbezogene natürliche Selbstprüfung. Die Maßstäbe dafür liefern das Wort Gottes und der gesunde Menschenverstand.

a) Die geistliche Selbstprüfung

Eine geistliche Selbstprüfung darf nicht zur Auto-Inquisition[16] ausarten. Verfolgen Sie sich nicht selbst mit allen möglichen Schuld- und Versäumenskomplexen.

---

12 Apg 5,29

13 Wenn sich eine Gemeinde »Lehrer auflädt, nach denen ihr die Ohren jucken« (2.Tim 4,3), so hat sie das vor dem Herrn der Gemeinde zu verantworten. Versuchen dasselbe aber Einzelpersonen, so »juckt« das uns wiederum nicht (Gal 5,10b).

14 Gal 1,10

15 Darüber gibt es unter den profilierten Vertretern der protestantischen Theologie jeglicher Couleur keinerlei Zweifel.

16 Damit meine ich durchaus abwertend die Inquisition (= peinliche Befragung mit Folter durch die Kirche im Mittelalter), die viele gesetzliche Christen in Verkennung des Evangeliums **an sich und gegen sich selbst** durchführen.

Lassen Sie sich auch nicht unter Leistungsdruck stellen! Er widerspräche dem Evangelium. Gott will, daß die Menschen -und zumal seine Prediger- fröhlich sind, und zwar nicht fröhlich auf Befehl, sondern weil sie sich als freie Menschen sehen.
Trotzdem ist es nötig, daß Sie an Hand des Wortes Gottes und in der Stille unter dem Einfluß des Heiligen Geistes über sich selbst nachdenken. Nicht in erster Linie, um Schuld aufzuspüren, sondern um zu prüfen, ob Ihr Leben tatsächlich so frei, fröhlich und fruchtbar ist, wie es sein könnte. Dazu gehört die Frage, ob das, was Sie anderen Menschen sagen, mit Ihren eigenen Lebens- und Alltagsentscheidungen übereinstimmt, ob Sie selbst das zu tun bemüht sind, was Sie von Ihren Hörern verlangen.[17] Weiter müssen Sie sich als Prediger fragen, ob Sie in einer lebendigen Beziehung zu Jesus Christus stehen und das, was Sie sagen, nicht nur vor ihm verantworten können, sondern auch in seinem Auftrag sagen. Ferner haben Sie sich zu fragen, ob Sie die Menschen, zu denen Sie sprechen, lieb haben, wie Gott es von Ihnen erwartet und Ihnen ermöglicht. Nicht zu vergessen die diffizile Frage, ob Sie vielleicht im Begriff sind, die Kanzel zu mißbrauchen, um Ihre Privatmeinung zu verbreiten, um Ihre »Steckenpferdchen« zu reiten, um heimliche -vielleicht unbewußte- persönliche Pfeile gegen ganz bestimmte Anwesende abzuschießen. Schließlich wird Ihnen die Frage nicht erspart, ob Sie für die Verstehbarkeit und Annehmbarkeit Ihrer Rede alles getan haben, was Ihnen von Ihrem Auftraggeber im Himmel und von denen auf Erden zuzumuten gewesen wäre, ob andererseits ein Gedanke auch nicht aus Feigheit bewußt schwammig formuliert worden ist. Möglicherweise ist nach dieser Selbstprüfung doch eine Bitte um Verzeihung fällig - oder im letzten Moment ein Versprechen an Gott, auf einen bissigen Satz zu verzichten.

Und hier will ich noch auf ein ganz heikles Thema zu sprechen kommen. Ich konnte es unter keiner anderen Überschrift als unter dem Wort »geistlich« unterbringen: Sie haben sicher beobachtet, daß man bei einem jungen Menschen überwiegend fragt, **wie** er etwas sagt. Für den Inhalt seiner Rede erhält er dann ziemlich schnell Lob. Oft zu früh, so daß er sich über den Wert seiner Aussagen leicht täuscht. An der Rede eines Menschen in den sogenannten »besten Jahren« interessiert hauptsächlich, **was** er sagt. Lob empfängt er selten; denn man erwartet die Höchstleistung von ihm. Einem alten Menschen aber ist man dankbar oder man bestaunt, **daß** er noch etwas sagt. Das birgt für Redner und Hörer die Gefahr, unkritisch zu sein. Es gibt so manche verdienstvolle und von Gott weit überdurchschnittlich gebrauchte Persönlichkeit im Reich Gottes, die nun einen Schatten auf ihr Ansehen bringt, weil sie nicht ihren Platz für jüngere Redner freimachen kann. Und keiner hat den Mut, es demjenigen zu sagen. Es ist mir aufgefallen, daß auch die Ehefrauen von Predigern, Pastoren und Pfarrern mit zunehmendem Alter gegen ihre Männer unkritischer werden. Auch meine Frau ließ mir früher erheblich weniger durchgehen als heute. Jetzt ist es zwar angenehmer für mich, aber nicht besser für meinen Predigtdienst.

[17] 1.Kor 9,27

Gerade wir Redner und Prediger im vorgeschrittenen Alter sollten nun, so lange wir es noch können, zu einer ausgewogenen geistlichen Selbstprüfung finden. Und wenn wir es gemeinsam mit unseren Ehepartnern schaffen, so ist das ein unschätzbarer Segen. Es ist wichtig, daß wir uns mit den Jahren nicht Laschheiten herausnehmen. Das aber können wir nur verhindern, wenn wir es bemerken! Mancher ältere Herr redet sehr **lässig** und erkennt nicht, daß er allmählich **lästig** wird. Wir alle in der Gemeinde des Christus, jung und alt gemeinsam, müssen lernen, uns gegenseitig Korrektiv zu sein. Was uns nottut, ist eine Bruder- oder Schwesternschaft, in der man sich nicht nur bestätigt. Wir müssen lernen, ohne Zorn zu kritisieren und ohne Überschwang zu loben. Und wir müssen ebenso lernen, Lob ohne Benebelung und Kritik ohne Verletztheit anzunehmen. Sollte ein Mitchrist oder eine Mitchristin meinen, nun sei es an der Zeit, häufiger jüngere Menschen auf die Kanzel zu lassen, so möge Gott uns bis dahin die Reife gegeben und die Klarheit belassen haben zu sagen: »Ich will es prüfen!«

b) Die vernunftbezogene natürliche Selbstprüfung

Jeder von uns hat seine Grenzen. Es gehört nach der psychischen Belastbarkeit wohl zu den heute begehrtesten Eigenschaften, seine eigenen Grenzen exakt beurteilen zu können. Viele Christen versäumen viel, weil sie sich für weniger fähig halten, als sie es sind. Andere geben die Sache Gottes der Lächerlichkeit preis, weil sie ihre Finger nicht von Dingen lassen, von denen sie eindeutig überfordert werden. Dies bezieht sich sowohl auf die Qualität als auch auf die Quantität der Arbeit.

Nehmen Sie einen Redeauftrag nicht an, wenn Sie ahnen, daß Sie das fachlich, körperlich, psychisch oder von Ihrem Naturell her nicht leisten können. Es sei denn, Gott habe Ihnen eine unmißverständliche Weisung gegeben! Übernehmen Sie solche Aufgaben nur, nachdem Sie sich genauestens über das informiert haben, was von Ihnen erwartet wird.

Ich bin nicht gegen Wagnisse; jeder muß einmal anfangen. Aber ich bin gegen Leichtfertigkeit. Und ich bin besonders dagegen, Leichtsinn als ein Glaubenswagnis auszugeben. Im Glauben wagen sollten Sie nur, was Sie vorher nach allen Regeln der Vernunft geprüft haben. Es sei denn, »ein Engel vom Himmel« habe Ihnen die Weisung überbracht!

Es gibt redende Menschen, die können eine ganze Reihe von Veranstaltungen mit langen Reden »abspulen«. Als Redner möchte ich solche Leute nicht bezeichnen. Sie tun halt ihre Pflicht. Ein Pastor sagte mir sogar einmal, er könne leichter sprechen, wenn wenige Personen zuhörten; und es sei ihm egal, ob der eine oder andere einnicke. Ich gehöre nicht zu dieser Gruppe. Jesus gehörte auch nicht dazu. Er konnte Enormes leisten; aber er verausgabte sich selbst im Umgang mit den Menschen, nicht nur in der Predigt, auch bei Heilungen. Abends brauchte er zur seelischen und geistlichen Regenerierung oft die absolute Stille. Nicht einmal seine Jünger konnte er dann um sich gebrauchen. Einmal fragte er, wer ihn angerührt habe. Und auf den erstaunten Einwand der Jünger hin, daß er mitten im Gedränge doch ständig von Menschen berührt und geschubst werde, antwortete er: »Es hat mich jemand berührt; denn ich habe gespürt, daß eine Kraft von mir ausgegangen ist.«[18] Das ist eine Erfahrung, die viele Evangelisten machen. Ich habe das nach geistlich entscheidenden Veranstaltungen, besonders nach evangelistischen Abenden, ungezählte Male erfahren und beobachtet. Mitunter wird eine Zeltmannschaft nach schwerwiegenden seelsorgerlichen Gesprächen nach Mitternacht zum seelischen Ausgleich ganz ausgelassen. - Weshalb auch nicht? - Keiner ist unbegrenzt belastbar. Und Predigen ist keine Arbeit wie andere Arbeiten.

Aber das ist nicht nur ein geistliches Phänomen. Es gibt nun einmal Redner, die teilen nicht nur Worte und Gedanken, Informationen und Richtigkeiten mit, sondern sie ringen mit ihrer ganzen Persönlichkeit und Seelenkraft um die Menschen, geistlich oder geistig oder auch beides. Sie sind die geborenen Redner, deren Reden mehr als ein Absolvieren ist[19]. Sie dürfen ihre Reden nicht mathematisch mit dem Terminkalender planen: überall, wo noch fünf Stunden frei sind, »da kann ich doch noch 'was machen - eine Stunde Rede, zwei Stunden Fahrt«. Nein, Sie geben sich, nehme ich an, selbst und brauchen deshalb Zeit zum Wiederauftanken: körperlich, nervlich, seelisch, geistlich und ganz sicher auch sachlich und fachlich.

Es gibt für einen Redner ein **subjektives** und ein **objektives** Versagen. Besonders bei der Predigt tritt diese Unterscheidung deutlich zutage. Ich meine vielleicht, eine verheerend schlechte Predigt gehalten zu haben, und hinterher bedanken sich die Zuhörer reihenweise »für das hilfreiche Wort«. Das hat zwei Gründe: Der erste Grund ist, daß meine Maßstäbe für gutes Reden durchaus nicht immer die der Hörer sind. Der zweite Grund liegt in der souveränen Wirkung des Heiligen Geistes, der auch durch schwache Leistungen Menschen segnen kann.

Dem subjektiven Versagen liegt nicht selten ein objektives Versagen zugrunde. Ich meine zum Beispiel auf der Kanzel ständig, auf Widerstand zu stoßen, mich nicht klar auszudrücken, Menschen vor den Kopf zu stoßen. Das kann stimmen oder auch nicht. Meistens stimmt es übrigens nicht. Das Versagen auf der Kanzel ist dann tatsächlich **nur** subjektiv. Dieses scheußliche Gefühl während des Sprechens wurzelt dennoch in einem objektiven Versagen. Das aber geschah viel früher: in der Terminplanung.

Ein Beispiel: Ich hatte den Sonntagabend-Gottesdienst in der Bibelschule übernommen. Das bedeutet von vornherein Leistungsdruck. Denn da sitzen vor mir meine Schüler, die ich in Rhetorik und Homiletik unterrichte. Jede meiner Predigten ist für sie ein wichtiges Ereignis. Wenn ich versage, sind sie zutiefst enttäuscht. Bin ich frisch und ausgeruht, so macht das riesigen Spaß und regt mich außerordentlich an. Geht es mir aber schlecht, so bedrückt mich diese Erwartungshaltung, evtl. unbemerkt. An jenem Abend war ich total überlastet, spürte es aber wegen der freudigen Spannung nicht. Ich predige immer sehr gern in meiner Schule. Doch hätte ich wissen sollen, daß ich total fertig war. Aber das ging in der Freude unter. Dazu hatte ich eine Predigt, die an verschiedenen Or-

---

[18] Luk 8,45 und 46

[19] Strauß auf Seite 173: »... vor allem, in jede Rede lege ich ein Stück von mir selbst hinein. Hier gibt es aber bestimmte Grenzen. Völlig verausgaben darf man sich innerlich nicht. Man muß die Balance halten und kann deshalb nicht zuviel von der eigenen Persönlichkeit preisgeben.«

ten sehr gut angekommen war. Darauf war ich wohl ein wenig stolz. Es wiegte mich in Sicherheit. Dann betrat ich die Kanzel. Bereits die ersten Sätze vor der eigentlichen Predigt verbaute ich; keinen bekam ich fehlerfrei zu Ende. Den Bonus[20], den ich im Hause hatte, nahm ich nicht mehr wahr. Ich fing mich, sackte wieder ab. Die Gedanken konnte ich zwar alle korrekt weitergeben. Aber ich war nach fünfzehn Minuten in Schweiß gebadet. Ich stand da wie unter der Dusche und quälte mich »über die Runden«. Da sagte ich einen Satz mit psychologischem Inhalt, in den Ohren einiger vielleicht ein wenig gewagt. Eine Kollegin, die mehr Ahnung von Psychologie hat als ich, schüttelte heftig den Kopf. Das gab mir den Rest. Ich schaffte noch ein paar Minuten, dann sagte ich, ohne bis zum Schluß zu kommen, bei nächster Gelegenheit amen und verließ ohne Gebet fluchtartig die Kanzel. Die Versammlung wurde auf übliche Weise zu Ende gebracht. Ich war aber nicht einmal mehr in der Lage, zur Tür zu gehen und jedem Besucher die Hand zu geben.

Dafür kamen verschiedene Zuhörer zu mir nach vorn und bedankten sich für die Botschaft. Ich fragte die Kollegin, weshalb sie den Kopf geschüttelt habe. »Ich habe doch nicht meinen Kopf geschüttelt«, antwortete sie, »im Gegenteil, ich war völlig Deiner Meinung. Es war sehr gut.«

Liebe Leserinnen und Leser, dieses Erlebnis war für mich eine Lektion. Ich hätte nämlich diese Predigt als dritte an jenem Sonntag , dazu mit 150 km Anfahrt in einem überlasteten Semester, überhaupt nicht annehmen geschweige darum sogar noch bitten dürfen, sondern hätte besser getan, mit meiner Frau einen Spaziergang zu machen. Das objektive Versagen bei der Planung führte zu dem subjektiven Versagen beim Vortrag. Und das subjektive Versagen auf der Kanzel führte dann auf dem Umweg über Schweißausbrüche und dergleichen am Ende tatsächlich noch zu einem weiteren objektiven Versagen, indem ich vorzeitig abbrach und mich nicht mehr mit Handschlag verabschiedete.

Solche Dinge kommen immer wieder vor. Deshalb ist es nötig, ihnen besonnen zu begegnen: Ihre Kräfte sind vielleicht verbraucht, aber Sie bemerken es nicht, weil Sie angespannt oder abgelenkt sind. Und plötzlich fühlen Sie sich restlos am Ende. Wenn Sie es verhindern können, verhindern Sie es. Ist es aber einmal geschehen, so machen Sie sich nicht viel aus den Pannen, die dieser Zustand mitunter verursacht! Natürlich können Sie mitten in der Rede im Glauben zu Ihrem Auftraggeber aufblicken und ihm vertrauen. Aber unausgeschlafen und todmüde gelingt auch das nur sehr schwer. Deshalb rate ich Ihnen: Gebrauchen Sie Ihren Verstand bereits in der Planung! Ihre Leistung hat Grenzen, besonders wenn Sie ein geborener Redner sind - und zwar körperliche, nervliche, seelische, geistige und geistliche Grenzen.

c) Die sprachliche Selbstprüfung

Es gibt viele Gebiete, auf denen Sie Ihre eigene Sprache überprüfen können. Gehen Sie einfach am Inhaltsverzeichnis dieses Buches entlang, und befragen Sie Ihre Ausdrucksweise anhand der Zwischen-Überschriften des vierten Hauptteils! Oder beurteilen Sie Ihre Sprache mit Hilfe des Beurteilungsbogens auf Seite

---

[20] = Guthaben, hier: von vornherein festliegender Punktvorteil; aus (lat.) *bonus* (= gut)

343! Neben diesen beiden Möglichkeiten nenne ich Ihnen zwei weitere; es sind quantitative Messungen der »Informationslast« und der »Textschwierigkeit« (New-Reading-Ease-Index, abgekürzt: »NREI«[21]). Diese zwei Prüfungen sollten Sie nach einem Tonband vornehmen, nicht nach dem geschriebenen Text; denn nicht das Niedergeschriebene ist maßgebend, sondern das vom Hörer Gehörte. Gesprochene Sätze können als länger oder auch als kürzer empfunden werden, als sie auf dem Papier stehen.

Die **Informationslast** errechnen Sie, indem Sie in einem bestimmten Abschnitt die Zahl der neuen Wörter mit der Durchschnittswortzahl pro Satz multiplizieren und diesen Wert durch die Gesamtwortzahl teilen. Das Ergebnis sollte möglichst nicht höher als 4 sein. Eine Verbesserung erreichen Sie durch die Wiederverwendung bereits benutzter Wörter und kürzere Sätze.

Die **Textschwierigkeit** ermitteln Sie so: Die Zahl aller einsilbigen Wörter in einem Abschnitt von 100 Wörtern multiplizieren Sie mit 1,6. Davon ziehen Sie die Durchschnittswortzahl pro Satz in diesem Abschnitt ab. Davon ziehen Sie noch einmal 31,5 ab. Es sollte keine niedrigere Zahl als 35 herauskommen. Je höher die Zahl, desto verständlicher Ihre Rede! Sie erreichen die Verständlichkeit durch die Verwendung kurzer Wörter in kurzen Sätzen.

d) Die praktische Selbstprüfung

Ermitteln Sie an sich selbst, ob Sie sich ganzheitlich ansprechen, nicht nur Ihre Verstandeswelt, auch Ihre Gefühlswelt. Um selbst herauszufinden, wie weit Sie darin gekommen sind, stehen Ihnen drei Mittel zur Verfügung: der Spiegel, die Kassette und das Videoband.

Die Tatsache, daß Adolf Hitler vor der Machtergreifung seine Mimik und Gestik im Hotel Kaiserhof, gegenüber der Reichskanzlei, unter Anleitung durch einen Schauspieler vor dem Spiegel übte, wird Ihnen dieses Möbelstück hoffentlich nicht verleiden. Stellen Sie sich möglichst vor .einen hohen Spiegel, etwa am Schlafzimmerschrank, und proben Sie längere Passagen Ihrer Rede durch. Schauen Sie sich selbst dabei ins Gesicht! So sind Sie Redner und Zuhörer in einer Person.

Nehmen Sie anfangs sowohl Ihre Probereden als auch die Vorträge vor der Gemeinde mit einem Kassettenrekorder auf. Lassen Sie sich nicht entmutigen! Sprechen Sie die Passagen immer wieder! Machen Sie eine längere Pause! Versuchen Sie es am nächsten Tag mit Verbesserungen neu! Es hilft!

Eine Videokamera ist eine unbarmherzige Einrichtung. Sie brauchen Mut, um vor ihr aufzutreten. Bedenken Sie: Das Schlimmste daran ist nicht, wie schlecht Sie sind, sondern daß Sie sich Ihr eigenes Erscheinungsbild anders vorgestellt hatten. Vielleicht kämen Sie bei Ihrem Publikum gar nicht gut an, wie Sie sich sich selbst wünschen. Überlegen Sie einmal, ob es vielleicht gut ist, daß Sie so sind, wie Sie sind, und nicht, wie Sie sein wollen. Nehmen Sie sich selbst an! Und mit der Zeit werden Sie auch an Videokamera und Monitor mit sich selbst arbeiten können. Seien Sie am Anfang barmherzig mit sich! Werden Sie dann strenger!

---

[21] Hier verkürzt dargestellt nach Heue/Lindner, Seiten 85 und 86

Anhang

Weitere Übungsbeispiele für häufig verwechselte Begriffe

Gott hat manchen Missionar nach Afrika **gesandt**; aber der Hessische Rundfunk hat eine Andacht **gesendet**.

Ist eine Schilderung **real**, so entspricht sie der Wirklichkeit. Das Beschriebene könnte also genau so vorkommen. Ist ein Angebot aber **reell**, so ist es anständig, ohne Fallen oder Tücken.

Eine **illegale** Sache ist eine verbotene Sache; **illegitim** dagegen bedeutet: nicht rechtmäßig, nicht anerkannt. Ein illegitimes Kind z.B. war auch früher nicht verboten, sondern man verstand darunter ein Kind, das nicht aus einer rechtmäßigen Ehe hervorgegangen war.

Sie mögen normal sein; aber Sie gehen nicht **normal** um 8 Uhr zum Unterricht, sondern **normalerweise**.

Es war wahrscheinlich kein **unverständiges**, erst recht kein **unverständliches**, sondern vermutlich ein **verständnisloses** Stirnrunzeln, das Sie irritiert hat.

Sie zitieren ein **Zitat**; aber was Sie dabei tun, ist eine **Zitierung**.

Es **kann** nicht **möglich sein**, daß am übernächsten Sonntag der Gottesdienst ausfallen muß, sondern es **ist möglich**. Es **kann** aber **sein**.

Ein Programm büßt durch eine Änderung nicht an **Attraktion** ein, aber schnell an **Attraktivität**. Ein Konzert mit einem Weltstar in einem Dorf - das ist eine Attraktion.

Es ist nicht eigenes **Geld**, das die Ukrainer im August 1991 forderten, sondern eine eigene **Währung**.

Daß ein Dementi mit Skepsis aufzunehmen ist, das müßte man nicht eigentlich da**bei** sagen, sondern da**zu**sagen.

Wenn Sie **hemmungslos** sind, meidet man Sie. Das bedeutet aber nicht, daß Sie sich nicht einmal **ungehemmt** freuen dürften.

Es ist **besser**, zuviel Öl im Motor zu haben, als zuwenig. Stimmt das? Nein! Es ist **nicht so schädlich**, zuviel Öl im Motor zu haben, wie zu wenig.

Sie machen sehr oft auch nicht eine **lapidare** Bemerkung, sondern eine Bemerkung **am Rande**. **»Lapidar«** heißt nämlich **»in Stein gehauen«**. Gemeint ist, daß jemand ein »großes Wort gelassen ausspricht«.

Oft haben Sie sich auch nicht **»ad hoc«** mit jemand getroffen, sondern **»auf die Schnelle«**. **»Ad hoc«** dagegen heißt »eigens zu diesem Zweck«.

Sie können Ihr Einkommen in Relat**ion** zum Durchschnittseinkommen der Weltbevölkerung setzen. Aber die praktische Unverwertbarkeit dieser Rechnung macht die Relat**ivität** solcher Vergleiche deutlich.

Im Rahmen Ihrer Predigt können Sie mit Ihren Hörern einen Gedanken **unter** verschiedenen **Aspekten**[1] sehen oder **unter** verschiedenen **Gesichtspunkten** betrachten. Aber Sie können **keinen Aspekt aufzeigen**.

Möglicherweise kamen **von seiten der** Schüler Einwendungen, aber ganz bestimmt nicht von seiten der Schüler **aus**.

Unsere Aufgaben an der Bibelschule sind keinesfalls **gespalten** in Unterricht,

---

1 = Gesichtspunkt; aus (lat.) *aspicere* (= anblicken, erblicken)

Fernkurs und Missionarische Dienste, sondern sie **teilen sich auf** in diese drei Gebiete.
Sie sollten auch niemand auffordern, Ihnen **bis** Mittwoch Bescheid zu sagen, sondern entweder **am** Mittwoch oder **spätestens am** Mittwoch. **Bis** Mittwoch würde demjenigen ja die Puste ausgehen.
Sie haben gewiß niemals den Herrn **Sowieso** getroffen; es war sicher der Herr **Soundso.** »**Sowieso**« ist in diesem Zusammenhang ein Scherzwort, eine Parodierung. So **und** so, das bezieht sich auf Vor- **und** Nachnamen.
Es ist nicht richtig, daß Sie nicht auf die Schwächen der anderen **achten brauchen**, sondern, daß Sie nicht darauf **zu** achten brauchen.
Ein **Stipendiat** und nicht ein **Stipendiant** ist einer, der ein Stipendium **bekommt**.

Weitere Übungsbeispiele für Mißverständlichkeit bzw. Verständlickeit

Dadurch, daß Sie sie auffordern, ...	Dadurch, daß Sie **Ihre Gäste** auffordern, ...

Oder heißt es: »... daß sie Sie auffordern?«

Und Jesus läßt Thomas diesen Zweifel zu.	Und Jesus *gesteht* **dem** Thomas den Zweifel zu.

Läßt nun Jesus dem Thomas oder der Thomas Jesus den Zweifel zu? Die gleiche Unklarheit hier:

König David soll der Prophet Nathan sagen: »Du bist der Mann!«	**Der** Prophet Nathan soll **zu** König David sagen: »Du bist der Mann.«
Diese Kraft bewirkt **diese** Änderung.	Die Änderung **wird von** dieser Kraft bewirkt.
... **die** vorzügliche Cartoonistin, **die die** Süddeutsche Zeitung nun regelrecht ausgesperrt **hat**, weil ...[2]	... **die** vorzügliche Cartoonistin, **die von der** Süddeutschen Zeitung regelrecht ausgesperrt **worden ist**, ...
Nutzen Sie die Gelegenheit zur Information!	Nutzen Sie die Gelegenheit, um sich informieren zu lassen!

Wer informiert, und wer läßt sich informieren? Oder es soll heißen:

Nutzen Sie die Gelegenheit, um ... zu informieren!

In meiner Tageszeitung las ich kürzlich den Satz:

Die Franzosen leiden besonders unter Bluthochdruck.

Wieso eigentlich? Die Deutschen leiden doch genauso darunter, wenn sie ihn haben. Der Satz müßte also lauten:

Die Franzosen leiden besonders **häufig** unter Bluthochdruck.

Jesus **hilft dem unsicheren Glauben** des Thomas.	Jesus hilft dem Thomas **aus der Unsicherheit seines Glaubens**. Besser noch: **... aus der Unsicherheit heraus, in den Glauben hinein.**
Droht da nicht die Sabotage derer, die Privilegien haben?[3]	Droht da nicht die Sabotage durch die, die die Privilegien haben?

---

2 Ingrid Nebelung im Rheinischen Merkur, Christ und Welt, Nr.9, vom 3. März 1989, Seite 17

3 Diese Interviewfrage aus einer Rundfunksendung vom 21. September 1989 wegen der polnischen Demokratisierung stellt nicht klar, ob die Inhaber der Privilegien sabotiert werden oder sabotieren.

Nein, wir wollen nicht schwarzmalen und Ihnen die Vorfreude auf den Urlaub verderben.[4]

Vom Inhalt her ist die Sache klar. Der Hörer braucht aber den Bruchteil einer Sekunde, um herauszufinden, daß sich das »nicht« auf beide Satzteile bezieht. Diese Zeit kann er bereits für Ihre nächste Aussage verwenden, wenn Sie den Satz noch deutlicher formulieren, etwa so:

Nein, wir wollen nicht schwarzmalen und Ihnen **nicht** die Vorfreude auf **Ihren** Urlaub verderben.

Hier ein Satz, der bei intensivem Nachdenken durchaus klar wird, aber eben nicht beim Zuhören eines zügig vorgetragenen Textes:

... die Zeit, da er Plato noch um ein Vielfaches besser versteht als Paulus.[5]

Verstand Schleiermacher -um ihn geht es hier- Plato besser als Paulus es tat? Richtig, so kann es ja nicht gemeint sein. Also geht es um die Zeit. Damals hatte Schleiermacher mehr Verständnis für Plato als für Paulus. Ein anderes Beispiel:

Nun weiß ich, daß ich nicht total unbegabt für die Kinderarbeit bin.

Diese Einstellung hatte ich vorher ganz stark.

Vorher hatte ich mich für unbegabt gehalten.

Welche Einstellung: daß der Betreffende begabt **oder** daß er unbegabt sei?

Die Wortstellung im folgenden Beispiel ist durchaus nicht gleichgültig. Sie müssen es Ihren Hörern leicht machen!

Was soll werden, wenn sich jeder **so ungestraft** benehmen darf?

Was soll werden, wenn sich jeder **ungestraft so** benehmen darf?

Lassen Sie Ihre Hörer nicht raten, wie Sie das Wort »tiefer« im hier folgenden Satz meinen!

Er denkt auf einer tieferen Ebene.

Er denkt auf einer tieferen Ebene **- tiefer nicht im Wert, sondern tiefer in der Gründlichkeit. Oder: - tiefer, nicht niedriger!**

Eine Undeutlichkeit hat auch Adolf Schlatter einschleichen lassen:[6]

Timotheus behielt Paulus bei sich.

Wer wen? Nach einigem Denken ist es klar:

Den Timotheus behielt Paulus bei sich.

Und wen der Artikel vor einem Namen stört, der könnte sagen:

Timotheus behielt der Apostel bei sich.

Weitere Übungsbeispiele für konkrete, farbige und warme Ausdrucksweisen

Zunächst zur **Assoziation** - um **was** es geht:

Abstrakt:

Sie müssen die falschen Vorstellungen **beseitigen**.

Bildhafter:

Sie müssen die falschen Vorstellungen **ablegen**.

Sehr bildhaft:

Sie müssen Ihre falschen Vorstellungen **wie vergilbte Bilder in den Sperrmüll geben.**

---

[4] Ruth Goblirsch in der ADAC-Motorwelt 4/90, Seite 58

[5] Aus der Einleitung von G. Wehrung zu Friedrich Schleiermachers »Die Weihnachtsfeier«, 1806 erschienen, Wissenschaftliche Buchgesellschaft Darmstadt, 1984, Seite VIII

[6] In »Paulus der Bote Jesu«, Seite 50

Farblos:

Er war zwar auch dieser Meinung, aber er **sagte es nicht.**

Farbiger:

Er **dachte** das zwar auch, aber er war nicht so dumm, diese Idee **wie einen Präsentkorb vor sich herzutragen**.

Abstrakt:

..., die den Sozialismus **vertreten**.

Bildhaft:

..., die den Sozialismus **auf ihre Fahnen geschrieben** haben.

Abstrakt:

Jeder **konnte sich Macht anmaßen**.

Farbiger:

Die Macht war **herrenlos.**[7]

Matt:

Die Organisation **hat nicht funktioniert.**

Kräftiger:

Seine Bemühungen sind **aus dem Ruder gelaufen.**

Eine anschauliche Erzählung von Joachim Fest:[8]

Er hatte noch den alten Döpfelt gekannt und brachte von Zeit zu Zeit einen Brief des Gelehrten mit, den er mit **spitzen Fingern** wie eine kostbare Reliquie in die Höhe hielt, während er gleichzeitig mit **leuchtenden Augen Bank für Bank** die Bewunderung **einsammelte**, die er auf unseren Gesichtern **las**, er kannte Karl Reinhard und Otto Seel, große Namen, die er mit **raunender Ehrfurcht** aussprach, sooft ...

Richtig ist der Satz:

Ich erinnere mich an **die Arbeit** und **das Leid** jener Jahre.

Wärmer:

Ich erinnerne mich an **die Mühe** und **den Kummer** jener Jahre.

Wahrnehmbar:

Ich erinnere mich an **den Schweiß** und **die Tränen** dieser Jahre.

Noch plastischer:

Noch **heute vor meinen Augen** habe ich den **Schweiß** und die **Tränen** jener Jahre.

Statt:

Als ich heute Morgen **das wunderschöne Wetter** sah, ...

sagen Sie »sichtbarer«:

Als ich heute Morgen **den blauen Himmel** sah.

Wetter ist ein abstrakter Begriff. Vieles fällt unter »Wetter«, unter Umständen auch unter »wunderschönes Wetter«. »Blauer Himmel« ist konkret. Ihr Zuhörer kann ihn »sehen«.

Die »tagesthemen«-Moderatorin sagte nicht:

Die ersten Asylanten kommen in Sachsen an.

sondern sie sagte:

In Sachsen **packen** die ersten Asylanten **ihre Koffer aus**.

Klaus Bednarz in der Sendung »Monitor« am 15. Januar 1991:

---

[7] Joachim Fest über die Zeit vor dem Dritten Reich in seinem Film »Hitler - eine Karriere«

[8] in »Meine Schulzeit im Dritten Reich« von Marcel Reich-Ranicki (Hrsg.), Gütersloh ^{2}1988, Seite 209, Fettdruck vom Verfasser.

Die **Vernunft** hat **abgedankt**.

Sie sprach auch nicht von neuerdings wieder stärker steigenden Preisen, sondern davon,

daß die Preise wieder **das Laufen lernen**.

Und Ernst Elitz stellte am 22. Juli 1991 in seinem »tagesthemen«-Kommentar fest:

Von ihnen **klopfen** noch immer viele in Bagdad **an**.

Und sicher wollen auch Sie gelegentlich

über den Tellerrand Ihrer eigenen Gemeinde **hinaus**blicken.

Im Bruderhilfe-Journal meinte man:

Der **Lärm** der **Donnervögel**[9] hat den Gesetzgeber **hellhörig** gemacht.[10]

Und in der »tagesschau« vom 30. August 1991 wurde nicht gesagt:

Ob Gorbatschow jetzt wohl noch gebraucht wird, bleibt noch offen.

sondern:

Ob dort noch **ein Schreibtisch** für Gorbatschow **steht**, bleibt noch offen.

Nicht gesagt wurde:

Berlin bemüht sich um die Olympiade.

sondern:

Berlin greift nach den Olympischen Ringen.

Nur sachlich:

In Hamburg ist man **empört**.

Sachlich und emotional korrekt:

In Hamburg **schlägt die Empörung hohe Wellen.**

Sachlich:

Der Dollarkurs **sinkt**. Die Benzinpreise **steigen**.

In der »tagesschau« bildhafter:

Der Doller ist **auf Talfahrt** ... Benzinpreise **im Aufwind**.

Farblos:

Eine Laterne, die nachts an ist.

Geradezu romantisch:

Die Nachtlaterne, die **auf Wache steht**.[11]

Ungünstig:

Wir sind **dem Eigenheim** ein **Stück** näher gekommen.

Günstiger, weil bildhaft:

Wir sind **unseren eigenen vier Wänden** einen **Schritt** näher gekommen.

Abstrakt:

Er hat einen unbändigen Haß **gegen den** Pietismus.

Lebendiger:

Er hat einen unbändigen Haß gegen alles, **was nach** Pietismus **riecht**.

Sagen Sie zu einer Benzinpreiserhöhung nicht:

Autofahrer müssen wieder **mehr bezahlen**,

sondern sagen Sie:

---

9 Die lauten Motorräder

10 Februar 1991, Seite 24

11 Aus dem Roman von Bergermann »Die Schlange«

Autofahrer müssen wieder **tiefer in die Tasche greifen.**[12]

Wärmer als

Daraus **ensteht** ihr ein handfestes Problem.

ist

Daraus **erwächst** ihr ein handfestes Problem.

Assoziierbarer als

Da ist der kleine Mann **hingefallen.**

ist

Da ist der kleine Mann **auf die Nase** gefallen.

Ich kann sagen:

.... die Liebe eines **Tieres** zu seinem Herrn

Das wirkt nur schwach anregend. Sie »sehen« nicht viel. Ich sage nun:

.... die Liebe eines **Hundes** zu seinem Herrn

Sehen Sie nun mehr? Vielleicht! Der normale Hörer assoziiert dabei schon eher. Aber der Satz ist bedeutend besser. Jetzt aber sage ich:

.... die Liebe eines **Schäferhundes** zu seinem Herrn

Bemerken Sie etwas? Nun sehen sie das Tier mit dem Schwanz wedelnd vor seinem Herrn stehen!

Statt

Er hat einen großen Disput ausgelöst

sagen Sie doch lieber:

Er hat eine **Lawine losgetreten.**

Nun zur **Identifizierung** - um **wen** es geht:

Sie können sagen:

Der Gastgeber kümmert sich um uns; er ist auf unser Wohl bedacht; er sorgt für uns.

Nur Menschen mit starker Vorstellungskraft sehen bei diesen abstrakten Verben etwas. Sagen Sie es doch so:

Der Gastgeber **bittet uns freundlich herein. Er widmet uns großzügig Zeit von seinen wenigen freien Stunden.** Und **aus seinem Keller läßt er die gehütete letzte Flasche vom 19..er Spätburgunder holen.**

Sie können auch sagen:

Der Gast gehört nicht zur Familie; er ist nur eine bestimmte Zeit anwesend.

Vorstellen können sich Ihre Hörer aber leichter:

Der Gast bestimmt eben nicht mit, **ob die Familie einen Opel oder einen Ford kauft.** Und **nächste Weihnachten ist der Gast bestimmt nicht mehr da.**

Schmerzen mögen »groß« sein; mitfühlender schildern werden Sie sie als

stechend **dumpf** **reißend** **unerträglich**

Und so hat vielleicht eine Sache einen Menschen »fertig« oder »kaputt« gemacht. Bildhafter aber schildern Sie den Vorgang, indem Sie sagen:

Er hat sich daran **wund gerieben.**

Zwei bildhafte Satzteile in einem Vortrag von Thielicke[13]:

..., daß aber im Hintergrund des Herzens meine Traurigkeit festliegt wie das Tief über Europa im letzten Regensommer.

... wie das Grab meiner Gefangenschaft aufspringt und die Fetzen umherfliegen, weil ...

---

12 So auch in den »tagesthemen« vom 31.10.90

13 Ich glaube, Seite 49

Barth, Karl Homiletik, 1966, Theologischer Verlag Zürich
Bethge, Eberhard Dietrich Bonhoeffer. Eine Biographie, 1989, Kaiser Taschenbuch 69
Biemer, G. Die Fremdsprache der Predigt, 1970, Patmos Verlag Düsseldorf
Blackwood, Andrew W. Hilfen zur Predigtvorbereitung, (1948) Deutsch: 1976, Leuchter-Verlag Erzhausen
Bohren, Rudolf Predigt und Gemeinde, 1963, Zwingli Verlag Zürich/Stuttgart
Predigtlehre, [2]1972, Chr. Kaiser Verlag München
Bonhoeffer, Dietrich Gesammelte Werke, 1965, Erster Band
Akt und Sein, 1930 (Werke, Zweiter Band, 1988)
Beide: Chr. Kaiser Verlag München
Bräckle, Isolde und Losch, Doris
Welche Farben stehen mir?, 1987, Humboldt-TB 577
Bub, Wolfgang Evangelisationspredigt in der Volkskirche, 1990, Calwer Verlag Stuttgart
Croatto, J. Severino Die Bibel gehört den Armen, Perspektiven einer befreiungstheologischen Hermeneutik, 1989, Chr. Kaiser Verlag München
Dahn, Karl Konkordanz zum Gesangbuch für die Evangelisch-methodistische Kirche 1974, Christliches Verlagshaus Stuttgart
Dieterich, Michael Handbuch Psychologie & Seelsorge 1989, R. Brockhaus Verlag Wuppertal
Ebeling, Peter Das große Buch der Rhetorik 1981, F. English Verlag Wiesbaden
Egelkraut, Helmuth (Hrsg.)
Verfasser: W.S. Labor, D.A. Hubbard, F.W. Bush, Das Alte Testament, Entstehung - Geschichte - Botschaft, 1989, Brunnen Verlag Gießen
Handbuch der Praktischen Theologie
(Herausgeber nicht angegeben)
Band II, [2]1979, Evangelische Verlagsanstalt Berlin
Heim, Karl Versöhnung und Weltvollendung , (Hrsg. Adolf Köberle) 1982, Brendow Verlag Moers
Heue, Rolf und Lindner, Reinhold
Predigen lernen, 1975, Studienreihe für Verkündigung, Heft 7, Schriftenmissions-Verlag Gladbeck
Hofmeister, Roman Handbuch der Redekunst, 1990, Genehmigte Sonderausgabe für Weltbild-Bücherdienst Augsburg
Husar, Andreas Missionarische Predigt im Gottesdienst, 1987, Evang. Verlagsanstalt Berlin
Jackson, Carole Color Me Beautiful, Entdecken Sie Ihre natürliche Schönheit durch Ihre Farben! [4]1988, Hallwag Verlag Stuttgart
Jülicher, Adolf Die Gleichnisreden Jesu, 1. und 2. Teil, [2]1910, Verlag J.C.B. Mohr (Paul Siebeck) Tübingen
Kant, Immanuel Schriften zur Anthropologie, Geschichtsphilosophie, Politik u. Pädagogik Werke, Bd 9, [5]1983 - Beantwortung der Frage: Was ist Aufklärung? (1783), Wissenschaftliche Buchgesellschaft Darmstadt
Krause, Helmut (Hrsg.) Bibel und Kirchenlied. Eine Konkordanz [5]1988, Vandenhoeck & Ruprecht Göttingen
Malessa, Andreas Tausend Tips für Mitarbeiter, 1985, Schriftenmissions-Verlag Neukirchen-Vluyn
Meyer zu Utrup, Klaus Gestalthomiletik, 1986, Calwer Verlag Stuttgart
Ockert, Helmut rede und schweige nicht!, 1977, Aussaat Verlag Wuppertal

Otto, Gert Predigt als rhetorische Aufgabe, 1987, Neukirchener Verlag Neukirchen-Vluyn

Outler, Albert C. Wir wollen seine Zeugen sein, Gotthelf Verlag Zürich

Piper, Hans-Christoph Predigtanalysen, Kommunikation und Kommunikationsstörungen in der Predigt, 1976
Kommunizieren lernen in Seelsorge und Predigt, 1981
Beide: Vandenhoeck & Ruprecht Göttingen

Reiners, Ludwig Die Kunst der Rede und des Gesprächs, 1955, Lehnen Verlag München DALP-Taschenbuch 319

Rentrop, Norman (Hrsg.)
Handbuch für erfolgreiche Reden im Betrieb, in der Öffentlichkeit und im Privatleben, in Lieferungen seit 1987, Verlag Norman Rentrop Bonn

Rothermundt, Jörg Der Heilige Geist und die Rhetorik, 1984, Gütersloher Verlagshaus Gerd Mohn

Rush, Myron Management. Der biblische Weg, ^{2}1988, Verlag Schulte + Gerth Asslar

Schäfer, Heinz Der Gottesdienst in der Evangelisch-methodistischen Kirche, 1988, Christliches Verlagshaus Stuttgart

Schlatter, Adolf Das christliche Dogma, ^{3}1977
Paulus der Bote Jesu (1934)^{4}1969
Beide: Calwer Verlag Stuttgart

Schlüter, Hermann Grundkurs der Rhetorik, ^{7}1981, dtv 4149

Schreiner, Helmuth Die Verkündigung des Wortes Gottes, 1936, Verlag Friedrich Bahn Konstanz

Quest, Hans-Jürgen (über Helmut Thielicke) in **Schulz, Hans-Jürgen (Hrsg.)**
Tendenzen der Theologie im 20. Jahrhundert, ^{2}1967, Kreuz-Verlag Stuttgart und Berlin

Schulz von Thun, Friedemann
Miteinander reden: Störungen und Klärungen, 1988, Rowohlt Taschenbuchverlag GmbH Reinbeck

Spurgeon, Charles Haddon
Ratschläge für Prediger, als dt. TB: ^{3}1984, Oncken Verlag Wuppertal und Kassel

Strauß, Franz Josef Von der Kunst der politischen Rede in »Die Erinnerungen« (ohne Jahr, vermutlich 1989), Siedler Verlag Berlin

Thielicke, Helmut Auf dem Weg zur Kanzel, 1983, Quell Verlag Stuttgart
Zu Gast auf einem schönen Stern, 1984, Hoffmann & Campe Verlag Hamburg
Ich glaube, 1965, Quell-Verlag Stuttgart

Thurneysen, Eduard Das Wort Gottes und die Kirche, 1927, Chr. Kaiser Verlag München

Winter, Friedrich (Herausgeber nicht angegeben) im **Handbuch der Praktischen Theologie**, ^{2}1979, Evangelische Verlagsanstalt GmbH Berlin

Fachfremde Literatur, der lediglich Beispiele entnommen wurden, ist meist in den jeweiligen Fußnoten näher bezeichnet.